無錫文庫

第二輯

鳳凰出版傳媒集團
鳳凰出版社

ISBN 978-7-5506-0810-8
9 787550 608108 >

圖書在版編目（ＣＩＰ）數據

慧山記等 / (明) 邵寶等輯纂. -- 南京 : 鳳凰出版社, 2011.8
(無錫文庫. 第2輯)
ISBN 978-7-5506-0810-8

Ⅰ. ①慧… Ⅱ. ①邵… Ⅲ. ①山－地方志－無錫市－明代 Ⅳ. ①K928.3

中國版本圖書館CIP數據核字(2011)第173325號

責任編輯　王　劍
裝幀設計　姜　嵩
出版發行　鳳凰出版傳媒集團
鳳凰出版社(原江蘇古籍出版社)
南京市中央路165號　郵編 210009
發行部電話 025－83223462
集團網址　鳳凰出版傳媒網　http://www.ppm.cn
印　　刷　無錫市證券印刷有限公司
無錫市揚名高新技術産業園B區75號　郵編 214024
開　　本　889×1194毫米　1/16
印　　張　30
版　　次　2011年8月第1版　2011年8月第1次印刷
標準書號　ISBN 978-7-5506-0810-8
定　　價　400.00圓
(本書凡印裝錯誤可向承印廠調换,電話:0510－85435666)

無錫文庫工作委員會

顧　問

楊衛澤　毛小平　周和平　譚　躍

主　任

王立人

副主任

曹佳中　陳海燕　吴小平

委　員

方標軍　須　儉　陳堯明　尤文科
何承志　蔡文煜　葉建興　施　展
嚴克勤　劉　川　雷群虎　李祖坤
瞿　敬　華瑞興　周興安　姜小青

無錫文庫編輯委員會

無錫文庫學術顧問

（按姓氏筆畫排列）

朱玉麒　朱維錚　江慶柏　李文海
沈衛榮　武秀成　金良年　胡福明
莫礪鋒　徐中玉　陳熙中　許倬雲
張仲禮　張廷銀　彭　林　程章燦
馮　遠　馮其庸　楊天石　趙生群
劉玉才　錢　遜　錢中文　錢文忠

總序

七千年文明史，三千年建城史，江南名城無錫，襟長江依太湖，自古以來就是魚米之鄉，禮儀之邦。無錫文化自泰伯南奔以來，騰蛟起鳳，尚德崇文，在數千年的傳承發展中，教化常持，經世務實，人杰輩出，大家林立，文藻絢麗，錯彩鏤金。舍南舍北皆春水，欲與湖山作主人，數千年的人文傳統，賦予了風光秀美的無錫以獨特的文化魅力，鑄就了城市剛柔相濟、秀逸清麗的的文化品格。

無錫是中國吴文化的發源地。早在商代晚期，周太王古公亶父的長子泰伯三讓王位，携其弟仲雍奔吴，定居無錫梅里，建『勾吴國』，『端委以治周禮』，施以禮儀教化；興修水利，授以農桑，不數年而『民人殷富』。泰伯帶來的中原文化與無錫本地土著文明相結合，吴文化以及作爲其重要組成部分的無錫文化就此發端。晋室南渡，北方人群大量南遷，帶來了中原的文化技術，促進了無錫農業、水利、手工業和商業的發展，中原文明再度與吴文化進行融合互滲。在本土文化與异地文化的碰撞和交融中，不斷推動着無錫這座城市的文明進步。

無錫歷史文化『追歷七千餘載歲月滌蕩，遂經四大轉折而成其廣大深厚：泰伯西來，吴文化成焉；永嘉南渡，江左文脉振焉；宋室波遷，江南文風始焉；歐風東漸，錫邑占風氣之先，民族工商文化始焉。數百代鄉彦賢達智慧與創造累積，文獻足徵，無慮亘千』（《錫山先哲叢刊》重版弁言）。無錫文化以兼容并蓄多樣化的形態不斷發展。

崇文尚教，以教促文。北宋嘉祐三年（一〇五八），無錫始設縣學；北宋政和元年（一一一一），理學傳人楊時在無錫創建東林書院，此後無錫出現了喻樗、尤袤、李祥、蔣重珍等一批知名的教育家。至明代，顧憲成、高攀龍等在東林書院講學，此後又有許多書院相繼而起。古代無錫對教育的重視，促進了『崇文』和『尚教』的風氣，也造就了大量的人才。自隋朝開創科舉取士到清末廢除科舉，無錫共出了五名狀元、三名榜眼、六名探花和三名傳臚，并有五百四十名進士，一千二百多名舉人；『一榜九進士』、『六科三解元』，自古傳爲佳話。近代以來，經濟的繁榮進一步帶動了教育的興盛。無錫籍國學大師錢穆曾說：『晚清以下，群呼教育救國，無錫一縣最先起。』此後無錫的實業家紛紛出資興辦文化教育事業。教育的繁興，在極大程度上促進了無錫的文化發展，出現了空前的文化人才崛起的高峰。

文脉綿延，後出轉强。歷來『文化』的概念有廣義和狹義之分，這裏的『文脉』之『文』，用的是狹義的概念，即指經史、文學、藝術等人類所創造的精神財富的總和。在無錫的歷史文化傳統中，自古及今，悠悠文脉，如瓜瓞之綿綿。必須指出的是，從文化發生學的角度來看，早期中華文化的中心是在黄河流域的中原地區，無錫在宋元以前，雖有像顧愷之、李紳、尤袤、蔣捷、倪瓚等一批人文英才，但在整體上，無錫的文氣是自明清以迄近現代達到巔峰。在整個江南地區文教昌明和無錫經濟繁盛、教育勃興的大背景下，無錫地區在經史、文學、繪畫、音樂等諸多領域中，建樹卓越，俊才雲蒸，真正呈現出『人文之盛，冠於南國；碩彦輩出，著述繁富』的局面。

求實務本、重工崇商。無錫自古爲江南富庶之地、魚米之鄉。明代東林講學者將士商并列爲『本行』，講求經世致用；近代且期維新的思想家、實踐家薛福成提出『黜浮靡，崇實學』，大力倡揚『工商爲先，耕戰植其基，工商擴其用』的觀念，這些都成了近代以來無錫人求實務本、重工崇商的重要的思想根源；兼以明清時期，封建自然經濟解體，資本主義開始萌芽，無錫經濟日趨繁盛。鴉片戰争以後，上海開埠，由於商品經濟的發展和商業資本積累的增加，逐步形成了一個以上海爲中心的，北接江陰、靖江，西連蘇州、無錫、常州的經濟區域。有布、米、絲、錢『四大碼頭』的無錫，被譽爲『小上海』。到了十九世紀末、二十世紀初，無錫許多有識之士積極引進西方生産技術，大力興辦工廠，形成了近代六大資本系統，無錫成了近代中國民族工商業的發祥地和蘇南經濟中心。經濟的繁盛，不僅爲無錫文化的不斷發展提供了堅實的物質基礎，而且也形成了無錫文化的主流形態之一的，具有鮮明特色和豐富内涵的『工商文化』。

文化源長，文獻宏大。在歷史上，無錫有過兩次較大規模的文化整理。一八九九年，《常州先哲遺書》是包涵無錫在内的第一次區域性文化整理集成。一九二三年，《錫山先哲叢刊》是無錫真正意義上從城市角度進行的一次文化整理。當時，國家積貧積弱，社會動蕩離亂，身處亂世的有識之士高擎文化的旗幟，以縱覽千古的魄力和毅力致力於城市文化傳統的繼承與弘揚，爲無錫地方人文教育提供了文化楷模，對增强無錫崇文興教氛圍發揮了重要的作用，爲無錫躋身江南名城提供了文化動力，其意義至今爲後人感念。

滄桑巨變，天上人間。經過近一個世紀的奮鬥探索，特别是改革開放三十多年來的迅猛發展，中華民族强勢崛起。國運昌隆，盛世修典。中共無錫市委、市政府高度重視地方傳統文化的整理弘揚工作。自二〇〇七年提出『建設文明無錫，打造文化名城』以來，無錫全面深入開展歷史文化遺產的挖掘、清理、保護和修復工作，傳承弘揚優秀傳統文化，彰顯城市人文歷史底蕴，掀起歷史文化名城建設新高潮。此後，市委、市政府在《無錫市文化大發展大繁榮行動綱要》中明確要求全面整理出版地方歷史文獻，市委、市政府在《關於深化文化體制改革加快文化强市建設的决定》中再次明確要求編纂《無錫文庫》，正式啓動迄今爲止無錫地區規模最大、綜合性鄉邦文獻集成的修編工作。爲確保《無錫文庫》的編纂工作順利進行，市委、市政府專門成立了『無錫文庫工作委員會』，由市委宣傳部牽頭，設立了『無錫文庫編輯委員會』，計劃用三年時間完成編纂出版工作。《無錫文庫》的編纂，將以嶄新的學術角度和現代學科框架對城市歷史文化進行全面梳理和弘揚，站在時代的高度，充分展示城市深厚的歷史底藴，彰顯先賢哲人的智慧創造，解讀無錫文化的獨特個性，提煉升華無錫的人文精神，光前裕後，古爲今用，以文化人，由人化文，以史爲鑒，開啓未來。

《無錫文庫》的編纂出版必將發揮重要的文化功能：首先是搶救文獻。無錫自古即有豐富的地方文獻，無論經史子集，都有重要著作流傳於世。然而無錫近代歷經戰亂，一些重要典籍已毁佚，僅有書名存留；還有一些珍貴的明清地方史籍，也以孤本存世，處於若存若亡之間。由於各種原因，一些代表無錫文化的典籍保存於國内外各大圖書館中，在無錫不易見到。從清末到民國期間，在文化上有不少重要成果，而這部分書籍因長期被忽視而處於毁佚的邊緣。《無錫文庫》的編纂就是爲了搶救文獻，保存文脉。其次是古籍整理。無錫先賢留下的載籍很多，但現存書籍，版本雜亂，良莠不齊，整體而言没有經過系統編排梳理，使用不便。《無錫文庫》的編纂，就是從版本目録學的角度加以梳理，每書皆撰提要，鈎玄指要，便於閱讀使用。第三是服務大衆。《無錫文庫》所收皆爲地方古史遺文，是研究無錫歷史沿革和文化傳承的必讀書目。《無錫文庫》的編纂出版，使這些書籍的使用更加便捷和廣泛，對無錫的文化建設、城市規劃、古迹保護、名勝開發都具有很高的學術價值和實用價值。

歷史唯物主義觀是《無錫文庫》編纂出版工作的重要指導思想。《無錫文庫》是一部具有社會主義新時代特點的典籍集成，編纂理念和選編觀念更加科學，注重學術性、實用性和經典性相結合，并且儘量收入古籍版本研究的新成果，廣泛收集流散在國内外的珍貴典籍。編纂工作中，始終堅持『尊重歷史、尊重科學、尊重規律、尊重專家』的原則，堅持『雙百』方針，對傳統文化中重要的不同學派、不同觀點的資料兼收并蓄，力求客觀、完整和全面。當然，《無錫文庫》不可能包羅萬象，而以文史哲爲主要内容，兼顧其他類别著述，整體呈現出無錫歷史文化的發展脉絡。强化編纂工作的學術規範，提倡實事求是的良好學風，對文庫的整體規模、體例框架、所收書目、版式裝幀等進行反復論證，反復比較，多方聽取意見，慎之又慎，力争使《無錫文庫》成爲一部真正代表無錫文化的綜合性鄉邦文獻集成。

編纂出版《無錫文庫》的盛舉，得到了海内外衆多著名的文史專家、學者教授的熱烈響應。許倬雲、馮其庸、楊天石、李文海、徐中玉、馮遠、胡福明等無錫籍文化名人和劉玉才、程章燦、江慶柏、張廷銀、金良年等專家學者應邀擔任《無錫文庫》的學術顧問，他們扎實的學術功底、嚴謹的治學風範、卓越的學術見識，爲《無錫文庫》提供了有力的支撑。

千年吴地文明，百年工商繁華，賦予無錫人聰慧和靈秀，創造了具有獨特品質的城市文化和城市精神。當我們手捧先哲留下的珍貴文化遺産，不僅滿懷感恩、敬畏之心，更涌動着不負前賢、勵志圖新的激情，去努力創造城市文化嶄新的輝煌，讓無錫文化大發展大繁榮的春天更加姹紫嫣紅、繽紛燦爛！

無錫文庫編輯委員會

二〇一一年一月

凡例

一、《文庫》所收爲無錫籍作家的著述和與無錫相關的歷代文獻，分爲《官修舊志》、《地方史料專著》、《年譜家乘》、《無錫文存》和《近現代名家名著存目》五輯。

二、無錫地域範圍以現行行政轄區爲準。《文庫》立足無錫市區，兼顧江陰、宜興，適當選收江陰、宜興具有代表性的著作。

三、《文庫》所收著作，以史料價值高、使用價值大爲原則，適當兼顧其版本價值。

四、《文庫》主要采用影印方式出版，《近現代名家名著存目》收入作家小傳和主要著述目録。

五、《文庫》所收著作，其編纂年代下限爲一九四九年；《近現代名家名著存目》則不受此限。

六、《文庫》所收著作，原書如有蠹損、殘缺、漫漶不清處，原則上以相同版本予以換頁、補頁，使全書清晰、整齊。

七、《文庫》對所收每種圖書，均撰寫提要，置於每種書扉頁之背面；每册均新編頁碼，自爲起訖。

八、《文庫》編制書名索引和著者索引，以方便讀者使用。

第二輯編輯説明

本輯爲《無錫文庫》之第二輯《地方史料專著》。這些書籍皆爲個人著作，它們是官修方志之外最重要的地方史料，是對地方歷史更爲精細的記録和闡述。其中保存了官志中看不到的材料，所以也是官志極其重要的補充。無錫自古以來人文薈萃，所以歷史上存留下來的地方史料專著也非常豐富。明清以來這些著述得到了長足的發展。作爲方志體裁的史書，這些著作所述史事已細化到一個鄉村，一座寺廟，一幢宅第，一座園林，一所學府，一項工程，一個專題等，從而爲後人保存了大量第一手的史料。進入民國後，隨着社會的發展，在政治、經濟、文化、教育等方面，出現了許多專門的出版物，這些具有時代特色的文獻，爲我們保存了民國時期原生態的歷史材料。從這些文獻中可以看到當時無錫向現代都市邁進的步伐。第二輯所收書籍，不少都是孤本，彌足珍貴。特別是一些藏於外地圖書館的珍貴書籍，這次也盡了最大的努力加以搜集。由於歷史的原因，一些地方史籍已失傳，僅有書名存留，不無遺珠之憾。一些民國書籍也偶有缺葉。敬請讀者見諒。從另一個角度而言，也更説明了這次文庫編纂的必要。

目録

慧山記

（明）邵寶訂　僧圓顯輯

《慧山記》四卷首一卷，（明）邵寶訂，（明）僧圓顯輯，潘緒校，莫止參訂。清同治七年（一八六八）二泉書院刻本。

邵寶（一四六〇—一五二七），字國賢，號泉齋，別號二泉居士，無錫人。明成化二十年進士，歷官户部左侍郎，兼左僉都御史，處置糧運。歸里復出，拜南京禮部尚書，懇辭未允，後獲准在家終養，卒謚文莊。著有《學史録》、《簡端録》、《定性書説》、《漕政舉要》、《容春堂集》等。《明史》有傳。僧圓顯，字知微，號臥雲，俗姓陳，無錫人，出家惠山知微山房，戒行精嚴，博通梵典。潘緒（一四四五—一五二八），字繼芳，號玉林，無錫人。著有《勾吴人物志》、《惠山集記》等。莫止，字如山，號南沙，無錫人。工詩詞，著有《石巢存稿》、《南沙集》等。《慧山記》的原稿，草創於明住山僧覺性（字海中），未就而歿。其徒之弟子圓顯有意續成，歷二十年而輯成二十卷。經邵寶潤色删减，厘爲四卷。所記惠山風物上自六朝，下迄明正德五年付梓之時。清咸豐間，邵寶八世族孫邵涵初據汪憲仲所贈秦基鈔本作《續編》，『以徵今昔之同異』列於正文之後；並『命孫男文燾附歷朝名翰』，刊刻於咸豐七年。因版片毁於咸豐十年兵火，後由邵文燾據該刻本重刻於同治七年。重刻本四卷，卷一包括慧山、泉、石、峰塢、池澗，卷二包括寺、祠廟，卷三包括物望、山居、古迹，卷四包括勝覽、墓、土産、雜考。該《記》是惠山歷代文獻的集大成者，條理清晰，簡繁得當，堪稱彰顯惠山豐厚人文積澱的權威本子。

本書據清同治七年（一八六八）二泉書院刻本影印。

（沙無垢）

同治戊辰新鐫

重鋟慧山記

二泉書院藏版

邵文莊公慧山記

慧山記　額　二泉書院藏版

咸豐丁巳重鋟

二泉書院藏版

慧山圖

慧山有九峯，峯各有澗，澗各有塢，起伏層疊，故曰九龍，狀其形也。陸羽所品第二泉出龍首，在第一峯下，至第九峯則山身下垂，迴環如掉尾，爲龍尾。陵道南爲璨，北爲嶂峢，二山之間爲慧錫山，其東峯爲龍之角也。第一峯下爲白石塢其勝蹟有二泉亭、漪瀾堂、慧山寺、聽松石床、碧山吟社、點易臺及諸名園。其水有春中澗、若冰泉、羅漢泉、龍縫泉、滴露泉。第二桃花塢峯名照山，又名繡嶺。舊有李文肅紳讀書臺、先文莊公尙德書院、松壇、避名泉、聽松庵、秋濤軒、松風閣諸勝蹟。第三擔鉤塢舊有時思庵。第四王家塢。第五宋塢峯有獅子石、鏡光石、天公足跡石、明秦方伯夔五峯草堂。第六馬鞍塢。第七望公塢此峯最高險，上有石門，有珠簾泉，飛瀑濺激如珠。元時宋宗室趙次鈞築悟空精舍居焉。下有青墩。第八仙人塢上厓險絕，有石穴如筆形，下有迴龍澗。第九火鴉塢上有白龍潭，下有宋蔣忠文公重珍雲龍小隱。此其

明卿雲補圖

慧山記若干卷山之僧圓顯所輯既較之於潘子繼芳復參之於莫君如山余不敏因加潤色以成成而顯請梓傳焉先是佳山覺性字海中者爲之未就而殁顯其徒之弟子也有意於是二十年矣夫慧之爲山非有高大可稱然負奇含秀徵諸載籍至以唐錫占治亂其所係大矣乃若其泉自陸子品爲第二後張又新輩屢評不易彼所謂第一者顧有抑焉而文饒之嗜子瞻之稱皆於此而不於彼則山其可知也記之作夫豈容已哉邑之有志猶古列國之有史山之故必與載焉而水經山志又古野史之流有不可得而廢者顯也將有見於是歟今夫山與天地俱生而事之所傳乃自六朝以下晉魏希矣漢以上無聞焉此無他遠而失之也顯爲此懼而汲汲是圖繼自今其失也其將免夫雖然吾嘗觀於野史必其事之覈也詞之直也論之公也而後與國史俱傳不然則否後之視今其猶今之視昔乎昔之著書者嘗欲藏之名山顯也何以爲我圖之是記也始筆於今年夏五月越四月脫藁蓋予既歸休適病足謝客而兹山以世墓所在舟輿數往來故克以暇爲之顯字知微知詩且好事大夫士多與之遊云

正德五年秋八月既望

嘉議大夫都察院右副都御史總督漕運致仕冉涇邵寶識

涵初案鈔本慧山記原敍中成而顯請梓傳焉句中脫[illegible]佳山覺性字海中句又脫兩字以佳山性海中者

慧山記　序　一

文莊公慧山集序

[illegible]先曾祖有手鈔原敍譌依更正又案容春堂後集有圓顯塔銘序言爲南隱房僧虛庵之徒虛庵名覺性字海中文言顯以[illegible]山志闕手披諸舊牘質諸玉林南沙二先生余爲[illegible]刊布所謂慧山記者是也云云

予既輯慧山記玉林君復以古今詩文未錄爲言於是取諸邑志及山僧所藏爲是集時以總督倉場被召北上遂攜至京師偶會都水都君京敬因屬校次如左而高君副曾唯方爲郎中遂有八梓之志梓成請序惟山川有形而無言然其清奇秀麗雄偉峭拔跬步異狀者既振古不易而日月雲霞陰晴明晦照耀掩映者則與時偕新焉君子得於觀者發而爲言指殊體異隨其所役各盡其力託之卷帙勒之碑板而山之情見矣由是海內之人聞兹山而未至者亦得覽焉而知其槩由是觀之言雖出於人人而言非山川不能自出然則非山川之自言之也一闔耳剏合衆作於一而觀之可以得人情可以得物議可以得世變即其所言而所謂志與史者於是乎在可有記而無集哉詩多故錄自永樂以上餘則玉林與前住山圓顯子錄之文少於詩不啻數倍故無弗錄也

涵初案慧山記慧山集兩序容春堂全集中皆未載慧山集書名則邑志亦失載惟查談思永修慧山古今考載先文莊公撰慧山集敍一篇序中言玉林潘君以慧山記中古今詩文未錄爲言復輯是集又言合衆作於一編而觀之可以得人情可以得物議可以得世變所謂志與史者於是乎在又案古今考從跋云慧山集中文凡二十一首詩凡百七十首蓋文莊所輯皆可作志與史觀也今無傳本故但登集序於卷端可借以爲涵初重刻慧山記附志附載附考之嚆矢焉

慧山記　序　二

慧山記 目錄

卷一 附載文五首 詩八十四首

慧山 泉 石 峯嶋 池澗

卷二 附載文五首 詩五十三首

寺 附佳山 附庵院 附釋老 祠廟

卷三 附載文七首 詩七十一首

物產 山居 古蹟 城坡 宮室 書齋 器物 卉木

卷四 附載文二首 詩四十一首

勝覽 堂 亭 軒 閣 樓 墓

土產 木 竹 藥 果 菌 茶 雜考

慧山記 目 一

釋圓顯輯慧山志二十卷 先文莊潤色梓傳爲曰慧山記四卷敘中仍言圓顯所輯潘子所較與君所參從其舊也潤色既成則先文莊自署名誠以記載之或去或取或互見錯見大書特書不一書或於無字句處爲文章有筆削之權衡非山僧所可與知正不徒潤色而已故事之覈詞之直論之公如國史焉蓋譴羼之至也書傳既久世鮮刻本是編爲秦基手鈔汪亀田寫園翁所藏其公子憲仲孝廉持贈時涵初 既葺二泉書院每居山中日鈔而附志近事並命孫男文薰 鈔附歷朝名翰以資覽觀因編中所記皆在正德庚午已前迄今三百四十有八年滄[illegible]變多矣不有附志何以徵今昔之同異乎然竊觀於歷

慧山記

邑先賢邵文莊公手定　南隱院僧圓顯輯 原本二十卷

同邑潘　緒玉林較

莫　止南沙參

文莊八世族孫邵涵初吟泉附志

卷一 慧山 泉 石 峯嶋 池澗

慧山第一 慧山

錫固山爲邑實乘其氣之勝者先焉山廣衍周匝其西北爲華山爲青山大穹有巖嶂迴抱之勢西南爲獨山爲石塘軍將有蜿蜒盤礴之狀皆五十里而距於湖蓋廻亘凡百餘里他若鴻堠膠顧芙蓉石室諸山東西相望又皆有拱輔之意則夫營建遊觀於斯固亦理之宜也夫

慧山記 卷一 慧山 一

慧山於錫諸山最大其脉由蜀楚絕轉浙派歷天目而來至是峰九起故又曰九龍泉出龍首爲第一峰其第九峰號龍尾南爲璨北爲嶂峭二山間爲慧錫山其東峰也古今稱者曰西神老子枕中記云華山者吳西神山 曰歷山寰宇記云無錫有古歷山山下有春申君祠 曰華山吳地志云華山在吳城西一百里陸羽慧山寺記云慧山古華山也 曰九隴惟慧爲恒稱九龍則間稱之龍云者極其狀也山下有道北通武進西通宜興南距太湖東至邑城五里有街號綺滕左爲寺塘涇出涇爲芙蓉湖湖口有洲曰黃[illegible]合梁谿達於太湖運河西來徑趨東南山之諸泉於斯

委弓○六註於本文內者皆　文莊公原註

附考附載附志緣起

考李鄴碧山吟社雅集圖記篇末云今年春都憲二泉邵公南歸與潘玉林編纂慧山志二十卷擬爲梓行又考王永積錫山景物畧載圖題纂慧山志二十卷年八十餘坐化文莊公爲作塔銘涵初案各記畧皆言二十卷惟　先文莊定慧山記四卷則必刊刻時刪去詩文耳一編之中慧山之所應記者無不備矣又考慧山集詩文六卷亦玉林翁及圖題所錄而先文莊手輯梓行今慧山記與慧山集刻本皆罕覯咸豐丁巳涵初得慧山記舊本而手鈔焉證以近事曰附考益以詩文曰附載於今昔之同異曰附志竊欲合慧山記慧山集兩書而補錄爲一編也

附載

郎士元登慧山北樓

秋興因危堞歸心過遠山風霜征雁早江海旅人閒驛樹雲仍密漁舟晚自還仲宣何所賦祗歎在荊蠻

顧況送陸羽歸慧山一作皇甫曾

千峯待逋客香茗復叢生採摘知深處煙霞羨獨行幽期山寺遠野飯石泉清寂寂然燈夜相思磬一聲

王武陵登慧山北樓

秋老空山悲客心山樓晴望散幽襟一川紅樹迎霜老數曲清谿遶寺深寒氣急催遙塞雁夕陽高送遠城砧三年海上音書絕鄉國蕭條惟夢尋

李文肅紳上家山

上家山家山依舊好昔去松桂長今來容鬢老上家山家山臨古道高低入雲樹蕪沒連天草草色日萋萋寒螿徧草啼噪鴉投樹遠行雁帖雲飛巖光分落日僧火開經室竹洞磬聲長松樓鐘韻戒苔階滴溜敲石發穠莎密舊徑行處迷前交坐中失歎息蹙華冠持盃强自歡笑歌連穉孺絲竹縱吹彈山明淡月上酒滿心聊放卯髮此淹留垂絲匪閒曠青山不可上昔士還惆悵況復白頭人追懷空望望

李文肅紳憶慧山

故山一別光陰改秋露殘蟬歲月多松下壯心年少去池邊衰影老人過白雲生滅依巖谷青桂榮枯託薜蘿惟有此身長自客亦驅旌旆寄烟波

蘇文忠軾慧山謁錢道人烹小龍團登絕頂望太湖

踏遍江南南岸山逢山未免更留連獨攜天上小團月

來試人間第二泉石路縈迴九龍脊水光翻動五湖天孫登無語空歸去半嶺松聲萬壑傳

錢紳與濟川諸公同遊慧山

好山如佳人變態百種好陰晴朝暮間可愛不可道時時思一見如垢久不澡我來正清秋令人豁懷抱秋色佳有餘俗客跡如掃佳哉二三友在席每傾醥杖策窮縈迴高絕須一到幽尋不厭倦遇境即窮討陪前千歲松閱盡衆木槁庭下百尺井空傳天眼老陸子賞遺味至今泉猶浩高僧挂衣去誰識衣中寶九淵深非龍徒見眇百草泉泉失蹊徑迸散不可考世事每如此所合甑顛倒夜深山色清更對秋輪皓松柏影參差氷中交荇藻迴棹蘸波心如在蓬瀛島舉觴望青天醉鄉得深造茲遊須再嗣萬事殊未保

李肅簡祥慧山齋中聽雨

雲給銀蠟遞香寒寶篆遲輕雷新夜夢好雨故知時池荇陰柚帶山茶暗展旗空階聞夜香楚客起題詩

倪瓚西神山行

昔住九龍雲霧中泉邊蠟屐遍行蹤南樓明月看時好西澗故人行處逢亂後不聽鸞鶴夢回猶憶下堂鐘休兵郎欲幽栖去見說禪房膝可容

王達慧山望芙蓉山

碧雲繚繞城西路山如游龍勢環護秋高影落夕陽中雨歇青聯黃葉渡東南寂寂見孤峯萬古對立開芙蓉天清露白月滿地隔水相逢惟遠鐘

王紱憶慧山

我昔九龍山下住結廬正在雲深處日日看山還看雲常教翳却當簷樹無端一別猿鶴羣馬啼南北徒紛紜塵途底事拂衣晚回首負卻山中雲

沈周歸途登慧山時烟雨空濛衆有難色余獨奮往

慧山怪我昨徑去歸來欲登却作雨溼雲隔眼失高翠掉頭不顧眞巢父願治笠屐往懸謝衆慮沾濡吾莫阻我言慧不在天上行不畏難當至耳呼童挈擔客乃從一段奇蹤自伊始西湖山色奇空濛當與此山移此語

先文莊公慧山竹枝詞六首

踏踏兒郎從老翁慧山寺裏看新鐘問道新鐘幾時撞九秋霜落樹頭紅

簫鼓迎神神下山香烟滿路送神還安得村村無病苦靈泉不動廟門閒

聽松庵前雙古松松下石床苔蘚封洗邵薛痕看古刻志書傳是米南宮

瀹澗堂下小長流暮暮朝朝客未休縱有茶經無陸羽
空教煎白老僧頭
登登山路轉山阿須向仙人洞口過澗水滿時青草短
巖花深處白雲多
南祠忠定北文襄千古青山兩瓣香莫問前朝松柏樹
祇今何處有甘棠
文徵明遊慧山
幾度扁舟過慧山空瞻紫翠負躋攀今來坐探龍頭水
身在前番紫翠間
顧可久與何伯直月夜登慧山
清景東山月風流太華君憑高發長嘯驚起洞庭雲
海蒼茫望鷲峯霧窕間飄然有遐想舉手欲凌氛
孫繼皋陸華甫自新都歸陽羨別業枉顧慧山
踏遍滄江一布衣故人相見白頭稀身如陸羽嘗泉至
家近張公指洞歸穀雨過時宜茗椀松雲長日在荆扉
逢君變問山中事塵世浮名有是非
馬文肅世奇秋日聽雨慧山
偶爾成三笑俄驚度九秋汀迷會宿客樹繫欲行舟酒
勁風飈醉蹬清雨解愁翻嫌人意冷永夕為天留
王士正高橋曉望慧山寄修遠留仙心甫流綺
清盥披衣起開簾見九峯煙深微辨樹蘚落緩聞鐘秦
鳴喜中近高流何處逢郵能品泉水與爾跌長松
吳與祚春日慧山
山如圖畫向春懸亦在湖邊亦郭邊十里松杉供蠟屐
一谿煙雨縱詩船雲迷孤鶩遙投浦風捲殘花欲撲天
回憶昔年高會處夢魂常自在清泉

泉第二 慧泉 若冰泉 龍縫泉 慧照泉 龍眼井 羅漢泉 靈泉 洞酌泉 松苓泉 遜名泉

慧之為山以泉名天下泉之故於山為大其源流不可不窮故首列之而諸泉附焉

慧山泉唐人陸羽品為天下第二故名第二泉又名陸子泉在第一峯下源出石中或正或側皆東流渟於上池池圓甓甃朱闌上有亭傳聞宋高宗飲泉於斯故亭頂繪雙龍云演於中池池方去上池二尺許石底若鉎釜活水細流澄澈可愛於是有渠承之左右諸穴咸會瀑於龍吻滙於下池池縱二丈橫三丈深一丈在漪瀾堂下汪然漫流唐人詩泉聲到池盡者此也龍吻舊小且湫明弘治間邑人楊理重製北過於黿池於金蓮池於香積池以上紆迴六池制輕洩也論泉者謂石池漫流者為上東入於芙蓉湖又北東達雙河合五瀉水入於江此其正脉也入江在江陰界去泉百里又一脉由下池東下錫山澗入於梁谿又西南入於太湖運河皆資之其餘旁支別派斜分曲滙溉田數十頃云

天下水品

唐陸羽定天下水品二十種江州廬山康王谷洞簾水第一無錫慧山石泉水第二蘄州蘭溪石下水第三峽州扇子峽石窟洩水第四蘇州虎邱石泉第五江州廬山招賢寺石橋潭水第六揚州揚子江南中泠水第七洪州西山瀑布水第八唐州桐柏縣淮源水第九江州廬山頂龍池水第十潤州丹陽縣觀音寺井水第十一揚州大明寺井水第十二漢江金州上流中泠水第十三歸州玉虛洞香溪水第十四商州武關西谷水第十五蘇州吳淞江水第十六台州天台西南峯瀑布水第十七郴州圓泉第十八嚴州桐廬江嚴陵灘水第十九雪水第二十又張又新煎茶水記載劉伯芻言揚子江中泠第一慧山泉第二虎邱石泉第三丹陽觀音寺井第四揚州大明寺井第五吳淞江水第六淮水第七二說不同慧泉皆居第二

獨孤及慧山泉記

此寺居吳西神山之足山下多泉其高可憑而上山下有靈池異花載在方志山上有眞僧隱客遺事故蹟而披勝錄異者淺近不書無錫令敬澄字源深以割雞之餘考古按圖葺而築之乃飾乃圬有客竟陵陸羽多識名山大川之名與此峯白雲相為賓主乃稽厥創始之所以而志之談者然後知此山之方廣勝掩他境其泉伏涌潛泄潗瀋舍下無沚無竇蓄而不注源深因地勢以順水性始雙甃袤丈之沼疏為懸流使瀑布下鍾甘溜湍激若醴灑乳噴及於禪床周於僧房灌注於德地經營於法堂潺潺有聲聆之耳清濯其源飲其泉使貪者讓躁者靜靜者勤道者堅固境淨故也夫物不自美因人美之泉出於山發於自然非夫人疏之鑿之之功則水之時用不廣亦猶無錫之政煩民貧源深導之則千室襦袴知仁之所及功用之所格動若發谷其導一也予飲其泉而悅之乃志美於石

孫覿陸子泉亭記

陸鴻漸著茶經別天下之水而慧山之品最高山距無錫縣治之西五里而寺據山之麓蒼厓翠阜水行隙間溢流為池味甘寒最宜茶於是茗飲盛天下而鉼罌負擔之所出通四海矣建炎末羣盜嘯其中斧壞之餘龍淵一泉遂涸會今鎮潼軍節度使開府儀同三司信安郡王會稽尹孟公以耶墓所在疏請於朝追助冥福詔從之賜名旌忠薦福始命寺僧法皞主其院法皞氣質不凡以有為法作佛事糞除灌莽疏治泉石會其徒數百築堂居之積十年之勤大屋穹墉負匡四出而一山之勝復完泉舊有亭覆其上歲久腐敗又斥其羸撤而大之廣深袤丈廓為四達遂與泉稱法皞請余記之余曰一亭無足言而余於法皞獨有感也建炎南渡天下州縣殘為盜區官吏寄民閒藏錢廩粟分寓浮圖老子之宮市門日旰無行迹游客暮夜無託宿之地藩垣缺壞野鳥入室如逃人家十大夫加廟公寄客屈指計歸日襲常蹈故相率成風未有特立獨行破苟且之俗奮然以功名自力於一世故積亂十六七年覗今猶昔也法皞者不惟精悍絕人而寺之廢興本末與古今詩人名卿俊語刻留山中者皆能歷歷為余道之至其追贊乃奉佛齋衆興頹起仆潔除垢汙於戎馬蹂踐之後又活居泉上以待四方往來冠蓋之游凡昔所有皆以具而壯麗過之可謂不欺其意者矣而吾黨之士猶以不織不耕訾其徒始置勿論議焉是宜日夜淬厲其材振飭斁壞以遷於成無以毀瓦畫墁食其上其庶矣乎

故書之以嚮一歎云

皮日休慧山泉二首

丞相長思煮茗時郡侯催發只嫌遲吳關去國三千里
莫笑楊妃愛荔枝

馬卿消瘦年纔有陸羽茶門近始開時借僧爐拾寒葉
自來松下煮潺湲

王禹偁題陸羽茶泉

甃石封苔百尺深試茶嘗味少知音惟餘半夜泉中月
留得先生一片心

蔡襄即慧山煮茶

茲泉何以得適與眞茶遇在物兩稱絕於余獨得趣鮮香簫下雪甘滑盃中露嘗能變俗骨豈獨煎塵慮晝靜清風生飄蕭入庭樹中含古人意來者庶冥晤

蘇文忠軾寄無錫令焦千之求慧山泉

茲山定中空乳水滿其腹遇隙則發見臭味實一族淺深各有値方圓隨所畜或為雲洶湧或作綫斷續或鳴空谷中維珮間琴筑或流蒼石縫宛轉龍鸞蹙瓶罌走千里眞偽半相瀆貴人高宴罷醉眼亂紅綠赤泥開方印紫餅截圓玉傾甌共歎賞竊語笑童僕豈如泉上僧盥灑自挹掬故人憐我病篛籠寄新馥欠伸北窗中晝睡美方熟精品厭凡泉願子致一斛

黃庭堅謝黃崇善司業慧山泉

錫谷寒泉椭石俱并得新詩蠆尾書急呼烹鼎供茗事晴江急雨看跳珠是功與世滌瘡痏令我屢空常晏如安得左轓淸潁尾風爐煮茗臥西湖

李文正東陽寄題二泉亭贈邵泉齋

江神夜泣山靈嘯帝遣神工鑿山竅飛流因地聲洒空泉水下與中泠通江邊老翁不知姓手持茶經親鑒定金山之外更無泉坐令匡廬瀑布空高懸地官侍郎心似水平生品泉如品士似云江水不同清此山自得金山精尋山淺泉發清瀉元是江南好奇者山高水絕詩亦奇鳴金噴玉無停時我山曾過泉不酌夢枕崚嶒瀺灂我歌泉和兩知音吁嗟乎誰哉更識泉齋心

先文莊公慧山泉奉次涯翁先生韻

擘石長歌復長嘯山無人聲泉有竅詩人曾謂茲山空又聞山與南海通向來泉托山人姓公為取名名始定石池左右多檻泉東流逶邐非實還非懸公門如海納川水背向東方遺一士出山還似在山清中有石子星之精別公無言還獨瀉公乃題詩贈行者高詞盡得今古奇我歌今向觀泉時年年壽公泉一酌公每書來問

逸澗援琴欲寄山中音水風吹月千里無遐心
又觀泉和葉巡按
柱史心如水觀風及我泉評於唐客外詩在宋人先寒
響迴雲壑春流帶野烟閒來駐驄馬入寺不參禪
又次楊支硎題慧山泉韻
公來多逸興勝賞獨於斯水德元無滓山靈故有知泠
深方汲綆瀑遠自降旗古調誰能和風湍下石池
族祖方伯公諱名世慧山泉用蘇文忠公韻
張又新煎茶水記言劉伯芻以中泠爲第一劉鎮江
積改稱慧泉爲第一余族祖文莊公亦云
名泉天所鍾能浣詩人腹大哉乾坤內支派凡幾族劍
池與龍池渟泓石潭蓄中泠遍建業大江波相續谷簾
音淸壯如擊漸離筑盤紆蝦蟇口鬱若蛟螭蹙第二名
茲泉特以謗語瀆試步漪瀾堂著褒娵新綠數椀通仙
靈至味勝瓊玉衆泉胥朝宗傾首甘臣僕圓池廓若盆
玩之纔一掬豈知千古人齒頰餘芳馥天隨王川徒遊
屐山中熟詩腸淪靈源泱漭流萬斛
王永吉慧山泉用蘇文忠公韻和空齋同年
嵯峨西神山太湖蕩其腹水氣蒸爲泉泉源各殊族龍
縫與羅漢渟泓石坎蓄遜名及慧照或湮或復續珠簾

慧山記 卷一 泉 八

潀布飛淸韻奏琴筑若冰嵌深洞縈紆逕縮蹙惟茲桑
苧神可愛不可瀆褰光徹毛髮倒映松根綠礪斧斲瑚
雲瓦鐺煮圓玉沁心如醍醐諸泉總奴僕與酣盡七椀
何忍留一掬詩腸披攬淸妙句散芬馥我意慕茶仙飽
讀水經熟哂彼阮步兵嗜酒三百斛
查慎行初登慧山酌泉
九龍蜿蜒來垂首倒吸川歕雲洩乳竇至味淡乃全我
攜陽羨茶來試第二泉山僧導我至古木枝參天不知
閱幾朝仰視皆蒼煙蔭此一眼碧自然得澄鮮出山豈
不淸眞贋恒相懸餅罌列市肆例索三十錢挹注苦被
欺向來殊可憐會當置符調此法休輕傳
附考泉源
獨孤及慧山泉記稱其泉伏涌潛泄潨潨舍下無沚無
竇蓄而不注可知慧山泉源隱伏唐時已然蘇文忠公
詩茲山定中空乳水滿其腹亦形容其源之伏也正德
丙子 先文莊建海天亭於山中石壁上浚泉於石壁
之下有觀泉襍言一首今循山麓尋之海天亭址在蔓
莽闕大慈閣後所謂水之窪及鑿爲圓穴之處則今求
之不得謹載 先文莊一文一詩則泉源具在
文莊公觀泉襍言

予初得泉於海天亭後石壁之下略加浚焉視其窪日
長一寸予喜焉爲長渠深池復竅其坎湍以節宣之意
其源源不已也不知寸寸積之數日而滿滿而瀉之數
刻遂盡渠絕池涸無所於繼既乃卽其窪之上石稍平
處鑿爲圓穴徑三寸圍九寸深五寸於是其穴常盈如
水精之在盤也烏乎昔之規近乎大受今之規近乎小
知小而局則漏大而虛則荒舍小而圖大未有能副者
也雖然盍亦求其源乎故曰涓涓不絕將成江河慾漏
而戒荒吾於一物得二義哉
文莊公夕坐觀泉月上始還
海天亭上坐焚香靜愛山中寒日長日鑠雲穿含宿雨
波心樹影弄殘陽九霄月散九峯剩一夜泉生一寸强
卻漫有臺名黙易莫教遊客問行藏

若冰泉在慧泉右石洞前洞高數尺廣方丈**水自洞浸出流於石罅蓋慧泉別源也唐僧若冰劚巖得之故名北行合慧泉餘流歷黃公澗合錫山澗入於梁溪**

慧山記 卷一 泉 九

涵初案邑志唐僧若冰不知其所自來寓慧山之普利
院慧泉本出洞中歲久而湮冰披荊榛劚巖谷古洞既
啟新泉遂注冰能詩工書有題慧山泉五言四韻刻於
山中
若冰題慧山泉
石脈綻寒光松根噴曉涼注瓶雲母滑漱齒茯苓香野
客偷煎茗山僧惜淨床安禪何所問孤月在中央
李騰讀慧山若冰師詩集因題故院五首
五天何處望心念豈皆知化塔留今日鳴泉自昔時古
苔生石淨秋草滿山悲莫道聲容遠長歌白雪詞
高懷逢異境佳句想吟頻月冷松谿夜烟濃草寺春浮
雲將世遠淸聽與名新不見開巢日空爲拜影人
景物披求歇山雲縱放飛樹寒烟鶴去池靜水龍歸暗
榻塵飄滿陰簷月到稀何年燈焰盡風動影窗扉
陰陰垂露蹟苔壁幾年書種樹靑松老傳衣白髮居宇
工窮八體詩律繼三閭豈是多年學眞空任性餘
常聞鑿洞碑此立爲冰師意到山泉解功深造化疑碧
雲終一謝飛錫久無期惆悵人間世空傳樂府詞
陳鳳若冰泉
古洞靈源發茲爲第一流羽觴緣澗轉珠瀑過林收龍

脉探雲壑仙臺倚石邛品題數麗藻乞與碧山留
先文莊公若冰洞前小酌
削壁皴斧痕下有洞如屋積鐵不知年時許莓苔綠
涵初秦若冰洞前有曲水引泉附入勝覽曲水亭

龍縫泉去慧六十餘步一名龍淵自石縫中出深廣可三尺

先文莊公龍泉精舍記
慧泉之南百步許有泉出石罅涓涓南流過黃公㵎東
入於谿謂之龍縫泉廣東僉憲馮公作堂於其流之滙
處榜曰龍泉精舍日遊息其中上自黃義下至莊列之
書手一帙而玩焉六合之外萬古之前無不窮也凡鄉
邦之元夫鉅人湖海奇逸之士席無虛日左酬右應無
不宜也或曰公之趣泉盡發之抑非也公自少時承其
祖戒軒先生之澤而得詩禮之教於其翁觀省先生游
歌泮庠涵養奮勵夙有造詣比登甲科歷工刑戶三部
累官員外郎屢有建明上采之公卿稱之尋以才望
推擢廣東其所建明如在部時而風采振動人士嚮慕
於是當正德初權姦在內而羣小附之謂公妨其所爲
也而致仕之命下矣公視得失不一介意惟託意於
斯若將樂之至於期頤而不厭焉者故當其得意輒筆

之簡以授同志而寓物詠歌皆超出物外古有所謂列
仙之儒者殆其人乎泉乎泉乎所以發公之趣者在是
而公之重未嘗不歸之泉也始泉之出於石也其源甚
細至公之堂之旁而始行修竹成徑水流其中淙淙有
琴筑聲既而東出衍迤瀰漫凡若干畝荷花叢生水禽
翔集若無畔岸而東流之勢於石梁焉見之道眼觀物
又於是乎在吾作二泉草堂於慈溪邇公公與予又有四
世之姻嘗獲觀其所著元始剩語者知公爲深於是乎
記公之博如泉之注於海公之徵如泉之出於山君子
觀於泉可以知公矣

附考

涵初案慧山記載寺右有龍泉房以龍縫泉得名也與
泉近今案龍泉精舍記云作堂於其流之滙處又云既
南東出衍迤瀰漫荷花叢生水禽翔集若無畔岸是與
黃公㵎水交滙之處去泉遠特以龍泉取名耳慧山記
黃公㵎在南隱房南南隱左曰龍泉房龍泉左曰碧山
吟社社中有八景龍縫泉第八然則社在泉上兩禪房
皆近泉也今龍縫泉在牧雲禪院靜室中此必吟社南
方一角幷入龍泉房而改名牧雲耳牧雲有僧塔故又
名塔院嘉慶年邑志以禪悅庵爲郎今之牧雲則誤矣

慧山記龍泉房永樂間僧妙元由南隱房析也禪悅庵
在山南宋紹興間僧照建永樂十七年僧成就重建分
明兩庵龍泉即牧雲即塔院也景物畧載禪悅庵又名
三塔庵萬歷中鄒副使廸光修復之廸光沒又廢惟二
塔尚存以形勢度之即今之雙塔寺故慧山記稱在山
南也今修志者以牧雲三塔與今之雙塔寺傳譌耳餘
詳續編園墅愚公谷註

慧照泉宋天聖間僧慧照劚地得之因名今不知所在

龍眼井在寺佛殿後左右梁大同間鑿又名大同井

羅漢泉在寺禪堂後左

乾隆年邑志羅漢泉在二泉上慧山寺殿後右隅初有
山僧真恩搆亭覆之國朝乾隆間邑紳楊孝元於泉
上建朱衣閣因名之曰朱衣泉
文壽案庚申變後閣毀泉堙地址入昭忠祠同治五
年邑紳楊宗濂重濬泉源並建樓其上名曰[redacted]樓
張文恪公泰開朱衣泉說

朱衣泉在慧山寺之趾第二泉之上巖舊名羅漢者也
泉後有文昌宮吾友楊介公近因家力闢而新之推其
餘力構樓泉上以奉朱衣尊神幷易泉名以崇神號焉
余維太始無名名以義起名當於義則定名不當於義
則改者有之其在天下崇山大陵川瀆澤井泉之名
或象形或指事或假人神之姓氏或齊帝王之封號其
類非一蓋皆有所自來然亦多古今異謂雅俗殊稱者
且如慧山有華山歷山九龍山之號雖二泉亦然因山
名慧因陸羽名第二緊昔恭逢我
聖祖仁皇帝南巡
寵錫山靈親飛
宸藻則今又以品泉垂鴻名於乎古兹泉亦慧山之竅穴第二
泉之濫觴也泉之美吾甚喜其甚清而甘泉之用吾喜其
可濯而溉其名蓋無足深論者羅漢本無我相朱衣豈
有名心曰羅漢曰朱衣於山泉亦何所加損維是吾黨
身居士大夫之列被服儒雅尚佛乎抑尚文乎其義孰
優自象教入中夏天下山川之蒙其名者多矣有人焉
與之是正亦誰曰不宜予請假歸里閭尋舊游至山中
覺耳目之一新而喜文明之有助也於是乎爲之說
奉文恭公蕙田詩

吾聞崑崙之祖八極宗澄泉錯列星宿同靈暴所萃山
澤通上蒸爲雲下成溯奧區江海稱南東金山秀拔青
芙蓉右絡地骨矗九龍含精孕液玉乳鐘中洽筋一冠
域中造物珍秘馮夷宫二泉獨擅吳古封萬斛金涌聲
淙淙品經桑苧谿騣驂貮盋馳走置驛重
至尊臨幸廻重瞳煌煌
天藻騫鸞鴻傍麓衆竅爭長雄珠璣迸射多奇蹤顯晦巨細各
殊功渟清萬有齊淵洪譬如孤月當秋空牛斗歷落排
蒼穹又如塗山玉帛從躬桓蒲穀交璧蹤兹泉芬旨色
味工源頭活活雙眸融洞鑒清沓石髮茸别有天地開
心胸象教真接欺聾聾標以羅漢鑴其峯神物不受狂
慧蒙氛霧頓豁披清風奎光炳赫維嶽崇天香高閣高
龍提金鐘大鏞相撞舂名山敬業何雍容天光雲影流
長虹冰壺玉鑑光溶溶和以墨露滑且濃湔洗腸胃移
凡庸嘉名錫自關西翁微詩作繪秘笈充神之聽之明
而聰點頭暗見朱衣公

靈泉在錫山下嶽廟西廡前宋政和元年道士盧至柔符嚴而鑿之有疾者汲飲輒有驗一名聖水井

王達靈泉記

縣郭之西有山曰錫山山自大江東來蜿蜒起伏其態
百變距兹山而止焉邦之人以謂山之靈氣攸儲故可構
睢陽張公之廟於其麓廟之前有泉深僅百尺清洌可
愛宋建炎初盧至柔者隱於山之南有道術託公之靈
符其磚甃而爲井凡邦人遘疾者必禱於公轆轤汲泉
以飲飲無不瘥泉之名自公始洪武己巳春知縣楊侯
集邦之耆老構亭泉上顔曰靈泉徵達記之達邦人也
邦人敬公猶父母達其可無言乎公鄧州南陽人名巡
氣豪邁多雄畧讀書過眼即識不忘唐至德間逆胡構
亂爲國家握節而死者獨公二三輩而已當雍邱令
狐潮附賊王命不通大將六人勸公降賊公陽許之翼
日設天子畫像於堂上率軍士明大義以斬之一日潮
謂公曰足下軍令固善奈天道何公答曰爾未識人倫
安知天道達嘗論公匪惟忠貫白日義動今古至於學
問明潔秦漢以來蓋不多見人知公以數千卒橫挫賊
鋒視死如歸爲難殊不知公之心造於理而安於義命
無難也人知無睢陽則無江淮殊不知所以保江淮者
全唐室也所以全唐室者爲後世利也脫公一少屈其
氣則江淮由是而潰唐室由是而亡賊必塗炭南域腥

羶風俗禍及後世或者論公之廟宜於睢陽而不宜於
南域是豈知公之勳哉公之精英足以厲風教激頹俗
奚啻南域雖天下廟之可也世之賣國降賊全妻子保
富貴者觀公之像吾知其毛髮盡立心掉而不禁矣豈
小補耶雖然人之精神何所弗至責躬可以致雨博膚
可以隕霜悲泣可以穎城浩歎可以決石泉不能活人
也假公之神耳神不能私昵也由人之誠所致耳此誠
也發於吾心而感公於千祀之上假泉而活者必然之
理也矧至柔之精神亦將與公流通於千祀之下乎無
錫濵於江淮廟於公宜也匪僭也而泉以靈名亦宜也
非怪也嗚呼古所謂禦災捍患則祀之者其在兹乎楊
侯誠信而知義者姑爲之記若夫公之始終行事已著
唐史兹不贅

洞酌泉在明陽觀中邑志稱在山半與今不合

廉簡明陽觀　有名刻在璨山

杖策閒尋物外天攬衣欲上翠微巔虛亭坐愛雲深處
石鼎茶烹洞酌泉

附考

王永積錫山景物畧載明陽觀内有洞酌泉邵二泉前
後有横翠亭望湖閣半山亭必有所據也然舊邑志
但有洞酌泉而無邵公泉抑又何歟且縣誌載泉亭上
至山半曰望湖閣李丞相紳建後爲半山亭今廢然則
明陽觀中豈亦有望湖閣半山亭耶
先文莊稱邑志與今不合蓋疑詞也泉名洞酌其小可
知廉簡詩翠微虛亭當時山半必有亭廢泉也亭屋傾
倒便能塞泉而後世羽士或以邵公泉當洞酌泉乎

松苓泉在聽松庵左上有大松盛都憲冰壑名之

邑志稱松苓泉因泉出松根鑿池引之王文恪公鏊有
記　景物畧載松苓泉在盛都憲别墅中墅有賜閒堂
冰雪軒秋風亭秋風茶墅諸景

莫止　松苓泉

松根引細泉埽葉喜頻煎佳茗甆瓶貯先齋繡佛前

施閏　松苓泉用新製竹茶罏諸賢題詠韻

松苓久已屬雲泉今日攜罏試一煎法盡遺經三卷内
興追石鼎百年前路尋陽羨春方好吟苦秋亭夜不眠
一任豪華都掃去清風高致自天全

遜名泉在邵氏尚德書院前正德五年浚

涵初案　先文莊以是年刊慧山記故書院與泉俱載入焉書院在聽松庵竹園中隆慶間庵廢於火書院并廢泉亦湮矣

道光癸卯補濬遜名泉於二泉書院即漪瀾之一曲也

附載二泉書院補題遜名泉詩有序

涵初補題遜名泉

自尚德書院廢而遜名泉湮自二泉書院失修而超然堂鞠為茂草他姓冢其地道光壬寅涵初葺二泉書院補建超然堂堂之後軒仍曰泉齋適當漪瀾迤以潤之上池補題曰遜名泉以還舊觀

遜名先後託山林青壁丹崖寄跡深桃塢松壇俱易址

清泉白石兩盟心自多暇日探幽境何必陽春覓賞音

遐想斯流終極遠海天無際撫瑤琴

丁培遜名泉補題復舊

聽松庵前照山麓當日清泉慨陵谷重題片石新堂隅

三百年來舊觀復文莊中歲辭簪纓先生今亦追淵明

出山那似在山好不負茲泉號遜名

石第三　聽松石床　鏡光石　涼棚石　天公足跡石　師子石　石門　八仙石

慧無奇石然名傳於人者亦間有之故列泉後

聽松石長數尺濶厚半之盤偃有古色上刻唐李陽冰聽松二篆字舊在佛殿前即唐人詩所謂松子聲聲打石床者上有宋人題字成化初徙聽松庵門左以其地有二大松故　桃花塢

皮日休慧山寺　互見卷二

千葉蓮花舊有香半山金刹照方塘殿前日暮高風起松子聲聲打石床

先文莊公石床行

石床古在慧山寺佛殿前成化初邵縣丞性移置聽松庵予以隔牆有二老松又移置其下

慧山石床古有之聲聲松子金風時皮休題詩李冰篆千秋并作山中奇山庵之名本緣此石也移來應偶爾遊人玩侮等尋常識者其憐非所止牆西松樹幾百春大圍三人小二人此松此石雅相友乾坤無心物有神

二泉山人愛觀物謂物皆然胡獨不立破頹垣遣往參卻笑他年兩湮鬱君不見赤松子黃石公姓名久落荒唐中酒酣擊節發清嘯春深繡嶺迴天風

先文莊公洗石二首

汲水洗石床上有唐時字不用太分明恐損莓苔翠石上聽松聲松花石不老移石就新松新松數人抱

附考

考正德五年　先文莊移石床於雙古松下建松壇有松壇銘隆慶中聽松庵廢於火書院與松壇俱廢　國朝康熙十年好事者移石床仍置慧山寺大雄殿前古銀杏樹下道光乙未閩人李彥章觀察常鎮撤縣建亭於殿東偏置石床於亭中石床屢見移易而松壇之遺蹟泯焉咸豐甲寅涵初補建松壇於點易石臺前選巨石篆刻聽松二字題詠詳載續錫勝覽

鏡光石濶四五丈雨雪後映雪有光故名山人以下陰晴

黃卬錫金識小錄云天將雨色白如銀將晴則色黑如鐵矣

張九方鏡光石

團團峯頂石作鏡自誰何拭豈須人力懸常藉女蘿冷

光侵日月清影印山河終古無昏蝕都憑歲月磨

涼棚石背坐四五人

天公足跡石在涼棚石下大三四丈其跡赤色約三四寸

獅子石以形似得名 已上皆朱鴟

石門在第七峯頂高五六丈峭壁劃開一罅如雙門 望公鴟

王永積錫山景物畧

石門在第七峯絶頂左右皆高石有平如砥者有凹如龕者有竹連如距者有黝如漆者又有仙人撥石棊盤石釣魚石約行里許削成峭壁高五六丈周遭若城垣然峯頂出泉飛瀑濺激劃開一罅兩門翼然俗稱珠簾泉中闢雙扉石門眞天造非人力也宋宗室趙次釣會築悟空精舍隱居其上

巖扉石門

石扇我來不厭頻悠然欲酌還自酌千厓冥冥送雨來萬木紛紛向人落丹邱已會煩青鳥青田猶未見元鶴勾漏小住亦多事便欲從此凌寥廓

俞憲石門

地脉達溪斷雙門據險開朝昏常不掩疑有至人來

施漸石門

振策促脩坂累登及懸厓季秋霜風霽騁目愉襟懷始來捫葛蔓茲陟遂聯階聯階未云窮流水逗林中俯澗清絶泚戢池波已洳有源包大壑無實竅冥蒙冥蒙有開琤琮從中來石貫瀉珠玉映空薄雲雷物靈待人鑑事美由文裁幽期不可負洞酌重徘徊

顧可久石門

達人不嬰物雅好在邱園晨興有感興速客觀石門迢遞爪嶺翳翳矯窮源昔人悲未有寓目睎獨存涂厓屢頓息度徑奮層巒懷新意轉勝何憚力不援俯瞰迥迫前瞻江嶼蹲石竇紅泉細鳥道白雲屯昭曠蕩胸臆窈窕緬囂喧朋簪驚絶倒仙舄遙翩翻復此泉上酌谷響桃問反豈日䑕頭用將結永西村非君多道韻表靈誰能論來者其白今風流眷彌敦倘事詮圖牒聊用嗣所言

王問秋日石門觀水簾洞

登高愜素心危亭瞰長林原畛半分黃雲湖千里陰披

榛下絶巘壁門君欲崟陰霞停清蓋霏霏上葛藥危詭久茲閟冥陟詑始尋古洞流石髓寒泉落清音迴簡竹梧映落日澗壑深出谷度飛梁杖策猶可任登舟意傾適歸棹發寒詩前途展迴眺抒思申短吟

華琪芳慧山石門用謝康樂登石門最高頂韻

晨凌蒼靄上暮茲山禽棲一步一超忽曠然俯清谿非天所設誰爲積崇基烟雲入始階泉石破舊迷士庶不同術桃李非異蹊茅茨來春風亦有黃鶯啼所以鉛槧徒守道貴不攜犛蒿抗叢柯青條陵碧萋太虛亦何心氣運無安排君看方寸內自有上天梯

八仙石在錫山東南麓石形如墩者八右第三墩下一石池常有水每歲清明日人掬以洗目左下有二石名童子石石旁有井今湮涅 錫山

峯塢第四

龍山九峯　白石塢　桃花塢　擔鉤塢　王家塢　宋塢　馬蠹塢　望公塢　仙人塢　火叉塢

九龍之狀以峯塢得之山無他奇惟此盤旋聳伏若蟄若飛有生氣焉豈初融結時推盪之勢成此形乎不然造物者將亦有意耶烏乎異哉

山有九峯峯各有澗澗各有塢起伏層疊故曰九龍其夭矯之形固由於峯塢相間如皴如劃而成也過此則為龍尾陵

王永積錫山景物略

慧山在邑西北五里山不一名開山禪師名慧照慧惠也僧名名山鑑谿筆記也名歷山晉宋時也名九龍山又名冠龍山郡國志也名華山吳地志也名西神山老子枕中記也山有九龍故名九龍又名鬬龍陸羽記也山周四十里高百餘丈巉石周遭古翠駁蝕登巔望太湖烟波萬頃上下一色帆檣點點如鷗沒波中洞庭虎邱虞山支隴陽羨諸峯分青獻碧歷歷在目四方遊覽之屐無間寒暑清明重九蟻附而上彌崖遍谷中秋尤盛

李孟昭龍山九峯

景物略云永樂乙未李廣字孟昭首唱錫山八景詩同時屬和成帙以太湖春漲龍山九峯錫山晴雲梁谿曉月貫宮古檜慧山名泉泰伯遺祠南禪寶塔為八景

慧山北來勝翠峰參差九疊騰蒼龍青巘排空矗螺髻錦屏照日開芙蓉望中宛蜒伏還起勢若蜿蜒走雲氣七峯小隱如畫圖西澗同龍見龍尾

馮誠導善和李敎諭龍山九峯

龍山屈曲巧蟠形削玉攢峯入杳冥蝃蝀一條橫漢紫芙蓉九朶插天青蜿蜒蠢物眠秋雨縹緲嵐光護曉屏影落南湖湖水畔根盤倒蘸白雲汀

吳寅龍山九峯

鴻濛初開九龍鬭天關崩摧地軸吼爾時帝怒着九鞭須臾九龍成九岫狂予忽忽維心起笑視九龍若九指懸厓絕壁不用扶躋山避險非丈夫霎時危磴忽已適虎蹲龍踞如可呼石門之石怪於立誰將巨斧青天劈淙淙瀑布顛頭懸削壁插天天缺穿盤旋直上山之首妄思雙手摘星斗仰天一笑雄風生猛獸潛藏山鬼走罡風吹身身欲欹湖光閃眼眼欲迷眼前光怪百千變山陰道上應如斯舉手揖九龍奠爾一杯酒巖巢天地間惟爾常不朽但願山中人共作如龍叟嶔岑不落山靈後九龍九龍豈徒九

第一峯下白石塢 下有諸泉及遊山路北過寺門歷照山直抵桃花塢

施閏章登慧山第一峯

詩註云是九龍之首南見太湖

清泉洗百慮渴飲傾百斗野興出人間晨興躡龍首始至宿雲多解駁朝曦後茫茫震澤寒空明盪高厚三嶼若列眉九峯近連肘客言新雨時卷石辨虎阜巨浸雄東南涵滋萬林藪俛仰人代促延陵復何有靈境佇幽棲愁焉喟奔走

第二峯下桃花塢 峯名照山又名繡嶺塢中有聽松庵

舊志云有古松如虬龍矯攫者鱗鬣無存惟石床平卧盤偃有古色苔蘚翳如字痕可辨今置慧山寺佛殿前

涵初案李相書堂在桃花塢載入卷三山居聽松庵松風閣在桃花塢載入卷二庵院

莫士安桃花塢

歲歲桃花滿塢開花開偏映講經臺未愁紅雨催春去要為金仙獻果來澗道東風非梓澤石橋流水是天台何當賸種瑤池核不用仙祠取次栽

第三峯下擔鉤塢 左有時思庵基

李士行時思庵

策馬九峯道行行如山陰勝景不暇接爽氣襲衣襟悠哉時思庵寫我千古心修竹秉高節流水響清音日暮山中去疎鐘烟霧深

第四峯下王家塢 下有灰堆石高大各丈許

第五峯下宋塢 塢有秦方伯夔五峯草堂堂左有天全亭亭前有鏡光石涼棚石又有師子石天公足跡石

王文肅公與五峯草堂

草堂不讓浣花溪峯與匡廬五老齊綠野一區新結構丹厓百尺舊攀躋簷當虛處留雲宿山更幽時聽鳥啼此境示容成獨樂玉壺春酒會須攜

先文莊公五峯草堂用慰秦國英韻
五峯東下見平林中老當年卜隱心龍尾白雲看不遠
水心明月坐曾深誰家桃李春無色此地松筠晚有陰
欲過荒亭橋板斷幾時香茗更相尋

第六峯下馬蓍隝 下有三合墩立如品字又名大勝墩

第七峯下望公隝 此峯最高上有雙石門下有青墩元時有宋宗室若巖築悟空精舍隱居其中

元趙文鈞悟空精舍 文鈞宋宗室若巖之孫
山空行跡少地迥落花多草長迷香澗松高挂女蘿林
深鹿鳥下徑靜鹿麋過春事今云暮其如懷抱何

倪瓚題趙若巖龍山精舍用李士行時思庵韻
我生劬馳騖無機如漢陰遐游古蘭若對山開我襟風
幸逢諸仙賞靜諧夙心琅然哦新詩如聞大雅音回首
不禁晚白雲花雨深

張雨和
重遊九龍峯寒食生春陰竹露洒我笠松風吹我襟况
逢金閶彥幽探愜素心風泉繞屋壁亂響琴筑音翩然
出谷去回睇烟蘿深

童珮青墩 珮號紫山里居未詳嘉隆中僑居無錫

犁玉峯前一片霞遊人爲說是蓮花可憐不得同船采
今夜秋江月自華

第八峯下仙人隝 上崖險絕有石穴如篩相傳中有毒物不敢窺下有五步墩樵牧聚遊

第九峯下火鴉隝 又名火叉隝以形名下有平地方數丈俗呼裝柴場 **山身下垂廻環如掉尾爲龍尾陵道** 上有白龍潭下有蔣忠文公別業榜曰雲龍小隱

蔣忠文重珍自題雲龍小隱
龍山錫山兩山雲出能爲雨入爲晴雲山之氣有斂散
斂散之理斯爲神我廬山下有小隱雲爲動兮山爲靜
悠然而下物之澤屹然而立地之鎮我見雲山喜與俱
雲山無情不見予我比雲山多此見不如一見雲山無

鄒廸光龍尾陵
勝地還於絕壑披藜筇何惜恣探求千年積蘚堅如石
百尺垂藤曲似鈎伐竹引泉來樹杪縛茆爲屋挂山頭
離城數里衣冠別此際疑從太古遊

涵初附志
右專言九峯九隝也第一峯南有章家隝不在九峯之
列故不載錫山有秦皇隝烏臂隝別見卷三古蹟

池澗第五 上池中池下池 仙人洗面池 黿池 黃公澗 金蓮池 錫山澗 香積池 回龍澗 日月池 月子蕩

池以蓄之澗以流之蓋諸泉之委也既見於泉此復見焉者備山之所有

上池中池下池 上池甘美即第二泉也汲者日無虛晷中池下池即泉之流而色味迥別

涵初案華淑二泉記畧云泉有三異兩池共一亭圓池
甘美絕異方池一異也一鏡澄澈旱潦自如二異也澗
泉清寒多至伐性此則甘芳溫潤大益靈府三異也更
有三癖沸須瓦缶炭火次銅錫器若入鍋鐺薪便不堪
啜一癖也酒鄉茗椀爲功斯大以炊飯作糜反遜井泉
二癖也入盎盎久而不變木器止用暫汲經時則味敗
三癖也云云此記首言一亭兩池之不同味又言上池
圓下池方可見池分方圓味判優劣古今一致因念蘇
文忠寄焦伯強求慧山泉詩淺深各有値方圓隨所畜
則宋時已分上池中池矣

黿池在華孝子祠 泉流自下池轉而北行入於黿池池甃兩螭吻南螭吐北螭吞小橋貫其中北通金蓮池

王永積錫山景物畧
寺東偏地名華坡係孝子手築邑人王彬卽地建三孝
祠以薛天生劉懷肩配華裔改爲專祠改黿池爲承澤
池橋曰遡源橋後建成志樓名其樹曰嘉蔭分爲四景

金蓮池在寺庭中方數丈石梁貫之中有金蓮花故名山姬漂紗較他水特潔故又名纑塘 泉由此分北流爲香積池東流爲日月池 **亦名浣沼**

王達金蓮池
芳池水綠魚翻藻翠葉田田露華曉花開萬朵出金蓮
玉澗朱欄互相繞僧言此花天下無宛如明鐙燦蓮壺
山中五月簫鼓寂並傍薰風成畫圖

先文莊公金蓮池上偶成
藉草仍移坐臨池看水流松陰知日午荇色報霜秋渠
曲僧廊轉波澄佛殿浮上方時供茗與客共淹留

香積池在文襄祠 柏庭房廢址故池名仍其舊

日月池在寺山門內上有曲水亭流泉至此引作九曲今僅兩涔

不知舊何狀 互見勝覽

涵初案舊志曲水亭在慧山寺前陸羽慧山記云前有曲水亭一名憩亭以爲士庶投息之所其水九曲甃以文甎窳甓 又明彭贅引若冰泉流亦縈迴九曲東趨堂階之下附入勝覽並附先文莊滴露泉九曲

仙人洗面池在錫山東南石圓有郭若盆然竅通山腹積水飲數百人大旱不竭

黄公澗在南隱房前下接錫山澗

王永積錫山景物畧

黄公澗一名春申澗楚考烈王徙封春申君黄歇於江東城故吴墟爲都邑澗其飲馬窟也澗在龍縫泉右每當山雨欲來或秋水時注急溜湍飛自峻嶺爭道而下愚公谷前至山門頃刻平地深四五尺遊人急呼渡躡屐褰裳踏亂流而上愈上愈奇勢如奔馬聲如轟雷人如飛鳧山如星海樓臺烟樹如坐洪濤中會須逆流疾赴始竟其妙遲則逝矣澗旁舊有春申祠陸羽記亭以

慧山記 卷一 池澗 圭

醪酒樂以鼓舞禪流道伴不勝滓噪遝於山東南林墅中唐垂拱間狄梁公毀淫祠土人慮之改爲土神廟宋初封忠安王後累封忠安順應威顯英濟王澗上舊有漱玉亭寬澗亭澗側舊有棲神偉觀樓清微舘小蓬萊天澗亭皆廢俞觀察憲重建四桂堂今屬秦氏

許旭大雨後黄公澗觀水詩

曉起望九龍倏然失五六雲氣忽上蒸彌漫蔽山木須臾大雨傾奔泄如飛瀑俯視谿壑中泛濫同洞洑支泉新怒漲爭竇勢迸觸撞鬬兩厓石擊碎萬珠玉到此逮二句觀覽快盈矚園叟顧視嘻予未尋山麓此地黄公澗奔泉駭心目雨後爭往觀袒裼皆裸逐予果依叟言出門陷平陸循徑涉逆流滔滔失曩躅衆泉渺馳赴并匯受約束深厲偶不戒失腳忽顛仆陰厓古木森垂涯似霹靂曲折尋泉源濤聲傾萬斛噴沸類神瀵砰磕眩

鄒迪光雨際春申澗上觀泉

振策春申澗松門亂泉出雲穿衆壑帶雨下諸天蠟屐沾流進絺衣避瀑懸濯纓情未已洗耳欲高眠

王士正春申澗詩

碧澗亭邊野望新明流秀嶂石粼粼青山終古連秦隴珠履何年問楚人冰雪倒懸三峽水風烟遥接五湖濱李園已事成荒草太息空祠一愴神

嚴繩孫春申澗詩

澗道荒涼澗草侵依然珠履登高臨青山自易迷奔地暗水潛知代楚心雨送大聲吹石落鳥沾輕沫入雲深李園縱死未英用不及潺湲獨至今

錫山澗在張中丞廟前下接梁溪

回龍澗在第八峯下其水從山之西北轉龍尾又東入運河

月子蕩在錫山前

慧山記 卷一 池澗 圭

慧山記卷一之三

慧山記

邑先賢邵文莊公手定　南隱院僧圓顯輯

同邑潘　緒繼芳較

莫　止如山參

文莊八世族孫邵涵初吟泉附志

卷二　寺　祠廟

寺第六（附住山　附庵院　附釋老）

山之勝莫大於寺寺當山勝處規模實與之稱故首列之吾僧之有寮雖巨刹率在殿廡後未有左右院列如兹寺者也故遊客非窮日莫能徧焉斯亦曠且幽矣他庵院雖歸併於寺而名蹟在者亦附焉

慧山禪寺在山麓白石塢劉宋司徒長史湛挺歷山草堂故址廢帝景平元年入於僧爲華山精舍元嘉間僧顯者過江來居之梁大同三年改號法雲禪院唐垂拱間廢咸通間復興宋至道間賜額普利紹興初以信安郡王孟忠厚請賜額旌忠薦福禪院祠孟太后元末廢　國朝洪武初僧普眞修起之正統丙寅火道裔溥濟繼修之成化間道瑠又修之寺爲東向其入也經五里街至九龍峯門（門久燬於火止存二石柱人稱其地爲石門柱頭成化末蘇僧慧眞增四石柱復建如故）又一里許爲山門（前即南北之衢）又三百步許爲日月池又三百步許爲天王殿中庭爲金蓮池上爲大覺殿（即梁大同間所建殿址）左右爲藥師彌陀二殿廻廊四周殿後爲演法堂（今匾曰白雲）左爲齋堂右爲禪堂齋堂後爲丈室天王殿前左右兩街僧房凡十有四

右街白石塢北曰南隱房（元僧天洪始居之今主者曰圓顯）　南隱左曰龍泉房（後有龍縫泉故名永樂間僧妙元由南隱析居）　龍泉左曰別泉房（後有若冰庵故名天順間僧覺明由龍泉析居今主者曰惠祥）　觀泉門前右曰聽泉房（洪武間住持淨水退居後絶法王庵僧法鈞領之）

山門內左曰淵萬房（成化間住持道瑠退居今主者曰定恢）　左街皇橋西曰柏庭房（洪武間沒官正統間住持道裔爲退居後禪悅僧覺仁領之今作文襄祠）　柏庭後曰林泉房（洪武間住持普華退居後棲雲僧大廸領之今主者曰方完）　林泉左曰眞淨房（本林泉析出今屬梅隱）　眞淨左曰梅隱房（洪武間壽甯庵僧以璘是之後絶永樂間住持至廸退居今主者曰戒端及眞淨僧德秀）　梅隱北曰天池房（洪武二十五年貢慶庵僧彙琛歸併兼管曇曤絶鄭僧道甯率衆居之）　天池左曰棲雲房（本孔山房舊基洪武間僧法航析居宜德間住持德慧退居今廢）　桃花塢右曰孔山房（景泰間僧慧恩來居傳法甍至福奎後主者曰善愷）　孔山右曰雙松房（僧慧始建自聽松析居今主者曰定昌）　雙松左曰聽松庵（庵洪武間住持普眞退居庵中名蹟最多故另見庵院）

陸羽慧山寺記

慧山古華山也顧歡吳地記云華山在吳城西北一百里釋寶唱名僧傳云沙門僧顯宋元嘉中過江住京師彌陀寺後入吳憩華山精舍華山有方池池中生千葉蓮花服之羽化老子枕中記所謂吳西神山是也山東峯當周秦間大産鉛錫至漢興錫方殫故掫無錫縣屬會稽後漢有樵客於山下得銘云有錫兵天下爭無錫寧天下清有錫沴天下弊無錫乂天下濟自光武至孝順之世錫果竭順帝更爲無錫縣屬吳郡故東山謂之錫山此則錫山之岑嶔也南朝多以北方山川郡邑之名權栫其地又以此山爲歷山以擬帝舜所耕者其山有九隴俗謂之九隴山或云九龍山或云鬭龍山九隴者言山隴之形若蒼虯縹蟠合沓然鬭龍者相傳云隋大業末山上有龍鬭六十日因以名之凡聯峯沓嶂之

中有柯山華坡古洞陽觀秦始皇鳴柯山者吳子仲雍
五世孫柯相所治也華坡者齊孝子華寶所築也古洞
陽觀下有洞穴潛通包山其觀以梁天監年置隋大業
年廢秦始皇鳴鳴者林墅之異名昔始皇東巡會稽望
氣者以金陵太湖之間有天子氣故掘而厭之梁大同
中有青蓮花育於此山因以古華山精舍爲慧山寺寺
在無錫縣西五里宋司徒右長史湛茂之家此山下故
南平王鑠有贈答之詩江淹劉孝標周文信並遊焉寺
前有曲水亭一名憩亭一名歇馬亭以備士庶投息之
所其水九曲甃以文甗瓴甓淵淪潺湲濯漱移日寺中
有方池一名千葉蓮花池一名纑塘亦名浣沼歲集山
雉野婦漂紗滌纓其皎皎之色彼耶溪鏡湖不類也池
上有大同殿以梁大同年置因名之從大同殿直上至
望湖閣東北九里有上湖一名射貴湖一名芙蓉湖其
湖南控長洲東洞江陰北掩晉陵周迴一萬五千三百
頃蒼蒼渺渺迫於軒戶閣西有黃公澗昔楚考烈王之
時封春申君黃歇於吳之故墟則此也其祠宇享以醪
醴樂以鼓[illegible]道洋不勝淬噪遷於山東南林墅之
中夫江南山淺土薄不有流水而此山泉源滂注崖谷
下溉田十餘頃此山又當太湖之西北隅縈竦四十餘
里惟中峯有叢篁灌木餘盡古石嵌崒而已凡烟嵐所
集發於蘚蘿今石山橫亘濃翠可掬昔周柱史伯陽謂
之神山豈虛言哉傷其至靈無當世之名借其至奇爲
訛俗所棄無當世之名以其棟宇不完也爲訛俗所棄
必其聞見不遠也且如吳西之虎邱丹徒之鶴林錢塘
之天竺以其臺殿樓榭崇崇業業東與爲至是有嘉名
不然何以與此山爲儔列耶若以鶴林望江天竺覩海
虎邱平眺郡郭以爲雄則曷若此山絕頂下瞰五湖彼
大雷小雷洞庭諸山以掌睨可矣向若引修廊開邃宇
飛簷眺檻凌烟架日則江淮之地著名之寺斯爲最也
此山亦猶人之秉至行負淳德無冠裳鐘鼎昌昌嘒嘒
爲邇俗不有宜矣夫德行者源也冠裳鐘鼎流也苟無
其源流將安發予敍其源亦何其流希他日之營立爲
後世之淇注云

王武陵宿慧山寺

秋日遊古寺秋山正蒼蒼泛舟次巖壑稍宵金仙堂下
有寒泉流上有珍禽翔石門吐明月竹木涵清光中夜
何沉沉但聞松桂香曠然出塵境幽慮澹已忘

朱宿慧山寺

古寺隱秋山登攀度林樾悠然青蓮界此地塵境絕

閒任晝昏慮靜知生滅微吹遞遙泉疎竹對殘月庭虛
露華綴池靜荷香發心晤形未留遲遲履歸轍

竇羣慧山寺

共訪青山寺曾隱南朝人問古松桂老開襟言笑新步
移月亦出水映石磷磷予洗腸中酒君濯纓上塵皓彩
入幽抱清氣遠蒼旻信此澹忘歸淹留冰玉鄰

朱宿再遊慧山寺

歲月人間促烟霞此地多殷勤竹林寺更得幾回過

皮日休題慧山寺

千葉蓮花舊有香半山金刹照芳塘殿前日暮高風起
松子聲聲打石牀

張祜題慧山普利院

舊宅人何在空門客自過泉聲到池盡山色上樓多小
洞穿斜竹重階夾細莎殷勤問城市雲外暮鐘和

許渾懷慧山寺

排空殿塔倚巖巒松韻經聲月裏寒兩眼流泉淸戶牖
九龍飛雨灑闌干浣紗女弄金池影聽法烏啼施食盤
借問繡衣車馬客幾時林下脫儒冠

王禹偁慧山寺

吟入慧山山下寺古泉閒挹味何嘉好抛此日陶潛米
學煮當年陸羽茶猶負片心眠水石暫開塵眼識烟霞
勞生未了來還去孤棹寒蓬宿浪花

蘇舜欽題慧山寺

古寺名傳唐相時三伏奔迸予何之青山相照翠會合
碧殿對影涼參差清泉絕無一塵染長松自是拔俗姿
邊覊羕胡日闘格釋子晏坐殊不知

蘇文忠軾和三唐人慧山寺有敘

余昔爲錢塘倅往來無錫未嘗不至慧山既去五年
復爲湖州與高郵秦太虛杭僧參寥同至覽唐處士
王武陵竇羣朱宿所賦詩愛其語淸簡蕭然有出羣
之姿用其韻各賦三首

夢裏五年過覺來雙鬢蒼還將塵土足一步漪瀾堂俯
窺松桂影仰見鴻鶴翔炯然肺腑間已作冰雪光虛明
中有色清淨自生香還從世俗去永與世俗忘
薄雲不遮山疎雨不濕人蕭蕭松徑滑策策芒鞋新嘉
我二三子皎然無緇磷勝游豈殊昔清句仍絕塵弔古
泣舊史疾讒歌小旻哀哉扶風子難與巢許鄰
敲火發山泉烹茶避林樾明窗傾紫盞色味兩奇絕吾
生眠食耳一飽萬想滅頗笑玉川子饑弄三百月豈知
山中人睡起山花發一甌誰與共門外無來轍

又慧山寺僧惠表
行遍子游意未闌將心到處遣人安山中老宿依然在
案上楞嚴已不看欲抛落花餘幾片閉門新竹自千竿
客來茶罷空無有盧橘楊梅尚帶酸
秦觀和三唐人慧山詩
輕棹縱幽討籃輿入青蒼圓頂相邀迓旛幢燎深堂
繚澹如洗傑閣森欲翊林籟含雨濕岫日開雲光涓涓
續清溜靡靡傳幽香俯仰任登覽悠哉身世忘
使君厭機械所與唯散人顧慚蒹葭陋謬附瓊林新上
于青霞下矚白雲洞天不知老金界無栖塵緬彼
人間世烏瞻閣青旻記得鍾山隱嚴歌相與鄰
樓觀相複重邈然閟深樾九龍吐青冷瀧瀧音不絕嚚
遲馳千里僎味猶未滅況復從茶仙茲焉越舊月岸巾
卑想消散策佳興發何以慰游嬉操瓢繼前蹤
過蕭颯道慧山寺
南朝古寺慧山前裹茗來尋第二泉貪戀君恩當北去
野花啼鳥漫留連
倪瓚慧山寺
重過湛公宅因嘗陸子泉佛香松葉裏僧飯石巖前市
駿惟憐馬池荒憶種蓮清心有妙契塵境久終捐
高啓慧山寺
江月上秋衣來尋遠寺扉栖禽驚客至睡僕訝僧歸鐘
度行廊盡燈留浴院微非無招旅館禪定欲相依
先文莊公送僧一圓題住慧山寺
寺據諸山會公因一檄來夢驚松閣雨歸掃石牀苔得
屯憐西社遺書弔北臺野雲心跡在古洞傍泉開
已上慧山寺詩選附
南隱房即知微山房
王永積錫山景物畧
知微俗姓陳名圓顯號臥雲與邵文莊公游更字曰知
微子幼慧不茹葷不踐蟲蟻父母異焉祝髮於南隱房
為元爲弟子戒行精勤博通梵典兼工詩曉論孟大義
走京師領檄住持慧山歷五年即謝事纂慧山志二十
卷八十餘坐化邵文莊公爲作塔銘
先文莊公知微山房題詠共六首
宿知微山房
一宿山中寺王郎兩月情鶴雲春坐履總月夜看晴茗
供新分水鐘聲遠隔城知微請題畫政及我詩成
聞莫南沙宿知微山房奉憶
僧簷山中未得陪老僧獨為供茶盃一時欠事庭無月

五里餘情野有梅文會又從今日起書評還待後人來
臥雲宇在南巖石好謂知微莫遺苔
春日懷僧知微
今雨山中未審僧房岑寂閉梅花雲心逐我俱無跡
草色逢春漸有涯林逕幾時松葉滿洞門何處竹枝斜
野人持贈青藜杖欲向吟詩社裏誇
正月三日小餞施克和於慧山酒間克和誦劉後
村元日詩爲令因用其韻再致別意是日予奉老
母觀新精舍故別設於知微山房云
精舍初成近慧泉幾回辰至起僧眠新正屈指今三日
舊約驚心又一年慈母板輿應偶爾佳賓草飯乃居然
憑君莫問山中事萬里青雲彩鷁前
知微齋居閒贈南沙
步自城西又向西風吹草徑已無泥羣分鵝鶩田田水
叢露菰蒲處處堤何物老僧猶走乞幾家飢孺不號啼
山齋寂寞南沙夜壺酒應須我一提
除夕知微餽泉先是有懷因附之
兩罌泉水一童來向日茅堂午正開漫謂清風無可報
雪中詩爲寄僧裁
先文莊公題公房詩三首
涵初案劉宋元嘉中有沙門僧顯過江來居華山
精舍故慧山寺曰題公房　先文莊所題詠者乃
弘治間圓顯住持寺中所築禪室曰萬泉窩亦曰
行窩而又總稱爲顯公房爾詩爲圓顯作也故次
於南隱房後
題公房夜坐
雨宿禪房不問禪夜深無事足高眠西山松竹東山月
共作清涼到榻前
題顯公房萬泉窩
滿道清陰綠樹遮肩輿坐我勝乘車僧頭似雪逢應晚
山價如金欲敢奢一榻此堂眞有否百年吾道果非邪
不須更索行窩記擊壤歌中日未斜
僧圓顯請記行窩以詩荅之
隨意雲山放我歌不須文字記行窩夢回赤壁月還小
濯罷滄浪水更多靜定故知禪榻在虛明今爲佛燈何
相逢莫問鵝湖寺舊學無朋鬢欲皤
天池房僧曇翊
王問天池房
落日虛堂過雨聲自依禪誦學無生君來莫說人間事
總是瞿曇法外情

棲雲房僧德慧退居

頤可久棲雲

到來别是一壺天小閣巋然倚石懸茶竈竹牀堪共話
泉聲恍落白雲邊

王問棲雲房

春晴出門去林花亦以繁移舟泊烟岸步屧至空門日
暮向東院歸鳥寂不喧自得澗中意匆與山僧言

雙松房景泰間僧慧恩自聽松析居在聽松南

先文莊冬日偶過聽松南院

丈室東移去南房自一家樹留不盡葉菊有欲殘花日
昃壺添酒烟消竈熟茶閒行甘淡味休向俗人誇

已上各僧房題詠選附

住山附

劉宋 僧顯住華山精舍見釋老　梁 陳大德大同間建殿

唐 若冰濟慧山泉見釋老　宋 法皡孟信安請院額皡始主之

元 慧照本明工詩見釋老

國朝 慧鑑仲明杭僧詳見釋老　普眞性海蘇州元墓山僧見釋老　普華翠峯本山資慶庵僧性悔弟子

如意栢庭本寺僧○後凡本寺僧皆不註　淨月南明有詩名　懷師古庵性海弟子　一如　懷祖工部石性海弟子有詩名　至廸元關宜興龍池山僧有文學名永樂間與修大典　德慧澤源本縣崇安寺僧後任僧會　成就　道巖　克已復源　道齋南宗南京靈谷寺僧有文學名　溥濟大川　道璿楚石南京寶光寺僧有詩翰名後任僧錄覺義　覺性海中　覺照大千　定志天機

庵院附

聽松庵在桃花隝下即元滕光祿繡嶺亭故址洪武七年普眞既
爲退居乃於庵左右種松萬株風聲清遠故名中有四軒最幽
邃王中書孟端寓焉成化十五年建松風閣五見勝覽

附考邑志之譌

萬歷二年甲戌秦虹洲梁修邑志載聽松庵在慧山寺
左今庵廢爲邵尚書某墓

右邑志譌誤也庵之松風閣建於秦方伯修於先文莊
公庵廢於隆慶間墓營於正德十六年非庵廢始爲墓
也墓在松風閣後見先文莊修松風閣記中今姚花隝
中秦方伯墓與先文莊墓接址相並左邵而右秦皆當
時庵後餘地自萬歷志譌以致 國朝康熙年乾隆年
嘉慶年三次修志皆沿襲其譌矣

又案高忠憲公輯先文莊年譜載正德五年先文莊建
尚德書院於聽松庵竹園中以祀李忠定公築繡嶺草
堂淩遊名泉建松壇爲尚德書院四景十五年冬十一
月重修松風閣建千金累趾亭十六年八月營太淑人
壽藏於松風閣後建廬五楹爲守墓僧居置田十畝爲
守墓僧工食聽松庵僧圓金方益圓覺爲太淑人守墓
嘉靖二年十月一日丙午葬太淑人

先文莊公修松風閣記

某初卜太夫人壽藏於繡嶺之下其兆當聽松庵松風
閣左人謂閣也右勝非宜盡徙諸某不可既而徙其兆
於上當閣之後人謂閣也前塞盡徙諸某又不可越數
日說者不已乃擇日齋戒以周易筮之遇萃之漸史曰
吉兆其宜矣閣亦無容徙矣於是盡謝諸說者而定議

焉或曰僧之閣故方伯秦公所建也徙而弗廢何不可
之有某曰閣吾有不欲徙者四卜兆將以安吾親親安
則福生吾其可毁人以自成哉且筮得吉占不從何爲
矧庵之先僧亦於吾高祖以下凡五世矣某何忍濟而
棄之方伯公吾壻汝之祖也若吾徙其所建雖勿廢亦
烏乎可於是說者皆止然念閣不修且壞壞則其勢必
至於毁吾雖不欲其能遂諸於是告於姻友之有行義
者數人背助工力易其棟梁之撓腐者棖楄之朽折者
益其瓦若甓之圮敗者中爲虛儒而徙其佛像以從秦
公之舊又爲髹塗采繪侈彼舊規作我新觀始事於正
德庚辰冬十一月明年辛巳二月告成庵之長僧宗燁
日昔秦公之建斯閣也有記焉實刻在壁今茲之修其
功不減於作而記乃無述敢以爲請某曰燁而弗聞乎
維我邵氏勝國時世墓在張山 國初我五世祖考妣
始葬於而聽松而庵僧以懷德故實與蕃鄰之事有守
道焉今也不他之卜而眷眷於是豈惟壤土之擇亦惟
世德是思是繼而是地也蜿蜒一脈上由繡嶺而來左
右二澗夾岡下行滙而爲池池之西北有泉出焉淙淙
金石聲冬夏不息雙松並峙門右皆數百年物其左配
以石床有唐人篆刻者人爲之稱閣之有亡蓋不與焉

惟有先祖容春府君以來積德數百年而始至於某某
雖不敏敢不仰承遺澤以圖似續閣之修其猶吾祖之
志也夫𨘞曰此公之德也此固邵氏之祉也吾先僧有
知實聞公言記其能外於斯敢以刻請某曰諾遂刻之

先文莊公聽松詩
聽松復聽松松聲在高閣閣成四十年聽者今如昨風
來春濤生風去秋濤落當其無風時蕭然亦微作聽者
聽於斯冥心對寥廓

仁壽庵在山南元儒學提舉强以德建黃晉卿記

柳貫仁壽庵
明陽觀後慧山前新營臺舘貯風煙藤陰一木蔽淮海墓
茶井遥分桑苧泉好景正須多領畧佳辰且復少流連
劉伶一鍤太早計卻要冥靈爭大年

禪悅庵舊以院名在山南宋紹興間僧照建元光後廢咸淳間僧
澗修之元至正間僧裕及其徒𢑱又修之　國初永樂十七年
戒就重建成化十二年僧覺義修之互見碑考

嘉慶年邑志以禪悅庵爲即今之牧雲誤也康熙年志
禪悅庵在慧山寺右錫山之南　今俗名雙塔寺

倪瓚和何博士禪悅庵
佛生七佛後乃知青出藍寒月留孤光世人徒指談嗟
予墮狙網朝暮逐四三悲歎明鏡塵何由息禪龕

與止禪悅庵
小院春風送我來落梅香裏重徘徊菜畦黃動浮塵起
泉脉清分古澗迴舊墨幾堪留卷冊薄雲如解襯亭臺
相攜無復當年侶野史閒情總自裁

華淑禪悅庵
名猶三塔古空綠點莓苔步石踏花影尋鐘到佛臺小
橋看馬渡孤樹抱雲來一壑因秋瘦亂離夕照開

永甯院與禪悅適其創亦同今廢

大池庵在大池今廢

時思庵在梁鳴今廢其北爲施水庵庵前有井濟
道渴故名里人錢氏建焉

法王庵一名孔山庵在山南去寺十里

龍泉庵在山西北弘治十八年僧信珍堀地得石刻永興二年勅
賜龍泉庵數字今建庵以居

青墩庵在山南黃家灣本民丁氏地成化十一年僧圓意建

明陽觀在山南宋徽宗時道士盧至柔始爲庵大觀元年茅山劉
宮籙混康以至柔行業上聞詔賜今額　國朝洪武六年道士
沈一清重建永樂宣德間屢修之
邑志乾隆三十四年道士尤清臣重修其地舊有望湖
樓橫翠亭半山亭並廢○案慧山記泉亭上有望湖閣
又載明陽觀有橫翠亭可見邑志之誤

朱昇明陽觀
古殿深藏紫翠間偶尋幽境到前山殘碁罷弈仙壇靜
流水停舂藥碓閒陰壑有松秋寂寂古碑無字蘚斑斑
行吟物色多仙興心逐飛雲共往還

先文莊公十月望日馮按察邀予登䌫山高處觀盧

仙丹井至於新築中臺上臺述興二首
行過青山復䌫山幾層雲磴幾松關中巖泉落龍猶卧
上界壇高鶴未還十月風清雙箯遠五湖波瀾一舟閒
憑君着我題名處應在丹崖萬仞間
幾年高興擬登臺此日肩輿偶上來畫裏水窗誇震澤
望中山欲問蓬萊風神以與仙靈遇蹤跡從教野老猜
日暮不須催返棹東方明月正徘徊

秦端敏公金分和二泉先生韻
十年飛夢遶䌫山此日眞遊上界關絕頂風高人獨往
長空雲淡鳥俱還昉兼地勝誇雙美身偽官忙借半閒
極日江湖天尚遠一時憂樂渺茫間

莫止明陽觀分和二泉先生韻
人間何處有丹臺此日天教選勝來徑曲漫迂東郭履
嵐晴清歎北山萊迴風拂面驚初稟俊鶻穿林下復猜
卻望太湖耽絕景晚雲能袖且低徊

俞憲明陽觀
神仙自昔餌刀圭丹竈空餘古洞西門外羣峰迎雨暗
牯前一水任雲迷松臺直瞰平湖渺橋墅遥臨野墻低
歸路輕輿杉徑遠依微百雉柝聲齊

釋老附

予嘗觀於匡廬自慧遠靜修後數百年間稱名流者何寥寥也蓋人材之難久矣豈獨吾黨哉茲山舊所傳數人者今列如左然亦不可等視也

沙門僧顥劉宋元徽中過江住京師彌陀寺後入吳興華山精舍華山有方池池中生千葉蓮花服之羽化釋寶偈名僧傳云

若冰唐僧嘗寓慧山普利院即始浚泉者世傳冰一日遊洞中不出後人見於海上冰能詩其題泉一首今傳焉

自性號佛朗丹陽人嘗往寧波天童寺每升堂說法口占爲偈俚褻中極元妙識者異之終於山

慧照字本明號芝庵孟氏子也慧山寺僧好學善吟詠與倪雲林諸老爲方外交嘗爲杭州淨慈寺書記

慧鑑姓徐氏杭人善書畫　國初住慧山寺張洛公最重之其弟與老與鑑相唱和有詩集曰雙清畫多散落惟江天（一作山）霽雪一卷在莫如山家

普真號性海　國初住慧山寺晚居聽松庵能詩有高識與姚少師同時相善歿葬庵之後王學士達銘其塔

福奎慧山寺僧少學禪有所得人以爲癡其師法虎嘗以事杖之奎曰謝師打出三界矣遂盟竹而去不知所終已上釋

錢道人宋御史襄行顗之弟隱慧山與東坡遊坡贈之詩稱有道者

蘇文忠公軾贈錢安道兼寄其弟慧山山人

鴛鴦湖邊月如水孤舟夜傍鴛鴦起平明繫纜石橋亭悵怳冒寒聲御史結交最晚情獨厚論心無數今有幾寂寞抱關歎蘄生耆老執戟哀楊子怪君顏采卻秀發無乃遷謫反更美天公欲困無奈何世人共抑真疎矣毘陵高山錫爲骨陸子遺味泉冰齒賢哉仲氏早拂衣占斷此山長洗耳山頭望湖光潑眼山下濯足波生指儻容逸少問金堂記與嵇康留石髓

盧至柔字必強茅山道士初居洞虛宮以符水濟人有奇驗思晦跡行觀至璨山有鹿騰出曰生氣在是矣乃結庵而居久之有詔徵之至則沒矣

倪文光字昭奎處士瓚從兄元道籙賜號京中文節貞白真人嘗爲清微館於慧山一日爲重九會登山絕頂下睨五湖揮手謝

別越明日卒虞文靖爲表其墓已上道

祠廟第七

春申君廟　張中丞廟　華孝子祠　鄒國公祠　尊賢堂　周文襄祠　東嶽廟　李忠定祠

凡祠廟在山者書之其經與否存乎其人要之名義則忠定之貞文襄之惠有可尙焉若尊賢之堂乃以義起禮蓋君子之公論也

春申君廟舊在慧山下臨黄公澗唐張繼詩春申祠宇空山裏古栢陰陰石泉水即其地也垂拱間徙錫山西麓今爲里社互見稡考

張繼過慧山春申祠

春申祠宇空山裏古栢陰陰石泉水日莫江南無主人
彌令過客思公子蕭條寒景傍山村寂寞誰知楚相尊
當時珠履三千客趙使懷慚不敢言

高啓慧山春申君廟

封君開巨壤相楚服强鄰名重三公子謀疎一婦人晝
蛑留古像珠履絕遺塵簫鼓時迎祭還憐舊邑民

王逵黄歇廟

前年封邑來江東意氣傾尊何其雄今朝送客過祠下
感慨令人愁萬重頽垣敗壁鳴寒鼠千載寥落竟無主
片言會見服强秦一計鄉知失於楚古來辯士多殺身
用智得愚良苦辛三千珠履今安在門外靑山解笑人

春申廟免糧

案縣册遐字壹千肆百拾貳號平田肆分柒釐伍毫

華孝子祠在慧泉左即孝子故址唐以來爲祠久廢宋王彬復建祀孝子及其同傳薛天生劉懷肖元至治間孝子裔珵廣之撤去劉薛二主　國朝景泰間孫思濟修之弘治間孫守吉改作之互見古蹟及物望稡考

尊賢堂在泉上舊祠陸處士羽後增華孝子湛長史李丞相爲四賢祠天順末以華有專祠去之正德五年因浚泉改建今堂增祀宋以來生遊沒葬名在天下者十八非此類也雖賢弗與有

田二十畝供春秋私祀

宋司徒長史湛公挺
唐尙書左僕射趙郡李文肅公紳
處士鴻漸先生陸公羽
宋無錫令焦公千之
國史編修秦公觀
禮部尙書尤文簡公袤
御史襄行錢公顗
元處士雲林先生倪公瓚
國朝義士止齋先生張公翼

中書舍人孟端先生王公紱

先文莊公十賢堂成有作

萬古名賢地諸賢合有堂雲龕藏舊影水鑑發新光國
史千鈞筆鄉評一瓣香煩僧語遊客到此肅冠裳

先文莊公題十賢祠用唐人韻二首

千年祠宇此重開獨爲諸賢酹一盃澗石不隨龍化去
嶺雲還與鶴歸來春風谷遠嚶嚶鳥夜雨庭深點點苔
聽罷雅歌賓客醉共教童子汲泉回

九峯迴處石泉幽逝者應知感舊遊萬里風烟吾白首
千年林壑此清流松筠無恙時方晚黍稷惟馨歲有秋
石詩墨蹟藏潘文植家咸豐辛亥刻石嵌二泉書院
卻憶匡廬歌嘯地幾回春草鹿呦呦

附志

涵初案　先文莊公沒後邑人增祀秦修敬旭及先文莊公爲十二賢易名尊賢祠康熙中知縣吳興祚於泉上建雲起樓乃遷祠於泉之右偏若冰洞之東後知縣徐永言修德水亭奉諸主於亭中德水亭者亦吳興祚建爲羽流所居也乾隆十六年德水亭改入　先文莊置行宮又遷諸主於至德祠東南隅改爲今祠

田以供私祀今已無存　尊賢祠近事載入續編

東嶽廟在錫山北麓後周同光二年里人周太一募建宋乾道三年大之元至順二年燬於火至正十六年毀於兵　國朝洪武四年重建後屢火正統元年復建

涵初案邑志正統元年建廟增建五嶽樓宏治七年增建兩廡　又案縣册東嶽廟免糧伍畝陸分叁釐

張中丞廟在嶽廟東即清徽精舍故址成化八年李知縣恭建先是宋徽宗即位二年有爲神祠於嶽廟右廡者其像甚異道士盧至柔以爲唐御史中丞張公巡也歷元入　國朝民祠之[illegible]虔天順元年周知府源始得請用少牢祀仲春猶於故廟及是廟成遂爲衣冠像弘治十七年又請祝於朝遂成禮焉邑人張繼善刻祝文於石募建亭覆之在右廡者民祠之如土神云

先文莊公張中丞廟記

張中丞何神也唐睢陽守張公巡也公當天寶之亂城守以死且曰當爲厲殺賊史稱其有保障江淮之功宋南渡後民結社備寇者在在作公祠以倡忠義祠必厲狀謂之公志錫山之祠豈亦創於其時邪說者謂宋異人盧至柔者於此得泉井而施民以療疾疫遂祠公泉上俾汲必告以鎮民譁然以泉故禱者日衆其祠視他郡特盛蓋自始祠迄明景泰凡若千年矣而者年有行義者議曰祠必有祀祀弗在典猶弗祀也乃以上請得春秋祭著爲令若干年成化某甲子議者又曰祀有典矣而祠以厲附他廟弗經弗專乃卜其東爲今廟君子曰是近於義廟成貌公於堂以人易厲衣冠惟時主書其官祝如之榜亦如之君子曰是近於禮夫民祠公有報有祈而禦災捍患無一日不望於公祠何暇夫泉哉然泉之利甚溥收而幕則滯勿幕則泛勢必有主者而惟公是歸則公之德於人者亦於是乎徵觀一邑而江淮之間皆可知也民之無訟誣公以厲誕且怪然厲乎由民弗厲由民民求公殊而公之爲民佑者譬之茲

泉或泥或酘而水固無不在也黜乎厲以從其初加是爲義如是爲禮如泉之渫則源源而來以是求公公必享之故泉不必廢也廟與貌不可不正也吾於斯舉有取焉昔狄梁公毀淫祠於南方所存者四其一伍員公之忠於員遠矣而祀由禮義其將與茲泉終始乎是爲記

涵初案邑志嘉靖中知縣萬虞愷題其額曰顯忠又名忠靖王廟蓋宋加封號也　國朝康熙間知縣吳興祚重修乾隆間邑人鄒文錦復修　道光辛卯邑人趙漢侯重修改顏門額曰唐張中丞廟邑人王芝林書後燬於火邑人蔡堅董廟事捐無虛日工無迄歲兼祀許遠於廟右○案縣册東平故廟免糧貳分新廟董事辦糧

鄒國公祠在道氏慧麓小隱今廢

周文襄祠在慧山寺左文襄在宣德間以工部侍郎巡撫江蘇凡二十二年進尚書致仕卒正統十四年談知縣清爲建生祠景泰六年顏知縣肅像而祠之

涵初案祠爲柏庭房廢址互詳池膶又見寺

先文莊公文襄祠頌

我懷文襄古之遺愛去公百年典型猶在惟遺愛一言實自仲尼稱鄭之僑今千載餘繼者何少子產初政人欲殺之歌者如水及再歌也又恐其死公之始至白地有謠經營宜方二紀三朝苟利於民退卹在已我思古人子產哉是擬名山嘉樹孰非甘棠勿剪勿伐公貌在堂我題於門於戲不忘

呂元夫重修周文襄公祠記　節錄

文襄周公以尚書兼巡撫時學校興田野闢賦役均獄訟平江南晏然如在春秋和氣中公果何修而得此蓋公以閎博之學通敏之才純篤之行平易之政不設城府不立崖岸每巡行郡邑上自名公鉅儒薦紳士大夫下逮山林隱逸田夫野老往往虛心延訪每事務求其情用是軍民利病閭閻疾苦政治得失罔不周知緻制立法具有成算經國保民規模宏遠以故江南之民感恩懷德若赤子之慕慈母既去而思之不忘邑耆舊謹卜慧山東隅建議立祠有司春秋致祭天理民彝有不可泯但歲久祠圯修葺爲艱歷經邑令侯君位暢君華中請撫按既得允行而侯以遷轉去暢以行取去未能

即工幸新令陳君臬謨甫下車復申前請經始於嘉靖乙酉正月二十日落成於三月十八日爲堂六間兩廡各三間廳事七間重門峭壁津梁甬道煥然一新義官允俸僧圓達督工趨事與有勞焉鄉邦士民始幸瞻仰有地頌撫按郡邑之功不衰文襄有靈其亦感格矣乎公名恍字恂田由庶常歷任工部尚書致仕考終文襄其謚云

附志文襄祠免糧

涵初案錫山景物畧及康熙庚午邑志誤載文襄本錫人父名元禮文襄幼學於王學士達善名永齡忽爲賈人挾去遂隸吉安後至錫山求祖祠豁地稅焉謁言也如果周氏祠祖不應改文襄祠且惠山記稱栢庭房廢址顯非祖祠案無錫縣冊追字一千五百五十號戸名周海二公祠免科平田二畝七分七釐二毫

李忠定公祠在邵氏尚德書院中正德五年建

先文莊公尚德書院祠李忠定公記

慧山於錫爲名山山之重在泉而幽邃如聽松庵者次之庵左有茂林修竹尤爲一山之勝弘治間購於僧而得焉時方考宋丞相李忠定公居錫之故而恨其未之祠也遂爲堂於竹間以爲公祠登而四顧左右前後無非竹者乃顔其門曰尚德書院若謂竹有君子之道凡觀物者尚之云爾然豈徒以物爲哉思古之君子而不可見將誦詩讀書以論其世蓋狂斐之志如此粵稽三代以來君子之在錫者至德如泰伯尚矣儒學則祀龜山諸賢公自其祖由邵武來居生長宦學於斯至以梁谿自號則固諸賢之儔也況嘗廬墓茲山義起之禮顧可後舉哉吾堂之作擬諸祭菜則事合稱諸鄉先生則名正肖諸家廟舊本則像眞歲時陟降如與君子周旋交懋厥修以階聖賢之域亦自尚吾志而已矣公之學吾未知其所從受觀其父母葬銘皆出龜山當亦與聞程氏之道者故其建明經畫大抵篤君臣明夷夏達經權審進退以身任重而不自失其忠義激烈千載而下猶能使人興起史稱其有諸葛武侯之心而朱子序其奏議以天生弭亂許之皆是而觀謂非古之君子其不然哉昔朱子以匡廬卧龍庵之名取諸潭石遂繹其義爲書武侯於堂後人稱其有異世之感今予以竹與思於卧龍庵之說竊自附焉

附志慧山二泉書院移建忠定祠

劭案正德五年庚午 先文莊以總督漕運致仕是年三月抵家七月建尚德書院於聽松竹園是月十九日落成十賢堂八月訂定慧山記九月祠宋丞相李忠定公於尚德書院皆本年事也故十賢堂忠定祠皆載入慧山記中至十一年丙子建二泉書院於慧山寺左移忠定祠於慧山與文襄祠鄰則在慧山記已成之後

附志李氏建祠

康熙五年李氏另建祠於慧山寺前日月池旁周弼有李忠定公新祠記

慧山記

邑先賢邵文莊公手定　南隱院僧圓顯輯

同邑潘　緒繼芳較

莫　止如山參

文莊八世族孫邵涵初吟泉附志

卷三　物望　山居　古蹟

物望第八　華寶　湛挺　陸羽　李紳　李夔　李綱　尤袤　孟瀆　徐仲祥　王紱

人有恆言皆曰地因人勝夫人則逝矣非紀載其孰能傳之雖然未有有而不傳者也自有茲山以來產且遊者多矣不能悉錄錄其顯者如左總曰物望云

宋

司徒右長史湛挺茂之築草堂於慧山讀書其中與南平王劉鑠以詩章唱酬今寺即其地

晉

孝子華寶居慧山下今其地猶名華坡晉義熙末父豪戍長安寶始八歲臨行謂曰我還冠汝後長安陷父死焉寶七十不冠或問之輒號慟彌日齊建元三年表其門

唐

處士陸羽鴻漸一名疾字季疵復州竟陵人不知所生或言有僧得諸水濱既長自筮得蹇之漸曰鴻漸於陸其羽可用為儀因為姓名字上元初更隱苕谿自稱桑苧翁闔門著書或常獨行誦詩野中不得意輒慟哭歸時謂今之接輿久之詔拜太子文學徙太常太祝不就貞元末卒初嘗茶著經三篇嘗品衆泉以慧為天下第二御史大夫李季卿宣慰江南有以著茶薦者羽野服挈具入季卿不為禮羽愧之著毀茶論

尚書左僕射趙郡公諡文肅李紳公垂中書令敬玄曾孫也父晤令晉陵因家無錫少孤貧嗜學讀書山中元和中擢第釋褐國子助教李錡鎮江南辟為從事錡叛令紳草檄不從囚之錡誅乃免穆宗召拜左拾遺翰林學士與元稹李德裕同在禁中稱三俊事載唐史

宋

中大夫右文殿修撰李夔斯和邵武人其父儼始居無錫夔卒葬湛峴山楊龜山為銘 互見冢考

丞相特進觀文殿大學士隴西郡開國公贈太師諡忠定李綱伯紀夔之子進士起家建炎初拜相學行功名為中興第一竟以汪黃沮去位自號梁谿漫叟有梁谿集毋沒時常廬墓錫山手植松柏數萬株其節行詳見宋史

禮部尚書諡文簡尤袤延之自閩來居無錫作堂讀書慧山從喻玉泉樗游登紹興進士第嘗卒大興金人犯境士庶望風遁袤獨守不去君子與之薄極羣書迺貫今古自號遂初居士

○元

承直郎松江府判官孟遵宗鎮信安五世孫有別業慧山下名慧麓小隱歸而老焉其子圭一字叔敬能世其業圭一又名式

處士徐與老仲祥錢唐人少以孝聞從張仲舉學補太學生嘗遊上都長春宮眞人完顏奇之賜號明善處士後值亂航海歸時兄稺鑑仲明住慧山與老依以居鑑亦能詩倡和成集王學士達仲祥門人也序而評之曰仲明之詩婉以潛仲祥之詩高以潔所著有大學集義一卷既卒遂葬之錫山

○國朝

中書舍人王紱孟端邑人初爲諸生尋棄去遊江淮晉代間歸隱

慧山記　卷三　人物　三

山中自號九龍山人洪武末徵天下罷閒生紱與焉未幾坐累戍山西朔州或云嘗爲某縣知縣謫以是故既歸益尙隱節永樂初以薦爲中書舍人年五十五卒於官紱博學能詩眞行書得晉人筆意尤工山水竹石酒酣野服對客伸紙奮筆奇怪跌宕遇長廊素壁縱橫揮灑層巒疊嶂煙雲變態不可端倪或題其上至數百言有挾金帛弗得片楮山林士一揖與之眞迹流傳識者懸金重購昆山夏太常㫤師其竹石亦名天下

山居第九　歷山草堂　慧麓小隱　李相書堂　陳公圃　遂初書堂　碧山吟社　清徽精舍　野翁莊

余至蘇門山觀百泉其上有康節隱處蕪沒荒草中敗垣遺址野老猶能指而道之今於慧山見諸賢之蹟而恐野老未能道也故列之

歷山草堂湛長史讀書處劉宋元嘉中建南平王鑠及齊江淹皆有遊草堂詩唐侍御史邱丹作舊居誌及同時韋夏卿輩皆有詩刻石今爲寺

宋南平王劉鑠過歷山湛長史草堂詩

茲山蘊靈詭憑覽趣亦贍九峯相接連五渚逆縈浸層阿疲且引絕巖暢方禁溜泉夏更深林交晝長蔭伊余久淄涅復得味恬澹願逐安期生於焉愜高枕

司徒右長史湛茂之歷山草堂應教

閉戶守元漠無復車馬跡衰廢歸邱樊歲寒見松柏身

慧山記　卷三　山居　四

慚睢陽老名忝梁園客習隱非市朝追賞在山澤離離插天樹磊磊間雲石持此怡一生傷哉駒度隙

齊江淹無錫歷山詩

愁生白露日思起秋風年竊悲杜蘅暮攣涕弔空山落葉下楚水別鶴唳吳田嵐氣陰不極日色半窺天酒至情蕭瑟憑尊還惘然一聞清琴奏歔泣方流連況乃客子念直置絲竹間

唐檢校尚書戶部員外郎兼侍御史邱丹湛長史舊居誌幷詩

無錫縣西郊五里有慧山寺卽宋司徒右長史湛茂之之別墅也舊名歷山故南平王劉鑠有過湛長史歷山草堂詩湛有酬和其文野而典特以松石自怡逍遙沈寂終見止足之意可謂當時高賢矣至齊竟陵王友江淹亦有繼作余登茲山以觀三篇列於石壁仰覽遺韻穆若清風遽訪湛氏胄裔山下猶有一二十族得十三代孫晷執其譜書殘墨塵蠹年世雖藐瑩壠尚存余[illegible]宋史晷不見其人心每惻歎悲夫斯人也而史闕書然其有一篇則爲不朽矣因復追緝六韻以次三賢之末時有釋若冰者蹤跡茲山修念之餘鑿嵌注壑灑入諸界無非金碧鉢帽之資悉償工價是以道友邑僚諷[illegible]

佳賞嗚呼得非茂之之緣果而隱隱於上人不然何塙慮之至耶余聖唐山令臣也屏居臨平山墅亦有年矣嘗諷茂之篇句云衰廢歸耶樊歲寒見松柏不覺禪意超散若在廬霍之間矣異時同歸猶茂之之不忘也嗟乎湛君用刊巖石俟佚後之知我者得不繼之乎貞元六年歲在庚午

身退謝名累道存嘉止足設醴降華幡挂冠守空谷偶尋野外寺仰慕賢者躅不見昔簪裾猶存舊松竹烟霞雖異世風韻如在矚余仰江海人歸轍青山曲

無錫令湛賁伏覽呂侍郎邛員外舊題十三世祖歷山草堂詩因書紀事

名遂貴知已道勝方晦跡高居葺蓮宮遺文煥石壁桑田代已變池草春猶碧識曲遇周郎知音荷宗伯調逸南平兆風清建安蹟祖德今發揚還同書史冊

湛賁題歷山司徒右長史祖宅

齋官長史籍高步歷山椒麗句傳黄絹香名播宋朝分能知止足跡貴出塵囂松竹心長固池臺興自饒龍宫欣訪舊鶯谷忝遷喬從事叨承乏銅章愧在腰

湛賁別慧山書堂

捲簾曉望雲平檻下榻宵吟月半窗病守未能依結社更施何術去爲邪

李相書堂紳讀書處也在寺北其地頗高由小徑而上舊名讀書臺有堂三楹中繪紳像後更今名

李文肅紳別泉石

慧山書堂前松竹之下有泉甘爽乃人間靈液清鑒肌骨漱開神慮茶得此水皆盡芳味也

晴沙見底空無色青石潛流暗有聲微動竹風涵淅瀝細浮松月透輕盈桂凝秋露添靈液茗潑春芽泛玉英應是梵居連洞府浴池今化醴泉清

王永積錫山景物畧

山中名讀書臺者二一爲吳氏讀書臺在三塔庵右今屬曹履垣莖一爲李相讀書臺在聽松庵右則故唐丞相李文肅公紳肄業地也微時初至慧山寺窘甚累取佛經反之作文稿主藏僧怒逐之乃之剡川精舍舍前丹桼方熟一老僧見有黑蛇據其上驅之時公方熟睡蛇即隱公懷中既覺問公公荅曰適夢食桼甚美爲汝逼逐而寤僧異之得卒業焉公既貴收精舍曰龍宫回築讀書臺於宫內歲久湮沒其下爲千僧寺舊址今張福州遜牛眠地也舊有冰清堂郄金亭遜甥華雲用福州原額以表揚舅德者今亦廢至萬歷已亥邑人談修釀金立石重鐫李丞相讀書臺六字方立石時正值隆冬復有巨蛇昂首而出一時怪詫不減當日云

唐沈亞之原傳畧

李紳本趙人徙家吳中節度使宗臣錡在吳紳以進士及第還能其才舍之留執書記元和二年錡以驕聞有詔召稱疾不行賓客莫敢言紳堅爲言不入又不得去會留使王澹專職爲錡具行錡怒陰使軍士食之食既盡執中貴人脇曰爲我書報天子幸復錡位貴人懼偽諾之錡召紳授紙筆令操書上讀紳佯惴怖戰慄搖紙下札皆不能字輒塗去黑數十行又如是紙幾盡錡怒制以兵刃令易紙復然旁一人爲錡言曰許侍御縱尤能軍中書召縱縱至援詞操書可錡意遂幽紳於潤之外獄兵散乃出縱竟逆死

王達讀書臺

元和有客躭經史黑髮修眉稱短李當時寂寞此山中白日看雲空隱几一朝起占玉堂春三俊名高世所珍平生威烈尚奇操歷仕五朝才獨伸紫薇魂冷三更月千載高明今尚說白雲依舊衆山青山亦因茲重得名若使當年終失意世間誰識青雲器

周文襄公忱讀書臺和韻

丞相當年未第時讀書曾向此棲遲水邊行徑空遺跡松下荒臺有古基老憶家山詩尚在夢吞丹桼事猶奇老僧知我懷賢意相引憑高慰所思

盛都憲顒讀書臺

青山寂歷草萋其一度登臨一愴思浪說夢蛇千載事空留弔古五陵詩天荒地老臺猶在花落春殘鳥自悲鐙火禪牀風雨夜依然丞相讀書時

附志

涵初案李相讀書臺爲文肅貴後所築累石爲址面山起堂今臺址完固高可盈丈前明張福州墓在臺之前久已磨滅其臺頂正平即堂基也方廣三丈許有視姓者累世盜葬於此兆穴在培基之浮土中其氣脉先絕已張福州生有宦蹟但佔餘地而已不保其邱隴況經紀細民佔葬名蹟遺址乎無錫李氏實繁有徒豈無文獻之後而譜牒無徵自康熙五年有李廷煌者倡建李忠定祠於慧山遂皆通譜爲忠定後裔若告之以錫山郡望唐有李文肅宋有李忠定則茫然不知因無怪乎

讀書臺之廢也設復有好古之士如談思永者則臺址尚存猶可復焉

遂初書堂尤尚書袤讀書處在慧山今不知所在

附乾隆庚午年邑志

錫麓書堂在秦皇塢介慧錫二山之間宋尤文簡公袤讀書地初尚文昌祠結廬數椽雜植竹柏於岡垂而不事華飾終袤世歷四傳七十餘年無所改易又遂初書院在讀書臺左始於袤從祖文獻公輝名依山亭文簡取孫興公遂初賦義以名宋崇陵爲御書遂初二字以賜中藏書三萬卷所傳公退手鈔與其子弟及諸女姪計日分鈔者咸聚焉後燬於火又樂谿在西郊梁谿之上袤末築遂初堂居東帶河數十步即出西關渡梁谿造圃谿上左種梅右種海棠各數百樹後有高岡眺望最得谿山勝槩題曰樂谿故所著有名樂谿集者五十卷中有萬卷樓暢閣來朱亭二友齋來朱者會與考亭講道於此後人因圖其像於壁二友則陳同父楊誠齋也錫麓書堂後稍陵夷五世孫玘仕元歸盡復舊觀起重樓樹名花春月邑人率往遊焉亦燬於火

楊萬里雪後到慧山讀尤延之

已到姑蘇未到常慧山孤秀蔚蒼蒼一峯飛下如奔馬萬木深圍古道場錫谷中空都是乳玉泉致遠久猶香吡雲白石梁谿叟恨殺風烟隔草堂

蔣忠文重珍樂谿居萬卷樓

歲暮清谿上居留入已收菰蒲殘白雪魚鳥去清流存展周公志亡從泰伯游荒墟遺跡在惆悵一登樓

清微精舍元延祐間倪眞人文光建虞伯生爲文光墓表作清微館在黃公澗上今爲張中丞廟 互見古蹟

慧麓小隱孟通判所築潼有詩文卷今藏龔泰時亨家

王永積錫山景物略

慧麓小隱當九峯之陽介錫慧兩山間爲元信州錄事孟潼歸隱地至正丙午燬於盜越已未潼子圭一修復之建復本堂奉先祀圭一有記內稱茂林修竹清泉遶之山可樵圃可蔬會命何東谿寫圖以寓心目之勝題詠盈卷

倪瓚慧麓小隱

錫麓周流開竹扉孟公傳築草堂基已倩王維圖別業更邀裴迪賦新詩

高明慧麓小隱

汴水堤邊楊柳花東風吹滿五侯家繁華一去江南遠夢覺春山自煑茶

秦夔慧麓小隱

亂後家何在歸來始定居丹心三尺劍白首五車書戚晚名猶在雲臺業未疏結廬來小隱歲晚足耕鋤

陳公園在錫山西麓陳公懋所作中搆錫谷書堂西清樓風翰亭

莊太史昶夏方伯寅皆有題詠 公懋秋林翁勉弟

秦夔錫谷書堂

錫谷逶迤山水幽內有隱者之飛樓三泉烟霞斂夕九龍爽氣常宜秋吟邊落日動遐思望裏平湖消客愁地靈人傑爲呵護更約臨風來上頭

碧山吟社在龍泉房左成化間秦旭景暘倡陸勉懋成高直惟清陳履天澤黃祿公祿楊理叔理李庶舜明陳公懋行之施廉彥

清潘緒繼芳每月擇良日觴詠其中李少卿應禎爲題曰借山亭王文肅倎吳文定寬陸詹事端簡程禮侍敏政皆嘗遊焉

先文莊公跋碧山吟社詩卷

碧山吟社吾邑之盛事也其地在慧山之麓若冰洞之前黃公澗之上陸子泉之右謂之名勝其時在成化之末弘治之初謂之全盛謂之承平其人皆一時隱君子爲修敬秦翁景暘爲竹石醫翁懋成爲栖庵高翁惟清爲遯庵陳翁天澤爲杏軒黃翁公祿爲聽玉楊翁叔理爲絅菴李翁舜明爲玉谿陳翁行之爲北野施翁彥清爲玉林潘翁繼芳謂之文雅謂之耆俊而秋林陳公進之歸自工部冰壑盛公時望歸自都憲中齋秦公廷韶歸自江藩亦時時一至不在常數其會則惟論詩詩成有燕有核數盤飯一盂酒八九行而已於是三原王端毅公方在撫院亦聞風而願見焉其重如此蓋如是者若干年而修敬卒諸公相繼淪謝今存者惟繼芳一人能談其事聞者猶歆慕之欲繼之而莫能繼也蓋是時修敬素有鄉望且其爲約甚嚴十八之外不參以俗客雖盛暑祁寒必各以其服至不褻不散一會一詩必命

題必具稿若爲課然者夫是以能久而繼之難也今考其年絅庵八十有六修敬八十有五遯庵八十有三竹石八十有二梅庵七十有九杏軒七十有三聽玉七十有二玉谿六十有九北野六十有一皆可謂壽矣而玉林今年八十有二康強如六十七十者其壽尚未可量也此卷爲繼芳所藏中亦有社外作者某於諸老皆及見之北方仕於朝未能操几杖以從焉所謂欣慕之者蓋甚於人人辛巳歲大司徒秦公被召過家訪我二泉書院嘗同至吟社徘徊久之今見此卷吾且老矣烏能無情哉於是乎識

李鄖碧山吟社雅集圖記

山川人物二者必相際遇斯勝事出焉粵若廬山東林結白蓮社香山居士作九老會洛中名勝建耆英堂時因繪事人爭覩慶夫豈偶然哉皇明一統巖廊羅文章政事之臣山林彙清修節義之士固天下同也然未暇論君子獨稱吾錫詩社之碧山十老尤盛者其故何哉蓋是設倡之者封大夫景暘秦公一人和之者如陸公懋成九人成化壬寅爰度慧麓之陽漪瀾其堂龍縫其泉據厥形勝遂作室焉前爲門海虞馬容臺宗勉榜曰碧山吟社中爲堂長洲李太僕貞伯扁曰十老傍有亭曰然髭則天官正郎盱江左君時翊名焉人各肖像則相城沈石田啟南圖焉丁宴敘之日簪纓集焉尊俎旅焉賡歌作焉登高眺遠天開圖畫焉論心道故人合德焉龐眉皓首老不知焉此則繪中之大略也酒罷撫卷執筆而書者秦修敬也坐台而觀者李絅庵也面石壁而揮毫者陸竹石也凭肩指示按膝而玩者陳遯庵及其同宗玉溪也至如橫卷灑雅集圖者非楊聽玉乎憩松陰聯坐石而相鶴者非黃杏軒施北野乎臨清流而作推敲勢者非高梅菴乎舉鐵筆刻竹而題詩者非潘玉林乎擕甕壺來餽茶者則又隣僧覺性爾童子侍側者數人亦當時所嘗執事者所謂得其彷彿而已者耳工拙固不暇計也琴棋彝鼎參列左右此則圖中之具載也文風碩望石交輝映何盛焉是故晉陵王文肅家宰嘗賦碧山十老盟須訂他日容陪杖屨否閣老姑蘇吳文定亦有寄語吟壇十才子碧山風月肯平分之句二公一代人物也凡過錫必與游觴詠流連但蓋相望其視香山洛社曾有是乎今年春都憲二泉邵公南歸與玉林編纂慧山志二十卷碧山吟社其一也擬爲梓行於戲二泉吾錫人物出一頭地者玉林藉此不獨有光山川而亦有光吟社哉夫社予圖留題矣今山川

盛典又不得不爲書之

秦旭甲辰正月六日繼芳邀社予以聦疾不赴詩以申謝

頭白昏昏只欲眠招呼長荷社中賢餘生待罄鬼門下良會負期人日前畏酒暫辭金谷罰酌泉重結慧山緣春湖綠漲桃花水煩借米家書畫船

王文肅倎碧山吟社

少遊何處問吟社借得西神數畝山一代衣冠追洛下千金詞賦播人間松筠秉節堪怡晚臺榭臨流好樂閒我欲低頭拜盟主挂冠何日出賢關

吳文定寬碧山吟社

詩壇高築壬寅歲勝事遙傳大歷年買地有貲酬野衲品泉無譜問茶仙樹藏亭子淸風裏路遶雲根小洞邊賡唱願隨諸老後結盟遲我賦歸田

碧山吟社聯句

詩社重尋是碧山秦金碧山如在畫圖間先文莊公布衣愧我從先哲潘緒蘚刻憑誰洗舊斑莫止風入萬松聽未了秦金雲隨雙鶴引俱還先文莊公江湖心亦關廊廟潘緒且放耆英半席閒莫止

徐階重復碧山吟社記

碧山吟社在慧山之麓其始作於封武昌太守修敬秦翁翁歿而據於邑之豪某後六十年翁曾孫從川先生始克復之葺其堂若榭以與鄉縉紳顧憲副洞陽王僉憲仲山華學士鴻山王侍御石沙賦詩其中而不敢有加焉重修敬之舊也予嘗讀邵文莊公所爲吟社跋語謂修敬之作是社其相與詠遊者十人皆時所稱耆俊而三原王端毅公巡撫江南聞其風而願見想其時衣冠之盛篇什之富固洛社之流亞哉是宜錫之人相與護而存之而猶不免爲豪之所據也使非秦氏有人則幾不可得而復蓋物之有興即有廢其常理如此況於歌舞宴嬉之地爲賢人君子所不道者顧欲恒有之豈非或歎然社之復也衆相與侈談之以爲故家之盛事而歌舞宴嬉之地則或一失而不復或復之而無可稱又以見文章之貴而所謂利與勢有不足慕者智者於此當自能擇其所託而況又有進焉者也自三代以降士失其學民失其所以生其有望於復殆甚於吟社而予觀於縉紳間飾詞章而競功利務便其身而閭閻之疾苦漠然若不聞者皆是也豈物之廢也有時而興而道之廢卒不可復即抑以與其人耶先生學有本源遊於邑之校凡六舉不第遂退而隱處以業授其子今服

臺君桀君篤於修身而急於爲民所以復道之廢者固於是乎在予是以因社之復也致厚望焉他日君紹聖學之緒而建不朽之業使後世益稱秦氏爲有人吾知吟社將賴以永存矣

俞憲題吟社八景

撚髭亭

木聲淒洞戶竹色淨樓題寂寞懷賢處依依但賦詩

流馨亭

香柚舊垂雙新枝又幾霜願將勿剪意竊比召公棠

龍縫泉

龍餘吐泉清誰穿龍縫成小池風雨夜真有飲龍聲

濯纓亭

垂晃久忘情歸來濯舊纓濯時歌孺子明月在南榮

借山亭

誰欲借名山山靈可否問乾坤俱是借何歲是應還

涵碧池

一水滿前池清風漾碧漪野人時弄水惟有白雲知

芙蓉徑

名花夾徑簇秋色翳高臺臺下行吟者花神莫浪猜

古木坡

喬柯滿近坡千載映嵯峨石上留詩處題名半滅磨

野翁莊在聽松庵右施訓科廉所營有松筠之勝貴谿姚提學文灝題匾沈石田周有圖與詩

施廉戊午十二月朔喜潘玉林至

我有屋數楹密邇青蓮宇永謝聲利徒時枉文翰侶朝看山頂雲暮聽竹間雨於焉卒歲年清風慕巢許

清晨梳我頭呼兒掃苔宇疏果間尊罍展席集朋侶鈎簾對青山蕭蕭落疎雨握手忍分違相思渺何許

施廉野翁山莊二首

深深鑿渠低覆渠流水入戶桃花香野人朝來足春睡時有黃鸝啼過牆

呼兒添火暖深杯霜雪霏霏戶半開千樹梅花萬竿竹品題還待野翁來

旅閒野翁泉用新製竹茶爐請賢題詠韻

先翁手鑿此山泉求者時來對客煎雅度自能超物外清風端不愧盧前慣招仙子攜鑪試遠避狂夫枕麴眠一脈涓涓流不息百年期得令名全

李庶和

山瓢新汲野翁泉擔石澄來信手煎詩侶一時皆出石茶仙六事更無前乘風北野先歸去抱被西巖暫借眠奈得相如消渴病暮年水遞賴君全

倪祚和

野翁仙化有遺泉更愛郎君事茗煎急瀉石池聲不息淨通松壑味如前風簾半捲僧同聽雲榻長依鶴伴眠近說秋亭能品試茶經一卷擬收全

潘箴和

賜閒亭北野翁去泉存尚可煎栗粒焙來偷火裏乳花流出石巖前驟生海眼魚將躍爱聽松濤鶴不眠故事又添桑苧後重翻茶辨法能全

沈周野翁莊

野翁未見見新莊石子迴階引石梁高樹隔牆烟寺近亂雲拖雨晚山長自春載酒應無度每日題詩定幾章絕與輞川風致似我爲裴迪亦何妨

黃[illegible]野翁莊

珠簾清簟淨無塵如此高齋亦可人癡絕龍邱老居士千金浪欲買比鄰

先文莊公偶飲野翁莊有懷翁他日相與之雅情見乎詞用元八韻

相逢館下屢賓階卷有新詩許我朋贊衣及年皤似雪眼將入道碧於苔良工心苦春收藥佳客壚寒晚折梅酒罷題詩修竹上鄰僧猶待野翁來

古蹟第十　城坡　宫室　書翰　器物　卉木

古今異世覩陳迹則感慨係之此物之大情也況登臨之際荒烟野草廢址斷碑觸於目而動乎心非志將焉求哉乃若用物卭者久而不化雖晦矣必有時乎顯焉雖然或全之或壞之造物者之所爲固不可得而知也至於卉木之類凡有傳述亦不敢廢甘棠勿伐此之謂矣

○城坡

范蠡城吳地記云在歷山西今謂之斗城輿地志云歷山西有范蠡城越伐吳時所築考之吳越春秋蠡未嘗至此未知孰是

秦璐范蠡城
兵家輕發是亡師二十餘年計弗遲主辱豈堪亡鳥喙功成猶是感鴟夷風塵渺渺夫誰恨烟浪茫茫笠澤思海船未遂臣種死留侯能不一攀追

附載邑中范蠡古蹟
一曰蠡湖在梅李泰伯二鄉界口一名蠡瀆一名漕湖范蠡伐吳時開是瀆以通南湖故以蠡稱東西十二里南北六里
一曰仙蠡墩亦名仙女墩舊傳范蠡載西施所曾泊處墩下有伍相祠今廢
一曰罵蠡港在仙蠡墩稍西舊傳吳人罵范蠡於此

黄城與斗城近俗呼黄斗城寰宇記云黄城去縣十二里史記楚考烈王元年以黄歇爲相封春申君賜淮北地十二縣後歇言於王曰淮北地邊齊其事急請以爲郡便因并獻其地請封於江東王許之春申君因故吳墟爲都邑輿地志云今歷山下春申君祠在焉去斗城三里有道通黄城互見雜考

龍尾陵道越絶書云春申君徙封開此道以屬本邑後漢書地理志注亦云今龍山嶺北尾上路是也

龍尾陵道鄒廸光有詩載卷一峯隝

秦皇隝在錫山側陸羽慧山寺記云始皇東遊望氣者以金陵太湖間有天子氣故堀而厭之

秦楨始皇隝
村隝尚言秦求仙滄海晨如何祖龍一死空結鮑魚囚一徑野花發山頭不見人

烏腰隝在錫山東

華坡在慧山下孝子所築

高明華孝子故址記　案高明元人
慧山寺之東偏當泉水之上有三賢祠按志書今祠址華孝子所居宅也初祠久廢吳人王彬始復倡建既成則以三賢事刻諸石且曰初址實孝子故居孝子之事不以沒而不著復碧其碑陰以記其事章善也按齊史孝子名寶晉義熙末始八歲父豪戍長安且行謂曰我還爲汝冠後長安陷父沒寶奉命至七十不婚冠或問之不忍答輒號慟彌日建元三年詔表其門閭凡史載孝子事若此蓋自西晉以來尚元虛賤名檢敎弛法斁波流風靡而孝子獨能篤至行終始不渝其誠意惻怛可以貫金石于雲霓若與宇宙日月同其久於此見天之降衷人之秉彝不以衰世末俗而有異也孝子晉人而志謂齊孝子者蓋孝子生於晉長於宋沒於齊當其一身而天下三易姓當時居朝廷有爵位者朝事司馬氏夕事劉朝事劉夕事蕭恬不以爲怪而孝子奉父一言七十年餘未嘗須臾忘以至沒身不替使當時有爵位者其奉君命恪官守亦咸若華氏子則晉不當爲宋宋不當爲齊而孝子宜不曰齊孝子也凡游於兹者憇幽林酌清泉臨風覽古懷三賢之高風慕孝子之至行其素有志者宜加奮勵其未能者則澄思革心勉追遐躅是則某所以樹碑之意云爾夫人性一耳有爲者亦若是吾徒宜毋忘念

涵初案華陂背山臨水後歸愚公谷澗水自天釣堂後東行至枝峯閣作繩河綰於閣下南折而至孝子祠前

案墩在滙寓房後文襄公謂寺缺青龍因以毀殿瓦石聚而成之

○宮室

洞陽觀在慧山西南三里陸羽記云觀下有穴潛通太湖中包山故名觀創於梁天監中隋大業中廢或曰即今明陽觀址

淮海先生祠堂在少游墓上有紀載邑志 互見襍考

化骨池三塔在禪悅庵右相傳爲民庶僧道瘞骨之所二在石池中一在池上品字列不知所始 互見襍考

悟空精舍在第七峰下宋宗姓若巖之小隱松竹森鬱朝霏夕陰宛若圖畫方外張伯雨雲陽虞志道皆有題

涵初案趙奕鈞倪瓚張雨皆有詩載入卷一峯隝惟虞志道詩今不可考

水簾在錫山澗中倪文光作精舍時築堤遏水爲瀑淺聲今廢

○器物

石幢在寺門前左刻楞嚴諸咒宋熙甯三年建右刻尊勝諸咒唐乾符三年建

百響鐘在九龍峯門上每一搖百響乃止後毀於火

山谷詩石在少游墓上刻建炎四年追贈龍圖閣誥又山谷送秦少章詩後爲秦氏裔石歸好事者獨誥碑仆榛杞中永康應純之以州判官攝邑事復其侵地訪而封之石亦贖還今又亡矣

涵初案少游墓互見卷四墓又互見襍考柳貫仁壽庵有詩藤陰不蔽淮海墓蓋在仁壽菴相近處

孟氏禪院印範銅爲之其文云旌忠薦福功德禪院之印成化間僧戒欽堀地得之今藏於寺僧

宋人題名二通

嘉祐間一通 其文云轉運使王純臣道粹經按毘陵挈家遊慧山寺廷老商老卿老元老從嘉祐辛丑二月九日

元豐間一通 其文云司農少卿鍾離景伯公序自東陽解印過慧山奉謁慧照璋公同遊絕景飲泉試茗而行元豐三年六月十九日

廬山景畫壁洪武末王中書孟端寓聽松庵遂圖其壁爲廬山景黃少保淮題詩其上有力者屢欲移之而壁用竹工竟莫能動

成化庚子火而毀之

竹茶鑪孟端與性海一日偕潘克誠在聽松庵適湖州竹工至遂以古制命爲之一時名人俱有題詠永樂初性海赴虎邱住持以贈克誠藏六十餘年成化間楊譲孟賢得之丙申秦武昌夔撰疏取諸楊氏歸焉有復鑪唱和卷與舊並傳

王達竹茶鑪記

性海禪師卓錫於慧山之陽山之泉甘美聞天下日汲泉試茗以自怡有竹工進日師嗜茗飲請以竹爲茗具可乎實鑪云鑪形不可狀圓方上下法乾坤之覆載也周貫以土火炎弗毀瀾虹光之貫穴也織文外飭蒼然玉潤鋪湘雲而剪淇水也視其中空無所有冷鐵如柵者橫其半勻清冷於器拾墮樵而烹之松風細鳴儼與竹君晤語信奇玩也禪師走書東吳介予友石庵師以記請夫物之雜齊甚矣樽罍以酒鼎俎以食此盖適於國家之用尤前貴者若剛鼎以石製鑪以竹亦奚足稱

艷於詩人之口哉雖然樽罍鼎彝世移物古見者有感
慨無窮之悲竹罏石鼎品高質素玩者有淸絕無窮之
趣貴賤弗論也且竹無地無之淩霜傲雪延漫於荒蹊
空谷之間不幸伐爲筥箕筐篚之屬過者弗睨也今工
製爲罏焉汲泉試茗爲高人逸士之供置之凡格播諸
詩詠比貴重於樽罍鼎彝無足怪矣初禪師未學也材
豈異於人人及修持刻勵道隆德俊逈出塵表爲江左
禪林之選亦竹罏之謂也是爲記歲在乙亥秋仲望日

韓奕竹茶罏

綠玉裁成偃月形偏宜煮雪向巖扃虛心未許如灰死
古色爭看似汗青偶斫樵歌供土銼尚疑淸籟和陶缾
達人曾擬同天地上有秋蟲爲篆銘

周振竹茶罏

慧山亭上老僧伽斫竹編罏意自嘉淇雨拂殘燒落葉
湘烟吹起捲飛花山人借煮雲茗藥學士求烹雪水茶
閒道萬松禪榻畔淸風長日動袈裟

謝常竹茶罏

竹罏絕勝黃金鼎斫剪淇園玉一莖圜鳳乍驚風籟起
篷龍應聽浪花生洞分翠色和煙織香掬金芽貯火烹
留向禪房淸作供梅梢吟轉月三更

王紱竹茶罏

僧館高閒事事幽竹編茶具淪淸流氣蒸陽羨三春雨
聲帶湘江兩岸秋玉臼夜敲蒼雪冷翠瓶淸引碧雲裯
禪翁託此重開社若個知心是趙州

王達竹茶罏

製作精深亦自觀日供高士試龍團輕分淇雨苔猶綠
細剪湘雲粉未乾紫筍滿甌吟骨健淸風一榻鬢絲寒
吸來坐盡梅花月正是淩秋第幾竿

已上竹茶罏原詠

陸簡復竹茶罏記

出錫城黽許慧山稍折北菴曰聽松洪武初僧眞性
海嘗織竹爲罏高不盈尺圓上方下類今學仙家流稱
乾坤之象者規製絕精巧可玩邑先達耐軒王學士諸
名家率賦詩賞之眞公沒罏淪落於城中右族亦已南
易主成化丙申冬武昌太守秦廷韶聞得歸過菴中誦
諸先達詩歎曰物各有主茲罏固慧泉之物也而他人
何有慨然許爲物色歸之復爲詩飭其徒俾世守焉和
者自京師諸名碩下得數十家竹罏之名不獨傳一方
而遂以聞天下罏之所遇亦奇矣哉夫慧泉之名山陸
鴻漸一言而著後世置罏之意實欲匹泉之爲用也廢

棄之餘孰意遇如武昌者得以衍其名哉鴻漸嗜茶飭
及罏鼎至範銅爲之當不如竹之不凡但竹力朽弱難
久存存者若倪元鎭茶具今尚爲蘇萬壽寺僧所收存
矣而寂寂爾無所稱聽竹罏之遇不遇何居罏在慧山
之上是所處得其地也前遇耐軒後遇武昌所遇得其
人也岐陽石鼓孔壁之遺經假所處與遇非耶後之存
者幾希物固有然者矣而况於人之所以圖其存者乎
吾固於罏有感矣武昌學行政事皦皦重當世而博雅
好古乃其餘云

秦旭與高惟淸復竹茶罏

方外曾參玉版禪草元亭上住多年山房有意親靈徹
金屋何心伴麗娟詩卷畫圖新趣味熏罏茗椀舊因緣
湘筠骨格依然好留與眞公弟子傳

秦夔和

烹茶只合伴枯禪誤落人間五十年華屋夢醒塵冉冉
湘江雲冷月娟娟歸來白璧原無玷老去靑山最有緣
從此遠公須愛惜願同衣盋永相傳

程敏政和

不隨蓮社愛逃禪對客煎茶記往年歲晚松風猶瑟瑟
夜寒梅月故娟娟弓亡已分歸無定劍合由來宿有緣
入手未應憐去住漢家汾鼎亦誰傳

李文正東陽和

夜聽湯火共幽禪回首風塵幾歲年合浦故應還灼爍
湖州空解惜嬋娟浮生尚覺俱成幻微物從來亦有緣
疑是鄴侯淸德在他時秀句必同傳

謝鐸和

無心到處即安禪何物頻勞問百年得失未能忘楚越
畫圖終是惜嬋娟從來湘女江邊恨暫結眞僧石上緣
周鼎殷盤千載上祗今淪落與誰傳

邵珪和

厭隨流俗再歸禪不見青松幾石年千劫寒灰成幻化
三湘遺族尚連娟蘇蘭薪桂林中約風鬟雲泉物外緣
爲語曹谿諸弟子珍藏好伴法燈傳

陳賓和

謝却山靈住老禪山房棲跡已多年烹茶只合依鴻漸
熏麝何妨附李娟流落自知前日誤重來如結再生緣
世間萬物誰無主獻璧懷金莫浪傳

秦端敏金和

竹罏今喜復歸禪一別山房五十年聲繞羊腸還簌簌
夢回湘月共娟娟螢堂宿火無塵刦石檻淸泉有靜緣

莫怪眞公招不返已將詩卷寓人傳

已上復竹茶鑪唱和詩選

先文莊公敘竹茶鑪

洪武壬午春友石公以病目寓聽松庵目愈圖廬山於秋濤軒壁其友潘克誠氏往觀之於是有竹工自湖州至庵僧性海與友石以古制命爲茶鑪友石有詩詠之一時諸名公繼作成卷永樂初性海住虎丘留以爲克誠別蓋在潘氏者六十餘年成化間楊謨孟賢見而愛之撫玩不已潘之孫某者慨然曰此豈珍於吕黎之畫而吾獨不能歸之好者乎乃以畀孟賢孟賢卒之三年秦方伯廷韶以郡守報政還自武昌遂爲僧撰疏語白諸孟賢之兄孟敬取而歸焉吾聞諸母姨之夫東耕翁云

古跋竹鑪詩卷後

吴文定寬盛舜臣新製竹茶鑪三首

聽松庵裏試名泉舊物曾將活火煎載讀銘文何更古
偶觀規制宛如前細筠信爾呈工巧暗浪從渠攪醉眠
絕勝田家盛酒具百年長共子孫全
與客來嘗第二泉山僧休怪急相煎結庵正在松風裏
爽若還從穀雨前玉盌酒香揮且去石牀苔厚醒猶眠

席間重對竹鑪火古杓爭看更瓦全
曉汲荒園冷淡泉入厨不付爨奴煎重編細竹形如許
小試新茶味莫前製出秋亭承雅好詩聯寒榻麗高眠
更聞瓦杓兼精妙乞與齋居欲兩全

盛冰壑和

我愛聊山入品泉持歸禪榻和雲煎湘皋捲雪來總外
蒙頂驚雷落檻前澆破詩愁句得句洗清塵思竟忘眠
人間肉食紛如雨爭識吾家此味全

程敏政和二首

新茶曾試慧山泉拂拭筠鑪手自煎擬置水符千里外
忽驚詩案十年前野僧暫挽孤帆住詞客遙分半榻眠
回首舊遊如昨日山中清樂羨君全
細結湘筠煮石泉虛心宵復畏相煎巧形自出今人上
清供曾當古佛前可惡瓦盆鎔玉汁絕勝金鼎護砂眠
長安詩社如相續得似軒轅句濬全

李文正東陽和

石鑪曾分梟梟泉裏茶添火試同煎形模豈必隨人後
鑒賞何因置我前秋共林僧燒葉坐夜留山客聽松眠
王家傳物今雖在竹缺砂崩恐未全

楊守阯和

渭川蒼翠隔雲泉誰取編排事茗煎鳳閣舍人工創始
秋臺公子巧模前火紅松葉湯初沸月白梅花客未眠
歆羅雪香三弄笛閒中清趣得天全

王文恪鏊和

燒竹書齋煮玉泉同根誰使也相煎臣林簡易聊堪並
石鼎彭亨莫漫前月落湘妃猶自泣日高盧老且濃眠
惟君肯慰詩人渴不學相如與璧全

先文莊公和

雨過春山滿汲泉舊僧鑪在好烹煎細塵性絕甄陶外
烈火心降汗竹前白雪翻時聲蟹沫碧雲蒸處一龍眠
調元固有商家鼎不出山林道已全

先文莊公與客談竹茶鑪二首

松下煎茶試古鑪濤聲隱隱起風湖老僧妙思禪機外
燒盡山泉竹未枯
彭澤無弦浪撫琴聊與山水醉翁心漫將鑪火論茶味
雲隱松庵午夢深

已上盛舜臣新製竹茶鑪題詠選

涵初案顧與籍貞觀竹鑪新詠記言明初聽松僧性海所製竹鑪既失至成化間復得之歲久漸壞盛侍郎冰壑命猶子舜臣彷彿爲之前後題詠遂成大軸 國朝康熙間舜臣所製竹鑪亦壞遂仿舊製兩竹鑪諸名人復爲題詠則在慧山寺中竹鑪山房矣各題詠見續編

二泉記石在梅隱房前殘缺不可讀

石板上刻僧名道瓚與孟氏印同出地中天順初道瓚來住適符其名今其地爲渥寓房

○書翰

聽松二字見石牀

慧山泉三字在泉上宋丹陽書

龍淵二字在龍縫泉上宋楊無爲書

天下第二泉五字在泉亭上元趙承旨孟頫書今藏吳侍御遂之家

涵初案與侍御學藏趙書墨蹟另刻木版懸於亭久而木朽雍正五年包郡守括請王吏部澍補書刻石

華孝子祠四字其一趙承旨書其一周左丞伯琦篆其一王少傅

鼇書

孟氏規約至正二十一年立今寺中收

聽松庵灣泊軒二匾六字　國初僧宗泐隸

松關二字在聽松庵　國初詹中書希原書

三士圖王中書畫也中書與性海及潘克誠遊故爲松庵行樂之像曰三士者中書自謂儒士性海開士克誠醫士圖凡三人藏其一今各失去

王中書畫觀音像及書金剛諸經共一卷詳其自爲跋今在聽松

庵

○卉木

金蓮花在寺中池內相傳爲僧顯所植花如蓮而小又如水仙色黃多幽香甚賞其蔓如荇　互見池澗

長生檜在佛殿前右宋天聖中蘇內相紳宰縣時手植後人立石識之今亡

蘇紳長生檜　檜在慧山大殿之東長十餘丈

幾年飛錫倦尋芳雲衲斕斑掩竹房一榻夜禪蒲座穩
滿盂春供藥苗香汲泉巖畔鸞猿飲栽葦池邊引鷺翔
像室霧昏燈焰小石樓風度磬聲長碧蘿別嶺衡寒露
掃葉前林趁曉霜大抵僧居遺俗慮此中身世更清涼

鳳檜在佛殿前不知何時植今亡

雙溫樹李丞相紳手植有詩

李紳別雙溫樹　溫樹

余往年於慧山寺手植今葱翠蔽日此樹過江多死有橘之狀

翠條盈尺擁孤秀移植書窗待月軒輕剪綠絲春葉暗
密扶纖幹夏陰繁故人手植空懷想溫室身知不敢言
爲爾拂雲今得地莫歎陵谷改欹顏

趙令松在寺山門內

大松在佛殿前今亡尚德書院有二株其大如之

雙松在尚德書院者題詠二首

先文莊公雙松圖

託根共山谷貞節元不孤天聲自相和冷然覺迷塗烟
雲日往來映此古貌癯尚友千載人賢哉二大夫

王問題雙松

寂莫斷門栖雙松自相倚鬱鬱蒼翠姿歲暮白谷裏山
人拾紫芝雲臥常晏起有時白鶴歸月光澹如水

瑞竹正統初僧福奎折竹引扁豆盟之曰吾道成枝葉生既而果生枝葉時人以爲異多題詠之

慧山記卷三全

慧山記

邑先賢邵文莊公手定　南隱院僧圓顯輯

同邑潘　緒玉林較

莫　止南沙參

文莊八世族孫邵涵初吟泉附志

卷四　勝覽　墓　土產　襍考

勝覽第十一　堂　亭　軒　閣　樓

由江而南山近官道可遊者金山之外惟慧為大舟至山麓纔二里又一里則至泉上茶鑪酒榼甚易致客之名勝者鮮弗至焉乃若邑之人慕風雩循修禊者登臨觴詠亦固其所哉凡堂亭軒閣昔人擇而搆之皆有可覽今多廢矣

○堂

泉亭前曰漪瀾堂俯瞰龍吻宋以前為真賞亭　國朝正統間重建弘治十四年盛都憲顒倡修之

施天任真賞亭流觴

慧山山半有飛泉甃石環亭泛酒船只任源流自高下不緣機智得方圓夷猶小棹翻賓榻零亂浮華出洞天六月炎蒸應戀此二松風韻更蕭然江帆遠渡疏林外山鳥閒吟落照邊盛世正逢元祐日清歡重繼永和年縈心難效公垂詠真賞尤知子美賢我是林泉自由者時時來作醉中仙

盛冰壑都憲重修漪瀾堂記

皇明御天混一四海化干戈為衣冠之俗華風漸被山岳效靈吾錫據江南之望慧山之泉稱天下第二石甃細流由山麓聯絡迸注而為井由地中瀉於龍吻停而為沼突然此臨其上漪瀾堂也茶仙之品評坡老之題詠傳誦迄今代有名人承風步響士庶之雲集者無虛日三韓之使亦訪問焉吾宦游兩都關之南西齊魯之境吳楚百粵足跡殆遍奇蹤偉觀孰非悅於心而快於目者而王事之暇耿耿於懷寤寐此泉此堂而莫之釋良以父母之國少日釣游處也成化丁未春內臺解組旋始得如願與舊友員外陳君進之封太守泰君景暘邑令榮侯躬賓來游山中或折簡而會或不約而遇維舟谿上相率以嬉登高振衣遠望終日季秋之望侯復請游觴於堂籩豆斯陳獻酬有序采英浮白間以詠歌仰而觀山峯攢雲簇如萬馬爭馳於闌檻俯而聽泉其聲潺潺與松濤奔放上下互為清濁恍聆九奏於洞庭自念久勞於外茲歸骸於承平之日以時賞心形神俱爽不負吾泉吾山之期待士夫以完節歸余詎敢當耶會斯堂漸圮侯欲圖新之繼日乃出羨餘經其始弟指鐵相其成劑費而為夷易舊而為新匠者斵圬者墁危檐峻楹承蔭廣霤飾以采環以闌三閱月而告成侯以記請予謂水微波為漪急湍為瀾昔人以之名堂者有在原泉之一潛一顯即陰陽之一翕一張此道體之妙也夫子泉上之歎子思淵泉之論文公源頭活水之句厥義弗殊此侯素講明者自今斯堂之新也觀其水之瑩然則思以澈民隱觀其流之不息則思終始此心是大有助於來者豈佚游云乎哉侯謝曰是亦儀之志也遂書刻之

涵初案坡詩已云一步漪瀾堂故曰宋以前為真賞亭

佛殿後曰白雲堂

南隱房曰清泉白石堂

尚德書院曰繡嶺草堂

先文莊公與顧氏昆季飲海天亭復至繡嶺草堂

日日谿邊艤釣槎偶將尊酒會詩家草亭坐處聊題竹松閣登時復煮茶杜老幽居常閒寂謝卿群從總清華班荊莫問西峯日明發雲山各一涯

先文莊公邵守王公遣善權僧訪予山中予作詩遣僧圓金馳謝投詩後圓金來報車從臨我繡嶺草堂欲追候之已無及矣賦此以謝不敏

竹鑪久矣待公來應勝賓筵賦有萊肯信書題松閣夢却問客到草堂開一時詩已留僧刻三子情如為我陪分付山靈知歲月蘭亭今日正流杯

顧可久題繡嶺草堂

司徒焚魚歸故山山中高結元都壇前岡時轉笙鶴度

疊嶂會有龍蛇蟠繡林娟娟長瑤草陰洞拂拂飛霞丹

座上春風不可束振衣飄灑青雲端

涵初案洞陽先生以正德九年成進士正先文莊公

致仕山居時故與顧氏昆季互有題贈

〇亭

泉上曰泉亭其制圓頂八角下有圓方二池卽前所稱上池中池

先文莊公泉亭題詠共三首

温旨存問太夫人奉陪郡守王公小燕泉亭是日晴霽無風

郡公問無風安得有落葉聲或曰泉聲也予遂賦此

落葉聲到耳流泉歌吹餘日斜羣客醉山靜一堂虛能

聽今逢予無言風起予廬陵方在坐何處問環滁

泉亭卷

此泉天下勝公乃愛泉人吾道今猶古空亭秋復春眼

明會作鑑心渴幾生塵最喜前川水冷然郤近眞

日夕坐泉亭用韻

坐深秋日澹娛人始信西神本有神詩邁等常知子久

酒開涓滴寫吾眞雷聲漸鼓千峯雨苗色將同七月春

甦卷卯邊話疇昔江花江草幾迴新

吳偉業慧山二泉亭爲無錫邑侯吳留村賦

九龍山半二泉亭水遞名標陸羽經寺外流觴何處訪

公餘飛鳥偶來聽丹凝高閣空潭紫翠濕層巒萬樹青

治行吳公今第一此泉應足勝中泠

下池上曰粱源亭唐會昌中刺史張某置連屋十間是亭在焉

若冰洞右曰濕雲亭曰漱酣亭

先文莊公次侯明府登濕雲亭

雨截憂民太瘦生偶成秋興試山晴路過野寺雲初溼

人在危厓鶴共清有石儘堪他日頌此泉眞與民心盟

大夫能事登高賦莫訝天風起旆旌

附志

邑志載溼雲亭在若冰洞右政和中郡守劉光建元至

元間改爲極目亭皇慶初改爲涵碧亭正德八年重修

後爲三賢祠此誤也案先文莊年譜正德五年八月

刋慧山記是年七月十賢堂落成故載入慧山記中邑

志稱正德八年先文莊重修溼雲亭則修亭在十賢

堂成之後則三賢祠實非溼雲亭故址也且慧山記載

溼雲漱酣二亭之名而無極目涵碧二亭名又可知極

目涵碧二亭實非溼雲亭所改乾隆庚午志載雲起樓

舊爲極目亭萬歷甲戌志極目亭今爲尊賢祠皆誤也

尊賢堂舊祠陸羽詳卷二祠廟　新志所載因本黄卬

錫金識小錄而襲其譌

寺前曰曲水亭一名甛亭又名魯般亭製作甚古

涵初案卷一池凋載日月池在寺山門內舊有曲水亭

此復見焉者記亭也

附志若冰洞前曲水

先文莊慧山記成於正德五年庚午越二十九年爲嘉

靖十七年戊戌彭簪唐順之偕邑士大夫復作曲水於

若冰洞前爲後曲水池之相去則遠矣日月池邊導其

流而曲之若冰洞前疏其源而曲之也附錄於左

彭簪曲水引泉記　依錫山景物畧節錄

余有山泉之僻每遇佳山水按探之餘往往增勝如慧

山泉其一也泉自陸羽品後觴詠於上者無日無之然

皆止於堂盡於亭三池二渠而已嘉靖戊戌春二月余

以公事至邑荊川唐子過而與共遊焉詛敲麗澤期徹

心源徙倚松月之下徘徊谿沚之前余得聞荊川子本

原之論不必觀泉而泠然者已在耳激然者已在心矣

越亥日疊步於泉上神間意適登漪瀾堂造龍井之亭

循階而上歷十賢堂之西偏得小洞焉洞口石厓下盈

三尺許沙石半壅汪澤旁溢余曰是可引而流也荊川

子曰淺乎其源本乎其自然浩浩巨川其始涓涓言未

既靜思張君偕九巖王君來亦共稱賞遂酌於泉亭而

去明日予復坐洞中手決之塞者開秘者洩混然沛然

梅村曹君慧巖顧君至觀而奇之余與商度引流而出

周之爲環演而遞之爲九曲環中有臺名太一以當洞

口曲流東趨堂階之下落石壁以入於池縈迴映帶澎

湃琤琮甚可人意山童野叟翕然聚觀無不忻喜於是

會客皆至共酌泉亭之上顧蓉峯朱直齋陸敏齋喻肯

玉邵生煦喜甚揭而扁之陳生鳳陸生易大書之洞曰

仙人洞源曰慧山靈源流曰九曲流慧巖君又引泛別

泉纖細者悉會入九曲將以上已之日倣山陰故事泛

觴其中至日大宮保秦鳳翁後至相與叩仙洞尋靈源

周覩一環然後分曲而坐蓮杯泛泛令格行焉酒到詩

成多有佳句余不能然法當二卮爰紀泉流之美著茲

山之增勝以候荊川子返棹山下而遂之再覩以更盡

前日泉上所未盡
附志滴露泉九曲渠
先文莊二泉書院中滴露泉亦引爲九曲有滴露泉記云始涓涓流繼鑿渠而引之淵然成池王崇巖永積追和點易臺詩有九曲流河象九州之句蓋慧山九曲之泉日月池滴露泉若冰洞凡三處今皆廢矣

寺中曰翠麓亭

韓維翠麓亭
寺藏山腹裏亭枕寺山腰地據三吳勝門迎九隴朝烟霞沾客袖日月轉林梢我悵登臨晚更深倚畫橈

楊傑翠麓亭
聞說支公最好賢瀛洲可買不論錢樓臺蔽日都無地草木藏春別有天石上雲翻千峽雨洞中泉落幾家田高賢誰似幽居樂一坐青山不問年

錢公輔寄題翠麓亭呈伯强寺丞
曩時曾作家山遊亭有翠麓徘新幽疎軒密牖竹鏘戛烈風動雨松颼飀呀然出戶瞰山足屹然數竿圍上頭掃除雲峯登客步煎煮錫水供茶甌我時既合泉賓飲醉岸山幘心遲留山僧顧我寫詩榜詩未脫吻驚旋輈

四方環走倏已晚十載紆覔今方酬珍藍增葺想勝舊我已白首縻滯州何當一賦歸去來再款巖室窮披搜吾宗道人正嘉遯擺脫世上無窮憂欣逢主人賢且令泉石笑傲都相求上人灑掃莫暫閒行行逆我西來舟

焦千之次君倚寄題翠麓亭韻
余愛茲山昔屢遊回環氣象冷清幽茂林翁鬱疊蒼翠宴坐瀟灑風颼飀峯巒積薛迸泉眼飛翬比翼參雲頭邐迤誰開青步障客來共泛紫玉甌每思乘興可獨往塵纓未濯莫我留勝處未到心先厭健步歷覽氣挾輈生平趨向與時背泉石夙志畧已酬茲山獨以品泉貴乃得嘉名傳九州嘗人其中貴有物源深混混難窮搜知公此去久愈愛惠我佳句忘百憂忽蒙遠寄煮巖罄而我方欲千里求願公早見疑蛇解急詔當應易刻舟

金蓮池上曰芙蓉亭

桃花塢下曰繡嶺亭嶺一名照山意昔人墓地以花木繁鬱故名

劉逵繡嶺亭
絕境隔囂紛煙霞張綵繪遠目入無中高情馳物外春田發英華秋林横紫翠何時杖屨游利名聊委蛻

姚杏繡嶺亭
青陽開早律繡嶺媚芳辰辯字八三界聽經消六塵堂虛僧出定階圯草迷春不盡山川感長歌一愴神

清微精舍曰小蓬萊亭曰天淵亭

錫山頂曰望遠亭弘治間榮知縣華建

秦夔望遠亭
吳下諸亭此獨尊八牕虛敞絕塵氛光華日月東西見清濁乾坤上下分山帶九龍開晝畫天低雙闕擁紅雲來遊每接郎官舄幾度論詩到夕曛

明陽觀曰橫翠亭以望諸峯故名

○軒

寺中曰挹翠軒曰嘉隱軒宋蘇舜欽建知微房有擁翠軒

楊璿擁翠軒
徑曲烟深杳欲迷絕勝杜老浣花谿一亭涼吹雨新霽

半榻清風月未西宜遣不妨詩著伴長吟慣見鳳凰栖何時乘興常來此拂拭瑱玕畫舊題

聽松庵曰雲深軒曰秋濤軒曰澹泊軒曰指南軒

僧宗渤澹泊軒
澹泊軒中澹泊人蕭然一室甘清貧寒到推披百衲破饑來但煮三合陳斷薪續火自可卧熟炙待賓良不嗔細嚼梅花和新句屋頭月出如冰輪

禪悅庵曰寒翠軒曰松雲軒曰竹月軒

○閣

泉亭上至山半曰望湖閣謂芙蓉湖李丞相紳建後爲半山亭今亦廢

錢仲益望湖閣
窈窕招提入翠微碧波千頃照巖扉白頭僧向斜陽立黃帽人銜細雨歸芳樹遠從湖外見殘雲紛逐雁邊飛分明一片家山景卻憶松間筍蕨肥

涵初案邑志載明陽觀舊有望湖閣半山亭

聽松庵曰松風閣秦方伯夔倡建

涵初案松風閣在聽松庵後秦方伯夔所建也正德五
年庚午 先文莊以督漕致仕南歸建尚德書院於庵
之左正德十六年辛巳修松風閣曾太夫人壽藏於
閣之後前後往來山中計十有七年曾以李文正公小
像懸於閣中旬月一謁故閣中題詠最多錄於編中建
閣修閣兩記載入卷一庵院

先文莊公詩共四首

松風閣夜宿

不宿山中已二年老僧還話二年前戲移片石眞奇蹟
笑卻千金是隱緣半夜未眠泉遠滴四山無籟月孤懸
明朝更與王山長點易臺端望海天

重登松風閣

天風滿榻坐參禪上有松聲下有泉高閣我來三紀外
老僧誰起百年前茶鐺夜溼疊花雨書壁春消刼火烟
最是樵同酒未衰北山回首思悠然

徐用中寄松風閣詩以爲問

舞雩何處問高盧松閣春風晚帶寒病起不須操几杖
詩成剛在凭闌干榻懸徐孺初教下鑪爲王耶試索看

慧山記 卷四 勝覽 閣 七

我欲坐君聽古調隔牆還有玉千竿

聽松偶或

以涯翁小像懸松風閣旬月一謁之丁丑十月廿
八日

秋深水國候來鴻一夜悲涼見朔風行遍冉涇無語者
聽松閣上哭涯翁

松風閣和韻詩

潘緒起大宗伯二泉公松風閣避暑之招

耳畔敲殘百八鐘出城方見日曈曨空門逗我逢開士
吟社論心契秩宗萬姓恩須天上詔三時功積壠
頭農新泉試茗風生腋點易臺前且看松

先文莊公松風閣次潘玉林韻

出郭初聞縣閣鐘西林東日破朦朧我於寺主元無約
詩與禪家各有宗三伏炎蒸須謝客四朝衰嬾合明農
相逢若問來何早欲向風前聽古松

莫止曉登松風閣次二泉先生潘玉林翁二公之原
韻

蟲羽蜚蜚誤遠鐘曙分林色漸葱蘢家居郤喜名山近
望重宜爲一代宗書勤西郊休戊辛兩來三伏慰田農
遙知虛閣登高處消耳風濤萬壑松

夢回猶憶景陽鐘雙闕迢雲淡月朧萬國衣冠承
福合流江漢看朝宗修文治內終懷遠授粟名官本重
農獨立憑高覽物歲寒奇節在霜松

慧山寺裏未鳴鐘雲露瀼瀼草樹朧持鉢不逢盧行者
墊巾爭慕郭林宗渺茫天地誰非客辛苦犁鋤獨憫農
飽挹濤風高閣上笑看西日下長松

涵初得潘莫二公墨蹟詩卷因檢容春堂集次韻
一律補書之追步前韻四首

寺廢山空斷梵鐘嶺橫樹表景朦朧九龍西峙無東閣
五馬南遷有北宗老去坡仙難學佛歸來陶令合明農
丙辰重復千金址盡是 先人手種松

詩註云子文公伯溫作宗譜敘自述洛陽邵氏爲
北宗休甯爲南宗子文公曾孫諱緦原名淳仕爲
常州路刺史始遷無錫係出北宗
累趾亭記述聽松庵墓塋始末見卷一 先文莊千金
先文莊無子嗣子六傳而絕邛隴湮廢嘉慶丙
辰 先贈公恢復之植松三百餘株

古寺尋僧聽曉鐘入山曙色正朦朧文章得主今無負
風雅持壇代有宗閣記追懷秦太守墓銘重讀桂司農
十年負土西橋外半嶺風濤萬壑松

慧山記 卷四 勝覽 閣 八

詩註云秦方伯夔倡建松風閣有記 先文莊墓
廢無家 先贈公掘地得桂文襄撰墓志始復
公冢 先贈公以道光壬寅遷神於 先文莊諭
塋牆外庚方隙地

長史堂前閣遠鐘天光雲景兩朦朧畫圖古壁成陳迹
詩派西江溯遠宗梔樹中岡勞相度茶田此日尚耕農
遐羌接壤青山在點易臺荒臏老松

詩註云秋濤軒舊有王舍人畫壁 容春堂續集
有箴述一篇言中岡有梔一樹並其前後左右卜
太淑人壽藏 嘉靖二年 先文莊買田十畝
爲聽松庵僧守墓工食嘉靖十一年建二泉書院
買田二十畝爲慧山寺僧守院工食兼供夏月施
茶 公沒後田爲僧鬻天啟三年邑侯劉公五緯
重葺二泉書院追復現存遐字號平田十八畝令
寺僧承佃輸租施茶如舊有追復茶田記碑於
公祠 點易臺在二泉書院遐字號山八畝二分
松風閣後諭塋羌字號山七畝遐羌兩號地距一
里山隔一塢

曉起才聞五夜鐘西神曙色望朦朧詩篇得自僧齊己
珍賞欣逢許敬宗此日尋幽感今昔當年避暑臥羲農

石牀移處新亭覆小篆陽冰刻聽松
詩註云松風閣詩墨蹟得自護雲閣僧印川是年
西里許曉峯歸自蘇州眙我先文莊手書詩稿
十三首○道光乙未李觀察彥章檄縣建亭於慧
山寺以覆李陽冰篆書聽松石床
右松風閣避暑詩玉林翁原唱第二句壓曨字先
文莊和詩壓曨字皆通入東韵如山翁和詩三壓龍
字則歸准冬韻涵初追和四律皆壓曨字家雞野鶩
愛有宜專也丁植卿孝廉和詩則兼用三韻并錄於
左
丁培追和松風閣唱和詩各原韻
爲愛烟霞棄鼎鐘艤樓旭日憶曈曨碧山詩社留遺老
青史儒林仰大宗前度登朝貧典禮幾人轉漕似司農
吟壇逸興猶堪想半夜風濤萬壑松
右和涵初翁曨字韻○文莊公督漕江南民懷
其德今之從政者視公如何
携節來聽道人鐘翠色初分曉月朧鴻爪當年同玉局
鳳毛累世見超宗平泉有址徵遺澤下潠無田問老農
重復舊觀三百載後凋猶得撫孤松
右和文莊公曨字韻○文莊祠墓湮廢吟泉先

生仰承先志修葺祠墓及黙易臺古蹟○慧山寺
僧茶田係文莊所捐
鳴釜何妨和叩鐘頓開茅塞闢蒙朧亭臺何處尋初地
俎豆於今祀替宗大隱名山眞綠野勝朝中葉尙黃農
滄天不盡横流感倚遍疎杉與古松
右和莫如山翁龍字韻○文莊公崇祀浙江江西
河南等省名宦祠本籍郡縣鄉賢祠○黙易石臺
上吟翁新建海天石屋峙逆匪未平而高人有此
逸情爲先賢復此勝覽流風紹迹自足千古
○樓
[illegible]門前曰五嶽樓
[illegible]剎曰咸志樓
[illegible]精舍曰樓祠偉觀樓下臨黃公澗

墓第十二 秦觀 過孟玉 龐士龍 虞薦發 孟潼 王仁輔
張翼 張籌 俞溥 王逵 王紱 莫士安 浦源
山逼於邑葬者必之焉然自宋以來名人之墓鮮矣豈累經遷
變賊於暴客邪茲志其可知者如左
○宋
秦龍圖少游 墓在山西南三里少游名觀一字太虛開封祥符人
由進士累官國史編修建中靖國間貶藤州卒葬高郵致和中
子湛爲常州通判因家焉遂遷於此
張理 秦太虛墓
九峯朝暮靄搖落少游墳野蔓碑全沒晴庵磬亦聞洞
偏泉路細松折鶴巢分高視太湖近雲濤鷗起羣
過郡馬孟玉 墓在馬鞍隝下

龐監州士龍 墓在山西文信國部將也與元兵戰五牧死之范致
大弔以詩有曰一日孤墳起翠微空山草木亦生輝
范致大題龐監州墳
一日孤墳起翠微空山草木亦生輝賀蘭竟後霄雲死
杜季甯遲馬援歸義魄不隨黃土化英靈長共白雲飛
雋交郵刎端奇事慚愧深谿一布衣
○元
虞薇山薦發 墓在山西
孟松江潼 墓在山南其子栻祔
王隱士仁輔 墓在山 仁輔字文友鞏昌人倪處士瓚葬之谷陽
陳方爲志
○國朝

張府君翼 墓在山南詳見宋學士濂墓銘章山
張尚書籌 墓在山南章山
俞尚書溥 墓在山南章山
王學士達 墓在山西
王中書紱 墓在山西
莫助教士安 墓在山口士安字惟恭吳興人有文學行誼 國初被薦累官國子助教永樂初治水江南遂家無錫卒無所歸其友吳時敏翟公厚率衆會葬春秋爲之上冢
浦舍人長源 墓在錫山南

土產第十三 木 竹 藥 果 園 茶

草木生於山固矣茲山所產雖未有貢 上方傳海內者然山僧野老藝且收焉亦可以備飲食賓客之需樂乎此而不願於外自養者抑未可薄也今列之

木部
松 杉 栢 檜 梧桐 桂 橡 桑
梓 櫨 柘 榆 槐 椐 朴 烏桕
冬青 山株

竹部
猫竹聽松庵最盛好事者刻詩其上如蟲篆然久益古拙可愛 燕竹

藥部
牛膝 麥門冬 車前子 半夏 天南星 荆芥
柴胡 枸杞 地榆 牽牛 楮實 益母草
鳳尾草 龍爪草 蒼朮 香薷 紫蘇 楝實
蒼耳草 夏枯草 魚腥草 豨薟草 馬齒莧 草麻子
地錦草 忍冬藤一名金銀花 山茨菇 地丁花紫白二色
何首烏 紫金帶治疝氣 山查

果部
梅 杏 桃 李 棗 梨 栗桃花塢爲上白石塢次之
柹 楊梅 櫻桃

張鎡謝張戶部惠山楊梅

鎡字功甫武陵人宋太師循王俊曾孫著有南湖集方三拜同有讀南湖集題詞并序

嘗聞䰟伯陽鑄丹會稽山功成試其徒未欲汎與餐餄言丹入口命盡不可還一人篤信道快餌肯作難翁復起諸死攜手升雲鸞臨行作奇戲留使後世看聊將一粒變萬顆擲向青林化珍果彷彿芙蓉翻鐵形磊落如鶴頂紅如火只隨翁字姑號陽姓楊乃是譌偏旁迄今年深少人識地脈山君應記得木生曲直味宜酸此獨甘香勝蜜團吾宗望郎忽馳送色映筠籃光欲動想因見此列宿躔曾遣氷蠶織指弄我方水際呼清風葛巾高挂千丈松爲公摘荷成蕩酒此樂城中那更有

菌部

芝不常有　松樹蕈　胭脂蕈　牛乳蕈　猪血蕈　涼傘蕈

先文莊公喜王郡公得芝於泉上次韻

公來山中天作奇清泉白石又丹芝獨憐日轉棠蔭蔽誰道風行草不知蟠結眞形雲裏化絪緼和氣雨前滋老生未得同幽賞湯望西峯一賦詩

又王郡公見訪用得芝韻

又爲吾泉益一奇若冰洞口得靈芝栽培是力非人與雕刻無心有物知光分日月雲蒸動數應星辰露瀣滋自古化機愁太泄山靈從此謝公詩

茶部

茶普眞始植聽松菴今尚有存者

先文莊公與顧氏昆季飲海天亭復至繡嶺草堂詩

明日之别後述事再叠前韻聽松有僧普眞茶園今廢矣而竹中尚有一本故詩中及之

他年曾泛日邊槎同首青山幾夢家林窄尚容千挺竹圃荒猶賸一株茶漫勞藥餌扶吾病豈有文章爲國華詩句未成歸棹促故人書到海南涯

涵初案此疊韻詩也前詩載入本卷勝覽繡嶺草堂此詩言及普眞植茶故分載於土產門類後

褉考第十四

曰考者辨異也正誤也闢邪也民之好怪入乎耳即出乎口執筆爲書者又不加考焉而輒收之則是是非非將安取衷哉今於各類後以褉考終焉論而不敢質者傳疑也

諸山皆高惟錫山獨低地理家言山高者多則低者爲主故世以錫山爲無錫主山慧雖高不得並稱也又云客山高利客不利主邑志

邑之山莫大於慧錫爲東峯在第一峯前精華所萃而產錫焉主客之論將何施哉由是觀之利不利之說不必辯矣

歷山晉宋時號也郡國志云南方多以北方山川之名名其地故

此爲歷山擬舜所耕者山北有石田曰舜田井曰舜井有邨因謂之歷邨邑志

案前漢書地理志註無錫縣有歷山春申君時歲祠以牛爲名山也非慧曷足當之況湛氏草堂亦與寺邇然則古之歷山其即今之慧歟

南徐州記云慧山南北數十里則縣西諸山凡同脉者皆可以慧稱陸羽記云連亘二百餘里則太湖諸山凡與慧山勢接者亦可以稱慧邑志

槩稱則同析稱則異諸山旣各有名要之琛之左嶂峢之右乃惟慧區云

山東峰當周秦間大產鉛錫至漢興錫方殫故創無錫縣王莽時錫復出改有錫縣光武至順帝世錫果竭復爲無錫自是不復有錫又云後漢有樵客於山下得銘云云聶厚載謂當周秦間乃六國時其後秦項塗炭生靈此其符也樵客得銘合在文景之世蓋是時弭師偃革天下清晏故神靈薦祉其銘出矣有錫兵天下爭無錫寧天下清有錫沴天下弊無錫乂天下濟因之創縣以彰其美陸羽云後漢得銘非也且不書莽改爲有錫使其無之則順帝何以更爲陸羽慧山寺記聶厚載無錫縣治記

案漢地理志秦并四海郡縣天下漢因秦制武帝攘郤胡越開地斥境置部刺史其創縣立名或在銘先或在銘後皆未可知謂銘出必在文景世抑太固矣

周氏風土記龍山去縣十八里上有白龍潭東晉時有民妻姙三年忽產一龍色如爛銀七日昇天母死葬山頂所居成潭後龍一歸歲則大熟山由是名一名鬬龍隋大業末山上有龍鬬六十日邑志

案龍尾陵道在春申時有之矣山之爲名奚待晉陵時耶曰產曰鬬其說殆荒矣夫

江南山淺土薄無流水而此山泉源傍注厓谷下溉田數十頃又當太湖西北縈竦四十餘里惟中峯有叢篁灌木餘盡古石欹倅而已凡煙嵐所集發於蘿薜濃翠可掬周柱史伯陽謂之神山豈虛言哉邑志

案老子枕中記云華山西神山蓋所稱如此今乃覔謂周柱史謂爲西神蓋未之深考耳況草木烟嵐之氣何山無之神云神云不亦淺乎

吳西之虎邱丹徒之鶴林錢唐之天竺以其臺殿崇業車輿薦至是有嘉名不然何以與此山爲儔列耶若以鶴林望江天竺觀海虎邱平眺郡郭爲之雄則曷若此山絕頂下瞰五湖彼大雷小雷洞庭諸山掌晛可矣邑志

所引諸山皆極佳勝而慧可參焉不當以優劣論也

若冰洞通宜興張公洞邑志

地脉相通尚矣地紀之說理宜有之如以歲久湮沒不可蹤跡得無戲乎

凡山泉悉甘而斯泉爲勝以其感錫之氣也瑣碎錄云慧山泉緣山中有錫止宜瀹茗若烹羊則色黑醞酒則味苦凡井中投鉛久之則甘梅柚和鉛霜食之則美因知錫能變甘是泉之味亦由是耳聶厚載泉記

案邑志周秦時山嘗產錫泉豈其餘氣耶或謂是則諸脉宜同而獨歸美於一何居蓋水之源有淺深譬諸人身淺者脉絡深者骨髓錫閟不發其氣深藏殆骨髓之謂歟泉之出也乃得其液焉固非他泉可比不然霖不溢旱不涸獨何爲其然哉又或謂產錫者錫出泉者慧慧於錫也何與錫慧之東峯慧之氣卽

錫之氣也

惠山泉甘美置之第二不忝特未知康王谷水何如爾（文獻通考）

予飲惠泉舊矣後飲康王谷水亦未嘗躍然驚也况[illegible]

不易焉可謂有定味者於乎美哉

世傳陸羽茶經論水云山水上江水次井水下又云山水乳泉石[illegible]池漫流者上瀑湧湍漱勿食食久令人有頸疾江水取去人遠者井取汲多者其說止此而未嘗品天下之水味也至張又新煎茶水記始云劉伯芻謂水宜茶者七等又載羽爲李季卿論水次第有二十種今伯芻以揚子江爲第一惠山第二季卿以廬山康王谷水爲第一惠山第二皆與茶經相反（歐陽公大明水記）

案羽經所論水品明矣又新旣祖之乃又以廬山第一惠[illegible]二何耶况羽止言山水上未嘗言惠爲第二則所謂第一第二者[illegible]於又新得之季卿伯芻於羽言不合若以羽言律之則惠山康[illegible]谷俱宜第一而石池漫流與瀑湧湍漱當有能辯之者吾[illegible]

鎭江續嘗謂惠泉第一亦豈迂論哉

緯畧云李德裕好惠山泉置驛取水有僧言長安昊天觀水與惠[illegible]泉等禨他水試之僧獨指其二惠山泉也爲罷水驛（芝田錄同）

余謂此僧殆亦納忠於德裕者耶不然其於味也精矣

惠通泉在瓊州府城東五十里三山庵下宋蘇軾經此僧惟德以水餉焉以其味類惠泉因名之（一統志）

東坡好奇固如此而水品於是益著餘不足辯

或云惠山舊無墳隴自唐宋來封樹日衆山之精靈頗弊於犂鑿而泉亦敗於潴穢邑尤氏記宋徽宗嘗取泉飲之輙揮去曰是水有屍氣云（邑志）

昔之爲墓者至下錮三泉今也不然深者丈餘淺或不及數尺即有屍氣於泉固無損也徽宗惑人言而不能察者皆類此獨玆泉也哉

宋紹興間錢申仲卜居膝塘山有泉發巖趾清洌滑甘與惠泉無異作亭於其上名曰通惠父老曰水行地中一氣耳玆山去惠山不百里其泉脉灌輸理或有之（蔣瑎通惠亭記）

泉脉之通否未足深論然人之愛慕玆泉斯亦至矣不然其味之美於衆口有不期而同者如此哉

泉以罌挈至遠方必取山中石子置其內雖歷數年水味不敗（邑志）

好事者試之果然蓋石性堅重能淀濁理固如此山谷詩曰錫谷寒泉擶石俱其此謂也夫

色味與惠泉不能以寸又曰承平來若飲逾侈惠山當道旁聲利怵廹之徒往來臨之以瓶罌挈餉千里王公貴人家至以沃盥泉之德至此益貶（翁挺寶乳泉記）

予近在惠泉上適膠山僧以乳泉來並飲之乳泉比惠泉色差白味甘而不亦於是論遂定然則謂不能以寸者記乳泉者之

言爾其謂千里挐餉至以沃盥亦言之太過縱有之於泉德亦何與哉

沙門僧顯宋元嘉中過江入吳憩華山精舍邑志謂慧山寺宋湛長史故宅梁大同間入於僧創招提號法雲禪院宋元嘉中僧顯於此置華山精舍名僧傳

案宋元嘉丙辰至梁大同丙辰凡六十年志以法雲禪院書於華山精舍前何也意者僧顯始作精舍至梁而後爲禪院耶不然精舍別爲一區與禪院始異而終同耶此其事有不可考者而亦不必考也然其先後之別則不可不辯

唐僧若冰嘗厲慧山普利院蓋始浚泉者或曰即顯云邑志

案志稱顯開山不稱浚泉要知顯一人冰又一人冰有題泉詩蓋唐律也劉宋之時曾有是體乎

聽松佛堂左右有二經廚蓄蜜蜂其中從門罅中出入一日僧法震坐雲深軒中見蜂忽羣飛去蓋申時也是夜子時庵燬於火西園雜記

蜂微物也古人謂其與蟻皆有君臣之義蟻能先潦而避則蜂先火而去亦其性也然則庵之燬固有數哉

西有黃公澗春申君祠在其地亭以醇酒樂以鼓舞禪流道件不勝滓噪遷於山東南林壁中邑志

祠之遷不知何時殆垂拱間狄梁公巡撫時邪非禪流道件之所能爲也其爲士神祠者改名以避禁令耳子嘗毀許州淫祠民間改爲里社蓋多有之

東坡讀隋地理志云黃州永安郡東有永安城圖經謂春申君故址蓋非是春申之居乃在吳國今無錫慧山有春申君廟庶幾是乎予謂楚都申郢故黃歇封於春申如齊孟嘗魏信陵趙平原各在其地黃之永安蓋春申始封故城春者蘄春申者申光其必兼二城而封猶田文之食常薛耳後楚并吳秦侵申郢楚遷壽春黃歇始請吳故宮都焉然歇行相事未嘗去國有廟者後人作也珊瑚鉤詩話

謂之故城明有新也以爲非者非矣然吳爲春申新封其至與

否皆不可知必謂未嘗去國何其固哉

孝子晉人而稱齊者孝子生於晉長於宋沒於齊奉父一言七十餘年未嘗斯須忘至沒身不替當時有位者朝劉夕蕭恬不爲怪使其奉君命若華氏子則晉不爲宋宋不爲齊而孝子宜不曰齊孝子也高明華孝子故址記

此亦高論然觀郡邑志皆繫之晉得孝子之心矣永嘉殆未之考耳予嘗謂考叔遺羹爲婉於納忠孝子之爲是豈將以媿當時臣人者耶

宋政和間羽士盧至柔隱錫山南以符水濟人辛卯大疫召張公巡收之一日於泉石間見雲中一巨人白衣繡帽澗步嶺表長揖

而趨至柔蹕而迹之至廟（嶽廟）右廡有神像一足微蹩西面而立至
柔曰所謂張公即其神蓋欲託迹拯民遂鑿地及泉丹書符卷刻
瓴甃井立神其東又以大小錢篆書集爲衣冠與服之（忠靖記）
錫山自江東來蜿蜒起伏其態百變距茲山而止邦人謂山靈攸
儲故搆睢陽張公之廟於其麓廟前有泉深僅百尺清冽可愛宋
建炎初盧至柔者隱於山南有道術託公之靈符其磚甃而爲井（王學士靈泉記）
先是予聞金谿徐宗伯瓊言南宋時江南民結社備寇以張公
生有保障功故祠焉以倡忠義予聞而取之載諸廟記君子謂
是廟疑不經惟此說差強人意然則至柔之前蓋已有之若井

之或因或創則皆不可知也
往予過無錫適州人出郭迓神狀極詭異曰此唐張巡也且言公
死時自謂當作厲鬼故世稱公爲疫神而崇奉焉案唐史公守睢
陽兵盡力竭故發憤曰當爲厲鬼以擊賊此蓋忠義激烈之辭豈
謂爲疫以害天下後世哉所謂厲鬼者若韓文驅厲鬼之厲非疫
癘之癘也誣前賢罔後世一至於此（謝子蘭厲鬼辯）
嶽廟從祀皆忠烈之士是以張公與焉事雖不經而人心秉彝
之公不可誣也其爲厲餙乃巫師之陋爾至柔以符水爲術而
公焉是託蓋欲以神道行之者厥後禱而靈應人心歸向豈一
朝夕故哉然惟其以公爲名也故學士大夫講而求之於是公
之忠烈益著而新廟衣冠有如今日者夫祠一而已矣始以神
道中以靈應終以忠烈其歸正以漸如此使謝氏有知其有所
慰也耶其猶有所憾也耶
回紇入朝驅馬市茶自羽始（唐書陸羽傳）
馬之資於國也大矣而以茶與易至有政焉自唐迄今賴之羽
之爲功豈獨資於味哉然論者顧不之及有意於闡幽者將不
有感也夫
李公垂讀書慧山後徙剡川天宮精舍一日熟寐舍前丹柰方實
有蛇據其上老僧驅之蛇入紳袖中忽不見及覺問紳曰適夢在
樹間食柰甚美僧陰異之延致院中肄業數年去赴舉僧分橐金
助其行（邑志）

此事載邑志甚明而山僧談者不謂在剡川而謂在慧山何也
慧僧不能識紳而剡僧識之亦可知矣
中大夫右文殿修撰隴西縣開國男李公葬於常州無錫縣開
元鄉湛峴之原與其夫人吳氏同穴（龜山誌墓志）
將冠丁楚國夫人憂廬墓毗陵錫山塋次凡三年哀感閭里手植
松栢數十萬株（李忠定公行狀）
案志稱李忠定公綱父母皆葬湛峴山在今嶧峒北去錫山十
里餘狀謂廬墓錫山者蓋狀作於閩人所謂錫山若曰無錫云
爾固豈指湛峴爲錫山也哉

涵初案慧山記中記古墓一十有三而缺太師李夔□則錯見於物産及襍考者甚夥山非慧山之寳區也本卷不云乎環之左峰嶼之右乃惟慧區故不載於古墓之列然地以人重故錯見而不一書也

金蓮花有僧不知自何方攜植於此或曰僧即顯也後服之羽化是花天下有三一在華山一在廬山一在此皆是僧手植或又云花舊千葉後有婦人浴於池遂省爲五瓣又云池中有鮮虎蟹乃僧食餘禁殺復生者 邑志

此相傳之浮談也蓋太華玉井及匡廬東林書以蓮稱故附會之嘗閱彼花爲紅白色且有藕豈此池所謂耶餘則至陋不足辯也

佛殿前石牀側有大松二不知何代所植唐寶歷三年勅造競渡

牛尾舟將伐之是夕松忽哀鳴遂奏免 邑志

事之有無不必論然亦可爲妄伐之戒

少游墓後古松一株直幹高聳有巨藤自墓穴中出周匝數四巳乃施於松上覆其墓少游嘗有小詞醉臥古藤陰下杳不知南北蓋此讖也 重修淮海先生祠堂記

此少游卒藤州之讖若墓松有藤則偶然耳

禪悅庵三塔皆爲化骨而建左男右女中僧道云 西園襍記

民俗之敝莫甚於火葬水瘞而此池與塔兼之蓋夷狄之教豈中國望邑所宜有哉今既廢壞而人心皆知其非可爲邑人賀矣

慧山記跋後

紹祁十數歲時侍於先祖奉政公案頭見邵文莊公慧山記一册假自文莊公族裔文學辰耀者文學紹言文莊公手蹟因細閱之寳非眞蹟蓋即文學所自錄者其原序中成而顯請傳誌句内亦無梓字且所錄二十餘頁中脫落譌誤處極多知非善本後聞同里丁氏有家藏本即往借觀其所錄多於文學者三之一然舛誤尚多亦非善本也嘗手錄一册以俟參考後爲友人借觀遂致遺失迄今猶憶念之頃文莊公族孫吟泉大令於汪工部家得所藏善本共四卷曰慧山記刻而傳之加以附考附載附志數萬言並作續編四卷補正德以後三百餘年之事

於是慧山記一書不特復還舊觀且益加詳備焉吟泉博學好古於書無所不窺而於文莊公家傳易學尤精心研究所著學易反隅堪輿指原二書獨有心得多發前人所未發蓋眞能得文莊公之傳而心知其意者也書既刻成展讀數過因憶曩時手錄欲求善本而無從益慨然於先賢名翰莫爲之後則弗傳故不禁撫是編而稱快也遂書以跋於後

賜進士出身

誥授奉政大夫福建臺灣府淡水軍民同知軍功隨帶加三級前鳳山仙遊等縣知縣後學杜紹祁拜書

惠山集

（明）邵寶 輯

《惠山集》六卷，（明）邵寶輯。明刻遞修本。

邵寶既成《慧山記》，因潘玉林言該《記》『古今詩文未録』，邵寶因此『取諸邑志及山僧所藏』，越數年，輯《惠山集》，俾『合衆作於一編而觀之，可以得人情，可以得物議，可以得世變』。所收詩文『詩多，故録自永樂以上，餘則玉林與住山圓顯子録之。文少於詩，不啻數倍，故無弗録也』（以上引文均録自邵寶《慧山集敘》）。該集由都水都玄敬校，高曾唯刻印。又據談思永修《惠山古今考》載，《慧山集》收録：文凡二十一篇，詩凡百七十首。

本書據國家圖書館藏明刻遞修本影印。

（沙無垢）

惠山集序

予既輯惠山記玉林君復以古今詩文未録爲言於是取諸邑志及山僧所藏爲是集時以總督倉塲被召北上遂攜至京師偶會都水都君玄敬因屬校次如左而高憲副曾唯方爲郎中遂有入梓之志梓成請序惟山川有形而無言然其清奇秀麗雄偉峭拔跬步異状者既振古不易而日月雲霞陰晴明晦照耀掩映者則與時偕新焉君子得於觀者發而爲言指殊體異隨其所役各盡其力託之卷帙勒之碑板而山之情見矣由是海内之人聞兹山而未至者亦得覽焉而知其槩由是觀之言雖出於人人而言非山川不能自出然則非山川之自言之也一聞耳别合衆作於一而觀之可以得人情可以得物議可以得世變即其所言而所謂志與史者於是乎在可有記而無集哉詩多故録自永樂以上餘則玉林與前住山圓顯子録之文少於詩不啻數倍故無弗録也邵寳序

卷之五

元詩三十三首

留題惠山寺　趙孟頫
又　白珽
惠山酌泉　鄧文原
惠山寺　王文友
遊惠山　錢紳
惠山酌泉　張雨
遊孟氏時思菴　李導道
惠山寺　鄭元祐
登惠山酌泉　周權

聽松菴　韓友直
翠麓亭　薛台父
惠山寺　陳邁
惠山寺　張翥
西神山行　倪瓚
惠山次韻楊常州　倪瓚
酌惠山泉　倪瓚
登惠山　張遜
山中春晚　趙若岩

惠山　陳方
惠山泉　俞焯
惠山泉　謝應芳
華孝子祠　周衡
遊惠山有懷倪元鎮　盛彧
望惠山　王惟允
懷惠山　錢子正
華孝子祠　顧諒
諸友約登惠山寺不果　華希顏

登惠山絶頂　華幼武
登惠山酌泉　釋明本
留題惠山寺　釋明本
惠山　釋斷江
惠山寺　釋雪巖
登惠山酌泉　釋月江

卷之六

國朝詩五十四首

夜投西神寺　高啓

惠山集目録

惠山集目録　十三

惠山集卷之一

唐文三首

惠山寺記　陸羽

惠山古華山也顧歡吴地記云華山在吴城西北一百里釋寶唱名僧傳云沙門僧顯宋元徽中過江住京師彌陀寺後入吴憩華山精舍華山上有方池池中生千葉蓮華服之羽化君子槐中記所謂吴西神山是也山東峰當周秦間大産鉛錫至漢興錫方殫故創無錫縣屬會稽後漢有樵客於山下得銘云有錫兵天下爭無錫寧天下清有錫沴天下弊無錫乂天下濟自光武至孝順之世錫果竭順帝更爲無錫縣屬吴郡故東山謂之錫山此則錫山之岑嶔也南朝多以北方山川郡邑之名權創其地又以此山爲歷山以擬帝舜所畊者其山有九隴俗謂之九隴山或云九龍山或云闘龍山九龍山者言山隴之形若蒼虬縹繚合沓然闘龍者相傳云隋大業末山上有龍闘六十日因而名之凡聯峯沓嶂之中有柯山華陂古洞陽觀秦始皇塢柯山者吴子仲雍五世孫柯相所治也華陂者齊孝子華寶所築也古洞陽觀下有洞穴潛通包山其觀以梁天監年置隋大業年廢秦始皇塢者村墅之異名昔始皇東巡會稽望氣者以金陵太湖之間有天子氣故掘而厭之梁大同中有青蓮花育於此山因以古華山精舍爲惠山寺在無錫縣西七里宋司徒右長史湛茂之家此山下故南平王鑠有贈答之詩江淹劉孝標周文信並遊焉寺前有曲水亭一名憩亭一名歇馬亭以備士庶投息之所其水九曲梵以文甃窾壁悉㸦淪潺湲濯漱移日寺中有方池一名千葉蓮花池一名纑塘一名浣沼咸集山姬野婦縹紗滌縷其皎皓之色彼耶溪鏡湖不類也池上有大同殿以梁大同年置因名之從大同殿直上至望湖閣東北九里有上湖一名射貴湖一名芙蓉湖其湖南控長洲東洞江陰北淹晉陵周圍一萬五千三百頃蒼蒼渺渺迫

於軒戶閣西有黃公澗昔楚考烈王之時封春申君黃歇於吳之故墟則此也其祠宇享以醪酒樂以鼓舞禪流道侶不勝滓喋遷於山東南林墅之中夫江南山淺土薄下有流水而此山泉源滂注壓谷下溉田十餘頃此山又當太湖之西北隅縈竦四十餘里惟中峯有叢篁灌木餘盡古石嵌崒而已凡煙嵐所集發於蘿蔦令石山橫亘濃翠可掬昔周柱史伯陽謂之神山豈虛言哉傷其至靈與當世之名借其至聖爲識俗所棄無當世之名

以其棟宇不完也爲訛俗所棄必其聞見不遠也且如吳西之虎丘丹徒之鶴林錢塘之天竺以其臺殿樓榭崇崇業業車輿薦至是有嘉名不然何以與此山爲儔列耶若以鶴林望江天竺觀海虎丘平眺郡郭以爲雄則曷若此山絕頂下瞰五湖彼大雷小雷洞庭諸山以掌睨可矣向若引修廊開邃宇飛簷眺檻凌烟架日則江淮之地著名之寺斯爲最也此山亦猶人之秉至行負淳德無冠裳鐘鼎昌昌煒煒爲通俗不有宜矣夫德行者源也冠裳鐘鼎流也苟無其源流將安救予敦其源亦伺其流希他日之營立爲後世之洪注云

惠山寺新泉記　　獨孤及

此寺居吳西神山之足山小多泉其高可憑而上山下有靈池異花載在方志山上有真僧隱容遺事故跡而披勝錄異者淺近不書無錫令敬澄字源深以割鷄之餘考古按圖葺而築之乃飾乃圬有客竟陵陸羽多識名山大川之名

與此峯白雲相爲賓主乃稽厥創始之所以而志之談者然後知此山之方廣勝掩他境其泉沭涌潛泄濼濟舍下無沚無竇蓄而不注源深因地勢以順水性始雙墾袤丈之沼疏爲懸流使瀑布下鐘甘溜湍激若醴醽乳噴及於禪床周於僧房灌注于德地經營於法堂潺潺有聲聆之耳清濯其源飲其泉使貪者讓躁者靜靜者勸道道者堅固境靜故也夫物不自美因人美異之泉出於山發於自然非夫人疏之鑿之

之功則水之時用不膚亦猶無錫之政頌民讚
源深導之則千室穤誇仁智之所及功用之所
格勤若響荅其揆一也予歆其泉而悅之乃志
美於石

湛長史舊居志　　丘丹

無錫縣西郊七里有惠山寺即宗司徒右長史
湛茂之之別墅也舊名歷山故南平王劉鑠有
過湛長史歷山草堂詩湛有酬和其文野而典
特以松石自怡逍遥沉冥終見止足之意可謂
當時高賢矣至齊竟陵王友江淹亦有繼作余
登茲山以覩三篇列於古壁仰覽遺韻若穆清
風還訪湛氏冑裔山下猶有一二十族得十三
代孫畧執其譜書牒墨塵蠹年世雖斂壟隴尚
存余披宋史畧不見其人心每惻嘆悲夫斯人
也而史闕書然其有一篇則爲不朽矣因復追
緝六韻以次三賢之末時有釋若水者蹤跡茲
山修念之餘鑿嵌注壑灑入諸界無非金碧珠
帽之資悉償工費是以道友邑僚諷玩喜
乎得非茂之之緣果而陰隲於上人不然者何
竭慮之至耶余聖唐山令臣也屏居臨平山墅
亦有年矣嘗諷茂之之篇句云衰廢歸丘樊歲寒
見松栢不覺禪意超散若在廬霍之間矣異時
同歸猶茂之之不忘也嗟乎湛君用刋巖石俟
俟後之知我者得不繼之乎貞元六年歲在庚
午檢校尚書戶部員外郎兼侍御史河南丘丹
誌

宋

宋文二首

惠山泉記　　　聶厚載

水之甘苦猶人之賢愚人生稟氣清則賢濁則
愚水流因地潔則甘穢則苦石脉至潔山泉恣
甘而斯泉勝諸泉者以其感錫之氣也昔井拔
黑錫於其中久而則甘查梅橙李和鉛霜食之
則美盖錫能變味致甘也茲山當周秦間大産
鉛錫豈非假其餘味乎或云苟錫能致甘則山
下諸泉味當一矣而獨美者何也曰山一而泉

異也他泉脉淺發於山表斯泉源深出於山骨
故積霖而不溢久旱而不竭承平之代錫乃深
藏故源深而得其液焉不然則何以滑於衆泉
靈於諸水或云古時錫產東峰非泉脉矣慧山
本也東峰枝也未有本亡而枝有者也利物之
外尤資茗荈陸先生嘗㝵之美名始振夫食味
別聲人之常也甘辛異口嬰耋一致莛水之淡
薄其味各別能於淡薄之中紀其優劣峻其等
級非奇人不能臻斯妙亦猶金絲聯耳清濁易

辨其或審與衮察治亂非賢者罕極其與審聲
之輿夔季而下世猶有能者別味之妙生民以
來先生一人耳且夔季於樂聽於心而不聽於耳
先生於水別於心而不別於口後之慕先生名
悅水之味者又不別於口別於耳也噫別於耳
者衆矣非獨水之難別也先生未生泉味非苦
先生生後泉方有譽信乎蔡邕辨薪而得爨伯樂
顧駿而增價天下之山珠聯櫛比山中之泉絲
縈髮委先生不登之山未嘗之泉多矣其間豈

㢘洞而抗蘭谷者有之不遇奇識滔滔於汙潦
之間惜夫且以無情之水遇聖鑒汲引尚能紀
名於簡冊分甘於郡國矧有道之士遇知己振
發豈不能潤澤生民道濟天下煥今名於今古
哉前所謂水猶賢者言非過也感物而動與泉
作序

陸子泉亭記　孫覿 晉陵人

陸鴻漸著茶經別天下之水而惠山之品最高
山距無錫縣治之西五里而寺據山之麓蒼崖翠

阜水行隙間溢流爲池如奏琴筑如鸞鳳之音
味甘寒最宜茶於是茗飲盛天下而鉼罌負擔
之所出通四海矣建炎末群盜嘯其中汚壞之
餘龍淵一泉遂涸會今鎮潼軍節度使開府儀
同三司信安郡王會稽尹孟公以丘墓所在疏
請于朝追助冥福詔從之賜名旌忠薦福始命
寺僧法皞主其院法皞氣質不凡以有爲法作
佛寺糞除灌莽疏治泉石會其徒數百築堂居
之積十年之勤大屋穹墉負崖四出而一山

勝復完泉舊有亭覆其上歲久腐敗又斥其羸
撤而大之廣深袤丈廓焉四達遂與泉稱皡請
予文記之余曰一亭無足言而余於皡獨有感
也建炎南渡天下州縣殘為盜區官吏寄于民
閭藏錢廩粟分寓浮圖老子之舍市門日旰無
行跡遊客暮夜無托宿之地藩垣缺壞野鳥入
室如逃人家士夫如寓公寄客屈指計歸日襲
常蹈故相聊成風未有特立獨行破苟且之俗
醬然以功名自立於一世
今猶視昔也法皡者不惟精悍過絕人而寺之
廢興本末與古今詩人名章峻語刻留山中者
皆能歷歷為余道之至其追營香火奉佛齋衆
興頹起仆潔除垢穢汚於戎馬蹂踐之後又置
屋泉上以待四方往來冠蓋之遊凡昔所有皆
具而壯麗過之可謂不欺其意者矣而吾黨之
士猶以不織不畊訾謷其徒姑置勿論焉是宜
日夜淬厲其材振飭蠱壞以趍於成無以毀危
自安於人之上其庶矣乎故書之寓一嘆云紹興

十一年六月日記

元

元文四首

重修淮海先生祠記 [redacted]

淮海先生秦少游建中靖國初卒藤州歸葬高郵
致和中遷葬于常州無錫縣惠山之原子孫因
家焉墓故有亭刻建炎四年追贈龍圖閣誥并
山谷送秦少章詩置之亭中秦氏仕不顯諸孫
貧窶墓四旁地皆豪右所得亭亦毀壞不存山
谷詩石歸邑好事者獨贈碑荒蕪榛杞中樵蘇
不禁墓祭幾絕開禧丙寅永康應純之以州判
官攝邑事訪問遺跡慨然興念封植其墓取旁
近地還之率邑士大夫合錢建亭乃立贈碑且
贖還詩石擇秦氏諸孫知學者使肄學職得月
給使具祭祀倉臺黃公常守湯公皆助其凡廢
應君故從余學自澄江召歸道出無錫應君首
及茲事且請予記之余嘉其志不待弃請然行
役未及作也至吴門曾淮東漕孟良夫因論少

游醉卧古藤陰下人謂卒于藤之識也獨不知
一事少游墓後古松一株直榦高聳有巨藤自
墓穴中出圍匝數四已乃施于松上蓋覆其墓
此真古藤陰下也松為人所去藤芽蘖今僅存
爾良夫信安孫惠山寺功德院也故知其事應
君来索記因併及之四月朔日永嘉

仁壽菴記　　黄溍　金華人

仁壽菴者無錫鄉先生強君退休之所也君少
負志氣能自植立以文學起家歷官五品用著

令勣恩父母以及其妻因自念遭時承平天子
方施錫類之仁以廣孝治榮光所被萃於一門
歆然深以滿盈為懼年未及謝即上懸車之請
朝廷欲寵嘉之以奬成廉退之俗遂如所請而
官其子時君長子可仕從事帥閫成資而待調
於銓曹乃任其仲子可大俾尉一縣君既釋組
綬而還兩子又皆有祿秩以為養始得肆情丘
壑不復以世故自累爰相善地營樂丘於州西
七里縣山之陽而築菴其傍締構朽墁樸不斫

漏華不過侈有室可居有堂可以奉賓客有閣
以登眺有亭以燕嬉曲徑方池花苍異卉可以
近清凉而娱澹泊使来告曰菴以佚吾形丘以
息吾歸也幸為我志之蒙者君以仁山扁所居
之堂矣今名其菴曰仁壽者仁其體壽其効也
君嘗建義塾梁溪上以淑其里之子弟設義塚
茲山之下使貧無塟地者咸塟焉此又其仁之
見諸用者也為効豈止旦夕之計也邪予聞是
邦以惠山為巨鎮靈秀所鍾鬱而不洩土厚石

堅草木蒼潤泉發其中雅於茶事為宜陸鴻漸
品之為天下第二誠宇宙間名區奧壤也茲山
岡連隴接而特據其勝處去人境不遠而幽靚
閒美若與世隔非有隱德莫宜居之惠山有仙
者徐神翁之後盧君遺迹安知其人不往来山
中而與君遇乎君倘得而友之則刀圭之益為
壽有非數量所可計且將乘雲氣騎日月而逍
遥乎六合之外尚焉用茲丘為惟仁者之必壽
本於吾聖人之言可徵不誣而今之名菴者竟

協其義是宜有述然不敢勦取先儒之說而重陳之姑承君之命又次其大略如此君名以德字振之仕至湖廣儒學提舉春秋甫六十有八云元統二年秋八月日立石

華孝子祠故址記　高明

惠山寺之東偏當泉水之上有三賢祠按志書今祠址華孝子所居宅也初祠久廢吳人王彬始復倡建既成則以三賢事刻諸石且曰初址實孝子故居孝子之事不以沒而不著復礱其碑陰以記其事華善也按齊史孝子名寶晉義熙末始八歲父豪戍長安且行謂曰我還為汝冠後長安陷父沒寶奉命至七十不冠婚或問之不忍答輒號慟彌日建元三年詔表其門閭凡史載孝子事若此蓋自西晉以來尚玄虛賤名檢教弛法斁波流風靡而孝子獨能篤至行終始不渝其誠意惻怛可以貫金石干雲霄[illegible]與宇宙日月同其久於此見天之降衷人[illegible]彝不以衰世末俗而有異也孝子晉人[illegible]齊孝子者蓋孝子生於晉長于宋歿于齊當其一身而天下三易姓當時居朝廷有爵位者朝事司馬氏夕事劉朝事劉夕事蕭恬不以為怪而孝子奉父一言七十年餘未嘗斯須忘以至沒身不替使當時朝廷有爵位者其奉君命恪官守亦咸若華孝子則晉當不為宋宋當不為齊而孝子宜不曰齊孝子也凡游于茲者想幽林酌清泉臨風覽古懷三賢之高風慕孝子之至行無素有志者宜加奮勵其未能者則澄思移心勉追遐躅是則某所以樹碑之意云尒夫人性一耳有為者亦若是吾徒宜無自怠

忠靖祠迎饗送神辭 有序　倪瓚 晉陵人

至順元年春吳楚荐饑天灾流行連數郡道殣相望沴氣薰襲為瘥為札錫之民咸被漸染小大惴惴無所請命邦之耆老相與言吾邦西山之陽翛祠祠有明神焉曰忠靖王胙爵東平生能奮忠死有遺烈赫聲濯靈福我錫民自有[illegible]矣在昔季宗大疫用禱于神變沴為祥[illegible]

詠民病亟矣宜從故事乃合羣謀籲衆感率從祠下鐃鼓鏜鉉纛旗晻靄導駢駕以臨城闉香雲漲空奄雅奔走衆心推誠祈祀惟謹惟神顧歆來格來享若沐神水若濯冷風敺攘妖氛民疾用瘳丕燀神化無遠弗暨鄰邑之民祈者踵接環句吳四封所活幾萬人焉是神有大造於吾民也禮神能禦大菑捍大患者則祀之矧感烈若此是宜尸祝而社稷之舊祠燬於火未幾民更興復其制瓚嘗以母病至禱立愈因作迎

饗送神辭二章刻諸山阿俾錫民歌以祀之辭曰

靈皇皇兮岱宗神之來兮駕蜚龍赫蒼顔兮朱髮如火紛羽衛兮岳祇嵲峨青霓旍兮白容裳降大荒兮祓不祥毆野仲兮逐遊光惠我民兮神樂康羅帳兮雲幄湛寒泉兮瑟蘭勺撫偃蹇兮歆參差薦芳馨兮神享之靈娛娛兮奈何樹紫檀兮山之阿匪斯今兮福斯土沐神休兮千萬古

神之去兮驂雲螭風剡剡兮吹靈旗悅臨風兮延竚悵神旍兮難駐神旍兮翩翩撫一氣兮周八埏朝騰駕兮西神夕弭節兮東魯噫神往兮奚我顧民有籲兮載福斯祐祈瓊華兮遲神歸歲復歲兮神寧我違石戔戔兮流水壽我民兮報祀無已

惠山集卷之一

惠山集卷之二

國朝文十三首

惠麓小隱記　孟主一

惠麓小隱我先府君識所居之扁也當九龍峰之陽惠錫兩山之間故伯祖奉議舒城府君塋焉就祠有菴曰壽寧命僧泳主香火泳分其徒富繼守之以洲住禪悅禪悅亦由壽寧出久而壽寧漸廢稱則於淵淵勤以壽寧歸券將徹我宗祀時先府君自南康校官歸過家上塚始之壽寧業已易　遂訴于有司有司利淵之私不能伸者數年會部使者屈顔公明燭洞徹決以一言獲復業而徙居焉改立復本堂以奉大宗主創鄒國公祠撥田給祀事延師教宗族子弟茂林脩竹清泉遶舍山可樵圃可蔬嘗命何東谿寫圖自題絶句于端以寓心目之勝當時縉紳題詠盈卷府君即信州録事年甫六十慨然嘆曰故山榛莽田園日蕪遂引年謝事而歸閉門不出十餘載日與高人幽士吟嘯自娱教子耕讀優游泉石將終身焉至正丙午陽山盜發燬及吾廬予孫乃散處丘隴墟矣越己未主一自括歸顧瞻泉源之深長草木之蔥蒨皆為樵牧境于是求先府君釣遊之舊躊躇詠嘆依依然殆不能舍而去之且痛先人復業之艱不敢仰視乃營草堂於故址安祖宗之祀栽松竹浚泉源將繼小隱之志其有日矣噫古之仕者去家而見用於世既貴而歸故鄉此人情之所同欲也然而能得之者或鮮况嘗所值之時乎昔之盛衰迭為消息理則故然然昔之著於前者嘗盛矣今則適當其微而何恠其然也豈故家遺族不忍以其零落遂就於湮沒將有復於微焉追念前人之經營輯録先輩之贊詠繪圖成卷而傳之使來者知之亦有以推先世之澤而有立焉豈獨感慨於陳迹而已哉洪武壬戌九月甲子嗣子主一百拜謹書

靈泉記　王達善

縣郭之西有山曰錫山山自大江而來蜿蜒（二）

伏其態百變距兹山而止焉邦之人以謂山之靈氣攸儲故搆睢陽張公之廟於其麓廟之前有泉深僅百尺清洌可愛宋建炎褚盧至柔者隱於山之南有道術托公之靈符其磚甃而為井凡邦人遘疫者必禱于公公允則轆轤汲泉以飲飲無不瘥泉之名自公始公之仁亦資泉以行洪武己巳春知縣楊康集邦之耆老構亭泉上顔曰靈泉徵達記之達邦人也邦人敬公猶父母達其可無言乎公鄧州南陽人字巡氣

豪邁多雄略讀書過眼即識不忘唐至德間天下士大夫不為鮮矣逆胡搆亂為國家握節而死者獨公二三輩而已當雍丘令令狐潮附賊王命不通大將六人諭公存亡勸公降賊公陽許之翌日設天子畫像於堂上率軍士明大誼以斬之一日潮謂公曰足下軍令固善柰天道何公答曰尒未識人倫安知天道達嘗論公匪惟忠貫白日義動今古至於學問明潔秦漢以來盖不多見人知公以數千卒横挫賊鋒視死

如歸為難殊不知公之心造於理而安於義命無難也人知無睢陽則無江淮殊不知所以保江淮者全唐室也所以全唐室者為後世利也何則俾公一少屈其氣則江淮由是而潰唐室由是而亡賊必塗炭南域腥穢風俗禍及後世或者論公之廟宜於睢陽而不宜於南域是豈知公之勳哉公之精英足以勵風教激頹俗豈啻南域宜廟雖天下廟之可也世之賣國降賊全妻子保富貴者觀公之像吾知其毛髮盡立

心掉而不禁矣豈小補耶雖然人之精神何所弗至貴躬可以致雨搏膺可以隕霜悲泣可以頹城浩嘆可以决石泉能活人也假公之神耳神不能泥私也由人之誠所致耳此誠也發於吾心而感公于千祀之上假泉而活者必然之理矧至柔之精神亦將與公流通於千祀之下乎無錫瀕於江淮廟於公宜也匪僭也而泉以靈名亦宜也匪恠也於乎古所謂禦灾捍患則祀之者其在兹乎楊侯誠所信而知誼者姑為之

記云若夫公之始終行事已著唐史茲不贅

竹爐清詠序　　王達善

夫物不自貴因人而貴名不自彰因志而彰遠公栽蓮細事也而蓮社之名遂傳支遁好鶴細玩也而鶴舟之名遂著使遠公支遁為庸士則種蓮而已爾好鶴而已爾何能齒於人哉性海禪師結廬二泉之上清淨自怡淡泊自艾栽清泉之澗竹製煮雪之茶爐遠追桑苧之風近習香山之徑因事顯理必欲續慧命以傳燈託物寫真無非引群賢而入道清風一榻掃開萬劫之塵埃紫笋三甌滌盡平生之肺腑論其事業誠不讓于遠公勘彼規摸實無慚於支遁名於永世其勢灼然道播諸方此心廣矣不然何諸公入詠而成章獲一時趨風而尚德哉為短引式弁群言

竹茶爐記

性海禪師卓錫于惠山之陽山之泉甘美聞天下自汲泉試茗以自怡有竹工進曰師嗜茗飲請以竹為茗具可乎竇爐云爐形不可狀圓方上下法乾坤之覆載也周竇以土火炎弗毀爛虹光之貫穴也繳文外飭蒼然玉潤鋪湘雲而剪淇水也視其中空無所有冶鐵如柵者橫其半匀清泠於器拾墮樵而烹之松風細鳴儼與竹君晤語信奇玩也禪師走書東吳介於友石蒼師以記請夫物之難齊甚矣樽罍以酒鼎爵以烹此蓋適於國家之用尤可貴者若鼒鼎以石製爐以竹亦奚足稱豔於詩人之口哉雖然樽罍鼎鼒世移物古見者有感慨無窮之悲竹爐石鼎品高質素玩者有清絕無窮之趣貴賤弗論也且竹無地無之凌霜傲雪延漫於荒蹊空谷之間不斧伐而筥箕筐籠之屬過者弗覼也今工製為爐為汲泉試茗為高人逸士之供置之几格播諸詩詠比貴重於樽罍鼒爵無足怪矣初禪師末學也材豈異於人人及徜徉刻勵道隆德峻迥出塵表為江左禪林之選亦竹爐之謂也是為記歲在乙亥秋仲望日

張中丞廟記

倪謙

常之無錫縣西錫山之麓舊有唐御史中丞張
公廟一區廟之前有泉一泓乃宋崇寧間道士
盧至柔所鑿丹篆甃甓而為井假公之神以
主之凡有疾疢禱公請泉飲無不愈代著靈異
具有顯蹟錫民錢守常邵叔讓朱孟暘謂公生
能捐軀衛國歿能禦患救民考諸祭法能禦大
災捍大患則在祀典之義合鄉耆白于有司以
為公死節睢陽已有廟祀而公闡靈茲土受惠
獨厚顧無報祀禮典缺然願春秋致祭以荅神
貺有司具其情達諸禮部禮部以
聞
朝廷許之寔天順元年四月十六日也
命既下有司恪遵
詔旨每遇春秋二仲享祀如儀錫民得遂所請
咸踊躍以喜僉謂宜伐石以記其事守常等
爰請予言記之蓋公諱巡鄧州南陽人登開元
進士第由太子通事舍人出為清河令調真源
令安祿山反至德元載起兵雍丘討賊移守寧
陵拜主客郎中河南節度使二載賊攻睢陽急
乃入城與許遠共守遷御史中丞守凡十閱月
臨機應變出奇無窮前後大小四百戰斬將三
百卒十餘萬力竭城陷為賊所害詔贈揚州大
都督宋建炎間加封忠靖王元至正間累加護
國忠靖威顯洪濟景祐真君之號於乎自古忠
臣伏節死義以身殉國者有矣然亦有若公之
烈者也觀其以疲卒守孤墉抗強虜援絕食盡
人知必死衆議東奔公曰睢陽江淮保障也若
棄之去賊必乘勝長驅是無江淮也於是忍死
以待隣兵之救豈料其終不救耶可為扼腕而
痛恨者也及城陷見執慷慨就義視死如歸忠
烈之盛何以加諸人孰無死死而得所則雖死
猶生也故曰死有重於泰山公之謂矣使當時
無公以扼其衝賊席卷而南肆其兇毒生靈受
害可勝言哉是則蔽遮江淮保全王室公之本
心也東南之民知公之心感公之德廟而祀之

惠有以報此錫山所以有是而肇祀于今所以不容已也迹公錫福於民愈久愈著者由公剛大之氣充塞乎天地而不散貫徹乎古今而不泯故隨其所在有叩必應無非一氣之感通也況錫民積誠以奉公公得鑒其誠而錫以福乎自是民之於神以我齊明與我犧羊而享祀不忒則神之於民將俾雨暘以時百穀用成蓄害不生物無疵癘抑亦默佑於無窮矣斯舉也守常等倡之合乎禮而務乎義可嘉也已是用記之俾後之人知祀事之所由始

惠山寺興脩記

徐有貞

大江之東多名山而惠山之名為特著蓋其山當川途之會凡舟行往來者多登焉而其原泉又為天下水味之殊品好事者多取之以為飲至以相饋遺妙奇方物今昔縣然此其名所以著也山之奥區有禪寺建自六朝至元季時燬國初性海真禪師薙草萊復開之繼真者韶石祖也玄關也廣之拓之完而又燬繼而圖之者南宗裔也大川濟也皆弗克完以逝垂三十年無繼者故寺雖不燬而其敝有甚於燬焉天順庚辰楚石璿公始自南都之寶光來主是山慨然以興脩自誓一心顓力攻苦茹淡以身徇事而弗自卹也郡邑大夫嘉楚石咸樂助之成經營締構日積月累次第而成若祝　釐之殿若妥靈之祠若講法之堂若棲禪之室及兩廡三門亦既完矣楚石又以山之勝在陸羽之泉寺之勝在金蓮之池而泉以傍泄涸池以積洿

塞乃復用其餘力導其泉竅石而𨻶焉濬其池梁石而檻焉由是聞者稱異見者改觀若入化人之國物無不化化瓦礫而為金碧之場化榛莽而為旃檀之林化蕪穢而為莊嚴之界山若化而益峻以秀水若化而益清以冽士之道焉而南北者以不登其山不瀹其泉為觖望楚石乃具事始末來請記予知楚石久矣其人悅文史而能詩清脩而不矯異蓋所謂墨名儒行者而惠山又予之數遊也乃不獲辭嘗試問之曰

楚石心乎儒而苦事乎此何耶其殖其衣缽耶抑將求福田耶楚石乃蹴然曰何敢然嘗竊以為居乎其地者當有以利乎其地食乎其人者當有所益乎其人居焉食焉而無能為利益者非人也瑁竊恥之是以不遑寧處而亟此尔予曰是益以奇之嘆乎彼居人之官食人之祿施之而安之衍之而樂之不惟無能為之利與益然且有為之病與損者皆是也聞楚石之言得不内愧於心乎予之記之其亦庶有所儆也夫

唐御史中丞張公祠記　李泰

縣治西去郭五里許有山曰錫山山之北麓有廟曰東嶽行宫右一側室扁曰唐御史中丞張公祠於乎唐至德間逆賊禍天下公以孤軍守睢陽至於力竭食盡城破而死嘗曰生不能報陛下死當為厲鬼以殺賊其忠義可謂冠今古徹日月昭天地者彰彰矣三代而下如公者能幾何人哉及宋建炎踰年四百餘英靈尚在顯現陰像於錫山以托有道羽士盧至柔始血食斯土凡邑中時或疫癘歲或旱澇志誠禱于祠下其應捷如影響景泰乙亥有司具實請于
朝賜祭春秋成化辛卯夏四月泰拜
天子命知無錫縣事秋八月六日視篆後三日適謁群祀感慕公之忠節凛然若在奈何祠宇卑狹不足以伸對越奔走之敬而飢寒未蘇之民又不忍傷佚越二載幸而天降屢豐民庶安堵俾政通人和治獲小康賴公陰佑之者豈淺淺哉以故求公舊祠東得空地約五畝鑿夷而繩直之相度所宜迴構正殿三間高大嚴正儀門三間東西廡及迴廊共二十六間石梁一座以通神道此則足以慰吾民趨走之敬矣後百世之下有過公廟者豈無感發而興起者乎視彼賣國降賊偷生遺臭者烏可同年語哉計厥所費萬五千緡皆官府餘積與民間樂施者未敢一毫科出于下遴選邑中義官楊諛者民陳謙善華分理其事今之來任縣丞班君鏞李君祿主簿劉君澄典史唐君進亦各以俸金用助

其事經始於癸巳歲冬十月至乙未歲夏六月落成或有議之者云張公非錫人也錫邑非睢陽也錫民尊奉無間旄倪夫子所謂諂也有司又從而廟貌焉則惑甚矣殊不知神有功於民民致報於神祭法所謂能捍災衛民則祀之者是也矧公生稟天地之正氣死順天地之正理而又為天地之正神以佑斯民者乎雖然張公之守睢陽而江南後世不至於屠戮腥膻者抑誰之功歟正所謂非特有功於江淮唐世而已乃有功於天下後世也天下後世祀之不以為過錫邑之祀奚惑焉謹記成化十八年歲次乙未八月仲秋吉旦立

松風閣記　　秦夔

凡屋於山必重簷峻楹高跨冥漠過凌清虛庶可以納遐景招遠風此勢所宜然否則卑鄙弗稱去惠山之西一里許有菴曰聽松據九龍之腹山谷覾深人跡罕至洪武間高僧真性海居之九　朝之縉紳與夫幽人韻士來遊錫山未嘗不觴于斯憩于斯　歌咏于斯然遂屋殘牖背山而廬可以栖霞卧雲難語夫高明爽塏遊者或病焉戊戌秋余嘗假宿於菴菴之後有岡翼然間與主僧宏上人登焉方凝神蒼間俄一風西來孤響泠泠若龍吟谷中顧問左右安所得　宏上人戚然曰此松風也岡之西舊有　林每風起岩谷間颼洶洶作秋濤出峽聲　社真公聞而樂之嘗欲閣于斯未幾示寂石亦旋剪為薪今獨餘三數株在為指示之此昌蒼髯垂胡若元夫巨儒拱揖岩畔余因自計登茲岡者多矣皆莫克闡此而適使余聽之豈真公在天之靈將托余以贊斯閣之成哉況重簷峻楹於山之道宜然乃為相度形勢經理財用凡我同志咸樂補助而經營幹蠱上人實任其勞不數月厥功告成危欄支空廣霤承陰易卑為高去奧即明高霞低映遠山來朝而松風亦時時作金石奏清泠激揚可以蠲忿滌煩所謂納遐景招遠風者盡在是矣余間登而樂之嘉

上人之克追先志且自慶異時宦遊而歸將往來于茲烹泉聽松以終吾老也遂書以識俾後之登斯閣者有所攷

復竹茶爐記

秦夔

爐以竹為之崇儉素也於山房為宜合爐之具其數有六為瓶之似㼚明石鼎者一為茗碗者四皆陶器也方而為茶格者一截斑竹管為之乃洪武間惠山寺聽松菴真公舊物爐之制圓上而方下織竹為郛築土為質土甚堅密爪之鏗然作金石聲而其中歉焉以虛類謙有德者鎔鈇為柵橫截下上以節宣氣候制度絕巧相傳以為真公手跡余獨疑此非良工師不能為鄉先達中書舍人王公嘗有詩咏之學士耐軒王公復作引弁其首以是爐之名益傳於人人永樂中真公示寂爐亦淪落人間獨諸公翰墨粲然尚存落落與松雲蘿月為伍成化丙申冬余歸自鄂渚暇日假榻菴中真公嗣孫曰戒宏者出以示予曰誦王舍人所作氣蒸陽羨三春雨聲帶湘江兩岸秋之句嘆其佳絕且惜其空言無徵圖欲復之乃曰釋氏教述跡語一通畀戒宏使遍訪焉逾而果得於城中右族爐無恙特茗椀失去不存或疑爐細物也復不復不足為世輕重殊不知物不自顯必因人而後顯使爐不經諸名公品題雖復之累百何補況諸公之作亦將藉是以傳爐可泯諸公之言可從之使泯乎爐之亡不知的於何年始記其繇收爐者故詩人楊孟賢復而題之者其仲孟敬云

漪瀾堂記

盛顒

皇明御天混一四海化干戈為衣冠之俗華風漸被山岳效靈吾錫據江南之望惠山之泉称天下第二石罅細流由山麓聯絡迸湧而為井由地中瀉于龍吻渟而為沼突然庇臨其上漪瀾堂也茶仙之品評坡老之題咏傳誦迄今代有名人承風步響士庶之雲集者無虛月三韓之使亦訪問焉吾宦遊兩都閱之東西齊魯之境吳楚百粵足跡殆遍奇踪偉觀孰非挽于心

而快于目者而王事之暇耽耽于懷寤寐此泉此堂而莫之釋良以父母之國少日釣遊處也成化丁未春内臺解組旋始得如願與舊友負外陳君進之封太守秦君景暘邑令紫侯躬實来游山中或折簡而會或不約而遇維舟溪上科擧以嬉登高而振衣望遠以終日秋季之望庶復詩遊觴于堂籩豆斯陳獻酬有序采燕浮白間以詠歌仰而觀山峯攢雲簇如萬馬爭馳下閈監府而應泉其潺潺與松濤答波下上互

爲清濁恍聆父奏於洞庭自念久勞於外茲疑骸於承平之日以時賞心形神俱與不負吾泉吾山之期待士夫以完節歸余詎敢當耶會斯堂漸圮侯欲圖新之繼日乃出羨餘經其始弟頎捐鏹相其成劑職以爲夷易舊而爲新匠者斵巧者鏝危磨峻楹承陰廣霤飾以采環以闌三閱月而告成侯以記請予謂水微波爲漪急爲瀾昔人以之名堂者有在原泉之一潛一顯即陰陽之一翕一張此道體之妙也夫子川

上之嘆子思淵泉之論文公源頭活水之句厥義弗殊此侯素講明者自今斯堂之新也觀其水之瑩然則思以澈民隱觀其流之不息則思終始此心是大有助於衆者豈逐游云乎哉侯謝曰是亦僕之志也遂書刻之

泉齋說

李東陽

無錫邵國賢居近惠山以泉名齋因與論泉之義曰夫泉由靜而動自微而顯其出有本其行有漸而其爲用不可窮方其在山人固莫知其

泉也又曰物賦形隨時濟用溉而爲田瀦而爲澮匯而爲溪爲河爲江爲海人亦忘其爲泉也而泉實有之孔孟以水喻道以此故也後人論道者曰體用一源顯微無間夫所謂一源者即體而用在非體之外別有一源也所謂無間者謂理寓乎物而非因物以爲理也然則即泉以求道其亦近矣乎頎於此有二義焉以之爲學則有蒙之象以之爲教則有發蒙之功包蒙之德擊蒙之戒合内外人己而求之其於道庶乎

其盡也國賢萬學而力行既有所得矣今以按察副使督江西學政有敎之素焉其有取於名齋之義也夫若泉之在惠者則徒取其名而弗濟于用國賢蓋因是以求道而非苟於是以為用者也國賢以為然乃書以贈之

泉記　王鏊

賢人所至其山川墟邑雖去之百世猶若係情者瞻首陽則思伯夷登峴山則思叔子長沙之井桐江之臺浣花之草堂久矣其廢也過之者雖荒榛野莽低回之不能去詩云蔽芾甘棠勿剪勿伐召伯所茇無錫惠山泉號天下第二故巡撫山東都察院左副都御史盛公其邑人也解政來歸歲時戾止爰有檻泉淙淙出松根公亟樂之弟姪承志鑿池引泉覆亭其上因道為流觴曲水時節召客會飲賦詩公名其泉曰松苓義取引年云公時年七十三矣又二年而公卒嘗飲於斯而樂也嘗曰古人有言樂哉丘也我死則欲埊焉噫是

朝廷遣官治墓立碑表蔣松栢邑之耋老稚齒相率來觀右悽谷思泉咽烏嗥山公所憩也泉公所湘也昔也樂而今也哀豈非以其人乎哉頃予過無錫懷公不見瞻望惠山白雲何極而姪廙以父命求予文予故記其事書於泉上於乎後世其必有望茲山而墮淚者乎公諱顒字時望由進士為監察御史以直言謫知東鹿歷官郡守方伯少司寇轉副都御史所至有遺愛功德可紀

慧山十賢堂記　楊循吉

賢者將以軌物必祀以勸禮也矧乎名山懿舉何代無人先詳後略君子病諸此惠祠所以益三為十而弗容已者有以也夫蓋常之邑四錫為大錫之山百惠為秀秀而邇郭寔多考槃是故俎豆之設厥有舊典曰宋司徒長史湛唐尚書左僕射李及桑苧翁陸此三君者咸以高踪頁於山泉其南面列食有年矣自是以降蔑焉無聞豈哲人之生獨嗇於後乎哉無亦缺而弗

脩也於是今戶部侍郎邵公國賢往歲築室山
中既率同志疏濬溪廟忠定乃以餘力相與撤
故屋之弊陋按往牒而稽考又得表表宜祀者
七人焉在宋曰無錫令焦國史編脩秦禮部尚
書謚文簡尤御史袤行錢在元曰雲林子倪在
國朝曰義士張中書舍人王合前後為十賢廞
廞堂構肖像其中議以歲之二仲合群縉紳行
事而推其一人為獻凡所躋升皆錫之名鉅游
處是山與其葬焉者也不然雖賢弗列禮固宥

相沿者歟工始於正德庚午春越明年落成凡
風俗之厚必以化化有默行視政為速則惟賢
是賴表章崇祀其機也繫此諸賢或舊廟帝載
既公既卿或盤桓澗阿亦隱亦文以至惠牧義
勇亙舉間出莫不同萃一堂師我錫士是雖邦
邑之志非公其孰能興之猗歟盛哉敢刺茲銘
其詞曰
坎坎擊鼓新堂之下我祀我歌思古賢者俎豆
既崇金石是寫陟降有儀以雝大雅廞賢維何

伊錫衣冠異代同流隱顯具宅道不一足式貢
林巒廟貌爰陳爍此衆觀昔也攸祀三爵孔寍
今也亦祀十像斯覿有泉如水下迤庭墄言釀
旨酒載酌敢羃靈風洋洋神降春秋孰司獻登
鄉拔其尤邵公作之龜筮協謀懋哉邦人無忽
前脩

碧山吟社記

張愷

碧山吟社者　封武昌郡守吾邑脩敬秦公以
詩會友之所也公與諸友唱和有年矣而公年

為長嘗為約曰吾儕幸生
聖明之世重荷　文明之化既無公卿大夫之
責又無農工商賈之勞惟歌咏太平以形容
國家之盛此分內事耳然飽食終日無所用心
聖人所戒自今務以德義相勸過失相規言毋
妄誕行毋詭隨朋不媿於古人無慚於後進斯
幸矣不然吟詠雖工寧免將來之訾議乎於是
諸公情好日篤乃成化壬寅春擇地於惠山之
麓結屋于龍縫泉之側中為堂外為門傍為亭

為書室為茶竈行厨鶴逕靡不具有長松落陰
脩竹叢翠流泉漱石秀嶺横空諸公屢凡幽閒
冠裳嚴飭每風日晴爽以次為具觴詠其中行
以鴈序坐以齒列凡感時觸物弔古懷今一於
詩焉發之其辭清婉而和平其氣舂容而雅淡
一時儒紳君子相與慕之士大夫之往來于錫
者必就起居而宴集焉於是馬太常紹榮題其
門曰碧山吟社李少卿應禎扁其堂曰十老左
稽勳贊書其亭曰撚髭蓋皆歆豔而企慕之也

夫詩之有社尚矣我
國初若高楊張徐暨馬孝常周履道浦長源諸
公雖各有唱和之什然當勝國創殘之餘未洽
維新之化或僑居而寓合或暫聚而驟離觀其
所作亦多悲愁憤歎激切感慨之辭非若今日
諸公生長於一邑會遇於一時而和其聲以鳴
於一社也吁亦盛矣哉十人者皆衣冠舊族其
道同其志合其先世或以文學稱或以忠節著
其父子兄弟或以科第顯或以道術鳴蓋皆有

常常布而已脩敬名旭字景暘陸勉懋成號竹
石梅菴高直字惟清陳履天澤號遜菴杏軒黄
祿字公祿聽玉楊理字叔理李庶舜明號絅菴
玉溪陳行之名公懋北野施廉字彦清潘緒繼
芳號玉林自北野而上俱希七望八之年惟玉
林年未五十謙讓不與諸公以其溫厚而恭謹
效宋人用唐故事援之入社以相周旋夫香山
洛社隆德履於功成身退之時碧山吟社歌太
平於上恬熙之日雖顯晦不同而其致一也

愷生也晚辱諸公有忘年之愛而其事有關於
世教可書也故為之記

泉亭落成燕飲序　張愷

正德庚午秋八月惠山浚泉之工畢中丞二泉
邵公既為文以記之於是潘君繼芳龔君時亨
楊君正甫莫君利卿皆有事於浚之之功者也
乃於　月　日設宴於漪瀾之堂合諸搢
紳士之有意於泉者群飲而樂之于時雲景呈
鮮凉飈薦爽樽俎既具殽羞維時壺矢在列絲

竹在御衆賓咸喜而相謂曰美哉泉乎壞於昔而葺於今亦其數然耳今日之會所以落其成也可無文字以相悅乎於是中丞以泉為韻相與賦詩歆酒樂甚讙愷辱在賓席之次宜有序愷不敏乃颺言以諭於衆曰諸君之所以樂者將在於泉乎抑在於義乎果在於泉則匡廬水簾中泠蘭谷諸水具在而皆樂乎否也若以其甘滑清洌為可烹而樂之則彼驛取以供茗事者得之矣何見諸於君子乎維昔聖人川上之嘆以道體論固不□彖世或以陸子之品泉擬諸夔季之審音以為不別於口而別於心其知陸子之心矣而諸君之樂豈獨以是也哉夫泉無心者也無欲以求入者也惟其無求於人故義有所舉人樂趣之若其性焉就下而不可遏蓋秉彝好德人心所同而入自發之所謂無所為而為之者也使泉有耳目口鼻之欲以求勝焉則雖敲朴鞭笞有不可強其能使人樂助之乎故夫功以義而成義因泉而發義之所在人

四十一

之所貫鬼神可質而蠻貊可服況取諸至近而有弗效者乎夫天下之理一也山之有泉猶人之有政使為政者事至而理從逆來而順應亦若泉焉以無欲之心待之則將奔走天下之義而忻慕愛樂之不已又何有於拂戾者乎惟其不能以無欲故刑罰所以懲惡也而或奪於貨賄爵祿所以勸功也而或倖於私門征歛所以賦民也而或病於掊尅辟訟所以息爭也而或移於喜怒譬之水焉或壅之以為壑溢之以為災或搏之使過顙激之使在山則人將有不勝其患者矣寧得而樂之乎於是諸君作而謝曰然吾聞浚泉而得政理可書也已遂書以為泉亭落成燕歆序

四十二

惠山集卷之三

南朝詩三首

過歷山湛長史草堂　南平王劉鑠

茲嶽蘊靈詭憑覽趣亦贍九峯相接連五渚逆縈浸層阿疲且引絕巖暢方禁溜衆夏更寒林交晝常陰伊余久緇涅復得味恬淡頓遂安期上於焉悟高枕

歷山草堂應教　湛茂之

閉戶守玄漠無復車馬跡衰廢歸丘樊歲寒見松栢身慚雕陽老名忝梁園客思非市朝遊常在山澤離離挿天樹磊磊間雲石持此怡一生傷我驅度隙

過歷山　江淹

愁生白露日思起秋風年切悲杜衡暮覽涕吊空山落葉下楚水別鶴唳吳田嗥氣陰不極日色半虧天酒至情蕭瑟憑罇還復然一聞清琴奏歌泣方流連況乃客子念直是絲竹前

唐詩三十六首

惠山流泉歌　皇甫冉

寺有泉兮泉在山鏘金鳴玉長潺潺作潭鏡兮澄寺內泛巖苔兮到人間土膏脉動知春早隈隩陰深長苔草靄靄縈廻石磴喧朝朝與漱山僧老林松自古草自新清流活活無冬春任疏鑿兮與汲引若有意兮山中人偏依佛界通仙境明滅玲瓏媚林嶺宛如太空臨九潭詎滅天台望三井我來結綬未經秋已厭微官憶舊遊且復遲留猶未去此心只爲雲泉留

登惠山北樓　皇甫冉

秋興池蝶歸心過遠山風霜征鴈早江海旅人還驛樹雲猶濕漁舟晚自閑仲宣何所賦祇歎在荆蠻

遊惠山寺　竇群

共訪青山寺曾隱南朝人問古松栢老閑襟言咲新步移月亦出水映石磷磷予洗腸中酒濯纓上塵皓彩入幽抱清氣逼蒼旻信此

趣淹留氷玉隣

晨過昌師院

深庭芳草濃晓井山泉溢林馥亂沉烟石潤浸
経室幽岩鳥飛静晴嶺雲帰容壁薜凝蒼華竹
陰漏晴日生烟半宵夢憂緒仍非一若無高世
心安能此終畢

送陸羽歸惠山　顧況

千峰待逋客香茗復叢生採摘知深處烟霞羨
獨行幽期山寺遠野飯石泉清寂寂燃燈夜相
思磬一聲

湛長史舊居　丘丹

身退謝名累道存嘉止足設醴降華幡掛冠守
空谷偶尋野外寺仰慕賢者躅不見昔簪裾猶
有舊松竹烟霞雖異世風韻如在矚余即江海
人歸轍青山曲

奉同丘院長題湛氏舊居　韋夏卿

道勝物能齊累輕身易退苟安一丘上何必三
山外雲霞長若綺松石常如黛徒有昔主過于此
遺青史載詩曰野寺詠酒向山椒踯異時逢亦
知茲辰駐余旆

又　李益

昔降英王顧屏身幽巖曲靈波結繁笳爽籟赴
鳴玉運准春華至歲来山草緑青松掩落暉白
雲竟空谷伊人撫遺欲惻惻芳又縟云誰斆羨
香分毫寄明牧

又　于頔

蕭條歷山下水木無氛滓王問結長裾岩扃怡
暮齒昔賢挑高躅今彦仰知止依依矚烟霞春
春返墟里湛生久已沒也亦同耻立言咸不
朽何必在青史

又　呂渭

岩居舊風景人世成今昔木落故山空猿啼秋
月白誰同西府僚幾謝南平客摧残松桂老蕭
散烟霞夕跡留異代遠境入空門寂惟有草堂
僧陳詩在石壁

覽呂侍郎丘員外舊題十三代祖歷山草堂

詩目書記事　湛賁

名逐貴知己道勝方晦迹高居葺蓮宮遺文煥石壁桑田代已變池草春猶碧識曲遇周郎知音荷宗伯調逸南平兆風清建安跡祖德令發揚還同書史冊

題歷山祖宅

隨官長史籍高步歷山樹麗句傳黄卷香名播宋朝分能知止足跡貴出塵囂松竹心常固池臺興自饒龍宮欣訪舊鶯谷忝遷喬從事叨承之銅章愧在腰

別惠山書堂

花簾曉望雲平檻下榻宵吟月半窗病守未能依結社更施何術去為邦

惠山寺　張祐

舊宅人何在空門客自過泉聲到池盡山色上樓多小洞穿斜竹重階夾細莎殷勤望城市雲外暮鍾和

懷惠山寺　許渾

排空殿塔倚岩巒松影經聲月裡寒雨眼流泉清户牖九龍飛雨洒闌干浣紗女弄金池影聽法烏啼施食盤即問綉衣車馬客幾時林下脫儒冠

過惠山春申君祠　張繼

春申祠宇空山裏古栢陰陰石泉水日暮江南無主人彌令過客思公子蕭條寒景傍山村寂寞誰知楚相尊當時珠履三千客趙使懷慚不敢言

別惠山泉石　李紳

晴沙見底空無色青石潛流暗有聲微動竹風涵淅瀝細浮松月透輕盈桂凝秋露添靈液茗折春芽泛玉英應是梵居連洞府浴池今化醴泉清

別雙温樹

翠條盈尺憐孤秀移植書窗待月軒輕剪綠絲春葉暗密扶纖榦夏陰繁故人手植空懷想温室深知不敢言為尔拂雲今得地莫隨陵谷改

秋顔

憶惠山

故山一别光陰改秋露殘蟬歳月多松下壯心年少去池邊衰影老人過白雲生滅依巖谷青桂榮枯托薜蘿惟有此身長是客亦驅旌旆寄烟波

重到惠山二絶

望中白鶴憐嶙翼行處青苔恨昔遊還向竹窓名姓下數行添寄別離愁

碧峰依舊松筠老重得經過即白頭俱是海天黄葉信兩逢霜節菊花秋

惠山泉　皮日休

丞相長思煑茗時郡侯催發只憂遲吴關去國三千里莫笑楊妃愛荔枝

題聽松石床

千葉蓮花舊有香半山金刹照方塘殿前日暮高風起松子聲聲打石床

懷惠山　陸龜蒙

鶴伴前溪栽白杏人來陰洞寫枯松蘿深境靜日欲落石上未眠聞遠鍾

佳句成來誰不伏神丹偷去亦須防風前莫怪携詩藁本是吴吟蕩槳郎

宿惠山寺　太原王武陵

秋日遊古寺秋山正蒼蒼泛舟次巖室稽首金仙堂下有寒泉流上有珍禽翔石門吐明月竹林含清光中夜何沉沉但聞松桂香曠然出塵境憂慮澹已忘

秋暮登惠山北樓

秋滿空山悲客心山樓晴望散幽襟一川紅樹迎霜老數曲清溪遶寺深寒氣急催遥塞鴈夕風高送遠城砧三年海上音書絶香國蕭條惟夢尋

惠山寺　朱宿

古寺隱秋山登攀度林樾悠然青蓮界此地塵境絶機閒任晝昏慮淡知生滅微吹遍遥泉蹤松對殘月庭虚露華綴池淨荷香發心悟形亦

留遲〻履歸轍

讀惠山若冰師集因題故院五首　李騭

五天何處望心念豈皆知化塔留今日鳴泉自昔時古苔生石静秋草滿山悲莫道聲容遠長歌白雪詞

又

高懷逢異境佳句想吟頻月冷松溪夜烟濃草寺春浮雲將世遠清聽與名新不見開岩日空為拜影人

又

景物搜求歇山雲放縱飛樹寒烟鶴去池静水龍歸暗榻塵飄滿陰簷月到稀何年燈焰盡風動影堂扉

又

陰陰垂露跡苔壁幾年書種樹青松老傳衣白髮居字工窮八體詩律繼三閭豈是多年學空任性餘

又

常聞鑿洞碑此立為水師意刻山泉解功深造化疑碧雲終一謝飛錫久無期惆悵人間世空傳樂府詞

夜泊無錫惠山　羅隱

草虫鳴咽露初溥獨繫孤舟夜已闌濁浪勢奔吴苑急疎鍾聲出惠山寒愁催鬢髮凋何易貧戀家鄉别漸難他日親朋應大咲始知書劒是無端

訪陸羽處士不遇　釋皎然

太湖東西路吴王故山前所思不可見歸鴻自翩翩何山賞春茗何處弄春泉莫是滄浪子悠然一釣船

惠山泉　釋若冰

石脉綻寒光松根噴曉凉注瓶雲母滑漱齒茯苓香野客偷煎茗山僧惜淨床安禪何所問孤月在中央

惠山集卷之三

惠山集卷之四

宋詩五十四首

題惠山寺　王禹偁

吟入惠山山下寺古泉閒挹味何嘉好抛此日
陶潛米學賁當年陸羽茶猶負片心眠水石暫
開塵眼識烟霞勞生未了來還去孤棹寒蓬宿
浪花

陸羽茶泉

甃石封苔百尺深試茶嘗味少知音惟餘半夜
泉中月留得先生一片心

留題惠山寺　蘇舜欽

古寺名傳唐相時三伏奔迸予何之青山相照
翠會合碧殿對影涼參差清泉絶無一塵染長
松自足拔俗姿邊疆羌胡日鬬格釋子晏坐殊
不知

即惠山泉煮茶　蔡襄

兹泉何以得適與真茶遇在物兩稱絶於余獨
得趣鮮香籠下雪甘滑杯中露嘗能變俗骨豈

獨煎塵慮晝靜清風生飄蕭入庭樹中含古人
意求者庶冥悟

與焦千之知縣求惠山泉　蘇軾

兹山定中空乳水洲其腹遇隙則發見臭味實
一族淺深各有值方圓隨所畜或為雲洶湧或
作綫斷續或鳴空谷中雜珮間琴筑或流蒼石
縫宛轉龍鸞蹙瓶罌走千里真僞半相瀆貴人
高宴罷醉眼亂紅緑赤泥開方印紫餅截圓玉
傾甌共歎賞竊語笑僮僕豈知泉上僧盥灑自
挹掬故人憐我病篛籠寄新馥欠伸北窗中晝
睡美方熟精品厭凡泉願子致一斛

惠山謁錢道人烹小龍團登絶頂望太
湖

踏徧江南南岸山逢山未免更留連獨携天上
小團月來試人間第二泉石路縈迴九龍脊水
光翻動五湖天孫登無語空歸去半嶺松聲萬
壑傳

贈惠山寺僧表大師

行徧天涯意未闌將心到處遣人安山中老宿依然在案上楞嚴已不看欹枕落花餘幾片閉門新竹自千竿客來茶罷空無有盧橘楊梅尚帶酸

答錢安道兼簡其弟惠山山人

鴛鴦湖邊月如水孤舟夜傍鴛鴦起平湖繫纜石橋亭魋愧冒寒髯御史結交最晚情獨厚論心無數今有幾寂寞抱關歎蕭生者老執戟哀楊子怪君顏采却秀發無乃遷謫反更美天公

欲困無奈何此人欲抑真疎矣毘陵高山錫無骨陸子遺味泉氷齒賢哉仲氏早拂衣占斷此山長洗耳山頭望湖潑山眼山下洗足波生指倘容逸少問金堂記與嵇康留石髓

惠山有唐王武陵竇群朱宿詩用其韻各賦一首

夢裏五年過覺來雙鬢蒼還將塵土足一步猶瀾堂俯窺松桂影仰見鴻鵠翔炯然肺腑間已作冰雪光虛明中有色清淨自生香還從世俗去永與世俗忘

又

薄雲不遮山疎雨不濕人蕭蕭松徑滑策策芒鞋新嘉我二三子皎然無緇磷勝遊豈殊昔清句仍絶塵弔古泣舊史疾讒歌小旻哀哉扶風子難與巢許鄰

又

敲火發山泉烹茶避林樾明窗傾紫盞色味兩奇絶吾生眠食耳一飽萬想滅頗笑玉川子饑

弄三百月豈知山中人睡起山花發一甌誰與共門外無來轍

用前韻三首　秦觀

輟棹縱出討籃輿入青蒼圓頂相邀迓旃檀燎深堂層巒瀉如洗傑閣森影翔林籟含雨濕岫日開雲光涓涓續清溜靡靡傳幽香俯仰任登覽悠哉身世忘

又

使君厭機械所與唯散人顧慚菅蒯陋謬附瓊林

新上干青磝磝下屬白磷磷洞天不知老金界
無栖塵緬彼人間世鳥瞻閱青旻記得鍾山隱
巖歌相與鄰

又

樓觀相複重邈然閟深樾九龍吐清冷漉漉曾
不絶嬰逅馳千里真味猶未滅況復從茶仙茲
焉越桼月岸巾塵想消散策佳興發何以慰遊
嬉操瓢繼前轍

用前韻三首　釋道潛

山烟旲滅沒山木含蔥蒼剌舟傍邐岸理策升
虛堂迴遺矚層巒矯矯如翱翔下瞰平田流溪
然浮日光青篁解初籜洗雨聞清香雖云迫晉
途真賞豈易忘

杜門晴朝雨穿歷無行人陰曦忽穿漏卉木欝
巳新階泉潄玉齒照眼光磷磷使君美無比卓
犖遺囂塵風標傲竹栢誠哭凌穹旻何愧沉冥
子卧霞與結隣

又

揚帆渡江來洗眼鷲翠樾雲安既容裔鳥弄更
清絶凌梯訪幽蹤踠琰亦未滅嗟我魚目光疇
能綴明月狂墨掃琅玕風烟座中發殊勝區中
人茫茫走飛轍

謝黃從善司業寄慧山泉　黃庭堅

錫谷寒泉橢石俱并得新詩蠆尾書急呼烹鼎
供茗事晴江急雨看跳珠是公與世滌膻腴令
我屢空常晏如安得左蟠箕潁尾風爐煮茗卧
西湖

惠山泉　丁元珍寶臣

誰識澄淵萬古清潰汙檴檴護縱橫出從山底
應無極流落人間自有聲江漢想能同浩渺塵
沙雖混更分明從來学㕎爲膏澤安用茶經

得名

惠山寺　焦千之

余愛茲山昔屢遊回還氣象冷清幽茂林翁鬱山蒼翠宴坐瀟洒風颼颼密焚積蘚迸泉眼飛暈比翼參雲頭邏邏誰開青步障容來共泛紫玉甌每思乘興好獨往塵纓未濯莫我留勝遊未到心先厭徤步歷覽氣挾輈生平趣向與時背泉石夙志略已酬茲山獨以泉品貴乃得佳名傳九州譬人其中貴有物源深混混難窮搜支公去處久愈愛自我佳句忘百憂忽蒙遠寄煮茗石室而我方欲千里求顧公早見疑蛇解急詔當應易剡舟

題惠山翠麓亭　韓維

寺藏山腹裡亭枕寺山腰地據三吳勝門迎九隴朝烟霞沾客袖日月轉林梢我恨登臨晚更深倚畫橈

又　楊旻

聞說支公家好賢瀛洲可買不論錢樓臺蔽日都無地草木藏春別有天石上雲翻千峽雨洞中泉落幾家田高閒誰似幽居樂一坐青山不問年

又　丁元珎

諦看軒軒兩翠微暫來登此已忘機地連佛寺樓臺古泉落山田稻蟹肥曉逕忽穿清氣入夜船多載白雲歸世人難識紅塵外終老功名未拂衣

又　錢公輔

藂時曾作家山遊亭有翠麓排新幽蹤軒然牖竹戛戛烈風勁雨松颼颼呀然出户瞰山足屹然數竿園上頭掃除雲峰佇客步煎煮錫水供茶甌我時既合衆賓飲醉岸山幘心遲留山僧顧我丐詩榜詩來脫吻驚旋輈四方環走倏已晚十載負約今方酬珎藍增葺想勝舊我已白首縻藩州何當一賦歸去來再歎岩室窮披搜吾宗道人正嘉遁擺脫世上無窮憂放逢主人賢且令泉石笑傲都相求上人洒掃莫暫閒待

行逆我西来舟

惠山慶上人　燕肅

陸羽泉邊倚瘦筇，參差臺殿映疎松。五天講去春騎虎，一鉢擎來晝伏龍。像閣磬敲清有韻，蘚庭雲過靜無蹤。相逢多說遊方話，知老靈山第幾峰。

題惠山寺　蔣之奇

釋子幽居遠俗紛，停橈登覽日將曛。湖光已嘆千年變，山勢猶驚九隴分。迸溜泠濆雙沼雪，煮茶香透一甌雲。偶因流落尋佳致，何意聲名意外聞。

惠山寺三首　蔣之美

維舟上重巘，景物近斜暉。流水連珠落，殘花[illegible]錦飛。白雲隨步武，香鳥傍軒扉。拂井[illegible]傾盖[illegible]，庢蘚上衣。池光清可鑑，竹色翠成圍。[illegible]接高[illegible]話，林梢帶月歸。

又

絕頂疑天設，重門一逕深。泉清千古意，松老百年心。高閣窺平野，危亭倚翠岑。勝遊方自適，猶恐日西沉。

又

九隴分形勝，蒼龍據厚坤。洞寒清水脉，石潤養雲根。探遠塵蹤斷，窮高斗可捫。江湖倦行者，對此欲忘言。

長生檜　蘇紳

幾年飛錫倦尋芳，雲衲斕斑掩竹房。一榻夜禪蒲座穩，滿盂春供藥苗香。汲泉岩畔驚猿飲，栽葦池邊引鷺翔。像室霧昏燈焰小，石樓風度磬聲長。攀蘿别嶺衝寒靄，掃葉前林趁曉霜。大抵僧居遺俗慮，此中身世更清涼。

陪諸公遊惠山　汪藻彥章

茲山定中腴，秀色乃如許。連峰積蒼潤，嵐氣亦如雨。珍泉不浪出，世俗那得取。群仙作佛供，灑此玉池股。甘寒冠天下，餅盎走膏乳。兒嬉供茗事，雲散入江渚。當源起臺殿，下瞰松栢古。巍基首梁宋，爽氣接吳楚。我来值佳月，勝儕得嵇呂

聊分小蒼壁同振百年羽驕攀輿未極落日在林卉却立望翠屏中流駐鳴櫓

濟川諸公同遊惠山　錢紳

好山如佳人變態百種好陰晴朝暮間可愛不可道時時思一見如始久不渠我來正清秋令人豁懷抱秋色佳有餘俗客迹如掃佳哉二三友在席每傾倒杖策窮縈迴高絕須一到幽尋不厭倦遇境即窮討階前千歲松閱盡衆木槁庭下百尺井空傳天眼老陸子賞遺味至今泉浩浩高僧掛衣去誰識衣中寶九淵深非龍徒見腓百草衆泉失蹊逕迸散不可考世事每如此兩合輙顛倒夜深山色清更對氷輪皓松栢影參差水中交荇藻迴棹檥波心如在蓬瀛島舉觴望青天醉鄉得深造茲遊須再嗣萬事殊未保

惠山泉　孫覿

戰壓霆漢天獵火燉胡地一笻遺垢紛步八青蓮寺眈眈九龍盤一壑埋老翠倚天松骨人石壁苔髮細道人本臞儒得法妙出世胸中萬斛泉洗盡疏筍氣天風吹泠泠助我鳴皷吹名爲不二門聲音作佛事

過惠山遵老試茶　孫覿

蕭蕭阿蘭若架亭有故家佛屋倚高寒僧蹊抱欹斜殷勤泉下客流落瘴海涯蜒酒壓梨楂蠻烹啗蠅蛇光潔鏡一奩影照空自嗟老僧薦茗粥芳鮮凝露華驅除鼻中雷掃盡眼界花飄飄思凌雲擲身上蒼霞

遊惠山偶書　孫覿

春到梵王家千林已著花小桃無限思竹外一枝斜

重過惠山見舊題二首

一別名山十五年宦情羈思兩茫然故人半作纍纍塚只有蒼官並道邊

又

髀肉消磨馬上塵沙滿睛眼漫漫不須更入西風扇爲酌[illegible]泉一洗看

惠山寺　李邦直

丙午八月朝陽暾，繫舟放步來山門。萬松森〻殿屋聳，仰視愈覺山形尊。岩深谷靜鳥獸樂，麋鹿哺子猿生孫。泉生石門落石去，哌〻哀響無晨昏。挹之甘比蔗漿味，渟〻清照魑魅魂。正性不專時節換，夏如氷雪冬還温。我知此泉本靈異，養蓄造化同胚腪。有時精魄應期會，坐令一夕旋乾坤。氣如蒸炊出山背，倏忽四面愁雲奔。一洗原野萬里淨，枯株蔓草沾餘恩。豈止提携甕罌缶，不獨灌溉江湖村。下爲閒泉上爲雨，信式天下雲雨根。

泊舟無錫雨止遂游惠山　楊萬里

天教老子不空回，船泊山根雨頓開。歸去江西人問我，也曾一到惠山來。

又

騎馬東華塵滿道，山川如此不曾來。清泉白石何年有，翠竹蒼松古殿開。幽入試水嘗春茗，過客題詩坐雨苔。杖藜絕頂便踈曠，日暮浮雲天際回。

惠山雲開復合

二年常州不識山，惠山一見開心顏。只嫌雨裏不仔細，彷彿隱隱青玉鬟。天風急吹斷白雲，翡翠屏風倚南極。政緣一雨染山色，未必雨前如此碧。看山未了雲復還，雲與詩人偏作難。我船自向蘇州去，白雲穩向山頭住。

陸子泉

先生吃茶不吃肉，先生飲泉不飲酒。飢寒秪忍七十年，萬歲千秋名不朽。惠泉遂名陸子泉，泉與陸子名俱傳。一瓣佛香炷遺像，幾多衲子拜茶仙。麒麟圖畫冷似鐵，淩烟冠劍消如雪。惠山成塵惠泉竭，陸子祠堂始應歇。山上泉中一輪月。

雪後到惠山懷尤延之

已到姑蘇未到常，惠山孤秀蔚蒼〻。一峰飛下如奔馬，萬木深圍古道場。錫谷中空都是乳，玉

泉致遠久猶香眠雲跂石梁溪叟恨殺風烟隔
草堂

酌惠山泉瀹茗

錫作諸峰玉一消麯生堪釀茗堪煎詩人浪語
元無據却道人間第二泉

潘葑回望惠山

惠山分明龍樣活玉脊瓊腰千百折錫泉泉上
吐一珠歎弄太湖波底月蒼石為角松為鬚鬚
裹黃金古佛珠請君更向潘葑看龍尾激到珠
南畔

惠山寺　張理

九峰朝暮雲摇落少游墳野蔓碑全沒晴巷磬
亦聞洞偏泉路細松折鶴巢分高視太湖近雲
濤鷗起群

遊惠山　袁植

拏舟到山寺詩句偶緣情山自錫無後寺因泉
有名樓陰回夕景樹色向冬榮就水别茶味全
[illegible]

惠山次韻蔣叔任觀溪漲　袁植

烟曳平川上雲屯翠嶺頭雨淫成大浸堤潰失
安流地入三吳窄山餘九隴浮不應昏墊後始
用濟川舟

吳傳朋送惠山泉　曾幾

詩缺

陸子泉　楊昊

世治山藏錫山靈地溢泉石飴寒不減水液暑
常餾薦茗能全味援琴影絕絃誰言到池盡餘
響更潺湲

惠山寺留題　張商英

元符己卯兩浙運判曾孝蘊作常
潤京口奔牛二閘閘成商英被旨
相視遂至惠山以紀行役

咸陽獲璽之明年五月端午余泛船二閘新成

洞常瀾組練直貫吴松川淮南柁師初入浙借
問邑里猶茫然茶經舊説慧山泉海内知名五
十年今日親來酌泉水一見信異傳聞千里置茶
適自建溪到青林石臼相争先碾羅萬過玉泥
膩小瓶蟹眼湯正煎乳頭雲脚盖椀面吸嗅入
鼻消驕眠滌金操壷貯甘液緘題遠寄朱門宅
仙人見水是琉璃乃知陸羽非凡客

與剛中適甫遊惠山　袁默

雨過山前翠欲飛水雲高下正含暉魚跳細浪
千花碎蝸倚清陰一吽微況李濤瓜吟蓄蓋清
風明月滿船歸超然不負尋幽興拂得荷香在
葛衣

題惠山寺

山翁自合老林扃小有天中盡杳冥兩面樓臺
驅作勢半崖松石倚為屏雲歸洞口紛紛見泉
落池心細細聽勝景深藏誰到此好須圖繪入
丹青

惠山　潘正夫

秋風蕭瑟浄嚴扃寂寂澄泉可鑑形比色未饒
先玉乳試甘應合過中泠夢回春草花應落雲
灑松窗酒乍醒須碾月團三百片不辭來此汲
泓渟

贈璋山主　蕭淵

三年愛山来幾回携節躡履真悠哉片石可把
雲可偎悠期不到縈吾懷中籍高僧還有才能
與佳勝為良媒汲泉煮茗何歡咍松邊竹下客
琴杯我嗟官滿還金臺欲去不忍須重来啟啟
動動鶴與偕寒猿野鶴聲相和囊山有情兮韞瓊
現顥泉無窮兮滋九垓他時再賞登崔嵬約師
把手忘形骸

惠山　蔣仲珎

龍山惠山兩山雲出能為雨入為晴雲山之氣
有斂散斂散之理斯為神我廬山下為小隱雲
為動兮山為静悠然而出物之澤屹然而峙地
之鎮我見雲山喜與俱雲山無情不見余我此
雲山多此見不如一似雲山無

遊惠山寺簡竇公　蘇紳

綺塍行盡入松門暫拂塵纓袖惹雲海月未升樓上見湖波初起座中聞竇扉膜拜青蓮相石按傍行白遶紋促榻偶陪居士語煮茶燒栗到宵分

真賞亭流觴　施天任

惠山山半有飛泉激石環亭泛酒船只任源流自高下不緣機智得方圓夷猶小棹蒯窮攜[illegible]亂浮華出洞天[illegible]此二松[illegible]蕭然江帆遠度踈林外山鳥閒吟落照邊盛世正逢元祐日清歡重繼永和年縈心難效公無詠真賞尤知子美賢我是林泉自由者時時來作醉中仙

惠山泉　蘇儀甫

感沸靈泉涌翠巒當年鴻漸此盤桓一泓岩腹涵天遠千古雲根漱玉寒竹院引歸虬甲動茶鐺烹出雪花攢月明松檜蕭騷夜堪入禪心清淨觀

賦惠山泉分韻得雲字

醴液璇源世味珍陸經甄品始流聞千尋深異江心汲兩派原因嶺上分輕發茗花憑乚箸散為膏澤待風雲一蒿此日擒鴻藻五色他年浴鳳文

和蘇中丞遊惠山寺　竇綱

寺枕青山遠俗氛解鞍憑檻對溪雲樓危鐸韻搖風響林迥禽聲向暮聞紗護宿燈微有暈爐留殘篆半移紋拂衣聊見禪扉靜頓覺塵勞此地分

綉嶺亭　劉逵

絕境隅囂紛烟霞張綵繪遠目入無中高情馳物外春田發英華秋林橫紫翠何時杖屨遊利名聊委蛻

訪惠山錢道人不遇　周邠

登山穿破亂雲堆不見高人眼倦開門掩水聲閒白日路無車跡長蒼苔墻頭五柳空搖曳池上雙鳧自往來郤棹扁舟自回去過江愁上子

陵臺

留題惠山寺　湯仲友

梁溪停短棹帶月步西關路盡忽逢寺松多不見山巖腰雲殿古洞口石泉閒到此政吟苦秋聲澌樹間

惠山集卷之四

惠山集卷之五

元詩三十三首

留題惠山寺　趙孟頫

南朝古寺惠山前裹茗來尋第二泉貪戀君恩當北去野花啼鳥謾留連

又　白珽

名山名刹大佳處紺殿翠宇開雲霞陸羽洒事已千載九龍諸峰元一家雨前茶有如此水月裹樹豈尋常花奇奇怪怪心語口無根柱杖任橫斜

惠山酌泉　鄧文原

我生懶拙百不堪放意林壑窮幽探茲山九龍勢飛動鬐鬣錯落盤松柟高風吹衣凌險遠太湖渺渺天西南泉流不逐湖波逝融爲冰鏡開塵函六月火雲生熱惱三嚥冰雪生清甘試将水品證泉味一語須喚山僧參層臺桑苧有遺像古屋殘勅空香龕五年兩歷惠山頂未辨草具來尋詩白鳥翻風導先路黑雲垂地隨歸驂

酒醒呼枕聽風雨老龍捲水空溪潭撫掌歡遊巴陳迹隱隱孤舟沉暮嵐

惠山寺　王文友

紅社溪邊艤小舟青蓮宇內作春遊土花繡壁淡如畫嵐翠潑雲濃欲流短李清風存古意大蘇團月洗春愁摩挲泉石舒長嘯未羨神仙十二樓

惠山酌泉　張雨

水品古來差第一天下不易第二泉石池漫流語最勝江流湍急非自然定知有錫藏山腹泉重而甘滑如玉調符千里辨淄澠罷貢百年離寵辱虛名累物果可逃我來為泉作解嘲速喚點茶三昧手酬我松風吹兔毫

遊孟氏時思菴　李尊道

策馬九峯道行行如山陰勝景不暇接爽氣襲衣襟悠然時思菴留我千古心脩竹秉高節流泉響清音日暮山下去疎鐘烟霧深

惠山寺　鄭元祐

百里盡平壤茲山忽中蟠硶砑得宏深迂徐納平寬僧坊隱其腹崇構居桓桓五神衛觚稜緣雲置闌干我來玄冬交榜舟起微瀾天連黃沙白露委青林丹地無車馬塵松筠正堅完蒼然後凋意彼此不厭看稍稍陟其崖探源汲甘寒其嵯峩學翁出處良獨難帝青九萬里冥飛見翩翩[illegible]空留雪泥跡莫究清淨觀鬻茗滌燙渴晏然[illegible]歡

登惠山酌泉　周權

惠山欝律九龍峰磅礴大地包鴻濛劃然一夕震風雨欲啓靈境昭神功六丁行空怒鞭斥雷火撑光飛霹靂一聲地裂老雲根嵌洞中開迸寒液道人甃玉深護藏鏡涵萬古凝秋光陸羽甄品親試嘗翠浪煮出松風香我來山下訪幽

境自挈瓶罌汲清冷味如甘雪凍齒牙紺碧光中敲鳳餅昏塵滌凈清凈觀心源點透詩中禪函呼陶泓挾玄玉揮洒字字泉聲寒投閑半日聊此駐孤棹明朝又東去紅塵人世幾浮雲鍾皷空山自朝暮

聽松菴　韓友直

斷西神九脊龍一菴花竹隱仙踪碧山學士水蒼珮玉女明星雲母春漚亭池香魚弄藻翻經院靜鶴盤松只應同飯胡麻了更上瑶臺第幾重

翠麓亭　薛台父

山勢叢叢向北盤高僧平日為開軒莫嫌長有車馬到真愛都無鳥雀喧剩長松篁留日脚少移桃杏破雲根十年往返未曾厭煮茗嘗泉倒酒罇

惠山寺　陳邁

空山微雨後啼鳥早春時雲氣侵衣潤泉聲出寺遲清茶方啜罷新酒復催詩了却公家事重來再與期

惠山寺　張翥

到寺日已夕梵鍾滿中林倚屋佛殿古出雲泉水深談詩禪榻上煮茗澗松陰况值玄立侶悠然諧素心

西神山行　倪瓚

昔住九龍雲霧中泉邊蠟屐遍行踪南樓明月看時好西澗故人行處逢亂後不聽鶯鶴錫夢回猶憶下堂鍾休兵即欲幽棲去見說禪房膝可容

惠山次韻楊常州

我生倦馳驚無機如漢陰重遊古蘭若對山開我襟風流李謫仙賞靜諧夙心琅然哦新詩如聞大雅音回首石林晚白雲冬雨深

酌惠山泉

重過湛公宅因嘗陸子泉佛香松葉裡僧飯石岩前市駿推憐馬池荒憶種蓮清香有妙契塵事久絲捐

登惠山　張遜

淺雲蒙青山零雨暗村樹重來丘壑暮慰此清夜叙高堂開翠戶野客留楹據疎鍾越林度清嘯逾嶺去風吟松可聽石漱泉致飫景勝須領接心領各異趣悅此神為清耿〻至達曙

山中春晚　趙若巖

山空行跡少地迥落花多草長迷香澗松高掛女蘿林深猿鳥下徑靜鹿麋過春事今云暮其如懷抱何

惠山　陳方

僧居高處接雲霞村市周圍石逕斜細〻山泉爭入澗雙〻水鳥靜眠沙佛前風動桫欏樹溪上春留躑躅花十五年來頭漸白倚欄仍惜一烏紗

惠山泉　俞焯

金錫之精流作泉千古萬古寒涓〻九龍守護此一勺陸羽嘗來今幾年論品不在中泠下第句要出唐人先便從處士解一榻我欲煑茶

醉眠

惠山泉　謝應芳

此山一別二十年此水流出山中鉛入言近日絕可喜不見流鉛見流水老僧來訪舊僧家石鐺試瀹趙州茶惜哉泉味美如故不比世味如蒸沙

華孝子祠　周衡

憐君失怙早豈願孝名傳念父行時約終天恨莫煎不婚甘獨處總角至稀年情比王裒慘心同靖節堅高峰千載下遺廟亂峰前涕淚枯蒼栢精誠格上天殘碑文字古時祭子孫賢吊古重來此題詩一惘然

遊惠山有懷倪元鎮　盛㦤

錫山酒惠山泉泉水天下稱絕品錫山之酒銀波金液不論錢久聞茲山未能一著謝公屐飄泊風塵三十年比來登覽果清絕尋詩特訪山中禪兩山相對若賓主九龍青落雲窗前開罇煑茗一快平生志我亦自哭豈無山水緣下

孤城鐵壁百戰後但見四郊荆棘飛鳥窺東海倪君復何許名園别墅惟荒烟東南冠盖総消歇令我慨歎空凄然即今四海已平息俊傑在位農歸田便欲耕翻白雲三百頃老我此山泉水邊

望惠山　王惟允

昔者歲庚戌承檄離故鄉憂此與山别闗陜隔異方緬懷林壑姿令人歸思長瀟洒栖白雲青松蔭石床泠〻第二泉流潤石髓香令辰罷官

守春風從歸航青〻九龍峯欝然當我藏我本江海人泉石有膏肓一從墮塵網鬓髮已蒼〻寄謝桑苧翁卜隣漪瀾堂

懷惠山　錢子正

何處春光最可憐蓮蓉溪上惠山前梨花照水散晴雪柳樹繞堤生暖烟神廟乞靈香蠟社泉亭留客綺羅筵而今景物都非昔一度逢時一愴然

華孝子祠　顧諒

西風短纜出遲〻為謁南朝孝子祠白髮滿頭猶未冠苦心千載不勝悲寒烏夜宿庭前樹衰草秋連塚上碑我亦平生有深感長歌獨灑涕交頤

諸友約登惠山不果　華希顔

六年飄泊過重九今對龍山看夕霞黄菊正須浮緑蟻白頭羞見落烏紗重岡北望無多地五里西行有幾家亦欲强陪靈運屐無錢陶令向誰賒

登惠山絶頂　華幼武

山色如藍入春風来更佳幽花發紅蘂細草鋪青芽夜来得好雨泥滑不濕鞋芒屩脚力勞直上窮巔崖循路盡曲折坐石憑梯階置身萬物外高舉若何諧披榛入縹緲振衣出塵霾俯視地上人何殊井底蛙城郭小若畫烟樹深欲埋平壤東入吳大水北亘淮日射具區白勢與元氣排其下明陽觀高士神仙儕衣冠不入朝棺槨無遺骸逍遥同日月慙愧非吾儕老僧偶相

值邀我林下齋既汲泉煮茗復以酒沃懷情真
語頗俗謝去多傷乖人事數齟齬疇能歷天涯

登惠山酌泉　釋明本

妄慮散毛髮真源生齒牙我聞甘露飲即是惠
山茶欲往歲月晚重遊道路遐更須煩稚子弃
煮鼎中花

留題惠山寺

惠山屹立千仞青俯瞰天地鴻毛輕七竅既鑿
渾沌死九龍攫霧雷神驚霹靂聲中崖石裂銀
泉迸出青鉛穴惟恨當年桑苧翁玉浪翻空煮
春雪何如蟠龍飛上天併與挈過崑崙巔散作
大地清凉雨免使蒼生受辛苦我来知泉泉無
聲一曲冷光沉萬古殿前風檜自然鳴日暮山
靈打鍾皷

惠山　釋斷江

方沼不生千葉蓮石房高下煮茶烟春申遺廟
客時過李衛絕郵僧晝眠塵世豈知無錫義啓
廬猶記大同年九江一棹東風便更試廬山瀑

布泉

惠山寺　釋雪岩

寺古無疑出晉唐捕天老木雲蒼蒼拾枯煮清
茶味別舌端猶似優曇香更登斷壁躋迴廊豁
開石洞凝秋光烱然獨立沉萬象鏡與毛髮俱
蒼茫九龍聚會當無雙陸子初年亦謾嘗詩成
題破青山色筆下天風生晚凉

登惠山酌泉　釋月江

陸羽曾經此厓根小小池飲從來處取未有幾
人知清影凝秋色寒腴是石滋老僧分茗好細
瀹更相宜

集卷之五

惠山集卷之六

國朝詩四十九首

夜投西神寺　高啓

江月上秋衣來敲遠寺扉棲禽驚客至睡僕訝僧歸鐘度行廊盡燈留浴院微非無招旅館禪定欲相依

寄惠山熈書記

禪居紫閣陰欲去問安心野岸隨流曲山門隱樹深千燈然雨塔一磬出雲林想見跏趺處雲深不可尋

秋日惠山寺覽景　浦源

偶到惠山寺因尋陸羽泉江皐片雨歇天際一帆懸野鹿銜花過沙禽傍竹眠焚香同看畫煮茗共談禪茅舍炊烟起溪城古樹連悠悠聽牧笛泛泛見漁船興發烟霞外情生澗壑邊春申祠上坐弔古一悽然

寄惠山熈長老

最愛山居好門前澗水流松陰凝石榻嵐氣入經樓掛錫雲生樹煎茶雪滿甌何時重相訪為問出家由

真上人再住惠山因寄　顧協

一從持鉢上天台獲跡層層長綠苔為愛青山青不老白雲飛去又飛來

與鄭山人宿惠山方丈

一宿泉頭寺烟霞趣亦深推窓驚鶴夢移榻近松陰不是社中友寧知塵外心何時更相約來聽穎師琴

過聽松菴二首

偶得讀書暇來尋野衲家澗鳴風乍起山暝日初斜到樹驚啼鳥推窓見落霞同遊鄭高士坐石共分茶

又

偶來林下扣松關分得禪僧半日閒孤興忽生流水外高情聊寄白雲間炊烟晚映高低樹日晴分遠近山今夜西岩有明月更留清知還

次韻顧允迪宿聽松韻　鄭松

來借禪房宿松泉喜共聞山空鳴地籟衣冷濕嵐氛客夢一窓月僧分半屋雲逍遥塵外境那識事紛紜

真上人澹泊軒　王諶

住世那知利與名蒲團草座寄餘生山衣夜補燈前衲野菜晨煨竹下鐺一鉢隨緣居廢寺千家乞食到荒城有時啜茗跏趺處第二泉頭對月明

聽松菴　韓奕

清秋古院桂花香蓮漏引分晝夜長坐斷佛禪經裏說哭看人在夢中怔澗泉入户堪充飲松影充庖不聚粱五載重來嗟頓老滿身塵土尚迷方

竹茶爐

緑玉裁成偃月形偏宜煮雪向巖扃虛心未許如灰死古色爭看似汗青偶斫樵柯供土銼尚疑清籟和陶瓶達人曾擬同天地上有秋[illegible]

篆銘

謁華孝子祠有感　馬治

華陂春水緑差差二月西山雪後時舊宅重尋孝子傳新年又赴故人期鶴鳴竹日當窓洩僧定茶烟出閣遲我欲重修清淨業泉頭來謁四賢祠

贈真長老

殿門高拱出崔嵬慙愧名僧此日來辛苦欲興泉上寺蕭條爲掃劫殘灰九龍雲氣諸天繞萬象禪心一鏡開洞酌便同甘露涵下方思見古風迴

惠山泉　陶振

百尺老龍卧山足口吐清泉聲簌簌山靈守護幾千載存此方圓兩丸玉渴來一勺漱甘芳洗盡凡心恍塵目嗟嗟世無桑苧翁茶經水品誰能續捫蘿試與謁靈祠惟見蒼苔鎖頹屋人亡物在是耶非長哭一聲烟樹緑

聽松菴

萬個長松繞屋生琅〻音響有餘清飛來千澗璃瑤雪散作九天環珮聲半逐樵歌當檻過相随梵唄隔林鳴年來好約陶弘景同向空山步月明

竹茶爐

竹爐新製小窓西煮雪烹茶也自宜渭水波濤翻湧處湘江風雨到來時留連木葉山中大幻引梅花席上詩燒殺歲寒心不改通身青汗下淋漓

惠山亭上老僧伽斫竹編爐意自嘉淇雨拂殘燒落葉湘烟吹起捲飛花山人借煮雲岩藥學士求烹雪水茶聞道萬松禪榻畔清風長日動袈裟

又

剪栽蒼雪出淇園菌蠢龍頭製作偏紫笋香浮陽羨雨玉笙聲沸惠山泉育藏太乙燒丹火不落天隨釣雪船只好岩花苔上石煮茶供給道

州禪

又　朱庚老

第二之泉泉上亭道人茶具竹爐成龜蒙散跡尚從事鴻漸作經宜著名火升龍氣若丹鼎兪合鳳聲如玉笙西園老客動高興急汲月團来軟盟

又　謝常

竹爐絕勝煮茶鐺新剪淇園玉一莖團鳳乍驚風籟起釋龍應喜浪花生澗分翠色和烟織香掬金芽貯火烹留向禪房清作供梅梢吟轉月三更

遊惠山　朱昇

春深蕭寺百花殘塵世今逢有暫閒鹿避人行投澗畔僧知客到候松關岩前古洞泉聲落樓外層雲鶴影還回首城陰歸路晚夕陽一半下前山

宿聽松菴

長林回合護岩扉絕頂高窗在翠微客為晚凉

閒坐久翻嫌松露濕人衣

真上人澹泊軒

世味宜閒淡林居自靜便久諳棲遁趣已絶住來緣嵐雨琴絃慢山風衲帛穿詩懷與禪意渾不離軒前

李丞相讀書臺

昔賢曾習靜爲客借僧堂聽法過苔徑看書閉石房佛燈燃雨暗僧飯煮泉香貫極雖爲相幽期豈便忘

又　王達善

元和有客耽經史黑髮脩眉稱短李當時竄寘此山中白日看雲空隱几一朝起占玉堂春三俊名高人所珍平生感烈尚奇操歷仕五朝才獨伸紫薇魂冷三更月千載高名今尚說白雲依舊衆山青山亦因茲重得名若使當時終失意世間誰識青雲器

黄歇廟

昔年封邑來江東意氣傾奪何其雄今朝過祠下感慨令人愁萬重頹垣敗壁鳴寒鼠千載寥寥竟無主片言曾見服強秦一計那知失於楚古來辯士多殺身用智得愚良苦辛三千珠履今安在門外青山解笑人

二泉

九龍峰前有流水一線泠泠出雲裡夜聞繞竹濺孤琴曉汲和秋漱寒齒廬山瀑布誰品題天下至今名共馳林間野客煎茶處石上窮猿照影時師今持鉢來相毀濾濾無痕映孤月與師且滌胸中塵明朝莫問城南別

金蓮池

芳池水緑魚翻藻翠葉田田露華曉綻開萬朶出金蓮玉潤朱欄互相繞僧言此否天下無宛如明燈燦蓬壺山中五月簫鼓窮並倚薰風成畫圖

竹茶爐

製作精深亦可觀日供高士試龍團經分淇苔猶緑細切湘雲粉未乾紫筍濃…令骨…

風一榻鬢絲寒，啜来坐畫梅花月正是凌秋第
幾竿

訪真上人　王紱

行盡青山路幾層白雲深處訪高僧歸来月上
溪城晚又看元宵市上燈

過聽松菴

高僧本無住猶涉世途還且煉形如鶴休教影
出山雙松臨講席一水隔禪關我欲来相問慚
無半日閒

竹茶爐

僧館高閒事事幽竹編茶具瀹清流氣蒸陽羨
三春雨聲帶湘江兩岸秋玉臼夜敲蒼雪冷翠
瓶清引碧雲稠禪翁託此重開社若箇知心是
趙州

惠山煑茶

寒齋夜不眠瀹茗坐爐邊伏火煨山栗敲冰汲
澗泉乖鐺翻白雪竹牖出青烟一啜風生腋成
驚骨已仙

聽松精舍　潘韞輝

十畝青松樹閒居手自栽澗風連夜起山雨送
秋來撫碎一窗夢洗清雙耳埃道人雖愛靜閒
此亦悠哉

送真上人還惠山　曹愍

蓮社今重結秋風錫影還引泉通綠沼移樹鑿
青山鶴外雲缘屋花邊客扣關一瓶兼一鉢殊
喜是高閒

栖雲菴　李戣

舊種閒雲兄自怡溶溶曳曳傍栖遲降龍法座
千花片影壓祇園萬玉枝紙帳自驚眠覺後衲
衣寒怯定回時由来此是無心物只合長年伴
阿師

又　李戩

一片閒雲懶作霖悠悠偏契老禪心袈裟掛影
晴猶濕鳥㑹熏爐氣自深出岫不隨飛錫遠護
關長是住山深我来欲借觀床卧咫尺西岩何
莫尋

遊惠山東韶石師　尤稷

背郭山無十里餘，上方樓閣鎖煙霞連連野色迷芳草　水帶寒香泛落花齋鉢斃收雲外菌竹爐聊試雨前茶道人知我耽詩癖共倚長松到日斜

李丞相讀書臺　沈粲

曾聞相業重當時滄海茫茫鶴夢遲寂寞泉臺連野草荒凉書館有遺基載披信史才何盛每誦清吟思轉奇弔古懷賢周戊叔臨風感慨起

讀書臺次韻　周忱

丞相當年未第時讀書曾向此棲遲水邊行徑空遺跡松下荒臺有古基老憶家山詩尚在夢吞丹桼事猶奇老僧知我懷賢意相引凭高慰所思

惠山泉　馮善

二泉天下久馳聲陸羽當年品擬名一脈暗流山髓滑半池輕泛雪花明暖烹春茗茶香細[illegible]

浸秋潭月色清石罅潄空雲液爽泠泠如奏玉琴聲

惠山酌第二泉　聶大年

相如消渴已多年只想山中第二泉龍井小團思一試煩君來共竹爐煎

李丞相讀書臺

水邊臺榭已荒凉此日登臨憶侍郎遺事尚傳唐宰相斷碑還載宋文章鉢塘地僻禽魚樂澗谷泉甘草樹香閒與高僧訪蹤跡夕陽秋葉繍

登西神山絶頂　華文

秋壓春登第一峯翠微臺殿碧重重雲來絶頂應無跡水出靈源自有宗鷗泛五湖千尺浪鶴歸三島萬年松晚來就向山中宿臥聽東城月下鐘

山觀泉　徐有貞

靈泉從地出勝景自天開寺也能重建僧應是再來風前松可聽雨後竹須栽一啜知茶味還

勝酒百杯

與余氏周潜時覲同遊惠山　楊璿

前朝湛公定十載一經行境勝多題咏僧閑少送迎松風禪榻静花雨石床平共飲山中水蕭然脱世情

登惠山　夏寅

社舊衣逢春作伴行碧山流水不寒盟府與幾到踏猶熟釋子相逢面盡生落日鳥鳴聲上下隔花人醉影縱横流觴重起斯文感昔日冰和今聖明

宿惠山寺

上方泉脉瑩氷清蓮社何緣也入盟古殿陰苍瞻塑像断碑横草認題名三生石上烟霞夢半夜山中風雨聲莫感中来不成寐賦詩聊復寄閒情

卜上人淡泊軒　釋宗泐

澹泊軒中淡泊人蕭然一室甘清貧寒剗唯拔百衲被飢来但煮三合陳断薪續床自可卧熟炙待宿良不嗔細嚼梅苍和新句屋頭月出如氷輪

惠山酌泉　釋道衍

惠山山下水恬淡自清幽影浸孤峰曉光澄一鏡秋草根和露滴松下帶雲流病渴從今减烹茶有趙州

寄題聽松庵

俗士嗜繁管哲人尚焦桐開心雖不二所聞諒難同嗟我彼上人堂堂性海翁宿習了如幻耳根具圓通頓忘世喧啾唯聽泉上松築廬倚雲岩繞屋蟠虬龍森森挺鬚戟日夕来清風蒼陰騎崇丘翠濤撼長空大音實希世非商亦非宫聲来本無始聲去寧有終禪翁已深悟焉能動手中我也山澤臞年老耳巨聰何由撥塵縁竟歲長相從蒲團共深夜宜聽開心聾今我客千里緬想有窮詩成聊一咲莫用托寘鴻

洪武二十六年春三月余與啓宗法師赴京道由錫山因謁性海禪師過聽松

菴留一宿而去性海徵余詩予時因事
北還匆遽間弗能應命余在燕山課佛
餘因想聽松遂成此詩爲之便鴻不
久寄上今季夏因清理佛教來吳復見
性海於雙峩禪院以致乞書故援筆録
似一哂後覽者必以予宿習未忘爲誚
也二十七年甲戌秋九月獨菴道衍識

惠山一　釋懷祖

探屐秋行々鳥語自鬪々藥絡通新圃栽松續

斷山片雲依樹老孤鶴伴僧閒尤有淵明輩相
忘水石間

送真上人還惠山　釋廣益

故人迎候久料亦恨遲還建業吟邊雨梁溪夢
裡山室空龍臥澤松暝虎巡關塵網嘶偏見禪
心去住閒

過隱聽松菴次韻王達善　釋普真

泉上歸來已一年萬松陰裡屋三椽坐殘白日
渾無事買斷清風不費錢猶憶山居尋累[illegible]

穿林逕避茶烟王猷識我平生意時寄新詩
兩篇

聽松石　釋太初

一曲松風奏月明無絃琴裡韻尤清茅山聽[illegible]
青牛化千古愁雲石上生

過聽松菴　釋道璔

一徑無塵到松關倚石開寒禽啼翠篠野鹿卧
蒼苔雲影床頭落泉聲澗底迴此中堪駐錫何
事更浮杯

寄題慧山第二泉　李東陽

江神夜泣山靈嘯帝遣神工鑿山竅飛流[illegible]
聲灑空泉水下與中泠通江邊老仙不知姓手
著茶經親鑒定金山之外更無泉坐令匡廬瀑
布空高懸地官侍郎心似水平生品泉如品士
似云江水不同清此山自得青金精尋山浚泉
發清瀉□是江南好奇者山高水絕詩亦奇鳴
金噴玉無停時我山曾過泉不酌夢枕崚嶒湫
漇濟我歌泉和兩知音吁嗟乎誰哉更識泉齊

心

惠山泉歌寄二泉亞卿

喬宇

空山散步舒清嘯潤響泠泠出天竅澄波靜影涵遼空一脉上與銀河通山稱惠山誰所姓却憶洪崖初浚定後人品作第二泉名共千丈丹梯懸知君素志在山水同是坡翁門下士滄浪調翻宫羽清夜泣江淮號山精臨泉浩歌一傾瀉潤視古今誰作者我生未老空好奇此山此水遊何時感君釀泉為君酌遠意芬芳寄瀺灂寥寥川上有遺音洗耳避世誠何心

冰壑盛親翁邀予登惠山過碧山吟社同十老文會詩以記事

王與

少游何處開吟社借得西神數畝山一代衣冠追洛下一金詞賦播人間松筠秉節堪怡晚臺榭臨流樂閒我欲低頭拜盟主掛冠何日出賢關

脩敬翁邀予與陸詹端廉伯遊惠山過吟社同諸公觴詠竟日心有企慕而未遂賦此以訂後盟

吴寬

詩壇遺業壬寅歲勝事遥傳大曆年買地有貲酬野衲品泉無譜問茶仙樹蔽亭子清風裡路遶雲根小洞邊賡唱頗隨諸老後結盟遲我賦歸田

甲辰正月六日繼芳邀社予以眩疾不赴詩以申謝

秦旭

頭白昏昏只欲眠招呼長荷社中賢餘生待斃鬼門下良會負期人日前畏酒暫辭金谷罰酌泉重結惠山緣春湖綠漲桃花水煩借米家書畫船

謝馮廷伯送惠山泉

吴寬

何處泉滿腹惠山横翠屏山遠不能移誰移此泓渟客從山下來遺我泉兩缾磊磊石子在中涵數峰宛宛如清曉汲尚帶魚龍腥煎茶水有記陸羽著茶經舌端辨清濁豈但如渭涇兹泉列第二不甘讓中泠辛蒙蘇子詠將詩作泉

□令山遊眷爭仰漪瀾亭遠餉踰千里□
吳舲後人不好事此事久已停大甕封泥頭□
重惟□　一朝俄得此高屋驚建瓴陽羡茶適
至新品　寸莛雖非龍鳳團勝出蔡與丁二物
偶相值如火仍熒熒蟹眼泡漸起羊腸車可聽
煎烹既如法傾瀉散蘭馨連飲渴頓解更使塵
目醒嗟此一段奇何意當衰齡餅底有餘瀝留
見鬢星星不須茶始飲飲水心常惺未足酬雅
意聊用報山靈

又　李夢陽

故人何方來來自錫山谷暑行四千里致我泉
一斛清冷不異在山時中涵石子蕪苔綠□□
花瓷□燕竹陽羨紫芽出包束故人好我手自
煎分坐之隅候湯熟瀉器寒當碎繞腸取輪□
一舉煩　釋再舉毛骨輕三舉不敢嚥恐坐□
具隨　我聞茲泉世無匹夢寐求之不□
詩乞難□蘇家才驛送無無衛公力又虛□
石頭波頓今眞品無顏色感君勺我向□□
勺橫洸萬古臆嗟嗟此意誰復知極目江雲三
嘆息逆想水師初具船山靈滯淚上訴天蠕蝀
委蛇晴　惡蛟鼉睥睨宵近舷淮浮泗泛梅雨
蒸車輸　戲炎塵煎開甕滴涓皆新泉敢謂君
非山水　或我埃垢不安天倩君携此親洗滌
酬君合蓄蠆尾帖九原誰起黃庭堅

寄題尚德書堂在聽松菴　謝璨

尚德堂成記墨新古今豪傑本同倫百年事業
詩書外一代胸襟史冊眞園竹有筠人自遠山
泉鳴珮世長春何當一攬秋風轡盡洗平生萬
斛塵

內法酒送邵二泉　李東陽

玉露金莖下九天風情猶記十年前莫言天上
無多滴　鬭人間第二泉

韶速遊惠山次韻　程敏政

江雨吹　過山門向曉開犁耜分水去騎馬聽
松來宿鳥驚人起新篁夾路栽多君憐別意隨
處送春盃

次題李紳讀書臺　陳勉

讀書臺亡立多時，極目遥天去鳥遲。流水閒雲空舊跡，斜陽衰草只荒基。萬鍾厚禄應忘貴，三俊高名可奇。巖畔久無丹桒樹，臨風惆悵不勝思。

山居聽松菴時李貞伯先生號　沈周

風滿松菴西日晡，臥吟喜借舊蒲舍。入水墨蒼苔壁，學士文章紫竹爐。抱被真來伴泉石，題詩聊欲寄江湖。李膺獨去仙舟遠，月下鄱程夢此無。

秦景美邀遊惠山　莊泉

少壯風光滿帝閑，煙花易與髩同斑。徒言簪組偏多累，何見青山亦愛閒。野寺謝公雙屐到，夕陽賈島一驢還。題詩不共風流語，孤負林婆滿世間。

慧山記續編

（清）邵涵初 輯
邵文熹 編輯

《慧山記續編》三卷首一卷，（清）邵涵初輯，邵文燾編輯，清同治七年（一八六八）重刻本。

邵涵初（一七九二—一八六四），字吟泉，號緘蕉，無錫人。清道光五年拔貢，曾任阜寧訓導、淮安府教授等職。擢南和知縣，以疾未到任。晚年研究風鑒學。邵涵初在其附志的明《慧山記》付梓後，把『凡昔無今有無可附志者，則續記焉』，此即《慧山記續編》三卷之由來。其目次爲：卷首録宸翰；卷一包括慧山、泉、石、茶、祠廟；卷二包括物望、山居、園墅、古迹；卷三包括勝覽、墓。時人稱：《續編》『補正德以後三百餘年名迹之代興者，詩文之繼起者』（侯桐語），『於是山之志益備』（汪望求語）。《慧山記續編》始刻於咸豐九年。翌年，太平軍、清軍戰於惠山，版片被毁，僅存印本一部。同治七年，涵初孫邵文燾重刻。重刻工作得到知縣郭愚溪、文燾舅兄楊藝芳的資助。

本書據清同治七年（一八六八）刻本影印。

（沙無垢）

重鋟慧山記

慧山記續編

慧山記續編　額　二泉書院藏版

咸豐壬子新鐫

二泉書院藏版

惠山圖

慧山記續編　圖　一

慧山記續編　圖　二

文𧪡荼慧山圖本繪成一頁載於正編卷一今滄海桑田屢多變更兹另繪此圖附入續編以備查考焉

吴中舊有惠山記一書爲錫山邵吟泉
先生辭官歸隱時所刻時在咸豐丁
巳兵戈帶甲之聲已逼近吴中先生
於此時綴集舊聞思以存其名勝於尚
可有徵之日其旨亦遠矣哉然而書成而
亂及版亦旋燬於兵而惠山之景物與其

序　一

名勝所最著有足爲邱壑者焉則固
幸其書之存之者如未泯也今越丙寅
江南底定之二年海嶠刺史爲先生賢
孫思以光裕先生之業重刊是書時爲今
上御極之五年有倡以廣倅襄事而
序之者爲邑侯鄙愚谿大令而許大令

柳仙實司秦校柳仙余通家士也海嶠
又分之而請序於余柳仙之言曰惠山昭
忠祠今已遵是書例補入祠廟一門夫子
與宮保所撰碑文並悉載入俾後人飲之
泉之水思勝蹟復起之有源也海嶠思
此記得與邑乘並傳必更得當代偉人

序　二

爲之弁言乃足益爲其祖鄭重前人手
澤之意而彰著之蓋是書之所資始昉
於明正德丑年邵文莊公之所採輯也
迄今蓋已三百五十有六年矣余不敏何
敢當過情之譽顧思以一介書生仰荷
聖天子之知遇在將士先得共與剪除纖

悉使吳中山川景物既就淪沒者一朝舉
振而出之濯而新之則於此記中四革變
易之間誠非不相關涉之人矣則誠不
可以無言惠山之有昭忠祠也祀淮湘將
士死事於東征者即惠山寺既燬之舊
址奉　勅而新之而又一再廓其規模者

序　三

也而捐金議請實自余始余曩者嘗
為過客登覽斯寺矣心在尋幽探勝
之間身歷琳宮紺宇之内胸中所有
者一邱一壑一泉一石倚闌憑檻怡情焉
而已洎乎斯祠之落成也與賓客復來
觀焉登高眺遠具區秦望皆襲而近

諸襟袖之間胸中所有者撫時感事意
氣奮發賓客莫不欷歔憑弔有艱難
共濟之意焉其地同而所感之情有不同
者如此余知余之情如此而此邦人士與天
下過客之情亦必皆有感慨奮發如此者
矣而將來之覽斯記者瀆其書論其世

序　四

考其廢興因易之由亦必有與余同乎如
此者矣則是書之所繫重又較昔有不僅
同者蓋可知矣余之從事於茲城也自
孤軍嘗險由浦西入四大克捷轉戰而
前將士亦困又苦戰金陵援賊偽忠逆
六十萬衆凡九十日卒大破之踏營百里

向曙而盡如是乃得寒蘇城八偽王之膽振規取上游之勢惠山為是役駐軍之處當賊常宜兩歸路之衝又苦戰二十餘日乃得克復堅城生擒賊偽潮逆蠔之於市是役也為平吳第一苦戰自余而下諸有死志其先賊夫城外五洞橋為兩

序　五

營百戰終不可薄乃與將士期人銜枚囊土夜赴余所在而壘之遲明壘成蓋即賊營下也而壘已高於賊營乃倒火傾桶而焚之賊無不死於煙焰漲起中者乃得奪橋而薄城其後宮保來觀其壘猶存鴒原急難之淚也自是而後破竹之勢

至於嘉常旁略宜溧皆此戰為之嚆矢也而慰我死事者之忠魂所以宜千秋胖蠁常在惠山之麓今柳仙欲歸余以將士血戰之功謂讀此記而飲水思源者惟余而海嶠刺史又欲以偉人屬余此豈書生為將長揖歸田者之所願有而古

序　六

之名將所以遺後人議論之有憾者又多為此余獨何樂有此見於名山著述中也而惠山祠之得入斯記也俾淮湘將士得以與風雅共有千古是則所以使余江湖煙水之身結想常在戎馬縱橫之境也歟夫是書之不為尋常風雅如此余於

是書中之關鍵又誠非不相關涉如此則余之所以為是書言者不得以尋常幽居賸賞揄揚品定為泛應固如此也爰於其請而書其廢興之大者與持士用命之並有繫於今日者以付之蓋曰惠山寺廢而惠山祠起矣惠山祠起而於是乎惠山記有重倚矣治亂

序 七

相倚也盛衰相傾也後之覽者庶幾勉之於未廢之先而持之於百廢俱舉之後也夫三百五十餘年以來而海嶠即生嘗其時在世事絕續之間不墜前緒是即天之所以爰邵氏手澤也夫爰書之以質愚谿柳仙兩大令是為序

大清同治五年歲在丙寅仲秋下浣督軍使者合肥李鶴章季荃譔

序 八

江左自泰伯分封聿開衣冠文武之邦宇宙靈秀所鍾山水之有名者指不勝僂庚申之刼梵宫法苑盡燬於火而山高水長無不依然在也惠山第二泉者錫邑之勝地當浙閩水程之通衢名公鉅卿舟楫往來莫不登臨而遊覽焉自唐處士陸鴻漸品天下名泉中泠爲上惠泉次之遂爲千古定評至今藉藉稱第二泉不衰同治乙丑予忝篆兹土斯時干戈初定惠山寺廢爲邱墟制府李宫保就寺基建昭忠祠祀湘淮陣亡將士鳩工庀材揆度經營予登山眺望撫今弔古慨嘆流連欲問其事而故老皆無存者古人傳留芳躅種樹釣遊之處磨滅而不彰滄桑之感愈覺怦怦於心矣既知前明邵文莊公有惠山記吟泉先生輯續兩編咸豐丁已開雕行世今舊板已爲賊所燬幸書卷未盡湮沒其文孫海疇刺史將重付棗梨因囑序於予今夫莫爲之先雖美不彰莫爲之後雖盛弗傳邵氏之有功於惠山也豈淺鮮哉先哲精於稽古博極羣書故能網羅散佚遺編旁搜數百年之事蹟瞭然心目一樹一石之來歷纖介無遺自明迄今又能補綴其所不逮後先輝映璧合珠聯可與此山同垂不朽噫乎盛衰相繼也成毁相循也此由天之所定人固不能測之山之有惠山寺演禪林之宗派也乃晨鐘暮鼓一變而爲干戈擾攘破瓦頹垣一變而爲俎豆馨香冥冥中默爲位置蓋欲去故取新以表疆場之勛烈乎今以祠廟一門補入記中此吟泉先生所意計不到者淮湘忠魂依傍名山峯巒

爲之增色池沼爲之生芳登斯堂者莫不肅然起敬鞠躬階墀豈僅登高舒嘯臨風觴詠已耶爰贅而爲之序

同治六年歲次丁卯冬十月

欽加運同銜升用直隸州知無錫縣事固始吳政祥拜序

自江淮以東折而稍南以達於蘇杭其間多平原曠野無名山大川欽崎浩渺之觀獨惠山脉於天目西接銅官南瞰具區其泉經陸羽品題爲天下第二以故靈淑所鍾由漢迄今代有聞人又其地當孔道名卿大夫冠蓋經臨往往流連而不能去物望所留芳蹤所係苟非有輯而記之者將境過情遷有歷久而不知其故者矣况值滄桑之變易乎咸豐癸亥今制府宮保李公統師海上廓淸江左余忝篆錫山又明年量移梁溪錫金固同城也公餘之暇問至惠山泉追尋名勝而頹垣廢址滿目蒼凉欲訪遺跡而故老無可詢者蓋兵燹之摧殘甚矣既得邵吟泉先生所刊明文莊公惠山記並輯續記兩編綱擧目張數百年興廢盛衰之跡犂然在目且搜考古今詩文分門附注而山之精神益顯夫山水之志實與邑志相輔而行非生長於斯親爲涉歷見之博覈之精論之公不能傳世而行遠若先生者可爲兼之矣庚申之變版燬於火余莅任時曾晤先生思欲藉以贊襄而先生遽歸道山每與文孫海嶠刺史言之太息因亟勸付梓且捐俸以助之俾後之人登臨憑弔景仰前徽曰某水某邱某之所釣遊也某物某名某之所留貽也從此山川人物輝映東南雖地隔千里時歷百年覩是編而可想見矣夫脩廢墜存文獻以備他日邑志之徵者固有司之事也遂書以爲之序

賞戴花翎運同銜升用直隸州知金匱縣事合肥郭映奎拜序

重刊慧山正續兩編序

邵文莊公慧山記四卷吟泉先生爲之注並增輯嘉靖以後爲續記三卷於咸豐己未旣梓行矣越一年而金陵師潰邑城淪陷板燬於火先生避亂鄉居攜印本自隨朝夕考證益臻盡善甲子城復慧山地當孔道燹躪尤烈前兩記所載名勝半爲瓦礫今昔異觀亟須重訂而先生於甲子秋遽歸道山文孫海嶠刺史有志纘武以先生手訂本見示囑爲逐條釐正擬將重梓余與先生相從最久前此兩編之成屢荷商榷誼不獲辭爰積兩月之力悉心校正凡各門中變革情形及昔有而今無昔無而今有者一一補載俾足信今傳後書成以呈邑侯愚溪郭公公念名山文獻不可無徵而先賢記載不容或泯慨然捐俸以助剞劂而是編乃仍復舊觀夫古人著述之顯晦天也晦而顯顯而不使之終晦則人也文莊公著慧山記並詩文兩集三百餘年未梓邑志亦失載藏書家存者寥寥吟泉先生求之數年僅而得之而詩文久佚乃博採旁搜略者注之疑者釋之未備者補之刊僅一年而又阨於兵火向使求之不遽得得之不遽梓梨棗未登而滄桑已遇邑中縹緗萬卷悉爲灰燼是書亦付之浩刧他日有心人有慨想於無窮者今得賢子孫爲之纘述復有司助其流傳而茲山之奇勢異態泉石淸幽烟雲呑吐與夫忠臣孝子高人逸士之流風餘韻不與陵谷同其變遷未始非山靈之所默佑而益以見先賢之遺澤長也

余自維譾陋獲與斯役慨舊雨之凋零快新編之重出俯仰今昔感慨係之爰爲之序以告來者

同治丁卯冬十月後學丁培謹序

慧山續記敘

自劉宋司徒右長史湛挺築草堂於慧山與南平王劉鑠及齊竟陵王友江淹以詩章唱酬刻石於山中於是乎天下之好遊者莫不知有慧山自唐處士陸羽定天下水品以慧山石泉爲第二劉伯芻張又新輩屢評不易李文饒蘇文忠皆嗜之於是乎天下之品泉者莫不知有慧泉唐宋以來題詠益多至明初則山僧至迪始作慧山志而不傳正德初僧圓顯輯慧山記邵文莊删定潤色釐爲四卷而梓傳焉玉林潘公又以詩文未録爲言文莊復選刋文二十一首詩百七十首曰慧山集版藏桃花塢聽松庵庵故邵氏香火院也隆慶間版燬於火印本絶少萬歷間尤處士茂先刋慧山續集八卷王世貞爲之敘亦無傳本崇禎間文莊嗣元孫澄撰二泉書院志澄子大棟撰續志今又不傳惟談修慧山古今考及華淑慧山名勝志尚有前明印本爲邑中黄氏秘藏余曾得見二書皆本於文莊慧山記而各有新增古今考又兼録慧山集詩文而有增選者也余戚好吟泉先生文莊八世族孫也咸豐丁巳得慧山記原本每條分附歷朝名翰隱合記與集而一之并各附志近事而重刋焉又編續記四卷記正德庚午至今三百餘年事蹟考獻徵文燦然大備遂成合璧屬余敘之夫有明一代慧山之志多矣今所刋正續兩編何適成爲邵氏一家言也豈文莊之流澤孔長得先生之繼起則嗣墓之修古蹟之復文章之紹述皆有

待於先生耶先生少年以詞章名世洎秉鐸黃浦潛心經學得文莊曰格子之心傳道光丙午授南和令未下車引疾歸大葺文莊祠墓及點易臺名蹟又以再湮尚德兩書院既湮之蹟重建於二泉書院中故既修舊景十五又益新增各景爲二十三讀書其中刊刻所著學易反隅堪輿指原等書凡若干種優游忘老無出山意何私淑若斯之深也文莊宦望氣節照人耳目而學宗洛閩明史獨立於儒林著作全收於　四庫慧山記特文莊之緒餘耳而續記非亦先生之緒餘乎然以九峯二泉之勝蹟日增近代之名賢哲人生遊殁葬於茲山者知人論世品定爲難苟非若文莊記敘所云事之覈詞之直論之公如國史者不足以表人文而慰山靈也續記之采擇論斷亦如國史之謹嚴而後先輝映成一家言以垂千古斯固繼述之善要亦靈秀所鍾鬱積既久而復發其菁華也是編成則郡邑之修志乘者寓公遊客之訪故實者海内之問茲山而未至者皆可覽焉咸豐己未秋八月

誥授奉直大夫同知銜雲南河西縣知縣咸豐乙卯科重宴鹿鳴[illegible]敘時年九十有一

慧山記續編敘

邑先賢邵文莊公於前明正德五年輯慧山記四卷備載慧山泉石峯隝池澗寺觀祠廟物望山居古蹟勝覽邱墓土産而以襍考終焉越數年又輯慧山集載古今詩文若干卷公皆自序而梓之版藏桃花隝聽松庵庵故邵氏香火院也隆慶間庵燬於火版付焚如萬歷丁酉邑文苑談修思永輯慧山古今考所載往事悉本慧山記其書既成夜夢神人告之以尚有闕典晨起而叩之山僧迺得慧山集詩文弁載而卒業焉今距文莊之沒三百四十餘年非特文莊所輯不易覯卽談思永所輯亦不易覯載籍所傳收藏匪易則稽古良難已歲丁巳文莊八世族孫大令吟泉大兄重刻慧山記附載古今詩文合記與集而一之又作續編補正德以後三百餘年名蹟之代興者詩文之繼起者夫以慧山之秀二泉之清湛長史李文肅之幽居勝賞陸鴻漸蘇文忠之品定揄揚邵文莊之純忠純孝純儒山居侍養記載成編者梓而復傳續而益備謂非山靈之厚幸歟吟泉博學嗜古湛深易理得文莊之正傳著學易反隅一書刊布行世辭官歸隱修葺文莊祠墓文莊故有尚德二泉兩書院尚德書院昔在公墓二泉書院今爲公祠舊有十五景吟泉修其廢復其舊增其新足成二十三景亦山中之佳話也余以戚好知之最深茲慧山記續編成謹爲之敘

吏部左侍郎　國史館副總裁致仕姻愚弟侯桐頓首拜撰

慧山記續編　目錄

先文莊公慧山記四卷分門類一十有四內有峯隖池澗土產三門此三者今猶古也無可續也物望繫景行於天下芳蹤留高躅於此山用相附麗則產且遊者可悉記焉山居寄隱佚之蹤園墅壯遊觀之景此同而異者寄暢園

御題慧山泉石寺觀同邀

鑾馭疊荷

天章亦奇逢也故園墅別爲一門編輯既成恭錄

宸翰冠於本編之首爲山泉志幸其餘則依前編次序分門十二

編附詩文釐爲三卷謹續前編

文莊八世族孫邵涵初詮次

慧山記續編　目　一

慧山記續編

卷首

直隸順德府南和縣知縣臣邵涵初恭錄

宸翰

乾隆四十七年七月　日奉

旨辦理四庫全書諸臣謹案唐徐堅初學記以太宗御製升列歷代之前蓋尊尊之大義宜然焦竑國史經籍志朱彝尊經義考並踵前規臣等編摩四庫初亦恭錄

御定易經通註

御纂周易折中

御纂周易述義弁冕諸經仰蒙

指示命冠於

國朝著述之首俾尊卑有序而時代不淆

聖度謙沖酌中立憲實爲千古之大公謹恪遵

彝訓仍託始於子夏易傳並發凡於此著四庫之通例焉

臣邵涵初輯慧山記續編恭錄

宸翰冠於本編爲卷首自卷一起各分門類如園墅堂亭軒閣諸

慧山記續編　卷首　一

勝蹟恭遇

御筆留題

天章藏庋之處恪遵四庫全書通例冠於

國朝之首其中

御製詩章匾聯仍恭錄於卷首

聖祖仁皇帝南巡

御製詩章匾聯

錫山

朝遊慧山寺閒飲慧山泉漱石流仍潔分池溜自圓松閒幽境闢

巖下小亭懸聊共攀工瀍天眞本浩然

雨過錫山

輕雲冉冉霧彎環細雨絲絲羃遠山畫舫青簾開曉坐平波漫衍

白鷗閒

雨中幸錫山園林

澹沿青山色幽探傍曉來烟籠巖下竹雨洗石邊苔斷續聽啼鳥
飄摇惜落梅胸襟原浩蕩隨意坐亭臺

慧泉

寒雲覆樹十年經（甲子歲觀慧泉在十月）再品山泉到此亭春水一犁農事足
喜看膏雨徧郊坰

春日錫山之作

花盡春殘一徑深清流長遶百年心溪邊鳥語錫山麓坐對梧楸
嘆碧林

慧山記續編　卷首　二

回鑾復過慧山

是誰妙筆點巒容蘊藉迎入四五峯堪挹山泉烹雀莚併添新黛
入甌濃

第二泉匾

品泉

寄暢園匾聯

山色溪光

松風水月

明月松間照

清泉石上流

高宗純皇帝南巡

御製詩章匾聯

辛未

寄暢園

輕棹沿尋曲水灣秦園寄暢暫偷閒無多臺榭喬柯古不盡烟霞
飛瀑潺近族九人年六百耆英高會勝香山松風水月垂
宸藻昔日卷阿想像間（秦氏子姓迎駕者二十餘人秦孝然年九十實然年八十七敬然年八十五榮然年七十壽然年六十六芝田年七十六瑞熙年六十一莘田年六十東田年六十二九人六百餘歲又皆近族故五六及之）

慧山寺

寄暢園中眺翠螺入雲撫樹溼多羅了知到處佛無住信是名山
僧占多暗寶明亭相掩映天花澗草自婆娑闍黎公案休拈舊十
六春秋一刹那（寺僧有雍正年間在圓明園內參禪者）

慧山記續編　卷首　三

慧山聽松菴用竹鑪煎茶因和明人題者韻即書王紱畫卷
中

纔酌中泠第一泉慧山聊復事烹煎品題頓置休慚昔歌詠擅鄰
亦賴前開士幽居如虎跑（音豹）舍人文筆擬龍眠裝池更喜商邱犖
法寶僧菴慎弆全

回回山下出名泉火候鈞鑪文武煎成佛漫嗤靈運後題詩多過
玉川前試攜學士來明汲（是日命汪由敦扈蹕）高謝山僧守晏眠我願靈源
常勿幕飲教病渴盡安全

汲慧泉烹竹鑪歌

慧山沈泉天下聞陸羽品後伯仲分中泠江眼固應讓其餘有冽誰能羣高僧竹鑪增韻事隱使裴公慚後塵莊嚴金碧禮月相三間茗室清而文梅花天竺間紅白濛濛沐雨含奇芬平方木几一無有恰見竹鑪妥帖陳篋編密緻擬周篚體製古樸規虞敦（叶）玉乳寒瀵早汲綆明松乾烈旋傳薪武火已過文火繼蟹眼初泛魚眼紛盧仝七椀慢習習趙州三甌休云云政和入貢勞致遠衞公置遞嫌逞權（叶）巡蹕偶然作清供聽松庵圖真蹟存名流傳詠四百載墨華朱彩猶鮮新山僧藏弆奉世寶視彼衣鉢猶堪珍視彼衣鉢猶堪珍後進君子先野人

雨中遊錫山

晴明無雨亦沾衣細雨何妨征蓋飛橫嶺側峯入葱蒨玉梅翠竹沐潑瀲漫嫌遠岫藏青靄恰喜濃膏遍綠畿霽景太湖云入望九龍暫待翠華歸

再題寄暢園

雨餘山滴翠春暮卉爭芳搴辟盤雲逕拔松渡石粱鳴湍空塵意列岫澹烟光更許傳佳話遮留詩債償（秦孝然年九十乞詩故書賜之）

詠慧泉

石甃淙雲乳何從問來脈摩挲幾千載滌蕩含光澤澄澈不受塵豈礫溪毛碧鴻漸眞識味高風緬疇昔

再題聽松庵書張宗蒼補圖上

文湖粱溪問慧泉春光到比客舟先竹鑪小試仍松下龍井攜來正雨前此日眞成四美具當年漫說八禪詮補圖直繼諸賢躅便道同堂豈不然

慧山寺匾聯

法乳流慈

九隴雲連吉光開佛相

二泉玉瀉禪味得眞如

丁丑

先賢周惇頤後嗣持小像求祠名允其請並題以句

錫麓祀先賢孫支世守旃開程朱道學繼孔孟心傳水碧山青處松蕤竹秀邊千秋光霽在底復藉龍眠

遊寄暢園題句

烟溪又復泛粱鴻路側名園曲折通新景林嵐六塵表昔遊歲月寸心中清泉白石自仙境玉竹冰梅總化工小憩便當移蹕去一聲定磬下花宮

介如峯

寄暢園中一峯亭亭獨立舊名美人石以其弗稱因易之而系以詩

一峯卓立殊昂藏恰有古檜森其旁視之頗具丈夫氣誰與號以

市幗行設云妙喻方子美徒觀吏匪脩竹倚亭亭戍削則不無姗
姗闍易非所擬率輿易名曰介如長言不足因成圖正言辨物得
𡎺攬惠麓梁溪永靜娛

寄暢園疊舊作韻

雙河舟溯慧溪灣雅愛秦園林窈閒月鏡光含窗瀲瀲雲紳聲落
澗潺潺清幽已擅毘陵境規寫曾教萬壽山一沼一亭皆曲肖古
柯終覺勝其間

慧山寺

九隴重尋慧山寺梁溪退憶大同年可知色相非常住惟有林泉
鎮自然所喜青春方入畫底勞白足試參禪聽松庵靜竹鑪潔便
與烹雲池汲圓（府志慧山寺第二泉上有方圓二池圓者最佳）

題慧泉山房

昔來遊慧泉聽松試竹鑪八角石欄杆明汲轉轆轤茶香滌塵慮
泉脈卽此夫重臨探靈源乃知別一區石梯拾級登高下置精廬
瀟灑綠琅玕峭蒨青芙蕖山茶及水仙放香妍且都西北有空洞
洞前方塘廬淙淙出甘源苓苾石髓腴對之坐逾時笑我前遭徒
境亦不可窮奇亦難悉臚名泉自千古豈藉遭鄭吾

詠慧泉

冰洞不可測發源慧麓東精藍據左側德水揚宗風鑿為方圓池
雖二實相通方劣圓者甘其理殊難窮池上漪瀾堂舊蹟傳坡公
境屯心則泰高風想像中

聽松庵竹鑪煎茶疊舊作韻

布惠行時擬湧泉未蘇元氣我心煎老扶幼挈雖如昔室飽家溫
究遜前長吏勗哉其善體山僧饒爾鎮高眠閒庵小試筠鑪火消
渴安能澤被全

第一吾曾品玉泉筏編鼎每就泉煎到斯那得忘數典於此何妨
偶討前從論茶存誰解喫宗蒼圖補覓長眠了知一切有為法泡
影空花若久全

慧泉上作

向亭坿石欄遙企雲中脈今來探乳穴牝湫注靈澤吞縉萬物昌
月印千秋碧得源趣益佳擷藻聊補昔

汲慧泉烹竹鑪歌疊舊作韻

法雲（慧山寺名）初地悅聲聞有學無學誰為分調御丈夫獨出類天上
天下莫與羣天龍現泉供藻浴淨洗萬劫空根塵苓香石髓鎮福
地離垢入淨傳經文我與如來宛相識瓣香頂禮栴檀芬相好豈
有今昔異俯仰亦不礙蹟陳苾芻卻慣舉公案未忘者箇情猶敦
聽松軒分明熟路松枝落地堪為薪竹鼎燃火戒過烈淨物受寂
不受紛須臾顧渚沸可瀹乃悟速不如遲云玉泉山房頗倣效以
彼近恆此遠灌（叶）乃今此主彼更客有為如幻真誰存入畫九龍
山亘古嘗春第二泉淙新漪瀾舊堂懸

宸藻千秋

聖蹟傳奇珍千秋

聖蹟傳奇珍繼述𦘦哉予一人

遊錫山

慧東特出一峯青有錫名山無錫寧諺云有錫爭無錫寧因以名縣烟水平吞太湖秀林巒近接九龍靈春前老栢不爭色風裏幽蘭解送馨羅逕雲扉故相識得教精舍小延停

慧山寺疊舊作韻

峯峯晴色罨新螺紺宇珠宮借巘羅希有祕珍承寶四率成佳話寶坻多春泉石鎛淙聲細新竹風前弄影娑文字禪雖非本分要因淨業悅陀那

題漪瀾堂

一泓清照鏡光新耐可含風漾細淪印滿半輪千古月入龍鳳影數竿筠題名乍爾懷蘇軾肆業還應憶李紳笑我匆匆催騎去豈云瀟灑箇中人

若冰洞

我昔撫石甃已愛冽且泚今探若冰洞更識泉在此牝谷孕靈液乳穴淙神髓九夏其中寒而況三春尾不可以久立巖齋聊徙倚展書悟爲學進步詎可止澄懷對有源靜觀懷無始斯固太古然何乃稱䧿子

題張宗蒼補慧泉圖疊舊作韻

補圖曾寫慧山泉輝映王吳合後先孰謂斯人亦長逝空嗟絕藝此當前花香鳥語春如繪流水行雲靜裏詮洗滌塵根泯能所偷閒題句亦欣然

寄暢園襍詠

水雲佳趣豁簷楹軒名園中十二景之一過雨林嵐滿目清也識舟行紆十里奈他泉石縈崇情

遠峯近巘滴新螺清曠名園一再過異世一家能守業猶傳鳳谷昔行窩

九八六百有餘歲前度會因佳話傳碩果今惟四好在了知壽者相非堅

松篁深處小逍遙紫綻藤花綴幾條今日錫山姑且置閒閒塔影見高標

慧泉匾

漪瀾堂

竹鑪山房匾

竹鑪山房

寄暢園匾聯

玉戛金摐

清泉白石自仙境

玉竹冰梅總化工

賜先賢周惇頤祠額

光霽祠

壬午

泛粱溪遊寄暢園卽目得句

溪泛粱鴻破曉氛嘉園蹟勝久名聞愛他書史傳家學况有烟霞
護
聖文園内恭奉皇祖賜書及額聯 瀟灑聊尋三徑曲就瞻那禁萬民紛問予
寄暢緣何事情以爲田此所勤

寄暢園再疊舊韻

畫舫權教艤玉灣秦園寄暢暫偷閒逕從古樹陰中度泉向奇峯
罅處潺隨喜禪心依佛寺已看芳意動春山過牆便是青蓮宇可
得敲吟忘此間

慧山寺疊舊作韻

鹿苑虔瞻佛髻螺裝嚴七寶寶駢羅若於本分云相應去聲祇是無
言已覺多水去粱溪惟澹澹草生祇窟鎮娑娑松庵偶試禪家茗
漫擬周王咏有那

慧泉山房作

慧泉東麓東冰洞噴乳寶江南稱第二盛名實能副流爲方圓池
一例石欄甃圓甘而方劣此理殊難究對泉三間屋楔𣂏稱去聲雅
構竹罏就近烹空諸六根囿想像肥遯入流枕而石漱乃宜此巖
阿守知外物誘亭臺今頗多綴景如錯繡信美樂不存去去庶
續懋

聽松庵竹罏煎茶再疊舊韻

三試慧山陸子泉吾知味以未曾煎不妨煮鼎欣因暇那便吟詩
罷和前麗日和風方蕩漾輕黃嫩草已芊眠吳中春色眞佳矣可
得吳民溫飽全
依然冰洞下流泉誰解三篇如法煎罏篆裊飛祇樹杪餅笙響答
磬房前范陽見說風生腋彭澤那關醉欲眠我自心殷饑渴者讓
他清福享教全

竹罏山房作

竹罏是處有山房自辛未到此愛竹罏之雅命吳工倣製玉泉盤山諸處率置之茗椀偏欣滋味
長梅韻松蕤重去聲清時春風數典那能忘

題張宗蒼補慧泉圖再疊舊韻

夙契清機在慧泉寺僧作疏熟聞先竹罏且喜還山久畫卷重看
補闕前綠竹紅梅猶假色行雲流水是眞詮呼之欲出宗蒼儼對
此怡然復惘然

汲慧泉烹竹罏歌再疊舊作韻

有耳誰能免厥聞要當於聞淸濁分泉之響在聞淸矣慧泉之淸
要莫尋槃河絡石所弗兒色塵雖泯餘空塵古德拟爲淘洗法土

鑪護竹堅而文松枝取攜那費力燃火弗枝烟生芬庵外老松莞
爾笑誰爲新者誰爲陳如此好山不試茗更當何處佳期敦名流
詩畫卷在案山僧寶弆擬傳薪圍池溶溶用不竭缾罄罍恥休議
紛火候旣臻衆響奏聽泉有耳休更云聞中入流忘所寂大士方
便信巧權（叶）絛杯小啜便當去壁間舊作居然存長歌險韻一再
疊春花春鳥從頭新觀民課吏吾正務禪房靜賞寧宜珍禪房靜
賞寧宜珍溪邊待久迎鑾八

雨中遊慧山寄暢園

春雨雨人意慧山山色佳輕舟溯源進別墅與清皆古木溼全體
時花香到亥問予安寄暢觀麥實欣懷

慧山寺疊前韻

每逢佳景吟題句率以鐫崖紀歲年是曰有爲之法耳遠哉無我
祇如然愛聽春鳥閒彈梵懶與山僧坐講禪一語何妨聊顧問郎
今悟處可參圓（寺中猶有雍正年間內廷行走僧）

戲題慧泉方圓二池

一脈流來號兩池圓甘方劣志傳奇八情圓喜方斯惡泉自淙淙
自不知

題漪瀾堂

四圍清泚繞書堂檐栝光翻漾鏡光乍可觀瀾知有術因之點筆
遂成章春陰環島雖數典（環島春陰有堂亦額是名）冰洞松庵詎易方緬溯東
坡題額意崇情泉石託偏長

若冰洞

石甃方圓引側注攀躋更上小雲巒討源直到眞源處冰洞翻花
萬古寒

乙酉

泛舟遊慧山即景雜詠

川路遙看（平聲）見慧山輕雲淡日尉孱顏遄飛吟興於何是祇在泉
流峯峙間

烟溪暫泊換輕舟兩岸麥苗綠似油致我欣然誠在此寧徒留意
爲（去聲）清遊

寄暢園中小憩遲來紅梅白杏春姿林泉別我三年矣似曰無他
祇待詩

精藍西轉有禪庵啜茗聽松（郎庵名設竹鑪每至必試茗）此最堪疊韻寧辭綺
語過前三三復後三三

寄暢園三疊舊韻

流引慧泉水一灣石橋過處敞軒閒樹遮洞以千年計瀑出峽分
數道潺趣爲（去聲）永哉暢非俗樂惟仁者寄於山（叶）徜旋里人何在
撫境愀然是此間（園爲秦氏別業去秋尙書秦蕙田以病請假南旋尋卽在途不起回溯此地是人非爲增感者久）
之

慧山寺再疊舊作韻

春氣濛濛潤岫螺花宮兼有古松羅青衣童子誰曾見白足僧人此處多畫卷重教神晤會竹鑪一爲(去)手摩挲底須今昔頻量檢七識田中幻未那

聽松庵竹鑪烹茶戲成

初來猶憶翰臣偕(辛未南巡初至聽松庵訪竹鑪舊蹟曾命汪由敦扈遊)火候曾傳文武皆習熟中涓經手慣可憐竹鼎也聽(平聲)差

圓池

圓池方之上堪輿含至理得氣擅清輕應較下爲美

方池

方自圓流出非遜品乃低雖然甘不逮猶自勝粱溪

慧山記續編　卷首　十四

汲慧泉烹竹鑪歌三疊舊作韻

一韻屢疊有前聞其中亦爛伯仲分試問誰應稱巨擘要數(上聲)玉局迥出羣聚星孤山特傑作手把造化超凡塵往來無錫此必至(見東坡詩序中)何敢抑險長篇文遊山望湖纔數首字字妥貼餘清芬我來四度歌四度弗自笑量翻案陳猗瀾堂中小團月(櫽括蘇詩意)恍如髯老來相敦篋編古鼎依舊在拾松枝豈煩樵薪至期自熟寧用亟中涓伺候忙已紛乃悟高閒非我事山僧後言那免云匆匆一啜命返鑾回顧曰此偷閒權(叶)夾岸蒼赤數無萬各各都廑予心存安得人足家遍給風俗還古禮樂新名山得讓閒者占法寶何礙招提珍法寶何礙招提珍千秋聊付好事人

暗竇

天一孕靈根是謂孕盈缶可以驗化機萃自無生有

明亭

石亭纔四柱臺榭圍周遭樸野固非匹閱時此或牢

聽松庵竹鑪煎茶三疊舊韻

若爲石洞若爲泉早已知津豈待煎靜對山川原自古何披圖畫乃稱前無逾一晌烟雲過那得恒斯風月眠禪德忽然來踞訊是云提半抑提全

謾謾松濤活活泉笑予多事篋鑪煎半升鐺內都包盡四箇匣中莫並前(寺僧弆藏四匣皆明人詩畫其第四失去圖曾命張宗蒼補爲之已見舊作中)茶把僧參還當偈

慧山記續編　卷首　十五

烟憐鶴避不成眠可教緩棹言歸矣今度賡吟興又全

題張宗蒼補慧泉圖三疊舊韻

依舊淙淙山下泉諸餘都置展圖先誰知補者宜居後忽詡觀斯乃緬前眞是要惟以韻勝(昔與宗蒼論畫法每稱當以氣韻爲要)由來不可著言詮謾訾屢舉蘇髯體此日拈吟屬偶然

自慧山跋馬過無錫縣城登輕舟至水營即景襍詠

錫山雲氣自南濃促返恐防春雨逢跋馬烟塍不三里芬絲已是灑霎零

黔黎趨擁喜逾常所惜無端躪麥秧(萬民趨蹌夾道竟有踐踏麥苗不顧者)雨笠烟簑都不藉忽教阿禁警龍驤

寧民自視廟堂謨豈繫壽常錫有無比戶安和心實慰頌言那在謝鍋租

城南盪槳下川郵烟意溟濛勢乍稠前指水營猶十里倩誰風雨畫歸舟

聽松庵竹鑪烹茶作

香臺石轉僻蹊循知有茶庵幽絕塵松籟已欣清瀹耳竹鑪何礙潤喉脣四巡來往皆曾到幾卷圖書各有神祇恐諸人或致誚吾原不是箇中人

漪瀾堂疊前韻

泉上㕍亭宛有堂髯仙題額特煇光源頭知在若冰洞波面看成

大塊章木榻橫陳一泓映石欄周繞四圍方未能久此耽清賞祇有勤民廑念長

若冰洞

靈泉本有源嵌洞自爲厂夏涼冬卻温德水無增減伏脈復淙津水洊至習坎醲爲方圓池淨碧圍朱檻前度與今番流陰信荏苒不遷者固存從從及澹澹草堂何處尋高風緬宋湛

遊寄暢園疊舊作韻

勝地寧當目送鴻屢來孰路自知通一橋橫鴐琉璃上數字迥懸琬琰中梟到春前畫不若境惟塵表句難工書堂小憩傳清蹕欲趁佳辰禮梵宮

品泉亭匾

淙雲

寄暢園匾

竹淨梅芬

題竹鑪圖卷

近檢舊時所書間有未愜意者諭各處以乾隆廿年前字蹟彙進分別或仍或易茲江蘇撫臣明德繳到各種是卷與焉展閱前題無應易者因疊韻書卷中並識梗概戊子暮春月中澣

三載春風別慧泉竹鑪付與芝芻煎卻緣字蹟欲更舊又見畫圖宛到前舒卷恰同身重歷摩挲不是夢中眠因之爲憶民情摯富

教惟吾兩義全

第二於斯有玉泉倣來筠鼎亦烹煎常時正爾調稱別今日輸他興在前庵底想應僧入定松陰好是鶴安眠重題仍付南舟去肱篋還教善保全

庚子

遊寄暢園再疊丁丑舊作韻

江表初看山勢鴻埠墩西放一舟通秦園蕭寺相鄰近水閣雲窗小憩中視昔由今興堪託松聲泉韻畫慚工放斯卑已成八景愧是卑稱大禹宮

慧山寺疊舊作韻

慧山依舊矗青螺層疊禪林護呿羅一片赤心忘今到幾莖白髮較前多慧枝演法高還下忍草當春婆復娑禮佛而非佞佛者留詩最是好檀那

圓池

圓池圓中規恰似月之滿石洞在其上夏涼而冬暖

方池

方池方中矩本自圓釃出清冽遂不及惡居下流述

明亭

明亭曾不設窗櫺小立居然愜性靈無盡山泉仁智體日呈色色與形形

暗竇

暗竇山根微見淙流成渠澗漸溶溶金人銘早著其義杜漸防微莫懈恭

若冰洞

流出為池方與圓溯源冰洞得淙泉濯清因識具深義六一成之含地天

詠慧山竹爐

碩果居然棐几陳豈無餘慨憶前賓偶因竹鼎參生滅便拾松枝續火薪為爾四圖饒舌幻輸伊一概泯心真知然而復拈吟者應是未忘者箇人

汲慧泉烹竹爐歌四疊舊作韻

屢疊舊韻衆所聞可因難易作轇分即今竹爐凡五詠然何曾契詩之辜黃壞遠望境如畫粱溪湖泛川絶塵精藍雖演梵其梵慧山實具文而文禪枝護徑益古覲慧草繞砌饒淨芬熾然入固有來往泊如佛豈論新陳西廂聽松庵夙悉默無語乃情如敦竹爐不任受烈火乾枝細擘為精薪陸羽祕訣總未學要當以靜不以紛慧泉咫尺可用汲馳符調水詎足云漪瀾堂近聚星遠歌體卻放聚星權叶撫箋得句便言返勝處詎宜戀意存溪路烟堤俱識舊老瞻幼仰如懷新入情為田吾所篤林林者囿懷中珍林林者囿懷中珍訶避慢亟緹騎人

聽松庵竹爐烹茶戲成效白居易體

竹爐烹苦茗本是山僧事性海為清供不涉人間世侵尋成畫圖展轉傳文字濫觴一至此大乖其本意豪敚與復還益覺其辭費我自辛未年製匣因精弄叶為之補圖全為之賡吟繼茲閱十六載復詣精藍地聽松庵好在竹爐亦妥置獨惜四圖燬斯則因俗吏孰境率難忘可不茶一試我既不解烹僧亦難近廁旋顧左右間尚茶惟內侍茗椀捧以獻原來早預備誰論文武侯那識魚蟹沸是謂當官差非所論逸致屈哉庵與爐孰謂逢此輩䩄然亦自笑松下排徊類

惜張宗蒼補慧泉圖亦被燬因四疊舊韻

宗蒼會寫慧山泉五韻徒教四疊先鴻泥準繩繼其後眞教氣韻逼乎前同遭回祿誠奇事直示無端是正詮不忍名藍絕佳話補之復補合應然

聽松庵竹鑪煎茶四疊舊作韻

十六春秋別慧泉重來可不試烹煎閒情本擬泯一切結習無端憶已前竇院仍看松半偃隔牆遥見柳三眠溪書恰喜供軟飽勝酒何妨也得全

出竇從來本體泉謂多事矣瀹和煎底須僧偽頻提舊惟愛民情越愬前解阜闢予宵與旰鑿耕由彼食而眠偷閒尋勝饒何者四疊還賡八韻全

補寫慧山寺聽松庵竹鑪圖並成是什紀事

古寺竹鑪四卷圖惜哉重潢遇倉失竹鑪圖四卷其一為王紱一為履齋一為吳珵又一則早失之命張宗蒼補圖者前人題跋頗多予每次南巡必賦詠疊韻向貯慧山寺聽松庵昨寺僧收藏弗愼致錦贉蕓簽玉籤損折無錫縣知縣邱漣攜至署中欲重裝値署西民居失火延燒四圖竟燬於火實可惜也祝融尤物妬誠有六甲神威護則無降調權致覓吏議圖既被燬巡撫楊魁布政使吳壇等自請交部議處並參知縣因奏報情節未明隨令吳壇往無錫縣署履勘失火情形並查訊被焚屬實因盡寬其議處然此事雖緣寺僧收弆不愼該縣重裝究亦失於防護祗命罰銀二百兩給寺僧以償之施檀應得償聲去僧雛慧山佳話寧容闕首卷庵先補寫吾竹鑪圖原卷雖燬而名流韻事未可闕如因先補寫首卷命皇六子及弘旿董誥分畫二三四卷并皆補書前人題詠仍付聽松庵收弆流傳永為山寺佳話云

以王紱溪山漁隱圖卷賜慧山寺弆珍以償竹鑪四圖回祿之失詩以誌事卽書卷中

四圖回祿雖分補氣韻終嫌似舊難爰命石渠出眞蹟俾藏僧舍作奇觀幸兼跋語存原博一例長圖寫孟端試問慧山自足者可猶飲悵有司官

御題竹鑪圖卷

第一卷卷首

頓還舊觀

第二卷卷首

生面重開

第三卷卷首

味回寄興

第四卷卷首

清風再挹

御題王紱溪山漁隱圖卷

頓還舊觀

甲辰

遊寄暢園三疊丁丑舊作韻

那能此地目飛鴻境古而幽與理通山色泉聲清賞外昔年今日默思中問他王顧畫會擅便是杜倪句豈工促就詩休論巧拙右廂去禮梵王宮

慧山寺五疊舊作韻

梁溪開舫見遙螺稍近叢雲梵宇羅出可暢園尋幽徑暫慧山寺入繚垣多禪林不礙獅音唱古栝依然爲尾娑五疊韻成詩六度止斯適可厭過那

漪瀾堂三疊前韻

山中喜有水圍堂滉漾楣欄上下光勝處恰宜孟王畫與來還和老蘇章綺紈那辨文和武甘劣休論圓與方七字促成壁間泐笑云付爾樂斯長

圓池

圓池圓象天泉源清冷然豈必拘上下易象稱葺編

方池

方池方象地折旋產玉粹九龍昔在茲樂饑俯洋泌

明亭

四柱明亭不設窗八方常納景無雙闍黎公案由來熟祇說從他聲色攏

暗竇

石罅出泉暗竇翻盈科流作梁溪源赴江海即涓涓者謹小慎微亦此存

若冰洞

牝洞從來具靈氣溫冬涼夏不爲奇題名此曰若冰者應是來嘗暑月時

聽松庵竹鑪煎茶五疊舊作韻

何處名山弗有泉慧山傳以竹鑪煎四圖本擬蹟貽後一火頓令業淨前分卷補教集狐腋撫箋衮足貌鷗眠笑他瀟灑幽閒事可稱若而人寫全

方泉云不及圓泉遂汲圓泉活火煎六度吟應絕筆後一時想到見圖前試看弆笥新更舊豈異交蘆起輿眠雖是片時駐清蹕卻欣卅韻重賡全

汲慧泉烹竹鑪歌五疊舊作韻

陸羽品泉今古聞山下出者第二分金山第一此第二未知玉泉

適出羣以是推之當歷遜辭仲爲叔居後塵雖然我更有轉語名象甲乙胥空文滴滴者自淙石罅豈識人間口頰芬在惠惟宜言此惠釣鑪茗椀況具陳地幽春靜更值暇聽松速客意殊敦亦弗藉綆絣爲汲亦弗拾松枝作薪中人祇要差事備烹煎端正忙紛紛坐則茶盤擎已至乎容火候評云云把椀驪然鄙且懼似此俗韻可假權叶 更惜四卷稱名蹟已付回祿無一存韻事不可令沒滅分做合弆爲重新百年以後新舊禪和子孫應世珍禪和子孫應世珍是語當有笑者人

詠竹鑪

物理由來新代陳鑪圖竟倒主和賓久哉忘彼烟作燼時也對茲

火已薪清供豈因適口腹幽尋聊爾悅心神小徘徊可合歸舫牆外待多瞻就人

題補寫竹鑪圖疊庚子詩韻

何事鬱攸燬舊圖補裝四卷宛成夫披觀似示空卽色細體未忘有若無王氏弗輸龍有九米家終遜虎之雛僧房佳話聊酬矣斯永存乎詎信吾

王紱溪山漁隱圖疊庚子詩韻

分補四圖償舊失猶思頤海滿僧難石渠特出山人蹟古寺留供過客觀王畫吳書都不闕亡凡存楚那窮端笑他微有不足處御筆經題恐屬官

慧山記續編

無錫邵涵初吟泉輯　孫男文燾海嶠編輯

卷一　慧山　泉　石　寺（附僧房 庵院 浮屠）　祠廟

慧山第一

先文莊公慧山記謂璨之左嶂喇之右乃惟慧區者包首尾而言之泉石峯隖皆記山前而畧於山後故補記山後

九峯九隖山之面也總稱爲山北其背爲山南自第一峯下繡嶂街而南過黃公澗曰章家隖忍草庵在焉又前行曰荔枝山曰靑山曰璨山明陽觀在焉則頭茅峯之背面也再前曰張山（一作嶂）蓮花山總稱爲東大池萬年庵萬福庵在焉則二茅峯之背面也又前行爲西大池則三茅峯之背面也歷東西兩大池南至横山口而斷自第九峯下龍尾陵道折而南爲菱灣山一名小菱灣又南爲蘇慶灣總稱之則曰嶂喇灣亦南至横山口而斷横山者慧之斷而復起者也去獨山則近矣蓋慧之全形如三角三合以九峯九隖爲一面自第一峯下左旋行至横山口爲一面自第九峯下右旋行至横山口爲一面周二十里左旋一面俱見太湖蘇文忠公嘗從山頂上行故詩云石路縈廻九龍脊水光翻動五湖天全山形勝於是乎在

前編爲文莊公原本故附考附載附志槩低四格茲續編槩低三格因編中徵引詩歌記敘有應用三擡之處故記載款式統歸一律凡註於句下者則款式與前編同

泉第二 滴露泉 雲泉 珠簾泉 鳳泉 仙姑池 王公泉 錫泉 讀書臺泉 野翁泉 龍脊泉 松泉

慧山以泉名天下九峯二泉俱記於前編矣懸出穴出皆山之髓石之脉生於天行於地浚於人人傑地靈或昔無而今始有或昔有而今始名是造物者之無盡藏也補泉

滴露泉在二泉書院點易臺石壁中流出先文莊點易臺成有安得泉分一道來之句忽有涓流出石壁間乃鑿渠九曲而引之淵然成池後廢 國朝咸豐甲寅涵初浚石壁下鑿六角池深四五尺泉出自地中石縫瀅然一淵冬春不竭石壁中涓流亦復至

文莊公泉記
臺之始卜也邵子作詩志焉有安得泉分一道來之句既而臺之右石壁下忽傳有泉出焉始涓涓流繼鑿渠而引之則源源如注淵然成池邵子喜名之曰滴露

文莊公泉銘
一滴一滴有竅無竅雲自地生月從天照青海未枯黃河未倒薰風南來發我長嘯

滴露泉
廣信南巖有一滴泉晦翁嘗題二句於壁曰一滴有靈通地脉半空無雨灑天漿今文集中皆無之
一滴源頭息息新每從旱日見天眞涓涓晝夜江湖遠灑灑乾坤雨露均煮茗儘供臺上客研硃還假洞中人再歌晦老南巖句始信青山本有神

先祖吟泉公滴露泉六角池有序
文莊公泉記云鑿渠引之淵然成池今無池渠形迹矣咸豐甲寅鑿石爲六角小池深四五尺下抵巨石而西南有兩石縫皆通泉源浸潤不驟乃眞泉也池畔置四石可坐中夾兩巨石爲試泉之几丁植卿孝廉名左石曰逢源右石曰鑑水篆刻其上池既成滴露亦至
靑壁丹崖下泉瑩滴露頻方塘思舊澤九曲話前因鑑水匠心似逢源地脉眞雪花消盡後汩汩漲春粼

雲泉在張中丞廟前萬歷十五年僧掘地得之今甃爲井

珠簾泉邑志稱石門飛瀑濺激如珠有水簾洞王問有詩附載於前編卷一石

鳳泉在石門石壁生鐵線影入泉中作飛舞狀已上慧山
案黃卬錫金識小錄載石門有紫皇殿九陽道院之屬而張仙殿爲最勝珠簾泉在殿後石壁晝夜淙淙不絕碎流如珠下垂如簾故名下有石潭廣三尺縱五尺潭上石有青質起分許宛如鳳形以水沃之愈顯尚在石門下一里縣志卽以石門爲珠簾泉非也石門亦有水流自石罅中人可側身入水甚激下亦有潭而時涸

仙姑池在錫山石浪庵之前乾隆三十年邑人秦瀛偕劉松苓鮑汀信宿是庵見灌莽中有泉噴出撥剔得石石上有仙姑池三字邑志刻本譌作女姑本嘉慶年邑志而更正其譌字

王公泉在松滋王公祠益詠堂右

先祖吟泉公撰王公泉記
錫山之麓有泉焉古無泉名方廣蓮尺許清冽而甘居民數十家皆取汲於斯在松滋王公祠內祠址實濱錫山澗明邑侯少月王公令吾錫有築城禦倭履畝清糧諸善政公去任後三十年邑先賢高忠憲倡建公祠同時陳太常爵建兩廡以附祀禦倭義士入我朝則華徵君泰少冦先後踵修厥後兩廡圮道光己亥余偕邑士大夫請於當道修葺公祠重建兩廡又增建益詠堂三楹於享堂之前堂有兩夾室泉在西夾室之右落成之日當道及邑士大夫並集於斯堂汲泉瀹茗而品之客曰此廉泉也王公廉吏宜以名泉董成者曰此讓泉也泉之退處牆隅若預知今日之有室而讓之者室非泉尚可式廓以泉故植基少監室與泉有相讓之義焉余曰固然然泉之無名久矣湮沒於修竹叢草之間不知其幾何年今以公故而始試泉於斯堂則泉以公而顯也昔以春申而名黃公澗今以松滋而名王公泉不亦可乎公之遺澤在民如泉之流無已時也而斯泉也賴公以顯卽賴公以傳俾後之汲斯泉者慨乎其思慕之而歎世之飲貪泉飲盜泉者誠不能無愧乎斯泉矣且猶是泉也而錫名有幸不幸之異廉乎讓乎於泉乎何有貪乎盜乎於泉乎何咎泉以公名謂非泉之

幸歟謂非泉之幸歟客曰善遂書以爲記

錫泉在錫山半山亭下乾隆二十七年無錫令吳鉞掘地得之因刻錫泉二字於石已上錫山

李文簡讀書堂下有泉舊無泉名文簡別泉石詩序稱爲人間靈液文簡詩附載前編山居今堂基在亂冢中泉廢久矣

野翁泉在施廉野翁莊內野翁莊見前編山居施閏李庶倪祚潘儀俱有野翁泉題詠今廢已上廢泉

龍腰泉在擔鉤隖半山茅蓬禪院觀音殿後天生黃石有穴如方池深二尺許春冬不增減舊無泉名咸豐丁巳涵初名之曰龍腰泉新增

慧山記續編　卷一泉　四

丁培茅蓬禪院有方泉在半山吟泉先生名之曰龍腰泉因紀以詩

大一始生水不可常理推廬山康王谷絕頂噴漣漪中洽大江底百丈垂軍持剟茲九龍山滿腹碧乳滋珠䗶已詭異龍縫何神奇滴露與遊名古蹟尚書遺王公有一勺近在甘棠祠不獨漪瀾堂第二高名馳揭來涉山半石罅開方池三尺極寒冽四面皆甒驟風雷護神力冰雪含明姿濤甚猝蝌斗靈恐藏蛟螭懸出與穴出古人不我欺所惜無嘉名厭撫吟詩髭龍泉必在腰昔有寶劍詩秋水夜龍吟有誰堪昤貽貽之九隖間長作泉名垂酌水薦秋菊敢告山靈知

先祖吟泉公題龍腰泉

九龍蜿蜒凌碧霄蒼玉爲脊巖爲膂喬松偃蹇萬虬舞半嶺嶁嶁驚飛濤山膂有泉漱寒玉碧乳盈盈拄山腹夙來水面繞潛鱗噢澈千層萬層綠平生入山不厭深龍膂攜展時攀尋肇錫泉名點春茗夜夏斟盌爲龍吟

松泉今在昭忠祠內戲臺前瑯琊王澍篆題碑碣其上此泉不知起於何時邑志未載今補之

石第三

臥雲石　點易石臺　望闕巖　登巖道中刻字石　滴露泉石　太極石　二泉精舍刻字匡石　新月巖　南匡刻石　松澶刻石　研朱石　摹聽松篆石　介如峯湖石　竹素園湖石　觀音峯湖石

錫慧兩山有名之石慧山記皆記之矣三百年來搜巖訪隖則昔之晦者顯鐫銘刻字則昔之韜者名今點易石臺名著天下自洪荒融結必待其人而後彰凡此類者可不記乎補石上

臥雲石在黃公澗旁先文莊公擘窠大書臥雲二字刻於石面石之大亞於聽松石床而厚則倍之每大雨後遊人觀瀑必至石

點易石臺在二泉書院匡上其西面刻點易臺三大字旁有二泉山人四字款又撰石記文莊公十五景中之點易臺在滴露泉北壘石爲之非此石也詳見卷二勝覽

慧山記續編　卷一石　五

文莊公點易臺石記

邵子作點易臺基既定矣偶行於其匡之上有石突出其高數尺廣半之其西有如級者可升其上有如幾者可坐其石有如几者可倚可枕右之前有如案者誦可攤書書可伸紙飲可置蔬一盂酒一壺其東若北皆嶄焉壁立有巖巖之象或坐而東北望則武進之橫山江陰之定山邑東野之膠山高山芙蓉山鴻山舜山嵩山石室諸山歷歷可指近瞰芙蓉湖如沼在圖通波汪渚錯雜互帶而奇秘一株適當其前觀者以爲此眞臺也邵子喜遂以所書點易臺三字刻於石上

文莊公點易臺詩二首　專詠石臺

九月一日點易臺新成登而觀之又得一石如臺漫賦

臺成點易試高秋更愛眞臺在上頭石小似拳千仞立雲多還許一方留鶚煞野步長隨鶴何處機心不見鷗分付山僧種松樹曲肱閒送翠陰流

顧光旭點易臺

泉翁點易處靈跡祕遺經寂寞斯人去空山石氣青煙霜虛萬象天海落孤亭滴露何年竭荒臺走迅霆

望闕巖在點易石臺後文莊公望闕巖詩題注云直海天亭西上紆徑數百步有巖焉頂有平石可西北望某時至焉則人扶以拜祝曰萬壽無疆因作石香鑪篆刻其上

登巖道中刻字石文莊公望闕巖詩題注云登巖道中有數黃石矗立徑側余大書刻之曰山水之間曰風塵之表曰青壁丹厓人間天上今三石具存涵初重鎸登巖道以表誌之

文莊公秋夜宿超然堂

閒愛孤雲靜愛僧山中秋夜興逾增竹通深徑清風足松倚高壇霽月登露氣侵堦驚蟋蟀雨聲入戶避蚊蠅城中望我如天上青壁丹厓知幾層

滴露泉刻字石在點易臺南嵌石壁中刻文莊公八分書滴露泉三字文莊公泉記泉銘載入本卷泉下有茶几石左曰逢源右曰鑑水涵初篆刻其上

太極石在點易臺舊有兩儀四象諸石今惟太極石存舊刻莆田林俊點易臺贊今盡磨滅涵初篆刻太極石三字於石側

泰琳詠太極石

點易臺荒長綠蕪尚留片石月輪孤闢心指與譙夫認此是濂溪太極圖

二泉精舍刻字石在點易石臺後厓石甚峻刻李文正公篆書二泉精舍四字旁有西涯二字歎此精舍額也先文莊既榜於冉涇里第復榜於二泉書院又刻於厓上巨石師弟之情珍重惓惓有如此者

新月巖在望闕巖上

先祖吟泉公詩有序

半山巖石有如弓如梳之象者上當坤位望闕巖淩天石屋點易石臺新松壇滴露泉太極石皆自艮方昧貫而下巖石負乾抱巽與新月哉生之位適符抱處有平面涵初篆刻其上曰新月巖或晨昏或陰雨山下遙望如新月惟卓午日中望之則巽方平面顯露象題隱隱可見

震出庚兌見丁坎月昏見西南生仲朔納甲解坤壅日月為易徵生明先天兩圖卦成列始始一陰為月窟圓圖始南方始西始陰生出坤方月後天坤位在西南有石彎環峙翠嵐煙中隱見如新月始窮從今信手探年年九月初三暮弓為明月珠[illegible]露十三幾望鏡磨虹夜夜明輝照松樹松間奇石雲常蒸遙望渾懸月半稜負乾抱巽出坤嶺點易臺前最上層我修新月到巖頂玉宇瓊樓快一登山之壽月之恒卓午遙看影愈徵

象九月初三日文莊公生辰九月十三日先贈公生辰

南厓刻石在點易石臺東

先祖吟泉公詩有序

南厓蛟洞之右有巨石焉其東面平如削涵初篆刻中今古四字用朱子贊康節公句也

突兀靈巖萬仞縣篆題直上翠微顛閒中今古南厓石靜

裏乾坤小洞天閱盡滄桑添海屋留將筆墨付雲煙鑄成也用研朱點創向蒼穹寄一箋

松壇刻石在新松壇後互見勝覽

研朱石在新松壇壇在滴露泉上點易石臺下

摹聽松篆石一在新松壇一在二泉書院

先祖吟泉公摹聽松篆書石歌 詠松壇石

陽冰小篆稱筆虎直接秦斯能步武聽松雨字題石牀鳳擧龍游勢飛舞高僧結庵名聽松庵有千年雨松樹邵丞好事作之合石牀移入桃花鳴[illegible]色參天覆碎牀文莊舊是松壇主庵廢壇荒古松死僧又移牀寺中去赤松黃石兩荒唐壇中銘刻歸祠宇我今卜地建新壇點易臺前再封土揮毫石上掃煙霞坐聽濤聲戰風雨月斧雲斤再琢鐫始知鍊石天能補如山之壽石不磨長與陽冰共千古

先祖吟泉公摹聽松篆書石 詠二泉書院石

補築吟松个庭前手種松虛堂來霽月片石秀孤峯筆仿陽冰虎雲從老子龍壯夫吾不學晚翠愛巖冬

附他山石

湖石不產於慧而移置於慧者多矣不可勝記惟

宸章題詠及祖澤留貽則他山一卷較勝於洞天一品而瓌瓏奇特出自天成如畫家所謂縐瘦透者亦附焉

國朝

臣邵涵初輯慧山記續編恭錄宸翰冠於全部之首至記載各名蹟恪遵四庫全書通例凡恭御筆品題之處冠於國朝之首並發凡於此

寄暢園中美人石乾隆丁丑

高宗純皇帝以舊名弗稱

錫名介如峯

御製詩章七古一章恭錄於本編卷首並繪爲圖謹鐫碑石立於中庭築六角亭覆之

竹素園湖石　先文莊公有詩詠之園故馬僉事燮別業也後屬顧憲副可久　國朝乾隆間顧觀察光旭移石置憲副祠中建拜石山房秦侍郎瀛爲之記錢唐梁侍講同書書

先文莊公觀馬廷伯園池湖石　石丈新從湖上來吾家方築水中臺百年風力誰能輓萬古靈根我更培袍笏有時真合取斧尋何處尚須裁題名未敢輕拈筆恐露精光逼斗台

泉亭下池之東有觀音石正面下半刻八分書四言銘款曰慧巖左右兩石其高半之如拱如揖若菩才狀此顧槃僑慧巖小築中物園廢之後好事者移至泉上也或云乾隆十六年移置

寺第四　附僧房　附庵院　附浮屠

慧山記中僧房庵院住山釋老皆附於寺三百年來僧房俱變遷矣寺無住山各房之主者輪年管領至釋老之可書者則近無其選

慧山寺正統間重修慧山記正統丙寅火道裔溥濟繼修之康熙年邑志云正統間火巡撫周忱知縣項徑重建此據萬歷間普濟庵僧昭慧梵剎志而誤也實未重建故慧山記但言重修萬歷三年火鄒副使廸光修建二十三年又火吳贈公申錫建大殿申錫子澄時建殿右不二門鄒廸光建殿左彌陀殿崇禎末馬進士瑞撤白雲堂改建護雲關關後建大悲閣　國朝康熙十一年僧超杲重葺未竟復圮二十三年恭遇

聖祖仁皇帝南巡

幸慧山寺酌泉於亭其明年邑人周宏詞者力加修治榜於殿曰

聖蹟式臨嚴中允繩孫書乾隆間

高宗純皇帝南巡疊臨慧麓

賜寺中匾聯并

御製詩俱建亭立石又有

御筆楷書石刻心經三希堂法帖

賜寺僧成瑩藏於寺內寺門舊署曰慧山寺正統間陳勉書天王殿前左街曰聽松坊右街曰觀泉坊鄭簠書天王殿後爲金蓮池池右爲地藏殿再上有石臺二重第一重左置聽松石床建亭焉道光

乙未年觀察使李彥章檄縣建古銀杏一株根在石臺下層其枝覆於上層蔭一畝許又上爲大雄殿殿之左右前後皆僧房文肅案咸豐庚申之變殿宇俱毀今僅存寺門匾額及聽松石床而已大雄殿以內改建淮湘昭忠祠殿基僅存其請建昭忠祠之

上諭一道合肥李中丞書郎刊碑建亭於殿之堂階下

僧房 附記免糧田號 附茶田細號

慧山記載金蓮池上爲大覺殿左右爲藥師彌陀二殿大雄殿後爲演法堂卽白雲堂左爲齋堂右爲禪堂齋堂後爲丈室其餘僧房皆在天王殿左右兩街今則僧房多變更矣

金蓮池右曰地藏殿卽彌陀殿址今稱下彌陀大雄殿左曰不二門萬歷間邑紳吳澄時建右半郎寺中地左半爲二泉書院雲階故址不二門後曰眞武殿右半郎寺中齋堂左半爲雲階故址眞武殿後有祖師閣仍郎寺中齋堂故址大雄殿後數十級而上曰護雲閣邑紳馬瑞撤白雲堂改建又數十級爲大慈閣邑紳馬瑞以文室改建閣之左曰養靜軒自護雲閣至養靜軒其左半皆靜清深處故址軒與閣之後巨石壁立其上有二泉書院之海天亭址景物畧載護雲閣後有大悲閣左爲秋聲小閣誤也舊志載聽松庵在桃花塢庵有秋濤軒王舍人紱畫廬山景於其壁有秋聲小閣以藏竹鑪可證又案前明聽松庵本有大慈閣其匾額爲先文莊書崇禎間馬瑞建觀音閣時仍懸大悲閣舊額蓋隆慶間聽松庵火慶之後僧人移居慧山寺今護雲閣竹鑪房地藏殿住僧皆聽松僧圓金方益圓覺之裔徒也圓金方益圓覺係先文莊守墓僧給以墓廬五楹守墓僧工食田十畝另有二泉書院茶田二十畝皆令守墓僧耕種大雄殿右曰彌陀殿今曰竹鑪山房萬歷間邑紳鄒迪光重建又稱上彌陀祈聽松庵僧居焉舊藏竹鑪詩卷先文莊溫硯鑪詠舜臣新製竹鑪嗣僧典守不謹旋皆失去今藏康熙甲子顧典籍貞觀補製竹鑪乾隆丙戌刊江方士虛歸還溫硯鑪又藏乾隆朝御製詩卷護雲閣右曰文昌宮順治庚寅邑人劉宗熹修建厥後高孝廉洪曾重修康熙庚子王殿撰雲錦建後燬乾隆辛酉邑紳楊孝元建天香第一樓於

殿右又匾樓下曰名山敬業堂堂之左曰芴庵右曰耈壽軒其前爲朱衣閣文昌宮左爲朱衣閣覆羅漢泉上乾隆間邑紳楊孝元建右爲張仙閣邑紳劉雷恒建文昌宮起皆寺中禪堂故址上至山厓爲玉皇殿則非寺所有矣今在寺門外左街者曰白衣庵古白衣庵前明天啟間鄒副使迪光所修後廢不知所在另有寺僧佑周文襄祠隙地亦稱白衣庵此新庵也故華淑慧山名勝志稱庵在聽松坊境甚小名勝志亦刊於天啟年可知非副使所修之古白衣庵右街白石隝北曰牧雲禪院俗名塔院郎龍泉房改建後有龍縫泉

楊孝元天香第一樓落成

縹緲天香第一樓無邊勝槩喜兼收九龍吉壤文星駐七曲祥光慧麓浮桂子秋香看競摘杏林春到自爭遊神庥長此通陰隲嵯我同人尙愼修

堪憶江南寺寺樓川中丹桂此全收家敦詩禮匪今始歲策賢良覩昔浮簡佑無私羣走謁憑依有所庶來遊石渠天祿遙相望際會風雲路豈修

惠山寺與二泉亭界址相連案縣冊遐字壹千五百五拾叁號兩共免糧拾壹畝竹鑪山房基亦在內

附茶田

邑侯劉公重葺文莊公二泉書院追復茶田記

永樂初僧人普眞建聽松庵於桃花塢下自有庵以來庵僧卽爲吾邵守墓至我高祖文莊公建守墓僧廬五楹於庵左嘉靖癸未置田一十畝爲守墓僧工食碑於僧廬公之建二泉書院也置茶田二十畝令慧山寺僧承佃以歲租供夏月施茶分十之三爲守院僧丁食歷年既久田爲僧鬻天啟三年癸亥邑侯劉公葺書院修公像又清釐茶田墓田以現存遐字號平田一十八畝追補爲茶田寺僧承佃輸租施茶如舊另設門子一名守祠佃丁一戶守墓皆由縣給發工食立案垂久劉公名五緯萬縣人四年甲子二月乙酉朔元孫澄謹記

追復茶田細號

遐字壹千號平田貳畝伍釐柒毫　壹千零壹號貳畝肆分貳釐壹毫　壹千零陸號貳分零捌毫　壹千零拾叁號捌分貳釐捌毫　壹千零拾肆號壹畝柒分柒釐壹毫　壹千零拾伍號壹畝柒分壹釐捌毫　壹千零拾陸號壹畝肆分零玖毫　壹千零拾柒號壹畝肆分貳釐　壹千零拾捌號壹畝貳分零柒毫　壹千零拾玖號貳畝叁

分零貳釐伍毫　壹千零貳拾壹號貳畝貳分柒釐壹毫
已上共拾壹號計平田拾柒畝玖分零貳毫
文㕔案慧山寺自遭庚申兵燹悉爲瓦礫癸亥克復統帥合肥李中丞議建淮湘昭忠祠於山麓以上各庵院舊址均改建入祠其前惟留大雄殿基三間白衣庵偏於寺門内左偏雖屋毁而基尚存右首毘連五中丞祠向歸寺僧兼管尚存屋三楹寺僧某居之募緣荷建地藏殿在金蓮池右基址亦存
已下庵院自庚申之變俱毁於賊一處無存矣

庵院附

竹鑪山房在大雄殿右前明聽松庵火廢之後庵僧居慧山寺之禪堂改稱彌陀殿藏皮竹鑪題詠卷萬歷乙未鄒副使廸光重建更今名　國朝康熙甲子顧典籍貞觀仿舊製兩竹鑪集諸名流題詠於此乾隆間
高宗純皇帝南巡俱有
宸翰疊竹鑪詩卷中韻又
賜竹鑪山房匾額四十四年己亥冬知縣邱漣攜卷至署中重裝燬於火事聞
御筆親仿九龍山人意補寫竹鑪首圖
題曰頓還舊觀
命皇六子及卯肸董誥分畫二三四圖卷首各
題四字補錄前人題詠又取
內府所藏王紱溪山漁隱圖償之與諸臣賦詩紀事甲辰春再
幸慧山寺五疊前韻命大學士梁國治書辛未以後
御製詩於卷中允爲山椒盛典詩章圖額恭錄於卷首　恭建寶翰閣以藏又恭摹石刻巨幅嵌於閣壁另有小幅石刻咸豐丁巳涵初謹嵌於雨秋堂壁庵中又藏先文莊温硯鑪嘉靖間安國範銅爲之舊藏桃花塢之聽松庵後爲守僧所鬻與新舊竹鑪俱失事詳前後兩編古蹟乾隆丙戌邗江方士庶以所藏温硯鑪呈之儀徵縣公移至無錫邑令李世徵發交竹鑪庵僧收藏與顧典籍竹鑪並傳爲庵中名蹟題詠俱載本編古蹟
〇謹案庚申之變所有補寫四圖及溪山漁隱卷均不知流落何處竹鑪温硯鑪亦失克復後訪得西鄉人徐某曾獲第二卷乃皇六子卯肸所補攜至上海送與吾邑顯宦家而不思歸於公處藉以爲奉迎之物殊可慨也同治丁卯邑紳秦恩延問溪山漁隱卷在松江人處因出資取回願歸故處以存舊蹟其餘則無可詢訪矣

九峯禪院在寺塘涇舊傳是黃光祿揩廢園揩以呂少卿元夫荒圃改爲之王世貞黃園記謂入門物色皆蒼莽可憐蓋荒圃在前名園內藏者也其後以入門荒圃建爲禪院揩號九峯故始名九峯初地至孫竑禾書額乃改今名有僧悟澄者拓地修築規制宏敞後漸衰落道光辛丑割左半爲潘孝子祠

玉皇殿在慧山寺後匪上殿左有樓三楹榜曰兩山之間居高望遠城郷景物一覽無際下即寺內文昌宮皆羽流所居案庚申燬後同治丁卯道士某姓募建正殿三間

丹井山房在嶽廟頭門內東偶一名聖水井又有丹井在明陽觀今山房門外甃石爲小井實非古蹟也乾隆間鄒文錦建東嶽殿右有曾般殿嘉慶間道士募建
劉嗣綰丹井山房
陽穿竹外一峯深塔影烏孤立鐘聲人獨尋井參

丹龕契泉印碧山心幾日梅花發從飽枕古琴

有恒道院在二泉亭門外愚公谷遺址也谷有天鈞堂故又仍其
舊名康熙間有道士初膺鍊石閣本枝峯閣旋建此院院後有梅編
之若籬曰梅屏互見卷二古蹟花木其右半爲節孝祠道光間析建
碧霞元君廟在桃花鳴山麓俗稱娘娘堂明成化中邑人馮泰在磁州涉縣求嗣生僉憲夔乃建是廟舊以廟稱而弗在祀典故列入庵院今求嗣者皆至焉
茅蓬庵名覺聖寺在擔鉤鳴石山腰中桃花鳴之澗西庵外多植古樹四
圍葱蔚自山麓望之煙翠迷離有龍腰泉互見本卷泉
錦樹庵在望公鳴山麓互見石門下俗稱送子觀音庵
圓通庵在慧山第六峯前馬鞍鳴下

白雲洞在石門下不數武天生小石龕也奉呂祖像稍西爲九陽
宮偏東稍下爲雷尊殿再下爲紫微宮宮下爲白鶴道院一名
張仙殿殿後有石壁飛瀑濺激如珠下垂名珠簾泉張仙殿偏
東稍下爲離垢庵下至山麓爲觀音庵已上慧山之北
頭茅峯在第一峯白石桃花兩鳴山頂黄公澗起直抵桃花鳴皆望見之自二茅峯在第四峯王宋鳴山頂先至三宮殿及西鳴山頂爲三茅玉皇等殿三茅峯在第七峯望公仙人兩鳴山頂此峯最高由三茅峯而下爲石門皆
騎龍脊殿宇不能悉記已上慧山之頂
青山庵在慧山之南當峯凹處瑑山前屏嶂山右峙舊祀水帝今
塑佛像及五百羅漢稱青山寺邑之青山有二案華藏本名青山華藏寺初名青山寺東臨太湖下有青山嶺小嶺塔嶺尤文簡公袁有青山寺詩非此青山庵也

蓮花庵在山南二茅峯下明施策建庵南有萬福庵萬年庵俱東
大池已上慧山之南
三義庵在綺睦街大德橋明成化間封武昌守秦旭建
萬善庵在綺睦街出郭遊山至此爲半塗覆屋街中以憩行者
蓮花庵在綺睦街南庵右有蓮花橋通於綺睦街已上綺睦街
石浪庵在錫山之半巨石數十聳峙起伏如層波疊浪故名庵創
建於前明屢經葺治　國朝雍正間詩僧讀徹嘗寓焉名流皆
有題詠咸豐丁巳季秋徐徵重修並重濬錫泉仙姑池

邵大棟訪僧占嶼不遇
松雲扶我最高峯蒼色深中訪遠公無分應門惟怪石有
言留句在疎桐鐘號梧葉空堂翠犬吠挑花隔澗紅獨下
虎谿誰解笑晴泉聲晚月明東

案徐徵字慎安官浙江通判以言事罷歸棲隱於此結
報德壇虔拜孝經聖經著有正本清源及三教明心易
學明心等書
紫竹庵在錫山西厓上有趙寒山草篆題額前明邑紳吳情建
慶雲庵在錫山之南明崇禎間僧古堂建
洞雲庵在錫山元季始建名紫皇殿內有石壁秋海棠最盛
石林庵在錫山下創建未詳後倚龍山面迎錫山庵有八景飯山閣竹池石臺荷亭雪洞梧軒柳渚蘿垣康熙間道士榮蓮有八景詩雍正間詩僧妙復居此今各景皆廢而頹屋僅存已上三庵皆嘉慶年始載入邑志
三官堂茅君祠眞武殿在錫山上觀音殿七元殿關帝殿俱在山中北斗殿
于忠肅祠俱在北麓張中丞廟後忠肅祠互見祠廟案慧山記祗有東嶽及張中丞
二廟俱在錫山今殿宇之多非昔比矣已上錫山

忍草庵在章家塢山腰中明萬歷間有僧結廬於此顧夔州與沐
築庵廣之結詩社顧爆顧埜顧烶華長發僧讀徹分韻賦詩其
中黄家舒募置齋田禪室清涼虬松成列無風自濤爲山中勝
景　國初顧典籍貞觀嘗邀集陳維崧姜宸英嚴繩孫輩結詩
會於庵之貫華閣納蘭成德亦嘗過焉留小像而去先後諸名
流皆有忍草庵八詠與詩僧居湞一性相倡和日中天積翠習
坎冷泉九峯晴雪五湖煙雨戛雲寶鐸響月松濤怪石眠空秋
林隱唄乾隆初顧觀察光旭讀書貫華閣中有詩載入卷三勝覽嘉慶初
有陽羨僧德成來此重加葺治孫文靖爾準讀書庵中庵麓有
古姬人墓顧秀才廷文弔之以詩

孫文靖公爾準忍草庵尋舊日讀書處
舊隱山深處重尋卅載遲苔荒棲鶴砦松老挂猿枝書過
盂中粥題殘壁上詩雛僧頭欲白曾見付衣時

浮屠附

龍光塔在錫山頂萬歷丙子年建案王學士達有錫山塔影詩是
洪武永樂間本有塔也不知廢於何年先文莊有錫山塔基詩
可證也正德間崑山顧文康公鼎臣喜談風鑑謂邑無巍科當
是龍不角耳邑人顧懋等因建石塔或又言龍以角聽宜空中
故又改建今塔郡守施觀民名之曰龍光　國朝康熙壬子知
縣吳興祚修之雍正間邑紳華希閔修之道光丙申邑紳楊德
庸又修之

又莊公對問建塔者

錫山建塔或問邵子曰建塔可乎曰可或曰不建塔可乎
曰可或曰子邑之望也塔建不建子皆曰可何居曰今之
爲建塔之說者曰大拜也曰大魁也以大拜則吾官近焉
邑所曰建人將謂吾有大拜之望爾也以大魁則吾無子
焉吾所曰不建人將謂吾無大魁之望吾是以皆無與焉
或曰昔范文正公舍其所居以益學宮曰說者謂茲地當
世出宰相與其私於一家不若公於一郡子獨無是心乎
何見之小也曰范公何人也其心胸德量何如也其言固
由衷也吾視范公殆不能爲之執鞭獨於建塔則曰吾效
范公得毋自欺而欺人乎是以不敢也問者退遂書於冊

文毅案龍光塔自庚申之變依然如舊同治四年十月
十五日夜有遊人持燈獲鳥因此延燒三日不息今僅
存塔之圍牆則峯頂俱無而三百年來之古蹟沐遭粤
寇今一旦燬於火廢其中蓋有數存焉耳

祠廟第五 鄉先生祠 遺愛祠 貞節祠 分祠 附義莊宗祠 已上祠 劉猛將軍廟 已上廟

古者宗廟曰廟自七廟至一廟皆以廟稱爾雅云室有東西廂曰廟此其制也降及後世則外神稱廟宗祀稱祠其爲功德之昭著則同乎不在祀典者有添祀有祔祀巧矣哉濫已然而有其舉之莫敢廢也亦有應在祀典而闕而及昔祠而今廢者是所望於議禮諸君子爲表章之記山中各祠而以類分

鄉先生祠 自宋至 國朝專祠三十有一

慧山記記祠廟之在山者八當其時甚寥寥也今則居民少而祠廟多矣廟祀各有期祠祭必以春秋二仲之上戊所謂鄉先生沒而可祭於社者例給 帑而遣有司祭之崇德也報功也

吾邑仁風導自泰伯人望代興記曰慧山則湛長史以前無論此後之宜祠而未祠者亦多矣而有力者以慧山爲祠市有選擇一祖而祠之者其壯麗崇閎過於先賢祠且倍蓰而雍正間防護案之七祠五墓中則至德祠墓反未開報邦人如此疎漏上負

國恩多矣茲故首記鄉先生祠而冠之以至德尊賢二祠其餘皆以時代爲次

馬

至德祠在寺右街卽愚公谷中枝峯閣今之鍊石閣詳卷二山川錢氏書院繩河館舊址乾隆年建有廟一在婁巷一在梅里皆以廟稱茲曰祠者後裔所稱先文莊公有重修婁巷泰伯廟碑記顧端文公有重修梅里泰伯廟碑記 國朝康熙間邑令徐永言性喜楠木重修梅里泰伯廟周圍改用石柱易楠柱去惟正中四大柱不能易乃止又改建鍊石閣亦以他木易其楠乾隆間始又以鍊石閣爲至德祠泰伯三讓開吳然不意廢削於異代之官斯土者

劉宋以下十賢堂總祠今名尊賢祠 附報忠祠

尊賢祠在至德祠旁亭堂右曰報忠祠尊賢祠者舊祀陸羽在泉上後有增祀爲四賢又改三賢先文莊改建爲十賢堂也尊賢祠卽十賢堂已見慧山記故十賢之姓名爵里不復載後增祀秦旭及先文莊爲十二賢始名尊賢 國朝康熙中知縣吳興祚改建雲起樓乃遷祠於若冰泉右後知縣徐永言又遷祠於德水亭添祀者學士華察孝子浦湖副使鄒廸光參議沈應時舍人華廷祥 國朝邑令吳興祚副使顧鏞翰林華以節副卿嚴繩孫又南齊孝子與華寶同旌之郡人薛天生劉懷肅共十二人載入乾隆與今志已後則增祀日多矣乾隆辛未知縣王鎬以德水亭改爲

行宮再遷主於愚公谷廢屋中爲今祠無頭門假民居以出入邑令倉猝遷於此嘉慶志謂報忠祠在尊賢祠內始自 國初顧副使鏞卽儲貞義祠添祀數人爲之案康熙乾隆兩庚午志皆無報忠祠又皆載儲貞義祠在新安鄉新舊邑志不符且尊賢祠遷自乾隆間而祠內之報忠祠反訛始於 國初亦不符今考新安鄉之儲貞義祠附麗於淨慧寺 國初顧副使鏞曾讀書其地添祀數人於貞義祠其後新安鄉人以儲貞義祠各栗主移置尊賢祠內也嘉慶四年秦侍郎瀛修尊賢祠增祀粱鴻又議以無錫有明以來直諫及殉節者請於學使錢公樾爲報忠祠崇祀者三十八人余次其姓氏列於編

明 二十八人 國朝 二人

李孟暠 陸士隆 張文煥 葛桓 施武 吳壁

徐弼 儲福 沈宗 葛昊 楊淮 曹懷
華鑰 張選 華允誠 王孫蘭 華白滋 過俊民
堵胤錫 龔廷祥 施召徵 孫源文 嚴紹賢 華尚濂
何以培 許學 顧杲 秦廷珪 秦華鍾 張令憲

秦瀛重修尊賢祠并增祀梁鴻議

尊賢祠者舊在慧山之二泉亭上始爲陸子祠又爲三賢祠謂湛長史挺李丞相紳陸桑苧羽三人也明正德七年文莊邵公寶會祀無錫令焦千之御史錢顗先淮海先生觀尤文簡袤處士倪瓚義士張翼中書舍人王紱爲十賢堂成爲文以祭以爲諸賢於慧山或殁而葬或生而遊焉是雖賢弗與也嘉靖末又增祀先貞靖先生旭及文莊公而慧山故有三孝祠者祀南齊華寶華天生劉懷允亦并移祀焉嗣後易今名曰尊賢祠自後以次漸增多倍於昔卽今祠內學士華察以下凡十二人是也嘉慶丁巳瀛以過斯祠寢就圮謀新之會有官事不獲已未從父都轉公以書來乃鳩斯祠後裔之同志者三數人捐金庀材而葺之公在籍實督其成工旣蕆瀛議進梁伯鸞鴻以補祀典自之闞議者曰子之修斯祠也重祀典也方文莊建十賢堂劉宋以來落落此十數人義固有取也後人不能遞加其義乃踵而增焉非文莊志也如以祀者爲皆賢與則邑之

賢所與夫賢令之吏斯土者自有學宮之俎豆在盡入之則瀆不盡入之則漏於義兩無當也瀛應之曰唯唯雖然君子之於人也善善則從長慧山之有斯祠善善之義也前之人旣已祀之而吾從而進退之微獨見微者恐傷其後人之心且非君子忠厚之道也夫祀典之設其始未嘗不致其詳愼而及其旣弊則出於子孫崇奉之私者有之士君子立身自有本末苟非其人雖列於祀典而不能無議其後此卽人心之同然而三代之所以直道而行者也有其舉之莫或廢是非大有背於公議因而仍之可也議者又曰二孝子之祀也華固邑人而劉薛則郡人也祀之何居瀛又應之曰唯唯無錫統於常郡者也劉薛兩孝子又與華並旌則祀之無害乎義也議者又曰子於斯祠旣槩仍其舊矣而獨進梁伯鸞何也伯鸞史但紀其適吳而其居無錫無確證文莊遺之而子進之亦有說乎瀛應之曰唯唯伯鸞之適吳也梅李之鄉舊稱句吳無錫非吳地耶鴻山雖皇山之譌而山有梁鴻井梁溪又舊傳以伯鸞隱居而名禮以義起則祀之可也鄉賢名宦皆有瞽宗之祀惟流寓缺焉今進伯鸞與湛陸並祀宜亦無戾乎文莊之意者也僉曰然遂具書之勒祠壁祠今距二泉亭百武許非陸子祠之舊且非十賢堂之舊矣而區區補葺並爲是誌庶後人毋更妄有增入以貽有道者之譏焉

附考

秦侍郎增祀梁鴻慨增祀之濫乃有激而爲此也其修祠時另葺一室移奉秦敬修先生旭神位獨處其中不欲與濫邀祀典者爲伍也故嘉慶十八年秦侍郎修邑志於尊賢祠止載湛長史以下十二賢而云祠中栗主日增日多故乾隆庚午志所載華學士察以下十二人及己後增祀各姓名俱不列入邑志其謹嚴如此今案華學士以下十二人中其崇祀於鄉賢名宦忠孝祠者有四人焉而秦志概不錄其名者因先文莊建十賢堂祀生遊沒葬名在天下者十人非此類也雖賢弗與後之陸續添祀先建祠之本旨也嘉慶間有添祀其祖而卽司祠事者濫收捐貲卽包攬入祠無怪乎秦侍郎修志時概不列其名也咸豐己未余至祠中見栗主四十有七他日釐正應分別主位祔位無使增祀者喧賓奪主或庶幾乎不然則是祠也將爲無力建祠及不在祀典難請建祠者之淵藪矣

秦瀛報忠祠記

雍正年
詔建忠義祠於學宮無錫之入祠者三人嵇永仁秦鏞張令憲皆康熙間先後殉閩粵之難者也慧山尊賢祠左別有報

忠祠者創自顧副使鏞卽儲貞義福祠增入數賢祀之乾隆丙申我
高宗純皇帝褒錄勝朝殉難諸臣吾邑自華吏部允誠而下凡得
賜諡入
八人祠有差甚盛典也嘉慶己未從父都轉公與余議修祠而及斯祠余曰祠之所及者儲貞義以下[illegible]士堅曹懷楊淮張選華允誠龔廷祥孫源文秦華鍾張令憲凡十二人今勝朝殉難諸臣錄內已祀者三人華[illegible]龔廷祥孫源文未祀者六人王孫蘭施召徵過俊民顧杲嚴紹賢允誠從孫尚濂皆不可不與於祀典者也抑吾邑忠義之士自漢虞俊以來多列於瞽宗之祀而有明一代以直諫及殉節著者如前數人而外尚不乏之賢鄉賢祠及忠義祠皆闕焉其曷可無祀爰議進李[illegible]張文[illegible]吳[illegible]徐弼沈宗葛昊華鑰華白滋堵允錫何以培許學秦廷珪又得十二人其旣列於瞽宗之祀及有專祠者弗與祠也懼其贅也其列於斯祠者仍之何也不敢撤也議旣定遂請於督學使者嘉善錢公樾檄縣舉行并爲記之

附考

秦侍郎記議以有明一代直諫及殉節諸賢中凡未記於

鄉賢祠忠孝祠與未建專祠者請祀於報忠祠其列於賢宗而先已並列於斯祠者弗撤所祀者三十人然其所輯邑志忠節傳中尚有錢鏞周衡許靈倪敬張以備華京及國朝王日杏吳兆麟八人未與於祀而其議進之李孟善張文煥吳肇徐弼沈宗葛吳華綸華自滋堵屏錫何以培許學秦廷珪十二人皆已祀於忠孝祠者與其議欲迺相子眉北必暮年筆墨紛繁其間單簡查之已祀未祀各姓名適兩舉互易而譌故已祀者重複而未祀者仍闕也忠節傳中錢鏞以下八人他日仍宜補祀

又考新安鄉人撤儲貞義祠各栗主移置尊賢祠仍以儲禰居首而諸賢祔余案此非儲貞義原祠無主祔位也當依忠孝祠位次李孟善居首而儲禰位次在徐弼之下

宋續編所記始於宋

許顯謨祠在寄暢園前祀宋顯謨閣學士德之乾隆年建 德之字振叔紹聖元年進士爲揚州法曹與晁詠之韓駒蘇象先同爲掾號揚四俊徽宗嘗召見便殿德之對治無多術惟進賢退不肖擢司封郎中遷太常少卿以顯謨閣學士知婺州坐方臘寇起貶賓州高宗即位復官奉祠

袁龍圖祠在繡嶂街祀宋右司諫贈龍圖閣學士植乾隆八年建 植字材世崇寧進士復中詞學兼茂科見邑志忠節傳兄黙黯俱邑志文苑有傳

費懿恭先生祠在繡嶂街祀宋秘書正字肅以孫宋紹興中免解進士袁裔孫　國朝兵部主事國瑄祔道光六年建 肅字懿恭邑志獨行有傳袁字補之著有梁谿漫志十卷刊入知不足齋叢書邑志文苑有傳國瑄字子復乾隆六十年進士授餘杭知縣民戴其德爲立生祠擢兵部主事以強項不能俯仰自劾歸治孟氏易著統天易說十卷邑志宦望有傳

李忠定公新祠在日月池右康熙五年建 舊祠一在膠山明安國重建與睦永思捨田以供祭祀一在二泉書院先文莊公建自公沒後歷元明皆邑士大夫建祠以祀也兩舊祠皆先文莊公記　國朝康熙五年邑人李廷煌始大合族而建今祠周弘有記○忠定公廬墓湛峴山見慧山記襍考

尤文簡公祠祀宋禮部尚書袤宋史有傳舊祠屢經興廢且不知其舊

慧山記續編　卷一　鄉先生祠　二五

址故先文莊公祀公於十賢堂　國朝乾隆間後裔建祠於泉亭門右 錫山景物畧載文簡公錫麓書堂在秦皇隖又遂初書院舊名依山亭在讀書臺左後廢於火洪武初尤禮部良復之搆堂五楹中祀文獻公輝以文簡公袤莊定公焴配其錫麓書堂至五世孫玘亦廢於火○今兩遺址皆不可考

過郡馬祠在寺門內祀宋郡馬孟玉乾隆三十八年增祀明甲申殉節臨安訓導俊民 邑志忠節有傳

虞薇山先生祠在寺塘涇南祀宋儒林虞薦發 舊祠在慧山西墓道旁舜坦順治中重建於東林書院南乾隆己卯改建今地薦發入元嘗爲本縣教官而不受祿明知縣劉五緯於舊祠內題宋季完人額邑志儒林有傳

元

倪高士祠在錫山麓祀元隱士雲林生瓚 明史隱逸有傳 康熙二十年建

明

張義士祠在寺門內祀明初義士翼 金華宋濂撰傳 以翼子尚書簡 明史有傳 錦衣策配裔孫通政司參議選 明史有傳 台州通判明卿 邑志孝友有傳 祔乾隆戊午裔孫閔倡建 舊祠在邑東倉前尋廢正德五年先文莊公祀翼於十賢堂萬歷間通霍州應龍高忠憲攀龍陳太常幼學重建於洞虛宮右高忠憲有記邑令姜習孔申憲致祭旋廢○明卿非義士後此建祠紳士議祔也

王孟端先生祠在繡嶂街祀明中書舍人紱 明史有傳 嘉慶年建

浦長源先生祠在繡嶂街祀明晉府引禮舍人源 明史有傳 以龐水令權 邑志孝友有傳 祔康熙癸未年建

俞行人祠在廟巷祀明洪武壬戌經明行修授行人殉節粵西德慶惠 邑志忠節有傳 康熙年建 舊祠在俞公橋嘉靖間巡撫陳洙巡安孫愼合疏題建明季燬於兵

慧山記續編　卷一　鄉先生祠　二六

秦氏雙孝祠即寄暢園之東北隅祀明孝子秦旦秦夔以湖廣巡撫燿等配乾隆丙寅建乾隆戊寅御賜孝友傳家額命以封知府秦瑞熙祠建坊園右

先文莊公祠在慧山寺左即二泉書院祀明太子少保禮部尚書諡寶明史儒林有傳公沒後贄壻秦汶嗣子煦肖像其中見顧端文公重修二泉書院記○新舊邑志載公沒後有欲吞其宅者門人華同華實設像其中以祀此誤引冉涇里第之事萬歷間按察使蔡獻臣修天啟間知縣劉五緯重修設門子一名工食銀由縣支給書院中李忠定祠亦有門子一名後裁國朝順治中督學使者張能鱗重修乾隆己卯知縣吳鉞重修己酉邑紳顧光旭偕先贈公諱綸錫邑志孝友有傳同修道光丁亥奉憲以先贈公祔癸卯禰初始修復十五景迄咸豐丙辰益以新增各景爲二十三景

顧光旭重修邵文莊公祠堂記

邵文莊公祠舊在冉涇故第門人華郎中雲設像其中祀焉萬歷間蔡觀察獻臣修其家祠并葺二泉書院顧端文爲之記　國朝順治中張學使能鱗重葺二泉書院乃移像於超然堂公祠之在慧山始此乾隆間知縣吳鉞復修之二泉書院者本公休退時所築尙德書院嘗祀宋丞相李忠定公於堂與子弟諸生以時釋菜尸祝而俎豆之蔡觀察并而葺之其猶公之志也門宇齋移忠定像別爲專祠今又百餘年矣夫世有古今事有興廢其歷久而不敝闕世而常存者亦曰道而已矣嘗自文靖故道南來喻尤既往小山實齋綿綿延延不絕迨幾公出而紹龜山之今緒傳忠定之遺休繼往開來毅然以道自任忠以體國孝以教家是必先有敝蹤軒冕土苴金玉之心而後天風海濤研朱滴露點易其中無入而不自得也於戲此其意殆未易求諸三代以後矣惟顧高兩先生知之切而私淑之久也故道南之脈於茲未墜然則公之仔肩於大道有造於後進實吾邑守先待後之一人韓子謂孟子之功不在禹下公之功豈在孟子下乎今滴露泉點易臺海天亭諸勝鞠爲茂艸而訪其故墟尋其遺跡山中之人往往指某處爲臺某處爲掇也此即公之至今存也烏乎公之靈在帝左右而神所憑依當有陟降于斯而浩然長留者此則超然堂之一新再新爲後死者之責必無可諉也光旭一再過之惄焉如擣爰告同人集分五百緡鳩工庀材經始於己酉六月十三日閱兩月落成蓋公之德彰矣昔者泰伯至德而無嫡嗣至於公天亦若靳之者伸於彼而詘於此歟抑有數存焉天亦無如何耶光旭猶有感焉公之言曰願爲眞士夫不願爲假道學何謂假道學語曰無爲小人儒此公孫宏張禹孔光之流揚雄馬融之輩所爲竊儒以終身而流於無忌憚者也若是者公深疾之孟子曰五伯假之也謂假仁義也然假仁義者猶見諸實事假道學者但竊其虛名故公尤疾之而不顧人之爲之也光旭於道茫乎其未有見因公之言而損公之意得毋謂是乎然則所謂眞士夫者非居天下之廣居行天下之大道得志與民由之不得志獨行其道者乎祠成將與諸同人以時獻享登降於公之庭敢以是說質諸公而告來者

乾隆己酉重陽前一日

記永錫齋

永錫齋者道光癸卯族孫涵初建祀宋天叟公諱古康節公諱雍子文公諱伯溫子文公曾孫宋常州路刺史始遷無錫祖君協公諱纓原名淳

祠基後連點易臺基退字號平田五分七釐其二號山田八畝二分九釐一毫其五號

案庚申之變祠內褒修全被賊燬享堂幾及坍塌文壽率族人同修其超然堂集衆後裔捐修君子堂拜石亭文壽獨力修葺百世其崇之閣永錫齋有原齋族中公修吾族歷哀此祠惟文壽一家支值所有祭田三十畝不敷祠用明春文壽援率族人續捐田畝以足歲修之費以垂久遠之計也

顧洞陽先生祠在寺塘涇南祀明廣東副使可久明史有傳隆慶間應天巡撫海忠介公瑞請建康熙戊辰火五世孫敦重建乾隆丁巳給帑重修

海忠介公瑞祠詩

兩朝崇祀廟謨新抗疏名傳骨鯁臣志矢回天曾叩馬功同浴日再批鱗三生不改冰霜操萬死仍留社稷身世德尙餘淸白在承家還見有麒麟

王仲山先生祠在聽松坊左祀明廣東僉事問子鴻臚卿鑑祔問及子鑑明史俱附先文莊公傳鑑購小園建懷先閣祀問後即爲祠至　國朝康熙間編入祭典　乾隆庚午邑志補編內載

仲山祠址爲秦太伯夔所贈案進士秦仲山登第後於方伯七十九年時代不符無贈祠址之理庚申被燬
黃太僕祠在寺塘涇祀明太僕寺卿正色（明史與張選合傳）康熙戊寅丁
紹美等請建
周文恪公祠在聽松坊左祀明禮部侍郎贈尙書子義巡按御史
柯挺督學御史陳惟芝檄建以子禮部侍郎謚文簡炳謨（明史有傳）
配
孫大宗伯祠在寺塘涇祀明吏部侍郎贈尙書繼臯（明史有傳）乾隆戊
申請建（大宗伯七世孫贈太子太師文靖公爾準宦蹟纂入國史道光八年奉
特旨入祀閩浙名宦祠本邑鄉賢祠例得請建專祠編入祀典者今尙無文靖祠故附記焉）庚申被燬
顧端文公祠在慧山寺左祀明光祿寺少卿憲成（明史有傳）以弟禮部

主事允成（明史另立傳）配乾隆丁巳給　帑修葺
侯太僕祠在碧山莊右祀明給事中贈太僕寺少卿先春（明史有傳）乾
隆辛亥年建子舉人世芬祔咸豐庚申被燬
高忠憲公祠在寺塘涇祀明左都御史贈尙書攀龍（明史有傳）以從子
湖廣提學僉事世泰（邑志儒林有傳）祔康熙已卯年火有司移祀於止
水池上（在南教場之水關巷）卽攀龍被逮前一日自沈處乾隆元年從曾
孫廷重建慧山祠邑令姜順蛟有記次年給　帑增修嗣後每
年有司春祭止水祠秋祭慧山祠今止水祠已毁慧山祠存
葉司空祠在繡嶂街祀明工部侍郎茂才（明史有傳）乾隆癸丑年建
（在青城鄉石幢與顧端文高忠憲並祀爲東林三先生祠乾隆二十年請建專祠五十八年始移建焉）

蔡氏孝友祠在二泉亭前街祀明旌表孝友元銳元鏗（明史有傳）乾隆
庚戌年建
華節愍公祠在孝子祠內祀明殉節考功員外郎允誠（明史有傳）康熙
間巡撫湯文正斌檄建乾隆四十一年
賜謚節愍
馬文肅公祠在繡嶂街祀明諭德甲申殉節贈侍郎世奇（明史有傳）世
奇與妾朱李二孺人同時殉節歸櫬停於王園之太虛閣郎以
建祠朱李二孺人祔子壬玉護櫬歸請卹南都痛父憂國得嘔
血疾卒於虎邱舟次並祔焉李孺人胞弟士芳在京邸送歛後
走投御河死僕許達護櫬歸送葬畢觸墓樹死臣殉忠子殉孝

妾殉節僕殉義萃於一門初謚文忠　國朝康熙十年
賜謚文肅復祠田七十畝祠墓免科（遐字號平田捌畝叁分捌釐細號共拾號）乾隆二
年丁巳給　帑修葺祠墓四十年乙未
賜謚忠肅
龔節愍公祠在綺塍街祀明中書舍人廷祥馬文肅弟子也乙酉
王師下江南廷祥時官金陵曰吾不可負吾師具衣冠投於秦淮
恐有救者躍出水面揖手者三而沒康熙五年巡撫韓世琦檄
建乾隆丙申
賜謚節愍庚申被燬
國朝

楊留山先生祠在寺門內祀卹贈大學士生員殉耿逆難卹贈助教永仁暨配封一品太夫人旌節楊氏雍正七年賜忠節流芳額建坊於門

張孝子祠在寺門內祀旌孝寅孫寅孫字伯玉父拱明遊桂林音問久絕寅孫旣長子身行乞萬里尋親至則拱明已死遂扶櫬歸與母旌節華氏合葬乾隆四年以孝旌

潘氏兩孝子祠在寺塘涇祀孝子志道及孝子稷志道字嗣安喜周人急性至孝母病目瞽之復明乾隆間以孝旌　稷字稼先父果雍正元年進士官永順同知以事下獄稷馳六千里省父以瘁嘔血死逾年父獄解檢其遺篋得預草代父死疏語極酸楚　嘉慶年建庚申被燬

卹贈觀察楊公祠在繡嶂街祀殉難酆都知縣夢槎夢槎字再賡乾隆丙子浙江籍舉人榜名張槎官酆都令　王師征金川隨營管徵局兵潰木果木被執賊環跪請點徵法夢槎詬令裝藥過度轟裂斃賊甚衆夢槎死之入祀昭忠[illegible]嘉慶二年建

附已題未建一祠

忠義祠祀咸豐癸丑粵逆擾亂鄉先生服官外省殉節及庚申蘇常失陷邑人守城團練先後殉難自廣西中丞鄒鳴鶴以下共若干人邑紳秦恩延等具呈大憲允准在案擇地特建

遺愛祠共八廢者

孔子不云乎苛政猛於虎詩曰豈弟君子民之父母甘棠所憩能無思慕乎至於要結官長預建生祠則又士大夫之玷也記遺愛祠之在山者

明

周文襄公祠見慧山記正統十四年建見慧山記嘉慶四年重修呂元夫記載入前編○嘉慶年志稱宏治間毀於火見慧山記今案先文莊慧山記實無此語萬歷中增祀巡撫海忠介公瑞爲周海二公祠同時邑先賢高忠憲建巡撫周孔教祠於二泉亭側　國朝重修見康熙庚午志後孔教祠廢邑人移主入文襄公祠至康熙六十年邑人增祀湯文正公斌爲四中丞祠道光二十九年邑人增祀李文恭公星沅以禁革現年弊政改顏五中丞祠

錫山景物畧云地本文襄祖祠慧山記池潤僧房二門非也是栢庭房廢址詳文襄錫產幼年入籍吉安又非也有無錫周姓冒爲祠裔僞造譜牒承積老傳也誤信之遂載入景物畧以致後人康熙年撫吳後至錫山求祖祠豁地稅焉更非也文襄大賢豈能徇私豁祖祠地稅邑志且不合例　慧山記祠廟門載正統十四年該知縣後即爲文襄生祠淸爲建生祠○如果祖祠改作生祠則

文襄何忍知縣何敢○案縣冊退字壹千伍百伍拾伍號免科平田貳畝柒分柒釐壹毫戶名周海二公祠此吳與祚宰錫時以新陞抵賦故免科時戶名已在忠介入祠之後　此僞造之言收入記載亟宜辨正

案咸豐庚申之變祠僅存大門享堂三楹同治丙寅邑人以合肥李宮保恢復江左大功議設長生位於祠重修改爲六中丞祠合邑照田畝公捐有東鄉豪富士其事乃寡偏一年工程未建則地方公事可知矣

巡撫周孔教祠今廢粟主移入文襄祠○孔教有祠而不保海湯宜祠而莫建名宦蝗神僭宇皆聚於文襄祠

周陳二公生祠在文襄祠左爲巡按御史周如斗陳瑞立今廢

四侯祠一名甘棠祠在文襄祠左祀明知縣鄧繼曾萬虞愷王其勤李復陽今廢乾隆元年邑令姜順蛟撰高忠憲公祠記稱邑令王松滋李豐城周臨川祠基址不可問

衆侯祠在文襄祠左嘉慶癸酉志云祀漢陶穀以下至　國朝武承謨止○康熙庚午志不載衆侯祠乾隆庚午志四侯衆侯合而爲一嘉慶志則四侯祠衆侯祠分而爲二蓋嘉慶間祠廢已久故約畧志之耳○已上三祠皆

邑人僭佔周文襄免糧祠地爲之今並廢入白衣庵○華淑慧山名勝志云白衣觀音庵在聽松坊境甚小門外叢木翳天蒼翠如織今案名勝志撰於崇禎年其時白衣庵初佔文襄祠地故曰甚小也先文莊公撰貞義單姬祠記稱祠在文襄祠左可見當時尚無白衣庵也又互詳本卷僧房○劉猛將軍廟亦僭佔文襄祠一角乾隆元年建

松滋王侯祠在繡嶂街祀明知縣王其勤高忠憲攀龍倡建其兩廡并祀禦倭死事何五路等三十六人陳太常幼學增建 國朝乾隆十六年華鴻博希閔倡修嘉慶八年秦侍郎瀛葺治因絀於貲未築兩廡道光十八年涵初倡修又增建盋詠堂堂之左右爲兩夾室祀邑庠苗子白九江參將錢從章義士張守經張守約於東夾室祀義勇潘海於西夾室重建兩廡於享堂前邑令松滋謝元淮有記又濬王公泉在盋詠堂右涵初有記祠基免科退字號平田八分五厘五毫又蕩田七分四厘

三十六人姓名

何五路	朱五雲	沈龍	陳世芳	丁瑾	楊效
吳章	徐鳳	陸華	吳文祿	宋教	陳惠
葉長春	陸盛	過問	秦世芳	閔進慶	周召
陳受	張鸞	翁燿	吳功	裴雲鵬	戈金
倪松	高貴	金鸞	顧信	黃啓元	沈名
張世富	查文璲	夏林	沈鳳	劉守禮	趙爵

先祖吟泉公兩夾室補祀記

松滋王侯祠之有兩廡也明太常鈞塘陳公所建以祀禦倭殉難義士何五路等三十六人忠憲高公爲之記噫義士之死誠足千古矣其同時禦倭者尚有邑庠苗子白九江參將錢從章義士張守約張守經義勇潘海五人守經守約傾家資募鄉勇奉子白爲謀主從章有戰功潘海縋城渡濠焚樓毀賊並建非常之勳未邀附祀之典道光己亥新築盋詠堂堂有兩夾室遂請於當道告諸邑士大夫補祀苗公錢公及二張公於東夾室義勇潘海西夾室或曰兩夾室之祀不較優於兩廡乎初應之曰兩廡之祀邑先賢之舊制也兩夾室新成者也於補祀爲宜是役也兩

廡得重爲其靈五人得補食其報其從祀之遲早固有數存焉於其間而釐正祀典誠當道及邑士大夫之任也補祀之議度諸心而安揆諸義而協可以見忠義之士執干戈衛社稷不惜其身而未嘗不保其生者雖二百餘年之久尚論追思猶將薦以馨香而報之後世天下一旦有事誰不相顧而起奮發其忠義之心爲干城之用乎故補祀之不可以已也

國朝

武侯祠在二泉亭右祀前令武承謨今廢

淮湘昭忠祠在慧山之麓卽寺內各庵院故址同治二年江蘇巡撫合肥李公鴻章平定吳中 奏請 勅建是祠於此祀太子太保江西南贛鎮總兵忠烈公程學啓凡提鎮以下參游都守至弁勇等以階爲次列於兩廡室祠有戲臺碑亭燕坐之堂門居之室崇閎整麗輝映山椒置祭田數百畝春秋官爲致祭同治三年建

宮太保伯相李公鴻章祠記

同治元年春予奉 命統兵東下賴諸將士之力以次翦除因醜越二年吳平自用兵以來先後陣亡文武統領以下暨於勇丁蓋數千人焉亦旣請之於 朝賜卹有差矣是宜各祀於其死事之所以慰忠魂而諸郡縣或力有未逮水陸各營將領等請建合祠於無錫惠山之麓凡先後死事者皆列祀無錫爲蘇常中處之境又與忠侍二逆相持於此最久死亡尤衆其地山水清淑昔人名蹟之所在咸於祠宜予聞其事於 朝 詔曰可安邦之士大夫聞是舉也相率踴躍趨事鳩工庀材卽惠山寺之趾而築之於四年五月落成凡爲屋若干楹飭有司春秋致祭夫予與諸將士共事久當其攻城破壘轉戰吳越間與劇賊相搏莫不決命爭先鋤刃攖鋒安於飲食其忠義之氣固凜凜不可磨滅矣至於暴骨風沙血膏原草寡妻孤子哭望天涯弔祭不時精魂靡託春露秋霜能無愴惻此古者所以有國殤之禮而 聖朝褒卹忠義之典尤爲仁至而

義盡者也爰書其事於石又爲迎送神之曲畀之邦人使歌以祀之其辭曰

元黄運否兮三吳逞訌桓桓我軍兮或罹其凶生爲虎臣兮歿爲雄鬼侁侁武士兮荷戟相從身則蟲沙兮氣則長虹巫陽下詔兮陟兹靈宫翺翔霄霓兮風飈其旆雲車徉後兮庵幢陰森水犀夾陣兮銀刀錚鳴餘怒未息兮轟雷走霆白日匿景兮予心怦怦長淮渺瀰兮蕭湘水深故鄉遼濶兮山哀浦吟思不可極兮時不可淹靈氣謂我兮得此吉占玉泉流所兮晴巘撲擔龍藏虎伏兮羣靈所欣傳芭兮滿堂吳歈兮雜陳吹參差兮鼓鳴鳴桂醑清兮牲腯握蔓芳兮蕙蒸大樹花兮竹有霜忠魂毅魄兮集此堂句陳列兮弧矢張撫彗星兮祓不祥惠之山兮梁之溪山呟陀兮水清洮沫英風兮億千祺

督兵使者李公鶴章祠記

今 上登極之元年仲兄少荃奉 命督師無吳時江南祗存上海一城三里外即賊蹤也抵滬月餘收復南滙川沙柘林奉賢金山各廳縣以滬莘輒觀察所部守之遂專力浦西奏予領其衆惴惴焉懼弗勝任幸自虹橋北新涇四江口諸大捷即克青嘉崑太而下常昭待振規取蘇垣之勢因分萬衆與程忠烈公會合常勝戈軍由跨塘逼進婁門西北綿亘三四百里爲援賊必由之路余率水陸七軍任之論者皆以地廣兵單爲余危慮不知兵法有置死而生之說爰乃周覽形勝熟審機宜激厲將士喋血鏖戰一破賊於顧山長涇再破賊於青陽黄埭遂克江陰揚庫四解賊圍轉向蘇錫之交分屯數隘有兼襲兩城之形程忠烈亦破浙援而復吳江蘇逆之勢益孤忽忠酋李秀成糾黨六十萬從金陵回援一路連營而入鋒鋭直不可當我軍迎拒於梅村后宅望亭等處晝夜苦戰九十日卒敗走之蘇城復而錫金亦繼克也其後進取嘉常勇掠宜溧賊雖死守以待金陵分股内犯以圖解救强督之未旋一就聚殲一甫逾二年江南底定余諗膺統領之任回憶每奪一隘克一城淮湘將士之效於行陣者甚衆而以蘇錫間之戰爲最惡死者多而尤烈意者蓉湖之上龍山之顛抑忠魂雲陣風馬所徘徊容與而不忍去耶夫節義不彰不足以作士氣也祀典不隆不足以妥英靈也余因倡捐集貲約同人請諸中丞以惠山寺舊基奏建昭忠祠以祀水陸各軍之戰亡者疏入報可遂委員鳩工越十月而落成登斯祠也遠而望之長江大海環繞於東南太湖與區澄汲於西北洞庭秦望諸山拱揖於几席之下近則寒泉瀉碧一噴一躍瘦則盤雲不歛不蝕時而夕陽掩映禽鳥和

鳴琮月在天光明如畫信乎極人間之勝境亦足暢泉下之幽情英靈將鑾之餘必當顧而樂之自忘其鋒鏑之慘也且亮節精忠一邀褒卹馨香百世俎豆千秋直與惠山名泉傳古今而不朽丈夫莫不死孰有如此之榮耶此又余請建是祠而感慨係之者也後之士大夫來遊斯祠者其亦勤低徊護惜之思而不以琳宫紺宇一例視之則幸甚矣是爲記

貞孝節烈祠一十五祠

之死矢靡他堅哉志乎馨香之報禮亦宜之然而窮鄉僻壤豈能盡沐 旌揚同失所天而仍有幸不幸之辨焉記貞孝節烈祠之在山者

元

華節婦祠在孝子祠内祀元都事鉉妻陳氏幼武之母舊祠久廢康熙間重建又有華氏貞節總祠在孝子祠前道光年建

明

貞義單姬祠在周文襄祠左先文莊書額并記

浦烈女祠在繡嶂街馬文肅世奇郎女墓建先是嘉靖三十三年倭寇自常熟入境邑之前彌里有孝子浦劭以救父爲賊所殺萬歷四十三年詔旌妻過氏亦以苦節旌建坊於家合葬於石室山明史孝義劭與銅仁楊通照通杰合傳 國朝康熙間族人議析烈女祠爲二室分一室以祀孝浦劭暨妻旌節過氏而族之以貞節旌者亦祔焉

張貞女祠在九龍峯坊右祀陸亨聘妻張氏明天啓中建今廢

國朝

楊節婦祠在寺塘涇祀贈知州楊希曾妻侯氏乾隆五十年建今廢

張節孝祠在寺門内祀張銘東繼妻侯氏嘉慶年建

詹孝婦祠在寺塘涇祀國學生詹潤妻王氏今廢

榮貞烈祠在綺䕯街祀嚴萬隆聘妻榮氏山南人榮錫琮女名鳳林既許字而萬隆病卒女矢志守義越一年父母欲議改字女竊聞之乘間自縊死合葬於萬隆之墓從其志也嘉慶十九年旌今廢

節孝總祠一在寺塘涇俗名燒香濱康熙五十五年諸生顧鼎占建先是知縣吳典旌採訪貞節已旌未旌共五十二人榮上置浦烈女祠乃吉遷其主又增二十二人建坊合祠已後又陸續增祀一在日月池旁雍正元年奉恩旨凡旌表節孝諸人令地方有司相度公地建坊合祠因於六年別建是祠已後又陸續增祀一在聽松坊街左舊爲在節婦專祠嘉慶十四年節婦孫煜捐爲兩邑貞節公祠鄒廣文印綬集貲拓地建坊一體編祭已後又陸續增祀一在二泉亭門外道光十三年邑紳呈請析有恒道院東偏地建贈知州秦廷楫採訪總旌貞孝節烈一千八百七十五人建坊合祠編祭今又陸續添祀捐貲節婦五十二人已後不准增祀一在寄暢

園前道光二十九年邑人周有壬倡建採訪總旌貞孝節烈二千餘人建坊合祠編祭今又陸續增祀

附已題未建一祠

張節烈祠祀張耀墀繼妻王氏道光二十九年奉二院題旌請建專祠今未擇地建造

分祠二十祠

錫地爲南北通衢有他邑名賢之裔占籍於錫者請建分祠此孝子慈孫之用心也然其中亦有蜃樓海市通譜漁利而肆祠者其於先賢何傷乎昔狄青不妄認梁公爲遠祖史冊熾之風斯古矣記分祠之在山者

周

先賢廉子祠在寺塘涇祀聖門弟子潔一名庸見弟子考道光三年兵部郎中廉志勳建

漢

陳文範先生祠在繡嶂街祀漢太邱令實而以三忠配三忠者南唐太常喬宋常州通判炤宋史炤有傳炤子將仕郎應寵也續以湖廣布政使禮祔道光年建太邱遠矣三忠者皆錫人邑志忠節皆有傳鄉賢忠孝皆已祠實宜建專祠

唐

陸忠宣公祠在繡嶂街祀唐宰相贄宋吏部尚書左丞陸佃弟子宋建中靖國元年任長洲令轉提京畿常平茶鹽公事致仕居錫因建此祠康熙四十年重修復之

錢武肅王祠在寺門左祀唐吳越王鏐王故有功德祠在杭州宋時敕建雍正中後裔居錫者分此

宋

王文正公祠在繡嶂街祀宋魏國公旦乾隆六年王氏以靈護廟添供文正公像爲祠靈護廟者錫之土神姓王氏名越祖宋時邑開化鄉之沙頭人淳熙中立廟紹定三年賜廟額曰靈護後封福廣濟利侯張思安有重修王靈護神廟記載入乾隆庚午志今祠與廟合而爲一庚申被燬同治丁卯後裔捐貲重建

范文正公祠在繡嶂街祀宋魏國公仲淹康熙二十九年後裔居錫者分此以元儒學提舉晞文祔晞文杭州人子拱爲無錫教授遂卜居邑之茅塲里

敕賜光霽祠在寺塘涇祀宋儒道國公謚元公濂谿周子乾隆七

年後裔居錫者建祠

歙州助教江公祠在寺塘涇祀宋皇祐進士歙州助教元慶故有祠在休寧錦堂山洪忠宣适爲郡守時即元慶講學地祀之道光二十三年後裔居錫者分此而祔休寧後裔之顯著者宋元明五人 國朝一人則愼修先生永也

張明公祠在寄暢園前祀宋儒郿伯諡明公橫渠張子以 國朝太子少傅禮部尚書文恪公泰開祔道光年建泰開錫之人望國史有傳嘉慶朝奉旨入祀賢良祠奉部檄飭人祀本邑鄉賢祠例得請建專祠給祭致祭無如後裔絀於貲故建明公祠以收族而泰開祔祀焉

胡文昭公祠在泉亭右祀宋天章閣侍講瑗 國朝順治中後裔居錫者分此會武陵胡獻徵罷江南布政使事卜居無錫益拓其址乾隆二年給 帑重修

朱樂圃先生祠在寺塘涇祀宋秘書省正字兼樞密院編修長文長文吳郡人蘇文忠嘗以文學薦嘉慶四年後裔居錫者分此

司馬溫公祠在繡嶂街祀宋太師溫國公光乾隆二十年建

楊忠襄公祠在繡嶂街祀宋殉節通判贈徽猷閣待制邦乂邦乂吉水人宋敕建褒忠廟於建康道光十一年後裔居錫者建

附忠襄公子磻再興孫宗達曾孫震發濟良事實

無錫縣志忠節傳楊宗達字子通祖忠襄公邦乂殉節建康父璿屬其弟再興於岳少保收復西京戰沒臨潁璿始居邑之鴻山爲無錫人宗達性慷慨任俠當寶慶紹定間憤金人爲患常輸金帛佐軍以助餉功授將仕郎德祐乙亥元人入寇擧兵當道向臨安遣降將呂文煥先驅入常守邑趙與鑑亡匿溫人王良臣迎降三月姚訔及陳炤合謀起兵復常州元兵攻圍不能下丞相伯顏親督軍二十萬攻城甚急宗達語二子曰常爲臨安門戶常失臨安不日可破事勢危矣吾家世宋臣讎虜之心吾祖父未嘗一日忘此吾父子捐軀捍患之日也遂遣長子震發詣平江文信國乞師而自與仲子濟良募集鄉勇數千星夜赴常會統制張全奉朝命來援與宗達約爲犄角元兵大至全望風遁宗達獨率鄉民死戰殺傷相當元乃以數萬衆萃宗達軍合圍搏戰矢盡力窮竟遇害濟良年十九亦中矢死及信國遣尤玉麻士龍救至宗達父子已死五日矣

鄒忠公祠在寺門內祀宋直龍圖閣贈寶文閣學士浩浩弟洞如居無錫後裔提學副使迪光建祠於寺塘涇後廢康熙五十一年裔孫兆升呈請巡撫張伯行檄縣改建今祠

朱文公祠在寺塘涇祀宋儒徽國公紫陽朱子康熙初邑人購栖隱園爲邑令吳興祚生祠乾隆間改祀互見本卷遺愛祠○邑有前旺村去慧山十里人公後裔所建分祠今廢

呂成公祠在繡嶂街祀宋儒著作郎開封伯諡成公祖謙乾隆五十九年呂氏建堂三楹於周文襄祠享堂前邑人嵇承濬以佔免糧祠地訟於憲工垂成而敗邑紳秦侍郎瀛秦太守沆捐貲購造今祠

惠司業祠在寺塘涇南祀宋國子司業元龢康熙三十六年錫邑惠氏建乾隆庚午志稱惠學士祠有額文林學士六字嘉慶志謂宋無文林學士之名有改云

趙宗白先生祠在寺塘涇祀宋殉節招討副使時賞宋宗室太平州人咸淳元年進士知旌德縣德祐元年北軍至境捍戰有功文天祥開都督府於南劍州奏辟參議軍事江西招討副使與宗室趙孟濼提兵趨贛州取道石城復寧都縣數以偏師當一面及空坑之役兵敗走與後爲追兵所執不屈死之宋史附文天祥傳崇祀

名宦 旌德縣 道光十二年後裔居錫者請建庚申被燬

明

陶文憲公祠在寺塘涇祀明江西參知政事安明史有傳道光十四年
贈知縣雨田獨建庚申被燬同治丁卯後裔重建頭門

于忠肅公祠在錫山麓祀明兵部尚書贈太傅謙萬歷中邑紳吳
衢州澄時建祈夢靈異如西湖康熙初知縣吳興祚編入祭冊

附均編祠祭銀細數今廢

每年春秋二仲上戊日奉給
旨遣官致祭錫金兩邑祠裔先期給領祭銀計四十八處
無錫縣魏爲遵
防護事本年十一月十九日蒙
前署府胡蒙
布政司彭奉

署督部堂莊批本司呈詳無錫縣前任李令均編祭銀案
內請造馬文肅公等祠祭銀先經詳奉
院憲批飭隨經飭行查詳前由據府詳覆各祠名蹟昭著
難以刪除應請仍照原詳在於學租項下動給按期備辦
以光
祀典等緣由奉批據詳已悉仍候
撫部院批示繳等因又奉
蘇撫部院莊批閱據詳已悉仍候
督部院批示繳冊存等因各到司奉此合就鈔詳轉飭仰
府即便轉行遵照毋違等因到府行縣奉此合行飭知爲
此帖給該祠裔知悉遵照憲行在於學租項下每祭按期
動給銀一兩九分四釐六毫七絲三忽春秋二祭共給銀
二兩一錢八分九釐三毫四絲六忽該祠裔屆期赴學領
銀備辦聽候
本縣親詣致祭以昭誠敬毋違須至帖者
乾隆二十年十二月　日帖

附義莊宗祠二

國朝

張氏義莊在寺塘涇道光戊申年建內爲宗祠

鄒氏宗祠在寺塘涇道光年建

廟

廟之在祀典者毋附麗於城郭惟蝗神廟在慧山若各古廟則
前編記之矣若鶴鸞元君廟則不在祀典故列入庵院

劉猛將軍廟在羅漢泉右乾隆間邑紳楊孝元所建堂守舊廟在
周文襄祠門右乾隆元年給
帑銀四十兩與金匱合建其廟逼窄不容獻享且僭佔文襄免
糧祠地爲之不足以昭誠敬道光十八年
御賜福佑康年匾額匾大於屋乃建今廟舊傳神爲金壇人劉宰

或謂名將劉琦弟劉銳沒爲蝗神每歲正月十三日及冬至後
第三戊日有司致祭咸豐七年夏忽有倡議以舊廟神有銅印
且塑像小豎之轎中便於賽會不可廢并議改作邑令臧之遂
康熙間民闢新其規制改爲三楹者兩進夫兩廟相去不及半里
新建之廟
天意煥耀靈爽憑依神像宜并歸一處以還文襄祠地乃以里巫
村豎不學無術之談與此工作而新廟不修爲失宜也今廢舊
祠尚存頭門之楹餘亦燬矣

慧山記續編

無錫邵涵初吟泉輯　孫男文熹海嶠編輯

卷二　物望附芳蹤　山居　園墅　古蹟書翰花木　器物附坊橋

物望第六附芳蹤

慧山記物望自劉宋至明初凡十人漢如粱鴻晉如顧愷之皆未與焉以其與九峯二泉不相謀也自先文莊而後邑中如顧端文高忠憲非特爲一鄉之賢亦且爲天下之望而東林講學未嘗遊憩於兹山也舉愛兹山而愜人望者記物望

明

南京禮部尚書贈太子太保謚文莊邵公諱寶字國賢成化甲辰

進士初任許州月朔會諸生於學宫講明義利公私之辨毁淫祠正潁考叔祠墓改魏文帝廟以祠漢愍帝躬課農桑倣朱子社倉法行計口澆田法以備凶荒入爲戶部郎遷江西提學副使釋菜周元公祠建宗儒祠祀周程二先生而附蔡沈以下十四人修白鹿洞書院建學舍清學田以招來學其敎以致知力行爲本寧王宸濠索詩文峻卻之累遷至右副都御史總督漕運以不肯劾平江伯陳熊忤逆瑾歸讀書山中建尚德二泉兩書院有點易臺滴露泉諸勝蹟瑾誅起用疏乞終養再辭尚書之召世宗卽位起前官復以母老懇辭服闋起用具疏乞休公生三歲而孤事母過太夫人至孝及終養歸得疾左手不仁猶朝夕侍親側不懈學以洛閩爲的嘗曰吾願爲真士夫不願爲假道學博綜羣籍有得則書之簡取程子今日格一物明日格一物之義名之曰日格子所著學史簡端二錄巡撫吳廷舉上於朝外左觿定性書說漕政舉要容春堂詩文前後續別四集學者稱二泉先生節錄明史儒林傳公生平行誼載入皇明名臣言行錄皇明通記載江南通志名賢傳俱不及備錄

贈禮部右侍郎謚文忠馬世奇君常未第時愛九峯二泉之勝錫麓有王園爲王司李大益別業以談都憲愷慧麓小圃改爲之文忠欲購爲讀書地而未果登崇禎四年進士授編修遷左諭德兼侍講掌司經局印十七年三月京師陷文忠肅衣冠北向

再拜辭主南向再拜別母誡子壬玉善事太夫人遂與妾朱李二孺人闔戶自經歸櫬後弟世名子壬玉購王園之太虛閣停焉從文忠之志也後卽以園爲祠明史有傳

馬文忠公世奇山房即事

夙有煙霞疾翩爲蘭若淹水遥頻倚杖山近不除籬詩思茶香遏文心酒態兼興闌無一語趺坐誦楞嚴

王永積用王鳳洲世貞遊王園韻弔馬文忠公時長君壬玉於壬辰春客死虎邱弁停櫬山中

夜雨論文不復過蕭蕭旅櫬入山阿空庭木落飄紅葉古屋苔封挂綠蘿望裏亭臺青嶂合夢中陵寢白雲多那堪疊起修文召同聽鵑聲奈若何

華鋏和

風雨淒其不忍過相依形影托槃阿孤舟落月悲鴻雁傑閣凌雲冒薜蘿生面依稀冠履改遺文剝蝕魯魚多十年暴露無人表淚滴階前可奈何

○附芳蹤

時際承平人皆耆碩山林吟詠杖履逍遥登兹山飲兹泉亦山中之佳話也記芳蹤

明

碧山吟社　先文莊以碧山十老記入山居又跋吟社詩卷云李綗庵庶八十六秦修敬旭八十五陳遯庵履八十三陸竹石勉八十二高梅庵直七十九黄杏材穮七十三楊聽玉理七十二陳玉溪公懋六十九施北野廉六十一潘玉林緒最少年未六十得附社末尚德也時則有陳秋林勉歸自工部盛冰壑容歸自都臺秦中齋夔歸自江藩亦嘗至焉不在恒數巡撫王端毅公恕聞風而願見焉冢宰晉陵王文肅僎有詩云碧山十老盟須訂他日容陪杖履不首撰姑蘇吳文定寬有詩云寄語吟壇十才子碧山風月肯平分爲一時勝事此碧山吟社之權輿也至正德五年庚午先文莊歸自都臺辛巳秦端敏金被召過家同至吟社則緒年八十有二矣邑志文苑潘緒傳楊長史文再續吟社潘緒已爲祭酒案長史續吟社志乘皆無考惟潘玉林傳中有此語先文莊壽潘玉林七十詩云玉林早入社壇中及見前輩諸詩翁而又老矣復開社後生執餉爭相從是玉林會續吟社也自十老殂謝越六十年修敬翁之曾孫瀚重復吟社築紹修堂與顧副使可久王侍御瑛華學士察等十九人賦詩其中俞按察憲賦吟社八景詩前後各題咏詩附載慧山記中已後吟社遂廢今黄公磵左牧雲庵右有荒地數畝見大碑二座横卧於地其一大書曰重復碧山吟社至國初時旭九世孫松齡自翰林罷歸與嚴中允繩孫杜太史詔

秦樂天保寅蔣路然遵路邵來九之鴻亘結詩社慈谿姜宸英亦嘗至焉有碧山集案　國初邑中之工詩古文辭者結雲門社於慧山名動遠邇若睢州湯斌吳門汪琬慈谿姜宸英咸來赴會邑中與於會者凡十八人顧景文與弟貞觀及秦保寅秦松齡黄瑚嚴繩孫鄒顯吉劉雷恒劉霖恒安璿號雲門十子雍正間松齡子實然招集名流會於二泉亭街之望益樓卽錫山書院詳本卷山房以開徑望三益五字分韻賦詩仿修敬翁故事亦繪爲圖皆碧山之遺韻國初以下所載皆本邑志

顧榮僖可學復碧山吟社記節錄

秦封君從川思惟其會大父修敬之舉舉吟社也乃銳志恢復謀之王侍御石沙義倡鄉達公釀贖復鴻工載葺爲紹修堂爲濯纓軒爲十老亭流馨室爲吟臺爲行廚茶具爲几椅壺觴棋局之數凡有資於燕遊者纖悉洽備諸公之功偉矣時各有賡和預會者郡伯喻心遠宜之僉憲莫迂泉僉吉余四弟憲副洞陽與新學諭徐西巖顯夫正郎華補庵從龍大尹錢心齋國章封君秦從川叔度太僕侯

企竹繩武司諫張靜思舜舉宮贊浦后巖道徵少尹施武陵子羽大尹高杏江文明侍御王石沙汝玉學士華鴻山子潛僉憲王仲山子裕京兆尤西村懋宗副郎馮補齋子占僉憲安廖峯子靜共若干人

案吟社之復集羣力也故與會者衆榮僖年最長故作記復社者一十九人各署其姓名偶至者不在恒數

顧可學　喻義　莫同　顧可久　徐槐
華雲　錢憲　秦瀚　侯祖德　張選
浦應麒　施漸　高應奎　王瑛　華察
王問　尤魯　馮有年　安如山

王僉事問號仲山少從先文莊公遊遂以學行稱嘉靖十七年進士授戶部主事監徐州倉減羨耗十二三以父老乞便養改南京職方遷車駕郎中廣東僉事行至桐江乞養歸父卒遂不復仕築室寶界山擅煙霞之勝屏居三十年工書善畫慧山各勝境皆有仲山翰墨卒年八十門人私謚文靜先生明史附先文莊公傳問

子鑑嘉靖四十四年進士初知武定州廉介明允豪猾不敢逞累官至南太僕卿致仕購聽松坊左小園築懷先閣祀問鑑善書有言勝其父者遂終身不復作明史亦附先文莊公傳鑑善書三句即明史中語

南太僕卿施策字懋揚隆慶五年進士嘗攝南吏部考功郎核某事嚴佝書爲之請不能得乞養歸復補禮部釐定册立藩封諸大典宗室某以乞恩壽千金不納屢遷至南太僕少卿駐滁州事简而多名山水遊宴醉翁豐樂兩亭中進寺卿歸結茅大池山中與林居勝流爲希古會嗣響碧山三十年慧山南北諸峯吟眺無虚日本邑志

高才生談修字思永撰慧山古今考華淑字聞修撰慧山名勝志

邵澄字澂夫先文莊公嗣元孫撰二泉書院志案胡御史愷三先生時忠自訂年譜載崇禎十三年庚辰署江西驛傳道時無錫邵澂夫澄以寒儒圖修二泉書院因遊粵中謁制府湛虛張公鏡心張公嘉其志贈五百金澂夫多置粵物是年十月歸舟過南昌病卒一僕亦卒余聞而往唁檢其橐一一登簿且鈐以官印遣僕護送還家又詮次其始末爲之刻入令香齋存後文宗西山張公能鱗助修二泉書院成余謂二張公後先媲美有詩紀事　案澄子大棟撰續志世無傳本二張助修書院即見張公能鱗重修書院記中皆留意於山中故實

兵部郎王永積號崇巖崇禎七年進士知武定州三築城而民不擾十一年戊寅

王師破濟南山東郡縣望風瓦解武定城甫完而被圍永積以兵民六千登埤堅守半年不破當已卯正月十八十九兩日永積領兵民晝夜血戰生員死事者丁應奇一人蔭襲死事者路萬成一人官兵蕭有全等四人義民李奉中等三十二人城賴以安妻子坐井待投得不死永積建忠義閣祀三十八人妥其靈尋以計典罷官巡按御史疏永積功奉特旨起兵部職方司員外郎有宦官爲其弟賂求浙鎮者永積郤之而訥於奏對罷歸寄意於山陬水涯名賢遺蹟手錄成編綴之以詩曰錫山景物畧前朝軼事不致泯沒者永積之功也

國朝

祕書院典籍顧貞觀梁汾康熙丙午京兆試擢用貞觀儁爽篤古誼吳江吳兆騫以才招謗戍塞外相國子納蘭成德與貞觀爲金石交亦善兆騫言於相國兆騫得生入關焉貞觀之力也貞

觀端文曾孫少年名譟東南晚搆積書巖於端文祠後當芙蓉亭遺址之側開軒面金蓮池讀書其中與秦松齡嚴繩孫徜徉觴詠邑中目爲三老嘗邀集宜興陳維崧慈谿姜宸英結詩會於忍草庵又補製竹茶鑪與名流唱和爲竹鑪新詠題積書巖曰新詠堂名士風流暮年泉石亦碧山諸老之嗣音

先祖吟泉公諱涵初道光乙酉拔貢任阜寧訓導授南和知縣辭官歸里修錫金續志有堪輿指原學易反隅行世居家不與公事而好善甚力宋太師李夔墓久失訪知在湛硯山爲村農所佔訟於官而復之並爲置祭田生員名在學籍者向例歿則去之公輯遊庠錄自明中葉始凡遊庠者皆有考修葺文莊祠墓

文莊二泉書院向有十五景公修其舊輯其新爲二十三景中有點易臺古蹟年久湮廢公經營兩載獨任其勞得以重復舊觀臨山疊石濬泉築有海天石屋每逢春秋佳日遊人畢集咸稱勝地遂刊載詩文編曰析薪錄並輯邵氏宗譜爲居鄉族人妄造混亂因獨力捐修而更正之公任黃浦司訓六載有餘後以秩滿膺薦除令南和乞　假旋里公性恬淡好讀書遂隱居焉少年以詞賦擅名刊有裕經堂詩賦二集凡一時名下皆出其門於是選定律賦雲璈三集七言排律曰正葩集洎爲儒官專務經學而不囿於古尚書禮記左氏傳咸有心解發前人所未發公年五十讀禮家居參造化而究其源窮高遠而求其故

慧山記續編　卷二　物產　七

閱六載而指原反隅二書成公多餘藝工大小篆直追籀斯每自矜惜鐵筆印文入秦出漢然久已善刀而藏又善古隸師法於漢並喜寫墨蘭則精而不作故專力於篆鐫有易情軒墨刻一冊明邑令松滋王公祠在慧山當時有鄉民王姓混佔祠內公告於官而逐之並同邑令倡修祠宇因記載王公宦績編輯曰錫山攬秋集公性躭山水晚餘杖履甚健春秋暇日與二三素心邀遊慧麓登高弔古文莊公著有慧山記世無刊本搜訪數年而得之其慧山集詩文久佚乃分門附載並輯嘉靖以後三百年事爲續記咸豐己未刊版一時風行庚申兵燹被燬同治戊辰孫文燾重鋟

山居第七

尚德書院　二泉書院　近山園　菊花莊
水北山莊　懷先閣　大池別業　㭎𣑱草堂
冠龍山居　共學山居　錫山書院

慧山記序山居既致慨於荒草敗垣又欣慕於野老之能道者誠亦以有道者一經託足則地以人傳故能使後之人不禁流連也否則忘否則泯焉茲記讀書處歸休處高隱處爲山居遊觀處爲園墅附於後

尚德書院（有錯見於慧山記者）在聽松庵竹園中明正德五年　先文莊公建以祀宋丞相李忠定公綱祠後有繡嶺草堂祠前有松壇壇有雙古松大圍三人小圍二人移牆東聽松石床置松下壇前有甃石泉十五年冬修庵後之松風閣十六年秋卜太淑人壽

慧山記續編　卷二　山居　八

藏於閣後（秦方伯夔墓右）建千金累趾亭五世守僧廬於庵左隆慶間庵燬於火書院遂廢（萬曆甲戌邑志誤稱二泉書院一名尚德已後歷次修志皆沿其謬）

○附考邑志載九龍山人故居之譌

文莊公餽筍於侯明府明府有詩用韻荅之

詩註云吾尚德書院乃九龍山人隱地山人畫竹妙

今古人謂得之此中友石山人別號也

玉在山中敢自珍令君詩到便成春坡翁他日言何劇石老此庵看已眞巢鳳欲來先振羽籜龍方卧漸生鱗釣籠落落慙爲政只餽清饞不愧貧

杜詔九龍山人故居有序

九龍山人王舍人孟端自號也嘗築居山下邵文莊尚德書院即其故址事載容春堂後集乃歲久湮没人無問故居處者梁汾先生命賦以補邑乘之闕

朝遊九龍山山翠向人落緣厓眯蒼莽煙雲起芒屩緬懷山中人高風不復作簪筆中書堂十載文淵閣晉代忝往還江淮間飄泊何事賦歸隱不出青山郭泚筆作山水解衣獨盤礴更入竹三昧得之山居樂山居久埋滅無從得搜索偶讀容春集憮卷感驚愕二泉舊精舍山人始開鑿

豈知百年後規模總非昨廢地衰草積破屋枯藤縛古竹

雨三竿亂響風吹摔俯仰何茫茫廢陽沒山腳

原案慧山記卷二庵院載聽松庵在桃花塢中有四軒最幽敞王中書孟端寓焉倘德書院在聽松庵竹園中故文莊公集中詩註謂九龍山人隱地而詩中則有石老此庵之句如果故居何云此庵乎華象五秀才杜雲川太史未見慧山記但泥詩註隱地二字號爲故居也今果載入新志蓋因誤會而成與故

二泉書院在慧山寺左明正德十一年　先文莊公建移忠定祠於慧山作十五景曰忠定祠湍潤野橋雲階靜清深處海天亭超然堂吟松个詠竹个泉齋點易臺滴露泉雨知亭瘞卷邱望闕巖也門生御史徐公盈爲建講堂五楹在忠定祠後門生提學御史張公鼇山榜於門曰二泉書院座師李文正公東陽篆書二泉精舍四字榜於講堂故書院一名二泉精舍

文莊公二泉書院十五景詩

忠定祠

忠定宋丞相李公綱也公之先邵武人自其祖賡始居無錫其父修撰公夔及母吳令人皆葬湛峴山公嘗廬墓自號梁谿居士亦鄉先生也故祠

梁谿深十尋湛峴高萬武我作李公祠春秋薦牲醢

湍潤

在忠定祠右泉自十賢祠下至此凡歷六池以匯再越一池則下田矣水是以湍

七池流且匯一水猶在山縈洄忽成文至此將下田

野橋

湍潤之上水衝而成汪北轉爲別澗當湍處橋焉礫木石爲之殊有野致

亂泉衝徑來徒杠接石砌拔斷謝遊人水淺人猶揭

雲階

由野橋有徑西上夾樹松柏迤邐三百步許復門焉故曰雲階

石磴穿雲上懸崖自此升誰言風可御須信氣堪乘

靜清深處

入雲階門而上地位清迥仰見山色如在咫尺歷紙而門泉且通矣曰靜清者取周子通書語也

何處靜而深蒙泉出山下觀物本無心一原窮萬化

海天亭

亭東北向在泉之前因思其所歸故名之有記

凡坐山亭下悠然海上天歸墟無盡藏須記始流年

超然堂

堂在海天亭左其向略同前臨平野及蓮蓉湖遠對江陰之定山有百尺之樓之觀焉三十年前予在許州夢登尚書臺臺有此題額因榜之今望中所見皆與夢叶詳見予記

夢中得佳名卅載乃斯字珍重病餘身優游荷　天子

吟松个

即超然堂左室也

風來松有聲灑灑當左个我冷本無心松亦何心和

詠竹个

即超然堂右室也二个皆夢中所見

新栽竹數竿竿竿挺蒼玉我歌竹和之步轉闌干曲

泉齋

即超然堂後軒也齋作而泉忽出其前今名滴露因以先師文正公所書二大字榜之

出山如在山名齋敢忘本鑑裏看青天不爲泥沙泯

點易臺

在泉齋之南滴露泉之北以石爲之上有一圓石象太極二階石象兩儀四階石象四象臺有八角則卦形也見素先生登而贊之刻於太極石上

有象本通元義不在何讀道人坐高臺忘言對蒼岫

滴露泉

在點易臺南壁下其來甚微滴而不留故取唐人詩句名之

滴滴出石間初疑松上露點易日有程還應周天度

雨知亭

在超然堂之左南向中奉文正公石刻畫像先曾祖存一府君像刻嵌右壁先友希翁所作與然亭銘嵌左壁曰雨知者取文正公贈余東歸詩我歌泉和雨知音意也

天涯一歸客海內兩知音萬古泉聲在應知訊老心

瘞卷邱

在點易臺石中藏江西視學時小試文三萬餘卷甃石爲邱予銘其上

吾道方施行懷之不勝卷故物穴名山虹光起退瞻

望闕巖

直海天亭西上紆徑數百步出松柏間有巖焉巖頂有平石可西北望某時至焉則人扶以拜視曰萬壽無疆因作石香爐篆刻其上云云登巖道中有數黄石錯立徑側予大書刻之曰山水之間曰風塵之表曰青壁丹崖人間天上

天闕勤望眼登拜想氤氲殿上香爐篆

東南海一隅

顧端文公憲成重修二泉書院記

吾邑文莊邵先生建書院於慧山之麓先生没屬嗣子蔭生照貲增浙江東陽少尹秦汝共守因肖像其中歲時瞻禮焉照没嗣勲勲没不復能守汝子太學榛益弁其半之三榛没屬季子熞得盡併而專守之久而變故百出幾厭遜口伯子茂才秋請以身任址不竟廢觀察虛臺蔡公過而喟然興嗟謀諸邑侯林公新之遂捐暖金百餘兩檄馬丞督其事并葺其家祠家祠責成邵氏而書院獨責之秦向故有分守也茂才君慨然起曰是實在我若之何其獨勤當路乃躬爲經理佐以家貲百金自丁未秋七月始至戊申春三月訖事規制備具頓還舊觀因語余曰秋也不敢忘文莊敢忘蔡公子其爲我記之余憶往高存之輯先生年譜有問先生何以無後未及對今請申其說竊以爲

先生之所爲後與世人之所爲後不同何者世人之所爲後有待而先生之所爲後無待也古稱三不朽太上立德其次立功又其次立言先生誠心貫行表裏皦如貧賤不爲移富貴不爲淫威武不爲屈能立德矣由釋褐以至懸車所在惠澤洽焉教化行焉風紀肅焉典型樹焉上獲下信闡而彌章能立功矣簡端錄寤寐聖賢闡性命之精蘊日格子折衷千古定是非之權衡能立言矣至於今流風餘韻宛然如在兒童走卒無不知有先生也者是先生之所爲不朽即先生之所爲後也余少時聞某省有某督學行部至某縣閱諸生籍見邵姓者甚多於其入謁命之曰孰是邵文莊之後列左孰是邵惠卿之後列右一時俱趨左無右者督學歎曰文莊有後惠卿無後斯言良可味然而爲斯言者猶有待也先生則無待也茂才君又從容言先生嘗於中建李丞相忠定公祠尸祝而俎豆之以志尚德之思今亦并加垂葺庶幾先生欣然惠顧時時降陟其間即忠定不孤耳予不覺爽然心開作曰信矣先生之於忠定也其猶蔡公之於先生也而今而往爲忠定者無窮則爲先生者亦無窮矣故曰先生之所爲後與世人之所爲後不同也君以爲何如茂才君曰而今而知後之時義大也請附諸蔡公當有以復蔡公名獻臣同安人其爲政也敦尚風教林侯名宰漳浦人能與公同心以有爲者也倂得附書

原案萬歷三十四年丙午按察蔡公獻臣兼提學道次年丁未葺二泉書院距文莊捐館於嘉靖丁亥恰八十年是年并葺書院中李忠定祠

張能鱗重修錫山二泉書院記

書院之設非古也三代盛時海內之教皆由學校天子有太學諸侯有國學以及黨庠術序閭巷之間莫不有學其主學校之教者即國之卿大夫其入而受教者即元子適子與凡民之俊秀道德一風俗同六德六行六藝非其道莫與敎也小學在公宮南之左國學在郊非其地莫與處也歷秦漢唐宋先王之意既失而學校之制浸衰於是唐李渤有白鹿書院之設而宋諸儒者因之以是名山水間輒有書院是亦學校之變風也然自書院既設而當世之君相往往助田賜額而書院中一時教育之人才其功每過於學校於是書院因以不廢而先賢過化之地雖一草一木莫不可敬以至廢而屢復絶而更興非以其地以是爲先賢精神之所存也錫之有二泉書院其來久矣予視學三吳未嘗過問一日讀陸子道威詩集見所謂二泉書院者在慧山之麓余曰嗟乎是所謂文莊邵先生者乎陸

子曰然何其頹廢榛蕪若斯之極也陸子曰公無後人其嗣澄賢而早没息弱不足以振也予曰嗟乎頤爲眞士夫不願爲假道學此公之言也充公之言君相爲眞君相士民爲眞士民幾何而不爲三代也而崩壞衰落一至於此固一方人心風俗之所關不可以不復且吾聞公嘗視學江西矣公能修白鹿書院建宋儒祠以興古學而余不能余實愧焉亟分俸餘檄縣官爲新其祠以七月之朔過謁呼澄之子與之奉祀俾世其守是役也董其役者爲吉訓導天助任其勞者爲諸生顧宏烈施揚會錫惟植而助義率先則高學憲彙旃孫孝廉彥章也工將成請記於予予惟修建之所以必重夫記者爲其功力之鉅不可以不書而治化所關不可以不誌也余聞書院之來中遭頹圮御史祁公太守陳公兩廣總制張公合而助者五百金而院不能成今余不及三百金耳堂雖立檻戶弗能飭也周垣之繚弗能遍也且書院之復以爲道耳而匆匆余行弗克偕二三子考德問業一日於斯何以記雖然天下當爲之事固非一人之心之力之所成也文莊不與祁張諸公謀而祁張諸公爲之繼祁張諸公不與余謀而余又爲之繼則安知後來者不與余謀而又爲余之繼更起而益昌大之乎是又不可以無記也

先祖吟泉公撰二泉精舍新堂記

邑志之傳譌有二以二泉書院爲又名尚德書院一譌也以二泉精舍爲又名泉齋二譌也按容春堂集正德五年庚午建尚德書院於桃花隖聽松庵左築忠定祠十一年丙子建二泉書院於慧山寺左移忠定祠作十五景十三年戊寅以里第爲再涇書院當時長沙李文正公以公之號爲二泉也爲書匾額曰二泉精舍公既榜之里第又榜於慧山講堂更鑴其字於後嶺之匡石是再涇二泉兩書院俱以二泉精舍名又考再涇里第藏書處曰泉齋二泉書院景中起然堂之後軒當滴露泉亦曰泉齋俱榜以文正公書不以精舍名也今二泉書院十五景皆廢涵初次第修復或易址而仍其名或易景而仍其意又益以新增各景爲二十三景有以一堂而占三景者在有原齋之南摹匡石上書而榜於中室曰二泉精舍其左曰易情軒爲涵初讀易處右室曰拜石山房即咸豐癸丑所建拜石亭而改其氣角以爲室也甲寅乙卯涵初所鋟圖像碑記皆嵌於壁昔文莊之營十五景也超然堂之左个曰吟松右个曰詠竹後軒曰泉齋一堂也而分占四景今之一堂三景實祖其意焉文正公西涯李先生文莊之師也文莊石刻文正遺像嵌於兩知亭壁已在十五景中而又珍重文正手書至以兩書院俱懸其額且更深鋟其字於匡石弥弟之情惓惓如此茲以方丈之室仍其名而又榜其書倘亦先文莊所深許乎丙辰四月新堂成分顏三景而仍以精舍統之爰記今昔取名之不同而實同並使訪古者知其原委而不沿邑志之譌已

近山園陳布政賓別業依山傍村得疎野之趣賓字朝用天順八年進士由吏部郎出參閩藩遷布政使所至有政聲卒祀鄉賢園本樸素今廢久矣

秦夔近山園和陳方伯韻

得歸泉石荷天恩小築偏依山下村紫栗黄柑收地賦白魚青筍薦盤飧屏風面面山圍座鐘磬聲聲寺繞門我亦休官林下住不妨來往共清尊

菊花莊吳憲副學別業園頗宏敞菊最盛府志云錫山之南別有讀書臺爲明吳廉使學之北莊邑志不載今莊廢而臺基尚存

先文莊公菊花莊寄吳憲使

東籬千古意今在野橋東乘興者何客忘機有此翁關河雄鎮後風雨醉吟中吾亦開吾徑秋來得幾叢

先文莊公海洲菊花莊小燕

黄花方對酒有客復鳴琴此老歸來興今吾病起心落英會物色疏越自聲音久熟江頭路橋東更可尋

水北山莊龔處士泰時亭築假山最勝中有流觴曲水無暑堂觴月樓綠蔭軒今廢

先文莊公詩四首

水北山莊圖歌

近來善學孟端畫眼中吾許張臨湘臨湘病後作此幅樹色慘澹山蒼蒼水北山人好事者要我題詩慧泉下秋林逝矣不可招臨湘臨湘亦其亞菊有黄華花開深長吟偶坐吾玉林罇前擊節興未已誰能和以無絃琴聽松庵裏廬山壁少日相看眼雙碧酒酣且作山人歌莫向山僧問疇昔

龔守誠爲山於水北莊詩以訊之用玉林韻

卻對真山作假山白雲來往隔松關屐從一逕委蛇處亭在雙峯掩映間地僻有人能散逸時清無物不幽閒二泉精舍長鄰近日見林翁杖屨還

秋日過水北山莊

草亭長爲故人開今雨無端長綠苔新刻碑從人打去舊披圖許我題來僧家聲落西峯日賈客帆回北道埃明日期君盡清興二泉亭上有茶盃

水北山莊觀菊

天留佳色與黄華每到秋風一拜嘉栗里地能容醉老南陽潭豈獨仙家題應有興心偏苦插豈無情鬢已華記取餘香如送客蕭蕭風徑繞籬斜

錢道士月齡詩

好事堂開水北堂柳陰曲曲兩三行時來喚渡投吟社每共看山坐石牀烏角風清歸錦里黄花籬落傲柴桑咏歌半是投簪客常有相輝錦繡裳

懷先閣在聽松坊街南太僕卿王鑑繼山別墅祀其父問於閣中故名懷先負山面野地極幽曠閣左孤松特立數百年物也閣前玉蘭最古開時花可萬餘今廢

釋道章懷先閣聽松

得地久盤踞參天多晦冥月通深夜白雪壓歲寒青獨擁

虬腰大疑聞雨甲腥深根動坤軸蕭瑟挂疎星

大池別業南大僕卿施策厲庵建策先世直齋先生武洪武初以

直諫謫山西亂石嶺巡檢卒於官不得歸葬衣冠於東大池山

中策早歲投林郎墓左營生壙築室居焉後倚石壁築臺望湖

蒼松翠柏叢桂修篁景色幽秀山居三十年沒後別業漸廢

施策自題別業二首

草堂栖隱北山阿三月春寒未試羅遶徑松陰林氣合滿

庭竹葉雨聲多蒼苔路滑人稀到白晝窗虛鳥自過住世

卻求清淨理不妨寂莫入煙蘿

山村一曲枕淸谿幽雅偏宜長夏棲芳沼雨餘泉自漲新

篁晴後鳥初啼門無車馬翻嫌僻座有琴書未覺淒更上

崇臺堪遠眺萬峯深處夕陽低

嶂嵧草堂正嘉間楊永年三徑建有友五人偕隱於此明州劉與

竹繪五老圖王鑑繼山跋其尾其時顧新齋泰年九十三最長

楊三徑永年顧虛舟恒丁訪樵晌皆八十五王雲治閣八十一

邑志隱逸俱同傳 士林皆贈以詩舊傳嶂嵧山中有二虎永年出入虎

不敢犯自五老殂謝草堂遂廢

王問嶂嵧草堂

草綿移秧疊紗巾眼底惟君出世人半榻閒雲松嶺夕一

畦芳草石田春露洽豈知蘿是屋道高常與虎爲鄰嗟予

自比山圖子願得相隨一問眞

王鑑題五老圖

朝看山雲暮嶺烟春花秋月自年年忘機共得逍遙樂疑

是人間別有天

冠龍山居尤處士茂先叔野別墅構堂五楹取文簡公舊額榜曰

遂初長洲文嘉書堂左有精舍後有傑閣疊石爲門喬松數十

株皆百年物崑山俞允文爲之記今廢

王世貞冠龍山居

我昔遊茲山探瓢酌春月空色猶宇明倩芬齒間發蒼虬

掬月月未殘青鸞嘯風風欲搏白雲洗盡太湖出人烟萬

井梁谿寒此圖此記爲誰作蕭瑟嗟哉眼中過彷彿如聞

梁父吟君不見九龍山深一龍卧

案尤茂先著慧山續集八卷王世貞敘今其書不傳

○國朝

共學山居在蓮花橋嘉慶年邑志稱五里街南康熙辛未邑人顧培與荆

谿湯之錡武進金敞章大士講學地敞當居此與培悉力恢拓

春秋兩會四方學者咸集行高忠憲復七規而奉敞主其事敞

長之錡三歲而師事之錡沒敞與培設主祀焉敞與大士

相繼沒亦設兩主增祀之培與族弟鏊主其事山居講學紹述

顧高隱嗣東林規制華希閔嘗從培遊培沒希閔并祀培於山

居爲四先生祠 培與鏊俱入邑志儒林傳○乾隆年邑志培晚年以山居屬楊氏書籍器皿悉付焉年久而山居他屬贖四先生祠數楹春秋祀四先生學者猶會於此然未能復也○今廢

華希閔共學山居夜坐

蒼翠集虛牖自愛門前峯忽看峯際月已掛淸谿松境靜

山水嚮人幽眺聽坐孤塔插簷端給鐸語天風懸燈動星

漢倒影谿溶溶耳目既淸曠衣履亦從容俗潛累不居慮

寡氣乃充意會忻所適宵西神鐘

錫山書院一名張公書院康熙四十三年督學使者韓城張公廷

樞按止錫山以愚公谷中枝峯閣顏曰望谿樓 題額 卽張公課士於

此因名書院雍正間泰賻公實然招集名流分韻賦詩以續碧

山吟社先是曾爲羽流所居改顏鍊石閣自吟社再廢仍居羽
流王吏部澍復書鍊石閣額乾隆間改建至德祠今鍊石閣在享堂前新
志以五里街口義學爲錫山書院則非也義學廢於嘉慶十五六年址今建關
帝廟乃義學卽明安國所建西林書院故址去慧山二里許名義學故未載入山居

秦源寬望益樓
誰將薪樵意寄託柴桑徑望益須書樓砥礪諄提命愧我欲升堂衰遲白髮迸睠懷入室英蔚起鼓後勁尚克祇師言羹牆見先正

附園墅

寄暢園在慧山寺左明秦端敏金以漚寓房僧舍改爲之舊志謂弁南隱漚寓兩僧舍爲之案慧山記南隱在白石塢北又載黃公澗左龍泉房右地址不符名鳳谷
行窩多喬松古木後倚一墩周文襄公以寺闕青龍命聚
土築成者慧山記古蹟所載案墩也今建石亭端敏沒後行窩屬秦布政梁唐張祐題詩小洞穿斜竹重階夾細莎所謂小洞重階者在周文襄祠前後俱歸入行窩見談修慧山古今考鄒副使迪光有詩紀其事再轉而屬秦中丞燿易名寄暢變遷陵谷大改
舊觀四轉而封庶吉士秦德藻又改築之雲間有張連者
善壘石作層巒幽壑技重天下德藻延致之屬從子鉞俾
畢其能事園成而邱壑盡變廳事之外若知魚檻之屬皆
易制而仍其名又引二泉之流曲注條分聲如戛玉全園
各景皆面山臨水九峯屏幛如延入園中令遊者忘歸也
園左建祠祀孝子秦永孚旦仲孚爽故屢易園主必屬秦
姓孝子之流澤長矣康熙甲子

慧山記續編　卷二　園墅　十七

聖祖仁皇帝南巡始
幸茲園以後己巳戊寅癸未乙酉丁亥叠邀
龍馭
高宗純皇帝編
武叠臨後先比盛
天章炳煥寵溢林泉屢邀御製詩章圖畫匾聯俱謹載卷首宸翰慧山今古諸
名園惟寄暢園遭逢極盛

王穉登寄暢園記
寄暢園者梁谿秦中丞舜峯公別墅也在慧山之麓環慧
山而園者若棋布然莫不以泉勝得泉之多少與取泉之
工拙園由此甲乙秦公之園得泉多而取泉又工故其勝
遂出諸園上園之舊名曰鳳谷行窩蓋創自其先端敏公
一轉而屬方伯再轉而屬中丞公皆端敏之裔也中丞公
既罷楚開府歸日夕徜徉於此經營位置羅山谷於胸中
猶馬新息聚米然而後畚鍤斧斤陶冶丹堊之役畢舉凡
幾易伏臘而後成闢其戶北向署曰寄暢寄暢者用王內
史詩園所由名云折而西爲扉曰清響孟襄陽詩竹露滴
清響扉之內皆篔簹也下爲大陂可十畝青雀之舳蜻蛉
之舸載酒捕魚往來柳烟桃雨間爛若繡繢故名錦滙漪
慧泉支流所注也長廊映竹臨池踰數百武曰清籞籞盡
處爲梁臺其上中稍高曰知魚檻悉園司馬書中語循橋
而南復爲廊長倍清籞古籐壽木蔭之云鬱盤廊接書齋
齋所向清曠白雲青靄乍隱乍出齋故題霞蔚也廊東向
得月最早顏其中楹爲先月榭其東南重屋三層浮出林
杪名凌虛閣水漲畫艇陸覽綵輿舞袖歌扇娛耳駭目無
不盡納檻中閣之南循牆行入門石梁跨澗而登曰臥雲
堂東山高桃簷生望爲霖雨者乎右通小樓樓下池一泓
卽慧山寺門阿耨水其前古木森沉登之可數寺中遊人
曰鄰梵鄰梵西北長松峨峨數樹離立箕踞室面之王中
允絕句詩也傍爲含貞齋階下一松亭亭孤映既容貞白
臥聽又堪淵明獨撫松根片石矗矗可當負皇圖中醒酒
物主人每來盤桓於此出含貞地坡陀壘石而上爲高棟
曰鶴巢亦王中允詩語閣東有門入曰棲元堂堂前層石

慧山記續編　卷二　園墅　十六

為臺種牡丹數十本花時中丞公燕余於此紅紫爛然如金谷何必錦繡步障哉堂後石壁倚牆立牆外有張祜題詩處茫然千古滄耶桑耶漫不可考矣出堂之北地隆然如邱可羅數十胡床披雲嘯月高視塵壒之外曰爽臺臺下泉自石隙瀉沼中聲淙淙中琴瑟臨以屋曰小憩拾級而上亭翼然峭蒨青葱間者爲懸淙引懸淙之流甃爲曲澗茂林在上清泉在下奇峯秀石含霧出雲於焉脩禊於焉浮杯使蘭亭不能獨勝曲澗水奔赴錦滙曰飛泉若出峽春流盤渦飛沫而後汪然渟然矣西疊石爲洞水遶之栽桃數十株悠然有武陵間想飛泉之滸曲梁臥波面如螮蝀蜿蜒以趨涵碧亭亭在水中央也涵碧之西樓巋然隱清樾中曰環翠登此則園之高臺曲池長廊複室美石嘉樹徑迷花亭醉月者靡不呈祥獻秀洩秘露奇歷歷在掌而園之勝畢矣大要茲園之勝在背山臨流如仲長公理所云故其最在泉其次石次竹木花藥果蔬又次堂榭樓臺池籞而淙而澗而水而滙則得泉之多而工於爲泉者耶匪山泉曷出乎山乃兼之矣夫園之麗茲山者不知凡幾家歷幾世更幾姓如昔平泉金谷之比不翅傳舍逆旅若耳且也主人振纓馳轂勤勞王事終其身不一窺按圖問監奴此某亭此某堂此某樓閣池臺耶青鏽不圯朱扉不生苔蒼琅根無恙可下葳蕤之鑰乎無使遊者闌出入撲吾樹頭梨棗折砌上花捕池中魴鯉也更幾十年然後歸歸而龍鍾以老游勝無具不能出五步之內矣此不邯鄲華胥之夢且幻歟秦之先自五先生迄今詩書軒冕相蟬聯由端敏而方伯而中丞園之主雖三易矣然不易秦也秦不易即主不易耳中丞爲讒人所螫中歲解官園成日涉其中婆娑泉石嘯傲煙霞棄軒冕臥松雲趣園丁抱甕童子治棋局酒槍而已其得於園者不已侈乎客乃謂方今東師雖罷朝政如秋荼也者以中丞公之雄才大畧又富於春秋不登三事九列徒令雲臥一邱疏泉藝石消其胸中磈礧卽縣官奚賴焉余謝客曰子言在用世非寄暢之旨也姑置勿論

鄒廸光寄暢園

堤廻曲枕水室窈巧藏山紫闥青葱色朱簷綠蘚斑路因妨竹徙門爲護花關咫尺琳宮在袈裟日往還

王穉登寄暢園

十畝清池在澗濱泉聲淲淲石磷磷山當錫去仍名錫松豈秦封卻姓秦牆隔白雲鄰古寺樓藏綠樹見游人崎嶇世路何須問且卧巖阿作隱淪

秦燿寄暢園二十詠

嘉樹堂

嘉木圍清流草堂置其上周遭林樾深倒影池中漾

清響齋

繞屋皆篔簹高齋自幽敞時和寒泉鳴泠泠滴清響

錦滙漪

灼灼夭桃花漣漪互相向水底爛朱霞林端日初上

清籞

竹光冷到地幔卷湘雲綠隔隖清風來聲聲戛寒玉

知魚檻

檻外秋水足策策復堂堂焉知我非魚此樂思蒙莊

清川華薄

映水列軒窗林巒森在矚塘坳聚落花谿流出茆屋

涵碧亭

中流繫孤艇危亭四無壁微風水上來衣與寒潭碧

懸淙澗

淙淙乳泉落磵道石林幽尋聲窮其源杖履多二休

卧雲堂

白雲已出岫復此還山谷幽人卧其間常抱白雲宿

鄰梵閣

高閣鄰招提天花落如雨時聞鐘梵聲維摩此中住

大石山房

寒厓挂蒼藤一石塞雲棟夜半月明中天風吹欲動

丹邱小隱

小隱人間世神仙安可求吾將鍊大藥卽此是丹邱

環翠樓

登樓展幽步俯見林壑美落日凭闌干當窗四山翠

先月榭

斜陽墮西嶺芳樹先得月流連翫清景忘言坐來夕

鶴步灘

獨鶴前山歸從容步淺渚望遠時一鳴臨流刷毛羽

含貞齋

盤桓撫孤松千載懷淵明歲寒挺高節吾自含吾貞

爽臺

曉起盼青蒼天空絕塵坱排闥兩山開軒窗致高爽

飛泉

雨溢忽飛泉泉流注深谷我欲往從之褰裳濯吾足

凌虛閣

飛甍聳碧虛臨下如無地九閽若可捫從此籲上帝

栖元堂

獨抱遺府蘊幽棲歲月深太元猶未草我與子雲心

高忠憲公攀龍寄暢園
春風靄然至今我思山中選勝入名園幽情浩無窮迴廊南北繞阿閣東西通曲池瀉清泉高岡面崇峰開閒修竹裏寂寂桃花叢依依和烟柳謖謖含風松不以茂對意安見造化工微吟展孤興小酌發清容隤然四體放澹爾萬象空不知賞心者誰與此時同

吳偉業寄暢園山池塔影
黛色常疑雨谿堂正早秋亂山來衆響倒影漾中流似有一帆至何因半塔留眼前通妙理斜日在峰頭

秦松齡約同金陵俞廣霞楚黃杜茶邨從叔樂天先生遊寄暢園即送廣霞茶邨別
古屋薜蘿陰斜陽隱暮岑先公留賞地我輩共登臨千里碧雲合九峯黃葉深悤悤分手別秋思復侵尋

徐乾學夜飲寄暢園
名園當令節密室必深更酒碧濃於柳歌清囀似鶯新詩吟夜館纖月落春城歲歲逢寒食難忘此夜情

王芝林寄暢園與李丈濱篁秦丈建侯小集
名園清絕處半是漫遊人四面眞山色千年老樹身詩仙思矩李地主說彝秦每一登亭望與懷意匠新
文蕎案庚申之變惟寄暢園全行被燬

慧麓小圃明都御史談愷十山建面錫山背平壤右挹九峯左望蓉湖如觀圖畫康熙年邑志謂疑即孟濬慧麓小隱遺址後歸王鴻臚鑑子大益萬曆七年舉人浙江衢州推官拓基增飾愈雄麗世稱王園王世貞遊王黃二園記謂此園於山色得其三垂黃園僅當一面耳馬文肅世奇最愛王園欲購爲下帷地而未果文肅殉節後弟世名子玉購爲殯宮以從文肅之志後即爲祠今案繡嶂街倪高士祠曲沼假山亦王園一角

談愷慧麓小圃永錫堂成
還榮歸故里逍遙娛心神結廬傍翠微魚鳥日夕親匪眞親魚鳥九龍與之鄰曲池流潺湲怪石疊嶙峋疎篁間高樹庭除自生春樓居可矚雲凭欄拱北辰臺榭時眺月何能容酒人堂開顏永錫敞豁絕風塵招彼求仲侶嘯歌醉甘醇呼童汲寒泉煮茗卧花茵醒來意殊適邪璺信淸眞所以季鷹子每思鱸與蓴

王世貞華太學露邀過王鴻臚園
屐齒何妨細雨過主人緣客治巖阿未樓有勢爭霄漢諸樹無心長薜蘿疊石巧當山色闕分泉別取水聲多編錢故是王家埒喚作弇中奈我何

慧巖小築顧榮僖可學別墅榮僖號慧巖　王永積錫山景物略云榮僖與巖分宜同榜由工部出爲參藩性好燕遊不治事罷官歸優遊林下三十年至世廟末年修長年術可學由間道進不三年加宮保賜賚數十萬年七十九予告歸卒於家賜祭葬謚榮僖隆慶登極始削奪園在廟巷舉趾即可登山景物略載入廢園未敘園景

錢百川詠慧巖小築
峯嵐重疊水潆洄一徑苔深一徑莓我不到門公莫訝他時當共異人來

戴冠慧巖小築
慧嶺千峯轉悠悠春望賒天迴湖外草日動寺前花拄杖石林迥移尊松逕斜雲中下雞犬咫尺是仙家

黃園明光祿寺典簿黃揖以呂少卿元夫荒圃改作之王世貞遊王黃二園記謂入門物色皆蒼莽可憐行百武有旁竇穿之廣除豁然有堂頗宏敞後枕方池池後一樓啟窗倚戶西山故無恙也下樓由廊得一扉入有亭有樹流水穿石喬木數千章古而奇又華淑記謂擘秀閣疑即王記池後一樓下臨清池開窗四望聳者爲巖藏者爲岫錯者爲疇曠者爲野藹者爲刹壁者爲屋墨者爲樹矗者爲塔平者爲莽斷者爲徑蒼蒼窅窅一覽無遺別有精舍數重爲主人內苑遊跡罕至下缺舟車所集之地過而問者不數數焉與寄暢園愚公谷鼎峙泉石間而可以淩奔駕鄒已邑志謂九峯禪院即黃光祿廢園余案王鳳洲記王園以山色

湖光擅勝黃園以深藏幽邃見奇故址極廣庵址乃其入門處耳想後半廢爲田疇矣

王世貞重遊黃園

三過黃園興轉新爲貪幽景豈門人蒼苔印鹿尤堪賞古樹啼鴉也不嗔自有眞山當北牖任他流水入西鄰翻驕屐道林中竹總好還沾京雒塵

華宗黃九峯園

愛君幽息處徑遶薜蘿深開榻山當戶入谿花滿林庭陰時走鹿谷靜晝鳴禽萬慮都忘盡惟餘好客心

董文敏其昌黃園擊秀閣

煙景駐征騎晴林踏落花因聽綠水曲忽到赤松家魚鳥向人近樓臺俯郭斜更攜餘興在絲管隔窗紗

華淑黃園

香翠低迷一徑開風音徐引入樓臺林深止許烟霞占片片青山吹幕來

王永積和

獨喜芳園面錫開尙邀山色上危臺蒼茫古道煙如織別有寒泉繞澗來

栖隱園又名古華山莊貫觀察應璧因秦上舍棻所創園基足成之華淑記云凡園皆近慧此獨全面錫山入門卽溪山第一樓橫臨大道香車畫舫逼人紛集內爲養和堂庭甚疎落迤西爲皆春堂曲籬短亭有梅花玉蘭西府海棠最後爲珠翻館環翠閣又王永積錫山景物畧載秦埛十景詩有結茅近百年堂猶昔時好之句蓋貫氏轉於秦戶部埛矣最後邑衆人購其樓與堂爲邑令吳興祈生祠旋改朱文公祠前樓三楹有溪山第一四字額元強都事可仕集文公書也園本強都事故墟嘉靖間已屬秦桑惟原額尙存耳新舊邑志俱以溪山第一樓與栖隱園分而爲二則非也貫觀察秦戶部各題詠可證

陳汝言溪山第一樓有懷倪元鎭

淸晨獨倚樓秋色淨如洗山靑雲弄姿江白風初起心隨沙鳥閒目送征帆駛對景每懷人相看隔千里

周翼溪山第一樓

第一樓前第一峯西神擁出金芙蓉薔薇檻外半輪月頫視谿南百尺松黃鶴留題須太白大牀高卧學元龍主人恬退懸車早日日登臨樂素封

嚴一鵬淸明日貫卯庵栖隱園社集

春風吹拂柳絲斜佳節相攜感物華共有錦囊題白雪未須金管劾流霞人行磴道初如蟻日落湖帆盡載花散步踏芳歸任晚城頭猶有未栖鴉

貫應璧自題山莊

無那靑山笑白頭抽簪聊復小句留不知陸羽泉南社何似黃岡縣裏樓風月無邊多暇日溪山第一况新秋藕花開落閒門掩飛去飛來幾點鷗

秦埛十景詩

溪山樓

珍重樓臺人與山俱畫裏陰晴朝暮間與山俱卧起

香雪林

寂寂疎籬下寒林別有春幸存補白舊何是種梅人

皆春堂

結茅近百年堂猶昔時好留取舊春風聊是曾氏棗

嘉樹軒

頌橘知何意當因蘭臭眞軒名聊託物賦敢望靈均

探幽堂

緬想入林人林幽有深趣讀借前人詩攬勝前人句

珠翻館

曲折無多地偶此成獨往泠然不染心便作攀荷想

青未了亭

日日對青山青山看不足田父有好懷去望平疇綠

澗室

賞教水脈通不放山根絕一室小于巢恰補牆東缺

綺望臺

名取酈生註山川君綺分正思搔首問青天多白雲

瀟碧廊

繞廬碧一灣濯纓者誰子望望青山近桃花自流水

愍公谷在慧山寺右明正德中馮僉事夔建龍泉精舍有園林之勝前後庚午志皆載毀恰居爲園案先文莊集中龍泉精舍記云作堂於其流之滙處是與黃公澗水交滙處今胡文昭

祠地也當時龍泉南隱兩僧房具在龍縫泉在碧山吟社中吟社亦未廢 變沒園歸顧同知起綸作
墓地既葬而遷乃屬鄒副使廸光撤其舊而益大之自馮園而
達於泉亭之前街南折而至華坡又東折而達於日月池右其
東南通獅嶂街廣袤數十畝中包法宮梵宇異花古木崇臺峻
閣假山深池遊者忘倦內有十二樓以居姬侍廸光性好土木
終年營治旬月再至即已改觀自撰記云園成乎人而實本乎
天終當還之造化捨爲佛刹子孫不得而有之可謂達矣而顧
自號愚公在當時有山慧谷愚之誚然愚公谷之名一見青州
府志臨淄山一見王維集中王維有愚公谷五律三首即青龍寺與黎拾遺昕戲題爲愚公谷也

鄒廸光自撰愚公谷記

園林之勝一山二水無是二者即有奇葩異樹雕甍峻宇
何以稱焉吾園錫山龍山廷廻曲抱聯綿複給而二泉之
水從空醞釀不知所自出吾引而歸之障之掩之使之可
停可走可斷可續可巨可細而惟吾之所用故亭臺樓閣
便房曲室下至几席所見無非山者而水爲之灌漱淵池
溝澮下至盆盎所見無非水者而山爲之砥柱以一九龍
山化爲百千萬億之山以一二泉水化爲百千萬億之水
而皆聽約束於吾吾復有天幸又得百千霄合抱
之木高出於園內外鄰家不自有吾併得而有之虬盤
翥於山水之間而後吾園益爲增勝若以屋論奚足取哉
夫屋宇成於人者也山水本於天者也吾園成於人而實
本於天本於造化終當還之造化爲吾子孫當做周
彥倫王元琳故事身死之後捨爲佛刹聽其自興自敗
增自滅自久自暫汝不得而有之必欲有之將必不能有
而爲强有力者負之走矣

華淑愚公谷記 依景物略節錄

第二泉折而南至春申澗第一曲愚公別墅在焉入門數
折爲天鈞堂小山前帶清池後藻喬柯千尺與海棠梅杏
之屬點綴青蒼白石間天然大雅堂左修廊一曲題曰茂
林修竹廊躡登假山過石公壁履處得塔照亭亭界兩山
間大塊一踞過亘穿絳雪樓入藥房黃房瘦影榭始青閣

幽香美靚類閨閣物度黃昏臨流而山爲菩提場中有
畏佳樓九蓮臺七徵齋六通檻皆奉大士居名祠其有幡
幢纓絡鐘鼓唄鐸軍持蓮漏之屬又儼然一旃檀林也場
前方塘畝許小亭臨澗顏曰瀸瀸亭泉流衝決此其始波
復由塔照亭出箭葉廊爲玉乘亭折而東疊石爲橋跨
爲屋從橋直下沿水長堤叢篁夾岸迤邐至青羊野山中
大樹五百年化爲青羊槎枒老木或適當其候耶俯青羊
野爲坐飛臺臺畔一屋撐持於寒泉石壁間仍下臺穿堤
過橋入小門爲石語齋上爲仙的樓樓後爲蕉鹿齋爲膏
夏堂植牡丹百本可使雜陽失色自此至語花移眉梁登
四照關亭臺沼沚林烟嵐靄一望盡收折而下爲金莛堂
歷鋒畫廊爲蔚藍堂愚公每挾青衣於此度曲香塵響屧
人人絕唱稱公夫後廣陵散絕矣煙鬟洞長廊落落潛通
谷之內苑崇樓數匝玉鏁金鋪別有洞天福地晚粧望幸
又不知幾何年矣樓前通隱堂則爲谷中之麗事自此遂
達前巷朱樓對映左曰秀嶂街右曰名泉里

鄒廸光愚公谷詩十四首

春申澗第一曲

第二泉亭西折入陋道古木樓株默謁鬅蔚梳風燦
劉凡二百武許而得余園門之榜曰愚公谷入門右
一亭據水口是謂春申澗第一曲澗所從注不大猛
厲而引入吾園則甚怒張當其洶湧時直躍亭額而
過之聲如獅吼然春申君乃楚黃歇也

移山力既殫決流勢日厲爲水一衣帶居然千里勢水石
兩排盪響似雲中遞春申不可即臨流歎川逝

水邊林下

一曲直下五丈許地勢稍窪就其間設一堰障之堰
畔有榆二株修而上挺不受赤日長夏可當清涼界
風至則樛然有聲與泉互答題曰水邊林下

設堰障頹波濆瀉此焉揖下有百尺流上有千歲幹倚樹
弄潺湲恍若坐銀漢不獨耳目娛將使肺腑濯

瀸瀸亭

澗自一曲而下如建瓴然凡爲障者七而此其一也
亭其上曰瀸瀸雨過泉走亭下鼓舀溯洁飛洒人面
政所謂瀸瀸不絕流爲江河也

厓㕓立石猛虹梁架其間羣霓紛下踞昂首欲奮騫濆沫
散飛霰震雷鼓青天汩汩一河駛瀸瀸使之然

在阿

下瀸瀸亭階有堞方廣數武周遭粉堞東向壘石爲
屛高二十餘尺中置石臺環可坐可容十人四垂懸

植紅桃間以綠篠以其外凸中凹若巖阿然故取詩人在阿之義而名之

解龜抱奇尙息此山中阿睥睨納雲霞卿嘈銜薜蘿踞輪
絶來往鹿隊時經過所適在咫尺爲用不貴多

塔照亭

頻伽嶺上有亭名塔照凡三楹九龍爲扆錫山作案下有方塘含靑受綠錫山木樹駢羅密不見體一塔從中擎出僅得四層陽烏西匿返照注射作黃金色是吾園最勝處

後峯極岩嶤前嶺復秀鬆嶺樹蔚以薈儀然設畫屏浮屠
從中出白雲爲項領返照往射之大地琉璃影

枝峯閣

閣在天鈞堂左四窻虛懸而叢木圍之如人被綺繡西向一面從樹隙見九龍山端坐如丈人其東向則下俯方塘上矚園中唧嘈睥睨之屬雖盛夏不熱非獨高寒亦以多蔭故

斵雲攜儷閣峰屼不可梯軒窻從空設虛豁無端倪蚩蜆
宿重檐貫畢走層梯樹頭在其下嶺面與之齊

緪河館

閣之下有館後實以壁而虛其前一面臨池倚檻望之其直如繩即天鈞堂前池也閣與館或先閣而館或先館而閣高或暢情靜亦斂性

虛闘斂太淸其下有靚窔刻櫳臨方塘居然似繩直桐陰
鋪石牀荷風扇簷席未諳物外觀且作池中拍

天鈞堂

圖中亭臺戶牖之屬率窈眇樸遬不免寒儉氣而此堂獨宏麗頫晃前臨方塘可一畝其中多荷香流別院後有玉蘭十二株花開如雪從屋杪見九龍山如牆頭高髻亭亭有致留賓作劇大率於此

山齋多偪側茲堂倚軒敞八窻寫雲氣四壁作山響銀池
荷錢漾石甃蘭玉長日陟合朋儔幽栖亦鞅掌

蒼筤塀

虹廊既盡一折而復南有廊偟虹廊十之二而濶過之廊前無他花木修竹數百竿而已能障日杭風籠煙織雨令人作淇園想

舉步或易窮行廊觀無極簷前何所有所有但竹色吹籟
韻自流扶雲餘皆直貞心長獨抱高節復誰識

木香徑

徑在天鈞堂之南內倚負當外臨漣漪迤邐其間衣爲受綠名不於此於竹而以木香者此花惟此徑中獨有故云

爲賞非一途躡步實多術獨此徑路中香氣紛苾苾掩靑
竹色浮含碧水花溢瓶之求羊侶相與共支策

弧渠廊

出天鈞而東復轉西傍洗耳泉而止爲廊環廊之外有磵雨集則流雨大集則大流奔馬不能禦也弧渠盛水不洩取義以之

迴廊接廣廈倚石稍自安詠茆誠小搆習坎乃巨觀有洊
沐林壑檻楯生飛湍奔瀑疑自天誰謂非人官

茆齋

每讀浩然詩紅顏棄軒冕白首卧茆茨心甚愛之因念予四十罷官今已六十而老此兩句若爲不肖設乃結茆齋三楹取水於渠引注階下日號濊濊又有柴門流水之意

施檴無不佳結茆亦自好牆根一罅淺屋角雙峯繞亻亍
走麏麕軥輈聽禽鳥中有素心人道書自探討

三疑嶺

醉石灘之上有嶺攀首閣其夾樓在焉陟嶺有三路皆藏僻處非得指南多作桃源迷故游者多不登既登則九龍當胸錫山出吾左腋下未始不呼爲絶勝

爲山不數仞爲術非一路不有指南車幾欲錯余步煙嵐
信變遷草木動廻互振尺愜攀躋引睇勞延顧

攀首閣

昔靑蓮登華山曰此山呼吸之氣想通帝座恨不攜謝脁驚人句攜首問靑天耳余山僅塊石即躋其上亦何啻一培塿獨一攀首行吟則翠峯紫翠悉落吾手即謂與帝座通亦無不可

我我睥睨間歷歷見峯首一閣曾幾何萬象爲吾有攀首
一行吟蒼翠墮吾手天闕疑咫尺呼吸信通否

碧山莊在錫麓俞公橋東明嘉靖中狷齋高玢侵其鄰地所營也王石沙侍御解組歸貸金於玢弟而欲有之玢訟於郡仍還其直後屬侯太僕子世芬莊有野致小橋流水環窻而池有宛在軒錫慧兩山悠然入望長松叢桂宜於秋冬粉辥紅蓮宜於春夏今爲侯太僕祠庚申之變已毀

華淑碧山莊
別有陰光漠漠遮閒留一榻傲煙霞暫歸廬舍翻如客久戀谿山欲作家水借亭臺生委曲人將竹石共幽遐清秋但覺秋無際水面殘香盡落花

蓉湖莊出寺塘涇舟行去慧山一里許清波繞門煙深樹密山堂樸野奇石林立是名手布置直可拜殺米顛有湖上草堂迴廊曲檻清風閣木繡天花茵地亭臺池館曠室密房整散咸宜憑高眺望山色撩人遠水檣颿橫塘鐙火悉為几案間物依山近郭園林之勝無踰於此華聞修慧山名勝志王崇巖錫山景物略皆極誇美而皆不載園主人姓名顧憲副詩以陶潛謝朓為擬亦高人之寓宅也今廢

顧可久蓉湖莊
倚柳山谿環舍廬芙蓉湖水遶門流清幽自識陶潛宅高曠從知謝朓樓瓏瓏池上清風閣窈窕谿邊明月峯弋雁釣魚咸取足揮絃覆局自從容

古蹟第九 書翰　器物　花木

古人已往所存者蹟而已矣殘碑斷碣珍賞者比之圖球溫硯竹鑪摩挲者重如彝鼎皆不禁神往而心移也至卉木之屬則前編所記者皆無存矣今之拔地參天者非昔之拱把而養焉者乎前編有城坡宮室無可續記今益以坊橋

○書翰 附廢蹟

天下第二泉五字石刻一在下池右元趙文敏書顧皐有記 一在漪瀾堂左金壇王吏部澍書舊有天下第二泉坊趙文敏書詳本卷坊

顧皐記
吾錫故太伯城商周時已多舊蹟至唐陸羽出二泉遂名天下泉上舊蹟尤多元趙承旨書額其一也諸蹟既就湮趙書錄木懸亭前最久康熙間亦湮今泉左有包太守刻

王吏部書補趙書也趙書存久而失邑人惜之近歲傳丹徒人家出古碑有承旨書天下第二泉字咸謂宜歸慧泉孫太史爾準欲購徙之而丹徒人以碑賚舊井曰吾井實天下第二泉碑烏乎徙竟不與既而秦容莊轉運獲搨本以貽平叔勒諸泉右隅而屬余為記余考泉上之蹟最先有唐獨孤及記僧若冰詩皆刻石又宋孫覿記刻於紹興十一年頗詳建炎以來疏治之事明邵文莊銘刻於正德五年可考亭堂池沼之規今其文散見他籍而泉上片石無有又有陳淮隸書額李東陽篆書額亦不存使好古之士不能於即景攬勝之下摩挱舊物以識夫濬鑿營搆歲月沿革之所自為可惜而獨承旨書能久而存失而復得古人之蹟豈各有所遭歟余故幸斯額之存並及所不存以告後之志二泉者若夫丹徒碑所自始不可考丹徒井以碑假二泉則唐柳州所謂冒焉以負名無容訾議也

華孝子祠四字元至正戊戌鄭元祐書慧山記所載趙文敏周左丞王文恪書皆無存 成志 樓承澤池瀨源橋遺蔭樹各一絕 刻嵌祠壁

尤文簡公手書簡牘碑刻在文簡祠內北平翁方綱郡守卞斌邑

人秦侍郎瀛泰大令大光祿侍郎孫文靖公爾準皆有跋

王學士達靈泉記二碑俱在岳廟西廡一爲學士眞書一爲廣東

宣慰使副元帥慧山孟叔敬篆書王學士有跋在篆書後

張中丞廟記四碑一爲邑令李恭撰文邑人工部郎陳勉篆額并

書一爲布政陳寬撰文琴川郯文光書俱成化十一年刻石一

爲弘治十七年參議馮謹撰文一爲正德元年先文莊公撰文

莫止篆額并書在嶽廟右廡者爲舊廟建於宋徽宗二年舊廟之東爲新廟建於明成化八年即清微精舍故址新舊二廟址相接也宋元明三朝碑刻數十種國朝嘉慶十三年火道光十一年又火古碑皆毀今存者惟王學士靈泉記二碑在舊廟門左右壁馮參議李邑侯陳布政先文莊廟記共四碑在新廟二門左右壁

過太淑人貞節四面碑在聽松庵左震澤王文恪公鏊撰文陸寬

篆額王衛書石嘉慶丙辰重立於太淑人圭穴之後

王孟端書畫卷石刻有名人題跋在大佛殿牆內○今嵌昭忠祠內

李文正公東陽寄題第二泉歌林見素俊喬參大宇先文莊公俱

有和韻詩石刻置泉上下池上有聽松二楷及兩夾室李文正公八分湧觴亭三字榜於堂凡名人題詠及戚翰林瀾三賢三孝祠記各石刻皆嵌列焉又十賢堂左有留題閣亦嵌各古刻

五賢遺像丹陽杜言符畫李文正公東陽小楷像跋莆田林俊長

洲文徵明皆有跋乾隆間邑令吳鉞有跋碑在二泉書院五賢

者諸葛武侯陸忠宣公司馬溫公范文正公韓魏公

海天亭記松壇銘石床行十賢堂詩點易臺銘四面碑皆先文莊

書尚有諸名人書翰名碑俱在二泉書院分別嵌置咸豐丙辰

涵初刻易情軒帖嵌入二泉精舍新堂左右壁

點易臺山中刻字石今存者石臺上有點易臺三大字石壁中有

滴露泉三字登巖道中有數丈石矗立徑側大書刻之曰山水

之間曰風塵之表曰青壁丹厓八閒天上皆先文莊書舊有望闕巖石香罏篆刻萬壽無疆四字今不可考涵初篆書補之最上有巨石刻李文正公篆書二泉

精舍四字旁有西涯二字款今在海天石屋之右

先文莊公尚書臺紀夢次萬晦之韻

許有尚書臺在臨顧之野其風景予嘗聞諸故老而未之見也一夕予夢至焉寤以告客萬晦之晦之紀之以詩蓋於今二十有八年矣正德庚辰予作點易臺於慧山之麓恍然如夢中所見故次晦之韻亦以紀事云予大書點易臺三字於石上

昔之夢似今之所吾臺誰謂前無古尋常灌莽接松楸窔出煙霞三百武青雲有階人可得輕舉尤須藉風伯小池

新引露泉清大筆深刊厓石白海天佳氣從東來一滴萬古眞水哉金春玉應碧山靜道人對此方心齋西嶺東峯擁前後一方眞與乾坤久危厓鐵笛夜凄清城市茫茫失塵垢高耶遠海謫仙詩歌聲入雲雲欲飛先天有易本無畫誰向青谿問點爲

原案 先文莊有董侍御見訪超然堂詩云更欲與君尋古刻南巖石上洗苔斑玩此則知厓上本多古刻今盡磨滅或爲採石者取

周文襄公頌刻石先文莊公撰并書八分書舊嵌文襄祠門今移嵌文襄享堂左壁

張中丞廟二門樓前簷下有天付完節四字額爲顧憲副可久書

道光十一年火額在火中飛出墮於頭門內橋池旁踰年重建

二門樓仍榜是額咸豐十年城陷被燬

顧憲副可久撰書閒居賦石刻在憲副祠

春草軒詞文待詔徵明書在華氏貞節祠又停雲館殘帖在趙宗

白祠停雲館帖係文衡山[illegible]父子摹勒始於嘉靖十三年甲午成於三十六年丁巳凡蒐羅之富鉤摹鐫刻之精最爲珍賞家所重文氏藏之百年後歸虞山錢氏至乾隆間半歸於太倉畢弇山制府沉嵌置靈巖山館以鈔没入官而毁於胥吏之手半歸於毘陵劉氏道光初年賓俊三承煒趙南湖漢侯同購於劉氏而分之俊三所購嵌置城内賓祠南湖所購嵌置慧山趙祠搨者釐爲上下二冊不全者另爲存殘漢侯子稼賓移嵌享殿後廊余顏其額曰留雲軒咸豐十年城陷被毁

高忠憲公手書遺表及别友人書刻石在祠遺表云臣雖削奪舊係大臣大臣受辱則辱國故北向叩頭從屈平之遺則君恩未報結願來生臣高攀龍垂絶書其别友人書不備錄又葉茂才黄宗周俱有跋

重修先文莊公墓碑記初置墓前今移置祠中顧憲副祠拜石山房記在憲副祠俱吴侍郎瀛撰文錢唐梁侍講同書書憲副祠又有忠君愛國四字顧觀察光旭擘窠大書

○附載廢蹟

二泉之上有小洞洞口方廣丈餘石上古篆玉雲幽洞四字顧起經邨時猶及見之又若冰洞曾鐫雲壑二字雲壑吴琚號也此二條俱見黄卭錫金識小錄案吴琚宋高宗吴皇后之姪

小洞穿斜竹重階夾細莎唐張祜題慧山寺詩也小洞重階在周文襄祠前明萬歷間廢入鳳谷行窩見談修慧山古今考又見王穉登寄暢園記

鄒廸光小洞重階詩有序

與友人過慧山寺唐人所謂小洞穿斜竹重階夾細莎處不可得而其詩自在膾炙千古余有感焉因作短歌

君不見石家金谷門豪華雕臺刻楯凌紫霞連雲步幛今何在快犢瑩蹄不復誇又不見鄒通佞幸勢赫赫銅山峨峨千百尺西第高甍禾黍生東門孤墳狐兎跡滄海桑田等閒事炎鴆人民總非昔九龍寺古石齒齒繚周琪園紛瀣比誰其尤者金如山不惜朱叩結魄福春風别院鎖葳蕤夜月明題照翔蒻能將古鑑與坤埴史取靈泉作杯水巖深埋佛日沉沉石田洞畫蓮花死靈泉古徑千年物晻事於今驟滅没山逕有路吊蒼苔鳥篆無文續殘碣惟有前朝舊題句鄒與名山萬古列仙洞高臺幾回換翰墨淋漓長不賜乃知世間之物易泯滅蓄英雄那足數未若詞人三寸舌搖撼造化亦令古人生俞無隻字可垂芳郎有黄金一抔土

竹鑪題詠卷散失於明嘉靖萬歷間秦秋有詩載入卷三勝覽君子堂役今亦無存矣

○器物

慧山記載竹茶鑪始末詳矣未載盛舜臣新製之鑪當時以其非古物也吴文定李文正王文恪先文莊俱有新製竹鑪題詠至國朝康熙間盛舜臣鑪亦壞顧典籍貞觀仿舊製更作兩鑪一時名流復爲題詠今百五十年尚存一鑪藏於竹鑪山房亦將壞

矣自聽松庵廢其法裔徒居㵎陀殿故仍名聽松房一名竹鑪房

前代名人詩歌記敘載入前編

顧貞觀竹鑪新詠記

慧山竹茶鑪者明初聽松庵僧性海所製王舍人孟端諸公各爲詩文圖贊以記之歲久鑪亡至成化間秦太守廷韶購得復還僧舍李文正邵文莊諸公題詠尤衆而鑪已漸壞盛侍郎冰壑命猶子舜臣彷彿爲之前後倡和遂成大軸遞年吳中丞伯成初令吾邑見之爲加裝潢凡二卷獨王舍人贈性海畫及李文正篆竹爐新詠四字失去覽者以爲遺憾於時舜臣所爲鑪亦與其舊者乃不復存惟一圖在耳甲子秋余卽先端文公山祠構積書巖於芙蓉亭遺趾之側爲堂三楹累石疏泉頗得幽居之樂因憶山中故事遂倣舊製作兩鑪鑪成賦近體一章邑人聞者競賡原韻會余入京師攜其一以行擬乞題於輦下文章之士一日坐成侍衞容若通志堂出書畫共賞中得一卷則王李風流依然合璧而吴文定謝文肅諸公贈冰壑先生詩記附焉余因乞此卷歸置巖居卽顏其堂曰新詠容若欣然許爲余書之夫一鑪耳其遺跡之離合顯晦蓋有不偶然者亟須得同時賦詠以記其異且余亦何幸步前喆

之後塵爲九峯二泉增此勝事哉更百年後此鑪此卷云
與否莫可定或未必無好事如余者耳

朱彝尊竹鑪聯句有敘

錫山聽松庵僧人性海製竹茶鑪王舍人過而愛之爲作山水横幅并題以詩歲久鑪壞盛太守因而更製流傳都下羣公多爲吟咏圖既失詩猶散見於西涯篁墩諸老集中梁汾典籍仿其遺式製鑪恒歎息舊圖不可復得及來京師忽見之容若侍衛所容若遂以贈焉未幾容若逝矣丙寅之秋梁汾攜鑪及卷過余海波寺寓適西溟青士愷似三子亦至坐青藤下燒鑪試武夷茶相與聯句成四十韻明年梁汾將歸用書於册以示好事諸君子

西神峯連延龍角流泉歕愷似桑苧次水經第較中冷遜西溟山僧寡營役谷飲遂夙願竹垞跡跌長松根風來耳垂髫青士都籃選茶具一一細莎頻梁汾舍彼陶冶工截竹等辮髦愷似附以紅泥團其修僅扶寸西狀土離於中下乃和用巽竹垞微颸颶入活火焰焰燄青初聆檜雨喧漸見魚眼睔梁汾紫筍舒萌尖乍點湯色嫩愷似王郎猝竹垞遲愛接支許論西溟解帶磐石間素瓷迭相勸竹垞欣然愜所遇伸紙隨染渲青濛濛巖亭瀑歷歷水田畈梁汾短短茅覆屋茸

聿荻抽薙愷似橋欹乃有路門闢或無楗西林壑雖未深埃壒頗已遠竹垞流傳盛新詠群雅足敦恵青士或爲篆籀棘若盍扃敦甗梁汾或爲眞行草若龍蛇蟠蜿愷似穆如清風作舉一可當萬西溟嗚呼百年來精爐竄猩貓竹垞曩時所珍物零落委荆蔓青士吾梁鑪塘側想茲恒繾綣梁汾形模授巧匠高下仿遺楥愷似所恨七尺圖盧爲塵土坌西溟開篋逢故人輾瞻得右劵竹垞羊脂鏤躞玉獸錦束緩纂青士譬諸延平津劍合始無恨梁汾俄驚鄰笛悲永歎孥舟遁愷似蕭條黃公壚歌哭與俗溷西溟足物覩者希五都絶市販竹垞今年吳船來載自潞沙堰青士徙置青藤陰旅話破幽悶梁汾貧比蓮芍輕形嗌石鼎鈍愷似小勺分宮時頭綱試甌建西溟忽憶秋水生乘此風力健竹垞逝將挂席歸耦耕僻下潠青士毋令石牀空兼使夜鶴怨梁汾

已上顧典籍竹鑪新詠

先文莊公温硯鑪有二範銅爲之一在二泉書院一在再涇里第其銘爲陽文篆書款曰二泉邵某著桂坡安國製鑪高三寸二分中空三寸下有四足如琴柱高八分鑪面四寸九分濶八寸二分右半方孔爲硯堂長四寸八分濶三寸六分四周有牆高四分附牆有當四周皆濶四分而空其中所以通火氣而寘硯也硯堂有蓋爲乾隆乙亥石川方氏補製方士虡有銘徐堅篆書鐫陰文字左有圓孔徑三寸五分以出納火其上可置茶壺硯之左壺之右其中爲墨洗堂長一寸八分濶一寸二分深一分相傳文莊没後書院之鑪歸聽松庵僧與守與性海竹鑪武昌守秦夔作疏乞歸者事見前編盛舜臣新製竹鑪王舍人紱畫竹鑪圖及前後諸名人唱和詩卷爲庵中名蹟編僧不能謹守竹茶鑪復失康熙間顧典籍貞觀見於成容若侍衛齋中乞歸故庵 温硯鑪亦失鬻於富商輾轉相售乾隆丙寅歸於邗江方氏邑人鄒方鍔記云邗江方士虡年既老恐先賢舊物久將失

傳以丙戌夏呈之儀徵縣公用官書移至無錫歸聽松山房典守聽松故鄒氏香火院也已上記中語○時乾隆三十一年一邑令李世敬賦竹鑪庵僧典守時歌詠成帙邗江方士虡西疇首唱邵衆邑令邵鐵崖棠邑人王千仞涵齋劉執玉思名朱雲璈書田鄒方鍔半洲谷王雲萬香程顧維銘曉芝俞奐璣是齋楊泰來苕汀若洲朱宗洛芩泉黃世則可亭唐棟蔚庭秦朝釪帖齋勁朱澐慕砌俱賦詩紀事侍郎鄒一桂二如作敘鄒方鍔作里第之鑪嗣孫失守輾轉相售乾隆間歸顧觀察光旭字晴沙太守玉堂今寶於江陰陳氏惟聽松山房一鑪失而復存

文莊公温硯鑪銘

暑有鑠冰寒有爾火既濟且剛厥用斯在我彼鼎我硯制殊義同汝第汝從惟金在鎔功在斯文而不自有左右寘諸歲寒良友

方士虡補鑄硯蓋有銘

二泉先生儒林師温硯製出眞壞奇陰陽配劑位坎離三

百年來垂永久我珍此硯同不朽寒窻弄筆更摩挲春生
一室開陽和儼侍左右親研磨

鄒一桂温硯鑪詩敘

邗江方西疇以乾隆丙寅冬得吾邑邵二泉先生温硯鑪用以命題爲消寒會一時唱酬聯爲巨册多可喜者歲在丙戌方氏以鑪來歸去先生之世蓋二百有余年矣王君啟丹唱爲詩紀其事和者凡若干人其慕而爲者將日益多夫區區一器物之小言之不足而長言之長言之不足而詠歎之豈直以是鑪哉余於是幸是物之得所歸也先賢手澤之不泯也佳二君之志之所託者遠也邑人之屬而和者爲均有得乎興觀之意也於是乎書

吳鉞温硯鑪詩并跋

佳硯貯松煤祇患冰天凍范金爲作鑪梅臘點易用坎離
得相資豈爲寒所中前哲留古製來者益珍重

僕代匱梁溪者七載乙酉春奉調平江遲至冬抄始入得遷去中間修治春申古澗畋立龔中翰碑文及入祀典諸祠重爲整頓者纍纍文莊祠其一也祠有五賢碑文莊手製僕於榛莽中尋得之并借韓金匱附跋語於後此皆有天幸實僕數月中稱最盛事今量移冶中道過梁溪詣慧山再觀竹鑪圖卷又見有所

謂温硯鑪并讀王丈澗齋所集諸詩洵慧山又增一韻事也不揣固陋勉賦一章不識方家以爲效顰否也時丁亥中秋日二泉亭長跋於全德祠之西廳

方士處詩二首

離坎互爲用鎔冶有妙理冷落護陶泓暖薇烏皮几緬維
文莊公杜石中流砥力學貫天人寘腹經史温硯今尚
存精製乃無比寒窻試拂拭斑剝土花紫火暖墨有香泉
清筆自泚縹座春風生近夜嚴威徙想公歸田後著成日
格子呵凍時作書共臺或藉此名高點易臺文瀾二泉水
詞卻數百年甄生護其市顯晦合有時流傳應未已水耕
復火耨三冬代耘耔翻笑坡公詩死灰吹不起

憶昔得温硯丙寅子月暇辨識藉銘辭知爲名賢留吾徒
共珍惜記述成吟謳迄今青之册庶不忘前修借乎硯蓋
失仍復良工熄精銅更鎔冶俾語亦冥搜乃爾得完好寶
之同琳球儼指數時節星紀二十周緬維文莊公品望天
人流想見銘硯時巳歸卧林邱賤子謹護持始艾今白頭
縱能留幾日易若垂千秋桑梓古勝地山水清且幽名物
庶得所竹鑪爲朋儔

王于似温硯鑪歌并敘

温硯鑪吾邑邵二泉先生舊物也其上有銘邗江方君西疇士處珍之藏弆二十年矣年踰七十謂此物宜歸二泉因郵致聽松山房與性海竹鑪並傳不朽于似幸先賢遺跡之尚存也作歌志之并邀諸同人和焉

點易臺荒牽蔓草行人過弔傷懷抱陰陽八卦太極圖刻
石巋然出塵表而今一笑俱寒烟變遷陵谷無從考邗江
忽致温硯鑪西疇方氏曾緘保緬惟先生點易時奧義精
言費搜討列聖如臨几席間不礙丹黃閱寒燠同時好事
膠山翁恐至冰堅墨難飽範銅爲質製厥鑪一勺温泉涵
硯沼先生勒銘矢弗諼鐵畫銀鉤籀篆好山房向有竹鑪
藏傳自明初性海造其間得失屢變更圖畫名流輝蘅藻
今添硯鑪成二難先哲風流欣未渺羲皇易理易模糊詒
示分明庸衆曉月格所著錄簡端墨瀋淋漓皆載道不朽
名山大業存片石精瑩遥遠緘硯雖失去鑪還留彷彿韋
編探幽窅山房世守傳千年應有榮光燭蒼昊

俞奐現温硯鑪歌

温硯鑪良金妙工倕高四寸廣有奇長倍之中空二穴圭
與規旁識篆安國製二泉銘以辭月有華雲爲彰室斯作
伯可將膠山更有陰陽佐名賢勤丹黃如斯人我所望鑪
之幸與硯俱又幸爲二泉先生之鑪鑪卽毀名亦商盤孔

鼎符神物護持竟不朽復歸傳里同嗟吁野草萋萋兮點
易臺古祠山麓餘塵埃遊人好古尋故跡但見斷碣仆卧
埋蒼苔山房古聽松舊事傳梵宮竹鑪與詩卷什襲重題
封豈有其徒保竹而不保斯銅界之藏弆垂永無窮我聞
在昔二泉見夢於經師云有高文鉅筆鐫豐碑榛莽棄委
人不識粗砂大石相磨治剞劂救之字已滅臨風三歎空
凄其噫嘻乎鑪兮鑪兮獨久留邗江有客方西疇

詩註云文莊曾見夢於顧祭酒復初言墓上碑將毀君當爲我全之次日跡訪碑已毀

案鄒侍郎繪此圖頁文燾於戊辰年得之謹藏於家

慧山寺鐘明嘉靖間鑄先文莊作鐘銘

先文莊公慧山寺鐘銘有序

慧山寺鐘自景泰迄於今凡三鑄始用元金若干觔於是僧圓金初爲住持實屬僧明杲明曜爲之披厥故而識且畫者則前住持僧圓顯也

惟金在鎔載革載從厥聲益宏允稱哉兹山之宮維良冶
之功朝之聲兮犖動躍若夕之聲兮犖籟數若四方下上
罔不格若

○花木

寄暢園有樟樹一株其大數抱枝葉皆香千年物也

聖祖臨幸茲園嘗撫玩不置

回鑾後猶憶及之問無恙否

聖祖賓天此樹遂枯感遇舍生樹猶如此

查慎行恭紀
合抱淩雲勢不孤名材得並豫章無平安上報

天顏喜此是江南只一株

寺中大雄殿前銀杏數百年物也殿下石臺數十級根在臺下陰覆臺上有一枝向西北行者橫亘屈曲下垂可五六丈牧雲禪院亦有古銀杏兩株則較小今廢

慧山記續編 《卷二 花木 五

秦琳詠寺中銀杏有序
殿墀銀杏大數圍未嘗結實惟寄生一枝子獨纍纍
大雄殿下綠苔滋銀杏濃陰覆石墀笑指樹頭新結子青青多在寄生枝

胡文昭公祠禮塔坪前古銀杏高十數尋樹身有癭百歲人已見其生癭矣又古杉一株老桂數十本皆愚公谷故物也今廢

黙易臺前古松四株叢生於超然堂故基之下高皆十五六丈自皇甫墩放舟至山則窗中已望見之樹下爲眞武殿僧盜葬處

咸豐丙辰冬一松死今三松尙存至庚申年俱廢

懷先閣古松名流皆有題詠又玉蘭一株亦古物也花開最盛今廢

盛鳴世詠懷先閣古松
王氏祠前生怪松蒼皮翠蓋無春容九龍蜿蜒自伯仲有爾應須名十龍
釋道章詩見本卷山居懷先閣

纓絡柏在栖隱閣即溪山第一樓廊西前其葉下垂分千萬葉爲一叢合千萬叢爲一樹色如鵝鶵頁觀察應璧所植慧山祇此一株自爲鹺商所不知珍愛竟被伐去今廢

梅屏在天鈞堂內徧梅爲之濶三丈許屏前築屋三楹秦侍郎瀛顏之曰對山精舍今廢

王芝林有恒道院梅蘚
欲障羅浮夢蟠虬臥馥芬暗香通麂眼疎影鹿沐紋斜偃花偏好橫排月不分莫愁迷路出遶護石牀雲

雙塔寺杜鵑花一大本圍以石闌高透屋檐花開數萬如丹山江助教祠古檜一本蒼翠淩雲三百年物也今廢

白石桃花雨鳴栗樹最多在山麓者實小而香在平壤者實肥而香減土人稱桂花栗今章家隖平壤亦有之結實尤早今廢

慧山記續編 《卷二 花木 坊 六

○坊附廢坊

坊方也言人所在之里爲坊書曰表厥宅里後世旌表建坊蓋由此 先文莊作慧山記時恰無古坊今林立矣記坊

光亨貞吉坊在桃花隖過太夫人墓前先文莊公建

千人報德坊在寺塘涇爲副使鄒廸光立西面曰人傑地靈東面曰巖壑鍾靈龍廸光子德基書

國朝

御賜忠節流芳坊在寺門內雍正七年建國初殉明死逆難生員邱曰贈助教秣補仁晉祀

旌節封一品太夫人楊氏祠前建坊 旌表

御賜孝友傳家匾額在秦氏雙孝祠乾隆二十三年秦裔建坊於寺前街今有二坊左曰聽松右曰觀泉鄭簠八分書王問篆書今廢

繡嶂街坊在春申廟北邑令吳興祚書作秀嶂街 邑志載嶽廟前各祠則稱在繡嶂街今建坊之處俗稱廟巷口

春申里坊在繡嶂街坊南邑令吳鉞書 舊曰名泉里乾隆年吳公改名春申

華氏四面坊在孝子祠前

顧氏四面坊在洞陽先生祠內

女中鐵漢坊在綺睦街知縣吳鉞爲朱子遠妻陳氏建

旌節坊在春申里爲錢琬森妻朱氏建

浦氏旌門坊在嶽廟東浦烈女祠前 浦烈女坊今爲浦氏合族總貞節坊互詳卷一祠

貞節總坊五 各建於貞節祠前刻貞孝節烈姓氏於坊詳卷一祠

孝女坊在泉亭前街爲孝貞女唐素建吳江趙函書亦棹門坊也 顧光旭訪唐孝女宅口占 太守風流替左司偶然行縣補笙詩貞松慈竹丹青裏門對南齊孝子祠

○廢坊

天下第二泉坊 談修慧山古今考云歷孝子祠而上爲天下第二泉坊匾爲趙承旨孟頫書案先文莊公慧山記云承旨書在泉亭上今藏吳侍御遴之家然則先文莊作記時此坊已廢矣詳本卷古蹟書籍

高山景行坊在寺前街左先文莊公建公沒旋廢今聽松坊即其地 談修慧山古今考云寺前街左未舊有高山景行坊李西涯公貞陽書匾文莊公每入二泉書院必從此坊由重街而進坊廢已久匾爲有力者移置家園中

貞升坊在二泉書院前先文莊公建今廢 談修慧山古今考云唐張祜題慧山詩小洞穿斜竹重階夾細莎今周文襄祠前小橋下卽小洞故處數年前邑有題者乘軒過此爲樹杪所掠因毀古蹟而卑焉以便往來迄今遊人靡不指名而訕笑之余因葺而復舊嵌碑洞口曰小洞穿斜竹重階夾細莎唐張祜題詩處重階者相傳古人置重階爲男女別途其一爲聽松通衢其一在今鳳谷行窩中築垣尙在焉先年邵文莊公建貞升坊在重階末卽二泉書院前取易爻貞吉升階之義以識遺蹟意亦遠矣今行窩易主毀重階垣去貞升坊以泯其蹟頓令男女別途美意澌滅無存惜哉且小洞遺重階相因小洞之遺蹟不泯則重階之遺蹟終不泯洞口有溝覆溝以石加土與洞口平宛若無洞也者余因識之以俟後之好古者興慨 秦前明萬歷丁酉談思永嵌碑以誌古蹟今碑在白衣庵門右壁間二百餘年來所謂小洞重階者泯然無蹟矣當時估重階者布政梁毀小洞又撤貞升坊者中丞耀見談修載唐太守裔修橋樹石引 又王穉登寄暢園記亦云栖元堂後石壁倚牆立牆外唐張祜題詩處茫然千古滄耶桑耶漫不可考矣

九龍峯坊接綺睦街王問書已廢 其地尙稱九龍峯余幼時見磚牆如城門欵式上砌雉堞五個

咸豐甲寅邑紳竇承焯新修綺睦街補書坊額曰五里香塍涵初篆題坊陰曰九龍翠嶂 坊爲慧山寺之第一門遐字壹千貳百柒拾壹號免糧平田貳分

顯忠坊在張中丞廟頭門內

○橋

水之南山之北非橋曷以通之徒杠輿梁人所經由非古蹟也先文莊作慧山記時非無一二可記者未成門類故附見於池澗今則古橋多矣記橋

慧山記云金蓮池方數丈石梁貫之 原注云泉由此分北流爲香積池東流爲日月池 此橋最古而無名

慧山記云香積池在文襄祠原注云栢庭房廢址故池名仍其舊池上有橋亦無名今在文襄亭堂前

慧山記云日月池在寺山門内上有曲水亭今僅兩涔不知舊作何狀據此則知兩涔之間爲道路矣今通兩涔而橋焉曰香花橋康熙乾隆兩庚午志皆無之嘉慶年始載入邑志案凡橋在古刹前者皆名香花橋也咸豐丙辰竇承焯重修并濬池

慧山記云黿池在華孝子祠原注云小橋貫其中明季華裔修祠

黿池下浚承澤池跨小橋曰遡源橋

王教詩是水源頭路不迷直從江外遡南齊觀風有客過橋去不爲尋詩到日西

二泉書院十五景跨湍澗者曰野橋先文莊詩云亂泉衝徑來徒

杠接石砌詩見本卷山居今野橋在文莊公享堂前

跨寺塘涇者曰寶善橋明邑紳鄒廸光建國朝咸豐丙辰竇承焯修

接綺塍街曰大德橋

綺塍街南通碧山莊者曰蓮花橋橋左有蓮花庵

碧山莊内碧山莊橋

碧山莊南曰滸溪橋

俞奐堤滸溪山色爲王燮公作

秋日晴更好秋山晚益清看山有興興復逸不辞同作溪橋行滸溪橋下水盈盈似西子園繞碧山莊碧山餘故址溪流潤且長照見山容光山容沐空翠雙髻爲新妝明明塔影在瘦玉簪寒芳仰觀俯瞰各有態平羅萬樹松杉蒼石泿古庵風三峯趣不同兩邊相眄睞中有雲煙通天生好山面面好眞面慙余識不早一經指點寫作圖折取芙蓉插晴昊山根延遠汀宛宛走菡萏緣知尺幅外猶餘未了青

碧山莊西近錫山麓曰俞公橋俞行人德惠舊祠在其地故名

俞公橋南曰映龍橋土名孫家橋遊客至青山寺者必由之

由寺塘涇西通馬鞍嶺下者曰黃泥橋已上三橋皆邑紳竇承焯於道光咸豐間撤舊重建

馬鞍嶺下護瀆橋

山南嶂山下曰大澗橋

慧山記續編卷二全

慧山記續編

無錫邵涵初吟泉輯　　孫男文燾海嶠編輯

卷三　勝覽　臺　碑景詩文

勝覽第十　臺　壇　堂　亭　軒　閣　樓　齋　石屋

慧山記中勝覽分堂亭軒閣樓爲五類今存者四漪瀾堂泉亭居其二然亦屢經重建矣海枯石爛惟名蹟不可磨爾勝地不常記之以示後之覽者

○臺

點易臺在二泉書院明正德十一年先文莊公築先成者爲八角臺在滴露泉之北壘石爲之中一圓石象太極旁兩隋石象兩儀外四隋石象四象臺有八角則象卦位也見素子林俊登而贊之刻於太極石上今太極石尚存（此記十景中之八角臺銘四面碑刻先文莊公書碑仆於地乾隆甲寅先贈公扶豎之咸豐壬子碑再仆涵初移置祠中建拜石亭覆之）又有石臺在滴露泉之南厓上巨石也文莊公石記云邵子作點易臺基既定矣偶行於其厓之上有石突出其高數尺廣半之其西有如級者可升其上有如榻者可坐其右有如几者可倚可枕右之前有如案者誦可攤書書可伸紙飲可寘蔬一盂酒一壺其東若北皆斬焉壁立有巖巖之象（此記石臺也互詳卷一石。○今山中有松壇滴露泉六角池左右雲階登巖道中刻字石俱在石臺之前海天石屋望闕巖新月巖俱在石臺之後李文正公篆書刻石在海天石屋右南厓刻石在石臺右）

文莊公點易臺銘有序

邵子讀易九龍山中築臺而時登焉手一卷坐以終日於是正德庚辰邵子六十有一矣先是張侍御汝立歸二象筆辭曰點易邵子謂若有以起我者故銘其臺云臺在慧泉西北其向以艮東野諸山可坐而見也銘曰

易以象示再變乃辭辭不能讀何以象爲點易有臺晚余始學啟曰盡言窺古述作俯察仰觀地厚天寬神哉不測我方盤桓我筆縣如不苟以句躍如在前求我點所

文莊公點易臺八首答張侍御汝立

象筆雙緘自古州書題點易遠相投老來已悟浮生夢病後兼忘應世籌磴入煙霞須策杖臺高雲海勝登樓憑誰淨掃焚香石千仞岡頭拜孔周

海天亭畔卜幽居三古精神一卷書象管瑚殘殊未落松稍滴盡露還餘姓同康節希何敢年過蘧瑗化不如月出東山時起我獨憑高處問盈虛

桐樹扶疎蔭石臺巉巖西望更崔嵬日流雲影前峯去風送泉聲別澗來鴻漸茗從間客試李紳書自少年開晚涼每有風雩興隨意鄰僧坐碧苔

高臺百尺臨蒼茫白雲渺渺谿泱泱松垂一枝去地近草鋪千里兼天長有時巖頂起清籟何物澗邊生異香操鉛點易者誰子老矣羲文心未忘

萬壑風雲萬壑濤人間天上在巖嶅邱園掩映松楸密臺殿參差鸛鶴高僻地自堪成晚節浮名真合付秋毫野翁錯指丹厓是應怪頻來杖屨勞

百年佳興獨登臺草結爲堂白日開雲暝氣連東海日風晴光動北山來故應壁立千尋在要得泉分一道來老衲似知天假我手移松樹夾庭栽

金蓮池水卽滄浪白石岡雲接草堂竹合鳳簫難起調樹留蟲篆不成行百原泉上風神遠五老峯前夢寐長萬卷相看纔數畫漫勞書客問芸香

觀水長懷子在川衣冠時向古壇前著從上蔡無真種圖到希夷有別傳客送屐聲雲裏徑僧將瓢影月中泉閒來準擬忘言久莫問新詩月幾篇

先贈公諱綸錦點易臺追和先文莊公韻二首

羲文周孔契幽居誦可攤書卽著書康節先天觀象後文莊初地劫灰餘西神片石雲常護東野諸山畫不如獨上南巖三百步坐忘眞欲賦凌虛

右詠石臺　負山面湖其向以艮

點易先成八角臺山中臺址面山開方期太極生儀象忽訝豐碑臥草萊此日寒煙增客感當年滴露爲公來地中

雷復暘回早幾樹新松手自栽
右詠八角臺　臺中惟太極石存太極石左右四面
碑甲寅仲春仆於地而重竪焉碑面與刻點易臺三
大字三面刻銘并敘　先文莊公點易臺詩云深入
坐高臺忘言對碧岫知當日面山築臺正對滴露泉
也
先祖吟泉公點易臺種松追和先文莊公韻
手種新松傍舊臺新壇更傍舊臺開龍鱗他日凌霄漢鴉
嘴初春鬭草萊葱鬱憑伊娛晚歲盤桓慰我賦歸來萬花
深處高千尺宜向桃花隝畔栽
吳廉使學讀書臺邑志不載而府志有之　在錫麓菊花莊山居見後屬曹副使
荃今莊廢而臺址僅存
尤侗吳海洲讀書臺
聽松庵左古臺荒寂寞誰尋李相堂百尺凌雲兩同調桃
花山隝菊花莊
望湖臺在大池施太僕策別業臺築於隆萬間遙望太湖煙波浩

渺臺下喬松老桂修竹古梅爲太僕精舍太僕自題別業詩云
更上崇臺堪遠眺萬峯深處夕陽低想見林居清景已下皆廢
綺望臺在栖隱園
爽臺在寄暘園中隆然如邱者曰臺下有泉自石隙瀉入沼中聲
淙淙然有聽泉二字刻於石上鑿入臺基中
坐飛臺在愚公谷中登臺俯視青羊野楂枒老樹羅列臺前山中
大樹五百年化爲青羊故名又有九蓮臺則奉大士像者
上臺中臺在明陽觀後半山明正德間築先文莊秦端敏莫如山
翁俱有題詠見慧山記卷一庵院
先文莊公青山道中
踏月青山路青山半白雲千峯如速客數月已期君林籟

隨風息湖光隔岸分登臺問泉水滴滴細還聞

○壇

松壇在尙德書院明正德五年先文莊公築壇有雙古松大圍三
人小圍二人移牆東聽松石床置其下隆慶間廢　國朝咸豐
甲寅涵初移建松壇於二泉書院點易石臺之下滴露泉石壁
之上壇有研朱石有重摩聽松篆石壇後有巨石篆刻松壇二
字　更上一層爲登巖道先文莊大書青壁丹厓
人間天上八字刻於厓石恰當松壇之後
文莊公松壇銘
賢哉二大夫昔聞其語今乃見之古色蒼然挺乎儼而我
壇於斯參其離立山空無人仰不可及
文莊公松壇午坐與送茶諸僧
竹裏風來生晝涼况逢時節近端陽也知城外塵能少郤
道山中日更長雲壑飛泉頻倚杖松壇磐石漫焚香老僧

供茗渾忘味好向嵩峯問溥光
先祖吟泉公新松壇歌
聽松庵前雙古松三人合抱如雙龍陽冰篆刻石床古移
置松壇揪影濃　文莊有銘置壇側庵焚松死碑橫裂石
床移去建新亭斷碑鑿入祠龕壁松壇一廢幾何年蔓草
荒煙繡嶺前如今重建松壇處俯瞰當年滴露泉兩重石
壁壇何峻左右雲階高二仞前沼蓉湖後倚臺登臺更有
穿雲徑壇中巨石號研朱石硯天生節合符鑿龍爭向壇
前戰瘦驛離奇數十株新壇舊壇異今昔前銘後歌遠相
接風起仍聽萬壑濤山明又望千峯雪壇高三面石爲欄
石磴通幽幾曲盤晴日時驄橋上望隔城遙見客登壇人
間天上誰登陟青壁丹厓字深刻松倚高壇竹徑通不是
前知孰能測
先祖吟泉公登新松壇追和文莊公超然堂韻有序
先文莊公秋夜宿超然堂一律云閒愛孤雲靜愛僧
山中秋夜興逾增竹通深徑清風足松倚高壇霽月
會露氣侵階驚蟋蟀雨聲入戶避蚊蠅城中望我如
天上青壁丹厓知幾層當時超然堂在二泉書院松
壇在尙德書院相距一里乃忽連類及之今新松壇
在滴露泉石壁上　先文莊大書青壁丹厓人間天

上八字刻於石者恰在壇後當年詩意正與新景適
符豈數之前定耶追和前韻
古松種自普真偷壇廢壇興百感增張璪雙毫能畫石蘇
公半嶺賦詩會石臺近峙觀義象座壁重題比驥蠅到此
濃陰堪小憩雲階更上一層層
丁培登二泉書院新松壇見滴露泉石壁中新泉復至
追和 文莊公韻
滄桑閱盡是山僧又見高壇廢後增石上濤泉今日有松
間明月古時會長隄俯視人如蟻峭壁翹看字比蠅好步
雲階變絶頂白雲紅葉最高層

○堂

賜閒堂盛都憲別墅在桃花塢有松苓泉弘治間廢

五峯草堂秦方伯夔別業在朱塢題詠載入前編峯塢嘉靖間廢

君子堂在先文莊公祠享堂前二泉書院舊有講堂五楹文莊公
門生徐御史盈建在忠定祠後郎今享堂後榜曰二泉精舍李文正公東陽

篆書萬曆中有張姓爲陰陽官者爲開府立生祠竟將此堂拆
去公無的嗣贅壻秦汶之孫秋命聽松庵僧文愸典守講堂張姓倚顯官勢拆去 國朝乾隆己酉顧
觀察光旭先贈公諱綸錦同建君子堂所以補書院講堂也

談修慧山古今考

二泉書院在慧山寺左與貞升坊相對正德五年邵文莊
公建內有李忠走公祠有超然堂堂塑公像有點易臺滴
露泉有講堂一所命僧守之超然堂歲久傾圮公塑像移
置李公祠中公德學聞望誠可名世而遺像乃以無嗣附
之別祠惜哉幸公第在冉涇里其門人莫命事公同華郎
中公雲告於監司郎公第建祠肖像祀焉賢哉莫華二公
可謂得韓門弟子之義者矣講堂向爲僧守先年有張姓
爲陰陽官者梟獍之尤也狹雄貲投一顯宦爲門客百凡
可以中顯宦之欲者靡不爲而爭先焉顯宦深德之力
爲覆庇俾得橫行邑里卒以無禍復希自計立一開府生
祠頌出本縣無碍官銀四十兩獻之顯宦至戚竟撤邵公
講堂而去夫邵公超然堂圮遺像禮應移之講堂講堂撤
而俾附於李公祠中其視莫華二公高誼能反而思之否

耶

談修邵文莊公慧山講堂廢址
詩註云講堂公有遺筆今移建一生祠於黃阜渡
宗伯談經處亡已事可傷老僧藏有牘舊燕巷無梁絳帳
空寒雨爐堂遍夕陽客來尋古業渡口問甘棠

秦秋竹爐詩卷散失不全書院講堂保守無策志感
成化丙申高祖方伯中齋公撰疏募復竹爐藏之松
風閣命僧戒洪守之後松風閣廢戒洪裔徒遷居二
泉書院講堂仍守竹爐及竹爐詩卷守僧役講堂垂
廢子章而新之付僧文愸管業亦冀存先業耳奈講
堂之廢終不可回然余更有惜於爐與卷也白於縣
大夫豐時李公爐得存於慧山寺而詩卷俱質於有
力者之家名公詞翰半爲其竊去無全璧矣嗟乎高
祖能復舊蹟於久失之後余不能存講堂於未失之
前有愧於前人多矣
竹爐疏復吾家事倡和詩文在簡編獨惜松風徒有蹟更
憐講學已無椽華山自古無常主火殿重新豈世緣感慨
去來皆幻影嗟予多負後人傳

顧光旭君子堂記

歲己酉光旭新邵二泉夫子祠其族孫綸錦董其事以成

祀夫子於超然堂之上其明年復築君子堂於超然堂之
前客曰吾聞邵文莊公之名尚德書院也以竹茲堂其謂
是歟余曰而不見夫二泉夫子乎夫子少孤竭力事母夫
人凋篤老無間純孝也既入官敭歷中外無時不以君爲
心無事不以民爲念純臣也學龜山而未得爲龜山徒也
乃於登龜山之門者玉泉喻先生未登龜山之門而登玉
泉之門者遂初尤先生未登龜山玉泉之門而登遂初之
門者小山李先生實齋蔣先生朝夕禮之如弟子於是築
東林精舍以居學者淵源之自嚮往之誠景前修而廸來
哲純儒也君子哉其學不移不淫不屈浩然塞於天地之
間官西江拒宸濠濠敗掇舉朝往來之迹夫子獨無一字
總督漕運逆瑾將搆平江伯於難以死生動夫子卒不肯
出一語倖免待罪里居汲引多方門庭肅然不相標榜不
復作長安書就家拜官而後疏辭者七信乎夫子之蘊上
信友夫子之誠身也迄今讀容春堂全集而夫子之心夫
子之學與其所以教者可得而聞也其他著述彰矣左觿
補杜氏之遺簡端學史二編示讀書鏡古之式漕政錄治
河署社倉積散法皆經世良規帝王官家天下一書足令
當朝議禮者膽戰心裂毀魏文帝廟以祀漢愍帝崇奉正
統撰定性書說直探本原辨饋志取與嚴於一介讀禮說

生死不忘其親自文靖載道南來諸賢代興而集諸賢之成者夫子也夫子之舉於鄉也出李文正公西涯先生之門西涯一見有國士之目比諸昌黎之於張文昌柳子厚廬陵之於眉山自今觀之文昌子厚子瞻皆文章政事才夫子振茫茫之墜緒其功在斯道絶續之交此文成王子所深歎爲德器溶然不見喜慍人之悅而從之者若百谷之趨大川論者以爲有龜山之風也豈虛語哉前之君子夫子祀之於一堂後之君子亦將登是堂而慨想乎百世之上知君子之所以爲君子固非徒逐聲影以求之也客愯然曰謹聞教遂書以爲記

原案前尚悳書院在聽松庵竹園中今廢二泉書院在慧山寺左即今祠也超然堂廢興移易詳見下條

超然堂在二泉書院十五景中左室曰吟松个右室曰詠竹个後軒曰泉齋在滴露泉之北故以泉名李文正公書泉齋二字榜之一堂四景公沒後堂塑公像見顧端文公重修二泉書院記載入卷二山居歲久堂圮公塑像及超然堂額俱移入忠定祠他姓冢其址今滴露泉之北皆各盜葬亂冢道光癸卯涵初重建於君子堂之右一堂四景如原制後軒曰泉齋適又當湍澗之北仍以公書超然堂原額榜之

文莊公超然堂記

超然堂者二泉邵子之所作也邵子初爲許州許有尚書臺在臨潁之野其規模風景邵子嘗聞諸故老而未之見也弘治甲寅一夕夢至焉其堂曰超然而吟松詠竹二齋列於左右逍遥容與久而後寤具以告客客紀之以詩蓋至於今正德庚辰二十有八年矣於是邵子既辭尚書之召侍養之暇作點易之臺於慧山之麓既成而登恍然如夢中所見故爲堂於臺前榜之如夢或謂許之臺名尚書蓋以漢馬融氏嘗講經於是也故今臺焉乃適邵子之起爲是官也名若是協邪是之堂爾或曰不然邵子爲親而請告其起也當正德己卯庚辰之歲時上下方震淩撞擊而邵子獨優游泉石之間超然云者其在是乎邵子聞而謝焉既乃喟然曰吾聞古之人有晩年進德者疇昔之夢殆是謂矣不然則所謂伸於萬物之上者非學何以至此今吾雖老固不敢自棄也若夫二人者所云或失則淺或失則荒於吾志乎何有乃爲之歌曰我昔夢兮超然倏冉冉兮卅年吾臺斯兮斯屋將暇我兮卑編若登丘兮望海何嫉廓兮吾天又歌曰天高高兮萬物在下叶孰能靜觀兮精思何若久矣吾衰兮吾過吾補孰夢非眞兮孰今非古二人者聞之若相謂曰邵子其超於夢矣邵子復起而謝焉遂書爲記

超然堂成二首

一泉一石皆君賜敢爲山林遠廟廊鹿洞勝遊空舊榻潁川奇夢有今堂匡懸老樹冬逾勁畦引清流歲不荒久矣吾衰還策杖西巖北望拜焚香

平生心性愛寬閒又作新堂傍舊山雲石巧當斜徑處露泉時滴小池間老來書屋元非課世上功名豈有關我不絶塵塵自絶翛然晨往夕忘還

董侍御訪予超然堂

觀風使者入松關爲向閒人問太閒潑盡正憐秋後水雲深偏愛雨中山陳郎節指西川去馬子帆朝北斗還更欲與君尋古刻南巖石上洗苔斑

先祖吟泉公重建超然堂記

先文莊之夢見超然堂也以弘治甲寅至正德庚辰作點易臺於慧山之麓臺成而登恍如夢中所見故爲堂於臺前榜之如夢記焉而系之以歌曰孰夢非眞兮孰今非古坐客聞之曰邵子其超於夢矣三百年來堂廢而冢其址者纍纍然乃卜新址於湍澗之前作堂三楹左个曰吟松右个曰詠竹後軒曰泉齋一如原制特下如故址五十步而右仍以公書舊額榜之文莊之夢其幻乎堂則眞矣故曰孰夢非眞文莊之額其古乎今又堂矣故曰孰今非古夢乎眞乎今乎古乎今不更超於夢乎甲寅之夢庚辰之記其皆前知者乎壬寅七月新堂既成而泉齋適當湍澗乃渠焉以達乎堂之前乃廊焉以翼乎堂之右廊三楹皆丈室也顏之曰有原齋觀成之日燕客於堂而歌之歌曰泉始流兮汪汪泉終極兮接海天之茫茫昔建亭兮遠望今則廢兮倘乎房亭之左兮有堂榜超然兮符乎夢兮孰眞非夢兮今衰草而白楊孰夢非眞兮又交疏而畫梁昔有泉齋兮當滴露之瀼瀼今當湍澗兮池一方公陟降而吟詠兮左松右竹仍蒼蒼堂在中兮齋在旁公登堂兮我廊念茲泉之有原兮歌孺子之滄浪原遠兮流長海際天兮天有光客起而和曰公昔夢兮超然泉有原兮齋有泉兮復堂兮澗之前我烏知其歲年兮閒而使反之遂書爲記

碧山吟社復社後有四桂堂俞觀察憲建有紹修堂秦封翁瀚建

貫春堂在栖隱園今爲朱文公祠

通隱堂大雅堂天鈞堂金蓮堂蔚藍堂賞夏堂皆在愚公谷中今
天鈞堂爲有恒道院其餘皆廢

○國朝

宸翰堂即嘉樹堂改名 碑刻在寄暢園中

聖祖仁皇帝南巡

高宗純皇帝南巡

御製詩章匾聯又卧雲堂栖元堂俱謹懸

御題匾聯俱恭錄於本編卷首 其堂皆建自前明見王穉登記今各堂額俱撤去而考古者猶知其舊名

十峯草堂錢肅潤所居今不知其處 肅潤字礎石明諸生鼎革後隱居教授學者尊爲東林老

都講邑志儒林有傳嚴我斯十峯草堂歌中有句云別有一峯伏而起神奇天嶠爲龍尾玩詩意則草堂似在龍尾陵道

兩秋堂在竹鑪山房 俱詳本卷閣

新詠堂在顧端文公祠內 顧與籍貞觀建藏竹鑪新詠貞觀有記載入卷一古蹟

遺愛堂在周文襄公祠 郎今五中丞祠 曾承煒書額

盋詠堂在松滋王公祠道光丁酉涵初倡建

二泉精舍新堂葺刻李文正公篆書爲額咸豐丙辰涵初建 先祖撰二泉精舍新堂記載入卷二山居 ○已上惟超然堂盋詠堂二泉精舍新堂存其餘皆廢

○亭

借山亭在碧山吟社復社後有擬鬟亭流馨亭濯纓亭

天全亭在五峯草堂

秋風亭在盛都憲別墅

千金累趾亭在聽松庵左

先文莊公千金累趾亭記

亭何以名累趾也志得地之難也言千金何先吾世祖時遊僧廣一鑑去十餘年不返人謂僧死矣乃手其缽鑑重則戒勿啓而遺之聽松庵僧又戒僧有亡勿以告未幾僧大建佛宇蓋有物云於是乎歸我先塋之地僧世守之至於今予提學赴江西時上官有胥人致賂爲其家逋者云有千金焉予聞而避之山中靜坐竟日遂議卜今地人謂是目也予且行迫矣非是則地議不成人將圖之蓋前後六世相距百三十餘年是以喩諸累趾也雖然避千金而後地雖謂地之價千金可也况前人棄利於不知之地又何千金之足論哉予於是有感矣亭匾四字宋蔡君謨書莫予如山集而摹之

海天亭兩知亭在二泉書院十五景中

文莊公海天亭記

亭於慧山之麓曷以爲海天名山有泉發自巖竇匯而爲

池七池相注東入於谿北東百里入於江又東百餘里入於海海泉之所歸也吾嘗觀泉於池徘徊鑑影濯吾纓而樂之因思其所歸焉登高而東北望曰海其在是吾泉至是極乎望而不見則仰天以歎嘯咏而歸山之麓於是乎亭亭成之明日予與客登焉語之以其故復韻而歌之歌曰兹山兮我泉始流兮涓涓東行兮何極指滄海兮爲淵逝晝夜兮不舍又焉知兮歲年吾窮源兮思委方在此兮忽彼望大海兮未見見雲天兮與唱天冥冥兮雲深深登兹亭兮勞我心客有和者曰泉流兮山中日流兮日東彼東海兮伊邇吾舍此兮焉從源之委兮朝復宗子不聞兮古人曰有本兮如是孰進之見兮未見其止海際天兮天有光遠在彼兮近吾汪知子者謂子之有望不知子者謂子爲荒海滙然兮天一方予聞而使反之飲泉而退

文莊公兩知亭

我歌泉和兩知音此是涯翁贈別心吾道在山還在水斯人如玉復如金高却遠海天無際舊樹新亭日有陰一曲雅歌千古意欲調宮羽入瑤琴

原案先文莊公有夕坐觀泉月上始還一律詠海天亭下厓石罅中之泉源也載入前編卷一附考泉源說後

潺湲亭、賓暘亭、清未了亭在栖隱園。已上皆廢

塔照亭即今胡園禮塔坪見堂、瀓瀓亭已上兩亭皆有鄒迪光詩，載入卷二園墅、玉琜亭瀓瀓亭為泉流之始，玉琜亭當流之雄決處，皆在愚公谷，今惟塔照亭可考

涵碧亭、一松亭、迷花亭、蒼雪亭在寄暢園舊時鳳谷行窩中，有振衣亭，秦柄有詩。已上皆廢

國朝

泉亭在二泉上。詳慧山記勝覽

聖祖仁皇帝南巡

御書䀉泉二字匾之，命前諭德臣秦松齡刻匾泉上，而以墨本賜之。泉亭上曰

皇亭，乾隆間撤雲起樓改建焉。亭中寘豐碑，恭刻

慧山記續編　卷三　勝覽　亭　十一

聖祖仁皇帝南巡

高宗純皇帝南巡

御製詩章。恭錄於本編卷首 左偏為竹鑪山房，右偏移建雲起樓，與竹鑪山房相對。今

德水亭在泉亭右，康熙初邑令吳興祚建。乾隆十六年改為行宮，今廢

獨往亭在共學山居。康熙辛未，邑人顧培、荆谿湯之錡、武進金敞

章大士建山居為講學地，陸楣有獨往亭詩，註稱在荷花橋。見詩本編山居，今廢

石床亭在大雄殿前石臺下，覆聽松石床。道光乙未，觀察使李彥

章撽建

拜石亭在先文莊公祠內。咸豐壬子，移文莊公書點易臺銘四面碑於祠。癸丑三月，涵初築亭覆之，有記。丙辰四月，建二泉精舍新堂，改亭為新堂之右室，而仍其名。滿詹事桂芬書額

先祖吟泉公拜石亭記

點易臺者，族祖文莊公二泉書院十五景之一也。院後稍偏西北而上數十步，石壁而臺焉。石壁中嵌滴露泉三字小碑，其碑前即石[壁]之處。六極兩儀四象八卦處，今惟太極石存。石壁上廣可[丈]，建新極壇，壁後循厓而上為石臺。公有記云：孫子[□]點易臺基既定矣，偶行於其厓之上，有石突出其前，尺廣半之。其西有如縠者，可升其上；有如榻者，可坐；其右有如几者，可倚可枕；右之前有如拔者，涵可攤書，書可伸紙，飲可置疏，一盂酒一壺。其東若壯，皆嶄為壁立，有巖巖之象，蓋記石臺也。其可倚可枕之處，公書點易臺三字刻於石上。又一巨石卧於石臺之左，偏刻山水之間四大字。更左而益上，為望闕巖。此三石皆天成也。石壁下太極石左三丈餘，有四面碑，其面各處刻點易臺三大字，三面刻臺銘并敘，皆公書。乾隆甲

慧山記續編　卷三　勝覽　亭　十二

寅，碑仆於地，先贈公重豎焉。咸豐壬子三月，碑再仆。涵初念三百餘年古碑，不宜再置山野，為風雨剝蝕，樵牧摧撼，因遣十數人舁置於祠，築亭覆之。其臺下則撫公書點易臺原字碑於故址，而原字面貝所以便入山訪古者一覽而易見也。癸丑三月，碑亭落成，顏曰拜石亭。亭左曰易情軒，為涵初讀易處。爰記於石，並諸亭壁。

先祖吟泉公拜石亭詩

米老顛呼具袍笏，一片靈巃詢奇絕。雲根山骨無蕪行，再拜呼兄徒俯折。文莊侍養龍山中，格物窮原點周易。點易有臺臺有銘，銘刻豐碑屹然立。雨淋日炙三百年，落蘚斑斕土花蝕。樵夫牧豎慣摧撼，倒卧荒烟久蕪沒。乾隆甲寅再扶豎，先子摩挲勝瓊璧。深山訪古共觀碑，故址仍鄰太極石。前年壬子競香市，暮春月望前一夕。玉山重倒有人推，是否但[□]施橫逆。倒時欹卧青冢墩，賴伊佔葬為蔭廕。再仆不斷如有神，字無闕損石無裂。此仆可再不可三，移置祠中駕車輓。我年六十一徙公碑，公年六十一碑。文莊書。青壁丹厓共剜剔，新刻拜手碑前，覆以亭。後人肯構嗣而葺，石臺尚有文

附載

申明亭在九峯坊街亭址在虎高士祠前遐字一百五十七號平田七分九釐免科今廢爲倪祠影壁其

○軒

冰雪軒在桃花塢盛都憲別墅中今廢

晚翠軒碧山吟社復社後建軒後峻壓上有石碣刻吟臺二字閩人陳雪樓篆書

嘉樹軒在棲隱園中有柑橘香櫞玉蘭西府海棠

窕在軒在碧山莊已上皆廢

易情軒右室曰拜石亭見亭在先文莊祠內

留雲軒在遵宗白先生祠內祠裔孫寶建藏文衡山停雲館石刻若干種甃於軒壁互見古蹟○咸豐庚申祠毀軒亦廢

○閣

留題閣在泉上十賢堂左正德八年建見先文莊瀹泉後記○互詳本卷雲起樓註

秋聲小閣在桃花塢聽松庵藏竹茶鑪見邑志○錫山景物畧以護雲關大慈閣後峭壁上海天亭基爲秋聲閣基誤也隆慶間聽松庵廢法嗣遷居護雲關仍稱聽松庵故誤會焉

懷先閣在聽松坊境王鴻臚鑑建祀其父問於閣中互見卷一祠

太虛閣在慧麓小圃中王司理大益建

環翠閣在棲隱園中今廢

聳秀閣在黃園今廢

淩虛閣在寄暢園東面閣臨寺塘涇王穉登書額

始青閣枝峯閣攟首閣皆在愚公谷中枝峯閣後居羽流更名鍊石閣互見山居錫山書院

顧光旭登鍊石閣追懷鄒二樗先生二樗名德基愚公哲嗣也閣前舊有二樗樹先生因爲號今無之閣中舊有唐李洞一聯掃石月盈帚濾泉花滿篩先生手蹟也今額爲王吏部樹補書

樗樹亦已朽空山我倚樓人生無上壽詩卷自長留月照濾泉夜雲橫鍊石秋寄聲王子晉何事遠行遊

大慈閣在護雲關後崇禎間邑紳馬瑞建舊閣在桃花塢聽松庵有先文莊公書大慈閣額隆慶間庵火聽松法嗣遷居慧山寺改白雲堂爲護雲關建閣後仍懸原額○已上皆廢

○國朝○已下惟百世其崇之閣存餘皆廢

寶翰閣即御題竹鑪詩卷藏庋處乾隆年建今兼藏先文莊公溫硯鑪及顧典籍貞觀重製竹茶鑪知縣全椒吳鉞石刻

御筆竹鑪圖巨幅嵌於閣中又有書像石三十五方摹刻

御製詩章及諸臣恭和詩章墨本冊頁堆疊僧寮艱於摹搨咸豐丁巳涵初謹嵌於雨秋堂壁堂在閣右以王孟端書竹刻石嵌

於右隅閣與堂俱在竹鑪山房咸豐庚申閣毀碑尚存十餘条今嵌昭忠祠頭門

朱衣閣在羅漢泉上乾隆間邑紳楊孝元建互見僧房

雲外天香之閣在胡文昭公祠廳事右隅閣僅方丈聳峙四敞左望龍山右挹錫嶺老桂數十本環植檻下花時黃雪瀰漫

先祖吟泉公題雲外天香之閣
天香歷亂與雲浮小閣中央花四周錫慧兩山排翠嶂廣寒八月見瓊樓恍登上界遊仙處閒看人間得意秋賦罷淩虛倚虛幌忘歸都爲桂馨留

百世其崇之閣在先文莊公祠涵初建互見卷一祠

永思閣在日月池左貞節祠裔孫源寬建以唐張祜詩泉聲到池靜山色上樓多二句分顏於閣之上下

傳芳閣在華貞節祠

吟風閣在楊節孝祠乾隆間楊瀘州潮觀建

寶華閣在忍草庵互見庵院

飯山閣在石林庵創建未詳庵有八景飯山閣竹池石臺荷亭雪洞梧軒柳渚蘿垣康熙間道士樂漣有詩今廢

○樓○已下俱廢

谿山第一樓元強都事可仕別業集紫陽朱子書爲額詳見卷二園墅

十峯樓楚雄令尤彌所居今廢先文莊公記畧云面龍山爲嶠山之九峯近在几席君日夕對之若賓主焉昔人有以山而擬諸人者若五老若仙人若玉女蓋多有之是故以一參九不見其爲不足以九乘一不見其爲有餘

環翠樓天香樓在寄暢園中

仙的樓具茨樓內園又有十二樓以居姬侍俱在愚公谷皆廢

望益樓在錫山書院詳見卷二山居郎愚公谷中枝峯閣也

○國朝

雲起樓在泉上康熙間邑令吳興祚撤尊賢祠改建至乾隆十六年辛未改建

皇亭見本卷亭乃移雲起樓於右偏嘉慶癸酉邑令韓履寵撤樓而新之道光間邑令會承顯改額曰棲雲咸豐丙辰重修仍顏原額興祚名宦也政績昭然惟撤賢祠以改遊觀之所則不知其命意何在十賢祠左有留題之閣見先文莊公瀞泉後記此嵌列古碑處也撤祠則閣亦廢

天香第一樓在寺後文昌宮題詠載入卷一僧房乾隆間邑紳楊孝元建

飽山樓嘉慶初改顏樓額曰雲根在顧宮詞可久祠內樓下爲興深堂

誦芬樓在寺前街節孝祠

○齋

泉齋在二泉書院滴露泉南超然堂之後軒也後廢國朝道光癸卯重建超然堂於漪瀾之東其後軒仍曰泉齋涵初有記

霞蔚齋含貞齋在寄暢園今廢

石語齋蕉鹿齋俱在愚公谷中今廢

有原齋在二泉書院道光癸卯涵初建太倉李汝崎記

○石屋

海天石屋在白石塢崖上二泉書院十五景中忠定祠兩知亭海天亭三景皆廢咸豐乙卯涵初建石屋以補之中刻李忠定公像補忠定祠之景刻李文正公先存一公像文莊公曾祖文莊公三像補兩知亭之景顏曰海天補海天亭之景海天亭故址在護雲關僧房大慈閣後黃石團瓢中去石屋數十武此以一景補三景也當新月巖望闕巖之下點易石臺登巖道松壇雲階滴露泉之上書院中新舊各景二十有三石屋踞崖而建目窮千里風景絕佳

先祖吟泉公海天石屋
石屋深開石磴邊涯翁篆刻洞門前四賢又換新耶壑一曲重歌際海天彭澤記中山有口華陽隱處石堪眠知音曠世能相感我勤貞珉萬古傳

先祖吟泉公石屋詩三景詩各有序

忠定祠以刻像補

舊祠在二泉書院講堂前國朝康熙五年李氏移像別建新祠今刻忠定公像於石屋

湛峴復公墓西神刻公像公集名梁溪更應繼茲巖石屋棲公神精誠通盼蠁當年尚直爲蕤賞七載蘋蘩存竹茎二泉精舍移祠宇忠定文襄兩瓣香今日海天重展拜除山隱嚮遙相望

兩知亭以刻像補

先文莊公致仕東歸李文正公贈詩有我邸寧…

知音之句文莊公建兩知亭奉李文正公先存一公二像於亭中亭廢久矣補刻像嵌於石屋

海內兩知音高名共千古山中昔有亭瑤琴奏宮羽今刻涯翁圖石屋產轟補海天無際倚高邱洞壑有陰留舊樹仰看峯頂立亭亭合有神仙成洞府石門開處白雲深天上人間迭賓主

海天亭以亭名補

亭址在護雲閣後石厓上泉源出厓下思泉之歸故名曰海天今易址建爲石屋而仍其名

君山望江江入海環山觀海雲含彩兩山對峙北與東俱距龍山百餘里龍山望海但見天朝宗至海惟山泉築亭厓上看泉出始流石罅何涓涓晝夜不知倦道體如斯徵逝者出山當似在山清百般光陰如晝夜海中清濁悉能容一息無停泉復東有識必分涇與渭無情不憶雲中峯海遙但極天涯目昔日山亭今石屋空餘亭址與雲厓泉源仍在厓之麓

楊延俊題海天石屋晉谷邵公刻像

二泉書院垂廢而復先生功也吟翁仰承遺緒修復增葺是成二十三景咸豐乙卯刻先生畫像於石屋中謹題像後

慧山記續編　卷三　勝覽　石屋　十七

文莊遺址蓁莽中先生道復成鉅功祠墓修築成崇隆保此勝蹟垂無窮至今遺老猶稱公前輩石屋依高峯表章潛德闡儀容人間天上尋芳蹤屈指今年百歲翁

杜紹祁題海天石屋吟泉先生刻像

臺之前涓涓滴滴今爲泉臺之側左右蟠岩高百尺泉之南松檀峻屹依巖巘嶺之北遠望海天堂石屋石屋成三景弁肯堂肯構惟先生桃源洞口圖畫陶淵明

汪望求偕諸同人瞻仰二泉書院新舊名景赴吟泉先生之招時石屋新成山堂讌集兼感時事

山樹花紅麥浮碧百尺高臺登眺易松柯鬱鬱覆松壇巖乳涓涓伏巖石平疇俛視勞遠目絕壁翹瞻駭吟鬼泉齋滴露還舊觀石屋凌雲補遺蹟吾儕暢敘亦何幸良會提攜正難得飽看滇海快培風旋見回谿乍垂翼江干烏獍成大忠滬上鯨鯢作勁敵但聞能吏善催科苦盼元戎早擒賊生當無事驅易過時值多虞鹿何擇每逢歡處輒生悲進酒歌終淚還滴先生靜鎮不可及鑿石疏泉仍壁畫超然堂下客超然尚書遺址淵明宅

先[illegible]吟泉公海天石屋種桃

石屋在白石塢厓上其澗西即桃花塢也用莫叻敎士妄桃花塢原韻詠新種桃花

石屋深深石洞開桃花洞口有高臺欲教五柳先生記合遣元都道士來物性但求宜地脈仙源何必問天台從今結實三千歲贏得褒翁詣手栽

丁培和

海屋松壇次第開絳霞千樹傍高臺花開未許漁郎問果熟應教曼倩來嚴道紆回通九隝雲階清迥接三台人間何必輸天上悉仗先生帶露栽

侯桐題海天石屋

淵明歸去愛林邱意匠經營洞壑幽不負名山惟石室本來高處有瓊樓松龕隱隱三霄霧蓼岸茫茫萬里秋座上前賢新刻像兩朝遺蹟此中留

慧山記續編　卷三　勝覽　石屋　十八

墓第十一

九峯九隝秀絶人寰山後諸峯氣勢雄壯故高賢墓忠臣墓耆儒名宦之墓彌遍山谷而無碑失祭之冢更不勝數邑之豪富惑於地師營謀僭佔撤舊圖新前車覆而後車不鑑以致變故百世則保墓之爲難矣余嘗欲編全山魚鱗邱形冢墓之圖立案垂久以杜後來之佔盜則未之逮也而有志焉記名墓之在兹山者

宋

贈太師李夔墓在湛峴山前編載入禩考○咸豐二年恢復濶四丈長十四丈壹字無號山糧一畝剔入廿五四啚完辦涵初偕邑紳士置田公祭○雍正七年奉旨飭地方官每年出結防護而仍爲姦佃盜賣則地方公事可知矣兹因修復既竣故列於冢墓之首○各紳士復墓記載不備錄

汪士佩重復湛峴山李太師墓記

今

天子御宇之元年三月

上諭宋丞相謚忠定李綱立朝守正風節凜然生平讜論忠言具詳奏牘實能扶危安傾明體達用以天下爲己任允宜特予表章敦崇風教李綱着從祀

文廟西廡列於先儒胡安國之次謹案忠定閩之邵武人祖賡徙居無錫父夔累官集賢修撰母吳氏贈令人建中靖國元年正月令人吳氏卒以其年三月葬於無錫縣開原鄉湛峴山迄宣和三年閏五月修撰疾終於家歲八月合葬於吳令人之穴見楊龜山先生所作墓志龜山集焉

欽定四庫全書所收當不誣也嘗考公梁谿集中有送季言弟還錫山省先壠詩又無錫縣志載宋贈太師李夔墓在湛峴山山在嶂㠋之北去錫山十餘里即忠定廬墓處蓋公後雖歸閩而公父之墓依然在湛峴山也

國朝雍正七年三月

上諭修理古昔陵寢祠墓各直省遵奉辦理每年歲終將防護無

虞之處咨報工部彙齊奏

聞無錫一縣得防護之墓有五修撰之墓與焉士佩官屯田司時嘗親見其案惟年代曠遠墓祭乏主而山居之世爲監守者據爲己有滅其碑碣而盜葬之道光二十九年歲撤山居民秦有容率其族竊賣其地於邑人諸立齋立齋察知爲李氏古墓則減價售於忠定族裔李璨山民恐李墓之復則盜葬者不得安於是聚其族而圖反覆遂相率成訟一時議者忘乎每年報部之結妄以北宋之墓爲臆度且斥縣志爲不足憑盜葬者驟驟乎得志矣賴邵吟泉大令出而任其事率邑士爭之官斡旋至一年有餘值邑侯吳雨亭先生蒞任始得察其情而斷其實而修撰之墓乃得復其眞夫保墓之責苟非子孫即在學者

國家澤及先民凡前代耶封藉得永留勿替矧兹

皇上勵賢崇化祀典加詳將見鄙薄寬敦聞者興起即使生居異地猶思瞻拜而生仰止之心又何論桑梓之邦得彼流風餘韻者乎大令爲文莊族孫文莊親藥忠定之祠大令力復修撰之墓何古今事之相符如是耶士佩嘗纂道南諸儒每慨想其後來不知何若近於丁未歲鄒氏訪得鄒經畲墓戊申邑人重碣喻玉泉墓輒爲欣喜累日今大令重克復修撰李公墓此眞適合素心者能無稱道哉抑錫邑澆風慧山近地嘗有坎瘞未久即見發掘者大令此舉非特奸民有所懲即有司循例報部之案亦不致徒成具文云

湛峴山壹字號　李太師墓糧照案據濶四丈長十四丈計積二百二十四步山糧一畝立李賢墓花戶每年在李邵公祭田租項下完納條糧剔入廿五四啚完辦

贈節度使魏勝墓在章家隝忍草庵前

青浦湯運泰金源紀事詩

舞刀奮擊蒼山圍矢貫鼻齒尚未歸側身天地仗忠義鄉問朝廷知不知蒼山圍解海州急忠勇李寶喜相接新橋戰罷共安民城據孤山自維傑隆興議和新締盟海疆千里撤戍兵劉家統制坐不救性命直似鴻毛輕噫嘻乎生我一寶殺我一寶如意戰車空自好焉得高呼王九郎張旗共守淮陽道

直龍圖閣李肅簡公祥宋史有傳墓在湛峴山李太師墓右葉適志墓壹字無號山糧壹畝咸豐癸丑涵初偕邑紳士蒐訪得之篆題碑碣於墓

元

隱士邵諱均端墓在張山 文莊公張山掃墓歸途作 山南山北掃寒煙舊冢新碑二百年紅葉似花霜醉後青山如黛雨妝前數峯影閣竿頭日十里光沈鏡裏天最喜無風溪路穩沙鷗來往候歸船

處士寶字一墓在馬養鳴圓通庵街下 體字六十三號平田一分二釐九毫四百三十三號平田二釐四百三十號山七分

提舉強以德墓在璨山 以德懸車最早子可仕可大俱有祿養隱居終其身築別墅建仁壽庵設義塾置義冢俱在璨山

薦舉人材邵諱偉墓在章家鳴廟巷 前明建忍草庵於鳴中改稱忍草庵下鳳字無號山㸓四畝 公號靜虛上人稱靜虛墳明方伯虛齋公之九世祖咸豐甲寅爲守佃盜賣族孫涵初清釐保守之後築假山一座立墓碑一座築墳牆闊二丈一尺深二丈十一丈補種石楠一百棵松五十棵墳㸓歸文莊公祠田公項完納 靜虛公後裔附葬者十一冢

明

行人殉節廣西俞德惠衣冠墓在繡嶺之下 邑志忠節傳中載有其裔孫模乾隆間名諸生有省墓詩則衣冠墓尚在也 衣冠墓而冢墓門不載雍正七年防護案內但有行人祠而無行人衣冠墓 俞模先行人公衣冠墓 萬里銜王命孤臣竟不還有衣留碧血無骨瘞青山瘴海歸魂杳衰宗保墓艱褒忠邀聖代俎豆九峯間

洪武中舉人材科白洋鎮巡檢殉節張文煥墓在龍山 邑志忠節傳載官巡檢時寇至力戰戈折矢盡死之妻邵氏自殺子元保甫十歲以託故人姚司理樞未幾亦夭樞負其骨歸葬龍山云云未詳某處乾隆庚午志已據尢鏜邑志補遺增入蓋忠臣無後則志乘之採訪見遺墓之春秋失奠久則不保可勝慨哉

御史謫山西亂石嶺巡檢施武衣冠墓在東大池裔孫南太僕卿策祔於墓左 嶂山在宇號山田三十四畝零○墓右有墩六畝地勢雄厚太僕與其中表趙鎮爲墓子孫族葬

布政使陳禮墓在繡嶺

處士貧良茂方技有傳 邑志墓在搶鈎鳴河滸下 羌字一千四十二號平田六分一釐七毫一千四十七號平田四分三釐七毫

贈尚書顧信墓在青山灣 邑志載璨山之陽案顧觀察光旭集中有省墓詩序稱葬青山灣今從之

御史謫宜山典史倪敬 忠節有傳 邑志墓在璨山

贈員外郎陳士名墓在錫山子布政使賓 宦望有傳 邑志祔

封知府秦旭墓在火鴉鳴子雄孝旦夔並祔

布政使秦夔墓在繡嶺在先文莊墓右自墓塋至山麓俱接壤 邑志總稱在慧山余爲墓鄰故詳註焉

知府張遜墓在桃花鳴李相讀書臺下 今廢附載前編山居

布政使繆昌墓在歷山 上至李太師李肅簡二墓俱半里東歷山即湛峴也去慧巳遠因記二李墓乃附書

贈都憲邵諱溥衣冠暨配節母過太淑人墓在繡嶺桃花鳴子文莊公寶祔 論塋前濶貳拾叁步後濶貳拾壹步左右進深各柒拾伍步羌字無號山㸓柒畝存案勒石

王文恪公鏊撰邵尚書母太淑人過氏貞節碑銘 凡忠貞之節有二當家國多艱捐軀蹈難臣之忠也任匡弼之寄擁殖委裘社稷危而復安忠之大也以身殉死婦之貞也礪冰櫱之操撫綏𥙷祧宗祧絕而復續貞之大也故曰死易立孤難南京禮部尚書無錫邵公母太淑人過氏宋宗室徐王郡馬孟玉之裔適贈通議大夫右副都御史純和府君尚書生三歲而大夫蚤世太淑人方盛年族人欲奪之節太淑人毅然自持誓不復貳及家人析產金帛泉貨無所取獨取先存一府君手校遺書千餘卷曰將與吾兒讀之且育且誨備履艱辛遂見尚書起科第知方州歷戶曹郎按察副使按察使布政使御史中丞督漕鎮淮安皆至官食其祿及尚書以守正忤逆閹斥逐改貴北

有戶部亞卿之召太淑人時年七十一矣病不復能之官
尚書因乞終養於家不許再疏三疏至五疏始許之家居
八年進今官又固辭不報今上御祚起之復辭疏前後
七上有云臣無兄無弟無子以代養兩世一身更相爲命凡
聞者悲之雖朝廷不能奪也遣有司以禮存問時太淑人
八十有一矣君子曰太淑人至貞也守三歲之孤位登一八
座爲時名臣邵宗以光尚書純孝也不以八座之貴易一
日之養屢抗明詔必得所請語云死者復生生者不愧太
淑人有焉聞以善養不聞以祿養尚書有焉而國家以孝
治天下曲成臣子之節何其至也初尚書爲中丞詔褒之
曰劬予鳳紀之臣上有貞節之母及是又被恩典作而言
曰兩朝稀世之恩臣寶何德以承之乃立貞節之碑以表
太淑人之操以揚天子之休命于無疆鏊嘗執筆隸太史
因屬之銘銘曰
聖有謨訓託孤寄命忠貞不渝家國斯競噫昔邵宗天降
之割綿綿宗祀千鈞一髮維太淑人不震不奪教育遺孤
再高門閥維皇嘉之進有封號犀首錦囊五花之誥爰命
爾子八座是參典朕三禮保釐於南於赫渙汗臣敢言私
臣有苦心天其鑒茲維皇之仁曲成不遺至誠動天乃允
厥辭母子相保鶴髮蒙茸一堂之上洩洩融融菽水之歡
孰與三公孝莫與夷忠莫與尚孰克成之綸音在上百爾
有位尚是則象嘉靖元年春二月既望
先贈公諱綸錦復墓謹述二首有序
七世族祖文莊公邱隴湮廢自庚戌迄乙卯蒐訪無
迹乃禱於神得顧端文公降乩云自光亨貞吉坊直
進九尺五寸掘地有劉太常誌是贈公衣冠暨太夫
人兆穴自左坊柱腳量進四尺五寸掘地有桂文襄
誌是二泉先生兆穴遂擇於嘉慶元年丙辰二月二
十五日集邑士大夫請於當路掘地得誌尺寸悉符
諭塋始復謹述祖德兼志神佑
黛恍尋遺蹟桃花澗水東空山多古冢何處是幽宮莚泣
三霄露松淒半嶺風無言問翁仲徙倚夕陽紅
銘讀桂文襄神謀崇澱莊六年情始慰七世澤逾長龍護
瀧岡表魂招繡嶺坊一抔重掩土奠酒未荒唐
秦瀛謁邵文莊墓於繡嶺并訪點易臺故址
松風萬壑有餘哀翁仲荒殘卧草萊古徑何緣重拜墓衰
年多病獨登臺先生學術關千載後死心情酹一杯華表
鶴歸泉寂寞青山馬鬣首頻回
季芝昌重修邵文莊公祠墓記
道光二十有二年昌道無錫拜邵文莊公墓下宰木深蔚

慧山記續編　卷三　墓

豐碑屹然造其祠新者傾登舊者黝至昌肅然歎大賢之
德靈長及數百年猶未艾也瞻禮竟其八世族孫大令涵
初屬爲記之按公以道學倡東南達尊碩望爲東林諸君
子先聲明社雖屋氣節挺然爲公後起公没無子嗣子煦
埛秦汝守其兆而以公所建二泉書院爲祠我　朝乾隆
中祠墓並廢涵初之父贈公綸錦尌封其域顧觀察光旭
秦少司寇瀛並記其事今涵初於祠右偏建閣以祀公之
高曾祖考左偏築堂顏以公書超然堂舊額爲族人飲福
之所體魄既安神靈亦安烏乎盛德必百世祀所謂百世
者非必子復生子而孫復生孫也公之言曰願爲眞士夫
不願爲假道學此公之所以學業冠天人勤施於四方名
儒名臣一以貫之也一抔之土一畝之宮百世後令人企
慕於無窮雖無嗣何害彼門下之傳述者秩祀之有司肅
拜者合族之來助祭者孰非嗣哉今夫嵩嵩者埏非生於
坐桑也然子名其母率至弁名而忘之甚有明知其祖而
舍祖祖人鬼既不歆人亦竊笑公之願爲眞士夫而靳於
眞似續迄今三百餘年所守之祠其像眞所復之墓其穴
眞則族裔猶眞裔也嗚呼公之明德遠矣祠地捌畝捌分
有奇上至點易臺而止墓地柒畝在繡嶺桃花隖年代遷
貿他姓冢其旁先後告於有司免其久徙其近存若干冢
勒之石並載明於續修邑志皆綸錦父子之功是可記也
處士莫讓墓在小婁灣先文莊公志墓士名馬家灣伏字壹千捌百貳拾壹號子贈員外郎
潛高才生止猶子兵部員外郎驄孫廣西僉事同俱祔邑志未載
御史呂貞墓在慧山歷次邑志每總稱在慧山其地廣矣不辨南北不分峯隖雖志猶不志也故凡遇前志稱在慧山者其後裔散失無從訪問則但依邑志存之而無從致詳子太僕卿元夫祔
太醫竇楠墓在大池鳳凰墩王字無號山糧三畝五分楠號乳泉先文莊有乳泉記稱其醫術之神
按察使吳學墓在青山先文莊公志墓
封知府顧榮章憲副可久之父墓在璨山明陽觀右先文莊公撰志銘○憲副墓在小頻灣
九世孫光旭掃墓詩
洞酌泉邊水明陽觀外松璨山明落照丹井養來龍霜露
懷先烈雲礽認故封剔苔看鼎鳳誦德告吾宗

慧山記續編　卷三　墓

贈主事喻銳 墓在錫山子知府義祔 銳字惟敏先文莊公志墓稱山母陳方惟敏翁卜葬其父夢父謂曰錫山下有地南某北某東西某可厝我越明日果訪得之母陳氏異焉曰我當同穴越數月無疾卒合葬之日會者以爲美談○邑志俱載處士俞中墓在錫山樗八世孫子進士義祔贈銜姓名世次官職俱誤

戶部楊淮 邑志忠節有傳 墓在石門下 邑志總稱在慧山案淮字東川從學於先文莊公文莊志其墓稱葬於龍山世墓之次又讀送葬詩知墓在石門下

先文莊公送楊東川郎中墓
風雨空山瘞玉時老親臨穴不勝悲死生大矣君臣重邱隴蕭然歲月遲君事已成從我志我銘未盡誄君辭石門冰雪肩輿險忍淚題詩慰兩兒

知縣浦瑾 墓在璨山祔葬祖塋 先文莊公志墓

都御史談愷 墓在璨山明陽觀右 邑志載開原鄉其實與顧榮章鄰墓另有都憲祖墓在俞巷頭

贈參議張獻可 墓在沈倉河 今由草庵下而之南也鳳字三百九十七號平田五畝七分三釐 子

通政選祔 明史與黃正色合傳馬文肅世奇表墓黃正色志墓

浙江運使馬濂 墓在馬鞍塢子教授希尹祔 濂文肅公世奇祖希尹世奇父俱贈侍郎

參政張子仁 墓在青山灣 鳴字一百三十八號祖廷桂父守平同灣另塋子運同夢時葬鳳字號仙蠡墩

鴻臚寺卿王鑑 墓在青山蓮花峯孫繼皐志墓 邑志失載本孫宗伯集補入

侍郎周文恪公子義 墓在王家塢子侍郎文簡公炳謨祔 邑志總稱在慧山今依孫宗伯繼皐文集載文恪公夫人趙氏行狀稱諭塋在龍山黃家塢

知府趙道隆 墓 道隆無後外孫秦廷珪主其祀廷珪子孫貧守佃平道隆冢秦侍郎瀛訟而復之立碑於墓見邑志

副使鄒廸光 墓 已上二墓邑志總稱在慧山未詳何處

都憲萬象春 明史有傳 墓在大池

贈尚書高忠憲公攀龍 墓在璨山之南 初葬在嶧嶼已載入康熙志與後又遷葬璨山趾山麓約一里鳴字一千二百六十三號一千二百七十七號共糧三畝零

御史張纘曾 墓在青山珪墩 馬文忠公世奇撰墓表

布政邵諱名世 墓在馬鞍塢祔葬 方伯爲文莊公族孫其體字無號山糧二畝一分在文莊公祠租內完納○方伯公曾祖庠生諱芸薛應旂志墓祖增廣生諱子才嚴一鵬志墓父庠生諱士弜文震孟志墓方伯公李元鼎志墓

尚書張有譽 墓在馬鞍塢

吏部員外郎華節愍公允誠 墓在王家塢 舊志載在石門下誤也徐枋撰墓志稱擔鈎塢亦誤核節愍年譜載葬周文恪諭塋之北應稱王家塢羌字無號山糧四畝二分今在華孝子祠戶內完辦

諭德贈侍郎馬文肅公世奇 墓在馬鞍塢祔葬祖塋 即運使從孫墓見前

朱李二孺人并祔 今土名馬家墩戎字無號山糧叁畝

蕭山知縣孫國華 墓在馬鞍塢

僉事高世泰 墓在青山祔葬祖塋

御史胡時忠 原名時亨 墓在西大池唐山之麓 在字號山糧叁拾畝○時忠父贈御史偉配旌節龐氏合葬慧山河滸下新阡與胡氏祖墓爲比鄰見胡御史年譜

贈御史邵諱應奎明邑庠 邑志隱逸有傳 墓在大澗橋西子贈御史 諱永源國朝人祔王字九百號平田二分九百零壹號平田伍分伍釐壹毫

國朝

知縣贈僉事秦華運 墓在馬鞍塢

副使顧鏞 墓在大池萬年庵 鏞憲副可久元孫順治丁亥進士其出守泉州擢提學廣東恰與可久符

旌孝朱國棟 邑志有傳 墓在仙人塢 戎字號山糧十畝八分上至玉皇殿左至石橋公東北俱至閒耐葬者四冢○其裔孫公壽樹本俱以孝友稱公壽葬東大池獅子山在字號山糧五分樹本葬白鶴塢戎字號山糧一分五釐

僉事華 章 志賓州名宦祀 墓在青山灣

侍郎鄒 一桂 墓在馬鞍隝

給事中鄒 夢皐 墓在錦樹庵

教諭劉 齊 墓在馬鞍隝 桐城方苞題其墓碑曰 侑者劉言潔先生之墓

邑志儒林傳劉齊字言潔元珍孫性耿介以縣學生貢入太學名聲藉甚歷試順天有欲援而進之者齊作閨女詞謝之後習官學生期滿敘於吏部例授縣令爲正途下則授州佐是時某少宰遣人言於齊曰君來見必爲選首齊不往竟得州佐云云○竊後三少年時及見此墓今方公所題墓碑已不可考

御史邵 璿 墓在大池蓮花山 子襲輕車都尉 諱鼇徵 灌縣知縣 諱建徵

俱祔 在字無號山糧二畝七分

處士邵 諱瑚 邑志隱逸有傳 墓在馬鞍隝 子贈知縣 諱岱徵 祔 體字無號山糧伍分

旌孝張 寅孫 墓在擔鈎隝東 桃花隝之澗西

貢生丁 紹美 乾隆庚午志列隱逸傳嘉慶癸酉志列文苑 墓在石門下 元孫贈知縣嘉會墓在張山范家墩

訓導華 希閔 墓在大池

尚書謚文恭秦 蕙田 墓在馬鞍隝 諭塋在鴨城橋其後又遷葬也

協辦大學士鄒 炳泰 墓在仙人隝

贈知縣邵 諱綸錦 邑志孝友有傳 墓在繡嶺

先祖吟泉公撰 先贈公遷祔記

涵初既以道光七年丁亥祔葬 先贈公於我 高祖贈御史天一公之塋域並營 先太孺人壽藏越明年戊子奉 太孺人就養黃浦學署秩滿膺薦得賞俞允擢爲令在籍需次邑中續修志書并同族葺家乘及前刻誌銘行狀均各載明 先贈公葬處爲大澗橋西也道光辛丑正月二十三日 先太孺人棄養涵初竊念 入世伯祖文莊公諭塋自 先贈公躬爲覓訪恢復之後仍屢遭匪徒夥佃串盜僭佔嘉慶丙子庚辰一再白於有司始各遷讓禁葬而其中年久難遷免其移徙者百餘家蓋 先贈公復之於前如是其難而守之仍亦非易其故何哉誠以盜葬既多其子孫皆環而窺伺不感免遷之恩反積禁葬之隙是匪徒但以侵盜爲得計且守佃又思漁利而作姦犯科後世子孫苟或視爲房族遠祖而懈於遵守則勢又恐復而仍剝於 先贈公平生孤詣苦心終爲有負在涵初亦屬奉命無狀謹於道光二十一年壬寅十二月十六日庚寅移、先贈公之柩並奉 先太孺人合祔於文莊公諭塋牆外西南隅隙地是穴也四面環繞皆盜葬免遷之冢胡姓五冢自穴之南環而至東嵇姓數冢穴之西南無主數冢穴之西北王姓一冢穴之東北隅又東北則爲諭塋之牆去 文莊公兆穴則近矣換以 先贈公苦志修復寬息猶應戀此今計復墓之後又越四十有六年而實祔斯壤其於 先贈公之心或有合乎歲丁亥涵初以 先贈公有功祠墓得請於官奉 栗主祔祀 文莊公專祠茲以 先贈公祔於塋域實於禮典爲稱自今以始世世子孫春秋祭掃歲時省視除從前盜葬免遷冢數載明邑志家乘外續有覬覦佔盜者均得隨時覺察遇事清釐永保諭塋於弗替涵初亦藉免弗克負荷之懼焉

太平教諭朱 旭 墓在擔鈎隝 即在侯侍郎墓右

贈朝議楊 陛熒 墓在王家隝 子訓導贈朝議紹基墓在馬鞍隝

江浦教諭賓 廷模○崇祀江浦名宦祠 墓在王家隝 羌字無號山糧二分縱橫各三弓

侍郎顧 皋 墓在嶂岬山小菱灣 土名馬家灣○另有小嶺灣在太湖濱與龍山背面之小菱灣有別

知縣鄒 鱗書 墓在蘇慶灣 子廣西巡撫鳴鶴罷官歸咸豐三年奉旨防堵金陵城陷徇難卹贈

勘察今尚無衣冠墓故附志於此

工部郎汪 士侃 墓在火鴿隝寫園先生初卜兆於西橫山葬其元配秦恭人即自營生壙先生沒後穴子孝廉望求奉柩合窆發穴下盡是排石遂卜斯阡改葬至啟窆則水盈於柩中數十人輓之始上方其卜地於橫山也惑信俗術出厚貲購之設後嗣惑於風水蟲蟻不遷則貿卸草水底賦矣爲人子孫者可不慎乎○隝在華九峯下今稱白鶴隝

兵部郎廉 志勳 墓在仙人隝

訓道楊德墉墓在擔鉤塢弟同知德埧墓在馬鞌塢
訓導嚴泰墓在嶂山祔塋
卹贈知府王恩綬衣冠墓在王家塢子卹贈主簿燮衣冠祔
卹贈知府李福培墓在白石塢
丁培白石塢過李心畬大令墓感輓二律
一官南徼竟捐生青史從今與大名火烈崑岡焚玉石魂依粵嶠作干城并無先軫歸元日猶有睢陽嚼齒情併命可憐偕弱弟
天章褒贈備哀榮松風謖謖捲寒波慷慨如聞正氣歌戲馬金戈仍嶺嶠薜衣蘿帶想山阿家聲克紹西平遠筆陣曾傳北海多幾度驛亭同折柳前塵回首悵如何
旌孝沈昌錫邑志有傳暨妻旌節張氏墓在章家塢忍草庵下祔塋
右載各墓皆不憚蒐訪考訂註載詳備爲後世保墓計也邑志載各名墓但云某墓在某山雖志猶不志耳

侍郎侯桐墓在擔鉤塢子通判建烈孫二品廕生通判卹贈同知銜世襲雲騎尉維寶祔
同知杜紹祁墓在馬鞍塢
封榮祿大夫肥城令楊延俊墓在仙人塢弟卹贈國子監學錄延鷹祔旁
南和知縣邵諱涵初墓在繡嶺祔塋　先塋
主簿贈同知邵諱廕森墓在繡嶺祔塋　先塋
同知銜卹贈知府竇承焯衣冠墓在仙人塢
吳縣訓導徐對揚墓在馬鞍塢子嘉興通判徵壽藏祔此土名小龍身
贈通判秦延炳墓在嶀嵣山州同許文墓子贈知縣許大均俱在錫山

○列女墓
明
貞義單姬墓在白石塢墓前即單姬祠
浦烈女墓在錫山之麓墓前即浦氏旌門祠
國朝
節婦成英妻吳氏墓在馬鞌塢子旌孝達廬於墓邑志孝友傳成達字民望父英訪母不歸不知死處母吳以節聞達至孝比沒廬墓久之芝産墓門甘泉出井中兩世純孝能詩者咸歌詠之雍正二年旌
達子武亦純孝幼即隨父廬中供爨沒及母黃氏沒祔葬亦廬於墓三年梁溪詩鈔小序武字繩祖孝子達之子達廬墓側武時六歲隨父廬中供樵汲不去及武喪母黃偕其女兄亦廬於墓三年始歸借武年僅二十餘卒憲旌其門邑志失載

唐孝女墓在縣易臺右始係私買私葬涵初訪知之乃篆題立石於冢前曰孝女唐素之墓以所葬地贈之方二丈四尺
先祖吟泉公孝女冢詩有序
孝女唐素家居二泉亭下工寫生取潤筆錢以養父母至老不嫁嘉慶初年旌表建坊於門死葬滴露泉石壁之右與其族人共四冢葬已多年蓋守田陳姓所盜賣也咸豐乙卯余訪知之不究守佃但令封土合四冢爲一冢篆題碑碣志之
二泉亭畔水泉香孝子祠鄰孝女坊點易臺前白雲擁畢姬墳鄰孝女冢孝女山中女畫師撒其環瑱如嬰兒一生不假丹青手甘肯無虧兼井臼青年矢志何堅貞弱息獨吹華黍笙暮年書譜尤精熟風竹雲松傲霜菊空山今日臥寒煙荷插偏依滴露泉纍纍四冢實純盜我特封邱表其孝巨輪掄坎盡嵌嵘一束生芻寄悉弔塵卷邱南山徑西豐碑篆刻重標題千秋姓氏傳唐素彤管揚輝燿澗霓臺基八畝今如故亂冢私添不知數冢內誰如孝女賢不辱吾家一抔土

慧山記續編後序

天地動靜之理形於山水，山水清淑之氣鍾於人材，人材之生必足備一世之用。顧材既見用於世，則不免以世務攖其心，而於山水之趣反未得其深者。故方其始也，日從事於學，凡游目騁懷之事有所未遑；洎夫敭歷中朝，則異地之名山大川往往爲轍跡之所至，獨於父母之邦釣游所在，或廹於事勢，有至老而不能安其土者矣。吾邑邵文莊公，明武宗時以戶部侍郎乞養歸，築二泉書院於慧山，閉門翫易，後世宗之。今公八世族孫吟泉先生舉拔萃科，任阜寧訓導，膺卓薦，擢南和縣令，引疾歸里。時公專祠在二泉書院，所遺勝蹟漸湮，先生次第興復之。公與先生皆精於易，又皆未老而致仕，其出處去就之深意，非他人所能與知，獨歎其難進易退，安夫士風，且於樂水樂山之趣又何先後之同揆也。山舊有

記，爲公同時僧圓顯所輯，公與筆削之，世尠刊本，先生註而重刊焉，復著續編，補載正德以來三百餘年之事，於是山之志益備。夫山水之志始於唐李冲遠南嶽小錄，若李歸一王屋山記、杜光庭青城山記，多方士浮誕之言，惟宋陳聖俞廬山記最爲精核。世稱聖俞與劉凝窮兩日之力徧遊廬山，所記皆所目睹，以視公與先生數十年寢饋食息於此間者，其所得固有淺深矣。文莊原序謂可以得人情，可以察物議，可以觀世變，讀是編者尚於是乎取之。

咸豐丁巳秋八月後學汪望求謹序

跋

是編經庚申之變，版已被燬，僅存印本一部自隨。克復後重加釐正，乏力梓行，賴邑尊郭愚溪大令、舅兄楊藝芳方伯醵資相助，始得重付剞劂，庶名山文獻從此常留，而先人手澤亦不與劫灰同燼，文壽實深幸焉。爰跋於尾以誌勿諼。時同治戊辰冬十月海𡼰氏文壽謹跋

錫山景物略

（清）王永積 纂

《錫山景物略》十卷，（清）王永積纂，清初刻本，另有清光緒二十四年（一八九八）作者裔孫王綜重刻本。

王永積（一六〇〇—一六六〇），明末清初文學家，字稚寶，一作崇岩，無錫人。崇禎七年（一六三四）進士，官至兵部職方司郎中，後因與太監有隙而被去職。回錫後，蟄居於南郊中橋，自號蠡湖野史，終日以文自娱，重理舊稿散帙。著作除《錫山景物略》外，尚有《心遠堂集》二十卷和《梁溪軼事》等，但均已散佚。

該書書名中的『錫山』，並非單指自然實體錫山，而是指包括錫山在内的整個無錫。『錫山景物略』也就是『無錫景物略』。它收録了無錫境内山水、園林、寺廟、書院、河流、山泉、古迹等方面的詞目達一百三十七條，所記述之内容，皆爲作者所見所聞，且較爲翔實，均可彌補地方正史之闕漏與不足，常被後人所引録和使用，以作考證之依據。

本書據清光緒二十四年（一八九八）刻本影印。

（夏剛草）

錫山景物略

王崇巖先生著

後學曹銓謹題

小序

言景則盡乎時與地言物則兼乎人同人劉子所以畧帝京也同人具二十分才學縮為豆馬寸人鐵劃銀鈎之圖画尚且歷覽五秊揣摹一載然後描寫情事絲〻入扣字〻匠心鈍懶如予無論筆墨久荒即邑中勝地足跡亦多未到乃欲以東施面孔學凌波之步豈不笑破人口惟是邑棄殘缺垂百餘年易代以來潛踪蠡墅擬與藻臣黃子佩之嚴子餙所未備而廣搜無術年復一年終置高閣歲在龍蛇喪明多淚百病攢心苦無藥石可治無已仍以殘

編為盧扁秃穎為參苓重理舊帙将耳目所及若記若序若疏文若詩歌詞賦彙成十卷亦謂自成一書藏之名山未敢出以示人而老友華淡思偶窺一班即零星手錄遽付梓人仍同人之舊額題曰景物畧正如嫫姆登塲何足供有目者之一瞬国

序　二

嘆著述一事彙次則難指摘則易昔歐文忠公五代史成劉壯輿摘其錯謬處示蘇子瞻〻〻曰王荆公屬予修三國志予曰軾不是當行家固辭正謂今日可見班馬異同古今同喟百年間惠山名勝志成于華聞修鄒牀介東林志即成于嚴佩之要皆

具邑中之一體未竟大全夫言山則丘垤亾山言水則溪湖皆水言人物則仕隠仙釋莫非人物即如東林興廢動關治亂要亦遭氣數之適然若遡源而上則自泰伯開呉文明肇闢實以吾邑為端委地東南人文今甲天下堂〻至德實始基之請以

序　三

此為山川之冠冕人物之羽儀則九龍一丘二泉一壑亘以一拳一勺渺之可矣若夫後之議今猶今之議昔其間紕謬多端品題率意供人指摘知不一而足甚或碎金零掇完錦全遺如愚公谷記十一首詩六十章不敢寬收盡行裁割掛一漏萬尤

為不少有亹我如劉壯輿者不惜舉示以
俾他年刪補有厚望焉

王永積書於蠡湖草堂

後序

八世祖職方公以崇禎癸未冬乞養歸明年
甲申三月流寇陷北都　明社既夷
公遂隱于梁溪錫麓間距城廓十里許曰
中橋築别墅以奉其親暇一以文自娛著有
錫山景物略十卷　綜　弱冠時凡鄉耆詩之
族多有其書不獨子姓以手澤珍藏也
自遭兵燹板本無遺　族州春颿訪求三
十年僅得之謀重刊而　族州仰之遂以
原本付梓既竣魯魚帝虎觸目皆是苦
無副本可以校讐因循數年　仰州墓艸
夙矣今秋　春州郵樣本來命　綜　覆勘

既嘗腹儉復不獲孫 命竭月餘力僅
就確知其譌之字丁更正餘但求文義
貫串而已然其中或承訛而未改或因改
而轉訛皆在所不免倘藏有舊帙者肯
惠假校對及指示謬誤匡成善本是則綜之
日夕禱俟者也噫吾宗自

二

九巖公以來代有著述世守縹緗既已盡
付劫灰而是書獨得重行于世 春艸乃
也艸方將修家譜建義莊承先志之不
逮茲特其嚆矢之始耳令
公在天有知其當何如愉快乎
光緒二十四年戊戌十月裔孫綜識

錫山景物畧目錄

錫山景物畧　目錄　一

卷之十

錫山景物畧　目録　四

錫山景物畧卷一

蠡湖野史王永積輯　男洸高 淑高仝校

錫山附八景詩

志山從錫山始遵舊例也山在惠山東偏廣三里高僅數百武
地理家言衆山皆高則卑者為尊故兹山為邑之主山○山以
錫名當周秦間大産鉛錫漢興錫殫後有樵人于山下掘石得
銘云有錫兵天下爭無錫寧天下清有錫沴天下弊無錫乂天
下濟○王莽時錫復出光武以後錫始竭故諺有云無錫錫山山
無錫建縣因名無錫○崑山顧文康公善風鑑登山熟視曰縣

錫山景物畧　錫山　一　卷一

無巍科當是龍不角耳正德初建石塆一後果發元或又曰龍
以角聽塆宜中空萬曆初又建磚塆一郡守施題曰龍光塆每
逢佳節窓懸一燈燈光點點落溪湖中舵舡一望真如火䨇又
邑中勝事臘月二十五日與除夕元宵家焚一爐爐旁烟火同
時競發登塆一望亦如火城石塆尋癈邑紳萬象春即塆基建
望湖亭亭亦宏厰東南有仙人洗面池八仙石二童子石前有
月子蕩蕩下為錫山澗宋延祐初倪山人文光築精舍于山陰
緣堤過澗為水簾作瀑潑散晝夜不輟今癈本山祠宇冣夛山
半有觀音三官三茅七元真武關帝等廟山麓有東嶽北斗張

睢陽于忠肅等廟入山之道二陸則出梁谿門過綺䏶街即五里街由九龍峰坊水則由寺塘泾過秀嶂街皆可登

華淑紀畧○是山面九峰帶五湖山巔寬衍如平掌西崖巨石綦置蒼翠欲滴望城中萬井鱗次崇垣粉堞相錯如繡平疇遠山花木佛刹掩映烟尖木末間其最勝在山半石觀音堂石壁幽窅小窓罨綠竹木泠然至嶽廟一帶多蕭踈歷落之趣惜皆窟宅神鬼非栖遲觴咏之地也○王永積曰衆山皆高則卑者為尊地理家言疑不可信錫山撮土耳又與惠山最近非獨邑之人狎而玩之即游人過客未嘗過而問焉今考石銘則以錫

之有無係天下理亂乃若此是此山豈直邑之主山竟當為天下之主山然則世有分居卑小而能以一身潛見係天下之安危以自附於山靈其亦可矣系以一詩青山何事論卑尊錫作泉源達海門常使有無関治亂居然培塿鎮西坤

唐皮日休懷錫山藥名離合體○暗竇𡨥泉容决决明園護桂放亭亭歷山居處當天半夏裏松風儘足聽○又晩景半和山氣白微香清淨雜纖雲實頭自是眠平石腦側空林看康羣○陸龜蒙和鶴伴前溪栽白杏人来陰洞寫枯松蘿深境靜日欹落石上未眠聞曉鐘○佳句成来誰不伏神丹偷厺亦須防風前莫怪携詩藁本是吳儂蕩槳郎○元盛楨游錫山兼懷邬元鎮○錫山酒惠山泉泉水天下稱絕品錫山之酒銀汝金液不論錢又聞茲山未能一着謝公屐飄泊風塵三十年此来登覽果清絕尋詩特訪山中禪西山相對右賔主九龍青落雲窓前開尊煮茗一快平生志我亦自笑豈無山水緣下視孤城鉄壁百戰後但見四郊荊棘飛鳥旁東海倪君復何許名園别墅帷荒煙東南冠蓋揔消歇令我慨嘆空凄然即今四海已平息俊傑在位農歸田便欲畊斸白雲三百頃老我此山泉水邊

明顧可適錫縣披前蹟丹丘出上方七盤凌絕磴千仞俯滄浪

鳥道浮霄朗鯨波遠色蒼玄珠遺罔象白石起羣羊陵谷推遷外蓬瀛縹緲鄉雲遥惜荒宴萬里泛瑤觴○陳鳳和飛蓋乗高興昏鐘起下方星軺臨斗域漁笛自滄浪峻閣山光紫重巖對色蒼喜隨雙洞鶴詎覺五仙羊坐嘯通靈壤觀風憶讓鄉獨憐縫掖士昕夕漫華觴○李袞中夜聽吳歌月明不能宿雞鳴澄霽景起望豁心目披嵐經叢林陟水轉青麓竹扉衝𢡟寒岩陰迫人肅遂升峯巒頂坐觀天地覆萬里彼何鄉白烟晝迴覆荊湖何浩淼暘光溫晨昱漠漠一風帆飛飛自天速上界無饑渴烟霞滿吾腹猶欲酌靈泉聽經向巖谷

王達塔影○星河拂曙鐘初定平湖水碧天開鏡青山孤塔埶
凌寒影入平湖鏡裏看沙明宛若長虹卧一雁斜飛驚欲墮來
闌曲曲氣層層蒼莚何處覓殘僧晚來記得漁郎話風雪鮫人
夜試燈○邵寶錫山塔基兼東顧少叅○東峯石塔對西峯雲
太雲來俯仰中萬古不磨銘地語百年誰試補天功雷將化雨
春田蟄斗避文星夜起虹何日落成須我報望湖亭上一尊同
○孫繼皐塔燈紀興○五里山城一水通布帆無恙信東風何
年松老翠欲滴幾對梅殘粉未空月吐寺門窺髩白燈圍峯塔
影波紅病餘此度纔乘興半惜春違伏枕中○鄧廸光塔燈歌

錫山景物畧　錫山　四　一卷

○錫山等培塿埶與九龍敵紫翠亂紛披蔥菁鬱相射龍宮廉
苑莽榛枳剩有窣堵千百尺八角懸羅網四壁儼丹艭欲墮不
墮罡風扶青霄雷霆白日黑僧彌守護不少暇往往燒燈過子
夜格澤蜃煙天外来祝融吐燄雲中瀉大如金輪挂玉夯細如
舍利散珠林潽如氷綃映水月熾如寶地鋪黃金踈如一點西
點明星光歷歷密如千對萬樹紫寶垂森森初疑蔭界為炎國
又恠祇林作火宅九徽何事及諸天太乙偏来照禪室此時天
龍應向燭龍護屏却雨師與風伯君不見豪家火對重重影繡
幕旂檀宵不冷銅山金穴俄頃盡鳳管鸞笙盡悲哽又不見十

二青楼朝日杲銀釭寶炬香繚繞春風㐲李不相待昔時艷麗
今時槁嘆息人間世光燄如電疾為墮無明網憋火燒七尺何
如對此浮屠下一燈熒熒坐佛日誓令心似吠琉璃不遺塵根
礙虛白
考永樂乙未李廣文孟昭首倡錫山八景詩同時賡和漸次成
帙至景泰乙亥馮擇賢先生修志時垂四十年覔原帙已不可
得孟昭原籍廬陵馳書于其曾孫李瀚始復得之并和韵八首
刻原志中後吳李志秦志俱散見山水間竟不獲睹其全良可
惋惜今全錄如右

錫山景物畧　錫山八景　五　一卷

孟昭原咏○太湖春漲○東南巨浸開震澤萬頃平鋪天一色
光涵雲影日熒熒浪暖㐲花春拍拍色山巘業連洞庭洪濤汕
湧魚龍驚幾度天南風力勁望中點點烟帆輕○龍山九峯○
惠山北来聯翠峰參差九疊騰蒼龍青巘排空矗螺髻錦屏照
日開芙蓉望中崔嵬伏還起埶若蜿蜒走雲氣七峯小隱如画
圖西磵田龍見龍尾○錫山晴雲○山高無錫奠名邦晴雲爛
錦明朝陽光吞深塢嵐氣潤陰接惠山眉黛長出岫無心常靉
靆或復岩頭隱蒼翠孤巒秀特當羣峰千古高名壯吳會○梁
谿曉月○西溪幾曲環西城城頭斜月潽朝晴金波光搖碧玉

碎○銀蟾影浸玻瓈明○雙河北接流泒遠○雉堞樓臺眼中見○五里橋東曙色分微芒、煙封連芳甸○黌宮古檜○明時古道日行天、黌宮古檜不知年、翠鸞交舞凌霄外○玉虬盤拏當檻前○幾迴霹○靂走風雨、白晝翻疑鬼神護○根株自是梁棟姿、只恐化龍却飛去○惠山名泉○此邦名山天下傳、冰洞源開第二泉○甘香四○時足僧供、品味千古由茶仙○石根沁碧漱寒玉○雙澗泠泠迸山、巔、絶頂、孰合九龍高、影落五湖明黛綠○泰伯遺祠○三讓奔○吳迹隱徽崇祠傑構錫山陲○冠裳秩秩儼遺像、棟宇輝輝臨故基、斷髮當時寧自棄、寸心已措興周計、勛名千古振句吳、至

德堂堂垂永世○南禪寶塔、○梵宮突兀南城隅、浮屠屹立凌清虛、碧瓦飛甍振鳴鐸、金盤結頂擎明珠、僧伽何年來無跡、夢入空堂惟見錫、我來登覽足幽勝○俯仰層雲蕩胸臆○馮善和韻○○太湖春漲○震澤春深漲碧漪、淨涵天影漾玻瓈、遥增越嶠○千尋闊、頓減吳山數尺低○紅泛落花通別浦○綠含芳草浸長堤○釣舟昨夜歸來晚、沒却漁磯路亦迷○龍山九峯○龍山屈曲、巧蟠形、削玉攢峯入杳冥、蝦蝀一條橫漢紫、芙蓉九朶插天青○蜿蜒靈物眠秋雨、縹緲嵐光護曉屏、影落南湖湖水畔、相聯倒○蘸白雲汀○錫山晴雲○一片無心起磵旁、紛紛郁郁更茫

茫、白、迷、春、塚、梨花色、紅映東岩、曉日光○落水層陰凝石沼○逐風軒、影度松廊、莫教久向山頭住、早去從龍雨四方○梁谿曉月○月晃寒波素練平、溪風未動浪無聲、蜿含曙色和天淡○影倒天○光○蘸水明○彩毛靜、沉霜浦冷、白蓮晴浸玉壺清○更疑龍女妝奩○早、匣鏡初開照五更○黌宮古檜○體全松栢影團團、一片濃陰護杏壇、殺落苔窻清瑟奏、影沉芹水蟄龍蟠○高枝溜雨蒼鱗古、客葉屯雲翠羽寒○大厦良材當大用、邑庠郡許久盤桓○惠山名泉、○二泉、天下久馳聲、陸羽當年品後名、一脉暗流山髓滑、半池輕泛雪花明○暖烹春鼎茶香細、冷浸秋潭月色清、石

罅漱空雲液爽、泠泠如奏玉琴鳴○泰伯遺祠○至德流芳世共聞、森森清氣逼乾坤、環簷松檜蒼雲濕、繡壁莓苔紫篆昏、史冊英名三讓在、香烟祀典萬年存、空堂遺像衣冠肅、寂寞高名晝掩門○南禪寶塔○七級浮屠勢壯哉、千年高枕古城隈、冊甍碧瓦排雲起、朱户雕欄倚漢開、十里傳聞金鐸響、半天飛下玉龍來、幾回登覽舒長嘯、聲逐清風落九垓、

惠山

在邑西北五里山不一名開山禪師名慧照慧惠也僧名名山○蠡溪筆記也名歷山晉宋時也名九龍山又名冠龍山郡國志也名華山吳地志也名西神山老子枕中記也山有九隴故名九龍又名鬭龍陸羽記也九龍者謂山九起若蒼龍縹緲合沓狀鬭龍者隋大業末山上有龍鬭六十日也又考舊邑志東晉時有家於山下者妻妊三年生一龍色如銀七日昇天太龍母死瘞於山巔即地成潭因名龍潭遇龍一歸歲大熟圖經上有九𩕙下有九塢九澗山多桑石香菜名僧傳宋元嘉中沙門顯曾憩華山精舍方池生千葉蓮服之羽化按山周四十里高百餘丈巉石周遭古翠駁蝕登巔望太湖烟波萬頃上下一色桃櫺點點如鷗沒波中洞庭虞山支硎陽羨諸峯分青獻碧歷歷在目四方遊覽之屐無間寒暑清明重九蟻附而上彌崖遍谷中秋尤盛肴榼四布竟作一片笙歌海矣山麓有玉皇殿山腰有半山亭三茅等殿俱圯

王世貞記畧○惠山無錫之北山也自西神之稱見於周睸枕中記而山之泉其勝啓于唐太尉李文肅公紳文肅抗節逆錡不死歸臥舊墅飲泉而甘之由侍從至拜相領鎮必郵致茲泉以從自陸羽品天下水置第二即忌文肅如張又新能排其人為端州之貶而不能貶茲泉為三凡水之歸第一若中泠與康王谷時相勝負而茲泉之第二自若也於是山名益著雖無崇嵒瑰異之壯與窔窱徑庭之深可以動心駴目而奇石幽澗美箭佳木在在不乏精藍甲墅碁布于山之前後頗能韵泉之味者茗茗則南天池此陽羨能發茗之𡾊者泉泉則莫過於惠而味苦勺清之士所不能不旦夕往矣然其地近郭又饒水樓船鼓吹夷猶於烟波吞月間凡皇華之奉使郡邑之沿檄行旅之滄途稜棹即至亦不必味苦勺清之士而後謂之遊也○王士性記畧○錫邑出郭不數里為惠山山麓有泉與寺即皆以惠得名石實方文唐令敬源深鑿而廣之石無坎罅當是泆流渠瀰而出渟泓清冽陸羽品為天下第二予飲而甘之士大夫壘石為山鑿池為沼深篁高柳掩映樓臺咸在寺左右而假泉為勝又沿流一葦可航故遊者亦引與于泉而盤桓於諸園亭水石之內予遍呼園丁入而探之真如登閬風瑤池倏忽數十處然皆不辨其誰家○袁宏道記畧○予性疎脫不耐羈鞅犯東坡半山之癖雖霜天黑月意未嘗一刻不在賓客山水病痊後居錫城門絕履跡天氣稍暖登臨最佳此地去惠山最近因嘐

小舟載兒子關偕行茶鐺未熱已至山下山中僧房極精邃秋聲閣遠眺尤佳眼目之昏瞶心脾之困結一時遣去始知真能愈病者無踰山水流連閣中信宿始去○華淑記畧○惠山深秀蒼老九峯高峙五湖環映烟波浩渺夷光少伯之遺踪在焉洞庭苕霅可順風而招也北盡長江東睇滄海隱隱如見南望姑蘇霸業之餘威猶有存者是亦足以係高人之躅侈曠偉之觀矣而或者翻變其户外一峯揩前一壑與夫花石之妍亭臺之麗則何也青山妙麗譬之美人而亭臺竹木則猶是美人之冰綃霧縠翠幙香奩也是山百年前禪宮佛刹外惟有斷垣荒

對靡死乎疇而今盡化為繡閣文軒重闌曲徑烟鬟翠黛搴香豔以爭飛柳眼花鬚罨樓臺而作態豈人事有代謝抑江山有古今耶且柚于斯者閑户皆山遶屋皆泉遊於斯觴咏於斯者甘脆四時烟霞半壁尊不必岱宗而有嶽瀆氣高不必嵩戟而有霜雪氣奇秀不必匡盧台蕩而有仙佛氣此山之妙也隨意登臨不必裹糧躡蹻而有丘壑氣此遊之妙也○王永積曰惠與慧通有智慧即有福德茲山豈獨以山泉重亦以人重耳無論鑿山濬泉其人具大開闢即如湛茂之依山結宇陸竟陵品泉縛亭千載下猶或見之况乎理學代興忠孝輩出祠廟於山泉間者寧止與山俱高與泉俱深直使山靈加旺泉脉加長此豈一丘一壑之徒所能頡頏而騷壇吟社僅取佛刹之莊嚴園亭之佳麗揄揚點綴以為文采風流盡在于是未嘗登第一峯探第一源見第一流人物是亦管窺蠡測而小之乎視吾山水也○系以一詩巨靈神斧問誰開片片龍光亘地來第一峯頭重立馬日星河漢盡昭回

鄒迪光九龍山賦○夫懸圃具茨姑射灊霍不周踈屬方壺員嶠之類胥神僊玄垣靈怪幽墟標名域内托跡象外武跡不及許隲何由若乃終南太乙天孫酉陽宛委仇池媯宮祝融二華

之屬秩視三公號崇萬禩瘢懸事備禜望數殊自昔炳烺無煩揚詡至于從都作鎮循邑為表合符受瑞毓異鍾英要辰勝流貫藻菀苑其在域中靡可殫悉然或殭里隩而昭藐無倪或載籍缺而詢咨失叢或名存而實亡或曩著而今湮其於頌紀將非實録惟我九龍山者為觀一邑擅勝三吳瑞氣日以睢禕人文藉而肸蠁圖牒具在故老聞知游目有餘寄心無盡備在採觚能乏偁引云爾賦曰夫何茲山之離奇窈糾兮簪芙蓉而有九屹巃巆崛岉撐日月而蹴星斗兮冠諸峘岋嶕嶢以為首遠則禹祁鄒尉夫椒金庭穹窿玄墓天平支硎香蘭唐貢離墨甄

荆輪裒茵伏若屡若蹲近則月脾石盆卣頷南横路耿嶉峢白
搚黄文雞坑廉頂五浪七雲屈體列侍若兒若孫故能翕歙句
始拂踰氛祲播莫浮歊歙扱倒景伒彼赤霄槩乎泰清跐厥白
榆弱於紫冥㲉譂緷而弇冒嶠僪翩而天蟜峒禷褷以臬嵒岑
萮葩以區眇礐何劖劙峛崩岵殌崢嶸磈磊碪碣硉矶若𧆛虎
贙孌奮距崖擊朋眦而進誰不怵惕每石尭尭絲乎岨峿㮚檏
愀猾實陳雜罝若斧若鐮若莒若鑴若簣若籠若敦若盂盞蹠
枳足不可以趍即傩俘以謀勇實孑亍而躊躇吐氣為雲五色
繽紛甚甚娭娭翹翹薆薆靄靄鏕鏕晰晰霽霽或襲霞而綺旋
或貫月而嫵婬或舍水而瀲灩或抱石而絪緼莫不覃爍藴茂
蕭索輪菌冠珥于呂如綏如纓為畜為鄉而遲迟于擔鈎白石
之塢瀰漫于梁谿蠡澤之濱時或谽谺澒洞劃然中楬箕伯扇
之萬籟齊號颩颩飀飀調調刁刁若叱若吸若激若謞若怨若
訴若怒若抖小者笑篴鉅者鼖鼛大陸捲浪倏岊鼓濤夔跂奮
亹而起舞雲陽竦臂以招搖爾其山脉寫遠有灌者泉仄沸而
沈隱現而瀸合出而瀵噴瀑而懸漬淪滲滐輸而滙焉托于一
潭詳水方域此為二泉㪅實定品殆莫之先夫其㘝泫汪洸澹
洌澄鮮若秋雲之在天其混瀚瀾渙流映揚光若西子之臨粧

其泓法泂滉漸瀌汜寖若氷綃之曳影其幽馨清馥襲肌撲鼻
若天花之馝馞雖大浸稽天而不濫即焦煙爍石而不涸又若
恒河之繩繩如昨而銀漢之盈盈自若于是陸羽杜育盧仝王
肅之倫周顒阮籍劉伶孔顗之列剌彼瓊滋厈此玉液用以煮
月團烹雀舌釀曲生泛竹葉磁甌傾乳銀缸漬雪歃之而塵慮
惺飲既而愁城滅又若帝臺之漿三危之瀝可以蠲疾延齡而
消煩解渴其餘若寶乳松苓滌硯惺惺龍縫滴露慧照若氷皆
二泉之別派將一本而支分縱同出而異號亦避潔而遜清遂
使西隃白下東越闉闍南浮江界北軼海虞人飲之甘家計而
儲莫不小刀㦸艑且載且馳千夫擔荷前唱後喁若裹蹄之貢
少府黍米之税天厨而晝日夜以委輸若乃廣衍延袤旁闊縶
慮包絡罡隥囊括陝阻睽暎塿壚廖垠陬隈仍仍樓袷彝彝揞
擔康莊相錯崇期交會屋室隱賑羅肆列隊亦有貿賈墆鬻騈
坒鈲槐兼呈喤呷鼎沸野橋白板朱樓對踞官道緑槐青旆歆
翥有河間之數錢多臨邛之滌器負戀而處爰有良田香塍畇
畇繡阪漫漫源泉渠潛灌注陌阡陰不虞迭陽不慮慾青陽聿
莩阜陸土埏畚鍤雲集饁餉星連以蔍以蓘載芟載剪維彼山
農少習不遷及菑畬熟種稑滋場既滌穫已秷錄社長集閭師

雞豚時薦壺觴橫至定一為十拘五作二讙譊藪澤晞歆壁塢
夕陽在蘩傞傞而舞若其瞿曇金舍薄迦琳宮鳳刹琨瑋龍池
玲瓏健陀燿爍阿蘭蒙茸栴檀百尺盤蓋千重層欒相承浮棟
文幪精藍繿鑱儳若附庸皆踦靈鷲以駊騀轢仙鶩而竦踊中
閒紺園𤼵歆金像騰光薝蔔菴羅吐葩垂芒迦陵頻伽韻竹嘇
簧赤髭踉蹌白毫焜煌踏杯合沓杖錫忽恍白日兩巷青山蓮
掌珊瑚舌動而經韻海潮珠火眉高而人欽寶相當夫佛日營
齋僧辰布浛則有優婆婆羅門之葷餮息股弁肩摩趾囓離離
魚貫傑傑猱攝蹀㲉擒摑盤跚勃窣揮汗霪淋舉袂風揭相與

穿軋芴破棠容蹍金繩狃雁塔搏清鍾擊寶鐸千炬烜葱菁衆
香爋碧落信慈氏之兜率而如來之極樂也兼有洞玄內觀上
清遼宇列僊攸館明神所處檐葩傑㑅棟莛襂纙玉題金榜鱗
次櫛比旟旐長懸郅偈不徙青鳥翔集白鳳戾止恍閶闔之可
叩覲玉女之嚚嗟蓊咊肸乎九天步虛聞于百里彼謝羅之羽
室三千白岳之玄廬百二茲焉亦足以比擬至于數里之內不
乏名園依巒倚阜背壑面樊涼臺借石水榭通川檀欒茂對蕙
畹芝原左隣佛苑右畿仙壇陰磴無地脩廊迄天重櫨妖嬝黝
洞蛇蜒石苔駮蝕竇瀋時泫濃翠妒日深碧吐烱不風木鼓未

雨條眠橘柚垂實夭李不言或籍資荊牧而河陽館築或肥槖
使越而好峙居遷或類陶公解綬而園開三徑或學支遁買山
而家無一錢此其人雖異而皆有卒泉之綺麗辟彊之精妍可
以當山林之樂事而畢考槃之餘年岩巒路盡陘谷已窮杳然
太古絕無人蹤古蘚如石千年一封白雲自在碧澗淙淙夭花
流水究然可通誅茆其間數椽以容植石為林架壑而屋康麋
與友雞豚自牧不知晦朔罔識寒燠龐眉皓首雖野不俗鼓腹
而嬉山涯水澳日遲颸颺阜隴初沐放杖相遭邂逅匪速偶與
之徘徊焉瞻矚焉嘆城郭之田換悲陵谷之反覆數人物之與

替較年歲之凶熟曲瓠卷漿瓦盆置菽藉草蔭對折荊代燭鞠
登不設禮數任朴又何啻宅華胥畏壘而家太蒙栗陸也祇洹
之匐清都之隙附以佳城牛眠馬鬣金鳧內躍石鯨外踴草木象山
魚膏為澤黃泉之下亦有白日自謂千秋永不磨泐誰知青草
迷離白楊蕭瑟山鷹夜啼燐火晝出荊棘參霄芻蕘競入狐兔
竊伺腰臘不食信人代之有盡而山川之無極既速朽而易化
即厚葬其焉益將不免於牛山之淚而雍門之泣木則松柏栟
櫚常棣甘棠含桃來禽移㰀槐楊楸梧棘棗枇杷柘桑梗楠榛
栗澤蒲天香族延曲阜宗孕山崗結本屈詰挺柯高張閜砢杈

栫蘆蘚嬋媛埔攝綢繆攢立偃仰崔錯嵾亂縝分沆浪餐霜飽
雪千齡而往披雲霧以舒蔭合颸颾而振響卽斧斤之暫入胡
槎栟之不長草則葳莎菅蒯苦虆卷施戎葵茼臺苔蘊茈蓁蘘
荷射干游冬攣夷王芻女蘿拘蒻茱萸芣苡茹藘蘼蕪薑葈彌
原匠鼻陰蔆陽愉菲菲入鼻郁郁薰蕕艛鱻用糅藿食所須中
間菌陳草薢地榆天粉兔絲菖陽防已寄屏又能殪群鼃驅二
豎扶瘻痺澤憔悴沃肉翅欲飛煉朱頻火駐毋皆山祇之所嘿
相而滋培與嶽靈之所陰施而溉注竹則簟簩由吾射筒林篛
篔簹箘簬箽篾菰箕籦籠孤管篬筤孫枝淇澳之種渭川所移

錫山景物畧　惠山　十六　一卷

節挺青琳筍抽碧玉婀娜蓊茸澶漫肅穆從風傾欹捎雲上矗
能促貞士比節而友酒人摘葉而釀山客栽篲而冠林叟劚竿
而杖此君可對素封不讓鳥則鵁鶄鸛鴟鶯斯鳧鷗佳其倉庚
鴂鶗鸕鷀駕鵞頻鷟戴鵀鳴鳩鸂鶒鴝鵒鸂鶒鴻鵠鵜鶘嚶嚶喈喈
關關啾啾營巢拮据啄食軥輈集若星聚散若雲收瞬視軀翅
便儇自由朝游岬岫夕反河洲獸則麇麚麏麈麙麢麕麚麏狐兔
狼獐貙貜貒貛牛羊之屬驪駞之羣蹢踣角掎狂狂猭猭眠雲
石路齩草松根夕曛共下朝霞與屯塡岡盈麓或駛或犇雖則
毛羣之穢質亦䘏山澤而成文於是青祇届白藏交條風媚湛

露高日景麗月貌嬌氣駘蕩時閒寥溫涼適人意調則有顧陸
右族猗頓富人游冶少年貴介王孫竦龍劍服魚文跋珠履振
華纓乘駿駮駕琱輪擁翠袖挾朱唇車鞶鞶人穀穀搽象管叫
鸞笙歌白苧理陽春落木葉動梁塵畫地分曹囯阿作屏泉為
酒池山乃肉林陂池上下方圓雜屏男女狎坐于陵于京幕井
崕兮紫絲障飾翠微兮石榴裙傲山色兮笑靨答谷響兮懽敍
念爽鳩之無此何余樂之可經亦有名流逸侶騷人墨客搴引
藜筇踸踔蠟屐提携友生擔舉歡伯佩有錦囊亦懷不律對山
月而抽黃攡顉嵐兮浮白宛伊人兮山阿信薜荔之可宅亦有

錫山景物畧　惠山　十七　一卷

姬姜妙質陽蔡名姝娥眉曼睩膩理柔靡香車歷逸露紒葳蕤
蹔而流步嬉媺差池綦履不任轉盈其儀語笑花間從空霏微
蘭膏逢浡于巑峭香氣霏靡于崯巇實為泉石點染而生色非
土風淫泆而貽譏亦有九州四海八方六合之內如湘潭逐臣
皇華重使巴蜀名賈江湖蕩子燕趙俠游吳楚奇士或凌風駐
檝或犇星挩轡慕勝而來戀奇忘去甘泉一歃萬慮滌矣亦有
獠人獵徒袒裼馳騁狂趭猨獶儇佻坌並布罠施罻設機置阱
青骹志厲韓盧力勁飆喬翃翔離合不定于以突棘藩抗蘽薄
掩廣澤轔長壑鳥不及避獸盡駴愕膏血汚毛羽落不獨攪必

雙掄豣豵盡彀卵詔即庶無虞從禽而轉剛簇既潤霜刀以染
稱技勇弱較獲多鮮列鮮野酌舉爵沉湎餘勇未潦既反盤桓
他他藉藉老稚聚看此雖閭里俊鄙之風倘亦山川壯盛之觀
乎嗟乎人物挺秀維山之靈效珍獻瑞自昔而徵故長康才致
擅三絶仲卿詎荐表奇節安道抗疏詆新法日休扁舟弄水月
元鎮褊心好淨潔焚香攤書清秘閣此皆千祀流芳清修卓犖
前既不誣後豈無作意者必有心跡雙恬衾枕弗怍以詠以歌
一丘一壑為之砥狂瀾而振寥廓者矣亂曰峗峗嵱嵱表巘崿
兮沉沉窈窈蔵窅窱兮綿綿聯聯極廣衍兮茀茀蘙蘙繁草木

兮獮獮蠢蠢育鳥獸兮猈猈版版備游覽兮濟濟鏘鏘出高良
兮龐龐隱隱保蓄盛兮符今援昔永不失兮
唐郎士元登北樓〇秋興因危堞歸心過遠山風霜征雁早江
海旅人閑驛對雲仍客漁舟晚自還仲宣何所賦祇嘆在荊蠻
〇王武陵登北樓〇秋老空山悲客心山樓晴望散幽襟一川
紅對迎霜老數曲清溪遶寺深寒氣急催遥塞鴈夕陽高送遠
城碪三年海上音書絶鄉國蕭條惟夢尋〇李紳憶惠山〇故
人一別光景改秋露殘蟬歲月多松下壯心年少去池邊衰影
老人過白雲生滅依巖谷青桂榮枯託薜蘿惟有此身長是客

亦驅旌旆寄煙波〇又重到惠山〇碧峯依舊松筠老重得經
過已白頭俱是海天黃葉信兩逢霜節菊花秋望中白鶴憐歸
翼行處青苔恨昔遊還向北窗名姓下數行添記別離愁〇羅
隱夜泊〇草蟲鳴咽露初溥獨繫孤舟夜已闌濁浪埶奔吳苑
急疏鐘敎出惠山寒愁催鬢髮凋何易貪戀家鄉別漸難他日
親朋應大笑始知書劍大無端〇宋蘇軾登絶頂望太湖〇踏
遍江南南岸山逢山不覺更流連獨攜天上小團月来試人間
第二泉石路縈迴九龍脊水光翻動五湖天孫登無語空歸去
半嶺松風萬壑傳〇錢紳好山如佳人變態百種好陰晴朝暮

間可愛不可道時時思一見如垢久不滌我来正清秋令人豁
懷抱秋色佳有餘俗客迹如掃佳哉二三友在席每傾醪扶策
窮縈迴高絶須一到幽尋不厭倦遇境郎窮討堦前千歲松閱
盡衆木樆庭下百尺井空傳天眼老陸子賞遺味至今泉浩浩
高僧掛衣去誰識衣中寶九淵深非龍徒見腓百草衆泉失蹊
徑迸散不可考世事每如此所令輒顛倒夜深山色清更對氷
輪皓松柏影參差水中交荇藻廻棹艤波心如在蓬瀛島舉觴
望青天醉鄉得深造茲遊須再嗣萬事殊未保〇蔣之美維舟
上重巘景物近斜暉流水聯珠落殘花碎錦飛白雲隨步武香

鳥傍軒扉拂井松傾蓋緣崖薜上衣池光清可鑑竹色翠成圍
更接高僧話林梢帶月歸 又絕頂疑天設重門一徑深泉清
千古意松老百年心高閣窺平陸危亭倚翠岑勝遊方自適猶
恐日西沉 又九隴分形怪蒼龍據厚坤洞寒清水脉石潤養
雲根探遠塵應斷窮高斗可捫江湖倦行者對此欲忘言 汪
藻茲山定中腴秀色郁如許連峯積蒼潤嵐氣亦如雨珍泉不
浪出世俗郁得取羣仙作佛供洒此玉池股甘寒飲天下瓶盎
走膏乳嘗源起臺殿下瞰松柏古巍基首梁宋爽氣接吳楚我
來值佳月濟勝得稽呂聊分小蒼壁同振百年羽躋攀興未極

落日在林莽却立望翠屏中流駐鳴櫓 楊萬里山遊雲開復
合 二年常州不識山惠山一見開心顏只嫌雨裏不仔細髣
髴隔簾青玉鬟天風忽吹白雲折翡翠屏風倚南極正緣一雨
染山色未必雨前如此碧看山未了雲復還雲與詩人偏作難
我船自向蕪州去白雲穩上山頭住 又懷尤延之 已到姑
蘇未到常惠山孤秀鬱蒼蒼一峯飛下如奔馬萬木深圍古道
場錫谷中空都是乳玉泉致遠久猶香眠雲跂石梁谿叟恨殺
風烟隔草堂 孫覿髀肉消磨馬上鞍塵沙滿路眼漫漫不須
更障西風扇爲酌崖泉一洗看 劉過小立船頭看惠山山尖

半在有無間鬢眠未老秧方綠且玩烟雲自往還 周邠訪錢
道人不遇 登山穿破亂雲堆不見高人眼倦開門掩水殺閒
白日路無車跡長蒼苔牆頭五柳空搖曳池上雙鳧自往來却
棹扁舟自回去過江思上子陵臺 元柯九思騎馬京華塵滿
道山川如此不曾來清泉白石何年有翠竹蒼松古殿開幽人
試水嘗新茗過客題詩坐雨苔杖藜絕頂便睞曠日暮浮雲天
際回 王仁輔紅社溪邊艤小舟青蓮宇內作春遊土花繡壁
淡如畫嵐翠撲雲濃欲浮短李清風存古意大蘇團月洗春愁
摩娑泉石舒長嘯未羨神仙十二樓 倪瓚憶惠山 昔住九

龍雲霧中泉邊蠟屐遍行踪南樓明月看時好西澗故人行處
逢亂後不聽鶯鶴夢回猶憶下堂鐘休兵即欲幽棲去見說
禪房勝可容 楊文炳騎馬西神訪遠公湛君舊宅且從容樓
臺影落雙河口鐘磬聲傳九隴峯自汲清泉煎苦茗又攜美酒
看眠松若冰禪洞寒流靜應是當年養毒龍 郭麟然疋馬西
風入惠山小橋流水碧潺潺樓空雙鳳臺猶在峯遶九龍雲共
閒客藻護寒奄睡穩老松籠冥鶴飛還自憐奔走成何事回首
山靈益厚顏 鄭元祐百里畫平壤茲山忽中蟠硲砑得宏深
迂徐納平寬僧坊隱其腹崇構居桓桓主神衛觚稜緣雲置開

干我來玄冬交榜舟起徹瀾天連黃沙白露委青林丹地無車
馬塵松筠政堅完蒼然後凋意彼此不厭看稍稍陟其崖探源
汲甘寒共惟桑苧翁出處良獨難帝青九萬里冥飛見脩翰空
留雪泥跡莫究清淨觀鬻茗滌愛渴晏然有餘歡○僧斷江題
留○方治不生千葉蓮石房高下煑茶煙春申遺廟客時過李
衛絕鄒僧晝眠塵世豈知無錫義殿廬猶記大同年九江一棹
乘風便更試廬山瀑布泉○皇明王達碧雲繚繞城西路山如
游龍執環護秋高影落夕陽溪雨歇青聯黃葉渡東南寂寂見
孤峯萬古對立開芙蓉天清露白月滿地隔水相聞惟遠鐘○

王紱憶惠山○我昔九龍山下住結廬正在雲深處日日看山
還看雲常教剪却當簷樹無端一別猿鶴羣馬蹄南北徒紛紜
塵途底事拂衣晚回首負却山中雲○朱昇春深蕭寺百花殘
塵世逢今有暫閒鹿避人行投澗畔僧知客到候松關巖前古
洞泉殷落樓外層雲鶴影還回首城陰歸路晚夕陽一半下前
山○華幼武登絕頂○山色如美人春風來更佳幽花發紅采
細草饒青荄夜來得好雨泥滑不濕鞋豈憚腳力勞直上窮巔
崖循路盡曲折坐石憑梯階置身萬物外高舉若何諧披榛入
縹緲振衣出塵霾城郭小若畫烟樹深嵌埋乎壤入東吳大水

亘北淮日射具區白執與元氣排其下明陽觀高士神僊偕衣
冠不入朝棺椁無遺骸逍遙同日月慚愧非吾儕老僧偶相值
邀我林下齋既汲泉煮茗復以酒沃懷情真語頗俗謝去予傷
乖人事數齟齬嚀能歷天涯○王慎中茲山誠負勝野性本躭
幽偶獲盍簪會聊為結駟遊挂觴臨曲水蘭帳俯崇丘廣坐清
光滿層軒空翠浮升高憑四覽撫景散千憂茂苑林端見長湖
天際流巖巻如共笑谷鳥亦相求翻愧遂飛客來參竹社遊○
沈周雨遊○惠山恠我昨徑去歸來欲登却作雨濕雲隔眼失
高翠掉頭不顧真巢父頹治笠屐往慰謝衆慮沾濡吾莫阻我

言惠不在天上行不畏難當至耳呼童挈攜容乃從一段奇蹤
自伊始占湖山色奇空濛當與此山移此語○顧可久登絕頂
○茲遊亦已屢今上最高峯水落洞庭遠山圍吳會重頤瞻悲
濁世凌厲覓奇蹤獨羨鴟夷子扁舟欲往從○薛應旂登絕頂
○黃葉村中景黃花雨後天摳衣登絕頂秋色滿湖田○黃姬
水芙蓉溪上綠楊深蘭艦攜觴𣈆碧岑遠岫千重來暮色晴峯
一片盪湖陰飛泉亂瀉桃花峽好鳥交鳴祇樹林總道春芳易
消歇他鄉倦客更登臨○王穉登入山避暑○對裏山光翠滿
筵酒杯棋局聚羣賢流泉出塢千家潤暮靄含峯一寺蟬淨域

山河無赤日空王臺殿是青蓮沉冥都憶高陽侶豪士襟期百
代前○屠隆花壓亭臺照水明客来真擬鏡中行家家遊舫依
山轉面面通波抱郭平石瀨嘉魚鄉雨出松林好鳥避人鳴清
言盡日堪消夏何限凉風白苧輕○沈明臣同孫太史分得烟
字○早乗白鷗坐青天沙鳥汀凫絶可憐遠字作行千望目名
山近郭一溪烟笑臨高磵秋泉落醉倚空堂晚桂妍日暮未能
辭酩酊滿川燈火照歸舡○袁宏道梛色漸舒枝漸齊流鶯澁
澁弄春啼青山何意成相識流水公然似故溪鷓鳥不行終戀
侶鶺鴒無屋懶呼妻一瓶㸿貯惠泉酒過得層巒日又低○雪

後青山暖復鮮踈黃淺綠也堪憐高僧執卷供談柄少婦明粧
送佛錢向子無端兒與女華陽㕘事道兼禅浮生早被微名誤
遅向人間醉五年○又皇甫仲璋遨飲○東風吹水浴平沙鸂
鶒鸕鷀滿釣槎去日程公猶有客到來滿岳已無花溪鱗呷雨
層層浪山碓春雲處處家白石青松如畫裏臨流乞得惠山茶
○萍跡猶憐滯水鄉濯纓滿地是滄浪罷來仙縣郎官綬拚作
青谿道士裝沙鳥慣人眠不惺岸花經雨折還香相思別後知
無益爛向春風醉一場

天下第二泉

在惠山第一峯白石塢下本名惠山泉唐竟陵陸羽畫品天下
水位置第二元趙孟頫書額又名陸子泉按陸羽定水品二十
等江州廬山康王谷洞簾水第一惠泉第二蘄州蘭溪石下水
第三峽州扇子硤下石窟洩水（又名蝦蟆口水）第四蘇州虎丘石泉第
五江州廬山招賢寺石橋潭水第六揚州揚子江南泠水第七
洪州西山瀑布水第八唐州桐柏縣淮源水第九江州廬山頂
龍池水第十潤州丹陽縣觀音寺井水第十一揚州大明寺井
水第十二漢江金州上流中泠水第十三歸州玉虛洞香溪水

第十四商州武關西谷水第十五蘇州吳松江水第十六台州
天台西南峯瀑布水第十七郴州圓泉第十八嚴州桐廬江嚴
陵灘水第十九雪水第二十張又新煎茶水記載劉伯芻言水
之宜茶者七揚子江中泠第一惠泉第二虎丘第三丹陽第四
大明寺第五松江第六淮水第七考歐文忠公大明水記載陸
羽茶經論水云山水上江水次井水下又云山水乳泉石池漫
流者上瀑湧湍激勿食食久令人有頸疾江水取去人遠者井
取多汲者頤首中泠而次惠泉世争疑之今據張又新載劉伯
芻言則首中泠又載陸羽與李季卿評水二十種次第則首康

王谷殊與前言不合文獻通考亦曰惠山泉甘美置第二誠不忝特未知康王谷水何如則第二終非定論至劉鎮江績改為第一部文莊公亦以為然則斯泉即抑置第二固無出其右也

〇源出若氷洞伏流入方圓二池員名上池方名下池又伏流從螭吻出淙琮有聲入下池始分西北二派北繇華孝子祠奄池下金蓮池迂迴于香積池出寺塘涇達雙河西流出錫山澗迤邐入梁谿旁支別派曲滙斜分溉田數十百頃宋高宗南渡就員池飲始作亭覆之上繪雙龍鑿石為底窾若鉒斧甃以陶甓繚以石闌跨於方員二池之上者曰二泉亭牓曰源頭活水

陳淮隸書亭前堂三楹牓曰漪瀾李東陽篆書泉之得名自唐李紳始紹品題自陸羽始奔走天下自李德裕始方德裕在中書時酷好茲泉置水遞轉餉不絕皮日休以詩譏之丞相常思煮茗時郡侯催發只嫌遲吳關太國三千里莫笑楊妃愛荔枝後有僧言長安昊天觀水與惠泉等雜他水試之果如僧言始罷驛在今近則一方遠則數千里舟車絡繹水陸並運但見瓶盎罇罍交錯于道汲取無虛日日無虛晷負擔之夫無寒暑無陰晴無晝夜足不及停目不暇瞬然皆取汲上池無取汲中池者中池則品味便劣僅懸尺許且中本相通而迴別若此泉源

本旱澇不竭元時設稅泉乃竭稅已復出其不受辱又若此真神物也〇挈泉至遠方取山中石子養之雖歷數年色味不變雲根石母各自相依理固應爾舊傳宋徽宗飲泉謂有屍氣揮之此言殊謬徽宗初未至惠山所揮者乃闔閭隧道之劍泉也然徽宗亦非知味者蘇文忠道經瓊州三山庵下僧惟德以水餉焉文忠以味類惠泉名曰通惠紹興間錢紳卜居溙塘山泉發巖址甘冽與惠泉等亦名通惠愛泉若二公可稱知己矣〇一塢本有七泉相去俱不踰百武曰若氷曰龍縫曰慧照曰羅漢曰大同曰雲泉惟慧照今不可考疑即惠泉是

唐獨孤及記畧〇寺居西神山之足山下有泉無錫令敬澄字源深以割雞之餘葺而築之乃飾乃圬有客竟陵陸羽多識名山大川之名與此峯白雲相為賓主乃稽厥創始之所以而志之方識此山之方廣勝掩他境其泉伏涌潛泄潗濟舍下無沚無竇蓄而不注源深因地勢以順水性始雙甃袤丈之沼疏為懸流使瀑布下鍾甘濡湍激若醴灑乳噴及于禪床周于僧房灌注于德地經營于沐堂瀑瀑有聲聆之耳清使貪者讓躁者靜靜者勸道道者堅固境淨故也夫物不自美因人美之泉出於山發于自然非夫人疏鑿之之功則泉之時用不廣亦猶

無錫之政煩民貧源深澌之則千室禱袴仁智之所及功用之
所格動若響荅其揆一也予飲而悅之乃志美於石◯宋聶厚
載記畧◯水之甘苦猶人之賢愚人生禀氣清則賢濁則愚水
流因地潔則甘穢則苦石脉至潔水泉至甘而兹泉勝諸泉者
以其感錫之氣也若井投黑錫于其中夂而得甘查梅橙李和
鉛霜食之則美盖錫能變味致然也兹山當周秦間大産鉛錫
豈非假其餘味乎或曰果爾則山中諸泉味當一矣而獨美者
何也曰山一而源異也他泉脉淺發於山表兹泉源深出于山
骨承平之代錫乃深藏故得其液焉旱潦不竭不然何以滑於

錫山景物畧　第二泉　二十八　一卷

衆泉重於諸水或又云産錫者東峰非泉脉矣惠山本也東峰
支也未有本亡而支有者也利物之外尤資茗荈陸子品之美
名始振夫食味別聲人之常也甘辛爽口嬰耋一致水至淡薄
能於淡薄中紀其優劣峻其等級亦猶金絲聰耳清濁易辨其
或審興衰察治亂非賢者罕極其奥審聲之奥古推夔季別味
之抄生民以来陸子一人耳且以無情之水遇至鑒汲引尚能
紀名簡册列有道之士遇知已振發豈不能潤澤斯民道濟天
下煥令名於今古哉所謂水猶賢者言非過也感物而動與泉
作序◯孫覿記畧◯陸鴻漸著茶經別天下之水惠山之品冣

高味甘美最宜茶于是茗飲盛天下而缾罌負擔之所亟通四
海矣建炎末羣盜嘯其中洿壞之餘龍淵一泉遂涸會今鎮潼
軍節度使信安郡王孟公以丘墓所在跡請于朝追勛冥福詔
從之賜名精忠薦福始命寺僧法皐主其院法皐氣質不凡以
有為法作佛事糞除灌莽疏治泉石會其徒數百築室居之一
山之勝復完泉舊有亭又斥其贏擴而大之廣深袤丈廓焉四
達遂與泉稱法皐請予文記之予于法皐重有感也建炎南渡
天下州縣殘為盗區官吏寄民間蔵錢廪粟分寓浮圖老子之
宮市門日旰無行跡暮夜無託宿之地士大夫如寓公寄客屈

錫山景物畧　第二泉　二十九　一卷

指計歸日襲常蹈故相率成風未有特立獨行破苟且之格以
功名奮然於一世故積亂十六七年視今猶視昔也法皐者精
悍絶人獨能追營香火奉佛齋衆興頹起仆潔除垢汙于戎馬
蹂踐之後又置屋泉上以待四方冠蓋之遊又寺之興廢本末
與古今詩人名章俊語刻留山中凡昔所有皆備而壯麗過之
可謂不欺其意者矣是宜淬厲其材振餙蠹壞以趨於成而吾
黨之士猶以為不織不畊訾謷其徒姑置勿議焉紹興十一年
六月　日◯明邵寳濬泉碑銘◯正德五年春三月錫人濬惠
山之泉秋八月功成凡為池三為渠二為亭為堂各一而三賢

祠故在泉上今益為十賢并新之諸君子既觀厥成則以記命
寶惟惠泉為天下高品尚矣然其來也同源而異穴或蔌則汎
或發則濫三池滙之而石渠陰貫乎其中蓋約濫節汎以成泉
德古之為是者可謂知水矣是故上池淵然中池瑩然下池浩
然為觀不同而水之狀畧具粤自陸子品泉後觀且飲者日衆
甚至驛遞長安通名嶺海之外夫豈偶然乎哉雖然時而濬之
則存乎人譬之天道有燮理之功譬之人事有更化之理是以
君子重圖之今是役也無侈無㢢克協于舊論者謂邑有人焉
寶不敏謹以歲月勒之于碑以助贊之名姓具于碑陰復為詩

以歌之其詩曰邃彼原泉惠山之下維僧若冰肇濬自古謂配
中泠允哉其伍我錫彼金有子維母孰不來飲孰不來觀贊歎
咏歌井洌以寒孰瀾我流石崩木蠹匪泉則敝敝以是故人亦
有言清斯濯纓濁而弗滌豈泉之情錫人恊議與我濬功維物
有理變極則通維雲蒸蒸維石齒齒泉流其間終古弗止有德
匪泉則我之恥我詩于碑以頌其成泉哉泉哉與時偕清〇華
淑記畧〇自李贊皇置驛後舟車飛輓無遠弗届在今日益復
流漫縱横矣然而泉之源或未晰飲之法或未備也是泉蓋有
三異两池共一亭圓池甘美絶異方池一異也一鏡澄泓旱潦

自如二異也澗泉清寒多至伐性此則甘芳温潤大益靈府三
異也更有三癖沸須先㸃炭火次銅錫器若入鍋鐺薪便不堪
啜一癖也酒鄉茗椀為功斯大以炊飯作糜反遜井泉二癖也
入盆盎久貯不變木料止用暫汲經時則味敗三癖也夫名泉
雖貴必資烹釀之功亦猶美錦雖華終藉剪裁之力是必其人
之嗜好與水之性情飲之時地合而後名理溢出涓滴皆妙否
則淄澠莫辨彼靈源玉液豈肯為凡流傖父作沽計耶然則何
以二稱曰論出張又新非陸羽也又新品次二十等與羽茶經
絶不相侔歐陽公辨之甚晰其為假托無疑然亦有疑焉中泠

伏處江心可想而不可親可聞而不可即惠泉則日在人耳目
間擔夫舟子得而溷之瓶盎罌罍得而肌之官郵衙舍得而辱
之且日事烱火戕甚也日走城市役甚也假令生於空谷流於
深山限以江湖隔以高崖峻巘其不遂遂以供世好明矣意中
泠如琪花瑤草未必有是卉而人常慨慕於仙都惠泉則猶人
間香艷也中泠如洛水巫山未必有是人而人常寄想於烟雲
惠泉則猶人間姝麗也有色味因有嗜好有嗜好因有品題與
世膠纏便落第二古之高流逸士其以出山貶價不幸而為世
所物色者豈少哉〇王永積曰泉之功用亦大矣其舉體高抄

衆濁獨清衆輕獨重既不與凡水為伍抑聞之故老得洗泉法式携至遠方色味稍變即以他水攪之俟其凝定他水盡浮水面泉以重而獨沉即傾去他水而泉味自在仙風道骨渚之愈清然歷經品題祇録其淪茗之功未竟其溉田之用是泉以恵稱又豈獨以舟車絡繹奔走天下鳴得意者邑水莫大于西北泉分二流北由寺塘逕達雙河東由錫山澗下梁谿汪汪淼淼孰非吾泉之化身而邑中腴産西地並推正賴茲泉為灌溉否則偶當旱歲不至于槁且同晝者幾希矣中泠隱見于波心既不可即匡廬瀑布誠海内奇觀然合之茶經亦犯湍漱之忌孰

若吾泉安流不與併得粒食一方泉之功用於是為大若徒以空名較量于一二之間姑置勿論可也系以一詩一滴涓涓達九河分流西北起洪波水田香稻資餘潤更聽漁郎發棹歌唐僧若冰石脉綻寒光松根噴曉涼注瓶雲母滑漱齒茯苓香野客偷煎茗山僧惜淨床安禪何所問孤月在中央〇皇甫冉泉歌〇寺有泉兮泉在山鏘金鳴玉兮長潺潺作潭鏡兮澄寺内泛巖花兮到人間土膏脉動知春早隈隩陰深長苔草處處瀠廻石磴喧朝朝盥漱山僧老林松自古草自新清流活活無冬春任疏鑿兮與汲引若有意乎山中人偏依佛界通仙境明

滅玲瓏媚林嶺宛如太空臨九潭詎減天台望三井我来結綬未經秋已厭微官憶舊遊且復遲留猶未去此心只為靈泉留〇李紳別泉石〇晴沙見底空無色青石潜流暗有聲微動竹風涵淅瀝細浮松月透輕盈桂凝秋露添靈液茗折春芽泛玉英應是梵居連洞府浴池今化醴泉清〇皮日休馬郷消瘦年纔有陸羽茶門近始開時借僧爐拾寒葉自來松下煮潺湲〇宋蘇軾與焦千之〇茲山定中空乳水滿其腹遇隙則發見臭味真一族淺深各有值方圓随所蓄或為雲洶湧或作線斷續或鳴空洞中雜佩間琴筑或流蒼石縫宛轉龍鸞蹙餅罌走四

海真偽半相瀆貴人高宴罷醉眼亂紅綠赤泥開方印紫餅截圜玉傾甌共嘆賞竊語笑童僕豈知泉上僧盥洗自挹掬故人憐我病蒻籠寄新馥欠伸北窻中晝睡美方熟精品厭凡泉願子致一斛〇楊昊世治山藏錫山靈地溢泉石飴寒不減水液暑常蠲薦茗能全味援琴欲絕絃誰言到池盡餘響更潺湲〇張商英題倡（元符己卯西浙運判曾孝蘊作常潤京口奔牛二閘之成商英被旨相視遂至恵山以紀行役）咸陽獲璽之明年五月端午余泛船二閘新成洞常潤組練直貫吳松川淮南柁師初入浙借問邑里猶茫然茶經舊説恵山泉海内知名五十年今日親来酌泉水一見信異傳聞千罝茶遶

自建安到青林石臼相争先碾羅萬過玉涅臟小瓶蟹眼湯正
煎乳頭雲脚盖椀面吸嗅入鼻消睡眠滌午操壺貯甘液纖題
遠寄朱門宅仙人見水是琉璃乃知陸羽非凡客◯李邦直丙
午八月朝陽墩繫舟散步来山門萬松森森殿角聳仰視愈覺
山形尊巖深谷静鳥獸樂麋麃哺子獼生孫泉生石門落石㕣
呱呱哀響無晨昏挹之甘比蔗漿味渟渟清照魑魅魂正性不
専時節換夏如氷雪冬還温我知此泉本靈異養畜造化同胚
腪有時精魄應期會坐令一勺瀰乾坤氣如蒸炊出山背倏忽
四面浮雲奔一洗萬里原野淨枯枝蔓草沾餘恩豈止提携聚

罌缶不獨滙漲江湖村下為閒泉上為雨信哉天下雲雨根◯
梅堯臣吳楚千萬山山泉莫知數其以甘味傳幾何若飴露大
禹書不載陸生品嘗著昔惟康谷亞乆與茶經附相襲好事人
砂瓶和月注持恭萬錢昂豈足調羨馳彼哉一勺微唐突為霖
澍疏濃既不同物用誠有處空林癯面僧安此侯王趣◯蘇儀
甫鬳沸靈源湧翠巒當年鴻漸此盤桓一泓巖腹涵天遠千古
雲根漱玉寒竹院引歸虬甲動茶鐺烹出雪花攢月明松檜蕭
騷夜堪入禪心清淨觀◯黄庭堅兼謝黄司業◯錫谷寒泉擠
石俱并得新詩蠆尾書急呼烹鼎供茗事晴江急雨看跳珠是

公與世滌羶腴今我屢空常晏如安得左輔清穎尾風爐煮茗
卧西湖◯王禹偁誰識澄源萬古清潢汗擾擾漫縱横出從山
底應無極流落人間自有聲江漢想能同浩渺塵沙難溷更分
明從来旱歲為膏澤安用茶經浪得名◯蔡襄兹泉何以得適
與真茶遇在物兩稱絶于予獨得趣鮮香籠下雪甘滑杯中露
當能變俗骨豈獨蠲塵慮晝静清風生飄蕭入庭對中含古人
意来者庶冥悟◯周邠水自錫山出中含萬古情穿雲緣有脉
激石豈無聲鍊藥源尋遠煎茶味覺輕堪資許由飲休濯屈原
纓徹底驚澄瑩傾杯戒溢盈長流千里潤高注一巖清篇什新

傳美圖經乆得名主人當鑑止劇語著莊生◯元鄧文原我生
懶拙百不堪放意林壑窮幽探玆山九龍軌飛動鬐鬣錯落盤
松柟高風吹衣凌險遠太湖渺渺天西南泉流不逐湖波逝融
為氷鏡開塵函六月火雲增熱惱三嚥氷雪生清甘試將水品
證泉味一語須喚山僧叅層臺彙苧有遺像古屋彌勒空香龕
五年兩歷惠山頂未辨草具來卓菴白鶴翔風導先路黒雲垂
地隨歸驂酒醒呼枕聽風雨老龍捲水空溪潭撫掌懽遊已陳
跡隱隱歸舟沉暮嵐◯周權惠山欝律九龍峯磅礴大地包鴻
濛劃然一夕震風雨欲啓靈境昭神功六丁行空怒鞭斥雷火

搖光飛霹靂一聲搥破老雲根嵌洞中開迸寒液道人甃玉深
護藏鏡涵萬古凝秋光陸羽甄品親試嘗翠浪煮出松風香我
來山下討幽境自挈瓶罌汲清冷味如甘雪凍齒牙紺碧光中
敲鳳餅氏塵滌盡清淨觀心源默透詩中禪亟嘷陶泓挾玄玉
揮灑字字泉敎寒按閒半日聊此駐孤棹明朝又東去紅塵入世
幾浮雲鐘訪空中自朝暮○僧明本惠山屹立千仭青俯瞰大
地鴻毛輕七竅既鑿混沌死九龍攫霧雷神驚霹靂聲中厓石
裂銀泉迸出青鉛穴惟恨當年桑苧翁玉浪翻空煮春雪何如
跨龍飛上天併與挈過昆崙巔散作大地清涼雨免使蒼生受

辛苦我来扣泉泉無聲一曲冷光沉萬古殿前鳳檜書然鳴日
暮山靈打鐘鼓○張雨水品古来差第一天下不易第二泉石
池漫流語罷勝江流瀯瀠非自然定知有錫蔵山腹泉重而甘
滑如玉調符千里辨淄澠罷貢萬年離罷辱虛名累物果可逃
我来為著作解嘲速喚點茶三昧手酬我松風吹兎毫○明黃
淮每聽耐軒談錫麓杖藜今日喜攀緣携將雁蕩先春茗来試
山中第二泉○王達九龍峰前有流水一線泠泠出雲裏夜聞
繞竹瀉孤琴曉汲和秋漱寒齒爐水瀑布誰品題天下至今名
共馳林間野客煎茶處石上窮猨照影時師今持鉢来相啜湛

湛無痕映孤月與師且滌胷中塵明朝莫問城南别○王紱寒
坐夜不眠瀹茗坐罏邊伏火煨山栗敲冰汲澗泉尾鐺翻白雪
竹牖出青烟一啜風生腋俄驚骨已仙○倪敬噴壑由來起白
虹犇衝勢欲倒危峯雙池涵空浴二曜一氣化雲從九龍香帶
落花紅滚滚細穿脩竹綠溶溶一瓢會入調羹鼎未必中泠世
所宗○李夢陽客從何方來来自錫山谷暑行四千里致我泉
一斛清泠不異在山時中涵不子蕪苔綠越州花瓷爇燕竹陽
羨紫芽出色東故人好我手自煎分坐庭隅候湯熟瀉器寒雪
碎繞腸車輪鳴一舉煩襟爵釋再舉毛骨輕三舉不敢嚥恐生羽

翼隨風行我聞茲泉世無匹夢寐求之不可得詩乞翻媿蘋家
才郵致兼無衛公力又虞誤載石頭波頓令真品無顏色感君
酌我向君揖一勺横澆萬古臆嗟嗟此意誰復知極目江雲三
嘆息逆旅水師扮具船山靈涕洟上訴天螮蝀委蛇晴貫窻皎
鼉睥睨宵近舷淮浮泗泛梅雨蒸車輪馬曳炎塵煎閒甕滴瀝
皆新泉敢謂君非山水仙或我埃垢不安天倩君携此親洗滌
酬君合書蠆尾帖九原誰起黄庭堅○駱文盛寄謝秦學博○
昔飲中泠之水金山巖勝名自謂無虛傳南来復飲惠山下水
味迥過金山前廼知古人評品有未當今我更易應無嫌遂以

惠泉爲第一中泠不得仍爭先歸來久卧碧山麓病渴往往增
紆煩良方百試一不效要須滌以茲山泉廣文先生惠山客幾
度來訪予心憐遂令貯泉滿石甕千里載以梁溪船僕夫舁之
入我室一見忽爾開心顔驕陽三伏正茲候矮屋何處逃朱炎
紆煩無奈日加劇霜崖雪壑心空懸茲泉何幸一朝得入口不
啻層氷寒須臾齒頰盡森爽風生兩腋真歘仙況痾悠悠亦太
體心腎脾肺俱泠然柴門不啓晝逾靜湘簟一任攤書眠啣杯
莫漫稱聖賢刘禹徒自誇芳鮮野人從來薄滋味飲水更覺心
相便泉乎爾幸不我棄與爾共結平生緣吁嗟乎廣文爾我氣

味實相似遠道致此情何處會應卜築依爾室飲泉瀹茗白首
同卧蒼山巔◯吳寬荅馮廷伯◯何處泉滿腹惠山横翠屏山
遠不能移誰携此泓渟客從山中來貽我泉兩瓶磊磊石子在
中含數峯青宛如清曉汲尚帶魚龍腥煎茶水有記陸子著茶
經舌端辨清濁豈但如渭涇茲泉列第二不甘讓中泠幸蒙蘇
子詠詩與泉俱清至今遊山者爭仰漪瀾亭遠餉逾千里罌瓻
載吳舲後人不好事此事久已停大甕封泥頭所重惟醁醽一
朝識得此高屋鶩建瓴陽羨茶遺至新品攢寸蓮雖非龍鳳團
勝出蔡與丁二物偶相值活火仍熒熒蟹眼泡漸起羊腸車可

聽煎烹既如法傾瀉散蘭馨連飲渴頓解更使塵目醒嗟此一
段奇何意當衰齡餅底有餘瀝照見髮星星不煩茶始飲飲水
心常惺未足酬雅意聊用報山靈◯王世貞一勺清泠下九咽
分明仙掌露珠圓空勞陸羽輕題品天下誰當第一泉◯文徵
明有客遥分第二泉分明身在惠山前兩年不挹松風面百里
初回雪夜船青蒻小壺氷共裹寒燈新茗月同煎雒陽空說曾
馳傳未必緘來味尚全◯陳繼儒陸羽竹爐寒清泉氣若蘭如
何出山後便作下流看◯鄒廸光雨後觀泉◯莵裘值青陽山
將瑞靄貢巒雲正成綺谷雨乃為凍雨脚一淋漓水勢遂縱送

瀉玉片可劘崩珠顆堪弄羽泛不及觴瓴建又誰控風泉互勞
攘水石兩倥偬天潢虞立傾地肺將無動歷堰曾幾何為堅固
已衆有時傳玄車鎮日漢叟甕但聆雷霆聲誰辨人語閧枕漱
良在茲生涯此巖洞洋洋有遺篇洗耳時一諷◯王穉登寺下
扁舟繫綠筠寺中僧屋暗魚鱗石罌入夜分新澗秋水看山對
古人雲近酒旗濃未墨水流村店白如銀江城昏黑投秦系燭
影茶烟上葛巾◯朱之蕃名泉千里漱餘芳汗漫觀泉到上方
渴吻寒生杯浥露詩脾香沁玉浮漿潛流石隙來幽谷細逐溪
聲落短墻返照半規啣岫日徘徊猶自聽笙簧◯蔣德璟泉銘

清已人墨香起人醉冷醫人熱是名泉惠以惠成福是名惠泉益曇如雲日億千計是三尺泉不見通閟源從何生普供一切我觀至人居心天際雲垂雨興孰知其朞是第一義不落第二池顯芳泉贊　梁水洋洋惠峯奕奕中溢甘乳四時清冽満井中冷俱莫能敵予每至寺按經察脉或云金精或云錫液煩悶一歠氷壺濯魄天池茶茶配茲全璧虎丘松蘿令其玉白因此貴人調符飛檄一日千罌舟車絡繹致泉與山不得閒寐予歲有泉亦愿石隙幸少人知獨澄空碧　正嘉間李文正公與邵文莊公真稱文字交詩篇酬和郵筒不絶惟泉歌刻自石

碑尤為絶唱和韵亦多名筆另録如右李東陽泉歌兼寄邵二泉　江神夜泣山靈嘯帝遣神工鑿山竅飛流出地聲灑空泉水下與中冷通江邊老翁不知姓手著茶經親鑒定金山之外更無泉坐令匡廬瀑布空高懸池官侍郎心似水平生品泉如品士似云江水不同清此山自得金山精尋山浚泉發清瀉原是江南好奇者山高水絶詩亦奇鳴金噴玉無停時我山曾過泉下酌夢枕陵嶒漱潺潺我歌泉和兩知音吁嗟乎誰其更識泉齊心　邵寶和韵答寄　擊石長歌復長嘯山無人聲泉有竅詩人曾謂茲山空又聞山與南海通向來泉托山人姓公為收名名始定石池左右多檻泉東流迤邐非突還非懸公門如海納川水肯向東方遺一士出山還似在山清中有石子星之精別公無言懷獨瀉公乃題詩贈行者登高盡得今古奇我歌合向觀泉時年年壽公泉一酌公每書来問潺潺援琴就奏山中音水風吹月千里無遐心　林俊和韵贈邵二泉　一簫不鳴山作嘯睡龍夜驚開玄竅吸徹厚地噓印空元氣公與天河通品題一經重名姓踞阻宅幽神鑄定誰其主者吾二泉含吐星月上下相應懸北條大河南漢水涯翁泉翁天下士金聲玉色秋岡清光怪恐出白龍精一鑑塘深共披瀉眼中誰復知泉

者雲莊老子蹟浪竒謁山每憶分泉時煮餅僧甌供大酌香床假寐聞潺潺水落猶懸往日音泉哉泉哉一瓶為致消渴心　喬宇和空山散步舒清嘯潤響泠泠出天竅澄波靜影涵遠空一脉上與銀河通山稱惠山誰所姓節憶九龍初浚定後人品作第二泉名共千丈丹梯懸知君素志在山水同是坡翁門下士滄浪調翻宮羽清夜泣江怪號山精臨泉浩歌一傾瀉潤視古今誰作者我生未老真好奇此山此水遊何時感君釀泉為君酌遠意芬芳寄潺潺寨寨川上有遺音洗耳避世誠何心　杭濟和虛巖激響風生嘯鳳沸流泉發幽竅或疑石裂山腹空

一脉真有靈源通泉流出山本無姓因山得名各故定世間在
地有泉頤些珍重名獨懸中泠美汲江心水品第同歸古高
士源頭郙得如許清毋乃蓄此天地之元精滔滔晝夜無停瀉
川上何人是觀者吁嗟吾生空好奇觀泉却笑來無時漪瀾亭
畔試一酌濕吻沖然飽瀺灂我歌聊以矢其音泉兮泉兮于我
乎何心◯永積和山吻龍吟人虎嘯下蹴地脉上宣竅聲振林
谷響應空元氣原與淵泉通山神姓惠泉同姓第一嘉名今改
定中泠康谷非無泉何如吾泉名姓真與兩九日月同高懸縱
君品盡名山水若个無雙以國士兩池泓碧一鑑清錫為膏液

金為精幽襟到此共輸瀉川上宣尼悲逝者古今人物爭鬭奇
觀泉師友遊同時長歌短調費斟酌豈徒漱齒芬瀺灂鸞鳳音
如山水音泉哉涯哉孰謂千載而下無知心◯洪半石刺史夙
負詩名嘗酌金山中泠泉謂不及惠十伯倍惠實天下第一無
踰者幸守毘陵得月給三十甕山靈之倖予者奢過步兵遠矣
酬以六律屬和甚夛惜乎未見其全◯洪周禄梁谿卤曲古池
傍峰錫何年卓此方三尺寒隨龍吻淬一泓清豈虎跑香不妨
長服蓮千葉未許仍題第二坊每到兩前春芥碧可携公牘了
山房◯停艤露冕探文漪羸得清涼亭上披勿幕井梵源不竭

建瓴蒙發洌矜支雲龕細碾琉璃眼月澗頻翻碧玉池却憶何
人辨淄澠不應惟有羽經知◯洞陽曾對龍山北毖彼川流入
座新戰茗歆還頭上白投醪不變雪中春恐將濯足澆秦塢耐
可流觴嗽舜粼自是源從星海出冰壺長對素心人◯花瀉芙
蓉片片秋九驪頷下貯清流二泉久隱陸鴻漸六井殊慚李鄴
侯若雪真人盟白水飲冰從事到青州祇今鮒涸東南轍郙得
紅絲石面浮◯石頭城下水如此試酌中泠更若何誰是絕三
題浣沼笑他第一失江沱澄鮮渫食閒中少迴溯風流澹裏夛
為說勞民堪用汲不愁甕敝冷禽窠◯流瀣金莖湧碧虛石痕

消冷未盈渠筒飛泰伯城頭雨甕運春申亭下車清固聖人之
事也澹其君子之交與臣心久已相憐照乞得山靈倖有餘◯
薛寀扣飛晶灑灑九龍傍帝錫瓊漿惠此方春日細煎茗椀味
秋風遠帶稻畦香幽人舊有柴桑里勝事同于節孝坊珍重使
君題咏意峴碑擬勒貯山房◯可堪青嶂插文漪繪得流民更
手披慱士携瓴應姓陸山僧卓錫本名支九龍固繞梁鴻宅五
馬時行山簡池自此寒泉遜甘洌使君清格是人知◯重堦小
洞卤神欝芝蓋纔臨氣色新燈火勿驚廉叔幕風流猶似獨孤
春樓臺遠近笙歌繞溪澗縈迴沙石粼莫以出山流易濁淄澠

原自各隨人○五湖高毗最宜秋敗葦稀禾穮碧流抱甕只宜
當日叟種瓜猶有故時侯可無白也稱詩伯正似微之鎮越州
酌罷忽思蟬腹冷巡行端不爲清遊○山川幸不被干戈其柰
村舂間析何屠狗少年輕項踵射鮫壯士狎江沱稅因加額征
求盡盜比良民積漸夛晝舫夕陽喧嘯地處堂自嘆燕營窠○
詩與泉敎共湛虛況逢膏雨漲春渠救荒細察桑陰語問俗頻
停楓下車飲水投錢寧必爾當門抱子亦何與一杯散作千家
澤會見平疇綠遍餘○談高祐和峯巒背面竹松旁選得川流
天一方噴石乍驚飛雪冷過池兼帶落花香贊皇郵取江邉遞

桑苧留題雲裏坊役役風塵成底事何如烹月翠微房○瀠沙
漱辭潺河津素綆青筒曉汲新聲動竹罏聲壑雨味傾磁碗五
湖春徑勞車馬山如市井集琴尊石欲斵獨有東山明月上夜
深相印賞心人○一勺澄清浸太虛不盈不涸永成渠爲羨豈
便鯹沾炙佐釀何妨醉墜車早有石雲同調矣寧無濠濮作朋
與使君雅操清如水六咏原泉見緒餘○永積和韵志感○五
丁穿竇九峯傍第一峯前水一方緣澗未嘗春芥碧入祠先挹
野芹香絶三往蹟存遺碣不二新題洗舊坊莫嘆下流堪飲馬
酪漿難入贊公房○草堂依舊傍瀾漪蹕駐吳安不忍披宋高祖南

渡臨幸惠山見水桶上書吳安二字因大喜駐蹕吳安水夫姓名也處士茶經原易註衛公驛遞
早難支漫愁竭澤枯中土且引長流赴下池一勺涓涓通晝夜
天心往復有誰知○金精錫液間題遍瀹茗重嘗琢句新孝子
松楸山下路使君膏雨甕中春翠屏圍玉寒冰冷碧沼翻珠白
石斵天寶物華猶似昨生身夲是讓鄉人○井梧飄葉忽驚秋
水性安安只順流綠野永盟垂釣叟青門將老種瓜侯鶯花易
謝悲秦塢烽火初經哭隶州蕭瑟寒流氷作骨愁人何地記春
遊○名山曲水常如此環甲登臨奈若何康谷料應還地肺中
泠無事沸江沱文峯對插詩瓢淺屍氣潛藏戰骨多未許枕流

兼漱石閒看小鳥自分窠○松影山光映四虛春申一曲自成
渠青州漫擬書從事黃鳥何堪命後車味辨淄澠誠是也流分
清濁獨非與村居幸復隣通惠灌得山田鶴俸餘小庄去滌塘止三里

錫山景物畧一卷終

錫山景物畧卷二

蠡湖野史王永積輯 男 淑高 洸高 仝校

惠山寺一 附王武陵和韵諸詩

舊名歷山草堂為宋司徒右長史茂之湛挺故宅與南平王劉爍往來賡和載丘侍御丹草堂記中楊升庵千里面談稱其用韵最古嗣後即地建寺至十三世孫湛賁尚有別惠山書堂諸咏記稱山下冑裔猶有一二十族今竟泯泯無傳矣特書之重始基也

唐丘丹記畧○無錫縣西郊七里有惠山寺即宋司徒右長史

湛挺之別墅也舊名歷山草堂故南平王劉爍與湛有詩酬和其文野而典特以松石自怡逍遥沉寂終見止足之意可謂當時高賢矣至齊江淹亦有繼作列于古壁仰覽遺韵穆若清風遠訪湛氏冑裔山下猶有一二十族得十三代孫畧執其譜書成墨塵蠹年世雖邈塋壠尚存余披宋史畧不見其人心每惻嘆斯人也而史闕書然有其一篇則為不朽矣因復追緝六韵以次三賢之末時有釋若氷者踪跡兹山鑿嵌注壑灑入諸界無非金碧鉢帽之資悉償工價得非挺之緣果陰隲于上人不然何竭慮之至耶余聖唐山令臣也屏居臨平山墅亦有年矣嘗諷挺詩衰癈歸丘樊歲寒見松柏不覺禪意超散若在廬霍之間異時同歸亦猶挺之不忘也時貞元六年庚午志

宋劉爍兹岳蘊靈詭馮覽趣亦贍九峯相接連五渚逆縈漫層阿疲且引絶巖暢方禁泉溜夏更寒林交晝常蔭伊予乆緇涅復得味恬淡頓逐安期生于焉愜高枕○湛挺答謝○閉户守玄漠無復車馬跡衰癈歸丘樊歲寒見松柏身慚睢陽老名忝梁園客習隱非市朝追賞在山澤離離挿天對磊磊澗雲石持此怡一生傷哉駒度隙○齊江淹過歷山○愁生白露日思起秋風年竊悲杜衡莫攬涕弔空山落葉下楚水別鶴唳呉田嘽

氣陰不極日色半虧天酒至情蕭瑟憑尊還復然一閒清琴奏歌泣方流連況乃客子念直至絲竹間○唐丘丹題湛長史舊居○身退謝名累道存嘉止足設醴降華幡掛冠守空谷偶尋野外寺仰慕賢者躅不見昔簪裾猶有舊松竹烟霞雖異世風韻如在矚余仰江海人歸轍青山曲○韋夏卿和道勝物能齊累輕身易退茍安一丘上何必三山外雲霞長若綺松石常如黛徒有昔主過竟遺青史載詩因埜寺詠酒向山椒酹異時逢爾知兹辰駐余旆○李益和昔降英王顧屏身幽巖曲靈波結繁笳爽籟赴鳴玉運轉春華至歲來山草綠青松掩落暉白雲

竟空谷伊人撫遺歆惻惻芳又緜云誰斆美香分毫寄明牧
于頔和蕭條歷山下水木無氛滓王門結長裾巖扃怡暮齒昔
賢枕高躅今彥仰知止依依矚烟霞眷眷返壥里湛生久已滅
丘也亦同恥立言咸不朽何必在青史呂渭和巖居舊風景
人世成今昔木落故山空猖啼秋月白誰同函府寮幾謝南平
客摧殘松桂老蕭散烟霞夕跡留異代遠境入空門寂惟有草
堂僧陳詩在石壁湛貢囯詩紀事名遂貴知已道勝方晦
跡高居葺蓮宮遺文煥石壁桑田代已變池草春猶碧識曲遇
周郎知音荷宗伯調逸南平兆風清建安跡祖德今發揚還同

書史册又題祖宅隳官長史籍高步歷山椒麗句傳黃絹
香名播宋朝分能知止足跡貴出塵囂松竹心常固池臺與自
饒龍宮欣訪舊鶯谷忝遷喬從事叨承乏銅章愧在腰又別
書堂摎簾曉望雲平檻下榻宵吟月半窓病守未能依結社
更施何術去爲邦攷唐貞元四年太原王武陵與扶風竇群
吳郡朱宿會于惠山精舍各賦詩紀遊會昌中詔毀浮屠山寺
亦在毀中詩亦遺落後寺得復建群甥李瀍河陽辟召道經寺
下囯出舊詠重記于軒廊南垣宋蘇文忠公出爲湖州守與高
郵秦太虛杭僧參寥同覽前詩愛其語清簡有出塵之姿各和

三首後人步韻不可縷述今錄其尤者唐王武陵秋日遊古
寺秋山疋蒼蒼泛舟次巖巒稽首金仙堂下有寒泉流上有珎
禽翔石門吐明月竹木含清光中夜何沉沉但聞松桂香曠然
出塵境幽慮澹已忘竇群共訪青山寺曾憶南朝人問古松
桂老開襟言笑新步移月亦出水映石磷磷予洗腸中酒君濯
纓上塵晧魄入幽抱清風達蒼旻信此澹忘歸淹留氷玉隣
朱宿古寺隱秋山登攀度林樾悠然青蓮界此地塵境絶機閑
任晝眠慮澹知生滅微吹逓遥泉踈松對殘月庭虛露華綴池
靜荷香發心悟形未留遲遲履歸轍宋蘇軾和夢裏五年過

（倅錢塘至守湖州相去五年）覺來雙鬢蒼還將塵土足一步漪瀾堂俯窺松
桂影仰見鸛鶴翔烱然肺腑間已作氷雪光虛明中有色清淨
自生香還從世俗去永與世俗忘薄雲不遮山踈雨不濕人
蕭蕭松逕滑策策芒鞋新嘉我二三子皎然無緇磷勝遊豈殊
昔清句仍絶塵弔古泣舊史疾讒歌小旻哀哉扶風子難與巢
許隣敲火發山泉烹茶避林樾明窓傾紫盞色味兩奇絶吾
生眠食耳一飽萬想滅頗笑玉川子饑弄三百月豈如山中人
睡起山花發一甌誰與共門下無來轍秦觀和輟棹縱幽討
藍輿入青蒼圓頂相邀迓旃檀燎深堂層巒淡如洗傑閣森欹

翔林籟含雨濕岫日開雲光消消續清溜靡靡傳幽香俯仰任
登覽悠哉身世忘使君厭機械所與惟散人頓慚蒹葭陋謬
附瓔林新上干青嗽嗽下屬白磷磷洞天不知老金界無梔塵
緬彼人間世鳥躔閲青旻記得踵三隱岩阿相與隣樓觀相
複重邈然閟深樾九龍吐清泠澌澌曾不絶瞿遞馳千里真味
猶未滅況復從茶仙茲焉越癸月岸巾塵想消散策佳與發何
以慰遊嬉操瓢繼前轍僧道潛和山烟足滅沒山木含葱蒼
刺舟傍遥岸理策升虛堂迴遭矚層巒矯矯如翱翔下瞰平田
流淡然浮日光青篁解初籜洗雨聞清香雖云迴前途真賞豈

易忘杜門暗朝雨穿歷無行人陰曦忽穿漏卉木鬱已新階
泉漱玉齒照眼光磷磷使君美無比卓犖遺囂塵風標傲柏竹
談笑凌穹旻何愧沉冥子卧霞與結隣揚帆渡江來洗眼驚
翠樾雲安既容窗鳥弄更清絶凌梯訪山蹤瓏瑽亦未滅嗟我
魚目光疇能綴明月狂墨埽琅玕風煙座中發殊勝區中人苦
芒走飛轍明弇州王世貞和窮溪迴崇巘午色正蒼蒼上有
千尺松下有古時堂幽籟相間作止鳥頡我翔乳竇溢清漪泉
日媚其光眉宇澄秋色齒頰散天香念彼尋源人慨焉不能忘
日落饒遠想羣象來趨人酌此澗下泉奚焉各懷新暗壑穿

文流白石何磷磷豈不念遠達行當委時塵洗耳卧空山抗志
薄青旻頫仰千古事思與巢許隣精若棲林端芳泉伏蘿樾
躡步信所之漸與人境絶頓見潭影空慨焉超生滅叩斧斲澗
雲覓鐺煮山月朗吟三君篇清商四垂發千秋庶可邀與子偕
首轍王世懋和丹崖負陽景坡坂凌穹蒼憑高恣遐覽下見
漪瀾堂和風襲林表飛鳥東西翔方沼溢甘泉悠然發清光酌
醴味玄旨緩頰來餘香生平慕奇若撫景安能忘飄飄度岑
巔春色來娛人歷覽寰區内安知故與新疇能咏招隱此道未
緇磷烟霞有奇癖泉石無世塵樂飲竟白日長嘯甘清旻沉吟

慨遺編千載為我隣舍舟登蘿逕停策憩松樾乳竇何泠泠
臨流嘆幽絶寺古行跡稀苔深石文滅雙凫擁青雲百墓倒山
月憯飲會有歸頓景不得發徇此丘園姿頗厭塵世轍王叔
杲和向夕雲未起疊嶂雲蒼蒼時聞松柏氣氤氲泛虛堂天花
從空來隨風自飄翔暝色晴未斂四壁含幽光磬續林籟清佛
塑旃檀香偶此成獨往能將諸境忘訪古到涯寺心期得幽
人乳竇陰液涼竹爐茶氣新逕景照虛靄苔潤清磷磷窈窕入
香界淹留洗情塵暫紓方外蹤攀林陟高旻處處白雲起空山
誰與隣岩毘青蓮宮虛氣逼芳樾窣窸竹逕寂偪側人跡絶

泉香空際生松梵定中滅暝來山漸黑白路忽見月還如脈迷
方了然悟心發于焉契真賞躊躇緩歸轍○華雲和少小即來
遊而今鬢已蒼我思古之人蕭然一草堂緬邈步前蹤寂廓同
翺翔老衲青貝葉佛宇白毫光摘取松梢花薦以澗芹香醉卧
山寐〻萬慮都相忘○山寺帶城郭藉〻饒遊人但隨落日歸
更逐歲華新我心獨沉冥不與世緇磷策馬走岩壑洗耳絕埃
塵東來訪考槃西頃悲小旻南風時薰然頗與無懷隣○盤〻
歷古迳〻濯〻坐清樾流泉幽響寒空谷韻聲絕浮世何紛〻泡
影同生滅惟此山上風與彼松間月清光萬里新衆籟旦夕發
牽蘿可結茅天遊謝車轍○雲間俞允文和氣暄嵐靄柔連巒
鬱青蒼幽壑應人語霧鐘開曉堂靜寂天無風竹雲自迴翔遥
遥帶長薄冉〻延疎光空墻綠筍肥未摘含茶香冷然得心賞
都令機事忘○停艫陟雲嶠邅廻喜幽人鑿石出古池乳竇涓
滴新輕英烟霞色日夕青磷〻汲引惠泉有消此空中塵因之
整雲裝矯迹凌蒼旻始知常世外迥曠無比隣○溪路到山盡
山行隨深樾始及青蓮宮杳與人世絕青燈晝烟〻綠龕猶未
滅緬懷松杉夜烟際浮海月寥〻鳴鐘初萬籟沉不發冀同息
心侶聊以謝歸轍○秦梁和招提遠塵境松檜何青蒼緬想彼

人外流憩茲空堂濯纓孤雲起振衣高鳥翔至今山水間毫翰
餘幽光我來慕同調心淨發泉香題詩醉蘿月俯仰世已忘○
青山無今古心賞有伊人浮雲轍既往佳境與方新林鳥聲寂
寐石泉光磷〻已謝天路交何必彈冠塵浩浩振空谷長嘯流
高旻知音去我久太虛聊與隣○烟光被層巒芳氣寒清樾松
門僧未歸石徑泉不絕禪心覺無生塵機坐來滅長天澹澄湖
微雲逗涼月林虛夕吹爽壑幽靈籟發税駕從茲遊千秋同一
轍○鄒迪光和金商薄秋灘桂尉凌青蒼緒風叩玄壑爽籟奔
虛堂俯聽山蟲鳴仰視林雁翔方塘寶玉液瀏〻浮清光鑑貌
燭毛髮漱齒流芳香買山未可得招隱焉能忘○乍釋軒冕累
携手烟霞人藂林閱千載青山日還新林木未虔劉素卉無緇
磷蘿陰羃長筵桐雨洗雜塵寒衣陟危石把酒向高旻雲中有
雞犬遥與太古隣○金仙棲石龕珠宮結靈樾黃葉蕉路深綠
苔人履絕岩花見空色山雲悟生滅客醉嘯遠風僧行踏涼月
香燈十地明寶鐸四天發已是兜率宮詎想襄城轍○秦堈和
六丁握神斧搥破雲根蒼嵌空迸寒液闢此潏瀾堂掬將五湖
氷瀠與九龍翔勿謂一勺小幽面氷玉光勿謂一拳小礪齒松
風香何慮落第二問泉〻已忘○空傳南朝寺不見南朝人松

桂日以老青山日以新清泉共白石萬古光磷磷三千珠履客
轉眼成灰塵俯仰今昔事浩歌問高旻祗應山吐月山月自為
隣○泉影落空潭松聲起林樾聲影兩無碍聽觀皆奇絶是名
青蓮界所以無生滅撚殘十老鬚踏破一輪月坐擁竹爐烟靜
寺巖花發風韵如在玆顧言繼高轍○秦鏞和探泉古亭下杉
徑何青蒼傍有碧山社上有尊賢堂先澤半宿莽林鳥徒飛翔
雙井貯空碧群栢栖幽光飲水有真味啜茗生餘香千載共欣
賞懷此不能忘○芳韻遺古調猶是貞元人後賢迭更和得句
妥清新映此白石水相與無緇磷何意泉石間忽飛京洛塵我

來睠陳迹搔首問青旻懷人淚空垂俯仰誰與隣○春日有遊
女不知蔭清樾迤邐新人至荒忽古道絶今昔遽相弔碑字皆
蘚緘惟此清冷泉曠古幾日月我亦踵舊遊惆悵哀音發短歌
情不禁匪云繼前轍○來積和重來遊古寺踏破虬龍蒼山靈
久已閟還上超然堂雄文嵌石壁鱗介爭飛翔古檜奏雅瑟清
泉吐夜光陸子一杯水邵子一瓣香東西兩相望寤寐豈能忘
○排雲陟巢巘弔古思畸人後先著述手詩句何清新我心本
無物何地惹緇磷聳身霄漢間晦迹且同塵煮茶賞白石把酒
問高旻黃虞不可作此山與誰隣○松杉夾路長森然蔭餘樾

山水得奇文所以稱三絶靈源日飛噴何處尋起滅巖頭欲夕
暉對杪露微月坐看畫漏沉靜聽暮鐘發三唱有餘音黽勉步
前轍

惠山寺二 附金蓮池 宋高宗行殿

寺始於劉宋廢帝景平元年即歷山草堂故址改為僧寮名華山精舍梁大同初更名法雲禪院唐會昌中詔毀咸通中重建宋至道中賜額普利院紹興初賜信安郡王孟忠厚奉昭慈聖憲皇后歲祀賜額旌忠薦福寺又賜銅印一顆曰旌忠薦福功德禪院之印元末火國初洪永間重建始名惠山寺正統十年又火巡撫周文襄公知縣項伾捐俸重建萬曆二十三年正月十六日又火時則有富民唐裕挾妓遊春競飛火炮ゝ結入自殿脊香烟着火一刻立焚次年吳光禄申錫捐千金重建殿左禪堂牓曰不二門為吳宦澄時建殿右彌陀殿并左右脩廊為郡宦廸光建萬曆中有遊僧偽稱宗室載佛遊佛像極莊嚴巨麗至邑事敗遊資沒官佛得供養殿中○寺門牓曰惠山寺陳秋林勉書門外石幢二左刻楞嚴諸咒宋熙寧初立右刻尊勝諸咒唐乾符初立白鹿山人李端行書入門行松道中鑿池二一為日月池跨以小橋左右二坊左曰聽松右曰觀泉○中為天王殿牓曰惠泉福地亦勉筆門有百響環撼之百響乃止後燬于火一為金蓮池ゝ故生千葉蓮後有孕婦以血水污之遂絶○若有地藏殿過石梁歷甬道拾級而上為拜臺石闌繞之上為大雄殿大同梁名○大雄今額也○佛像羅

漢像皆莊嚴奇古生人瞻仰殿前有石床上刻聽松二字唐李陽冰篆殿後有天眼井ゝ前高數仞為宋高宗駐蹕地舊建行殿今改白雲堂ゝ後為大悲閣ゝ左為秋聲小閣小閣左為養静軒○右為文昌祠過此便可登山ゝ高實不可登遊山者遊寺○遊泉○遊園而遊興闌矣每春日和好士女駢闐綺羅珠翠雜出花旛香影間○秋月淒清○賓朋携尊罍隨地布置○飛觴度曲月落天空○尚聞嘽嘯○惟不二門中○早晚○理梵課○出木魚○鐘磬○聲自鄞學憲歿後○檀越無人○亦成空谷○直謂之笙○歌院○風月○塲可○也○若邑乘所載有亭曰曲水曰憩曰魯般有軒曰挹翠曰翠麓曰擁翠在寺前後皆不可考有對曰雙温為李文肅公手植○曰鳳檜曰長生檜為邑令蘇紳手植曰趙令○松為邑令趙伾手植○累遭兵燹盡作爨薪惟銀杏一株○立石闌前為百餘年物○可覆十席○寺僧之有功于寺者在宋曰顯在梁曰陳大德在唐曰若氷在宋曰法皥在明曰普真曰懷祖曰至迪曰復原曰道裔曰溥濟曰文忞

唐陸羽記畧○惠山古華山也名僧傳宋元嶶中沙門僧顯入吳憩華山精舍○老子枕中記所謂由神山是也南朝多以北方山川郡邑之名權創其地○又以此山為歷山○以擬帝舜所畊者

山名九龍俗稱九隴又名鬭龍凡聯峯沓嶂之中有柯山華坡
古洞陽觀秦始皇塢〻者村墅之別名秦始皇東廵會稽望氣
者以金陵太湖之間有天子氣故掘而壓之梁大同中有青蓮
花育于此山因為惠山寺〻實宋長史湛茂之故宅寺前有曲
水亭其水九曲甃以文甓寮甓潏淪潺湲濯漱移日寺中有千
葉蓮花池一名蘆塘亦名浣沼歲集山姬野婦漂紗滌縷皎〻
之色彼耶溪鏡湖不顙也池上有大同殿以大同年置因名之
從殿直上至望湖閣東北九里有上湖南控長洲東洞江陰北
捲晉陵周圍一萬五千三百頃蒼〻渺〻廹于户牖閣由有黄

公澗故春申君封地也舊有祠遷于東南林墅中夫江南山淺
土薄不有流水而此山泉源滂注崖谷下溉田十餘頃又當太
湖之卣南陽縈蝀四十餘里惟中峯有叢篁灌木餘盡古石嶔
崟而已凡烟嵐所集發于蘿薜令石山橫亘濃翠可掬昔周柱
史伯陽謂之神山豈虛也哉惜其至靈無當世之名傷其至異
為訛俗所棄棟宇不完闃見不遠遂棄而無名焉且如吳西之
虎丘丹徒之鶴林錢塘之天竺以其臺殿樓榭崇〻業〻是有
嘉名不然何以與此山為儔列耶若以鶴林望江天竺觀海虎
丘平眺郡郭以為雄曷若此山絕頂下瞰太湖彼小雷大雷洞

庭諸山以掌睨可矣向使脩廊邃宇飛簷眺檻凌烟架日則江
淮名寺斯為冠也此山亦猶人之秉至行負淳德無冠裳鍾鼎
昌〻燁〻為邇俗不有宜矣夫德行源也冠裳鍾鼎流也茍無
其源流將安發余敦其源以俟其流希他日之營立為後世之
洪注云
唐朱宿歲月人間促烟霞此地多殷勤竹林寺更得幾回過○
張祜舊宅人何在空門客自過泉聲到池盡山色上樓多小洞
穿斜竹重堦夾細莎殷勤問城市雲外暮鐘和○皇甫曾送陸
羽歸山采茶○千峯待逋客香茗復叢生採摘知深處烟霞羨

獨行幽期山寺遠野飯石泉清寂〻燃燈夜相思磬一聲○僧
皎然訪陸羽不遇○太湖東西路吳王故山前所思不可見歸
鴻自翩〻何山賞春茗何處弄春泉莫是滄浪子悠然一釣舡
○皮日休千葉蓮卷舊有香半山金剎照方塘殿前日暮高風
起松子聲〻打石牀○許渾排空殿墻倚岩巒松影經聲月裏
寒兩眼流泉清户牖九龍飛雨灑闌干浣紗女弄金池影聽法
烏啼施食盤即問繡衣車馬客幾時林下脫儒冠○李隲別稟
坦上人○流水何山分浮雲空中過我生無根株聚散亦難固
憶昨鬭龍春岩柚侶高步清懷去羈束幽境無滓汙日落九峯

明烟生萬花暮慈歡未云隔前笑倏巳故四時難信留百草換
霜露離襟一成解悵抱將何諭驚泉有餘哀永日誰與度緬思
孤帆影再上重江路杳杳忽悽悲回風暫回顧〇宋王禹偁吟
入惠山山下寺古泉閒挹味何嘉好抛此日陶潛米學煮當年
陸羽茶猶負片心眠水石暫開塵眼識烟霞勞生未了來還去
孤棹寒蓬宿浪花〇蘇軾贈山僧惠表〇行遍天涯意未闌將
心到處遣人安山中老宿依然在案上楞嚴巳不看欹枕落花
餘幾片閉門新竹自千竿客來茶罷空無有盧橘楊梅尚帶酸
〇蔣之奇釋子移居遠俗氛停橈登覽日將曛湖光巳嘆千年

變山勢猶驚九隴分迸溜泠噴雙沼雪煮茶香透一甌雲偶因
流俗尋佳致何意聲名意外聞〇蘇紳井簡實公〇綺塍行盡
入松門暫拂塵纓袖惹雲海月未升樓上見湖波初起座中聞
寶扉瞋拜青蓮相石案傍行白鑞紋促榻偶隨居士語煮茶燒
栗到宵分〇實烟答和〇寺枕青山遠俗氛鮮鞍憑檻對溪雲
樓危鐸韵摇風響林逈禽聲向暮聞紗護宿燈微有暈爐留殘
篆半移紋拂衣聊見禪扉靜頓覺塵勞此地分〇表默山翁自
合老林高小有天中晝杳冥兩面樓臺驅作勢半崖松石倚為
屏雲歸洞口紛紛見泉落池心細細聽勝景深藏誰到此好須

圖繪入丹青〇趙葵古木森森映綠苔嵯峩樓閣倚天開山僧
不問朝天客自注氷泉浸野梅〇元趙孟頫南朝古寺惠山前
褁茗來尋第二泉貪戀君恩當北去野花啼鳥漫留連〇湯仲
友梁溪停短棹帶月步幽關路盡忽逢寺松多不見山巖腰雲
殿古洞口石泉閒到此正吟苦秋聲滿對間〇周翼路出城西
紫陌頭旌忠寺裏作春遊桫欏月暗雲初起躑躅花開雨未收
古殿龍蛇唐制度東山歌舞晋風流野人不慣乘車馬也向溪
邊具小舟〇陳方僧居高處接雲霞邨市迴遭石徑斜細細山
泉爭入澗雙雙水鳥淨眠沙佛前風動桫欏對溪上春留躑躅

花十五年来頭漸白倚欄仍舊一烏紗〇移剌廸參差樓閣古
招提猶有唐人石上題潭影空明天上下蘚痕生滿路高低泉
香茗細僧清供竹密花深鳥亂啼巳負平生巖壑趣馬蹄羞踐
綠莎泥〇僧雪巖惠山寺歌〇寺古無疑出晋唐挿天老木雲
蒼蒼拾枯煮清茶味別舌端猶似優曇香更登斷甃躋廻廊谿
開石洞凝秋光烱然獨立沉萬象鏡與毛髮俱蒼茫九龍聚會
當無雙陸子當年亦謾嘗詩成題破青山老筆下天風生晚凉
〇倪瓚重過湛公宅因嘗陸子泉佛香松葉裏僧飯石巖前市
駿惟憐馬池荒憶種蓮清心有妙契塵境久終捐〇明高啓江

月上秋衣來尋遠寺扉栖禽驚客至睡僕訝僧歸鐘度行廊盡
燈留浴院微跡無拘旅館禪定欲相依○聶大年汲得春泉不
滿瓢若僧相引説前朝殘碑以許游人搨古殿新經劫火燒白
墖荒墳寒食飯青山流水夕陽橋空餘陸子祠前月來夜松房
照寂寥○余文冬遊○窮冬時候最宜晴逺興登山逐邐行雲
頽光茫屏障列氷泉鳴咽珮環鳴溪樵昔暈松根合僧舍茶烟
竹外生酒伴相逢隨意樂埜猿相避笑歌聲○王寵旭日開春
霽殘雪變午霞登臨如有待山水更重華石乳初懸溜流嚶渡
滿花林中有肥遯吾欲傍生涯○秦金五馬經行地幽尋興獨
錫山景物畧　惠山寺　十六　二卷
奇雨沾苔蘚潤風回葛巾欹翠壁平臨關金蓮暗湧池不辭歸
路晚點筆更栽詩○僧魯山地僻塵囂遠尋幽客自來水清池
見底碑以字生苔猿鳥啼深樹烟霞護古臺野花渾似戒只向
静中開○鄧廸光碧落秋清霞氣濃孤懸玉晛在高峯綺羅雜
沓闌僧舍簫鼓諠闐失寺鐘步障香生薰蘚荔行厨酒暖醉芙
蓉栽來雙屐捫苔折思得仙人九節筇○又惠山寺火○古佛
宅花尊殿豈能消舍利劫灰應得變河沙莫嫌水觀曾無據為
朱衣護寶紗波旬却入梵王家香臺盡吐龍宮燭蓮藏齋開火
借泥連轉法華○失火復建○尼蓮吐𣪺業風侵法界荒涼失

布金白馬重來開鹿苑青鴛再集有雞林即看寶歲蓮花出依
舊經壇貝葉深為語人天須禁護莫教乾闥易相尋○華淑秀
嶂初平見法堂依々空緑洗烟蕪逬氣太盡方知美莫遣笙歌
到下方○姚少師廣孝五言律韻賡和日另另録如右○廣孝
原韻官路經無錫尋源旅抱開為憐僧獨迓因喜客同來晴鳥
臨溪語秋花夾澗栽盤桓須盡興隨處有茶杯○項伭和地勝
泉尤美方池一鑑開詩從亭上寫人向石邊來疊巘參差出長
松次第栽老僧供茗椀何事酒盈杯○劉珏和惠山何處是雲
裏寺門開勝境千年在浮生幾度來泉經逋客品松憶老僧栽
錫山景物畧　惠山寺　十七　二卷
長史祠堂下椒漿奠一杯○徐有貞和靈泉從地出勝境自天
開寺也能重建僧應是再來風前松可聽雨後竹須栽一啜知
茶味還勝酒百杯○馬愈和瑁公江上太古殿未曾開秋雨漫
山落詩人載酒來磬于齋後歇花對佛前栽司馬多消渴寒泉
試一杯○馮善和停車遊寶地便覺好懷開雲自山根出泉從
石竇來喬松當户偃脩竹遶垣栽茗飲清肌骨何須薦酒杯○邵寶
程敏政和○江雨吹風過山門向晩開挈瓶分水去騎馬聽松
來宿鳥驚人起新篁夾路栽多君留別意隨意送春杯○
和十年酬遠與秋晩寺門開山色空中落泉聲起處來草香尋

異品對老問初栽欲為茶神酧還將酒一杯○羅柔和芳徑依
山曲晴嵐向晚開閘隨流氷太閒待老人來臘對空增影曇花
墮核栽泉聲池上雨山色掌中杯○秦柄和客徑緣溪入禪關
背日開竹深清磬出潭靜白雲來礙對山中斷映池松倒栽芳
樽臨曲水絶勝晉人杯○郭子直和老僧能愛客指點曲房開
入户秋聲滿捲簾山翠來海棠迎日媚蕩竹帶雲栽靜對無餘
供泉香茗一杯○永積和遊客隨時到山門整日開香浮嵐氣
繞風定水聲來銀杏當堦立金蓮驀地栽茶香兼酒洌日落且
啣杯○王達金蓮池○芳池水綠魚翻藻翠葉田〻露華曉花

開萬朶出金蓮 王澗朱欄互相繞僧言此花天下無宛如明燈
燦蓬壺山中五月簫鼓采並傍薰風成畫圖○邵寶藉草仍移
坐臨池看水流松陰知日午萍色報霜秋渠曲僧廊轉波澄佛
殿浮上方時供茗與客共淹留○杜竹處高宗行殿○渡江五
馬竟忘歸愁見年來雁北飛千里版圖非故國六朝基緒幾危
機烟藏經葉閒僧錫風落松花上客衣前代衣冠已塵土空留
碑碣枕斜暉○李紳別雙溫對○翠條盈尺憐孤秀移植書牕
待月軒輕剪綠絲春葉暗客嵗織幹夏陰繁故人手植空懷想
溫室深知不敢言為爾拂雲今得地莫隨陵谷改秋顏

大悲閣 附秋聲小閣

閣舊在白雲堂後黝〻深藏崇禎末年同紳馬瑞撤堂改為崇
臺粉堞周之耳目一易遂傑出于大雄寶殿之上矣閣剏自南
唐保大間閣基在殿脊上占地本高憑窗遠眺高膝山東南對
峙若拱若揖僧廬亦在白雲深處秋聲小閣附焉
華察高閣凌青冥極目盡吳會諸天入望低影落羣峯外
王崑崙秋聲小閣○歆閣如剖甕倚對綴青壁野色何芬菲千
頃布几席載妓遊雲霄云是東山客青暉炫梔李秋聲自松柏
○鄭坤同王駕部○輞川居士共襟期小閣登攀欲暮時山色

可淹今日酒秋聲還憶去年詩閒雲竹掃無留影老對藤纏不
剩枝景物漸隨人事謝隔窗幽鳥未曾知○袁宏道官與病皆
去無家也破顏叩門叧衲子夢語亦湖山白袷隨人指青峯送
客還塵緣隨處謝長日下幽關○又山骨連墻粘碧篠穴苔自
種吉祥草茶到三鍾也醉人花無百枝亦藏鳥少年長老姿格
清竹罏連卷古先生東風不道禪心定吹入山頭環珮聲

若冰洞

若冰、唐僧也、能詩、有若冰詩集、傳世、又能濬泉、即名若冰泉、又能結菴、即名若冰禪院、又洑劉山開洞、故又名若冰洞、〻高五尺。廣方丈。舊傳有路。可通宜興張公洞。會昌中。詔毀浮屠。若冰一日遊洞中。久而不出。後人則于海上見之。然則若冰僧也。飄飄乎神仙矣。故俗又稱仙人洞。

唐李隲題故院五首 ○五天何處望。心念豈皆知。化塔留今日。鳴泉自昔時。古苔生石靜。秋草滿山悲。眞道聲容遠。長歌白雪詞。○高懷逢異境。佳句想吟頻。月冷松溪夜。烟濃草寺春。浮雲

將世遠。清聽與名新。不見開巖日。空為拜影人。○景物搜求歇。山雲縱放飛。對寒烟雀去。池靜水龍歸。暗榻塵飄滿。陰簷月到稀。何年燈焰盡。風動影堂扉。○陰〻垂露跡。苔壁幾年書。種樹青松老。傳衣白髮居。字工窮八體。詩律繼三閭。豈是黍年學。眞空任性餘。○常聞鑒洞碑。此立為冰師。意到山泉辭。功深造化疑。碧雲終一謝。飛錫久無期。惆悵人間世。空傳樂府詞。

宋劉達若冰泉 ○飛泉落巔〻。滿水去激〻。未若洞中源。淵深如得適。清潤挹千巖。冷凝涵四壁。幽討會有時。煩襟聊與滌。○

明陳鳳古洞靈源發。玆為第一流。羽觴緣澗轉。珠瀑過林收。龍脉探雲壑。仙臺倚石丘。品題數麗藻。乞與碧山留。○俞憲靈泉俯可掬。蜿在山之麓。惠麓本高深。玆泉更空谷。伊人夐出世。逃名寄僧籙。禪心與泉清。苦行與泉濁。擬諸功德水。曹溪有芳躅。

邵寶若冰洞 ○削壁皴斧痕。下有洞如屋。積鐵不知年。時許藝苔綠。○又登〻山路轉。山阿須向仙人洞口過。澗水滿時春草短。巖花深處白雲多。○華察開士愛巖栖。白日常臥此。經聲已寂然。石屋空流水。

漪瀾堂

蘇文忠詩還將塵土足一步漪瀾堂堂所從來久矣堂基舊為
真賞亭亭前鑿池廣方丈深二尺餘即所云下池是也下有暗
渠導泉從螭吻出螭吻為邑人楊理所作歲久湮塞嘉靖初邵
文莊公重濬按此堂本一勝地背山臨流面華孝子祠泉聲潺
潺竹木交映正嘉間每有公餞冠裳集焉嘉靖元年邑侯暢華
入覲諸大夫分題賦詩以當官三事守令六事為贈而邵文莊
公為之序陸臨江寬賦三事之清而許司訓栗許商城禮賡之
張都運愷賦三事之慎而許武定寅余瓊州信賡之茹少參鑾

賦三事之勤而吳憲使學羅建寧柔賡之賦六事之學校興者
蔡光祿亨賡之者施平樂閭尤蒼梧弼賦六事之田野闢者馮
僉憲夔賡之者秦京兆偉馬岳州萱盛都運夔賦六事之戶口
增者盛都運龍賡之者談司成一麟方撫州學賦六事之盜賊
息者張戶部汝欽賡之者陸戶部禮潘平陽相賦六事之賦役
均者談大邑一鳳賡之者呂太僕元夫華吏部金賦六事之詞
訟簡者顧少參可學賡之者顧大行可久錢常山憲而曹司諫
懷殿焉尚年也詩既成洋洋灑灑清風穆如誠一時佳話在今
則傾頹踐穢變為市廛雜處兒童蹴踘之場王勃有云勝事不

常盛筵難再古今同喟豈獨一滕王閣哉
宋施天任真賞亭惠山山半有飛泉甃石環亭泛酒舡只任
源流自高下不同機智得方員夷猶小棹翻賓榻零亂浮華出
洞天六月炎蒸應戀此二松風韻更蕭然江帆遠度疎林外山
鳥閒吟落照邊盛世正逢元祐日清惟重記永和年縈心難妨
公垂詠真賞尤知子美賢我是林泉自由者時時來作醉中仙
邵寶漪瀾堂下水長流暮暮朝朝客未休縱有茶經無陸羽
空教煎白老僧頭又江左此亭古原泉若為開龍噓山雨動
魚躍水風來菉竹曾聞賦金蓮不用栽晉人如可作此地復流

盃無名氏贈楊叔理楊郎引泉下螭首精巧婉出良工手
崢嶸頭角欲飛動噴出驪珠千萬斗先生寤寐山水間扁舟往
來常自閒從今桑苧祠前月長照先生茗椀班

尊賢堂附流觴曲水

饗宮俎豆煌煌如也舉非其人先賢羅倫寧抱木主歸不忍其祖父與匪人伍西湖五賢祠歆益一人入夜位必倒地風流非蘇白忠孝非伍子胥岳武穆于忠肅山川吐之矣尊賢祠本陸子祠國初益以湛逕李紳名三賢祠後又增入華孝子名四賢天順末華有特祠去之又名三賢正統間又專祀陸羽至正德中邵文莊公撤而新之釐正祀典續入宋焦邑侯千之秦國史觀尤文簡公袤錢御史裏行顗元倪處士瓚明張義士翼王中秘綎合湛李陸為十賢嘉靖壬戌邑人秦瀚重脩又入邵文莊公寶秦脩敬公旭改尊賢濟濟十二人人無有訾其後者祠前有曲水亦一山之勝

楊循吉記畧〇賢者將以軌物必祀以勸禮也矧乎名山懿舉何代無人先詳後畧君子病之此惠祠所以益三為十而弗容已者蓋常之邑五錫為大錫之山百惠為秀秀而邇郭實為考槃是故俎豆之設厥有舊典曰湛長史李僕射陸桑苧翁此三君者咸以高蹤貢于山泉其南面列食有年矣自是而降蔑焉無聞豈哲人之生獨嗇于後無亦缺而未脩也于是今戶部侍郎邵公國賢往歲築室山中既率同志疏瀞湲廟忠定乃以餘力撤故屋之敝陋按往牒而稽考又得表表宜祀者七人在宋曰邑令焦國史秦宗伯尤御史裏行錢在元曰雲林子倪在國朝曰義士張中書王合前後為十賢廣厥堂構肖像其中凡所蹟亦皆錫之名鉅遊處是山與其塋焉者不然雖賢弗列繫此諸賢或詹庸帝載既公既鄉或盤桓澗阿亦隱亦文以至惠牧義勇五犖間出莫不同萃一堂師我錫士是雖邦邑之志非公其孰能興之猗與盛哉敢刻茲銘其詞曰坎坎擊鼓新堂之下我祀我歌思古賢者俎豆既崇金石是寫陟降有儀以聲大雅厥賢維何伊錫衣冠異代同流隱顯俱完道不一足咸貴林巒

廟貌爰陳爍此衆觀昔也攸祀三爵孔寂今也亦祀十像斯覿有泉如冰下逮庭墄言釀旨酒載酌咨幕靈風洋洋神降春秋孰司獻登邦抜其尤邵公作之龜筮協謀懋我邦人無忽前脩

宋王禹偁陸子祠〇甃石封苔百尺深試茶嘗味少知音惟餘半夜泉中月留得先生一片心〇楊萬里陸子祠歌〇先生喫茶不喫肉先生飲泉不飲酒飢寒祇忍七十年萬歲千秋名不朽惠泉遂名陸子泉泉與陸子名俱傳一瓣佛香炷遺像幾多衲子拜茶仙麒麟畫圖汗似鐵淩烟冠劍消如雪惠山成壓惠泉竭陸子祠堂始應歇山上泉中一輪月〇明陶振百尺老龍

卧山足口吐清泉聲簌簌山靈守護幾千載存此方員西九王渴來一勺漱甘芳洗盡凡心悦塵目嗟嗟世無桑苧翁茶經水品誰能續們羅試與謁靈祠惟見蒼苔鏁頽屋人亡物在是耶非長嘯一聲烟水綠

邵寶十賢堂

萬古名泉地諸賢合有堂雲龕藏舊隱水鑑發新光國史千鈞筆鄉評一瓣香煩僧語遊客到此肅冠裳

又

千年祠宇此重開獨為諸賢酹一杯磵石不隨龍化去嶺雲還與鶴歸來春風谷遠嚶嚶鳥夜雨庭深點點苔聽罷雅歌賓客醉共教童子汲泉回

濟南李攀龍尊賢堂

長史祠堂海一隅諸君精爽夜常俱懸知震澤珠來往莫問東峯錫有無前輩風流開俎豆南朝伏臘見枌榆何人不羨秦公子血食賢哉二大夫

彭簪曲水紀畧

余有山泉之僻每遇佳山水搜探之餘往往增勝如惠山泉其一也泉自陸羽品後觴咏于上者無日無之然皆止於堂盡於亭三池二渠而已嘉靖戊戌春二月余以公事至邑荆川唐子過而與共遊焉誼敦麗澤期徵心源徙倚松月之下徘徊谿沚之前余得聞荆川子本原之論不必觀泉而泠然者已在耳激然者已在心矣越次日疊步於泉上神閒意適登漪瀾堂造龍𢪛之亭循堦而上歷十賢堂之西偏得小洞焉洞口石崖下盈三尺許沙石半壅汪澤旁溢余曰是可引而添也荆川子曰泼乎其原本乎其自然浩浩巨川其始涓涓言未既靜思張君偕九巖王君來亦共稱賞遂酌於泉亭而去明日予復坐洞中手决之塞者開秘者洩混然沛然梅村曹君惠巖顔君至觀而奇之余與商度引流而出周之為環演而遞之為九曲環中有臺名太一以當洞口曲流東趨堂堦之下落石壁以入于池縈廻映帶澎湃琤瑽甚可人意山童野叟蒸然聚觀無不忻喜於是會客皆至共酌於泉亭之上頤菴峯朱直齋

陸敏齋喻肖玉邵生煦喜甚揭而扁之陳生鳳陸生易大書之洞曰仙人洞源曰惠山靈源流曰九曲清流惠岩君又引别泉纖細者悉會入九曲將以上巳之日倣山陰故事泛觴其中至日大宫保秦鳳翁後至相與卬仙洞尋靈源周視一環然後分曲而坐蓮杯泛泛令格行焉酒到詩成多有佳句余不能然法當二卮爰紀泉流之美著茲遊之增勝以俟荆川子返棹山下而邀之再觀以更盡前日泉上所未盡者

黃公澗

一名春申澗楚考烈王徙封春申君黃歇于江東城故吳墟以為都邑澗其飲馬窟也澗在龍縫泉右每當山雨欲來或秋水時注急溜湍飛自峻嶺爭道而下愚公谷前至山門頃刻平地深四五尺遊人急呼渡躡屐褰裳踏亂流而上愈上愈奇勢如奔馬聲如轟雷人如飛凫山如星海樓臺烟樹如坐洪濤中會須逆流疾赴始竟其妙遲則逝矣澗旁舊有春申祠陸羽記享以醪酒樂以鼓舞禪流道伴不勝淬㗶遷于山東南林墅中唐垂拱間狄梁公毀淫祠土人德之改為土神廟宋初封忠安王後累封忠安順應威顯英濟王澗上舊有漱玉亭寬澗亭澗側舊有棲神偉觀樓清微館小蓬萊天淵亭皆廢俞觀察憲重建四桂堂今屬秦氏

唐張繼春申祠

宇空山裏古柏陰陰石泉水日暮江南無主人彌令過客思公子蕭條寒景傍山村寂莫誰知楚相尊當時珠履三千客趙使懷慚不敢言

明王達

昔年封邑來江東意氣傾奪何其雄今朝送客過祠下感慨令人愁萬重頹垣敗壁鳴寒鼠千載寥寥竟無主片言曾見服強秦一計那知失於楚古來辨士多殺身用智得愚良苦辛三千珠履今安在門外青山

空笑人

先太史

立道積雨千峯澗飛流百道懸穿林驚宿鳥激石亂鳴蟬長日雲俱卧幽襟俗盡捐遺風懷楚相陵谷自依然

茅坤

飛泉幾消歇空谷獨徘徊不是悲秋水那投弔草萊散花天外落祇對望中開珠履客何在惟聞松橡哀

鄒迪光

振策春申澗松風吼亂泉出雲穿衆壑帶雨下諸天躡屐沾流進絺衣避瀑懸濯纓情未已洗耳欲高眠

又

重泉將急雨巖壑逗縱橫樹杪聯珠瀉花間衆玉鳴淨流挾石勁飛沫洗山清不必濠梁想泠然病骨輕

華淑

怒氣讋伊山麓戰一夜空中作雷霆野人不知風雨來獨立寒坡濤滿面中流欲堰不能堰奔湍倒捲如飛霰瀑影遥掛萬松顛鬼斧劈開山一線

又

高岩五月起秋聲石骨分開水一泓忽漫風來湍不住噴流遥在對巔生

永積和先太史原韵

水勢連雲起珠光細沫飈迅流奔怒馬潺響咽高蟬跼突觀何小匡廬級並捐憑高風可御舉體欲泠然

華孝子祠

孝子名寶年七十不冠不婚今孝子像猶然總角也人問之輙號慟彌日其號慟彌日也則以寶年八歲父豪戍長安臨行語寶曰須我歸冠汝長安陷父死之奉父一言積六十餘年逢首鰥居傾血淚且數十斛矣孝子身歷三朝生于晉長于宋歿于齊建元三年詔旌其門山寺東偏地名華陂係孝子手築邑人王彬即地建三孝祠以薛天生劉懷胤配嗣後華族日盛改為專祠祠前有奄池今名承澤池有橋名遡源橋後有成志樓遺蔭對分為四景

元高明記畧自西晉以來尚玄虛賤名檢教弛法斁波流風靡孝子獨能篤至行終始不渝可見天之降衷人之秉彝不以衰世末俗而有異也當孝子一身而天下三易姓當時居朝廷有爵位者朝事司馬氏夕事劉朝事劉夕事蕭恬不為怪孝子奉父一言歿身不替使當時有爵位者奉君命恪官守咸若華氏子則晉不當為宋宋不當為齊孝子亦不當為齊孝子直為晉孝子可矣明顧肅記畧或曰不孝有三無後為大孝子不違父命不冠可也不娶無後可乎曰古禮不冠不娶歸為汝冠有父命在長安天遠吾惟冀父之歸或得如所命耳歲月云

邁不幸終天父死之謂何忍遽違命而自冠且婚耶是其心惟知父之有命不暇計吾身之有後也且古之不告而娶以無命也權也今之固守而不冠婚以有命也經也況有弟寬之子懋為後謂其不為後計可乎王華記畧孝子無後人終不能無疑于其說曰屈原自沉以死楊雄譏之朱仲晦曰屈原之忠忠而過者也屈原之過過於忠者也夫亦孝子之謂與以弟寬子為後錫之華氏皆孝子之後殷大昌衍既盛于他族且當孝子之時王公大人有子若孫氣勢百倍于孝子者何限皆淪廢湮沒孝子獨以一念惻怛享無窮之祀孝道之大其施之後世而無朝夕也固如是哉

周衛憐君失怙早豈願孝名傳念父行時約終天恨莫煎不婚甘獨處總角至稀年情比王裒篤心同靖節堅高風千載下遺廟亂峯前涕淚枯蒼柏精誠格上天殘碑文字古時祭子孫賢弔古重來此題詩一惘然馬治華陂春雪華陂春水綠瀰瀰二月山雪後時舊宅重尋孝子傳新年又赴故人期鶴鳴竹日當窓淡僧定茶烟出閣遲我欲重修清淨業泉頭來謁四賢祠侯位遡源橋是路承澤水為池百尺樓成壯千章對蔭奇攀躋再何日聊為寫篇詩王教何處堪承世澤深方池一

浚百年心、徹風直轉吴淞、水、欲雨遥連越海陰、○又、是水源頭
路不迷、直從江外遡南、齊、觀風有客過橋去、不為尋詩到日西、
○沈周孝子祠前春日低、西簷素壁我啚題、入雲古對無人伐
千箇乳鶯來上啼○孫慎行、泉流決々遶祠過、千載思親奈若
何惟有白雲迴望處年々山色印清波○永積和、泉源深淺對
高低、無數詩人罝品題、獨上義熈山下路空林惟有杜鵑啼○
曲澗時聞兒齒過○思親不見奈親何○稀齡弱冠終天恨○怕聽秋
風起綠波○

東嶽行宮　張中丞廟、附靈護廟

祀典、天子始祭嶽瀆、歲二月東巡狩、至于岱宗、郡邑止祭社稷、及封内山川、邑祀嶽神、僭也、故不敢稱廟、稱行宮、春秋二祭、祇有事于張中丞睢陽、而嶽祭無聞焉、宮舊在郭内、唐同光初、邑人周泰乙、居錫麓、中庭、有青赤氣二道、貫天、又山居邑之坤方、宜廟、乃搆堂三楹、遷嶽像、祀于中、規制未備、旋遭回祿、至宋乾道三年、王三太保募建、有不樂輸者、袖出猛虎恐之、衆以為神、爭助成焉、若祝融、肆虐、未有甚于茲廟者、宋宣和七年、火、元至順二年、又火、至正十六年、又燬、于紅巾、國朝洪武十六年、火、十九年、又火、宣德十年、又火、々而復建、一在宋乾道三年、一在元至順三年、一在洪武元年、一在十七年、一在二十年、一在正統元年、至弘治七年、百廢具舉、廟門有井、々有亭、入門有池、々有石梁、池廣僅盈丈、錫山澗水由池入溪、泠々不絕、臨池巍樓五楹、牓曰五嶽樓、過樓十級、為嶽神大殿、々東西建兩廡、右祀張中丞、曰忠靖祠、左祀王三太保、曰靈護廟、建樓暨兩廡者、王可立也、建石梁者、成謐也、建石欞星門者、閻治等也、後加葺治、嘉靖十年、邑紳顧可適修之、萬曆四十三年、邑紳陳幼學脩之、崇禎四年、邑紳馬世奇脩之、

中丞故有二廟、舊廟在右廡、刱于宋崇寧二年、塑厲鬼殺賊像、新廟在清徽庵故址、刱于國朝成化九年、塑正笏垂紳像、先是宋政和間、邑多疫癘、羽士盧至柔有道行、能以符水濟人、廟門有泉深百尺、至柔符其碑、甃井汲飲、多愈。托神守之。名曰靈泉。至成化九年、邑令李恭曰、公正神也。公豈為至柔守符水者。且以右廡祀公、褻甚。相地鳩工、爰作新廟、翼翼然。設重門。建兩廡。濬渠造石梁、與嶽廟埒、立坊。牓曰天付完節。蓋亭覆石碑。刻弘治十七年。奏請御祭文一道。俾入廟者瞻遺像。是公真像。非厲鬼像。令人生恭敬心。鎔鐵鑄賀蘭進明逆狀。跪道左。遊人暨婦女兒童競取磚石擲之。破額洞胸。斷手折足。歲一易或再易。以為快。令人生憤恨心。畫壁自雍丘、睢陽、哭廟、起兵、迨羅雀掘鼠、戀妾享士、以至食盡援絕、罵賊就戮、鬚眉畢具、生氣凜凜、以昭示邦人、令人生悲痛心、或尚疑公之廟宜江淮、不宜本邑、公于邑靈爽亦屢著矣、元至正中、紅巾入寇、停舟木杓灣、公大顯靈起狂風、墮氷塊、賊舟盡殲、州刺入忒麻上聞、賜廟額曰昭烈、國朝景泰六年、瘟疫無算、郡守周源上其事、禮部題覆、得旨、詔有司春秋致祭、國初莫天祐抗拒王師、高皇帝終不能忘、洪武初年、自姑蘇田鎣至南塘、竟得熟睡、既覺、已過雒社、吳呼將士問曰、抵無錫何不捥舟前導者、跪稟曰、共見空中有一黑面神人擁舟而前、孰莫能捥、高皇帝愕然曰、此張睢陽也。始釋然。若自崇寧迄萬曆救荒凡九、拯疾凡二十三、筆不勝書、孫宗伯病瘧、夢公啖以戍肉一汗即解、尤彰彰者、祠有銅獅二、正德中有力者竊之、欲改鑄彝鼎、二獅吼于庭、復還祠中、成化間、有物作祟、能變人獸形、與人角距、戶不得寧、父老告縣、迎公逐之、像出、怪滅、邑人王子敬秉醉侮公、并嶽神、公即遣隸縛之、子敬少能文、公剚其胸、易以犬心、家人披之歸、面即生毛、日作犬吠聲、不數月死、公癉惡除殄、錙銖不爽、又若此、乃云公之祀宜江淮不宜本邑、其然、豈其然乎、

御祭文 大明弘治十八年、歲次乙丑正月戊寅朔、越二十五日辛亥、直隸常州府無錫縣知縣徐海等欽奉 朝命、致祭于 唐御史中丞張公之靈、曰、惟神生當唐亂、死守孤城、遮蔽江淮、阻遏賊勢、忠魂雖逝、遺惠猶存、茲當春秋、祗修薦事、英靈如在、尚克來歆、

王達靈泉記畧 邑西郭有山曰錫山、靈氣攸儲、邦之人故搆睢陽張公之廟于其麓、廟前有泉、深僅百尺、清冽可愛、宋政和初、盧至柔者有道術、托公之靈、符其碑、甃而為井、凡邦人遘疫

者禱于公〻允則轆轤汲泉以飲〻無不瘥洪武己巳知縣楊侯搆亭泉上額曰靈泉徵達記之按公名巡鄧州南陽人氣豪邁寡雄畧讀書過眼不忘唐至德間逆胡搆亂雍丘令令狐潮附賊王命不通大將六人諭公存亡勸公降賊公陽許之翼日設天子畫像于堂上率軍士明大誼斬之潮謂公曰軍令固善柰天道何公曰爾未識人倫安知天道達嘗論公匪惟忠貫白日義動古今至于學問明潔秦漢以來蓋不多見人知公以數千卒橫挫賊鋒視死如歸為難不知公之心造于理而安于義命無難也人知無睢陽則無江淮不知所以保江淮者全唐室

宜也所以全唐室者為後世也使公少屈其氣則江淮由是而潰唐室由是而亡賊必腥羶南域既及後世或者論公之廟宜睢陽不宜南域豈知公之精英足以勵風教激頹俗奚啻南域宜廟雖天下廟之可也禮所謂禦災捍患則祀之者其在茲乎至于人之精神何所弗至泉非能活人也假公之神耳神不能私庇也由人之誠所致耳此誠也發于吾心而感公于千祀之上矧至柔之精誠獨不能與公流通于千祀之下乎假泉活人必然之理亦復何疑公之終始行事載唐史茲不贅○倪謙記畧

○錫麓舊有唐御史中丞張公廟代著靈異邑民錢守常等白于有司宜春秋致祭以荅神貺有司達諸禮部以聞　朝廷許之實天順元年四月十六日也用記歲時俾後之人知祀事所由始○錢福廟碑

○浩然之氣配道義以塞乎天地之間初無先後古今彼此遠近之間而其所秉之數詘于前信于後晦于其生存而白于其既死又有一定而不可易者唐御史中丞張公犯千古之所難激百代之共憤義足以得降賊之力而不能來同鎮之援智足以得令狐潮之馬而不能留嗣虢王巨之餉忠足以得六百年餘遠邑奉祀之心而不能免在贊議譏之惑嘗謂公不死于尹子奇之手而死于賀蘭進明許叔冀之坐

視城不陷于羅妄掘鼠之日而陷于漸陰之餌其事不難于死而難于未死其節不難于罵賊就刃難于楊國忠之不見其功不繫于保障江淮以需恢復而繫于能使天下萬世曉然知天道人倫之共貫而華夷順逆不容少混若是者其可以先後古今彼此遠近論乎否耶無錫〻山公廟焉歲祀惟謹而靈貺響應或曰錫壯縣氣鍾茲山以公稱厲而尸焉氣益結不可解或曰公非厲也祛厲者也裂眥碎齒之遺怒雄奸傑逆聞且氣沮况乎妖魑淫祟竊帝權以餔血食者耶往論忠義必以公昆因謁公廟而鑱言于石鑱之者為邑士濮惟清嘗禱于而應云○

倪瓚忠靖廟迎送神祠并序畧○至順元年春天災流行道殣相望錫之遺老相與言曰忠靖王胙爵東平福我錫民有年矣季宋大疫用禱于神變沴為祥民病亟矣宜從故事乃合羣力從祠下鐃鼓旗纛導駕臨城祈祀惟謹惟神來格若沐神水若濯冷風毆攘妖氛無遠弗屆環句吳四封所活幾萬人焉是神有大造于吾民也瓚嘗以母病致禱立愈因作迎送神詞二章刻之山阿其詞曰靈煌煌兮岱宗神之來兮駕飛龍赫蒼顏兮朱髮如火紛羽衛兮岳祇業峨青霓旍兮白容裳降大荒兮後不祥毆野仲兮逐游光惠我民兮神樂康羅帳兮雲幄湛寒泉兮瑟蘭夕舞偃蹇兮歆參差薦芳馨兮神享之靈娛娛兮奈何對紫禮兮山之阿匪斯今兮福斯土沐神休兮千萬古○神之去兮驂雲螭風矟兮吹靈旗悅臨風兮延佇悵神游兮難駐神游兮翩翩撫一氣兮周八埏朝騰駕兮西神夕弭節兮東魯噫神往兮莫我顧民有籲兮載福斯祐折瑤花兮遲神歸歲復歲兮神寧我違石戔戔兮流水壽我民兮報祀無已○孫繼皐祭文○仰惟五嶽之尊實作四方之鎮緣皐頃罹瘧鬼忽夢明神傘蓋舟船擁衛不乏冠裳相貌雍容甚都布席若三列爵惟五似来嶺海將賀 闕庭方望塵于山水之間俄接武于泉石之

上褒以巳字他年尚許邀靈嗷以戌餘凡子何當按轡一汗而醒再寢而平自憐孱弱之姿敢忘生全之德爰申望祭用答恩私更乞鴻庥益襄暮齒

靈護廟○李賢記畧○王三太保名越祖邑之開化鄉沙頭人生于宋隆興二年十二月十二日卒于淳熙十二年四月初四日年僅二十有二生前無攷觀刻碑所載嘉定七年飛蝗遍野神現像逐蝗歲獲豐登寶曆三年風濤漂蕩神又現像立波上怒濤頓息民復安堵紹興改元歲大疫禱于神輙愈有求必應此其犬畧也紹定三年勅賜廟額曰靈護今沙頭王氏宗族繁衍皆神功德所致十世孫訥登進士廟得加葺

羅柔睢陽廟○天寶人豪此宅靈亡身圖國死猶生出奇漫折蒿為矢制勝能令草作兵手撫瘡痍還突陣口含茶紙更登城要知靈武回鑾日半是睢陽金鼓聲○顧恊保障江淮志極忠曾看唐史識英雄堅城巳竭生前力殺賊寧期死後功廟爵幾朝追武烈居民千載仰仁風當時百戰雖辛苦贏得流芳宇宙中○談復戰血模糊濺鐵衣玉龍三尺手猶揮蚍蜉蟻子無来援貔貅貙胡正合圍大節氷霜凝氣槩英名日月鬬光輝賀蘭亦死中原土狐筆千秋有是非○邵寶睢陽令錫陰廟唐室功

宗○我明詔公神如水行地中○掘井得泉本無竅○萬古丹心天日照○君不見毘陵在宋唐睢陽歸然保障東海傍至今遺恨國不弔○忠義祠前一瓣香○又簫鼓迎神〻下山香烟滿路送神還○安得村〻無病苦靈泉不動廟門閒○永積千古英靈百戰中江淮保障誦神功孤城援絕○孤臣恨○新廟山高古廟通○故主崇飭揚舊烈○山人薦韭拜遺忠荒州矢竭幾同殉敢向青齊咏大風○

碧霞元君行宮

元君女像霞帔冠九旒俗稱娘〻堂凡祈嗣者必之焉初無祀成化中邑人馮泰任涉縣廣文時未有子往祈之生龍泉公夔乃奉像歸卜地于聽松菴北搆堂祀之隆慶初陞監事科欲遷其宮改為塋地二子俱夭亡乃止更鼎新之復舉一子

馮泰記畧○媧皇蓋上古女媧氏史稱天不足于西北女媧氏鍊五色石補之夫天何所不足亦何石可補即女媧氏有無皆莫可考然有其祀之則誠敬所格莫非明神矣○原廟在磁州涉縣十八盤山中主胤嗣本州暨潞澤之民車馬喧闐薦蘋蘩脩香火四時不絕泰年且老未有兒息齋沐往祈之不朞年果舉子夔神之靈信不誣哉爰奉像東歸卜址于惠山聽松菴右鳩工庀材築室五門廡與邑人共禱焉自此家衍蠡斯之慶○則廣育之功行且侔天奚必鍊石補之而天始無漏耶○鄞迪光記畧○元君或曰女媧氏或曰東嶽神女或曰黃帝建岱嶽遣女七人雲冠霓裳迎西崑真人而此為七女之一皆不可曉要以嶽頂有玉女池〻畔有石女像當真宗東封池流忽湧王欽若請以玉易石而祀典特隆所從來久矣夫東方生地玉女坤德以坤德主生地發祥錫類理有固然豈荒唐之說哉○

王永積曰予按劉同人弘仁橋記載元君者漢時仁聖帝前有石琢金童玉女至五代殿圮石像仆至唐女淪于池至宋真宗封泰山還次御帳滌手池內一石人浮出水面出而滌之玉女也建祠安奉號為聖帝之女封天仙玉女碧霞元君後祠日加廣其在北京者稱泰山頂上天仙聖母麥莊橋北曰西頂草橋曰中頂東直門外曰東頂安定門外曰北頂盛則莫弘仁橋若億萬姓所飯禮以俗教神道焉君相有司不禁也歲四月十八日元君誕辰士女進香先期香首鳴金號衆衆率之如父師如長令月一日至十八日塵風汗氣四十里一道相屬輿者騎者步者頂元君像負楮錠步一拜三日至者五步十步至二十步一拜一日至者繡旗丹旐各百十青黃皂繡蓋各百十騎鼓吹步伐鳴金者前建三丈繡幢繡元君號後建二丈皂旗點七星人首金字小牌肩令字小旗舁木製小宮殿曰元君駕他金銀服色用具稱是者鎮杵數丈飾樓臺崖木雲烟形層置四五兒嬰踏空飄飄道傍動色危歎兒坐則穩甚嘻笑自若甚則熟睡高眠者祠旁市肆觀者如堵或爭道則毆或迷則失男女不預也邑祠在深岩曲磵間特一小香火耳然元君故有靈福則錫亂毆則斬嗣福與毆亦人自求之于元君何與焉詩曰元君祠

鎮水西橋香火遙瞻岱嶽高端路花飄迷翠羽半山霞舉映緋袍侍兒暗帶宜男草羽士平分獻母羨一縷烟殘清露冷月明還自度雲璈

石門附九塢

在第七峰絕頂左右皆高石有平如砥者有凹如龜者有連如
距者有黝如漆者又有仙人摋石棊盤石釣魚石約行里許削
成峭壁高五六丈周遭若城垣然峯頂出泉飛瀑濺激劃開一
罅兩門翼然俗稱珠簾泉中開雙石門真天造非人力也宋宗
室趙次鈞曾築悟空精舍隱居其上萬曆中有一道者結茆獨
處十餘年不下山日得米升餘未嘗缺乏
董其昌記畧○予遊惠山數次皆門庭耳壬辰春與友某々共
肩輿從石門而上路窄險孤絕無復遊人捫蘿攀石陟其巔際

太湖淼茫三萬六千頃在決眥間始知惠山之大
元趙次鈞山空行跡少地迥落花多草長迷香澗松高掛女蘿
林深猿鳥下徑靜鹿麋過春事今云暮其如懷抱何○明俞憲
地脉逢溪斷雙門據險開朝昏常不掩疑有至人來○施漸整
策促脩坂累登及懸厓季秋霜風霽騁目愉襟懷始來捫葛弱
茲陟遂連階々未云窮流水逗林中俯澗清絕泚就池窓已泓
有源包大壑無實窺冥濛冥濛儼有開琤琮從中來石貫寫珠
玉映空薄雲雷物靈待人鑑事美由文栽幽期難為負洞酌重
徘徊○王問登高愜素心危亭瞰長林原畛半分黃雲湖千里
陰披榛下絕巘壁門書嵌崟陰霞停清晝霏々上菖襟危詭久
茲闕冥陟詑始尋古洞流石髓寒泉落清音迴岡竹梧映落日
澗壑深出谷度飛梁杖策猶可任登舟意頗適歸撓發寒潯前
途展迴眺抒思申短吟○殷序石門我來不厭頻悠然欲酌還
自酌千厓冥々送雨來萬木紛々向人落丹丘巳會煩青鳥青
田猶未見玄鶴句漏小住亦爰事便欲從此凌寥廓○華淑一
山幽未已忽地剏高穹斷壑抽新巘懸厓繡古松骨撐泉亂吼
門鑰鳥尋風共引窮猿徑雲烟踏半空○按山有九峯每峯有
一塢々妄名勝第一峯下有白石塢即寺基第二峯下有桃花

塢第三峯下有擔鉤塢々左舊有孟氏别業名時思菴第四峯
下有王家塢有巨石高廣丈餘第五峯下有宋塢秦中齋築五
峯草堂々左有天全亭々前有鏡光石澗五丈山人以卜陰晴
涼棚石可坐數人又有獅子石天公足跡石第六峯下有馬鞍
塢々下有三台墩第七峯下有望公塢々下有青墩第八峯下
有仙人塢第九峯下有火雞塢過此則龍山盡處為龍尾陵上
有白龍潭下有蔣文忠公别業牓曰雲龍小隱○莫士安桃花
塢○歲々桃花滿塢開花開偏映講經臺未愁紅雨催春去要
為金仙獻菓來澗道東風非棹澤石橋流水是天台何當賸種

琛池核不用仙根取次栽○李士行時思菴○策馬九峯道行
行如山陰勝景不暇接爽氣襲衣襟悠哉時思菴寫我千古心
脩竹東高節流水響清音日暮山中去疎鐘烟霧深○倪瓚和
我生勸馳騖無機如謨陰重游古蘭若對山開我襟風流李謫
仙賞靜諧夙心琅然哦新詩如聞大雅音回首石林晚白雲花
雨深○張雨和重遊九龍峰寒食生春陰竹露洒我笠松風吹
我襟况逢金閨彦幽探愜素心風泉繞屋壁亂響琴筑音翻然
出谷去回睇烟蘿深○張九方鏡光石○團團峯頂石作鏡自
誰何拭豈須人力懸常藉女蘿冷光侵日月清影印山河終古

無昏蝕都憑歲月磨○王儼五峯草堂○草堂不讓浣花溪峯
與匡廬五老齊綠野一區新結構丹崖百尺舊攀躋詹當虛處
留雲宿山更幽時聽鳥啼此境未容成獨樂玉壺春酒會須攜
○邵寶五峯東下見平林此老當年卜隱心龍尾白雲看不遠
水心明月坐曾深誰家甕李春無色此地松筠晚有陰欲過荒
臺橋板斷幾時香茗更相尋○童紫山青墩○羣玉峯前一片
霞遊人為說是蓮花可憐不得同船采今夜秋江月自華○蔣
重琛自題雲龍小隱○龍山錫山西山雲出能為雨入為晴雲
山之氣有歛散以之理斯為神我廬山下有小隱雲為動兮山

為靜悠然而下物之澤屹然而立地之鎮我見雲山喜與俱雲
山無情不見予我比雲山君此見不如一見雲山無○邵廸光
龍尾陵○勝地還於絕壑披藜筇何惜恣探求千年積蘚堅如
石百尺垂藤曲似鈎伐竹引泉來對杪緝茆為屋挂山頭離城
數里衣冠別此際疑從太古遊○吳寬九峯歌鴻濛初開九龍
鬬天閼崩摧地軸吼爾時帝怒着九鞭須臾九龍成九岫狂子
忽忽雄心起笑視九龍若九指懸崖絕壁不用扶尋山避險非
丈夫雲時危磴忽已過虎蹲龍踞如可呼石門之石怪于主誰
將巨斧青天劈淙淙瀑布嶺頭懸削壁插天天欲穿盤旋直上

山之首妄思雙手摘星斗仰天一笑雄風生猛獸潛藏山鬼走
罡風吹身身欲欹湖光閃眼眼欲迷眼前光怪百千變山陰道
上應如斯舉手揖九龍奠爾一杯酒載莫天地間惟爾常不朽
但願登山人共作人中龍歎予不落山靈後九龍九龍豈徒九

錫山景物畧二卷終

錫山景物畧卷三

蠡湖野史王永積輯　男淑高 洸高 仝校

聽松菴 附竹茶鑪

菴之勝跡冣多：繡嶺亭故址一也，雙古松二也，石床三也，松風閣四也，王中秘孟端畫壁五也，竹茶鑪六也，千金紫趾亭七也。繡嶺亭係宋光祿滕中元故物，入國朝，僧普真即其地植松萬株，剏精舍，改顏聽松。僧宗渺繼入門為松關，庴中翰希原書左右為凝雲軒，傍為松風閣，冣後為聽松精舍，內雙古松大圍三人、小二人，邵文莊公歌之。石牀舊在大雄殿，正德中始移置二

松下，上刊聽松二字，若為茲菴而設。後又有秋濤軒，王中秘病目，借寓靜攝，目愈，圖廬山景于軒之左壁，王少保淮賦長歌題右壁，又畫觀音大像，書金剛諸經，人稱三絕。松關下又畫三人行樂像，三人者，僧性海與王中秘、潘克誠也。自中秘目愈後，有竹工從湖州至，爰造鑪式，使編竹為之，高不盈尺，圓上方下，類仙家乾坤壺，築土為質，容叩之作金石聲，而其中坎焉以虛鎔銅為柵，橫絕上下，規制精絕，一時題咏，名作如林。永樂初，性海住持虎丘，此鑪歸潘克誠家，垂六十年，成化間巨室楊謨愛之，鑪又歸楊，楊殁，秦方伯廷韶自武昌報政還里，代性海嗣孫戒

宏章跡往索之，鑪復還山中。方伯侈為盛事，流傳京師，題咏尤冣多，合前詩文裝成二軸，并原鑪貯秋聲小閣。昔人于一物之微矜重若此。後菴僧不戒，畫壁既燬于火，菴亦旋遭回祿，自邵文莊公建千金紫趾亭，遂割菴基之半，瘞太夫人過氏，後即改為諭塋，而菴始屬虛衘矣。詳具紫趾亭記中。

秦夔松風閣記畧：凡屋於山，必重簷峻檻，高跨冥漠，庶可以納遐景、招遠風，否則卑鄙弗稱。去惠山之西里許，有菴曰聽松，據九龍之腹，山谷靚深，人跡罕至。洪武間，僧真性海居之。凡遊山者，未嘗不觴於斯、憩於斯、歌咏於斯。然蓬屋甕牖，背山而廬，

遊者病焉。戊戌秋，余嘗假宿于菴，菴之後有岡，翼然間與主僧宏上人登焉，有風西來，孤響泠泠，若龍吟谷中。顧問左右，安所得此乎？上人戚然曰：此松風也。岡之西舊有松萬株，每風起，巖谷間輒洶洶作秋濤出峽聲。吾祖真公聞而樂之，嘗欲閣于斯，未幾示寂，而松亦旋翦為薪，今獨餘數株在，為指示之，皆蒼髯垂胡，若元夫巨儒拱揖岩畔。余因自訪登茲岡者多矣，皆莫克聞此，而適使余聽之，豈真公有靈將托余以贊斯閣之成哉？乃為相度形勢，經之營之，不數月厥功告成，危欄支空，廣霤承簷，易卑為高，去與即明，高霞低映，遠山來朝，而松風亦時時作，金

石奏清泠激揚可以蠲忿滌煩所謂納遐景招遠風者畫在是矣余聞發而樂之嘉上人之克追先志且自慶異時宦遊而歸將往來于茲烹泉聽松以終吾老也

邵寶千金紫趾亭記畧○亭何以名紫趾也志得地之難也言千金何也先五世祖時有游僧寄一篋去十餘年不返人謂僧死矣乃手其篋々重則戒勿啓而遺之聽松菴僧又戒僧有無勿以告未幾僧大建佛宇蓋有物云于是歸我先塋之地僧世守之至于今予提學江西時上官有脅人致賂為其家地者有千金焉予聞而避之山中靜坐竟日遂議卜今地非是則地議

不成蓋前後六世相距百三十餘年是以喻諸紫趾也雖然避千金而得地雖謂地之價千金可也况前人棄利于不知之地又何千金之足論哉亭扁四字宋蔡君謨書莫如山集而摹之○又按勾吳聞見錄邑長者叔安郎公貧而介未有子行將他徙始以僧物付聽松菴時則内孕業已臨褥薄暮衆見游僧復至慮其索前物也競趨視之則游僧不見後房已報舉子矣相距百三十餘年地復歸文莊公還金之報若此前定之數又若此

僧道章山頭未吐三更月枕上惟聞萬壑風疑是怒濤聲不散夜深飛雨過寒空○朱昇長松回合擁岩扉絕頂高窓在翠微客為晚涼閒坐久翻嫌松露濕人衣○僧普真答王達善○泉上歸來已一年萬松陰裏屋三椽坐殘白日渾無事買斷清風不費錢猿墮山厓尋果鬬鶴穿林逕避茶煙王猷識我平生意時寄新詩一二篇○韓友直坐斷西神九脊龍一菴花竹隱仙蹤碧山學士水蒼佩玉女明星雲母春漚苧池香魚弄藻翻經院靜鶴盤松只應同飯胡麻了更上瑶臺第幾重○鄭松來借僧房宿松泉共喜聞山空鳴地籟衣冷濕嵐氛客夢一窓月僧分半屋雲逍遙塵外境那識事紛紜○僧道瑨一徑無塵到松

關倚石開寒禽啼翠篠野鹿卧蒼苔雲影床頭落泉聲澗底迴此中堪駐錫何事更流杯○潘鼉輝十畝青松鬬閒居手自栽澗風連夜起山雨送秋來攪碎一床夢洗清雙耳埃道人雖愛靜聞此亦悠哉○韓奕清秋古院桂花香蓮漏勻分晝夜長坐斷佛禪經裏說笑看人在夢中忙澗泉入户堪分飲松粉充庖不聚糧五載重來嗟頓老滿身塵土尚迷方○頓協偶來林下扣松關分得禪僧半日閒孤興忽生流水外高情聊表白雲間炊烟晚映高低樹落日晴分遠近山今夜西巖有明月更留清話不知還○王諶住世那知利與名蒲團草坐寄餘生山衣夜

補燈前衲野菜晨煨竹下鐺一鉢隨緣居廢寺千家乞食到荒城有時叕茗跏趺坐第二泉頭看月明○王紱送真上人還山○高僧本無住猶涉世途還且煉形如鶴休教影出山雙松臨講席一水隔禪關我欲来相問慚無半日閒○僧廣益和故人迎候久料亦恨遅還建業吟邊雨[illegible]溪夢裏山室空龍卧宅松瞑席巡関塵網慚偏見禪心去住閒○曹昶和逋社令重結秋風錫影還引泉通緑沼移對鑿青山鶴外雲依屋花邊客扣關一瓶兼一鉢殊喜是高閒

徐尚書問松風閣○山雨正冥冥山僧開翠屏水拖千澗白雲納半峰青石髓分茶品壚心静佛經松風坐來定餘韵遶簷楹○邵寶高閣松風似有神驟如秋雨細如春病餘每愛同遊客靜裏偏宜獨聽人已向陶廬誇地遠更于莊籟認天真眼前一片虛空界童子何知問起因

邵寶石牀行○惠山石牀古有之聲聲松子金風時皮休題詩李氷篆千秋并作山中訪山庵之名本緣此石也移來應偶爾遊人玩侮等尋常識者共憐非所止牆西松對幾百春大圍三人小二人此松此石雅相友乾坤無心物有神二泉山人愛觀物謂物皆然胡獨不立破頹垣遺往恭却笑他年兩湮鬱君不

見赤松子黃石公姓名久落荒唐中酒酣擊節發清嘯春深繡嶺迴天風○王問題雙松○寂莫衡門栖雙松自相倚鬱鬱蒼翠姿歲暮山谷裏山人拾紫芝雲卧常晏起有時白鶴歸月光淡如水○僧宗泐題澹泊軒○澹泊軒中澹泊人蕭然一室甘清貧寒到惟披百衲被饑來但煮三合陳斷薪續床自可卧熱炙待賓良不嗔細嚼梅花和新句屋頭月出如氷輪

附錄王達竹茶爐原序畧○遠公栽蓮蓮社之名始傳支遁好鶴鶴舟之名遂著使二公爲庸女則種蓮已爾好鶴已爾何能齒于人哉性海上人結廬二泉之上清淨自怡澹泊自艾栽清秋之澗水製煮雪之茶爐遠追桑苧之風近習香山之社因事顯理必欲續慧命以傳燈托物寓真氣非引群賢而入道清風一掃開萬物之塵埃紫笋三甌滌盡平生之肺腑一時翰風而尚德諸公入咏以成章道播四方名垂永久故為短引式弁羣言

竹爐原咏○王紱僧館高閒事事幽竹編茶具瀹清流氣蒸陽羨三春雨聲帶湘江兩岸秋玉臼夜舂蒼雪冷翠屏清引碧雲稠禪翁托此重開社若個知心是趙州○韓奕綠玉栽成偃月形偏宜煮雪向巖扃虛心未許如灰死古色爭看似汗青偶所

樵柯供土銼尚疑清籟和陶甄達人曾擬同天地上有秋蟲作篆銘○陶振剪裁蒼雪出淇園菌蠢龍頭製作偏紫笋香浮陽羨雨玉笙聲沸惠山泉肯藏太乙燒丹火不落天隨釣雪船只好巖花皆上石煮茶供給趙州禪○謝常竹爐絕勝煮茶鐺新剪淇園玉一莖團鳳乍驚天籟起攀龍應喜浪花生澗分翠色和烟織香掬金芽貯火烹留向禪房清作供梅梢吟轉月三更○戒宏竹爐原疏○織竹為爐原是山房舊物燒松煮雪火為衲子珍藏移來瀟灑數竿秋製就瓏瓏一團玉不鎔不琢非石非金解煮山中第二泉慣烹天上小團月可愛清奇手段相傳澹泊家風氷雪清姿豈受緇塵點汙歲寒貞節何妨刼火焚燒已分黨將軍之擯棄曾遭蘇内翰之賞憐蘿屋無人伴我同行木上座蘭閨專寵笑他無語竹夫人鐺鳴猶帶鷓鴣聲汗滴尚疑湘女淚正擬生涯永托豈堪塵障未除提携竟落于豪門銷歲畧同于泡幻閒我山中風月添渠席上詩情大士悲哀諸天煩惱恭惟其資雄當代善種前生煮鳳烹麟自有千金翠釜導風酌雨何須一個筠爐恐羞帳底金縷衣雖似筵中碧玉杯伏冀早發慈悲惠然歸壁豈但空山有幸實為我佛增輝報忱娓乏璵璠織理冀資冥福恭持短跡俯聽慈宣○竹爐續咏○秦

錫山景物畧　聽松庵　七　三卷

旭方外曾叅玉版禪草玄亭上住多年山房有意親靈液金屋何須伴麗娟詩卷畫圖真趣味薰爐煮茗舊因緣湘筠骨格依然好留與真公弟子傳○晉陵陸簡和渭川風格瘦于禪爨下相逢厄閏年仙客未須防變幻酪奴長許伴嬋娟已看石鼎成奇遇欲負詩瓢結好緣寂寞天隨湖海上釣槎安得並流傳○陳賓和○謝却山靈住若禪山房棲跡已多年烹茶只合依鴻漸熏爵何妨附李娟流落自知前日誤重來如結再生緣世間萬物誰無主獻璧懷金莫浪傳○程敏政和此君忘却趙州禪半世歸來似隔年泉上故人應絕倒眼中奇節尚連娟不妨遺日分僧供有幸逢人離俗緣活火自今知未燼聯詩留伴一燈傳○李東陽和夜窓燈火共幽禪回首風塵幾歲年合浦故應還的皪湖州空解惜嬋娟浮生對境俱成幻微物從來亦有緣賴是郡侯清德在他時秀句必同傳○謝遷茗椀清風竹下泉汲來仍付竹爐煎夜瓶春甕輕烟裏嶰谷荊溪舊榻前穀雨未乾湘女淚火珠深擁蟄龍眠盧仝故業王猷宅憑仗山人為保全○吳寬和聽松菴裏試名泉舊物曾將活火煎載讀銘文何更古偶觀規制宛如前細筠信爾呈工巧暗浪從渠攪醉眠絕勝田家盛酒具百年長共子孫全○邵寶和雨過春山滿汲泉

錫山景物畧　聽松菴　八　三卷

舊僧鑪在好烹煎，緇塵性絕甄陶外。烈火心降汗竹前，白雲翻時羣蟹沫。碧雲蒸處一龍眠，調元固有商家鼎。不出山林道已全。○唐浦和生平端不近貪泉，只取清泠旋旋煎。陸氏銅爐應在右，韓公石鼎敢居前。滿甌花露消春困，兩耳松風起晝眠。官轍難全隱居事，君家子姓獨能全。○永積和名鑪偏喜近山泉，拾得枯枝手自煎。澹泊家風烟火外，玲瓏巧製坎離前。水流古澗偕龍卧，松老閒房伴鶴眠。垂髫還山顔愈好，由來神物本天全。○半生知契托枯禪，誤落風塵不記年。合浦珠還功郡守，漢宮春老惜霜娟。丹砂活火看爽鼎，雪點烘鈞悟風纏。勝事已隨時代謝，風流猶藉昔賢傳。

讀書臺

山中名讀書臺者二：一為吳氏讀書臺，在三塔菴右，今屬曹處垣塋；一為李相讀書臺，在聽松菴右，則故唐丞相李文肅公紳肄業地也。丞相初至惠山寺，窘甚，累取佛經反之作文稿。主藏僧怒，逐之，乃之劍川精舍。舍前丹桼方熱，一老僧見有黑蛇據其上，驅之。時公方熟眠，蛇即隱公懷中。既覺，問公，公答曰：適夢食桼甚美，為汝逼逐而寤。僧異之，得卒業焉。公既貴，改精舍曰龍宮，因築讀書臺于宮內。歲久湮廢，其下為千僧寺舊址，今張福州遜牛眠地也。舊有氷清堂、却金亭，遜甥華雲用福州原額

以表揚舅德者，今亦廢。至萬曆己亥，邑人談修釀金立石，重鐫李丞相讀書臺六字。方立石時，正值除冬，復有巨蛇昂首而出，一時怪詫不減當日云。○神仙傳拾遺載：公在華山時，山齋糧盡，徒步出谷追募，方還，忽遇暴雨，避于巖下，見一道士艤舟石上，一青衣童擁檝而立，與之揖。道士笑曰：公垂曾識京口刺史唐若山乎？答曰：嘗覽國史，見若山得道事，每景仰焉，恨未識面。道士曰：即我便是。將遊蓬萊，偶值江霧，維舟於此，與公本屬故交。即携公登舟，凌空泛泛而行。山峯如畫，月光皎然，俄頃即至金樓玉堂，森列天表，神仙數人，皆舊友也。公固負經濟才，內一

人曰公秉方歆佐國理務數年乃還因命若山仍送歸華山
唐沈亞之原傳畧李紳本趙人徙家吳中節度使宗臣錡在
吳紳以進士及第還錄其才舍之留執書記元和二年錡以驕
聞有詔召稱疾不行賓客莫敢言紳堅為言不入又不得去會
留使王澹專職為錡具行錡怒陰使軍士食之食既盡執中貴
人脇曰為我書報天子幸復錡位貴人懼偽諾之急召紳授紙
筆令操書上牘紳佯惴怖戰管搖紙下札皆不能字輒塗去黑
數十行又如是紙幾盡錡怒制以兵刃令易紙復然旁一人為
錡言曰許侍御縱尤能草中書召縱至授詞操書可錡意遂

錫山景物畧　讀書臺　十一　三卷

幽紳于潤之外獄兵散乃出縱竟遊死
王遂元和有客躭經史黑髮脩眉稱嶺岑當時寂莫山山中白
日看雲空隱几一朝起占玉堂春三俊名高人所珍平生感烈
尚奇蒸歷任五朝才偏伸紫薇硯冷三更月千載高名今尚說
白雲依舊衆山青山亦因茲得重名若使當年終失意世間誰
識青雲器聶大年水邊臺榭已荒涼此日登臨倍感傷遺事
尚傳唐宰相斷碑還記宋文章林塘地僻禽魚樂澗谷泉甘草
樹香潤與高僧訪陳跡夕陽秋露滿迴廊朱昇昔年曾習靜
為訪僧堂聽法過苔徑翻經據石牀佛燈燃雨暗僧飯煮泉

香雖是紆朱紫幽期豈暫忘陳勉讀書臺上立多時極目遥
天吞鳥遲流水閑雲空舊跡夕陽衰草只荒基萬鍾厚祿應忘
貴三俊高名本是奇叢畔久無丹桼對臨風惆悵不勝思周
忱和丞相當年未第時讀書曾向此栖遲水邊行徑空遺跡竹
外荒臺有古基老憶家山詩尚在夢嘗丹桼事尤奇老僧知我
懷賢意相引憑高慰所思
盧元均贈談思永吳地名山九里曲層巒秀色芙蓉簇古臺
崒嵂擁山阿背負三台羅萬木矗矗重雲石磴窮百尺疑與天
關通瑞靄晨浮丹鳳穴飛流夜吼蒼虬宮相君疇昔貧遊止繫

錫山景物畧　讀書臺　十二　三卷

馬披書心獨喜錦字摛殘海藏經毛錐吸盡龍頭水剡川一去
作鹽梅剛腸獨見天可回蕭蕭舊址人安在山鬼晝嘯空蒿萊
我數尋幽恣登眺今古興懷發長嘯疇云外史育談君千秋氣
合神明弔隆冬礬石記山中賓朋驚指文虬蹤知是天宮吞桼
覷到今猶出九龍峯幽姿盤旋若戀故名賢為爾勤呵護麟閣
元功此地成樵蘇莫犯龍門怒陸霈幽尋徙倚讀書臺搖落
空憐相國才舊跡不隨荒蘚滅殘編疑傍白雲開山中地暖龍
猶在松頂風寒鶴未回千載幸逢賢地主立碑仍為闢蒿萊

遂初書院

尤文簡公藏書之富素甲天下于溪西置萬卷樓于秦皇塢置錫麓書堂于讀書臺左又置遂初書院舊名依山亭至文簡改今額原扁係宋崇陵御筆名遂初者文簡嘗愛孫興公遂初賦借以自況也後燬于火洪武初禮部休齋公良復之搆堂五楹中祀文獻公暉次文簡莊定西大宗伯配錫麓書院遞傳至五世孫知非公玘亦燬于火宋史文簡每公退則閉門謝客以抄書爲事其子弟及諸女婢亦計日分抄嘗語李太史燾曰吾所抄書共若干卷將彙而目之饑以當食寒以當衣孤寂以當友

朋幽憂以當金石琴瑟何辜于天付之一炬魏了翁深嘆惜之僅有遂初堂書目一卷存直齋陳公家卷帙浩繁不能悉數今撮其大綱如左○五經總類共十八部○周易類共八十二部○尚書類十八部○詩類二十一部○禮類五十九部○樂類二十九部○春秋類四十九部○論語孝經孟子三十四部○小學類四十六部○正史類二十六部○編年類三十四部○雜史類七十六部○故事類十五部○雜傳類四十七部○僞史類二十五部○國史類八十四部○本朝雜史七十五部○本朝故事五十三部○本朝雜傳六十三部○實錄類二十二部○職官類七十三部○儀注類四十六部○刑法類三十部○姓氏類五十四部○史學類四十八部○目錄類二十九部○地理類一百八十三部○儒學類一百零六部○雜家類四十七部○道家類一百十四部○釋家類六十部○農家類二十一部○兵書類三十八部○數術家類（一天文二曆議三五行四陰陽五卜筮六形勢）九十七部○小說類一百九十八部○雜藝類五十一部○譜錄類六十四部○類書類七十部○醫書類五十二部○別集類七百九十部○章奏類一百部○總集類一百十六部○文史類二十九部○樂曲類十四部

宋毛升原序○結繩既代圖籍肇興緣領有作典章爰著周官所掌三皇五帝之書楚史能通八索九丘之晐韓子東聘始見舊經李子西游僅究藏室志見丘之放者固已謬悠探禹穴之奇者曾何彷彿更秦焚燬之餘遭漢捜揚之盛輶軒徧于天下竹簡出于壁中世主之所討論羣儒之所綴緝前稱七畧末有中經劉歆終莫得之黃香所未見者罕歸私室悉入內朝然自維邑初遷多從亡逸建安重擾半離煨燼近則散落閭閻遠或流布海隅由是博雅君子薦紳先生踵尚風流遞相傳寫壯武牛車兼兩鄴侯籤裘累萬雖黃審其未正殺青存夫不刊而家

藏之本始與中秘侔矣且夫商盤周鼎世以為古而無遺時之
用罷采夜光[illegible]為瑶而非蓄德之具識天道之精微探人事
之終始究物理之變化者其惟書乎故六藝立言之訓九流經
世之要傳注之學詞賦之工技巧之方氏姓之考齋諧之志丘
里之談雖云殊塗皆有可用誠應世之先務資身之本業與晋
陵尤延之始自青衿迨夫白首嗜好既篤網羅斯備日增月益
晝誦夕思重之不以借人新若未嘗觸手耳目所及有虞監之
親抄子孫不忘爲杜侯之手較表層樓而儼富託名山而共久
不已盛乎若其剖析條流整齊網紀則有目錄下卷甲乙丙丁

錫山景物畧　遂初書院　十五　三卷

之别可以類知一千百千之凡從于數舉僕雅竊通書之好每
資餘燭之光猥辱詁言屬為序引謹序○魏了翁跋予生也晚
不及拜遂初先生聞儲書之盛又恨不能如劉道原假館于春
明者寶慶初元冬得罪南遷過錫山訪前廣德使君則書厄于
火者累月矣因維國朝以來藏書之盛鮮有久而弗厄者孫長
孺自唐僖宗為榜書樓二字國朝之藏書莫先焉三百年間再
燬于火江元叔及江南吳越之藏凡數萬卷為臧獲竊去市人
裂之以藉物其入于安陸張氏者傳之未久一篋之富僅供一
炊王文康李文正廬山劉壯輿南陽井氏皆以藏書名凡未久

而失之宋宣獻兼有畢文簡楊文莊二家之書而元符中蕩為
烟埃晁文簡累世所藏自中原無事時已有火厄至政和甲午
之灾尺素不存斯理殆不可曉聖賢不過託之𡨋言以吾世示
後所以共天命而植民彝也兼收並蓄博覽精索以淑其身以
待後之人此何辜于天而厄之備極也使子孫不能守如江張
王李之家是故可恨若孫宋晁氏則子孫知守之矣而火攻其
外剡如尤氏子孫克世厥家益莫可曉雖然是穮是蔉雖有饑
饉亦有豐年吾知有穮蔉耳豐凶非我知也尤氏子孫其尚思
所以勿替先志云

錫山景物畧　遂初書院　十六　三卷

葛桓少從洙泗入真門老戀茲山學益深悟到太初忘六籍春
來青草是天心○高曇朱程道脉業伊周真訣相傳奕世休俎
豆名山堪倚重我來瞻拜一登樓○求積和依然尺雪立程門
名共山高學海深萬卷樓開籤帙滿祖龍烈炬問何心○饑食
寒衣晝孔周閉門抄寫不曾休昔年穮蔉今何似獨手殘編倦
倚樓

碧山吟社

時際承平地當絶勝人皆大雅哉〻齒德肅〻衣冠仙〻杖屨幽〻泉石灑〻詩詞以耆艾之年詠歌化日以真率之味沐浴王風以道義之好匡扶名教遐哉邈乎斯誠天假之良因而山居之第一樂事也碧山吟社爲修敬秦公手闢時在景泰末年選地得龍泉僧舍搆堂名十老建亭名撚鬚又名流馨借山濯纓鑿池名涵碧開徑名芙蓉築陂名古木鼉爲八景長松落陰脩竹蔽翠流泉濺〻時在襟帶間脩敬同九人觴咏其中每風日晴和以次爲具行以屬序坐以齒列凡感時觸事弔古懷人

一于詩焉發之時則徐文貞公爲之記沈石田周爲之圖邵文莊公跋其尾悉數歲年李網菴庭八十六修敬公旭八十五陳遯菴褆八十三陸竹石勉八十二高梅菴直七十九黄杏軒祿七十三楊聽玉理七十二陳玉溪公懋六十九施北野廉六十一淮淄王林緒最少未及六十得附社末尚德也若陳秋林勉歸自工部盛氷壑顒歸自都臺秦中齋夔歸自江藩時或一至不在恒數巡撫王端毅公至聞其風而願執鞭當年勝事即香山雒社何多讓焉

李鄴雅集圖記畧山川人物二者必相際遇斯勝事出焉粤若廬山東林結白蓮社香山居士作九老會雒中名勝建耆英堂時因繪事人爭觀慶豈偶然哉吾邑詩社莫盛于碧山十老倡之者爲封大夫景暘秦公和之者爲陸懋成等九人成化壬寅爰度惠麓之陽潸瀾其堂龍縫其泉據厥形勝遂作室焉前爲門馬太常紹榮榜曰碧山吟社中爲堂李太僕應禎扁曰十老左稽勲贊書曰撚鬚人各肖像則沈啓南周圖焉宴敘之日簪纓集焉尊俎旅焉賡歌作焉登高眺遠天開圖畫焉論心道故人合德焉龎眉皓首老不知焉此則繪中之大畧也酒罷撫卷軸筆而書者秦敬脩也坐石而觀者李網菴也面壁而揮毫

者陸竹石也凭肩指示按勝而玩者陳遯菴及其同宗玉溪也至如横卷灑雅集圖者非楊聽玉乎憩松陰聯坐石而相鶴者非黄杏軒施北野乎臨清流而作推敲執者非高梅菴乎擧鐵筆刻竹而題詩者非淄王林乎携甕壺來餽茶者則爲隣僧覺性及童子數人所謂得其彷彿而已焉者琴棋罍爵參列左右無則圖中之具載也是故晋陵王文肅有碧山十老盟須訂他日容陪杖屨否姑蘇吳文定有寄語吟壇十才子碧山風月肯多分之句文風頓望泉石交輝一時盛事山川亦生色多矣

八景詩木犂凄洞户竹色淨榱題寂寞懷賢處依〻但賦詩 撚右

翳亭香柚舊乘雙新枝又幾霜頓將勿剪意竊比召公棠右流馨亭華
晃久忘情歸來濯舊纓濯時歌孺子明月在南榮右濯纓亭誰得借
名山〻靈可否問乾坤都是借何歲始應還右借山亭一水滿前池
清風漾碧漪野人時弄水惟有白雲知右涵碧池名花夾徑栽秋色
翳高臺〻下行唫者花神莫浪精右芙蓉徑喬柯滿近坡千載映崖
我石上留詩處題名半滅磨右古木坡龍罅吐泉清誰穿龍縫成小
池風雨夜空有飲龍聲右龍縫泉〇吳寬詩壇高築壬寅歲勝事遙
傳大曆年買地有嘗酬野衲品泉無譜問茶仙封蔵亭子清風
裏路遶雲根小洞邊賡和頓隨諸老後結盟遲我賦歸田〇喻

義龍泉湛〻惠山南石磴縈紆路自諳吟跡久荒青蘚合竹堂
無恙白雲涵浴沂風月從今見歸路烟霞次第探更愛紅塵飛
不到欲移書榻對禪龕〇華察和曾闌高蹈碧山南試叩山僧
事尚諳雪積林扉寒不埽月明空水夜相涵吟壇久廢名猶在
策杖重來路可探為看當年誦經處惟餘松影護禪龕〇安如
山和騷壇結客出湖南徑僻由来車馬諳絕壁舊題荒蘚合空
潭倒影亂峯涵高蹤訝許香山並名理真從蓮社探擬向隣僧
分半榻皈心常傍白雲龕〇求積和為尋高隱到終南采得啇
芝路未諳四座春温文字古一泓秌碧水天涵堦頭鳩杖看俱

化領下驪珠許共探古蹟已同流水逝好留明月炤香龕

點易臺

正德五年邵文莊公于惠山寺右建二泉書院前堂祠宋丞相李忠定公又名尚德書院祠右爲滿潤滿潤上橋焉名野橋由橋西上爽對松栢迤邐三百步許門焉名雲階入門漸與泉近取周子通書語曰静清深處東北向搆亭曰海天亭亭左搆堂曰超然堂堂左爲吟松个右爲咏竹个堂後爲二泉精舍又名泉齋齋後壘石爲臺一圜石象太極二踏石象两儀四踏石象四象築以八角則成卦形見素林公刻太極于石上故名點易臺臺成有泉出自石壁涓涓不絶名滴露泉臺左南向建西知

亭祀李文正公刻像于石臺右爲瘞卷丘甃石爲之藏江西視學時小試卷三萬餘西上紆徑數百步有平石題曰望闕巖歲時一至倩扶而拜祝焉凡十五景景各有詩按文莊公名寶字國賢別號二泉自許州歷任大司農以侍養歸宦蹟鄉評不煩再筆特在漕臺時逆瑾怒平江伯嗾公恭劾公不聽既已不測非賴文正公力救殆矣吾友劉同人撰文正公傳巻數諸賢受其手援者都御史楊一清尚寶卿崔濬給事方奎侍御姚祥張彧主攻張偉而獨遺公則文正斡旋大力有陰用于無形無聲之中而無容其表暴者宜公之生敬死哀不能一日去諸懷也然公自太夫人殁後屢召不起其于險夷之故閲歷深矣歲久臺荒蔡觀察獻臣林邑侯宰捐俸重葺又圯邑紳曹荃嗣孫邵澄倡義加葺

邵寶尚德書院記畧○惠于錫爲名山山之重在泉而幽邃如聽松菴者次之菴左有茂林脩竹尤爲一山之勝弘治間賜于僧而得焉時方考宋丞相李忠定公居錫之故而恨其未之祠也遂爲堂于竹間以爲公祠登而四顧左右前後無非竹者乃顔其門曰尚德書院君謂竹有君子之道凡觀物者尚之云爾然豈徒以物爲哉思古之君子而不可見將誦詩讀書以論其

世蓋狂斐之志如此粤稽三代以來君子之在錫者至德如泰伯尚矣儒學則祀龜山諸賢公自其祖由邵武來居生長宦學于斯至以梁谿自號則固諸賢之儔也况嘗廬墓惠山義起之禮殆可後乎哉吾堂之作擬諸祭菜則事合稱諸鄉先生則名正肖諸家廟奉則像真歲時陟降如與君子周旋交懋厥脩以階聖賢之域亦自尚吾志而已矣公之學吾未知其所從受觀其父母壁銘皆出龜山當亦與聞程氏之道者故其建明經畫大抵篤君臣明夷夏達經權審進退以身任重而不自失其忠義激烈千載而下猶能使人興起史稱其有諸葛武侯之心

而朱子序其奏議以天生彌亂許之即是而觀謂非古之君子其不然哉昔朱子以匡廬卧龍菴之名取諸潭石遂緣其義為畫武侯于堂後人稱其有異世之感今予以竹與思於龍菴之說竊自附焉○海天亭記畧○亭于惠山之麓曷為以海天名山有泉發自巖竇滙而為池七池相注東入于溪北東百里入于江又東百餘里入于海海泉之所歸也吾嘗觀泉于池思其所歸登高而東北望曰海其在是吾泉至是極乎望而不見則卻天以嘆嘯咏而歸山之麓于是乎亭亭成與客登而歌之歌曰兹山兮我泉始流兮涓涓東行兮何極指滄海兮為淵逝晝

夜兮不舍又焉知兮歲年吾窮源兮思委方在此兮忽彼望夫海兮未見雲天兮興喟天冥冥兮雲深深登兹亭兮勞我心客有和者曰泉流兮山中日流兮日東彼東海兮伊邇吾舍此兮焉從源之委兮朝復宗子不聞兮古人曰有本者如是孰進之見兮未見其止海際天兮天有光遠在彼兮近吾汪知子者謂子之有望不知子者謂子為荒海滙然兮天一方予聞而使叉之飲泉而退○點易臺石記○邵子作點易臺基既定矣偶行于其崖之上有石突出其高數尺廣半之其西有如級者可升其上有如榻者可坐其右有如几者可倚可枕右之前有如案者誦可攤書書可伸紙飲可置蔬一盃酒一壺其東若北皆巉焉壁立有巖巖之象或坐而東北望則武進之横山江陰之定山邑東野之膠山高山芙蓉山鴻山丕山嵩山石室諸山歷歷可指近瞰蓉湖如沿在圃通波枉渚錯襟互帶而奇松一株適當其前觀者以為此真臺也邵子喜遂以所書點易臺三字刻于石上○泉記○臺之始卜也邵子作詩志焉有安得泉分一道來之句既而臺之右石壁下忽傳有泉出焉始涓涓流繼鑿渠而引之則源源如注淵然成池邵子喜名之曰滴露○超然堂記畧○超然堂者二泉邵子之所作也邵子初為許州許

有尚書臺在臨潁之野嘗聞之故老而未之見也弘治甲寅一夕夢至焉其堂曰超然而吟松咏竹二齋列于左右寤而語客客紀之以詩越今正德庚辰二十有八年矣邵子既辭尚書之召作點易臺于惠山之麓既成而登恍然如夢中所見故為堂于臺前榜之如夢或謂許之臺名尚書蓋以漢馬融氏嘗講經于是也故自今臺焉乃遷邵子之超為是宜也名若是協耶或曰不然邵子為親而請告其超也當正德卯辰之歲時上下方震凌撞擊而邵子獨優游泉石間超然云者其在是乎邵子聞而謝焉既乃喟然曰古之人有晚年進德者疇昔之夢所謂伸

于萬物之上非學何以至此吾雖老固不敢自棄也二人所云或失則淺或失則荒于吾志何有乃為之歌曰我昔夢兮超然倏莅茸兮三十年吾臺斯兮斯屋將假我兮韋編若登山兮望海何恢廓兮吾天又歌曰天高〻兮萬物在下叶孰能靜觀兮精思何苦久兮吾衰兮吾過吾補孰夢非真兮孰今非古二人聞之若相謂曰邵子其起于夢矣邵子復起而謝焉遂書為記

○顧憲成重脩二泉書院記畧○文莊邵先生建書院于惠山之麓先生歿屬嗣子煦贊晉秦汝共守因肖像其中歲時瞻禮焉久而變故百出幾獻灑口觀察虛臺蔡公過而興嗟遂捐鍰

金百餘兩檄縣新之并葺其家祠家祠責成邵氏而書院獨責之秦蓋因嗣煦歿後力不能守汝子榛〻子煌〻子茂才秋得兼并而專守之故分任焉茂才于是慨然起曰是誠在我益以家貲百金飭為經理規制具備頓還舊觀屬其記之憶昔高存之輯先生年譜有問先生何以無後未及對今請申其說竊以為先生之所為後與世人之所為後不同何者世人之所為後有待先生之所為後無待也古稱三不朽太上立德次立功又次立言先生誠心質行表裏皭然貧賤不為移富貴不為淫威武不為屈能立德矣由釋褐以至懸車所在惠澤洽焉教化行焉風紀肅焉典刑飭焉上獲下信闡而彌章能立功矣簡端錄瘖寐聖賢闡性命之精蘊日格子折衷千古定是非之權衡能立言矣至今流風餘韻宛然在目兒童走卒無不知有先生也者是先生之所為不朽即先生之所為後也予少時聞某督學至某縣閱諸生籍見呂姓甚多于其入謁命之曰孰是呂蒙正之後列左孰是呂惠卿之後列右一時俱趨左無右者督學嘆曰蒙正有後惠卿無後斯言良可味然而為斯言者猶有待也先生則無待也茂才君曰而今而知後之時義大矣請質之蔡公當有以復

邵寶十五景詩○梁谿深十尋湛峴高萬武我作李公祠春秋薦牲酷右忠定祠七池流且滙一水猶在山縈廻忽成文至此將下田右澗端亂泉衝徑來徒杠接石砌拔斷謝遊人水淺人猶揭右野橋石磴穿雲上懸崖自此升誰言風可御須信氣堪乘右雲階何處靜而深蒙泉出山下觀物本無心一原窮萬化右靜深處清兀坐山亭下悠然海上天歸墟無盡藏須記始流年右海天亭夢中得佳名廿載乃斯字瑜重病餘身悠游荷天予右超然堂風來松有聲洒洒當左个我吟本無心松亦何心和右吟松个新栽竹數竿竿〻擬蒼玉我歌竹和之步轉闌干曲右詠竹个出山如在山名齋敢忘本

鑒裏看青天不爲泥沙混右泉齋有象本通玄義不在句讀道人坐高臺忘言對蒼岫右點易臺滴滴出石間初疑松上露點易日有程還應周天度右滴露泉天涯一歸客海内兩知音萬古泉聲在應知此老心右西知亭吾道方施行懷之不勝卷故物穴名山輕光起遐瞻右瘞卷丘東南海一隅天闕勤望眼登拜想氤氲殿上香爐裊右望闕巖石爐上篆萬壽無疆四字○點易臺成張侍御汝立寄贈象管二枝答詩八首○象管雙緘自吉州書題點易遠相投老來已悟浮生夢病後兼忘應世籌磴入烟霞須策杖臺窮雲漢勝登樓憑誰淨掃焚香石千仞岡頭拜孔周○海天亭畔卜幽居三古精神

一卷書象管擲殘硃未落松梢滴盡露還餘姓同康節希何敢年過遽瑗化不如月出東山時起我獨憑高處問盈虛○桐封扶蹤映石臺峽巖西望更崔嵬日流雲影前峯去風送泉聲別澗來鴻漸茗從閒客試李紳書自少年開晚涼更有風雩興隨意憐僧坐碧苔○高臺百尺臨蒼茫白雲渺渺溪泱泱松垂一枝去地近草碧千里兼天長有時巖頂起清籟何物澗邊生異香操鉛點易者誰子老矣羲文心未忘○萬壑風雲萬壑濤人間天上在巖嶅丘園掩映松楸密臺殿參差鸛鶴高僻地自堪成晚節浮名真合付秋毫野翁錯指丹崖是應怪頻來杖屨勞

百年佳興獨登臺草結爲堂白日開雲暝氣連東海石風晴光動北山萊故應壁立千尋在安得泉分一道來老衲似知天假我手携松對爽庭裁○金蓮池水即滄浪白石岡雲接草堂竹台鳳簫難起調蚪蟲篆不成行百原泉上風神遠五老峯前夢寐長萬卷相看纔數畫漫勞書客問芸香○觀水長懷子在川衣冠時向古壇前蓍從上蔡無真種圖到希夷有別傳客遝屐聲雲裏徑僧將瓢影月中泉閒來準擬忘言久莫問新詩月幾篇○觀坡朱寔昌和第一首缺○予告歸來此卜居高臺長日靜觀書探丸直到先天外經世應知後樂餘雒社行吟同邵

子茂陵病酒豈相如雷從起處催泉出流入春光動碧虛○爲愛南薰築此臺排成八卦傍崔嵬一經隨意研硃點千里從人負笈來漱玉縈泉幽澗遠吟風竹木水亭開不須赤腳層冰踏靜閉松門坐紫苔○北望高峯雲渺茫東瞻遠海水泱泱只從舞象忘年老已覺山林引興長竹逕泉流如有韻蓮池雨過亦生香十年靜榻何須扇夢入羲皇與蝶忘○晝擘方罏隱沸濤白雲孤影落龍甃心游太古如丸轉氣肅清秋與對高畫卦衹因龜一首研硃已秃兔千毫到頭知有忘言處莫遣生徒篆刻勞○爽氣浮嵐上易臺超然堂向白雲開因園此日宜元亮綠

服當年戲老萊朱硯夜深寒露滴菊杯秋好素衣來錫山上蔡
隨人顯著葉他年不用栽〇泉從雲竇響浪浪流帶寒冰透法
堂六面羲圖原有像十圖宋末欲成行地中雷復回春暖貞下
元生履慶長誰說卦山天水義道南祠裏靜熱香〇石門冰靈
滴寒川喜見高臺惠領前太古圖書隨意點一中造化自心傳
假年魯叟追三聖觀物老夫到二泉愧我幽行刊古易何年林
下誦餘篇〇嚴鼓和古華山麓枕神州埜叟于今策杖投風景
不殊雖極目滄桑幾度復添籌泉聲隱隱悲殘碣日落茫茫度遠
樓何處亭臺歌吹起注麟悲鳳憶衰周〇聽松坊下謁山居嘆

惜前賢好著書遺業肯推文獻後中原今值亂離餘青雲階級
高依舊白鹿風流澹自如漢苑秦宮空壁斷止留書院賦淩虛
〇二百餘年點易臺我今無路陟崔巍太羹玄酒原希澹月窟
天根自往來河雒全身供認取羲文生面著重開眼看八卦繼
橫列猶見遺碑照綠苔〇一滴誰言是渺茫臨池凝望思泱泱
露垂天上千山潤水出源頭萬古長聲落每添幽鳥韻光浮常
接野花香懸知此竅非關鑿悟到先天辨已忘〇行看竹塢滭
松濤中有虛堂對險敞四壁畫沾圖史潤八窗遙見海天高礬
纓日月爭山水竹帛勛名一羽毫珎重高曾抽跡處後昆興復

歆辭亭〇猶憶當年到此臺中興名佐舊祠開經今歲月歸塵
刼已見廊廡沒草萊頻聽杜鵑啼血至空思天馬渡江來何時
丞相祠前柏重借春陵雨露栽〇太平君相情闕切天語重
教侍北堂將母既能依鶴髮思君猶似到鵷行雲端九闕身疑
近巖際三呼祝正長小子亦來凭北望痛從何處炷心香〇不
學千泉與輞川講堂高築九峯前豈無亭苑他家並獨有門墻
此地傳聖世不聞遭厲禁天啓丙寅毀東林書院不及二泉崇臺應得榜名泉
多情遺老行游盡點讀陽春和幾篇〇永積和九曲流河暨九
州〇滴露泉下舊鑿九曲河形瀆川無力分難挽羲文畫後經千變河雒書成

閱幾籌風送泉聲來遠澗日啣山色過高樓此中消息知誰領
只恐希夷算未周〇太平風景在山居種就龍鱗喜著書世隔
羲農霄漢外經傳卜筮刼灰餘貞元未會天將定風水相搏我
自如到此塵襟真洗滌振衣岡頂欲淩虛〇此老何年築此臺
南閩北雒同嵬巍邵武俎豆祀既絕道南壇宇闢後來從頭再
見松露滴對面更喜巖花開千古文章真大是鄴知石壁封青
苔〇漫把高風付渺茫惠流奔放水泱泱擇沾中土桑田潤化
洽西江日月長擱管便探松杉影研硃常帶露華香遺人靜對
源頭坐悟到無言辨已忘〇早年歸隱愛松濤築室須登千仞

蟄陸羽祠景泉味求李紳臺圯筆鋒高蜿蜒山埶迴龍尾斷續碑文泣兔毫容邇宮墻塵跡宵臨流策杖敢辭勞名園曲水遍樓臺架列圖書眼倦開一代勛名光綠野千秋文史敵東萊漫邀明月當頭出先喜清風拂面來詠竹吟風人未遠起看山檜倚雲栽清纓濯足聽滄浪小子聞歌上草堂丘壑鴻文千萬卷璧留蝌篆兩三行身遊太古山彌靜夢入羲皇日逾長望闕巖頭重拜舞樞衣空惹御爐香安樂窩中月映川層臺又結九峯前涓涓滴露通龍竅點點歸墟系嫡傳一畫分爻生地水西知合契託山泉憑高屹立西涯石曾向岡頭和幾篇

周文襄公祠

祀法捍大災禦大患有功德于民者祀之前乎正統者百年後乎正統者百年凡巡撫江南得君專行政久問民疾苦如納溝中大江以南受其造恩如天之無不覆如地之無不載若周文襄公其人者無有哉公去任錫士民實德之不忘卜地于聽松菴左建特祀嘉靖中增修始以海忠介公配或曰公惠在江南祀在一邑更有說乎曰有考周氏家乘文襄原係本邑周元禮季子寶四名永齡學于學士王達善爲木賈誘至江西改名入籍乃爲吉安郡人正統三年至惠山認祖祠豁地稅焉元禮即始祖東嶽廟周泰乙之裔孫也若是則通于鄉先生歿而祀社之義亦誰曰不宜

呂元夫記畧文襄周公以尚書兼巡撫時學校興田野闢賦役均獄訟平江南晏然如在春風和氣中公果何脩而得此蓋公以閎博之學通敏之才純篤之行平易之政不設城府不立崖岸每巡行郡邑上自名公鉅儒薦紳士大夫下迨山林隱逸田夫野老往往虛心延訪每事務求其情用是軍民利病閭閻疾苦政治得失罔不周知剏制立法具有成算經國保民規模宏遠以故江南之民感恩懷德若赤子之慕慈母既歿而思之

不忘邑耆舊謹卜惠山東隅建議立祠有司春秋致祀天理民
彜有不可泯但歲久祠圮脩葺為艱歷經邑令侯君位暢君華
申請撫按既得允行而侯以遷轉李暢以行取去未能即工幸
新令陳君皐謨甫下車復申前請經始于嘉靖乙酉正月二十
日落成于三月十八日為堂三間兩廡各三間廳事七間重門
峭壁津梁甬道煥然一新義官尤倖僧圓達督工趨事與有勞
焉鄉邦士民始幸瞻仰有地頌撫按郡邑之功不衰文襄有靈
其亦感格矣乎公名忱字恂如由庶常歷任工部尚書致仕考
終文襄其謚云

邵寶頌我懷文襄古之遺愛百年典刑猶在惟遺愛一
言實自仲尼稱鄭之僑今千載餘繼者何少子產祊政人欲殺
之歌者如水及再歌也又恐其死公之始至白地有謠經營宣
力二紀　三朝苟利于民遑卹在已我思古人子產哉是擬名
山嘉對孰非甘棠勿剪勿伐公貌在堂我題于門於戲不忘
又南祠忠定北文襄千古青山兩瓣香莫問前朝松柏壽只今
何處有甘棠

松滋王公祠

公之宜祠者二一築城、築于嘉靖三十二年始于二月初九
日告成于四月二十九日不三月而城成城甫成而倭寇即至
民賴以全一丈田覈出無糧田一千六百餘頃剗去無田糧八
千餘石豪右帖然公名其勤號少月中嘉靖癸丑進士雄才大
畧令出必行不避勞怨方築城令下小民難與慮始嚣嚣然譁
也曰孰庀爾財孰鳩爾徒城從地出乎迨寇退而皆手額慶矣
曰侯生我侯生我矣公去任既久尚無祠萬曆中年髙忠憲公
始合同志祀公于錫山之麓祠成陳憲副幼學增建兩廡祀何

五路等三十六人方倭寇之入境也閧以外殺聲震天矣濠旁
有樓穴于中飛矢流砲發無不中時有淄海者勇士也縋而下
渡濠置烈炬燔樓始得列戍因告王公曰賊弱可擒也時則兵
憲任公召廣兵若干名伏崇安寺中不敢出邑庠畨子白奮臂
而起集里中驍勇得三百人出西溪與賊鏖戰擊其渠魁破頜
塗腦倭始氣奪我兵受傷者三十六人時夏五月初八日也舊
有義烈祠在東倉前位次姓名開列如右後又改祀西濠太保墩名水仙廟
東廡十八人何五路　胡章　龔長春　陳受　倪松
張世冨　朱雲　徐鳳　陸盛　張鸞

高貴　查文璲　沈龍　陸華　過問

翁耀　金鸞　夏材

西廡十八人陳世芳　吳文祿　秦世芳　吳功　顧信

沈鳳　丁瑾　宋敎　閔進慶　裴雲鵬

黃啓元　劉守禮　楊敍　陳惠　周召

戈金　沈名　趙爵

高攀龍記畧○天下有事匹夫能執干戈捍冦賊即不幸而死其一念自足千古何者正氣也惟正氣不可磨滅天地之常運日月之常行山嶽之峙江河之流皆氣也聖賢能精之一之與此渾合無間即匹夫匹婦一念秉正而死其氣未嘗不與之合然其心非精一之心故其氣非充塞之氣譬則盎缶之水必歸于器有所歸則聚無所歸則散聚則伸散則屈伸則神屈則鬼鬼則為厲神則為祥其大小之分然也嘉靖甲寅乙卯間吾邑有倭冦邑義士何五路等三十六人奮然持白梃出擊之死城西之壕巫覡往〻言其為厲邑人即其死所祠之簫鼓繽紛遂為淫祀予既與紳衿建王侯祠于山麓王侯者築城禦冦使邑萬姓不糜爛于冦者也吾同年陳筠塘曰當冦之至也百雉外白骨矣義士輩雖敗而死冦實有繼至者猶駭而去城以獲全

錫山景物畧　王公祠　三五　三卷

是則侯之城體也諸義士用也猶之手足捍衛其軀者也烏得而無祀乃自捐貲建兩廡列祀焉有司春秋犧牲惟謹自此而淫祠之祀大衰予謂陳公此舉有四善焉表義息邪彰往示來大錫福于邑也夫一筵之醴醇一夕之妖冶一朝之寒暑風霜皆足以殺人與諸義士之由壕等死耳而諸義士之死不死也即不信視西壕之簫鼓鬼神之情狀大可見矣死者有所歸生者有所勸天下一旦有事執干戈為吾民衛者必相繼而起故曰公一舉而集四善大錫福于邑也

王永積曰事固有異地而相感者予守東之役當年死事計三十八人生負居其一應襲千户居其一而兵與民恰符三十六人之數何奇合也東城長九里十三步亦與錫城不失尺寸當己卯正月十八九兩日血戰兩晝夜予既佩刀自誓予妻子亦坐井待投非賴三十八人出死力以衛全城予尚得有其七尺吾東尚得保其百雉乎予既厚瘞之又段東南樓為忠義閣祀三十八主于中又置祭田十畝以奉春秋之祀而今時移代易恐亦蕩為灰塵矣文丞相過五木弔麻尹二將軍為之雪涕今觀往事何能恝然因附記姓名于右并弔以一詩

錫山景物畧　王公祠　三六　三卷

丁應奇生員 路萬成 應襲蕭有全 吳天福 秦鳳 李國傑
已上係衛兵 李奉中 魏進孝 華明旺 劉進忠 孫正宗
張永利 周興 張志厚 馬騰蛟 劉光吉 張世光
王四 王興 已上係營兵 劉奇 賈朝臣 鍾艾
劉君奉 劉沛 武朝祖 翟可久 陳思仁 張思度
蔡有吉 竇來朋 齊之林 張邦林 賈士旺 崔爾興
王邦和 蘇利民 譚茂明 謝去疾 已上係雜夫

而地安危一戰中死綏名數偶相同勛非鍾呂悲遺烈氣是山河識大忠傑閣夜深衣甲冷荒祠天遠夢魂通捐軀絕脰終何濟痛尔英靈恨未窮

周文恪公祠

邑父子並入詞林自先高曾始後人力薄祠宇缺然先後讀中秘書俱得賜謚父子義謚文恪子炳謨謚文簡如周氏兩太史郡邑榮與有光焉文簡厚重簡嘿嗣徽文恪不具論文恪文恪生平不具論其大者方張江陵柄政時奪情議起朝拜跪夕遷秩矣公時為南司業獨不拜同列慈恩者再公指所名堂顏曰何也卒不拜可謂國無人乎同時顧端文則馳馬削衘于北公則正言逆拒于南可謂國無人乎江陵衘公甚以公清介著聞卒無以中公公一代偉人也祀公于山水間何忝焉

劉元霖碑記畧 吳自言公採精華于魯以飾吳泰伯之瀆猶洋洋焉九龍降神實生公畫地而蹈必矩之中恍恂篤厚惟帝稱之晝飾務華者見以為樸貌鈍口于天祿石渠無當也然公幼慧宗朱錦治魯儒之經名為刻精仲尼仲晦之彀時時中鵠矣作數說耳而目之于世所弗昭若靡不瞭瑩視徹矣作闡見日錄讀中秘書秘不言溫室事諸所周咨掌故可覩記矣作國朝故實二百卷至三較士而主成均一佐宰輔而天下奉為大師也珠盤玉敦詞壇讓主焉顧其為樸鈍愈甚布衾練帷郤絳帳絕女樂有鄴侯之藏而無洪厓之嗜眾人詡詡公獨踈踈十

五而三以俊民讓五十而三以相君讓旻拜稽首夔龍在前惟所逆曳養其尊光不然授墨縗于江陵衮衣絲緎並命黃閣詹事之夢豈足卜哉柰何言彝倫彝倫議不辱我堂皇必穀之中而矩之蹈泰伯不死矣予讀埏碑國史諸傳記期公古今人間孝謹似萬石盡瘁似諸葛清約似嬰休震秉抗汰似陽城韓愈三黜似士師惠忤權相似不署名之屠公義英比其易名一字似吳公訥王公鏊設同几無愧簠簋似鄉萬公士和彼一人一行猶然廟食公豈不大全哉復進而求其似于言公泰伯也者九見風世之大而獲與三代聖賢袷于一室也柯御史挺陳御史惟芝採博士諸生言旅邵文莊華孝子十三祀之在祭典者祠春秋有司薦清酤書其應祭法者如此

黃汝良學士祠堂接翠微衣冠廟貌儼清輝江山有意留文藻禽鳥無心識道機身後榮名惟論定生前事業貴知希行人應有峴山淚況復門人隔絳帷○施策當代推名彥詞林倚重臣編摩勞史局訓廸屬成均廣闢驊騮路弘開桃李春廿年陪侍從八座冠簪紳懿範楓宸重清風梓里親易名聲愈赫尸祝貌常新旦暮儀刑在春秋蘋藻頻二泉同不朽千載挹芳塵

高忠憲公祠

永積碑記畧○公姓高名攀龍字存之號景逸海内因稱為景逸先生天啓丙寅殉逆璫魏忠賢之難死於水崇禎改元首加卹贈謚忠憲公死事大節立朝丰采生平正學 先帝知之國史甄邑乘筆之永積何能更出一言表章萬一祇今拜公祠瞻公遺像核公生平公講學人非攻閹人也方 神廟中年正聖學大明之日吾邑會逢其盛公與顧端文公涇陽先生同時並生又並得以言事歸即宋楊文靖公龜山先生講堂之舊址名東林者搆書院講學焉講學則是非明是非明則邪正辨邪正辨則好惡當好惡當則彰癉出公當掌院時上則有主司趙公南星為冢宰下則有及門魏公大章為長垣一德一心於是教肰以振飭臺綱驅除異類為已任首殲大貪崔呈秀正如舜殛四凶孔誅少正卯少從寬假貽害于世道人心正恐不小而事變忽生逆璫與副院楊公漣特糾逆賢二十四大罪之彈章後先並發是則公之命也乘機搆會逆閹奸黨遂合成一局追至成趙逮楊魏等毀書院而公之死所亦籌之熟矣丙寅三月得緹騎報肅衣冠別道南祠夜半留遺表一則別友詩一通赴水死且夫死于昂鑊死于止水等死耳公衡量其間亦豈必以彼易

峠○追思當日矯詔何人是公之死非死于 熹廟併非死于逆
賢○特死于陰圖報復之呈秀至今讀公別友人書則以膺滂自
處○其遺表則願從屈子朱晦翁言之矣屈原之忠忠而過屈原
之○過過於忠○公蓋自痛而自傷之○以為未盡合乎時中之聖○而
至○以死節自見非公志也○然相提而論屈原被放亦尚可為微
箕○公則身入羅羅不得不為膺滂且讀離騷漁父諸詞其音哀
其○節苦○公則履道坦坦○入水不濡○當年物化仍在曲肱疏水春
風○沂水○間以視形容憔悴採薇行歌者○相去又為何如也○至公
之學全從靜中得力○誌傳中業詳言之○閣臣朱公國楨稱公以

錫山景物畧　〈高忠憲祠〉　四一　三卷

敬律身以靜觀妙以易義乾坤始復轉樞紐而彖難從容符合
明○夷之旨死為今古一完人○閣臣錢公士升稱公光風霽月似
茂叔○太和元氣似明道○整齊嚴肅似伊川○讀書窮理立朝嶽嶽
似晦翁○若新會之灑落餘干之主敬河津之實踐姚江之超悟○
公○兼有之○而無其弊○為國朝理學第一名臣○按公實學與大節
並宜粢祀 廟廷進位於周程張朱之列○鄉之人士仰公懿行
祀公于錫山之麓○永積私淑有年○重辱公猶子世泰之請○因博
採○定論○載入祀典○若自東林拆毀○後老成盡謝○玉步旋移○天命
民彝○丟來之際○間不容髮○并敢正告天下公之生死○學之絕續

○講堂之興廢關係於天下萬世重且遠者蓋若此○
倪元璐贊○衛喪之世○忠者死爾○上死死忠上忠忠死忠死之
忠○匪以死止○死忠之死不虧國美○魚貫雖連○鉤黨殺士○士盡死
者○公大而禮為士鍛○榮同文之雖為國洗辱○徂羅之沚○疇並公
忠○信國文氏○正反相朗○如車合軌○當宋既灰○甄隨其祀○鳴烈取
者○所以燕市當 明○鼎盛○闇干其紀○避辱取晦○所以止水○燕市
國○究止水國體大人之死非苟焉已○錢士升○吾師子高子○繹
聖○得宗旨○研幾析無倫○靜觀先太始○德輝韜陽春○心境濾秋水○
形解何超然○虛空起滅爾○鄭期禎歲朝志感○每逢元日坐

錫山景物畧　〈高忠憲祠〉　四二　三卷

春風○篮得行藏共折衷底事含間來鵬鳥○忽驚天外墮冥鴻○董
狐正論○三朝憤○孟博遺忠一網空○謁過先賢重惆悵○友朋相對
思何窮○永積和廉頑立懦誦清風○一脉真傳本降衷○闕下有
時驅伏馬○雲端無復見賓鴻○泰山嶽嶽千尋立○止水汪汪萬象
空○道貌儼然堂構在○一方瞻仰更何窮○

馬文忠公祠

祀先生于錫藩太虛閣先生志也先生未第時曾擬得之為下惟地殉難後先生弟世名子壬玉醵金徃鬻迎旅櫬停于中郎得南面于山水間先生志也舊係談中丞十山手刱王司李盖謙費三千金拓之當鄢園未闢時實稱名園湖石最勝卜地面錫山背尹壞右挹龍峯左望蓉湖如練頗能自出手眼後屢易主所存者㳂一曲樓三楹太虛閣一座耳按文忠名世奇字君常別號素脩為名諸生三十年文章滿天下得第讀書天祿手未嘗釋卷居鄉賑饑禦侮殫竭心力奉　勅誠諭諸藩凡有賜

予悉辭道遇流賊聞世奇名悉羅拜夲曰此　天使不受籓府一錢者也崇禎甲申　召對偘偘直言　上為改容欲大用之疏辭乃止三月十九之變適署司經局印郎肅衣冠捧印對闕再叩曰臣不能報國以死謝　陛下又念太夫人春秋高南向拜別遂就縊時則二妾李氏朱氏已先投繯矣踰年門弟子永積為文哭之其畧曰永積久欲出一言哭吾師而不知涕之何從也自癸未冬握別都門旬月之間天人頓隔積之哀痛實倍恒情然則何以哭吾師亦曰死得其正則已矣憶自束髮授經以迄今日思及通家之世好宜哭思及論文析義之深恩宜哭思及鄉薦後得予捷音喜真不寐宜哭思及甲戌之役褁糧歸矣師急索闈義讀之決予必售果售宜哭思及一揮出守動多齮齕師以封差至青齊與西臺抵掌生平氷消凍釋宜哭思及全城後郵致尺一慰勞特至宜哭思及晉秩職方得追隨武闈較量甲乙凡所得士皆欲收一割之用宜哭思及手代天言西親　綸誥獲邀華衮宜哭思及謝病後數辱注存宜哭思及鄉邦公檄屬予起草多肯意宜哭思及臨岐執手三致叮嚀念維桑不置念太師母不置當時已註封差打算甲申四五月間便道過臨清向黃總河起官批製硝萬觔以備一方之實用宜

哭而今皆已矣家國之宻籌詩書之遺澤與夫在朝在野想望之風采盡付東流矣然哭師之有今日者至情幸師之有今日者至願也方　思廟賔天之日是為何日使主持未定與同難諸人起一轉念依違兩可縱江東憐我一生學力竟歸何際忠孝大閑至此時方得斬斬絶絶從從容容別慈親于千里見皇考于九天蒼頭班役共知之死之靡他粉黛青年同保此身之不辱爾乃高堂白髮仍付託于悌弟慈孫畢世清修得請獻于　列宗二祖如此盖棺更何遺議是以完節付師天為之而安排預定神氣俱閑生榮死哀朝聞夕可一無餘憾則師自

為之也獨是永積生當末造身負國恩于入音遏密之時又增兩楹夢奠之戚以折衝禦侮之殘喘又起秋陽江漢之哀思以哭吾師者重哭吾君以哭吾君者重哭斯世之陸沉斯文之珍滅斯人吾徒之鼠竄與狼奔斯誠疾聲大呼不足舒吾憤懣捆心擁格不足喻吾欝結笑啼不敢聲淚俱枯吾師亦鑒子九曲之腸憐子百結之痛其香始升庶幾乘鸞一至而不至吐之若棄乎

王世貞王園原記畧○入門十餘武有立石一狀頗磊砢色亦古稍轉而東危樓據之前為廣庭後枕大池池之陰堂五楹宏敞高爽左折而上峯額洞壑宛轉曲折下有泉出龍口灌池中晝夜不絶聲右方則從樓址拾級而上中搆高臺正與東山對上有層屋雕闌畫楯三周衛之堂左啓竇而入為菴皆疊赤石為小澗凡十餘曲其水或玄或白皆因石色隨之改觀又别搆一精舍分泉引之穿舍而北出文石一承其穴水激上飛尤瑟瑟可愛盖取泉之自惠者宛轉三疊中注大池其奇巧雄麗在黄園上然雅趣殊不敵也

王世貞原味○屐齒何妨細雨過主人緣客治巖阿危樓有勢爭霄漢綺對無心長薜蘿疊石巧當山色缺分泉别取水聲多編錢故是王家埒喚作弁中奈我何○永積步原韵弔文忠公○夜雨論文不復過蕭蕭旅櫬入山阿空庭木落飄紅葉古屋苔封掛綠蘿望裏亭臺青嶂合夢中陵寢白雲多那堪疊赴脩文召同聽鵑聲奈若何長君壬玉壬辰春亦于虎丘客死併停柩山中故云○華鋏和風雨凄其不忍過相依形影托棐阿孤舟落月悲鴻雁甲申秋自都門得附舟歸傑閣凌雲冒薜蘿生面依稀冠履改遺文剝蝕魯魚多十年贔屭無人表淚滴空堦可奈何

單貞女祠

女以貞名自單姬始同時有熊貞女一祠一不祠君子傷之

邵寶記畧○女爲單思明女生十二年許嫁沈氏子鼎未歸而鼎死女曰既有成言生死以之遂誓不再適剪髪以見志焉繼聞有他議乃自經以謝幾絶而嫂氏解之復引刀刺臂流血盈襟將斫腕嫂抱持之奪其刀而止兄毓告父母曰妹志不可奪矣吾雖貧當養之終其身蓋若干年父母與兄相繼歿兄子允中復任養事而女老矣年至八十五乃終

邵寶賛○古有劍許于墓焉歸身非劍比許胡可違命出父母

天生地成惟一不二以成吾貞髪吾可剪臂吾可刺吾頸可刭心不可易言吾未耳貌亦未目惟若人名心焉既靈始以感激終以從容七十八年吾有吾躬親亡有兄〻亡有姪身其康強德音秩〻誰與攺人上告　天子我作賛詞用賛國史

顧靈成碑銘○金石有銷貞也無斁永閟厥傳共姜嗣節莫徽肯堂再廠若室烝嘗歲脩卜年萬億昜矣後人芳流藝〻

懷先閣

自聽松菴雙古松不知歿于何年而懷先閣之聽松始翹然出矣閣在山坡盡處負山面野地極曠一松特立于側離奇夭矯似亦數百年物志稱宋寶曆間勑造競渡將伐松爲之先一夕松忽哀鳴因得奏免閣前玉蘭最古開時花可萬餘內堂三楹祀仲山王問以子繼山工鑑配問官拜僉憲即解綬歸書法與繪事兩擅其勝鑑仕至南太僕卿有孝行亦工白描詳具邑乘中今閣已就圮且祀出一家私祀也未入祀典

僧道章聽松○得地久盤踞參天多晦冥月通深夜白雪壓歲

寒青獨擁虬腰大疑聞雨甲腥深根動坤軸蕭瑟掛疎星○盛世鳴王氏祠前生怪松蒼皮翠蓋無春容九龍蜿蜒自伯仲有爾應須名十龍

錫山景物畧三卷終

錫山景物畧卷四

蠡湖野史王永積輯　男淑高 洸高仝校

愚公谷

愚公谷即海内所傳鄒園是也在惠山寺右黄公澗前古稱聽泉山房又名龍泉精舍内有龍縫泉又名龍淵洪武間僧淨月居之正德中馮僉憲夔毁菴為園因號龍泉居士僉憲殁屬顧半刺起綸改為壽藏名曰玉鹿玄丘既遷于南林始屬鄒迪光學憲邊幅日廣自黄公澗闢至秀嶂街可數十畝亭臺樓閣花木竹石絡繹奔會前後兩門後曰愚公谷前曰揭車塢繼改

九龍山下人家按迪光字彦吉號愚谷自楚學憲解綬歸即築第于城内讀枌榆館七記幽深壯麗已極城居之勝梨園西部尤冠絶江南歸林既早且性好土木中年始營菟裘于山麓人工天巧既生而有之更得丹青宋明之時加指點凡畫閣迴廊迷樓曲院總計共六十景又不惜餘貲日事改造稍易日月已非舊觀闢學憲具大眼力所拔楚材百不失一以故門人感恩餽遺最厚學憲又能揮金如糞于中物力奚啻數千萬緡特其風流文采不與道學作緣惟同湯若士屠赤水輩往來賡和另闢聲氣以故宦亦不達又苦後人不振仲子德基才高眼澗日從事于麯蘖外患突如家難亦作竟無一篇好文字送歸地下亦可傷矣讀其自記末一段情見乎詞今為華胡暨諸同姓所分割

迪光記畧○園林之勝一山二水無是二者即有奇葩異卉雕甍峻宇何以稱焉吾園錫山龍山迂迴曲抱聯綿複袷而二泉之水從空醞釀不知所自出吾引而歸之障之掩之使之可停可走可斷可續可巨可細而惟吾之所用故亭臺樓閣便房曲室下至几席所見無非山者而水為之灌漱澗池溝澮下至盆盎所見無非水者而山為之砥柱以一九龍山化為百千萬億

之山以一二泉水化為百千萬億之水而皆聽約束于吾復有天幸又得百千萬億干霄合抱之木高出于園内外隣家不自有吾併得而有之虯盤鳳翥于山水之間而後吾園益為增勝若以屋論奚足最哉夫屋宇成于人者也山水本于天者也吾園成于人而實本于天者也本于造化終當還之造化為語子孫當傚周顒王珣故事身死之後捨為佛刹聽其自興自敗自增自減自久自暫汝不得而有之必欲有之將必不能有而為強有力者負之走矣○華淑記畧○第二泉折而南至春申澗第一曲愚公别墅在焉入門數折為天均堂小山前帶清池

後濛喬柯千尺與海棠梅杏之屬點綴青苔白石間天然大雅
堂左脩廊一曲題曰茂林脩竹廊盡登假山過石公墮履處得
塔照亭〻界西山間大塊一碧過亭穿絳雪撩入葯房黄房瘦
影榭始青閣幽香美靚類閨閣間物度廣墀臨流面山爲菩提
場中有畏佳樓九蓮臺七徵齋六通樞皆奉大士居名衲具有
幡幢纓絡鐘皷唄鐸軍持蓮漏之屬又儼然一旃檀林也場前
方塘畝許小亭臨澗額曰濺〻泉流衝决此其始波云復由塔
照亭出匏葉廊爲玉垛亭折而東疊石爲橋跨橋爲屋從橋直
下沿水長堤叢篁夾岸迤邐至青羊野山中大松五百年化爲

青羊槎枒老木或遶當其候耶俯青羊野爲坐飛臺〻畔一屋
撐峙于寒泉石壁間仍下臺穿堤過橋入小門爲石語齋上爲
仙的樓〻後爲蕉鹿齋爲膏夏堂植牡丹百本可使雒陽失色
自此至語花簃層纍登四照閣亭臺沿沚林烟嵐霭一望盡收
折而下爲金薤堂歷覽畫廊爲蔚藍堂愚公每挾青衣于此度
曲香塵響礫人〻絶唱稽公去後廣陵散絶矣烟鬟洞長廊落
落潛遹谷之内花崇樓數楹玉鏁金鋪別有洞天福地晚粧望
幸又不知幾何年矣樓前通隱堂則爲谷中之廳事自此遂達
前巷朱樓對映左曰秀嶂街右曰名泉里

廸光自題十首○小結衡檐抗玉岑不風羣木舞蕭森碧通蘭
若香厨水繇借瞿曇寶對陰未許移山多幻術能于抱甕息機
心殘生丘壑容吾長背向金門問陸沉○半畝山椒護草棃亭
臺長傍化城開無多泉石勞商畧薄有烟霞費剪裁梵落池邉
羣鳥集月明林下一僧來鑑湖大荷 君王力敢謂清時肯棄
材○買得菟裘已十年蝎來歸隱共周旋爲山直割雲頭石鑿
沼頻偷地底泉清梵自天投寶篆疎鐘挾雨答朱絃生平不少
餓眉妒剩有烟霞與作緣○咫尺無煩能濟勝廻旋或可副探
奇虗堂集客雲先到寄對歳人月一窺歷〻文魚唧藻荇飛〻

翠羽蠲罘罳昔年堁壤今丹壑莫是山川亦有時○僻性頗能
甘蘖落禅心曾不厭冥搜繁花巧映芙蓉褥倒景低懸翡翠鈎
几上蒼峰如彩筆樽前紅蕚當青油少文生計吾今似從此無
勞汗漫遊○由來丘壑本吾曹力薄爲園意轉豪户鑿山扉開
百面池拖水練有千條花心點〻鏤寒玉松鬣時〻鼓怒濤未
老糟丘先已築馬蹄應羨酒人高○東陵原是種瓜人歸卧林
丘習隱淪硯礧爲山不辨假宮商奏水却爲真當寫雲對工舒
態别嶼烟蘿畫獻嚬若使飛花開爛熳可能容易問迷津○課
鳥栽花亦太難経時鞅掌未堪觀窮梭岸峉懸爲屋細引簾纖

漏作滿僧夵鍵關呼枕簟客來煮石作盤餐山溪雲物真堪老肯使鷗盟一日寒◯幽棲轟得性逾偏懶去婆娑逐少年坐擁群峯如玉女別開一壑置金仙奇葩刺眼驕羅袂落葉投人妒錦箋衹是山厨供具薄還須料理太湖田◯巧從磴道設層樓百疊青蔥掌上收倚緞儘饒緑對蔭浮觴直取絳河流數株楊柳陶元亮滿壁滄州顧虎頭但得一丘能送日何煩金谷較千秋◯安紹芳名園欣負郭曲沼引滄浪脩竹連僧寺青山接女墻穿雲無俗轍載月有歸航柳學陶公逕花疑華子岡鶯啼過壇院魚樂縱濠梁翰墨書千卷蒹葭水一方高名標藝苑清梦

謝岩廊醉狎鸕鷀杓閒栽薜荔裳閑門同泄柳環堵即庚桑人境藏真隱天游類醒狂短笻能自涉遮莫傲羲皇◯王思任圖嶂遶迴廊佳泉直灌房池荷弄珠雨石竹點丹霜人面化寒玉客衣生暗香歌呼山鳥恠飛處隙蒼蒼◯名園得山水況是惠山泉萬緑團聲色丹青借醉眠鶴行松雨後猿嘯石風前一局鐘殘後山家更似禪◯不知何處緑相逼入樓臺欺石迎溪舞魚花撥雨開墮杯俱翠嶂浸席是玫苔徑造吾家事還當日日來◯選勝能通理為園巧得情洞房栽碧曲檐閣度紅輕入客無歸路逢佳有定名吾鄉勞應接于此又經行◯層陰以我黃

冠謝馬蹄逢君白帢坐梁溪千村橫禛通迴浦萬柳笙簧夾大堤隱去人情應莫妒悟來物理總堪齊携家原有山中約好傍漁竿野水西◯鍾惺青衿稱弟子白首拜吾師隔歲雖相見登庭亦太遲烟霞身羽翼松菊地威儀鶴引舟尋勝花因客展期選聲窮靜理結搆換清思泉響寒無着山情月所私遊栖非偶爾緣頗我先之福德衡門在頻來自有時◯再過錫山訪鄒彥吉◯歸帆猶帶別時霜道路無多計日長遊盡未殘山壑影到遲堪待潤梅香念予寒夜舟何處對此良朋水一方但記去來皆見月中間陰霽亦相忘◯譚元春重過山園冬深與春晚兩

度見枯榮記得前年到冰霜非此情重來青不隔久坐翠如輕駘背人天供鷗心主客并肉絲留運數皆石厚聰明步緩稜山氣廊迴通水聲一堂堪數日後谷可前楹雨去潤彌有烟銷壇始生空冥迷舊鶴杳靄長初鷽載此高深往知無幽獨鶩◯華淑一曲修廊一畫闌亭池婉孌着人歡于中別有幽遐色心口相尋欲說難◯永積和俯仰與衰勸倚闌干中何地着悲懽顯珣已事無煩囑羞語兒孫創業難

寄暢園

山川風月本無常主二百餘年不更二姓子孫世守莫有秦園若者園在惠山寺左古鳳谷行窩也爲僧房二一曰南隱一曰漚寓元僧天然明僧衜瑨分居之古木喬松合圍者以數百計後有案撽周文襄公行部至寺以左缺青龍聚土石補之正德中秦端敏公併而爲園越六十年一轉屬方伯再轉屬中丞大費剪裁更名寄暢雖幽香美秒不敵鄖園而蒼涼廓落不以一亭一榭爲奇高深之致殆欲過之今析而爲四子孫世守莫有秦園若者

王穉登記畧○寄暢園秦中丞舜峰公別墅也環惠山而園皆以泉勝得泉之多少與取泉之工拙園由此甲乙公園得泉多而取泉又工故其勝遂出諸園上公既罷楚開府歸日夕徜徉于此經營位置凡幾易伏臘而後成署曰寄暢々者用王內史詩云折而東爲扉曰清響々孟襄陽詩竹露滴清響扉之內皆營也下爲大陂可十畝雀舫蛉舸往來柳烟桃雨間爛若繡繢故名錦滙惠泉支流所注也長廊臨池曰清蘌々盡處爲梁屋其上曰知魚檻循橋而南復爲廊長倍清蘌古籐壽木蔭之名鬱盤廊接書齋所向清曠白雲青靄乍隱乍出齋故題霞蔚也廊東向得月最早爲先月榭其東南重屋三層浮出林杪名凌虛閣水瞰画漿陸覧綵輿舞裙歌扇無不盡納閣之南石梁跨澗曰卧雲堂右通小樓々下池一泓即惠山寺門阿耨水登之可發寺中遊人曰鄰梵々由北長松丼々數對離立箕踞室面之王中允絶句詩也傍爲含真齋階下一松亭々孤映出含真地坡陀壘石而上爲高棟曰鶴巢亦中允詩語閣東曰栖玄堂前層石爲臺種牡丹數十本紅紫爛然如金谷何必錦繡步障哉堂北地隆然如丘曰爽臺々下泉自石隙瀉沿中聲淙々中琴瑟臨以屋曰小憩拾級而上亭翼然峭蒨青葱間者爲懸淙

引懸淙之流甃爲曲澗茂林秀石含霧出雲澗水奔赴錦滙曰飛泉若出峽春流盤渦飛沫而後汪然停然矣飛泉之游曲梁卧波面如螮蝀蜺以趣涵碧亭々在水中央也涵碧之西樓巋然隱清樾中曰環翠此則園之高臺曲池長廊複室美石嘉樹歷々在掌而園之勝畢矣大要兹園之勝在背山臨流其最在泉次石次竹木花藥果蔬又次堂榭樓亭池蘌而淙而澗而水而滙則得泉之多而工于取泉者也夫園之麗兹山者不知凡幾如昔平泉金谷亦傳舍逆旅若耳且也主人鞅纓馳轂勤勞王事終其身不一窺更幾十年然後歸々而龍鍾以老濟勝

無具不又邯鄲華胥之夢且幻與秦之先自五先生迄今詩書
軒冕桐蟬聯由端敏而方伯而中丞園之主雖三易然不易秦
也秦不易即主不易客有謂中丞雄才大畧又富於春秋不登
三事九列徒令雲卧一丘跳泉藝石即縣官奚賴焉予謝客曰
子言在用世非寄暢之旨也姑置勿論○屠隆記畧○梁溪秦
舜峯中丞解楚鎮歸治園惠山之麓名曰寄暢古木輪囷離奇
計數百十章長松偃蓋作虬龍攫舞埶有泉從惠山淙淙淲淲
注為清渠日夜流不涸小水澄泓分為細澗並涓潔可愛大池
一望浩淼上為飛梁蜿蜒曲折朱闌畫楯下映綠波緣堤行草

封蒙茸閑至水窮山盡處謂無復通道忽折而別開一徑景物
儼然園中位置大都峩然奇拔者為峯巒窅然深靚者為巖洞
翳然蓊蒨者為林樾鬱然蒼莽者為田野森然秀媚者為花竹
軒然華敞者為堂皇翼然竦峙者為樓榭杖屨所之無乎不具
總之都雅不俗曲折有致非胸有丘壑趣合幽人者不能辦若
數百年古木上參層霄下蔭數畝雖有神力不能猝致茲園之
勝得之天者什七成之人者什三蓋中丞具經濟才未究大用
小用之而為園宜其勝哉雖然衛尉金谷轉盼而化為荒烟蔓
草平泉剎那而鞠為茂草成住壞空即世界亦不能逃刼運何

況茲園中丞名之曰寄暢固遽廬視之矣至若履道之于香山
迂叟之于獨樂當年如寄更千古而猶新則亦以人重耳中丞
以園為寄茲園又以中丞而留安知所為寄者非即所為不朽
者哉○華淑記畧○一曰栖玄堂庭際空曠桂聚欝欝成林折
而右度長廊坐脩檐桃花片片逐溪流紅膩香殘尤為絕勝一
曰環碧樓命名近俗選地最佳空場漫引疊石成坡橫斜上下
荒荒落落山中林木古茂惟此與坐飛臺各不相下登樓置身
萬綠中雪滿山中月明林下無非佳境池中央結一小亭楪甚
一曰卧雲堂前后層軒可容數十席堂前奇森一為粵東名種

携歸時寸莛耳今已合抱旁置小閣三楹牓曰天香桂枝叢叢
皆高出閣上入門更有高閣作干霄埶望河塘遊人歷歷可數
然市囂聒耳不足多也一曰蒼雪亭以梅勝花落時飛瓔屑玉
飄拂墻外有餘香其內石逕欹斜小池清映落落虬松亦數百
年物亭臨寺門大道可借選佛場作遊戲禪曲而進為齋者二
則入空山古院不復知人間塵艷為何地矣
茅坤初尋迦葉地併過仲長園花露午猶泫蘿烟秋可捫不須
金谷嚴疑入武陵源迷路那從問山禽疑解言○江南佳麗地
幻石與雕梁獨愛茲園勝偏多埜趣長洞花迷日月巖森雜隋

唐寄語陶元亮無憐三徑荒○席擁尚書履林分帝梵家軒楹
半祇蘇笙吹入空花綰帶烟蘿影露衣水木華歸從虎溪路三
笑出飛霞○王世貞日氣初高霧色降青山纍歷映舡艌故人
且繫青絲笮邀我同傾白玉缸分得甘泉名第二教成新伎字
無雙歸來鼓吹應須緩莫使花門吠小龐○王世懋卜築誰令
勝地專錦屏清境落樽前垣扉借緑時時竹石洽分甘處處泉
欲雨花枝當客醉半晴山色耐人憐亦知丘壑原吾分記取乘
春更酒船○施策入徑蕭蕭萬竹叢迴廊宛轉遍禪宮巖間翠
靄當樓合池上清流隔澗通桂發天香侵席畔花明秋色滿庭

中○玄栖處處供幽賞暝入烟蘿興未窮○屠隆一逕長林狎鹿
麋翛然心與逸民齊溪邊碧柳藏新艇石上青苔蝕舊題絃入
清秋銀甲冷歌殘子夜玉河低風流千載端明後綵筆連蜷落
紫蜺○王穉登十畝清池在澗濱泉聲濺濺石粼粼山當錫盡
仍名錫松是秦封却姓秦墻隔白雲鄰古寺樓藏緑蘚見遊人
崎嶇世路何須問且臥巖阿作隱淪○俞安期亭館高低置橋
梁屈曲懸庭移驅海石堦遶出山泉扶杖行多卧携杯坐屢遷
醉鄉封足老何慕汶陽田○高攀龍春風靄然至令我思山中
選勝入名園幽情浩無窮迴廊南北遶阿閣東西通曲池瀉清

泉高岡面崇峰閒閒脩竹裊寂寂桃花叢依依和烟柳謖謖含
風松不以茂對意安見造化工微吟展孤興小酌發清容憒然
四體放澹爾萬象空不知賞心者誰與此時同○安希范穿垣
通緑野拓境亘青岑宛轉繁花徑參差嘉樹林曲房容晏息高
閣快登臨杖屨平生獨茲園獨賞心○安紹芳脩竹帶朱闌穿
蘿幾鬱盤鑿扉通沆瀣種石漱潺湲鶴舞迎人醉鶯啼佐客懽
怪來香不斷芳樹盡旃檀○又烟霞人境遠蘚色曲房侵小鳥
穿花容游魚戲藻深泉飛寒翡碧松落曉窗陰世慮都無染翛
令厭足音○鄒迪光刻檻從苔印脩廊帶竹懸不風羣木舞未

暖百花燃啼鳥當調曲流泉代鼓絃烹葵饒客賞長嘯石厨煙
○先伯純一傑閣層巖貯景寬探奇蘿磴鬱千盤静將鶴唳調
泉響遥挹山容雜蘚看歛歛吞朝春欲暝陰陰竹氣晝生寒不
須酒榖依金谷小社新詩若轉丸○華淑古木陰森逕長宵
然雲水結空凉橫斜散落皆成致不受人間脂粉香○永積和
百年佳氣獨靈長更愛深秋納晚凉幾度主人延醉客正逢山
桂散天香恒園主公安每遇桂香布席于天香小閣

擘秀閣

一閣名甚今亦惟一閣僅存在荒榛灌莽中然風景清幽諸園自莫能及

王世貞記畧○故光禄署丞黄公撝壽八十餘搆園既四十年矣入門物色皆蒼莽可憐行百武得旁竇穿之廣除豁然一堂不甚高頗宏敞後枕方池池後一樓啓窗倚户西山故無恙也下樓由廊得一扉有亭有榭流水穿石脩竹瀰漫喬木數十章古而奇啼鴉争其杪亦成嫵媚予至是凡三堂後方池蘦蓄金魚數百頭大者可尺許令稱鳥有先生矣將無無情者壽而有

情者否耶○華淑記畧○擘秀閣四面洞達下臨清池開窓四望聳者為巒蔵者為塢錯者為疇曠者為埜赭者為刹堊者為屋壘者為蘇矗者為塲平者為莽斷者為徑蒼蒼宵宵一覽無遺閣外踈林野水叢桂青青别有精舍數重為主人内苑遊跡罕至隱秀廻巖厲寒灼暑皆所不受雖舟車騈集之地㴱而問者不𣪍𣪍焉嵎峙于山泉閒凌秦駕鄙可矣

王世貞三過黄園興轉新為貪幽景豈關人蒼苔印屐尤堪賞古樹啼鴉也不嗔自有真山當北牖任他流水入西隣翻驕履道林中竹總好還沾京雒塵○華察愛君幽息處徑遠薜蘿深開椒山當户入溪花滿林庭閒時走鹿谷静晝鳴禽萬慮都忘盡惟餘好客心○董其昌烟景駐征騎晴林踏落花因聽緑水曲忽到赤松家魚鳥向人近樓臺倚郭斜更携餘興在絲管隔窓紗○華淑香翠低迷一徑開風音徐引入樓臺林深止許烟霞占片片青山吹幕來○永積和獨喜芳園西錫開尚邀山色上危臺蒼莎古道烟如織別有寒泉繞澗來

栖隱園

舟行抵寶善橋登岸有溪山第一樓栖隱園在焉不園于山園于水涯不園于幽深與僻園于孔道亦自另闢一境舊係貫觀察應璧手刱秦户部堈得之重加潤色

華淑記畧○凡園皆近惠山此獨全面錫山入門即溪山樓橫臨大道畫舫香車綺紈歌吹咄咄逼人養和堂名近俗然庭甚疏落迤西為皆春堂曲籬短亭梅花遍揷不减孤山家玉蘭西府尤能壓倒衆芳最後珠翻館石冷苔深別有天地環翠閣遙望平疇東作西成無非妙境不獨山光入户煙霞接席也

秦堈十景詩○疏重樓臺人與山俱画裏陰晴朝暮間與山俱卧起右溪山樓寂寂疎籬下寒林別有春幸存清白舊尚是種梅人右皆春堂結茆近百年堂猶昔時好留取舊春風聊當曾氏粟右香雪林頌橘知何意當因蘭臭真軒名聊託物賦敢望靈均右嘉森軒細想入林人林樾有深趣穎借前人詩媿勝前人句右深樾堂曲折無多地偶此成獨往冷然不染心便作攀荷想右珠翻館日日對青山青山看不足田父有好懷去望平疇綠右青未了亭嘗教水脉通不放山根絕一室小于巢恰補墻東缺右澗室名取酈生註山川若綺分正思搔首問青天多白雲右綺望臺繞廬碧一灣濯纓者誰子望

望青山近桃花自流水右濂碧廊○溪山第一樓落成之夕為癸未中秋適值孫太史建坊宴郡侯于其上華汝礪即席二首○佳節高樓亦快哉誰人不羨錦筵開雙旌並借天風引丹桂遥應月殿來水抱九龍浮瑞色人當一代見雄才使君多少風流意此夜何妨倚醉回○又城北樓開四望驚況逢佳宴落新成千峯雲外天如洗萬里秋中月倍明共指文星輝此夜誰當雁塔並高名地因人傑由來語矯首南天劍氣橫○華淑入徑蒼陰覆一堦雲峯結嶂半邊遮閒園不受遊人賞漠漠空香護小齋○永積和高樓層疊接重堦幾扇香塵不用遮日暮歌鐘歸遠

岫○夜深無語對空齋○

忍草菴　石浪菴　善住菴

游觀勝地有名剎無名僧惠錫兩山雖擅名宇內而游踪亍亍半雜市囂于是栖玄躭寂之徒反太之而後快然即山結菴即喧成寂正不乏人一為忍草庵在章家塢之山腰行石徑里許古塚纍纍得平坦地數十丈初止茆屋數椽頖夔州與沐捐貲拓之山門閴寂靜室清涼虬松謖謖不風自濤一為石浪菴在錫山之半數巨石嶔空溢湧不風自浪菴適結其上面西南啓牕眺五湖清廣二溪烟波駘蕩晴雨皆宜一為善住菴在蓬萊閣右閣廢已久菴僧雲澈竊其緒餘緣澗誅茅頓成小剎庚寅

秋講師讀徹寓庵率弟子數人與顧景行諸少年分題限韻有詩成集曰過溪唱和亦近日深山中一則佳話也

黃家舒忍草菴募置齋田疏畧○九龍諸梵剎皆列峙爭疇秀嶂閒惟忍草菴僻處孤峰從荒畦宿莽中攀蘿蹭磴十步九曲如行羊腸鳥道敝廬數椽齋廚清寂庵僧傍石壁栽野栗植籬豆收其實纍纍縛置梁間或瓶粟告竭溪霖積雪炊烟不繼則取琉璃火汲水煮食聊以療飢予每聞其事有橫肩不頓之歎不數年雕甍蓮座莊嚴備具蓋顧夔州實捐貲呂建鳩材督工則慧白上人力居多菴成延象化大師駐錫焉嗣是瓢衲望風而珠桂告匱慧白因以募緣置產請昔外道欲障如來謂瞿曇所愛者清泉流水當先塞之或疑浮屠不三宿桑下懼有繫心豈復作泉石膏肓烟霞錮疾是不然楞嚴經言汝脩三昧期出塵勞夫生死生于繫戀繫戀起于塵勞使震旦衆生視隨地以後一切因緣皆如溪聲對色之有無潭影山光之起滅豈復有自纏自縛者然則金仙氏正以泉石烟霞為繫戀作對治耳世無脂車秣馬之巢由無酒肉肆中之嵇阮李杜又豈有不愛泉石烟霞之大菩薩阿羅漢乎此庵懸崖峭立磵瀑寒淙俯出户外遥林遠岫憑高歷歷鳥語松風時相響荅絕無市喧俗籟溷

六時鐘磬聲且徑險途迂明妝炫服香輪寶馬不一至焉其為青眸紺髮所棲止梵衣仙帶所往來無疑也誰謂伊蒲非龍宮之供香積非旃檀之林哉幸同喜捨無負勝緣

僧讀徹忍草菴社集得六魚○霜葉流紅磵水初跏趺忍草即吾廬中原七子非無後（時得居士七人）顧氏三龍正始餘風雨欲來爭鬬句鬼神如助卒成書老僧未解傳詩鉢靜夜惟聞打木魚○顧熿得十三元○竟日山風過斷垣細蔬新茗話朝元林閒梵靜天音下谷裏鐘鳴地勢尊向座展衣呈雪色遶廊吟屐印苔痕懸知此集乾坤少握手臨岐敢一言○顧埜得一東○一嶺

寒雲亂木中梵聲時出古溪東石盤厚地宜眠豹松入蒼天欲
化龍白杜見招同靖節青燈無寐對支公最思清話難忘夜又
是霜頹映翠紅〇顧娗得入齋〇詩卷傳心秪自携時招法侶
共幽樓嘗前古檜千年立偶放跡鐘一径齋客逐雨風來郭北
地偏山水積城西嶙溪入夜寒泉急不盡殘流下隔溪〇華長
發得十四寒〇穿雲遠待禮蒲團支許清言各覓端放茫松堂
千澗寂吟詩山寺一燈寒空床共息殘更夢虛枕能聞靜夜湍
法侶淹留談徹曉輕霞對杪雨餘看
讀徹石浪菴〇我來恰是重陽過登眺同人屬後先怪石無風

錫山景物畧　忍草等庵　十九　四卷

偏作浪枯泉不雨欲生烟埽堦木葉供茶竈縮地芭蕉種研田
僧老不知朝代異坐臨衆壑下窺天〇邵大棟訪僧占嶼不遇
〇松濤扶我最高峰蒼色深中訪遠公無分應門惟怪石有言
留句在踈桐鐘號柏葉空堂翠犬嗽飛花隔㵎紅獨下虎溪誰
解笑暗泉聲晚月明東
讀徹善住菴答寄〇勝友來同社茶烟共一村諸生猶是魯雲
子愧非盟峯遠伸頭點溪長吐舌存老僧無法說兀兀坐忘言
〇寂明和嘉客勞相顧淹留竟暮村竹爐聽轉細石榻坐來溫
移棹山隨去驚秋雁過存豁頭重笑別今古共名言

[illegible]菴院僧寮亭榭

惠山原志云僧之有寮即巨刹率在殿廡後未有左右林立如
茲寺者游客非數日不能偏歷今則一望無餘即如聽松菴碧
山社亦求之荒烟蔓草不可復識何況其他題咏尚存姑錄什
之一二

鑑玄影堂

唐李紳香燈寂寞網塵中煩惱身銷色界空龍鉢已傾無法雨
虎床猶在有悲風定心池上雙漚沒招手巖頭夢幻通深夜月
明松子落儼然說法待生公

錫山景物畧　[illegible]菴　二十　四卷

昌師院

唐賈羣深庭芳草濃曉井山泉溢林靄亂泥烟石潤侵經室幽
巖鳥飛靜晴嶺雲歸容壁蘚凝蒼華竹陰漏晴日生期半宵夢
憂緒仍非一若無高世心安能此中畢

諫師竹軒

宋袁植子猷喜種竹太白喜乘月俛仰雲泥間勝事俱清絕况
乃吾廬幽風烟浩一丘竹虛能受月華白月白能牽竹翠浮不
應玉壘李太白長對山陰王子猷來携花下一壺酒已登殘夜
水明樓入閒好景四難并無如月下春琅玕影摇金鎖碎光動

劍芒寒魂醒耿不寐。哦詩坐長嘆。

禪悅院

禪悅院又名三塔菴，自宋紹興焰禪師開𣸸，歷元祇明，凡三百餘年，廢而復興者再。一曰宋咸淳二年，澗禪師重建靈山殿，前塑世尊，後塑大士，旁塑二十諸天、十八阿羅漢，緣以周垣，松竹蔚然。至元至正二十一年，僧知裕增建天王殿，翼以兩廊，加塑羅漢五百尊，又建真武、伽藍二殿，開法堂，置藏經，僧寮數十間，庖湢皆備，又能尊奉戒律，課誦以時，不少懈。自照禪師以逮徹空，凡十餘傳，燈燈相續，佛日增輝。徹空寂後，潮音不可復振，鞠為茂草矣。萬曆中，鄒迪光脩復之，重搆甄叔迦堂、橋池竹木，漸次改觀。迪光歿，又廢，惟二塔尚存。

元倪瓚和柯博士原韵。佛生七佛後，乃知青出藍。寒月留孤光，世人徒指談。嗟予墮狙網，朝暮逐四三。悲嘆明鏡塵，何由息禪龕。莫止小院春風送我來，落梅香裏重徘徊。菜畦黃動浮塵起，泉脉清分古澗廻。舊墨幾堪留卷冊，薄雲如解覬亭臺。相携無復當年侶，野思閒情揔自栽。華淑名猶三塔古，空綠點莓苔。步石踏花影，尋鐘到佛臺。小橋看馬渡，孤犢抱雲來。一鑿因秋瘦，離離夕照開。

柚雲庵

李戣。舊種閒雲足自怡，溶溶曳曳共柚遲。陰籠法座千花片，影壓祇林萬玉枝。紙帳自驚眠覺後，衲衣寒怯定回時。由來此是無心物，只合長年伴阿師。又一片閒雲懶作霖，悠悠偏契老禪心。袈裟掛影晴猶濕，篤傳熏爐氣自陰。出岫不隨飛錫遠，護關常自住山深。我來欲借禪床坐，咫尺西岩杳莫尋。

翠蘿亭

宋韓正彥。寺藏山腹裏，亭枕寺山腰。地據三吳勝，門迎九隴朝。烟霞沾客袖，日月轉林梢。我愛登臨晚，更深倚畫橈。楊傑。聞說支公最好賢，瀛洲可買不論錢。樓臺蔽日都無地，草木藏春別有天。石上雲翻千峽雨，洞中泉落幾家田。高閒誰似幽居樂，一坐青山不問年。丁寶臣。諦看軒軒面翠微，暫來登此已忘機。地連佛寺樓臺古，泉落山田稻蟹肥。曉逐忽穿清氣入，夜舡多載白雲歸。世人難識紅塵外，終老功名未拂衣。僧仲殊。素虬盤曲走靈泉，槲葉塗紅作畫舡。繡轉玉繩光影旋，金杯啣鏡酒痕圓。篆形綵筆方傳世，星落光纏忽下天。遠想觴蟠殊未若，小圖河曲宛依然。縷浮松釀環雲際，不動蘭橈到席邊。上巳沾恩非此日，山陰盛事擅多年。從誰未省向尊俎，屢舞何常議聖

賢翰墨主人塵心獨步雙鵝還復降飛仙　錢公輔呈焦千之
曩時曾作家山遊亭有翠蘿排新幽蹊軒客牖竹戞戞烈風勁
雨松颼颼呀然出戶瞰山足屹然數竿圍上頭埽除雲峯聳客
步煎煮錫水供茶甌我時既合衆賓飲兀岸山幘心遲留山僧
頎我丐詩榜詩未脫吻驚旋輈四方環走倏已晚十載負約今
方覊珎藍增慕想勝藹我已白首縻藩州何當一賦歸去來再
款巖室窮披搜吾宗道人正嘉遯擺脫世上無窮憂欣逢主人
賢且令泉石笑傲都相求上人洒埽莫暫閑行行逆我西來舟
焦千之和余愛茲山昔屢遊田還氣象冷清幽茂林蓊鬱山

巖翠宴坐瀟洒風颼颼客韈積蘚逆泉眼飛翬比翼參雲頭遶
邊誰聞青步障客來共泛紫玉甌每思乘興好獨往塵纓未濯
莫我留勝遊未到心先厭健步歷覧氣挾輈生平趣向與時背
泉石夙志畧已酬玆山獨以泉品貴乃得嘉名傳九州譬人其
中貴有物源深混混難窮搜支公去處久愈愛惠我佳句忘百
憂忽棠遠寄煮巖壑而我方欲千里求頎公早見疑蛇解急詔
當應易剡舟

秀峯軒

朱焦千之可憐均是山中寺惟有幽軒對此山雲擁秀峰來戶

外烟和濃翠入窓間廻環似覺天形曲登眺應疑地勢慳他景
縱能窮目力爭如蹤靜養蹤閒

濕雲亭　為邵文莊公政勑

黃鶴尋山偶到惠山隈山勢崢嶸曙色開雲氣濕衣看不定水
聲入座聽還來鳥窺茶竈緣僧鉢風定寒潭上酒杯愧我未能
忘俗慮聊將纓冕濯塵埃　李鶴鳴桑葉聲乾欲午天濕雲亭
畔味寒泉漫將梵宇尋奇跡偶得詩僧似夙緣揮麈坐移松日
影懸燈思共虎溪禪放舟又逐東風去回首霜林空暮烟

知徵山房

知徵俗姓陳名圓顯號卧雲與邵文莊公游更字曰知徵子幼
慧不茹葷不踐蟲蟻父母異焉祝髮于南隱房為元為弟子戒
行精勤博通梵典兼工詩曉論孟大義走京師領檄住持惠山
歷五年即謝事纂惠山志二十卷八十餘坐化邵文莊公為作
塔銘

邵寶今兩山中未煮茶僧房岑寂閑梅花雲心逐我俱無跡草
色逢春漸有涯林逕幾時松葉滿洞門何處竹枝斜野人持贈
青藜杖欲向吟詩社裏誇　王召支公蘭若草堂隈儒教禪心
兩不猜石室月明僧入定杏壇松老鶴飛回堦侵草色承遊展

砌遶花香撲茗杯流水夕陽船更急漫思入世總堪哀

擁翠軒

楊璿 徑曲烟深杳欲迷絕勝杜老浣花溪一庭涼吹雨新霽半榻清風月未西直造不妨詩茗伴長吟慣見鳳凰栖何時乘興常來此拂拭琅玕畫舊題

天池山房僧曇璘刱

王問 落日虛堂過雨聲自依禪誦學無生君來莫說人間事總是瞿曇法外情

棲雲山房僧德惠刱

顧可久 到來別是一壺天小閣巋然倚石懸茶竈竹牀堪共話泉聲恍落白雲邊○王問 春晴出門本林花亦以繁移舟泊烟岸步屧至空門日暮向東院歸鳥寂不喧自得澗中意勿與山僧言

林泉山房僧普華刱

秦[redacted]自入山中住翛然物外羣蘿龕僧飯合藜火佛燈分閉戶深寒木開窗帶濕雲時因意到處一誦太玄文○又 山家塵事少坐久思彌清獨森藏林暗流泉映篠明草多添藥品鳥怪勸禽經欲就山栖志文章不敢聲

山麓廢園

李文叔記雒陽名園一十有九亦與平泉金谷等塵土矣錫山之半有園焉初于楊侶琴氏名曰淺林時有儒童王子行十二歲能詩曰半畝楊雄宅蒼蒼蹟易尋路緣芳草入門掩落花深更以寂莫景對君恬澹心何人可同調丘內有鳴琴一時膾炙人口今并無跡可尋矣他如鳳谷行窩龍泉精舍既易新主即掩舊題者何可勝數偶據睹聞所及錄一二焉

一曰惠麓小隱當九峯之陽介錫惠兩山間為元信州錄事孟潼歸隱地至正丙午燬于盜越己未潼子圭一脩復之建復本

堂奉先祀主一有記內稱茂林脩竹清泉蔥之山可撫圖可翫曾命何東溪寫圖以寓心目之勝題詠盈卷○元倪瓚 錫麓洞前開竹廓孟公舊築草堂基已倩王維圖別業○更邀裴迪賦新詩○葛明 汴水堤邊楊柳花東風吹滿五侯家繁華一去江南遠夢覺春山自煮茶

一曰冠龍山居為尤叔埜茂先別墅中搆堂五楹仍取文簡公舊額榜曰遂初茂苑文嘉書堂左有精舍後有傑閣鼎石為門喬松數十株皆百年物背高峯面平野巨壁攢青泉流界白右宜夏日崑山俞允文為之記

王世貞我昔遊茲山探酈酌春月空色眉宇明清芬齒間殘蒼虬舞月〻未殘青鸞嘯風〻欲搏白雲洗盡太湖出人烟萬井梁溪寒此圖此記為誰作蕭瑟嵯峩眼中過彷彿如聞梁父吟君不見九龍山深一龍卧

一曰松苓泉為盛司冦顒别墅內有賜閒堂氷壑軒秋風亭秋風黍墅王文恪公為之記

莫止松根引細泉埽棄喜頻煎佳茗甕瓶貯先齋繡佛前施閭松苓久已屬雲泉今日攜鑪試一煎法盡遺經三卷內興追石鼎百年前路尋陽羨春方好吟苦秋亭夜不眠一任豪華都

埽太清風高致自天全

一曰惠巖小築為顧榮僖公可學别墅榮僖係嚴分宜同榜由工部出為參藩性好燕遊不治事乃罷官歸優游林下者三十年然與分宜深相結納 世廟末年脩長年術由閒道進驛召入都寵待甚渥不三年加宫保賜賚動以數十萬計年七十九予告歸卒于家賜歷祭諡榮僖隆慶登極始削奪園在廟巷內舉趾即可登山

錢百川峯巒重叠水瀠洄一徑苔深一徑莓我不到門公莫訝他時當共異人来戴冠惠顧千峯轉悠〻春望睽天廻湖外

草日動寺前花拄杖石林迴移尊松逕斜雲中下雞犬咫尺是仙家

一曰近山園為陳方伯别墅

秦夔和方伯原咏得歸泉石荷天恩小築偏依山下村紫栗黃柑收地賦白魚青筍薦盤飧屏風面〻山圍座鐘磬泠〻寺遶門我亦休官林下住不妨來往共清樽

一曰菊花莊為吳憲副學别墅園極宏敞菊最盛

邵寶東籬千古意今在野橋東乘興者何客忘機有此翁閔河雄鎮後風雨醉吟中吾亦開吾徑秋來得幾叢

一曰埜翁園為施封翁别墅翁名廉字彥清號北野博學能詩兼通醫善起危疾名聞京師召入太醫院固辭歸好山水築園山下建環翠堂瀑野翁泉亭臺竹木極一時之勝

秦夔珠簾清簟淨無塵如此高齋亦可人痴絕龍丘老居士千金浪欲買比鄰邵寶相逢館下屢賓陪卷有新詩喜我開髫未及年髫似雪眼將入道碧于苔良工心苦春妝藥佳客盟寒晚折梅酒罷題詩脩竹上隣僧猶待野翁來施閭野翁泉先翁手鑿此山泉累茗時來對客煎惟度自能超物外清風端不愧盧前慣招仙子攜鑪試遠避狂夫枕麴眠一脉涓〻流不

息○百年期得令名全○李廉和山瓢新汲野翁泉搘石澄來信手煎詩侶一時皆出右茶仙六事更無前乘風北野先歸去抱被西巖暫借眠荼得相如消渴病暮年水遞賴君全○倪祚和野翁仙化有遺泉更愛郎君事茗煎急瀉石池聲不息淨通松㲉味如前風簾半捲僧同聽雲榻長依鶴伴眠近說秋亭能品試茶經一卷擬妝全○潘篋和賜閒亭北野翁泉翁去泉存尚可煎栗粒焙來榆火裏乳花流出石巖前駭生海眼魚將躍愛聽松濤鶴不眠故事又添桑苧後重翻茶辨法能全

一曰水北園屬龔處士時亭假山最勝中有流觴曲水無暑堂觴月樓綠蔭等軒

邵寶却對真山作假山白雲來往隔松關展從一徑委蛇處亭在雙峰掩映間地僻有人能散逸時清何物不幽閒二泉精舍長隣近日見林翁杖屨還○錢道士好事常開水北堂柳陰曲曲雨三行時來喚渡投吟社每共看山坐石牀烏角風情歸錦里黃花籬落傲柴桑咏歌半是投簪客韋布相輝錦繡裳

一曰錫谷堂為陳處士棲別墅內有西清樓風翰亭莊太史昶夏方伯寅皆有記

秦夔錫谷逶迤山水幽內有隱者之飛樓二泉烟霞半欲夕九

龍爽氣常宜秋吟邊落日動遐思望裏平湖消客愁地靈人物為呵護更約臨風來上頭

蓉湖庄

去山不二里與黄阜北塘相望者蓉湖庄也清波遶門烟深森莽入山者或一舸中流淩風驟泊或歸帆容與餘興未闌咫尺花源亟宜問渡山堂楪野林立之石詭肆錯出再得名手一撮合之直當拜殺米顛矣湖上草堂欵曲清冷步閒廊過别檻究委入紗清音閣更翛然獨遠更有木繡天花茵地亭臺池館曠室竂房整散各生鴻纖互引栖遲游冶無往不宜憑高眺望又不止山色撩人遠水帆檣横塘燈火悉爲几席間物近城名勝實無踰此

顧可久榆椰山溪環舍西芙蓉湖水遶門流清幽自識陶潛宅高曠從知謝朓樓〇又玲瓏池上清風閣窈窕溪邊明月峯七鴈釣魚咸取足揮絃覆局自從容〇孫繼皐秋原弭棹白雲涼剩石欹桐尚此堂一壑烟霏非舊主千秋風日自吾鄉芙蓉不斷青湖色薜荔曾縈錦砌香爲惜興衰人共醉可堪漁笛送殘陽〇華淑入徑幽能豁霏霏竹木陰園情删俗艷人意樂幽尋葉脆飛難下烟孤力易沉雲浮千森濕閣隱一峯深水去猶留響月來先有陰枯枝青作意獨石瘦難任清絶栖遊外寒香不可禁

碧山庄

庄在俞公橋東考二豆志嘉靖中爲猾胥高玢手𢭏王石沙解官歸以計取之其轉屬侯孝廉世芬不知在何年庄故有野致門臨流水時有野渡汎汎于青涯亂葦中廳事側軒房踈閣悠然見山堦除卉木隨意點染亦幽雅出書舍度小橋得究在軒環軒而池隔池疊石爲山夏日水面紅粧與翠荇綠波時相淩亂秋空月白桂香撲人亢堪坐卧

華淑别有陰先漠漠遮間留一榻傲烟霞暫歸廬舍翻如客久戀溪山欲作家水借亭臺生委曲人將竹石共幽遐清秋但覺

秋無際水面殘香盡落花〇鄒其鑣嘉園猶列肆炫美弋人姸兹焉如静姝退立删繁縁壽藤絡古石灌木屯蒼烟入門錯倚逐翠篠參差連中堂厰層軒洞達容盤旋欣此白玉花皎潔臨清漣主人棄苛禮往往尊廷顛一石奚足辭吾將醉聖賢花謠我亦去隔隴歸爲犍

北塘香燈

香燈他邑未有也歲二月無定日巨艦百十艘無定數乃蘇人
之之武當山進香者蠲吉啓行至北塘謂之齊幫畢集焉其來
以鳴鑼為號自南而東而北聲振林木邑人士及大家宅眷閭
聲遂空國出其燈貫索于高檣之首各紮燈架或四方或八角
空其中而懸于旁燈燈相續聯屬而下如貫珠如星橋其燈數
以人數為準每進香一人人懸一燈每舟若干人即懸若干燈
燈光入水燈燈倒映每舟懸若干燈每舟底即映若干燈懸燈
後花炮四發烟花入水亦倒映枝枝朶朶上下一色于是香船

百計看香燈之船千計香燈懸于檣頂看香燈船之燈懸于舡
窗香燈純用紙燈看香燈船之燈間以紗燈珠燈水晶羊角燈
香舡純鑼聲或木魚聲看香燈之船佐以歌聲笑語聲簫鼓聲
吹彈絲竹聲人烟如沸水面通紅至宵分始散過昆陵無北塘
大水舟不復聚燈不再懸矣香燈他邑未有也自楚中爻事聲
影寂然

孫繼皐颿玄朝侶集艨艟燈火春湖亂水蓉寶鑭熏天香息息
星橋連岸影重重遙光閃搖欺靈鷲（時又弇揄燈相望）彿睒波翻駭燭
龍鉦鼓雷喧人籲斗大江西望是篠峰

蓉湖競渡

競渡弔屈原也即用以習水戰兵法寓焉舟狹而長身首尾皆
龍形因名龍舟頂用青白布作幔樹彩旗五色繽紛乘風煒煒
旁用快槳或二十或十八十六人執一槳迴策如飛人皆亡命
各於神前設誓墮水不救然仗神力亦無墮水者歲始於四月
末旬分路操演至端陽乃齊集蓉湖往看者無大小無貴賤無
男女無鄉城水陸並發陸則沿塘擺列如堵如屏可四五層有
面無身水則自酒船以及田船互相擊撞水為不流龍舟亦擠
入各船幫致不得伸縮好事者或投鵝鴨俾之縱送以鳴得意

浮薄少年則意有別屬看龍舟其名看游女其實也歌聲鼓聲
殊欠馴雅且愈近愈穢褻計必長江大河計必百十為羣計必
用極鮮明旗幟計必縱其往來真如游龍出沒鱗爪飛動方為
奇觀五里湖儘堪舒展何見不及此而拘拘於尺幅之近哉

華淋陡狹河身但有舟映薰香粉欲酸眸中流鼓亂迷紅紫半
渡標齊樓尾頭騷飲有情懷㠯子水嬉何處辨湖州移窗忽露
空山魄遙送歌聲綠未收

永積和也逐時趨放小舟倩隨兒
女縱雙眸飄颺裙裾迷青眼閃爍旌旗感白頭湘淚有人流楚
岸帛書無雁過衡州咸彭只隔盈盈水一望江天血未收

黃阜墩

水齧而土其骨曰墩凡水當直下處不杠不梁以土節之而墩出焉墩氣所聚也邑水中有墩二西名太保北名黃阜形家言西爲地軸北爲天關天關地軸天造地設信有然者墩在寺塘涇口適踞中流設渡曰黃阜渡遊山水程必取道焉墩形圜屋則方之舊建文昌閣環翠樓水月軒垂楊掩映不即不離登閣九峯環列風帆片片時過几案閒今廢僧[redacted]因其圓而圜之繞以周廊可遡洄不可眺遠失舊觀矣

姚咨 絕僻疑無地中流突有亭天花隨雨散烟嶼隔湖青不語通虛唄因人問洞冥禪心久寂寞龍象若爲醒○談一貫 中流地不盡花木隱芳墩早暮霞光合江湖水脉分青天墮鶴影碧嶂皺龍文日晚歸舟近鐘聲送客聞○華察 秋夜送客離亭對衰柳落日送行客秋聲在孤嶼興來恣探陟臺殿澄夕陰明澄照禪室夜靜山月高潭虛映空色水鏡清道心超然垢氛滌浮雲亦何意聚散隨所適風葉逐歸蓬霜空起寒笛○施漸 長陂泛遠水片席延中流游子羈棲跡倦懷亦登樓快遊覽華月正盈秋參差鑒林莽崒嵂見山丘澄輝冪玉露垂宇若浮漚驚鴻忽浮潜墜葉隨風遒鄉山在咫刻寤嫌終夜遊

錫山景物畧　黃阜墩　三五　四卷

放生池

邑舊無放生池有之自鄒孝廉兑金始𥘉自崇禎壬申地在芙蓉塘與黃阜墩相望傍河爲堤堤內築石墻一周墻內廣植竹森中鑿大池池中石臺小橋通之建禪宇五楹安奉全藏其北別列數室以備伊蒲沐浴之用朝經暮唄月賴風帆如此因緣亦大安隱抑是池本名神池先是僅僅畝許居人蓄魚時見千萬頭泳游荇藻舉網取之則一無所得迨孝廉開濬時時當竭澤存數十小魚匿泥淖間工人竊食無不嘔泄則此池善緣種自地靈所從來久矣今憑欄熟睨見巨鱗數百出沒波間遊人競以餹餌餌之四面爭食輒拍手稱快市兒日伺其旁數千錢一刻可盡

凌世韶 記畧○人道之大無過好生若閶錫山受網罟無生池有池數畝源於芙蓉之湖當相與觀魚之樂則喚喁擲越千萬頭並見比羅而撤取之則竭淵無所得錫之人知神淵之神久矣吾友叔介鄒君於是捐貲而有池以大建利生之幢當加濬廣之則僅僅數十小鮮匿泥淖中竊歸食者皆嘔洩病絕而神池之神愈傳故助地助資助力者相接也地爲舟航所經爲之傍河爲堤周池爲墻周墻爲竹森此淨法外周也池中建禪楹

錫山景物畧　放生池　三六　四卷

奉金像及貝葉大藏其比列包涵諸室則如法內周也諸勝緣集僧伽禪德為大衆師同心集而放生以時約日香茗隨緣酒肉勿至遠魔害事也經唄朝夕兼一切人物壽慧之命而利濟之生原無生空諸滯見標舉最上宗也夫好生力仁為吾儒精微之教猥云彼氏彼氏亦知網罟犧牲後即有神人為農師戴上理者求諸草穀辨諸鹹酸而致味養萬民其流既開後聖猶欲以深仁救殺時見其不得已之心故人不自省其所安則不知一切界中賴大雄氏心性仁孝之精微大著也如此池示異以類相推碩石尚點涅槃之頭死龍尚致圖澄之雨龍井躍

呪鯉池生角與司空蘗菜金沙茶泉皆耳目近事是人誠之極致尚不足聳覺乎然世間諸異境與諸佛示現不可思議之奇特舉不足為勝異所最勝者人道之黽勉足起信正行以資解脫者為至則吾鄄君有緣起文說滿慈監了義直是善知識規物情而一一調攝之此為最勝予何言將廣其傳以正告諸有心者而已

鄄紀金偈

我觀世人 旁觀漁者 舉網得魚 生大歡喜
我觀世人 旁觀放生 縱魚入淵 生大歡喜 此歡喜心
是一非二 我行邑中 網罟遍是 若放生處 此一而已
即彼漁人 皆我佛子 轉取為放 即此歡喜 月在池中
請君認取 有一居士 至此池言 親親仁民 仁民愛物
循本及末 此非所急 我拜荅言 但得居士 即與是念
如是功德 不可思議 有一居士 至此池言 我觀池中
強且吞弱 大必噉小 安必長命 放固多事 我荅拜言
赤子入井 忍不救取 譬如途遇 老病垂死 袖有良藥
可以立起 此時急救 何暇計取 有一居士 至此池言
既欲放生 何必此池 江海溪湖 廣能容物 我拜荅言
譬如讀書 何必庠序 設庠序者 良有深意 我今放生

江海溪湖 皆從茲始 有一居士 至此池言 惟彼有罪
得此魚果 今受殺報 遼消彼罪 我拜荅言 君見圄圄
皆有罪人 何不立殺 又復恤減 魚在前生 既已有罪
則我今世 豈宜殺生 放之勝殺 其義自明 有一居士
至此池言 我聞佛法 絕無揀擇 所應放者 豈獨一魚
我拜荅言 五濁惡世 所在皆殺 惟彼慈人 現身說法
入焚救焚 入溺援溺 力量所及 絕無揀擇 有一居士
至此池言 彼放生者 何嘗不殺 放一殺十 名存實亡
我拜荅言 既云放生 自當戒殺 即使忍人 偶然放生

殺十放一　所放亦一　有一居士　至此池言　吾觀是池
宜名養魚　我拜荅言　池名養魚　是真實義　易名曰生
生原無生　其名生者　對殺成義　既無生相　云何得養
其名放者　對執成義　則是此池　原無定名　譬如居士
至此池邊　作養魚想　或有忍人　作食魚想　或作福人
作福報想　則是此池　因想成義　因義成相　因相成因
因因成果　不立義者　是名非想　亦非非想　我願世間
諸大居士　相與放生　莫作義會　高山流水　帆影嵐光
無情有情　一時解脱

華淑千帆風折亂山光岸廣橋危人影忙共道魚遊清淨海不
應水面落紅妝

錫山景物畧卷五

蠡湖野史王永積輯　男淑高 洸高仝校

璨山 附明陽觀

去惠山可二里即惠之支隴也舊傳山下有秦太虛公墓靖康閒太虛貶藤州嘗作小詞云醉卧古藤陰下杳不知南北遂為詩讖卒于藤後葬高郵墓上産紫藤一本圍盈尺事見原傳遷葬本山在政和間元末永康應純之攝州事訪得之有石碑仆榛杞中上刻建炎四年追贈龍圖學士告碑陰刻黄山谷送秦少章詩今秦氏子孫俱宗淮海求原墓復失所在元統中強提

舉以德又于山下建仁壽菴捐租千石立義學捐山四百畝設義塚有司上其事以善義旌山上明陽觀别有記

元黄溍仁壽菴記畧○仁壽菴者邑紳强君退休之所也君少負志氣以文學起家歷官五品貤恩父母及妻因自念遭時承平宗命所被萃于一門深以盈滿為懼年未及謝即上懸車之請朝廷奬其廉退遂如所請而官其子時長子可仕從事帥閫乃任次子可大俾尉一縣君既解組而子又皆有禄養始得肆情丘壑爰綢地于璨山之陽營樂丘締菴于傍樸不過陋華不過奢使來告曰菴以佚吾形丘以息吾歸也幸為我志之曩者

君以仁山扁所居之堂矣今名菴復曰仁壽仁其體壽其效也況君嘗建義塾設義塚又其仁之見諸用者則效豈止旦夕之近哉抑予聞惠山惠泉土厚石堅靈秀萃焉誠宇宙間名區奥壤也茲山岡連隴接非有隱德誰能居之山故有仙者徐神翁之後盧君遺跡安知其不往來山中而與君遇乎君倘得而友之則刀圭之益其壽非可數計尚焉用茲土為惟仁者壽本之聖言今命名適協其義姑次大畧如此元統二年秋八月望日

○吳澄義塾記畧○義塾者提舉強以德之所建以淑其里中之子弟者也塾在州之西南隅屋以間計三十而羸田以畝計

一千而羸歲入以斛計五百而羸燕居有申申夭夭之儀報祀有濟濟鏘鏘之禮延請名儒以施其教招集後進以受其教務俾講習其間者皆能明經脩行以稱時需此其意也侯嘗教授南劍福州又提舉江浙湖廣政教所被亦云廣矣乃于里塾之教又拳拳若是竊證之以古古者國有國學鄉有鄉學二千五百之州五百之黨既莫不有學而二十五家之閭猶必有塾何也盖教必自近始始于塾而升之黨升之州以達于國然后考論其材而官之培其根本者深厚而非晨種暮獲之比古之人材所以後世莫能及也今日有路府州縣儒學有舊設新剏書院視古鄉村州黨亦豈有異然教官例從省部注擬何能得人學院有虛名而鮮實效義塾則不然選擇師儒在已識鑑而無所牽掣雖未必如淳古道德之師苟能得者文博碩之彦引導有其方薰漬有其漸不壞之以速成不害之以小利亦庶幾乎古焉爾凡遊處里塾之子弟勿卑汙其志斷斷以古之人材自期此心此理必通貫體用而無闕遺所言所行對越天地而無愧怍若夫淺末于口耳葩華于筆墨以釣譽媒身而已寧不大負義塾所以教之之意哉

莫止人間何處有丹臺此日天教選勝來徑曲謾迂東郭履嵐

晴青獻北山萊𡺸風拂面驚初凛俊鶻穿林下復猜却望太湖舭絶景晚雲籠袖且伍佃○邵寶行過青山復璨山幾層雲磴幾松關中巖巖落落龍猶卧上界壇高鶴未還十月風清雙遂遠五湖波闊一舟閒憑君看我題名處應在丹崖萬仞間○秦金和十年飛夢遶鄉山此日真遊上界關絶頂風高人獨往長空雲淡鳥俱還時兼地勝誇雙美身為官忙借半閒極目江湖天尚遠一時憂樂渺茫間

宋張理泰太虛墓○九峯朝暮雲擦落少游墳野蔓碑全沒晴菴磬亦聞洞偏泉路細松折鶴巢分高視太湖近雲濤鷗起羣

○柳貫仁壽庵○明陽觀後惠山前新營臺舘貯風烟藤陰不蔽淮海墓恭井遥分桑亭泉好景正須多領畧佳晨且復少流連劉伶一鍤太早計郄要冥靈受大年

明陽觀

觀爲盧至柔脩煉地藥臼猶存至柔羽化後仙跡杳然矣觀居璨山之腰舊傳有穴可通包山今塞觀基古名洞陽刱于梁天監中至隋大業間廢宋嘉祐初至柔主洞虚宫有道術能以符水濟人疾于酬應選僻地至璨山有鹿騰出喜之遂築室焉大觀初茅山道士劉混康洞悉至柔苦行因召對面奏上前可之

錫山景物畧　明陽觀　四　五卷

勑賜今額建殿三楹鎔鐵鑄三清大像慶元初重脩内有洞酌泉邵公泉前後有横翠亭望湖閣半山亭○神仙録至柔赴齋每袖果餌啗羣兒如是者十餘年一日戒羣兒次早〻至羣兒如期往則至柔冉〻昇天去矣从之身浚雲中隨一履爲沙頭王氏子所得後言人既福如響應王氏子即王三太保是也

宋李遠記畧○老氏與釋氏並行爲老氏者率負氣未嘗汲〻走勢權門有所不合拂袖輒去意輕而能忍辱與釋若不相似然故其道雖同而流俗向背爲之異所從來久矣若梁溪上清一洞法師盧至柔士大夫翕然稱之非其道術高出一時孰能使之然哉至柔名既彰于是以病來丐符水治者畧去相屬其治病也令病者自言狀生死立決或爲妖所憑容止失常至其所脱然去體家有鬻于梁者爲符其門則泯滅絶跡病不可治亦不拒絶歸餘符水〻上激如矢逆流于地不復得飲鎌章封事皆有殊應人益以爲神旦罷朝真歸休于室則户外之履滿矣初知郡内洞虚觀思就林藪閒曠之所而晦跡焉至璨山洞陽觀遺址有鹿騰出曰是爲生氣吾緣在矣結菴居之歸者如昔大觀改元建康元符宫葆真觀妙沖和先生劉混康因召對面奏至柔之行及觀所以建立者勑賜名曰明陽命其之政

錫山景物畧　明陽觀　五　五卷

和五年八月詔遣部使者敦趣赴闕而至柔以其年五月羽化矣至柔化後嗣者屢易無能終其志正一道士許元真才具過人乃法師許時中高弟也延致之未幾廢成時則成節郎李亢創新葺舊視昔有加王緯施田八十畝以飯其衆至者安焉

○朱昇古殿深藏紫翠間偶尋幽境到前山残碁罷奕仙壇静流水停春藥碓閒陰壑有松秋窣〻古碑無字蘚斑〻行吟物色多仙興心逐飛雲共往還○俞憲神仙自昔餌刀圭丹竈空餘古洞西門外羣峰迎雨暗堦前一水任雲迷松臺直瞰平湖渺橘墅遥臨野嶠低歸路輕輿杉徑遠依微百雉析聲齊

青山 附青山菴

青山二一改名華藏一仍舊稱當九峯凹繞處突起一阜㯶山前屏章山右峙中開半面遙見湖光高松數千章清陰肅肅山南之清絕曠與無過此矣惜未有高人逋客棲隱其間大開生面爲一憾事上有菴特祠玄帝頗幽寂重陽時香火最盛

倪瓚夕陽渡口見青山誰識其中有此閒我本爲樵比山北賣薪持斧到人間○邵寶踏月青山路青山半白雲千峯如遠客數月已期君林籟隨風息湖光隔渚分登臺問泉水滴滴細還聞○陳鳳青山湖上近時過米家船亂木通幽境平池吐暗泉

碧團常煮月秋思好參禪何處風塵際蹉跎牛馬年

施策青山菴○曲徑通幽處山巔結草菴翠屏雲外合碧澗鏡中涵野鳥時啼對孤僧不出龕悠然塵世隔趺坐話瞿曇

嶂㟏

龍尾陵稍斷數百武突然起者爲嶂㟏山其斷處爲嶂㟏口北爲湛峴即隴西李夔塋地爲忠定公廬墓處正嘉間有八十老人楊三徑即山作嶂㟏草堂三徑好長生術遊方訪道終無所遇歸老山中有二虎出入不敢犯一時名人皆賦詩題贈

又按三徑名永年同時高隱共得五人明州劉與竹繪成五老圖羽扇綸巾飧霞坐石皆有出塵之致總山王公跋其尾時則永年年八十五王雲閣治八十一顧扂舟恒丁訪樵煦皆八十五顧新齋泰九十三并贈以詩朝看山雲暮嶺烟春花秋月自

年年忘機共得逍遙樂疑是人間別有天

王問單絺衫袂疊紗巾眼底惟君出世人半榻閒雲松嶺夕一畦芳草石田春露飧豈知蘿是屋道高常與虎爲隣嗟予自比山圖子頗得相隨一問真○俞憲和愛學林宗折角巾烏紗葳去作山人此身已是菩提蘇萬事消除麯米春躭寂每于僧結社避喧敢與虎爲隣李生亦有天衢志謝却塵緣一諦真○俞子集和野服飄颻不裹巾翛然堪擬上皇人一丘聊永雲房日二虎常依杏圃春心遠直將塵世隔居閒似與老僧隣彌甥久羨冥鴻翼谷口還容卧子真

雞筑石埠 附舜柯山 項羽廟

二山與晶山唐灣山接壤又與大寧山廣長山夏陰山聯袂石埠山有華補菴雲山庄在流泉疊嶂間夏陰山曲舊為元處士蔣子中別墅西湖有淩波堂落暉亭

施漸石埠山居○不嫌蘿屋受風吹絕頂山深事事奇池在翠微流水滿對臨絕壑鶴巢危林間講道見玄度松下張琴待子期我欲從君慨無計祇將漁釣伴江湄

舜柯山

吳地記吳仲雍六世孫柯相所治地故山以柯名今俗併稱舜柯上有舜田舜井

薛溪休舜田歌○磽确沮洳兮曾不踰畝嘉禾旅生兮雜于稂莠自為舜田兮豈獸跡而鳥耘蓋禹餘糧兮堯之韭槿之榮兮奄藹其花心游古初兮慨想重華

項王廟

在管社山之東項籍避仇曾居此山

曾棨百戰休論蓋世功鴻門宴罷霸圖空虞歌慷慨孤燈下楚業銷沉一炬中露濕古墻秋薜碧霜含老樹夕陽紅英魂若到彭城路忍聽高臺唱大風

黃城 附斗城

去邑西十二里史記楚考烈王元年以黃歇為相封春申賜淮北地十二縣後十五年歇言于王淮北地邊齊置郡便改封江東因城故吳墟以為都邑城內又有斗城范蠡居句吳時築

蘇文忠公地理志云黃州永安驛東有永安城圖經謂春申君故城蓋非是春申之居故在吳國今無錫惠山有春申廟庶幾是乎楚都申郢故黃歇封于春申如齊孟嘗魏信陵趙平原各在其地黃之永安蓋春申始封故城春者蘄春申者申光必兼二城而封○猶田文之食常薛耳後楚并吳秦侵申郢楚遷壽春歇始請吳故宮都焉然歇行相事未嘗去國有廟者後人作也

邵文莊曰謂之故城明有新也吳為春申新封其至與否則不可知也謂未嘗去國則又固矣○

邑志

安陽山 附翠微寺

山在陽湖之上名陽山風土記周武王封周章少子贇為安陽侯名安陽山西陽山則今俗稱也平地拔起周一十八里高百二十仞主峯圓峻四望如一名文筆峰上有洞三十六今存者五曰九門曰張公曰甘草曰清水曰容春頂有龍湫廣三尺深丈餘有廟曰顯應春秋秩祀下有觀音岩翠微寺寺為中翰陸舉故宅梁太清大同間建宋太平興國間賜今額元末莫天祐屯兵山下遂成戰塲寺亦殘毀洪永間僧師賢重建方天祐屯兵時有高士楊基倣佛圖澄故事極力勸解全活甚衆陽

山因為楊氏之世居郎中楊叔璣𠟭陸墟別業內有重恩樓文崖水心二亭所云陸墟者山左故有陸市寰宇記陽山石可作礲曰漢大夫陸端開斵江東數州委藉之自此取石于山腹者日以百計山空而取者不已山凡三崩正德中洞中忽見一虎衆皆奔避為第一崩嘉靖中洞外忽傳大士出現衆皆奔看為第二崩人皆得免隆慶中洞內忽聞雷聲衆亦奔出而壓死者五人五人者皆人所側目雷聲或不使聞山靈所不能救也

○宋趙義父突兀當空勢不群嶄然頭角起祥氛毘陵自古多英杰可信孤峯解主文○唐韓平地巍然起一峯歷山西畔滆湖東勢侵雲漢千尋直影落烟村四面同龍窟正當螺髻頂僧居端坐画圖中邦人不特資觀賞旱歲為霖更有功○楊璿官轍東西未得還十年飛夢繞家山一時勝會良非偶半世浮名總是閒幽事會心詩裏寫野花隨意醉中攀君恩早晚容歸老准擬常依水竹間

陳伯雨莫冠平○空巖八公白雲留山上英雄付髑髏百里喜除豺虎患九泉難洗犬戎羞渠溪水北家何在建業城西骨未收風景不殊人事異寒蕪千畝亂鄉愁

陸墟別業○文筆峯前湖水西幽栖地僻少輪蹄花間稱子坐

垂釣竹下老翁行灌畦酒熟漫拚金谷飲詩成先許錦箋題已聞孫筍如蓬賤更說雕胡似掌齊○重恩樓○仙郎臺閣雲烟裏常得東君雨露偏韋杜自連天尺五蓬萊空隔水三千兩朝恩誥金花重八十慈幃鶴髮鮮閑說春來頻送喜碧桃香裏慶華筵○文崖亭○孤高特立三千仞氣格稜稜冬更蒼大地風烟增秀色五更星斗避文光中藏丘壑原殊俗高倚乾坤不露鋩我欲時來挹芳潤揮毫相對潛相忘○水心亭○何處滄浪亭子好郎中宅裏舊相過踈簾弥簟暑氣薄明月清風佳趣多行樂每尋鷗鳥社生涯常占水雲窩客來莫惜頻携酒請看闔前東逝波

大池 附章山

東西兩池皆名大池東浩浩西淵淵東山蒼蒼西漠漠東森木鬱鬱西蕪蕪東多古墓皆大姓子孫族培護之西皆柴山半為樵牧地雖氣有旺衰亦培護之理宜然也杓郭景純相地至此謂峯迴巒合溪水繞前風氣凝聚得陰道尚靜之宜又為謡曰無錫大池口有地大如斗有人葬得着黄金過百斗于是求葬地者不之他地之大池不之西之東東墓之最古者莫如施侍御直齋先生直齋名武字斜定為名諫臣洪武初以直言忤旨謫山西亂石類巡檢卒于任骸骨不得歸葬者其衣冠也報

在後人子孫繁盛陰萬間勵菴公策早歲技林郎墓左𠞊別業併營壽藏前臨藕花渠後倚石壁左右羣峰環列選勝築臺望溪湖烟波渺渺巨竹千計喬松數百計老桂數十計新篁穿雲密陰蔽日長夏居之尤堪忘暑又依山巖結精舍舍左建蓮花菴處奉大士或獨坐焚香或對客投壺雅歌于此中奕猶觴咏三十餘年仕列冏卿壽登八袠獲覩一堦兩甥一孫皆登進士始得考終亦神仙中人也池旁有三鳩南名牛來北名龍腿中即名大池池西一山亦高大名章山

赫策自題草堂栖隱北山阿三月春寒未試羅迭徑松杉林氣合湍庭竹秉雨聲多蒼苔路滑人稀到白晝窓虛鳥自過住世却求清淨理不妨寂寞入烟蘿又山村一曲枕清溪幽雅偏宜長夏栖芳沼雨餘泉自漲新篁晴後鳥初啼門無車馬翻嫌僻座有琴書未覺凄更上崇臺堪遠眺萬峯深處夕陽低又題蓮花菴幻住皈依境幽棲欲結盟香臺雲外賞趺坐草間平水淨明蓮宇風清雜磬聲化城何處是一望遠山横

林古度游章山梁鴻溪外渡乾舟十里章山翠色浮但見登時多水森不知行處在田疇太湖雲影晴如雨惠嶺泉聲冷若秋季景元明誰得似王晞今日好同遊

邵寶章山掃墓歸途

作山南山北掃寒烟舊塚新碑二百年紅葉似花霜醉後青山如黛雨收前數峯影閣竿頭日十里光沉鏡裏天最喜無風溪路穩沙鷗來往候歸船

獨山門 附黿頭渚 大𡶨 小𡶨 充山 琴山 朱山 鹿頂山

邑水西注自西定橋直下分為二流一從罵蠡港下五里湖長廣溪越五十餘里出吳塘門入太湖一從大小渲越十餘里由管社入太湖溪與湖勢不相接惟賴羣山障之勞當湖口有山兀然突開一門立于溪湖之界兩水相接處洪濤拍天者名獨山門出門復有西山昂立湖中曰充山琴山又合名之曰三山山左右又有朱山鹿頂山大𡶨小𡶨則皆獨山羽翼也下為曹灣水石漱濺山根盡出嵯岈蒼老綿亘數十丈計更有一巨石耸瞰湖中如黿頭然因呼為黿頭渚

祝允明咸池五車直下注峩眉嶽岱潛相通乾坤上下浮元氣郡國周遭護渚宮巖穴會因仙跡幻魚龍不助覇圖雄擬把玄圭獻天子再看文命告神功○華幼武鹿頂山○雨洗春泥軟山高客興孤振衣臨絕頂拊掌望平湖塵霧遥連楚烟光直過吳乾坤萬里闊不泣阮生途○華雲黿頭渚○路入黿源九曲環早春舟放碧雲間瑶臺倒映參差黛玉鏡平開遠近山片：客霞開疊畫徵：石溜起潺湲勝遊况值雲霄客共羨輕鷗太不還○孫繼皐渚執歃吞吳：流歸舊湖天浮一黿出山挾萬龍趨浪急懸崖動風顛繫艇孤持竿堪此地漁釣本吾徒

華藏 附華藏寺

古名青山：全面皆太湖以太湖為沼以山為華：藏之名起焉華蓮華也上下左右望皆蓮華也從上望石如掌蓮心隱：從下望峯如菡蓮瓣層：從左右望盤：簇：半笑半含蓮蕚欲敷蓮衣未褪山勝在湖：勝亦在山翠濤白浪中時有青蓮一朵搖風映日于其間此世界真天上非人間矣山前舊建雲海亭即望湖亭東西南北望皆湖也又不盡皆湖北望：兩洞庭東望望夫椒南望：海西望即望九龍東西南北望：七十二峯：如画依山建寺宋建炎間名青山寺今改華藏寺入

門青松夾道數百武為天王殿又數百武為大雄殿：宇壯麗雅與山稱山寺香火歲四月初八浴佛日為傳經會村姬野媪以與會為幸近數里遠數十里八面奔赴塡谷為滿殿後舊有講經臺堆王亭侯戶部昂鉉昂新之另建禅堂及精廬數十間奉僧大奇為住持愈為生色大奇化後僧智果具大才畧念大殿日圮發願募建不三年焕然一新惟天王殿僅存故址古木且蟠拱夹山前後有古栢二十在寺門如虯林手植檜每高僧至枝為蘇帶本笨佛像新成栢枝内出烟一縷延入寺内繞殿氤氲一在仲山王公墓道栢身已為王氏伐去僅存者一蘇根

長數尺大數圍又長新枝四面環繞遊容登其巔攜具賞之可坐數十人考寺所從來則為宋循王張俊勅建碑記無傳焉寺旁即其埋骨地有神道碑額曰安民保太翊戴元勳循王之碑為宋高宗御筆武功伯徐有貞有詩刺之從龍南渡號元勳附俊戕忠事忍聞今日青山雖庇骨禮官惟祀岳王墳

毘陵胡濙記畧○錫邑西三十五里有華藏禪寺々在塘涇山之陽即今所謂青山也宋紹興間太師張俊勅塟于此紹熙間建寺于左以奉祀事其開山者若演菴遁禪師密庵傑禪師皆作則當時垂範後世者也及塗毒策禪師叢林盃振元至正間

錫山景物畧 華藏 十六 五卷

燬于兵燹逮國朝洪武間竺西芳公一如真公韶石祖公玄關迪公相繼葺治傳至一真純公性資穎悟戒律精嚴既潜心乾典尤好讀儒書四衆皈依聞風向慕念寺宇卑隘首捐己貲及募檀越重建大雄寶殿高五丈六尺廣六丈深如之前後左右裝塑世尊觀音羅漢并建山門望湖亭規模雄偉煥然一新于是聲聞日彰遂膺薦剡榮受佛會之職邑人吳克誠不遠千里徵予為紀俾來者知其剏始之由保無廢墜然此亦人天小善有漏之因若夫離形去智究竟生死脫苦海超極樂成就無上菩提佛果要須心領神會庶幾能登彼岸非世諦文詞所能紀述也○高攀龍跋畧華藏為宋張俊賜塟地寺為俊建也俊佑檜賊殺岳武穆王千古而下仁人志士爭欲新屍揚灰猶恐為大地之穢今俊墓已在荒烟敗草中為野狐牧豕之穴而寺尚存寺存非為俊也為地勝也湖山浩渺之致禪房花竹之幽選勝者所必之故寺屢圮而復修寺之修非為俊也為地勝也寺僧其修寺已竣從芬都人士整三世之像而欲予為引語予謂湖山依寺々依佛像信當循而因為大衆說佛々者覺也檜乎俊乎一何迷乎佛之殺空也檜乎俊乎千古臭穢佛能空乎知不能空千古之臭穢則當自覺其是非之本心○三峯和尚

錫山景物畧 華藏 十七 五卷

記畧○癸未四月從閶江放舟夜渡巨浸抵華藏山房入寺雲霧乍收山日初上禮大雄丁蓮華之峯與禪輩道侶集方丈地一坐七日俯之仰之見華藏如青蓮花浮白波青渚之上今日親在花中坐臥始證三十年披圖傳誦種々勝妙不我欺矣游興似盡更欲往金閶搜靈巖洞庭之奇乃揖寺主而別寺主曰子得華藏之勝槩乎曰然寺主曰華藏者香海一花々千百億葉々千百億海々千百億須彌盧須彌盧具種々山王種々法界子今祇作花房中一小太末蟲周游遍覽七日登歷所見者不過一針孔中浥青蓮之少分色耳盍暫留數日登蓮花之頂

收大香水海作具區一勺之水以無量世界為七十二峯乎子曰唯唯因與同心相携着屐拄杖登蓮花最高之巔憑虛縱目見蒼茫浩渺之中自天目湧一脉蓮根疾驅長馳起銅官落夫椒隱隱一枝盈盈出水左右環褁不下千百瓣瓣中各各自成華藏莊嚴世界東金閶北毗陵前武林後瀛海皆在花鬚上脉脉分理了無遺剩矣是知前日所見之華藏非不華藏也全身在華藏也今日所見之華藏非別有華藏也身出華藏而見華藏也在華藏而華藏為華藏礙出華藏而見華藏華藏為見礙是知礙礙之外百千萬億香水海亦不過華藏中之華藏而已

若夫竭香水海折妙蓮花擲向空劫鄉邊更鄉邊回身入華藏山中方丈裡看山看湖方不為寺主所誚茲因豫林嚴三居士有老圃賣花說以一花之外更無別花乃勸居士勿以一花自坐不復求花須向千葉萬鬚重重諦審看盡花中脉理然後一花別花一時揉揀他方佛前若遇信心買花者不妨信手拈取一鬚一葉與之作真正賣花翁始是優曇鉢花時一出現復説偈曰

一花拈出不知花花裏何人是作家透盡一花花裏秘拈來隨手潑金沙

[illegible]質青山歌 吾聞太湖之上羣山叢參差一碧皆摩空茲山乃獨擅名字西洞庭北夫椒東南條由來幾經絡東將到海還盤薄左旋右引真有情古色疑從天上落望湖亭如一巢小萬頃烟濤連蘇杪七十二峯名者誰今古與卞雲杳杳援山曾和恒山歌斷碑破塚如予何振衣獨上絕高處滄浪調遠清風多讀詔歸來病初起拭目江湖千萬里丹丘信有在人間茲山茲山毋乃是老僧報我山花春題詩為報山中人他日歌詞已凍跡謂君冉拂湖邊石吾嘗一題少室三匡廬不知山靈謂我今何如

宋僧法尚雲海亭 目前多少古今情盡在太湖之上亭舸檻

浮空雲影亂鍋鏤沉水浪花腥一杯瀲灩含雲夢數點蒼茫認洞庭明日惠山曾有約又携茶鼎汲清泠 又亭外漁舟泊釣磯釣絲無影弄晴暉雲連碧海潮聲遠雪壓青山野色微絃管無音西子散尊罍有味步兵歸閒僧不解論興廢自折松針補毳衣 姜夔茫茫復茫茫中有山青蒼大哉夫差國坐占天一方夫差醉蓮宮臣浪擺不醒越師從何來奪我玉萬頃至今亭上秋一邃萬古愁誰能知往事飛下雙白鷗 尤袤亭前山色遶危欄亭下波濤直浸山亭下漁舟亭上客相看渾在畫圖間 明姚廣孝寄題禪宫塵事遠苔徑入林幽嵐氣千峯曉湖光

萬頃秋巢松知鶴因題石想仙遊欲便來亭上長吟對白鷗○
丘岳幽尋到華藏峻頫穿林鼎玉檻水千頃翠屏山一圍雲濤
浩莫測瀛海是耶非馬鬣葬英骨鴟夷蹈危機問君借沙嘴容
我着釣磯狎鷗是相識來近闌干飛○朱杲高亭臨巨浸帆水
接青霄執控夫差國雄吞伍相湖鷗隨心共捲雲逐恨俱消舊
日滄浪伴扁舟許見招
宋尤袤青山寺○峰巒被闕插天開門外湖山翠作堆萬漾烟
波迷震澤空濛雲氣認蓬萊香銷龍篆輝金碧雨過麒麟駁翠
苔二十九年三到此一生知有幾回來○張雨湖上亂峯如髻

錫山景物畧　華藏　二十　五卷

鬟湖邊才子駐金鞍霜餘鸂鶒沙汀淺日落麒麟墓道寒古壁
風篁無盡意清樽雲海有餘懽遠遊未羨鴟夷子直向飛仙乞
羽翰○錢紳窈窕招提入翠微碧波千頃照巖扉白頭僧向斜
陽立黃帽人衝細雨歸芳蘚遠從湖外見殘雲紛繞雁邊飛分
明一片家山景卻憶松邊筍蕨肥○邵寶湧金亭倚水雲高三
月餘寒尚錦袍古寺客來敲栁癭老僧門外埽松毛天風欲定
還舟楫春色無端漫酒醪獨立蒼茫思何限吳山烟霧越山濤
○秦夔太湖之邊此亭古高秋風景亦悠哉夫差舊事猶堪弔
范相扁舟竟不回人世百年萍梗轉雲山一幅畫圖開題詩不

盡登臨興汀鳥沙鷗莫浪猜○莫止江湖無地不安恬蒙裏尋
山興轉添水鷁影飛青舫小墨花香簇紫毫尖拈來釣竹雲平
帽睡足僧房月滿簾更上荒丘生百感當年樵牧集曾巖○陳
近思湖山舊識青蓮界此日空懸白社情廢院久荒蘭若地題
碑將沒太師名曠懷風月憑誰領浪跡鳧鷗待我盟好弄扁舟
隨釣侶烟波萬頃一絲輕○馬愈久聞華藏寺絕勝甲高臺十
載空馳想今朝始得來山千湖裏見花向佛前開張俊何如者
松杉此地栽○薛應旂梵宮蕭瑟太湖陰卓錫今逢支道林一
徑藤燈通浩刼滿空香雨㬵塵心聽經松際還聞磬說偈臺前

錫山景物畧　華藏　二一　五卷

偏布金老我悟來無住著春深還到上方尋○秦金重遊○不
到茲山已十年重來風景故依然千尋石壁翠盤地萬頃湖波
光接天出定有僧鐘與報薦芳無主墓空傳乾坤俯仰俱陳迹
不向紗籠覓舊聯○施策寺出蓮峯下緣湖亭更幽波光晴浴
日山色翠宜秋對酒酬佳興逢僧得勝遊因懷今昔感人世若
浮鷗○劉建先總寺中僞其額壞賦詩二首○度嶺足凌兢龍
宮始一憑野禽當坐啄隣叔說皆非衲侶不忘倦宰官翻似僧
祇林盡荊棘何處覓金繩○白馬何年御青鴛此日荒飢分諸
佛供坐借老僧床草上累累綠沙侵晶晶黃誰知不壞地亦自

有興亡○又題張俊墓○傳巢上遺阡楸梧幾百年余息應寂
莫右馬尚騰驀計陷勤王將心阿諛國奸九原如不死為爾媿
遺編
戒始終留雲菴○白雲堆裏青山寺鐘磬遙遙白雲裏住山禪
師猶愛雲一見雲來心即喜雲來雲去無定期僧欲留雲雲不
知白雲本是山川氣雖散贈我難攜持同知雲本無心物假此
為由立名色何如無見亦無留雲我相忘即成佛
歲庚寅侯戶部周甲避居山房永積移話竟日偶簡原韵壽以
二律○天然壽域向湖開舊有山亭勝玉堆東里未推南極老

錫山景物畧　華藏　二二　五卷

㞐方先咏北山菜身從大蘇分龍象客向祇林印鹿谷五十九
年形影在知君有挾以偕來○也曾雲棼共香鬘結隊平康下
馬鞍閱世自憐華髮短尋盟争似水雲寒香醪入鉢多餘味塵
尾揮塵已盡惟肉食鄙堪稱眷屬一篇長偈照霜鬚 時戶部讀楞伽經有
蔬食肉一偈通送諷友
嘉靖辛卯冝興杭淮同弟杭濟友吳仕訪秦端敏公于胡埭遂
載酒同遊華藏先期至者則有顧可學可適攜手盡懽酒半聯
句遂得六首淮號雙溪濟號澤西端敏號鳳山仕號頤山可學
號惠岩可適號圃亭○華藏寺○頁約名山已廿年 澤西 西風

今上泛湖舡 圃亭 入門老檜千秋劫 雙溪 繞逕黃花九月天○鳳
山 地接摩英占聚宿 惠岩 人傳勝事擬登仙 頤山 不堪落日催
歸騎 澤西 揮手蒼茫下紫烟 圃亭 ○凝翠池○一鑑芳塘近寺
開 鳳山 萬竿脩竹倚雲栽 惠岩 波涵空翠手可掬 頤山 簾動輕
漪風自來 澤西 時向靜中窺色相 圃亭 欲于心上洗塵埃 雙溪
憑軒半日成真賞 鳳山 魚鳥相忘莫浪猜 惠岩 ○留雲堂○傳
蓋青山寺 頤山 虛堂此看雲 澤西 傍松秋冉冉 圃亭 度水白紛
紛 雙溪 靜水禪心定 鳳山 清容坐榻分 惠岩 題詩餘興在 頤山
把酒倚斜曛 澤西 ○循王墓○千載循王此卜丘 惠岩 秋風廻

錫山景物畧　華藏　二三　五卷

首已松楸 頤山 是非不掩青山土 澤西 興廢空隨逝水流 圃亭
草沒元勳碑尚在 雙溪 月明華表鶴空留 鳳山 精忠廟祀西湖
上 惠岩 時有行人為繫舟 頤山 ○望湖亭○百尺孤亭萬頃秋
雙溪 登臨此日縱雙眸 鳳山 仙槎影動銀河迥 惠岩 灝氣秋連
碧海浮 頤山 沙鳥雲帆天遠近 澤西 荻花楓葉晚蕭颼 圃亭 太
師詩句猶題壁 雙溪 幾度摩挲感昔遊 鳳山 ○三山○平湖突
兀湧三山 圃亭 望入蒼烟縹緲間 雙溪 蓬島天連青未了 鳳山
星台落檻秀堪攀 惠岩 風氣襟持劍門險 澤西 陰雷颯沓魚龍
還 頤山 咫尺方舟不可渡 圃亭 分明一水隔人寰 雙溪 聯句後

秦金又題○西風吹髩絲絲秋日山行也自宜萬壑丹楓明
照眼一林蒼竹冷侵肌地連幽徑雲藏寺天入平湖水接陂點
筆詩成渾漫興同遊真愛隔年期○秦鏞和端敏公韻○桐江
何處可垂絲波湧蓮峯此地宜樹老深巖山作骨雲生大澤水
為肌幾番風雨留殘壘無限興衰入古陂珎重遺編重細讀令
人惆悵百年期○永積和擬向巖灘理釣絲扁舟西子也相宜
峯聯紺碧華明眼木落松楸恨入肌萬頃洪濤開壽域千秋名
手鎮香陂興來屢上西風棹展及興亡又失期○又和邵文莊
公青山歌○太湖有山如花蘂青蓮朵朵明晴空近自銅官遠

天目迴源亘過嵳峩東峯迴路轉數包絡振衣絕頂增磅礴九
龍九點相映青同向芙蓉湖外落却笑世人眼眶小日將拳勺
爭分抄岳王淪陷幾春秋吳越興亡空杳杳絕代佳人舞復歌
虞兮虞兮柰若何髑髏高掛看兵入極目烟波感慨夛蕙帳蘭
房呼不起咫尺吳宫今萬里功成豈必學陶朱鳥盡藏弓非耶
是蠖伏湖濱已十春牧羝豢豕知何人扁舟一去無踪跡帶嘘
獨弔寒山石誰領隆中舊草廬便擬踏破蓮臺填平澤國將何
如

堆山米重建大殿記畧○蓋自宋室南渡王氣皆趨東南於時
太湖浩淼群峯環之其尤瑋麗者曰華藏寺以張循王馬鬣所
託故特盛閱四百年陵谷迭遷巋蛸頹落予友澹泉侯居士特
禮請三峯禪師大弟子在可證公來主法席遽以緣畢西歸先
是業為法擇人預記今堂頭致果毅公為第二世忍嚴燦公為
第三世六度脩百廢舉丈六金容十八大阿羅漢與觀音彌勒
執金剛神燦爛莊嚴于洪濤綠樹間癸巳三月予再過公公言
少時幾汩沒于五濁世中賴先師杖底列祖案前得窺見如是
事貧道朴拙一切且置秖如循王當日帳下珥貂名園擁翠末

後乃克埋蛻空山永依龕火覺數十年大將牙纛立銷歸于當
機半偈安得本色衲子轉落二落三所以頃者庭前栢森子放
光貧道便與盡情吐露今日華藏會下擎拳合掌運水搬柴消
受十方褁粮行脚異日蓮華峯前長廊靜院脩竹白雲護持千
佛拈花滴乳都盧攝向拂子頭上永作青山祥瑞不負屬我堆
山子起草轉請靜涵張居士說法去也敬合掌應曰如是如是
○侯咼鉉栢樹放光記畧○記得戊寅歲奉先母王太孺人命
迎二峯和尚大弟子大對禪師入華藏山門語咼鉉曰大家出
隻手扶起破沙盆越今十六年癸巳傳及嫡嗣致果毅公大殿

告成殿前柏樹放光初出一縷飄〻入天王堂既而廻環籠罩
繞殿氤氳香聞三里外獲斯奇異致師謂鉉不可無記粤自破
沙盆句容菴傑禪師開山提唱宏播禪宗迄今四百餘年又得
兩禪師放大光明請借破沙盆公案為大衆說法這個華嚴世
界保是完〻全〻的却被宋張循王做了壁地循王謀害岳武
穆王為千百世罪人便覺大地生穢成了一個破沙盆是從世
法起見就是張循王建寺須得密菴演菴塗毒二禪師先後駐
錫也是完〻全〻的却被元末兵燹燒毀無遺又成了一個破
沙盆是從佛法起見豈知這箇沙盆原是顛撲不破的今日再

登建華第一峯把天下名山喬嶽百川巨浸琪樹叢林金碧勝
刹三千大千法界都盧都作破沙盆觀那山門外有座雲海亭
這不是主南望軍將諸山相對拱立這不是賓山自天目發脉
蜿蜒而東因見七十二峯四面環列這不是賓中主〻
中賓豈不是破沙盆中倫賓主句有時烟青山紫月明湖白萬
籟俱寂這便是奪人不奪境有時雨濛風瑟湖迷嶂掩萬象俱
沉這便是奪境不奪人有時梵唄波聲鐘鳴谷應一刹那間鐘
梵兩空湖山一碧這便是人境俱奪又道是人境俱不奪豈不
是破沙盆中倫人境句至末後一句風濤飛湧萬竅怒號却似

當前一喝〻石使走喝波使立喝谷使響喝林使旋如雷轟如
獅吼直將臨濟宗風和盤托出請看這團〻三萬六千頃及一
切前後背面諸峯巒誰是完相誰是破相今日遇柏樹子放大
光明且不必遠引只看那張循王若取生前的富貴功名死後
的銅棺石槨都看做破沙盆一般那得有坑陷岳武穆王一事
千秋萬世後供人唾罵今日道場請與大衆向山尖殿角將張
循王數百年臭穢打掃潔淨别顯出一個完〻全〻華藏莊嚴
世界方不負庭前柏樹子放光至意因敢向大對老和尚下一
轉語曰大家伸隻手做個好沙盆

華藏一則餘刻已竟惟山澹泉各有新記詳道柏樹放光事
詢之致公云三月初七日重裝三世尊大像中工告竣忽開
殿外氷雪聲歇止復開者三揭視庭中白烟三縷從柏樹枝
頭幻出悠〻揚〻漫浮天王堂上下忽復迴旋飛舞作螺髻
綠香靄馥郁不可思議因出殿四望滿山梵宇皆在烟光籠
罩中良久始散因嘆華嚴全藏俱于光中見偹今得從庭前
柏樹親覩如來真面孔豈非甚難希有之事更得澹泉楚空
手獻破沙盆公案尤為雙絕因與合掌讚嘆作禮而去永積
附記

閶江（附胥山 小雷山 奚墓山 陳灣山 白石山 韓灣山 月牌山 歸山 胡山 大雷山 平塔山）

閶江山名也即以名地邑去海三百餘里去江四百餘里邑安得有江邑于二泉〻之運河〻之西溪長廣溪廻溪〻之大池池之黃天蕩〻之伯瀆孟瀆〻之太湖五里湖芙蓉湖五步湖蠡湖濠湖陽湖〻之邑安得有江〻以閶稱山以閶江稱為伍員也夫差殺子胥取其尸盛以鴟夷革浮之江中即閶江也周敬王六年伍員伐楚即其地築大小二城運潤州浰湖土築之不足又取邑東奄李鄉黃瀆土城成名闔閭城〻名闔閭江名閶山與地皆名閶江皆為伍員也稍西伍員廟在焉其山名胥

山又名廟灣與閶江山兩〻相望呼之或應也山之西古墓纍纍有夏墓山焉孫權族弟東定侯孫必與死塟此山贈夏侯故名之曰夏墓也有白石山焉上有白射廟山為漢僕射劉昌塋地易僕為白易射為石皆訛也皆鄙邑棄失載今表而出之者野史也山脉從天目来由廣德至同官馬巷渡湖〻底有山足善汨者可手而柎山巔有東西二天井有二峰即名天井峯胥山之西有峯最高日出先常先照暨天月夜相射如玉立者月牌山也有二嘴瞰湖內與金陵燕子磯相似者名雷嘴上有二山即名大雷小雷俗訛大犁小犁也外更有陳灣山韓灣山歸山胡山平墖山盤塢周塘潤龍吟島虎嘯灣則境愈幽僻人跡所罕至也環山前後左右聚族而居者皆吳姓不忘吳也不忘吳不忘伍員也

金文閶江 三月雨春水遠連天直上吳山望乾坤與浩然

○潘緒 雨餘桃浪汶漁磯鴨綠溶〻好染衣我欲南湖尋樂事買舟来趁鱖魚肥

曹時中天井 石甃何年物清派萬丈深越人移不去留照伍員心

○潘緒 一脉靈源湛碧天不知開鑿是何年若經陸羽親嘗品未許中泠冠世傳

丁鏞闔閭城 鑿〻築吳城〻高防越兵越人兵未起長城已先傾

○又 霸事已云古荒城空草萊可憐城上月曾照越人來

○曹時中 西施本絕色誰解失雄圖都忭千年後荒城始屬吳

○又 築城本防吳傾城乃亡國終古恨綿〻女墻春草碧

○奚旲 姑蘇原是僚王國城郭無端屬闔閭尺土終非身後物荒烟留與越人鋤

曹時中胥山 ○相國千年恨山光江上多尋常雲外笛時有牧人過

○秦梁 秉犢下荒陂村〻夕照時英雄遺恨在長笛且休吹

○奚旲 春風牛背雨初晴落日蒼茫草𦳝平牧笛也知亡國

恨數聲吹出子胥情○邵璨英雄何處泊征魂名擅青山萬古
存牧監不知興廢事嗚嗚吹還到黃昏
曹時中伍相祠○嘆息胥丞相荒祠開向江忠魂未忘國千古
守吳邦○沈瑜孤忠寧自刎吹劍血猶腥三寸讒夫舌中藏百
萬兵○丁叔璣古廟當山口寒泉咽不流孤臣劍下死已墮越
人謀○邵璨將軍遺骨葬東吳此地何年野廟孤牛酒不來蕭
鼓寂日斜蓁蘇有啼烏○潘緒鴟草浮靡事可哀江邊寂寂廟
門開洪濤怒捲三尺雪疑是忠魂尚往來○奚昊湖上遊魂不
可招古祠落日蘇蕭蕭君王莫信讒人口枉殺忠良國勢消○

史鑑歌舞臺前麋暗遊忠言空爲獨夫謀越兵未必能亡國飛
壞吳城是鐲鏤○瞿長史一過荒祠淚滿襟英雄自古少知音
江邊敵國方嘗膽臺上佳人正捧心入郢共知仇已雪臨吳誰
識恨尤深素車白馬終何益不及陶朱像鑄金
曹時中夏墓山○谷口何人墓千年掩夜扉精靈猶未泯日日
共雲飛○秦梁古墓無人識白雲空往還杖藜忘世者相對意
俱閒○潘緒數畔千年窣堵波漆燈光冷白雲多憑誰爲灑梨
花飲宿草淒淒鳥自歌○邵璨馬鬣封殘古墓平寒禽野兔自
縱橫空林日日堆雲氣應是愁魂暗結成

丁慵月牌山○月牌削千仞雪霽溪雲冷便欲著短屐凌風上
絕頂○曹時中前山雪初霽江上玉峯寒自足供詩料朝朝矯
首看
丁慵雷嘴○清淺鴨脚灘泠泠見白石漁翁造一舟姓字人不
識○曹時中夜雨桃花漲春風楊柳灣數船燈火亂知是打魚
還○邵璨水清沙白渚蘋香烟月從來和釣航四首風塵人自
老寒潮日日送斜陽
邵璨白石山○山木蒼蒼澗道分人家烟火隔秋雲野樵不怕
前林虎自在行歌度夕曛○潘緒草蘇生香路絕塵行歌樵采

不逢人白頭自得烟霞趣功業無心學買臣

太湖

太湖非一家物也上當咸池周行五百餘里其大三萬六千頃
襟帶吳郡吳興晉陵三郡絶傳紀載種々不一禹貢曰震澤爾
雅曰具區周禮揚州其浸五湖張勃吳錄五湖太湖之別名義
興記太湖射湖貴湖陽湖洮湖為五湖酈道元水經長塘湖射
貴湖上湖滆湖與太湖為五湖史正義菱湖游湖漠湖貢湖葦
湖皆太湖東岸五灣為五湖虞翻云太湖有五道東通長洲松
江南通吉安霅溪西通義興荆溪北通晉陵滆湖東南通嘉興
韭溪紛々諸說未暇折衷就一邑言則縣橫浦獨山吳塘諸門

凡西注之水盡得容受歷闕原冨安新安開化揚名五鄉九十
餘里皆支流所滙合也湖內有馬脊山一名馬跡上有靈山寺
舊隸本邑今劃入武進
唐皮日休聞有太湖名十年未曾識今朝得游泛大笑稱平昔
一舍行胥塘盡日到震澤三萬六千頃々々玻瓈色連空澹無
類焰野平絶隙好放青翰舟堪弄白玉笛躋岑七十二雙々露
寸戟悠然笑傲去天上搖畫鷁倏忽雪陣吼須臾玉岸拆蘇動
為蜃尾山浮似鼇脊落照射鴻溶清輝蕩抛擱雲輕似可染霞
爛如堪摘漸瞑無處泊挽舡隨所適討異足邅迴尋幽多阻隔

顛風與良便吹入神仙宅甘得一蘊書永事嵩山伯○李紳范
子戲冠履扁舟挽霄漢嗟予抱險難怵惕驚瀰漫依灘落葉聚
立浦驚鴻散浪疊雪峰連山孤翠崖斷風帆同巨壑雲矗成高
岸宇宙或東南星辰成燦爛霞生須洞遠月吐清熒亂豈復問
津迷休為呂梁嘆漂沉身詎保覆溺心常判吳越羣異鄉嬰童
亙為翫依稀古井邑嘹唳同鵞鸛攀棹未宵分維舟方日旰徵
彼濟川力若鼓凌風翰易狎當悔遊臨深罔知歎○明王達送
客○吳越當年曾樹怨百萬旌旗此中戰波濤聞與血同流千
古濤聲今尚愁朝來送客過湖口烟水微茫風滿舟湖南湖北

今同宇吳越英雄在何許孤鴻杳々獨山雲落葉蕭々洞庭雨
一聲長笛又分携君往湖東我向西感慨贈君無限意楓林寒
隔暝猿啼○吳寅兼贈韓省之○吾家太湖三萬六千頃中有
菁葱七十二峯影浩淼疑將天漢通蒼茫欲與滄溟并朝々龍
子抱珠行夜々畓鼉吼波冷此中自是神靈區洪濤直亘東南
隅扁舟曾留范少伯至今仙風爽々飄菰蘆韓生天才最宏放
震澤胸中時擊盪就此欣然便結廬雄文跌宕烟波上而我故
是梁鴻溪上一亭長羞向人間事鞅掌共是吳中烈丈夫袖中
七首影模糊吁嗟乎男兒相逢良不偶冨貴浮雲我何有君不見太湖已落吾曹手

太保墩附劉公祠

端坐西關口即青烏家言黃牟爲天關此爲地軸者是也本名窑墩後屬秦端敏公時端敏適加宫保因以名墩前此矣爲侍御呂公由别業子元夫又增潤之爲西關最勝地按侍御父子皆守恬節難進易退方侍御按滇南時年正未艾即有詩寄選郎貢欽曰荏苒流光鬢欲絲山城冷暖少人知憑君試問春消息開到梅花第幾枝共傳誦之後此矣建關帝水仙二祠水仙即征倭殉難三十六人偶天災流行争致禱焉祭舟郵尾水仙廟巫祝紛肰鼓吹闐肰關帝廟寂然也國變後里人蔡某能爲

神言云舊邑侯劉公五緯顯靈於其身維玆片地公神歆棲之先捐家貲撤水仙廟改爲正殿次第漸舉建寢室建儀門建坊榜曰顯察處西其廟號不以故侯稱以察院稱故侯舊職察院新衙故侯陽开院陰秩也邑正神曰城隍曰大帝曰張睢陽曰行郊每歲逢誕日里人各迎神出稱賀設讌會侯加新封亦如期往酬酢如常儀又墩與岸一水爲遥既復建橋以通往來築堤數十丈幕年立祀皆侯力也按侯號藝風四川萬縣人中萬曆已未進士涖邑三載惠威並著當不手一錢名錢邑士民謳思之實不能忘待受一奮紳之斷氍蒙謗解任去幾卒

侯志實未申侯在邑爲真父母在天爲明神幽明一致亦不足怪侯去任且三十年邑無特祠祀侯誠爲缺典但神道設教托侯言以收漁利甚至設酒食以侮侯人争惡之然侯祀千秋矣劉五緯祭河伯文維神潤澤生民兼通舟楫福善禍淫功垂無極今職率眷西行挽舟萬里念職叨任末僚精力悴錫志在上報　朝廷下安民社未嘗一念營私肥我囊橐今者一妻二女皆爲裙布依依猶子就館于錫僮僕六口汲水擔薪之愚夫女奴四人爨炊服役之蠢婦行李蕭蕭無他長物職之取于錫者廉而居心甚淡不惟不眷厚利且不慕榮名有一誑言是謂

欺神伏願神其降康風濤無驚清吉旋里拜我高堂則職之邀福于神者不淺矣

邉司徒華泉寄呂仲仁原韵　永陽司馬碧山居幾度詩來重起予筇杖日隨東郭履綵毫時寫右軍書梅花癖在宫先棄鸝鵡才高世共踈吳客遠歸憑問訊九還消息近何如　又梁谿渺渺錫山蒼南去天涯客路長霜下海門潮漸落雨深江甸橋初黃城池舊識延陵郡風俗猶傳至德鄉却見吏曹憑寄語一年秋色負重陽

梁清溪附西定橋

出西關溪流淼淼溪光閃閃闊十餘丈深三丈北接運河南通震澤者梁清溪也源發惠泉西行出罵蠡港西南行出大小渲戍澇則洩入太湖歲旱則湖水逆上沿溪之田故歲無水患復不憂旱吳地志古極陋自梁大同中開濬故合之則名梁清溪分之則名清溪亦名梁溪指為梁鴻之隱居者誤梁鴻賃舂實在鴻山此則足跡所未至也○水勢衝漫風雨寒冱行人病涉嘉靖中知縣鄭晋具文撫院用額編導河夫銀請建石梁從之至後任萬虞愷始落成為洞五為歲三為繙七百有奇名之曰

正定歲久橋圮萬曆丙午邑紳萬象春修之又圮馬文忠公世奇集罰鍰千金倡秦上舍其董理僅築橋墩五竟中輟崇禎壬午文忠獨力竣工費復千金

秦金西定橋記畧○城西梁溪闊百餘步涉者病之且延袤曠立憂有盜患舊嘗設鍵再葺再壞議建石橋以為民防莫有起而任之者鄭侯晋初令是邑即聞而嘆曰此有司缺政也不可不圖于是請于前後巡撫定以導河夫役銀厥有成數計費程工至萬侯虞愷來知縣事樂覩厥成其制為洞五長若干丈高廣各若干丈閉以浮棚晝啓夜閉其顛則亭焉以便登覧壯偉

完固巍然為一方望乃于橋陂立亭礱石屬予為記予惟利涉禦盜斯橋之係于邑治大矣況堪輿家謂節宣聚氣于人才物產皆為有係前乎此者非不知為急務也或限于財力之未充或阻于嫌謗之欲避則橋孰成之茲役也明見有斷洞悉民隱周旋規畫俾費不濟民勞不厲農可謂得從政之體要也已是故君子謂鄭侯有保惠之實焉萬侯有落成之美焉而共事諸公郡守則應槚兵憲則李士允王儀巡撫則侯位陳克宅歐陽鐸有協恭之誼焉○

宋袁植烟曳平川上雲屯翠嶺頭雨淋成大浸堤潰失安流地

入三吳窄山餘九隴浮不應緊塹後始用濟川舟○元倪瓚蕩槳清溪欲盡頭亂山出沒暮雲稠便當濯足聊停棹何處飛來數白鷗○明王達微波皺綠迴輕風溪流直與南湖通人家兩岸幾興廢鷗影蕭蕭夕照中孤橈欲發臨湖口淡烟寂寞明疎柳水流月落正愁人鐘鳴況是僧歸後芙蓉隔溪十里多白雲滿地生碧蘿櫓聲伊軋剪寒月去去其如離思何○薛應旂一曲再曲清溪水千桑萬桑桃村雲村翁蕩槳入溪去欸乃一聲穿聲翠○王問雨後溪風皺微浪扁舟落日常獨往村村兒女逐鳥雜牙牙漁師曬罾網○皇甫集桃花落盡草淒淒歸去汪

倫路不迷、天外孤帆誰與伴、祗隨明月下梁溪、○錢道士、愛看秋水出城西、徐步梁鴻十里溪、濠上儵魚浮更沒、磯邊鷗鳥亂還齊、洋洋汪海天連碧、混混歸源路不迷、小杓分携續清興、松籟莪月稱幽棲○施漸、約寒霜葉少、溪蘇半如春、落日接孤棹、空田栖晚、困歷途倦遊、翩農圃待閒身、自領風波穩、都忘來往頻○先太史、玄道、幽尋極寂廓、理棹清溪長、落日照孤嶼、微風生夜涼、須臾遠氛淨、百里開湖光、漁子相傍宿、月明歌滄浪、採芳不能浴、悄然悲沅湘○永積和、一水通靈液、尋源清且長、孤舟時蕩漾、西脈生微涼、泛宅終仙蠡、移家始孟光、流風日以遠、餘響猶浪浪、懷人不可見、極目空瀟湘

鄧廸光、雨後放舟、○蕩槳自夤緣、何須百丈牽、棹頭難問地、展齒却浮天、渚闊鷗庄小、林滄鶴舍遷、奇雲生水面、掩映筆花鮮、水悍能侵地、溪雄不讓湖、畫橋環荇藻、茆屋住菰蒲、舉網收魚否、持篙惱鴨無、納衣涼似洗、六月坐氷壺

溪山勝槩樓 附溪山第一樓

樓、為元華瑛建、樓額、為元鄭佑書、并記、稱華君別墅、在無錫西門、惠山橫陳、悉露其深秀、凡山之霏烟滅雲、雨霽晴晦、朝輝夜光、吐納閃睒、以至竹森水石、春腴夏陰、攀歛而効實者、不出于几席之上、則在于簷廡之間矣、夫梁溪迤邐而東、至茲而始浩渺、鳧鷖儵魚、翔泳出沒、菰蔣荷芰、被接洲渚、已無遺觀、高桅疾帆、吳歈越謳、溪翁柁師、網罟繩罾、舟炊而野飲、聚語而散處、掠輕盈而過、望尊俎而笑、與之相忘、形骸而莫適、為賓主、殆擅山水要會、而總攬兼得之者、予竊藏溪山勝槩四字、將揭之溪

菴、野寺、耳、君見大喜曰、是造物者名吾亭也、至順四年、取而揭于水軒、更七年、為至元五年、又于水軒之南建樓、而扁焉、此為元、佑、原記、今跡其故址、不可復得矣、復有溪山第一樓、為強可仕、建、亦有詩存、

元、揭傒斯、目極高深思渺綿、華家樓閣好山川、風光流轉酣歌裏、烟水微茫徙倚前、地足蒲荷連夏洽、年豐禾黍滿秋田、多歲陽羨先春茗、日試山中第二泉○張雨、環珮仙人近可攀、赤欄橋插畫簷間、千村散落分棊坪、九隴飛來作研山、風雨溪深秋水至、星河雲淡海鷗閒、要知勝槩因人得、勝友從今數往還○

倪瓚樓下清溪夏亦寒溪頭個ゝ白鷗閒風回綠卷平堤水林欽青分隔岸山若士振衣千仞表何人泛宅五湖間絶憐與子同清賞定向雲霄共往還○陳顥曾江南二月羅衣裳藤花滿地山雲香背人小燕揻波去朱簾白日遊絲長蒲茸綠淺芹芽紫沙上軽ゝ濕飛雨美人遥盼木蘭舟一夜相思隔春水○張思廉九龍山下梁溪水ゝ色如藍山色紫一聲欸乃鳥初飛十二闌干人獨倚琵琶撥斷氷絲結滿地青蘋落秋雪隔窓最是拒霜花下有鴛鴦睡明月

同槩溪山第一樓○第一樓前第一峯函神繡出金芙蓉敵鬬

隘外平疇月頻視溪南百尺松黃鶴留題須太白大林高臥學元龍主人怡退懸車早日ゝ登臨樂素封

樂溪居

尤文簡公致仕歸尚未築遂初堂居東帶河大第數十步即出西關渡梁溪造圃溪上沿溪左種梅右種海棠各數百餘後有高岡眺望最得湖山勝槩題曰樂溪因以為號內有萬卷樓暢閣來朱亭二友齋來朱者與考亭講道之所後人重之因圖其像于壁二友陳同父楊誠齋也

朱熹答尤延之書○熹杜門竊食不敢與聞外間一事而不能無席食其外之憂衰病疲薾雖在山林亦不能有尋幽選勝之樂但時有一二學士講論古人為己之學至會心處輒復欣然

忘食不自知道學之犯科也經說閒看諫漏頗多不免隨事改正蒙教楊雄荀彧二事按溫公舊例凡莽臣皆書死如太師王舜之類獨于楊雄匿其所受莽朝官稱而以卒書似涉曲筆不免却按本例書之曰莽大夫楊雄死以為足警夫畏死失節之流而初亦未改溫公直筆之正例也荀彧却是漢侍中光祿大夫而參丞相軍事其死乃是自殺故但據實書之曰某官某人自殺而系于曹操擊孫權至濡須之下非故以彧為漢臣也然悉書其官亦見其實漢天子舊臣而附賊不忠之罪非與其為漢臣也此等處當時極費區處不審竟得免于後世之公論否

胡氏論彧為操謀臣而劫遷九錫二事皆為董昭先發故欲少緩九錫之議以俟他日徐自發之其不遂而自殺乃劉穆之〻類而宋齊丘于南唐事亦相似此論竊謂得彧之情未審尊意以為何如○陳亮與延之書○比留臨安二十日不敢數造台屏非欲自取疎外正以極暑必非樂客之時不敢不識去就耳匆〻告違懷仰道誼夢寐以之侍郎又兼領劇曹上眷日隆東南二府非公莫宜也林黃鍾得郡之明日朱元晦得祠廟堂行遣甚愜人意然元晦日以老矣世念淡然時賢不應終置也幾仲正則欲求外周文獨當政柄何以使賢者至此乎君舉邈然

與鑾夷為鄰鬢毛斑〻而知舊滿前莫或念之此固其命也亮衰落至此不復與人世較量是非苟可以竊旦夕之安何氣之足論但不容其安而亦莫念之此其苦殆不可言耳○楊萬里寄茶與延之詩○詩人可笑信虛名繫節茶芽意豈輕爾許中州真後輩與君頡頏敢連衡山中寄去無多子天上歸來太瘦生更送玉塵澆錫水為搜孔思與周情

尤袤落梅海棠二詞調寄瑞鷓鴣○落梅詞梁溪西畔小橋東落葉紛〻水映紅五夜客愁花片裏一年春事角聲中歌殘玉對人何在舞破山香曲未終却憶孤山醉歸路馬蹄香雪襯東風○海棠詞兩行芳蕊傍溪陰一笑嫣然抵萬金烈火照林光灼〻彤霞射水影沉〻曉粧無力臙脂重夜醉方酣酒暈深定是格高難着句不應工部揔無心

蔣重珍歲暮清溪上居留人已休菰蒲殘白雪魚鳥去清流存展周公志亡從泰伯游羨墻遺跡在惆悵一登樓○俞彥淵剩有溪山楙書樓迹已沉古人不可見延蘇一悲吟○李晦萬壑注清流孤烟起暮愁龍山半溪落雁影過書樓

清溪庄

百年後覗睨猶應戀此古今勝地人有同情邑西關外有丘隆然有菴閴然半為瑩地半為圃覺菴者即憲副洞陽顧公清溪庄也桂何年薪竹何年刈木何年废劉亭舘何年毀岡阜何年平樵夫牧豎何年入但今出関指點彼茫茫大水間無論漁師田父無不知有清溪庄清溪庄者洞陽公名可久字與新起家大行著直諫聲武廟世廟西杖闕廷出守泉州擢廣東副使落職歸林杜門却埽屏跡城市善吟咏有在澗等集行世間披唐褒文暨先太史二集皆曰清溪庄不置舊有十景施武陵

先生記之乃今斷崖残葦僅想像于諸公題咏間往聞邑有請仙者洞陽公曾降乩云昨過清溪庄甚是荒凉吾子孫可笑可笑後人且鵲起矣因故址而脩復之或亦賢子若孫事也

施漸十景詩渟渟澗中水能令此心空遥知濯纓者獨寤許誰同 右在澗亭 前山多白雲山氣夜來結朝陽忽復散一望令人悅 右山陽亭 寂寂春窓下惟餘脩竹陰忽聞人共語送客出深林 右竹房 日高山徑空紛紛桂花落欲留芳氣在却怪羅幃薄 右桂舘 春流滿畦水桔槔復上下農家自辛勤誰來問耕者 右東皐 一因搖落後悵望秋天空向晚尋歸徑村村夕照中 右南山限 朝向湖上去暮從湖上歸漁家自成市晒網及斜暉 右網集潭 蒼靄接寒山綠岡入藂篠定有賢人栖一逕車行繞 右斤竹岡 山巷無人行好鳥鳴深陌空有莢如錢坐令春風寐 右豐楡陌 堰没湖水深百川日歸壑時時食嘉魚始知江南樂 右魴鯈堰 遥知來有本祗覺去難留激處雖云險乎時自緩流 右觀水閣 高樓望明月清輝散遐邇雲山暖西谷烟霏濛東埃 右紫巖樓 月隮高樹畔頫瞰華池中芙蓉承光景復此揚清風 右芙蓉池

先太史立道日入理輕棹所欲避人喧迴沿清溪側迢迢見孤村始疑松菊徑復似桃花源林際見明月浦口聞鷲猿嘯傲倚

脩竹步屧隨芳蓀本求於陵隱欣得酈疆園杳與塵世隔將同漁父言○唐順之阮生常避俗平子正歸田種秫供生事為樓竹刈仙沙行隨鷺跡湖泛趁漁船月下聞高咏應多感興篇○又城郭往來久獨憐湖上居素封千森橘白首一床書山客秋分蜜溪畔夜捕魚橫金豈不貴此樂復何如○又地即梁鴻宅溪連范蠡湖霜天榮橘柚秋水戲鷗鳧從宦元非巧名園亦是愚欣君遂始願遠屋蔭枌榆○又岸岸夾叢竹清溪幾許深君從城市隱予向碧山尋翳翳孤村景刁刁衆木吟還看題壁字想見閉關心○先太史和羅官應自好負郭有瓜田官味陶元

亮詩才貫浪仙高齋聽雨枕斜月過湖舡誰共幽吟者空聞捲隱篇○舊是漁樵地投簪此卜居溪間安樂碓春至簡農書食筍思分竹腰鐮擬佩魚也知濠上樂自媿未能如○林卧堪遺俗村居復近湖應門時見鶴鼓棹不驚鳧蘇與人俱散溪困主亦愚翻嫌太寥癖庄外有桑榆○知君閒關久一徑落花深書癖年長在詩盟春至尋空山幾兩屐遠道四愁吟北望休相笑平生魏闕心○又和洞陽原韵○秋水兼葭思不禁扁舟重繫此溪陰犢眠跡草猶迷徑鶴哺新松欲滿林采藥常嫌驚麋跡山中初服野人心舊來漁父多相笑一別江湖霜鬢侵○唐順之又和○桃蘇臨蹊思不禁扁舟重向草堂陰西湖水落舊壘石南國霜清橘柚林壟際涼泉宜稻性窓前過麻解人心憶君剪徑相迎處今日逢萬又已侵○永積和當年樵牧也嚴禁望斷溪流氣欲陰咫尺桃源空野岸迷離蓬島剩荒林投簪歌咏先賢調舉目淒涼隔代心尚有輪囷堪保護莫教斤斧日相侵俞憲何年開別墅境也絕紛華砌長商巖蕨園多處士茶青山常滿座一水不通家好為添新徑無令二仲誇○王問使君初解綬小隱碧溪深以我蟪蛄嘆知君蘿薜心涼風度虛閣明月滿前林歲暮垂楊岸扁舟許獨尋

仙女墩

舊傳為范蠡維舟處一墩兩名〻仙女從西施名〻仙蠡從范蠡名墩高十餘丈面溪背山松柏鬱然墩下舊有伍相祠後為張氏別業今成墊地矣○尤瑛西施辨謂范蠡載西施一事正史不載特見之杜牧一詩有西子下姑蘇一舸逐鴟夷之句及覽墨子則曰吳起之裂其功也西施之沉其美也墨子去吳越甚近是吳亡後西施亦沉于水其言甚明又吳越春秋逸篇去吳亡後越浮西施于江隨鴟夷以終浮者沉也子胥譖死西施與有力焉是西施實為禍水越既伐吳沉西施使隨鴟夷者下報子胥之忠也此言更與墨子合特范蠡去越亦號鴟夷子杜牧云〻豈誤以子胥之鴟夷為范蠡之鴟夷耶

李華龍蟠幽谷非時則伏蟬蛻高枝飲露而飛進如風行退若雲歸冥〻其幾赫〻其祠于越霸與強吳蕩夷功成不居先生以之○石守道范子三徙才隨所施功就名顯國霸家肥進退在我卷舒自時鴟夷為器盛酒以皮多所容受弛張咸宜達哉若人寔亦似之○高啓功成不戀上將軍一舸歸遊笠澤雲載去西施豈無意恐留傾國更迷君○陳鳴野西施閒且都含笑出流蘇風響衣前玉花摇額上珠芳心猶捧越艷色已傾吳一

入陶朱棹為雲向五湖○孫繼臯出郭避塵鞅登高思古人扁舟一以去消盡五湖春醉石寒烟破穿林倦鳥覩功成吾豈敢倘許乞閒身○華淑萬疊溪流折一湖蒼茫煙樹渺難圖雲隨帆影參差沒花映波光次第鋪古徑繡苔棲瞑鶴空臺脩竹接平蕪酒酣我欲呼仙蠡却問扁舟事有無○又弔西施○零落殘香永半痕當年恩怨不堪論亡吳自問誰為治罵蠡于今僅有村歌舞不留人外蹟山川猶眷念時魂扁舟我亦情癡者欲采芙蓉奠一尊○永積和渺渺溪流淺淺痕一時興廢向誰論獨鏤自賜囊鴟草歌舞偏留罵蠡村兩度苧羅開霸業一舟魚

水交驚覗由来傾國生餘恨漫遣蛾眉動至尊

渠南一老亭

亭在青祁滸上李布衣絅菴疾隱居地也絅菴博古工詩文有至行不干仕進隱然以師道自重王三原恕以都御史巡撫江南曾禮而客之所居名南樓有成趣堂晚年望益重治後圃結茅渠水上書陶謝諸賢詩于壁每風日晴美幅巾藜杖行歌坐吟悠然自適人以列仙擬之與吳藻菴鳳翔同修邑志共若干卷八十餘考終邵文莊公為之立傳謂周崇壽耆漢重賢良先生近之當年之推重如此

邵寶詩名晚歲滿江南却向渠南小結菴塵杞汚人聊作界客

來看竹亦容叅迹如盤谷還嫌僻計似菟裘已絕貪不用丹青寫行樂白頭臨水影涵涵○莫止石渠悠悠南有亭亭中人物少徽星新添十竹皆紫玉恰對九峯如畫屛觀物襟懷閒處愜倚牀詩夢午時醒逍遥此是長年國天地誰拘迹與形○趙鳴秋幽人荷衣蕙為帶幽居笑指秋雲外碧水青山意自長墨綬朱輪心不愛寧甘高卧絕華軒木葉紛紛獨閉門籬落鳥鳴山火夕江村人語藤蘿昏瓜田樂圃歸来晚月色蒼蒼隴猿斷列嶼無論浮世栄一尊長對清輝滿林下相逢獨有君鹿門谷口與無聞羨爾草堂慎終始莫令山鬼空移文

五卷終

錫山景物畧卷六

蠡湖野史王永積輯　男淑高洗高仝校

中橋

居南北橋之中俗稱中橋橋剏于元泰定間古名泰定橋歲辛巳霖雨為災橋圮漢臣黄子代僧撰疏應者寥寥內子朱宜人鬻田二百畝獨力成之予因得而記之

黄家舒跋畧邑揚名之有中橋也扼大小渲之要害據新安開化之上游肩摩轂擊朝往暮還非一日矣天降霖雨忽告傾頹行路蹇裳居人返駕貧衲某目擊艱危將謀營造敢陳顛末

敬告達尊惟九龍之都城以五湖為襟帶既俯臨浩蕩之烟波必內資重疊之鎖鎮試觀西橋復建科第日盛而歲增則知溪水入湖形埶宜環而忌瀉橋多則添峯壑藏聚之雄隘減則貽邑井蕭條之患若乃欝欝北邙纍纍萬里清明麥飯望松柏以招魂寒食柳枝錯高低而滴淚苟丙舍之有主即墓祭之必經以及麥隴翻岐禾川綻粒田父歛穗而輸納司庾督稅以驅馳岐路稍紆力役倍困至于岧嶤軍障顯赫玄宮焉蕭庭燎祈景福之来同寶馬香車望神保之是格莫不問渡輿梁告虔殿廡凡我通邑寀官地靈人傑于是焉徵春露秋霜于茲焉寄納稼有期共計黍稷稻粱之入祝釐在望誰無香火玉帛之誠斯此一橋成毀實關數事癈興又何待談持地之因緣詑拯溺之果報而後足勸鳩工鼓樂助哉

永積記畧中橋古泰定橋即橋為家舊為施武陵先生故宅先生名漸字子羽隱居能詩正嘉間前有清溪庄後有寶界為嶺與新王仲山西先生別業武陵以茆簷數間伏處其中扁舟往還更唱迭和翛然樂也子陽得中嘉靖巳酉鄉試令冨陽遷戶部有介節卒于官至貧不能歛于是中橋片壤以輕值售宜興堵氏越百餘年堵之子孫又不能守崇禎甲申始為予之退居蓋不惜重價得之而千章古

木已斬伐無遺種矣祇是地夾溪湖清流濊濊日在襟帶間且居民皆淳朴可與為善鄉之故老亦愛予樂易當風日晴好散步田間輙指點前路為青圻要衝提筐負擔往來如織心愈樂之居六年所哭有夜警來自意外婦子遂不遑寧復返城居而所搆數椽荒烟野草又與荆棘為隣矣歲在庚辛積逢大潦田既不登橋且就圮迨既圮而後知斯橋之不可一日無也向所謂往來如織者予設渡濟之而霜晨雨夜舟人告困無已更以浮梁濟之而河身廣濶若老若稚亦每每望洋遥返折葦末由慨予受心惙惙所苦多難餘生費無所出予內子作而嘆曰爾

力有不給蓋異人任乃售去縣山田二百餘畝可四百金盡輸以佐工費爰卽蠲吉興工始于壬辰八月十七日成于十月十六日凡兩閱月云竊惟橋梁之設一曰利涉二曰關鍵三曰居要他如選勝壯觀實為餘事邑水西流自西定橋直下分為二支一從獨山門出一從吳塘門出皆入太湖由大小渲至獨山十里而遙洪流浩淼無梁可設西南橫亘惟恃西定橋與石塘橋力遏其衝而就中鎖鑰則尤在罵蠡港之一束私謂此橋與嚴關吾邑不小而集費維艱輒云家于斯者方宜橋于斯直以斯橋為一家之私橋子則何敢雖然天下事㮣于衆成于獨又

者斯橋初建去斯地幾二百武萬曆甲午有若行僧其以鐵鍊鎖足行嚴霜赤日中募化者三年已而載石至河干零星湊集每石版上一塊ヽ鐫人名姓字跡猶存今內子得以獨力落成于兩月卽命為一人之私橋亦無不可用記歲年併錙銖協助附勒碑陰且作歌曰邑洪流兮西注泝波光兮擊空彼橋南兮橋北斯吾橋兮居中望九龍兮巀嶪睇五湖兮渟泓擾青圻兮要害對石塘兮穹窿豈霖雨兮為祟矢駕壑兮垂虹詎搴裳兮滅頂俾望洋兮溯洄無從歛金錢兮莫繼呼匠石兮周功幸內助兮獨力辭萬石兮千鐘告成功兮兩月障百川兮再東爰泐

石兮誌歲月冀利涉兮無窮

施漸未論薄俗賤為儒自覺無如返穭廬瓜圃事思故侯祿身閒徧讀外家書林逢秋日收香草門傍寒江市白魚歲晚誰同濠上樂惟餘惠子共躊躇　氷積和懶從耆宿辨禪儒卻學蝸牛首戴廬門對南湖新地主家留太史舊藏書十年弄筆衰番木六月搏鵬注大魚一自斷橋風雨夜滋深措歷更躊躇

武陵舊隱

中橋片址築新堂三楹署曰蠡湖草堂因地也存舊屋三楹署曰因陋山房因人也[illegible]署曰武陵舊隱思原主也予自甲申迄已丑誅茅剪棘閱六年所心力俱疲甕牖如故園不成園居不成居則予之拙也地可五十畝埒二之街一之田四之屋三之三面臨流西一面築土為樊芻蕘雉兎時容出入則予之僋也有松有竹有梅有梧有老桂有高槐有桃李有榆椰檉椐界以槿籬間以麥隴塍以菜畦花片爭流稻香成陣而記無可記名無可名則予之笨也偶披武陵原藁見七絕三七律一投贈仲山先生者一仲山答贈者一不揣鄙俚蛙鳴嗣響惠承親友屬而和者且數十人陽春白雪玉綴珠聯武陵有知亦當含笑地下矣

武陵原韵 其一

○門外清渠映葛衣偶來觀物上漁磯秋風蘋末鷗鷺起始悟山人未息機○永積和 半偈華嚴伴衲衣閒看鯈鰷過苔磯幽棲更結鴻溪曲留與山僧杜德機○又 莫恠當年早拂衣愛臨流水坐頹磯潛鱗不復貪香餌省得漁翁起殺機

○米堆山和 原名薛家 地靈知亦慶傳衣杳墨遊鱗傍古磯從此橋陰添勝事徽雲河漢七襄機○曹荃和 烟水微茫一笠衣風塵不到武陵磯投綸卧簡前賢韵剥啄猶嫌未息機○吳其馴和 明哲先幾早拂衣滄桑不改舊漁磯無端越雪勞群吠溪上山翁久息機○堵景濂和 溪邊門巷舊烏衣自愛清流坐釣磯此亦扁舟經泊處烟波澹盡沼吳機○呂自咸和 杖策東皋試振衣漁樵爭席笑盈磯常將一葉空垂釣肯把千鈞漫發機○鄭瑛和 朝衣脫却侶三衣砥柱依然化一磯武庫漫言飛紫電指頭忝得箭鋒機○黃家舒和 烟水偏宜薜荔衣客星還占舊漁磯清溪一曲多薇蕨空憶蓴羮笑陸機○華廷獻和 山靈栽就薜蘿衣白鳥啣來上石磯道是五湖高隱地秖今釣餌也忘機

○顧樞和 荷風輕拂遂初衣重理璜溪舊釣磯便欲乘槎指牛斗閒從織女問支機○嚴燉和 癯骨何須無垢衣黃冠野服上漁磯臨流瞥見元來影便是龐公第一機○姚晨和 羊裘換却舊朝衣垂釣惟同鶴守磯魚擾直鈎翻鮮意狎鷗偷睨未忘機○呂陽和 誰云蠶鈌問蒲衣道在漁竿不在磯得喪兩休齊寵辱神巫何用說三機○施丹集句 莫將簪弁勝荷衣 司空曙 雲閣還應夢釣磯 劉滄 博奕賦詩聊遣意 李頎 渚烟溪月共忘機 權德輿○秦年錫和 何必千岩始振衣平湖十里蓼花磯輕槎貫月天俱遠閒向黃姑問錦機

武陵原韻其二〇三徑雖荒五柳存陶潛門巷雀為羣路傍滿把
王弘酒一醉無言酬使君〇永積和莊〻四海一身存入猷惟
思不亂羣同是五湖休沐地沼吳與越早輸君〇又城郭丘墟
廬墓存孳生小鳥又成羣路傍空指陶潛宅閒對黃花憶故君
〇米堆山風流邈矣一區存兩暗柴荊自不羣吹出武陵花片
片桑田萬里屬王君〇吳其馴處士能延晉祚存潯陽獨與首
陽群陶家松菊今無恙屈指高風已到君〇堵景濂武陵人去
故廬存前後施家兩不羣曲港尚留西子恨滿湖湘淚望夫君
〇周如壁野史依然風雅存百年吟嘯自為羣人間我亦傷心

者懷古情深重憶君〇黃家舒桑海須臾松菊存浩歌歸去渺
難羣東籬忽漫逢前輩筆墨清狂昔隱君〇高世泰少伯風流
蹟尚存蠡湖春水拍鷗羣當年轉物多游戲閉户高眠未若君
〇錢肅潤地僻蹤來隱者存五湖溪上喚同羣輕風吹起微波
皺薄有清流擬贈君〇成粱堤上亂松數對存主人珍護格超
羣年〻鋤草栽梅子歲〻編籬長竹君
武陵原韻其三〇久不逢人道姓名從來愚谷寡將迎教兒莫漫
除秋葉庭葉自深人自行〇永積和也不逃名不愛名客來恒
遣鶴先迎渡頭風雨連朝急深掩荊扉怕出行〇又東謝山公

久不名懶逾中散倦逢迎出門里許湖光滿自向溪頭策杖行
〇米堆山爭羨瑯琊武庫名索居河渚廢將迎怪來日蓄三升
醞為約隣翁花底行〇曹荃客來未許漫通名病骨年來懶送
迎誰是杖藜堪策處山花開遍一經行〇華時亨為善曾知無
近名命居磨竭厭先迎何如靖節籃輿上身在青山画裏行〇
胡商彝京塵一別久辭名客到門前也不迎月滿江村開画舫
果然身在鏡中行〇顧樞古來與廢幾知名只有青山管送迎
留得茅蘿佳句在為君重續嚴人行〇姚晨歲次干支不記名
春風曾送未曾迎山家曆日無宜忌天氣晴明便出行〇薛華

非關性癖欲逃名自古山靈笑送迎空谷跫然未蕭寂雙丸還
向草堂行〇施丹可許汀州獨有名李鄖懶于人世巧逢迎錢
起閒來曳杖尋僧去李商隱揀得山雲缺處行沈周〇張光緯薛
餘遺詩尚辨名昔賢風韻句中迎千秋屬和淋漓滿半是真書
半帶行〇唐欽明譜入漁樵近得名聞身久矣勸將迎一龕璃
火門常閉兩雪前塗不敢行
武陵原韻其四〇一逢秋日已淒其却卧園廬有所思高士遊方
婚嫁畢仙人賣藥世人疑寒蟬斷續猶知晚旅鴈浮沉亦後期
流水不將心事遠澗湍空自向東馳〇永積和未央無復問何

其彼美空勞入夢思半嶺松風生獨嘯一龕佛火送羣疑毋因
看月常忘寢但約遊湖勿改期鷗鷺不嫌霜鬢白卷阿車馬任
驅馳○又知予渺渺是誰其有女如雲匪我思羞向留侯窺豹
略聊從慧遠破狐疑村農野話無虛日隣寺閒遊鮮定期太住
隨緣天欲暝坐來日月已交馳○米堆山憑君白眼笑何其編
性幽棲具可思入市依然三畝隱隔湘宛作九峯疑掩關竟日
庚桑楚帶索餘生榮啓期莫爲迴飈驚鼓節怒濤方急不堪馳
○吳其馴高眠不問夜何其往事空悲莫繫思月靜溪聲驚鶴
夢波搖山影動鷗疑紫芝自踐商山約黃石猶虛圯上期消受

壺中閒日月百年虛哄笑狂馳○吕自咸揖泥流濁嘆同其歸
隱弘之愜所思於宦海中爭一退如蒲團上破千疑小舟緞菜
猶堪奉三徑半裘不負期天付五湖休沐地此中日月失交馳
○鄭嶼從來人地競三其磊砢廉貞兩係思浴渚慣看江鶴巧
沒波已絕海鷗疑朱門獨得餐霞法白社長脩冐雨期三尺籃
輿懸驛馬一春都爲看花馳○黃家舒兄事袁絲弟魏其姓名
曾繫樹髀思嚴光肯爲雲臺誤魏尚甘遺幕府疑一劍功名驚
夢醒五湖煙樹托心期知君喜卜玄真宅回首登壇惜歲馳○
華捲獻悠悠長夜夜何其底事書空勞我思天上光華嘗入夢

人間聞見總傳疑閒尋石侶追先輩早訂山吟敢後期不遇老
僧能棒喝那堪路鬼笑相馳○高世泰剃門晝掩嘆經其江左
夷吾舊繫思節以居中往有尚遯從上九利無疑松風高枕娛
弘景山水清音對子期最是莫春游伴集觥船莫惜百回馳○
施舟新寒高閣夜何其文徵明故國平居有所思杜甫黃鶴有心
多不住皎然海鷗何事更相疑王維扁舟不獨歸張翰杜甫流
水依然和子期孫遜相見只言秦漢事蘇文廣秋風羽檄任紛馳
晦機
武陵投贈仲山原韻○置地開荒學種蔬蓬蒿滿徑始堪鋤林

間巾舄塵猶在室內絃歌癖未除一水常來高士駕到門惟見
故人書過從莫笑嵇康厭踈懶年來性自如○永積和口饜膏
梁樂飯蔬一丘瓜地自揮鋤隔隣疾苦殷勤問滿肚牢騷漸次
除家似飛鳧偏愛水身如老蠹只餐書生時莫管居何代枕上
羲皇喜晏如○又散步郊原拾野蔬蘩蕪春草帶根鋤沿堤椐
柳皆親植隔岸榛荊亦手除放棹中流隨釣艇焚香靜夜讀仙
書生來痼疾耽丘壑無事調飢賦愁如○米堆山昔年相約煮
園蔬未敢煩君冒雨鋤卧病久虛溪上訪救時曾記闕前除縱
横黃關狂司馬寂莫玄亭行秘書聞說新來精進甚楞伽莖草

蹬如如○曹荃飯惟脫粟茹惟蔬老去生涯學荷鋤種蒜偶欣
芽易茁護苗恒苦莠難除思浣磊隗三盃酒擬見羲皇一枕書
駟馬高車何足問家徒四壁舊相如○堵景濂半潛於僧學飯
蔬笠雲時帶梵經鋤門庭以内惟春到結束從前當歲除野水
若箋留鴈字先人有帖簡鴦書疎鐘敲醒興亡夢看徹人間畫
六如○髙世泰每偕白社剪青蔬桑下閒閒看把鋤十地因緣
原夙契五湖管領是新除晴光數付登山屐隣曲相貽種蒜書
文字禪中勝因足人天繞處意俱如○顧樞運甓齋前課藝蔬
試從野老帶經鋤秖餘靖節心常在剩有元龍氣未除玩世偶

錫山景物畧　武陵舊隱　十一　六卷

看齊物論閉門自草絕交書短簑無恙江天闊一葉烟波縱所
如○嚴穀餘生雞棄鮑焦蔬烏織春秋寄短鋤晉代衣冠人自
夢漢家陵闕草誰除形容不入倪迂画甲子還思陶令書隱況
自隨今昔改武陵當日意何如○姚長牛羊莫放踐園蔬惡草
呼童盡力鋤山暑孤雲離几席湖涼新月上堦除出師定錄孔
明表卻聘姑存枋得書千古人文重品覈行藏自許與誰如○
吕陽莫向祖公乞鼠蔬園林澗草不相鋤君侯棄國猶遺土父
老當家只掃除櫟土未知夫子意輪扁休問寡人書坐看秋水
無言日已覺塵心氷炭如○蔣遵路春風春雨長園蔬隴上無

言偶自鋤老樹啼鵶常閉户野畦決溜自穿除輞川本受延清
宅河渚重求叔達書別業風流宛可繼中橋應作午橋如
仲山原韵○大隱山人隱釣磯挑花流水護柴荼窻含錦樹鶯
啼早坐對青山客到稀遵渚輕凫閒泛泛戀巢歸燕靜依依知
君不是悠悠者一架圖書擁素幃○永積和卜闢禪關枕舊磯
閒携雙石自支扉高唫氣短知身老新沐頭輕感髮稀若捨溪
流誰共語不皈淨土欲何依成谿兆李令何似慚愧扶風設絳
幃○又數行垂柳覆殘磯十棵梅橫白板扉羅雀門深人事簡
卧牛村僻足音稀呼群旅雁時相問繞匝棲鵶暮欲依夜雨禪

錫山景物畧　武陵舊隱　十二　六卷

床鐘磬寂更無香夢到春幃○米堆山馳東先人誇釣磯漆塘
長晝不開扉仲山先生手敎先學憲書中語探奇自有同心賞懷古寧憂高調
稀異代蘭亭留感慨當年輞口辨因依誰將萬壑千巖筆繪取
山陰綠玉幃○曹荃一泓溪水浸漁磯夾岸梅花映竹扉長對
遠山何用買怕逢生客故應稀遊蜂逐隊空爭鬧馴鶴閒堦獨
靜依心跡而今雙寐莫春風暫許入羅幃○張琦蓬萊深淺一
漁磯大隱何妨寄短扉著就鴻文衣衲古養成鶴翮網羅稀白
雲端坞鳥情切紅葉翻堦鳩杖依一片孤懷付秋水等閒蝴蝶
遶茳幃○吳其馴宜鉤空上釣魚磯急事收綸靜掩扉風吼松

濤歸去早月明蘿徑往來稀塵根自向空王懺慧業惟將淨土
依花落鳥啼春寂寂久無香夢出簾幃○鄭嶼曾拜青蓮采石
磯古人今在水南扉芸香已識奇書滿苔厚應知俗駕稀目送
白雲成獨往手揮絲綺互相依冰心不照閒膏火一點流螢入
素幃○華時亨翠黛寒山碧水磯暮雲隱約高吾扉松間明月
開樽晚蘇上啼鴟剝啄稀逐鬼有詩愁思結送窮無法老僧依
季長失節千秋恨容易人間說絳幃○黃家舒鐵鎖沉江弔燕
磯五侯池館失朱扉掛冠神武投林早垂釣滄浪入市稀民號
無懷勞夢想門稱不二識皈依斜陽莫話興亡事烏踏松枝月

錫山景物略　武陵舊隱　十三　六卷

照幃○呂陽春雨湖山一畫磯中橋何處兩巖扉蜂腰樹裡傳
玄容鶴頸溪頭語事稀川水歸川隨去穩越人安越老來依文
侯駟馬如相逼已結中庭子夏幃○華衷白緬馬懷古過巖磯
渺渺高峯映竹扉清磬乍聞殘碣冷寒江息影客星稀閱時運
覽情還切憂國彭咸則是依與高忠憲水居相隣故云三復金箴安隱法杜
門應復障重幃○秦沂手持梵唄坐漁磯執友登門緩扣扉短
牖數行山嶂潤疎風幾陣棹歌稀園林莫謾隨人轉地勝還知
擇主依十載經營循故址交加翠羽已成幃○華振蒙何必桐
江是釣磯溪流曲處舊柴扉山人蹤跡君能辨觀察才名和者

稀地自輞川詞句集身皈蓮社覺根依偏予短鬢圖書散攙首
茫茫入董幃

即事寄懷凡十和原韵雖與小庄無涉附錄簡末以志一時
寥落之感

掃墓感懷三次前韵○堂前無復舞斑衣鄉夢徒然上釣磯兩
負君親成退隱歸畊一着痛當機○北邙纍纍幾人存野老村
姬自樂羣節近清明花事好兩鑽榆火哭先君○裁書猶拜不
祥名衰絰三年怨送迎莫羨桃源雞犬異深山古墓少人行○
已下齊城醢食其功名成敗豈堪思孫州烽火留殘喘斗室焚

錫山景物略　武陵舊隱　十四　六卷

修了大疑窮淚有時悲阮籍知音何日起鍾期截骸欲傍要離
塚蠡水鴻山兩坐馳○春秋斂薦只魚蔬五鼎三牲已盡錙陽
代馬羊蹲道左旋情兒女笑庭除輕攜瓢笠將遊嶽痛絕箕裘
歎廢書空憶承懽閒廈屋誰知四壁類相如○五年頤養叢荒
磯手註楞嚴靜掩扉耆衲歸藏生死隔故人凋謝往來稀田園
日涉雖成趣屺岵時傷久失依兩首生成同罔極不堪同過舊
庭幃○四和原韻寄謝堆山和尚○袈裟褶襞映緇衣午夢初
回渡燕磯爾上靈山開寶界我從流水悅禪機○十人兄弟幾
人存老雁哀鳴更失羣結社兩花堂十八人子與元琳弟居二今亡矣留得金身光丈

六一龕彌勒嗣明君○雨花籍〻舊聲名謫降曾聞簫鼓迎玄
墓毒花原有約何妨重上玉山行○數點江山已屬其梵王宮
裏起哀思百篇裁就都成偈五斗歸來早析疑古佛香華消浩
刼歲寒松栢憶初期忽傳好句從天下重使心旌日夜馳○敲
殘清磬蒔香蔬雲滿犂頭月滿鋤野服豈從今日改原銜偏喜
舊君除燈前貝葉翻新唄篋裏遺經簡大書忠孝神仙齊證果
通身何物不如如○昔賢偕隱築湖磯曾向山房叩石扉五代
交情今不淺百年世業古來稀餘生盡入空門度好夢還于故
國依坐破蒲團塵事絶數聲啼鳥到香幃○五和前韻東謝曹

履垣○遼西不用寄征衣羸得閒身老釣磯惛〻往來甘抱甕
漢陰終謝灌畦機○髮毛零落骨皮存一笑風流舊壓群再世
頭陀同有分白雲深處又逢君○一封書奏久埋名田野衣冠
絶送迎載出載歸関塞遠虛徐携手感同行○我歌行邁子何
其室邇人遐豈不思槐國功名還夢幻醉鄉日月免驚疑探梅
歲〻脩前約泛菊年〻展後期身是謫仙臣不得每聞轟飲輒
瞻馳○青蕪綠芋埋嘉蔬菲種還教盡力鋤寬博儒紳新變易
繁苛禮數素蠲除樽浮十日平原酒夢斷三年薊北書入抱兒
孫堪撫弄故園真樂問誰如○神兵卷甲入蠡磯偏許清風進

竹扉水落一方看石出月明千里見星稀鼇入海底酣睡燕
雀還巢且暫休只苦觧紐脩未了尚留殘卷伴霜幃○六和原
韻謝同社諸兄弟○半衷儒服半緇衣何必羊裘重濮磯筆墨
因緣都謝盡只留風雅寓天機○意氣銷磨肝鬲存十年鄉井
悵離群忽傾珠玉齊湖海天下何人不識君○生前身後總空
名無事安車虛左迎一葉歸舠風浪穩相携常向水天行○不
逢搖落也凄其日對江山動古思筆有餘菜空灩澦無偶譜
勿滋疑縱居城市惟馳驟出門庭屢易期咫尺懷人千萬里
征南傷見羽書馳○奉母京華享客踪餘生聲影付犁鋤共憐

榆景當遲暮常似韶光逼歲除関塞馬嘶千里夢衡陽雁斷數
行書愁人合向愁中度鬢髮年來又皓如○呼僮重整舊魚磯
却畏春寒勸啓扉月照空林清夜永鶯啼古木綠陰稀高吟白
雪君爭唱内景黃庭我獨依入户蕭然心跡冥其人斯在好披
幃○七和原韻答寄舊同部耿徂徠徂徠原籍東昌癸未奉差
還里久客金陵侍養太夫人一別六年忽承遠唁重感故知○
同向沙場卧鐵衣江湖空打石頭磯傷心豈必因瞻闕自對高
臺泣衛機○孤壁祠前氣骨存尊公中丞不拜魏璫摩霄鶴羽立鷄羣鉏
陵山色今猶似東魯遺民門屬君○天曹久矣註高名出都時己改銓

部南北空勞車馬迎後轉南暨鄉借得龍蟠弓劍地雨花臺畔幾經
行○赤帯充庭羨彼其斯饑季女倍堪思蕼葭路泠迷三島杜
宇聲殘隔九疑蕙藥秋風安旅況桃花春水失歸期分明別有
朝天路並轡連鑣愧共馳○寄跡空門筍當蔬劉伶酒後笑携
鋤功名自昔看俱淡煩惱于今喜盡除春晝好披萊子服燈殘
懶讀少卿書生憐病骨偏多淚問及先嚴更潸如○六載行藏
燕子磯篳門圭竇合剎扉沿街瓦鉢生資短隔寺霜鐘俗慮稀
千里慈雲朝夕共兩都餘燼夢魂依生芻一束來空谷併寄愁
腸到敝幃○萬彙蒴續羣放生會活命數百萬兼拉同社載酒

泛湖八和原韵○田田水面起荷衣重聽蛙聲叫石磯萬頃烟
波都付與眼前佛國是生機○相延呼吸一絲存逐隊魚鰕敵
入群莫笑鄉邦行小善江湖雖遠亦憂君○世人欲殺問何名
溪水洋洋善氣迎帶得漁舟同送汝一條生路讓先行○羅列
珍羞且聽其胡麻香飯有餘思未離盎口先驚喜再到波心始
斷疑濠上已知今日樂釜中莫訂後來期相隨便欲乘雲去海
濶天空許共馳○烹葵摘韭薦新蔬佚志驕心不待鋤貪嗜饞
根原易拔嚴苛酒政尚難除慈航已渡重宣偈覺岸先登早讀
書飛躍滿前迷上下何煩喝棒悟真如○魚入重淵鳥下磯共

閒清磬出僧扉還魂愈覺親恩重脫網應知帝澤稀觸境飛潛
祕不礙忘情眷屬自相依歸來静坐看燈影莫遣飛蛾過短幃
○九和原韵寄慰嚴佩之○祇堪相對泣牛衣聊取閒愁付石
磯滿腹文章原有用莫因新樣製吳機○一編殘易至今存早
勸同人溪小羣占得六爻都化吉乾坤何地不容君○仙籙知
登第幾名空山無主望誰迎從今飽喫家常飯撒手懸崖信步
行○花落花開一任其明朝風雨不煩思波濤慣習方知險霜
霰深嘗始釋疑出世萬無還俗路辭家敢卜下山期只今物我
都空盡安得愁腸向外馳○不餐腥味只餐蔬學種山薇勉荷

鋤行矣苹踪浮野岸歸與血淚湧庭除銷憂尚賴三杯酒活命
還開萬卷書賣卜成都生計好垂簾老子又焉如○烽烟初過
秣陵磯永夜寒燈共竹扉甲申南還郎就予舘一水石塘歸省近半間茅
舍見人稀空囊自合窮愁老薄命須將疾厄依爾上高堂揮涕
泗我從何地叩慈幃○重九前二日訪耿伯徠于毘陵太平講
寺十和原韵○古寺蕭條典客衣秋風落葉滿潢磯相逢不盡
予生意只向川流識逝機○千金駿骨價猶存爭購還空冀北
羣踽影自甘轅下老何須三月弔無君○不求聲利不求名自
有空山野衲迎收拾韜鈐還幕府當年早已謝戎行○若個封

侯書覩其高樓縹緲少陵思開尋老友惟懷舊靜看殘杯欲送
女采菊又開籬下曆探梅先訂兩前期蘇堤桃柳今何似尚許
參寥尺鯉馳（面約看梅光福并游西湖故云）盤飧狼籍惜山蔬又得青錢省
荷鋤入户芝蘭初不改在堂騷騲日其除聊從香積分僧飯自
右鄉嬛貯道書養就丹砂同野鶴清神秋水一泓如刮地風
波過燕磯漁樵重得話禅扉（啟口即述華鳳起亭）尚留白廎遺編在鄉館
青蠅弔客稀九級浮屠當面立一輪皓魄半空依昧菴潑墨淋
漓甚（時出鄙衣白先生詩画共賞）別有清光照暮悼

錫山景物畧　武陵舊隱　十九　六卷

水居

在五里湖濱為高忠憲公讀書地室築水中堤環水外湖又環
堤外小橋通焉屋柢數楹四面臨水自春徂冬溪光山色對影
花香漁歌鳥語日應接不暇右一小樓名可樓堤前築一石臺
象圓名月坡堤外小港漁舟夜集以數百計若外護然按忠憲
名攀龍字存之別號景逸其文章理學及死事大節在國史誌
傳中不贅述云水居本末忠憲以青年登第授大行即抗疏歸
與顧端文先生脩復東林書院講程朱之學又與嘉善吳子往
志遠崑山歸季思子慕訂歲寒交各築室讀書吳名荻秋歸名

錫山景物畧　水居　廿　六卷

陶菴陶菴記出忠憲手筆內云每扁舟過從几席湖山衣被風
月飲食圖史三人者相對一室終日嘿然自怡竟莫知所事也
晏坐作復七規程半日讀書半日靜坐以為常除東林開講入
城講學外垂三十年可不下樓樓右題壁二絕手澤猶存其一
曰澗水泠泠聲不絕溪流茫茫野花發自去自來人不知歸來
獨對空山月其二曰漁竿消日酒消愁一醉忘情萬事休堪嘆
韓彭與漢室功成不遂五湖游寄託深遠其臨難時赴水如飴
已包括兩詩中而忠憲自此遠矣
高攀龍水居記畧漆湖之干有洲焉可二十步三分蠃一以

為廣其外池周之其外堤周之其外湖周之又其外山周之所謂軍將淥塘諸山也主人即洲作居以水為垣豁然四達主人偃息其中以水為娛泊然自得或憑軒而眺或隱几而瞑或曳杖而游目之所赴意之所遇覗睨之所安無非水也居久之于是閲日月升沉雲霞起滅草木榮悴禽魚去來與四時百物相代謝于一水之間而忘乎其為我也居又久之于是宅天宇之寥廓領元和之膏潤秉浩氣而翩翩上下于無窮之門而忘乎其為水也夫造化者固逸予于是夫乃歌曰泌之洋洋可以樂饑兮所謂伊人在水中央兮○可樓記畧○水居一室耳高其

左偏為樓樓可方丈窗䆫四闢其南則湖山北則田舍東則九陸西則九龍峙焉樓成高子登而樂之曰可矣可以望山可以觀水可以被風之爽可以負日之暄可以賓月之來而餞其往于是名之曰可樓謂吾意之所可也凡人之大患在于有所不足意有不足生于有所不可無所不可斯無所不足矣今人極力以營口腹所得止于一飽極力營居處所居止几席之地極力營苑囿游觀止于歲時十一之托足耳將安用之且天下之佳山水多矣吾不能目涉也取其足以寄吾之意而止凡為山水者一致也則吾之于兹樓也可矣

水居四言詩○微雨乍過好風徐來游觀斷續衆峯皆開歡然撫景盡兹一杯世事如積亦已焉哉○飯飽欣然蕩槳蒹葭蒹葭摇漾蓮花芳馥今日何日吾長五湖其來徐徐其去于于○舉網得魚摘我園蔬烹魚煮蔬載陳我書酒中有旨書中有腴聊爾東窗不樂何如○薄暮登樓四望遠矚時雨既降農人乍休乳鷰來止儵魚出游萬族有樂吾亦無憂○五言詩○少敦詩書好長嗜山水娛一朝謝簪組而來居菰蘆青山當我户流水遶吾廬寬中達四野喜無墻壁拘桃李植長堤菱荷被廣渠徒侶有漁父比隣惟田夫虛堂白日静恍若遊黄虞兀兀日昳

坐欣欣時讀書會意動静理常得性情舒恬然以卒歲吾此將焉如○六言詩○柴門春掩寂寂小樓卧起徐徐朝來公事幾許過橋東岸觀魚○綠樹遮山有態白雲過水無心一窗半開半掩四月乍雨乍晴○桃花一叢為佳柳樹幾行足矣行樂不務其多人心自不知止○臨水閒心便遠見山塵慮都消此間益者三友一琴一卷一瓢○七言詩○有客風塵歸去來兀然孤坐水中臺九龍山似翠屏立五里湖如明鏡開春雨鱖肥菰米飯秋風鱸美菊花杯蒹葭白露伊人在恣向江天亦快哉○幽居無事不開顏為惜春光只閉關兩眼情親惟綠野一生心

羿有青山桃花灼灼鳥啼寂柳絮飛飛人意閒緩步溪頭看落
日月明深竹抱琴還〇月坡初成〇浩浩月初上月坡正受之
以我無營心當此獨坐時為籌世中事無樂可代茲長林寒風
息春氣靄如斯萬族各萌動我心豈不知俯視方輿靜仰觀員
象馳靈襟既無際一形安足私持以畀大鈞榮悴非所思〇施
策高士躭棲隱清溪卜築幽門開五柳徑坐繞百花州水榭延
青嶂芳堤對白鷗求羊時許過老我幸同遊〇又湖山當勝處
極目上層樓巨浸涵空遠晴巒映日浮花間懸客榻橋畔係漁
舟聚樂忘歸晚寒風正暮秋〇錢士升過水居〇為尋仰止訪

遺宮宛在水壺玉鏡中幾點青山留面目數椽茆屋想流風悠
然觀化魚還躍寂爾齋心月正空須信斯文猶未墜三三兩兩
一時同（時同吳覲華卞子厚等）〇華時亨追和閒闢原韻〇每憶三閭憔
悴顏白雲深處掩重關飛泉夜雨驚龍臥敲竹秋聲到鳳山籟
起漁歌紋水亂鳥啼古樹老松閒九泉莫道無知已應與文忠
自往還〇永積和施勵翁原韻〇往哲從流水空留象外幽禽
魚觀講席蘅芷暗芳洲遺墨存斟酌閒情憶鷺鷗典刑疑未遠
觀海復來游〇傍水停孤艇懷賢上可樓觀空增眼闊達變信
身浮靜裏程朱座天邊李郭舟祀公同水月剪韭薦春秋

五里湖

一名小五湖又名蠡湖名蠡湖者誤蠡自有湖蠡開之此則其
扁舟處也名五里實則十里而遥北滙梁溪南注長廣溪蒼蒼
漭漭絶與西湖相似所欠者胭脂耳藉得樓臺間之梵宇周之
花木麓之蘇堤孫堤界之祠廟輝煌之勝豈在西湖下惜邑人
心眼悉注射于山泉間而使全體西施絶無顏色則亦斯湖之
不幸也夫
華淑五里湖賦〇湖廣運可十里其視具區則猶錢塘之于溟
渤也蒼巘周遭堆藍撮秀大類武林西湖西湖之勝以艷以秀

以嫩以園以堤以橋以亭以祠墓以雉堞以桃柳以歌舞如美
人焉五里湖以曠以老以逸以莽蕩以蒼涼俠乎仙乎而于雪
于月于烟雨于長風淡靄則目各為快神各為爽焉華子作而
嘆曰西子與西湖蓋不相知哉而稱湖必曰西子何也五湖扁
舟事本杳茫繫湖于蠡猶若有粉光香膩撩亂于漁歌烟森中
者世妄傳之予亦妄賦之惟震澤之莽蕩兮實灌溉于三吳伊
茲湖之渻澔兮乃汎濫于具區其洪波瀰瀁淪湝瀸澥匒匌阬
陷冷浮浛沓渤滅渤泐泐淴濡驚濤迸迫乎波紆徐水則唐千青
坼石塘漆塘梁溪廣溪小渲大渲菰瀆罵蠡交涇通泉落星浦

嶺許舍曹灣絲分眉析雨集星環灘沙漚點浪影烟攤山則遠
有大雷小雷錫山惠山白茅赤石吳塘軍障近有華峒五浪董
塢管社羅嶺湯嶺朱山寶界路瞰南橫裏山長泰參差岧嶢撣
援獠玃谽谺沕霩刧㹀佹硊傾嵜崟覆磬礣磷礧若翠屏之環
遶如繡幙之重圍至如水族之倫鯿鮒鯽鯩鰱鯉鱤魴鮊鮰鰻
鯖黿鼉龜鼈鼊鼇鱙喁沫噴藻噓噏漣淪又如波間鴛侶水
上鷗羣鶩鳴栖渚鴈鷺眠汀飛飛泛泛關關嚶嚶或搏流而相
顧各延頸以和鳴弄烟光于遠浦啄芳草于溪瀨又如渚花綺
合石荔羅生苔錢班駁蘋蘩零星菰荻蒲荇蔥苡菱芰蒹葭鋪

藻荷蕖敷分郁茀苾烈隰澌陂平或朱霞之晨捲若翠靄之夕
升橫輕瀾而摇曳漾素景而陰森散遥光于清浅瀲灧焰于空
明樹隱隱而送碧波淡淡而攤青至如莽雲委岫墨霧沉陰水
號風而捲抹雨飛瀑以噴氷沙石吞烟而滅沒鬣鬐狎浪以浮
沉篙師偃檝漁子廻罾茍截流而徑度雖三老其奚憑若乃春
風暖兮春草生湖水碧兮楊柳青輕舠容與兮河湄畫舫夷猶
于氷濱指軍障而遥發咸湖畔而一停青楓綠酒白舫紅燈堤
上堯花水邊美人香風旎旖艷色輕盈舟中歌管龢杪鶯散或
夫木葉落而湖水澄寒潭淨而秋風清榜人歌發漁市風腥于

時氷仙酒史蕩槳湖心攬紅霞之露露浮碧水之盈盈或舉杯
而邀月或倚棹以看雲或詠蒼葭白露或歌菊秀蘭芬或坐舟
前之孤石或叩松下之禪林莫不寄遐心于古淡吐逸致于幽
深至如爽籟齊發炎氛不侵風摇樹碧雨洗峯青水泛雲而欲
舉煙橫波而忽沉又如山容憔悴雪影繽紛峯巒飛白縞素成
林攬寒光而一色共遥夜以長清景無時而不曠趣有極而必
盈于是騷流靜侶逸客隱君流連晨夕笑傲乾坤築芙蓉之别
館結水竹之芳隣眷幽芬于蘭澤浣空碧之溪陰豔波禽之點
點數游魚之鱗鱗盼風帆之上下量嵐景之陰晴臨清流而長

嘯倚脩篁以孤吟釣香鱗而薦醑摘蓮實以和樽或携野老時
命友生撫來遡往弔古愴今歎夷光之芳艷睇少伯之英靈擔
映乎殘山剩水彷彿乎澤畔溪濱以館娃之仙子為澤國之波
臣行行越舫去去吳庭付清流于逝水委香質于浮雲望故宫
兮何日謝君王兮此心溯流溯洄載浮載沉慨蘇臺香徑之已
燼想錦帆響屧之成塵悵去國之遺跡存罵蠡之孤村對空波
而挹遺照舉杯酒以酹芳魂已焉哉春水淥兮波輕秋潦空兮
潭清思美人兮碧舫寤佳期兮遥岑邈清懽其奚在撫香夢而
難憑睠湖山其未老倘扁舟兮可尋重為之歌曰字湖以蠡湖

有情兮字蠡以施蠡無憾兮胥江石室同一夢兮山空水平浩千春兮闊〻者流若有人兮渺兮予懷來無方兮

孫繼皐五里湖流棹綠蕪郎官千載事堪符波連大澤迴天鏡樹罨青山坐畫圖檣底鶯啼春欲盡席邊鷗侶暖相呼遺縈不淺他年興乞得君王一曲無永積和一篙春水没平蕪遠望岧嶢映玉符瀲灧連空雲不雨瀟湘入眼畫難圖鸕鷀出没魚同患鳩鵲陰晴鳥各呼郤笑滄江垂釣叟收綸餌得巨鼇無

吳寅五里湖行生不願腰横黃身掛紫謁王公拜天子又不願論庖羲辨姚姒垂竹帛標青史但願扁舟傲五湖短簫長笛畫呼盧挾妖童擁名姝彈箜篌吹笙竽不知紅日墮西隅又願湖邊三畝宅栽名花累奇石烹龍團傾琥珀茅屋兩三楹短墻四五尺睽宕時容罵座人招尋喜得餐霞客人生何用書空〻咄咄君不見秦漢莊〻俱白骨

錫山景物畧　五里湖　二七　六卷

寶界附漆塘

地之勝豈不以人哉峯巒池沼爬梳之也百年而湮塞之也一日樓臺亭榭締造之也百年而拆毀之也一日喬松壽柏古桂老梅培養之也百年而斧斤之也一日高人勝侶徜徉登眺咏歌之也百年而羞辱之也一日一再至寶界僅存者覺華寺數椽耳坐卧其巔值狂飈怒發松籟澎聲上下互答為不忍去耳遡而上之則王仲山先生在焉又上之則陳方伯先生在焉又上之則錢伸仲先生在焉伸仲名紳當宋紹慶間謝州事歸隱其中携二鶴以從置俸鶴田舊苦無井紹慶三年春二月叢址出泉甘洌與惠泉等名曰通惠因建遙祐望雲芳吳通惠四亭亭廢而泉至今無恙也後屬陳方伯方伯名賓植梅數百株名梅坡錢以鶴陳以梅俱有林處士之風焉至王仲山間則殫竭心力重建湖山草堂遍植松檜曰萬松徑濬池種蓮曰白蓮池淺水藝蘆曰蘆灣可漁處曰漁隈可釣處曰釣石建亭曰可吟壘丘曰桐丘築臺曰曠如曰朝陽曰高遠因景而名更有睇岩嘯石雲竇藥谷山西故有太白峯老人峯躍鯉峯小羅峰〻下有南北樵路南北桃花塢則本山之所自有也閆子鑑復有父風早歲投林賦詩繪景垂五十年至曾孫大孟即不能守今則

錫山景物畧　寶界　二八　六卷

旦旦伐之百無一存山下為漆塘每秋水澄徹寳峰倒浸水中
黛色嵐光舒手可掬或曰又名漆滄
宋蔣偕通惠泉記畧○錢侯伸仲既仕而歸乃卜居于邑南漆
塘山中聚書四萬卷日取而讀之探古聖賢之藴以美其身于
其暇日稍稍跡岩剔藪立臺亭蒔松竹為游觀之適然是山無
水率以瓶罌汲于湖以供朝夕之用陟降告勞紹興三年春二
月伸仲行于其居之南爰有寒泉發于巖址以杖導之如龍蛇
蜿蜒酌而嘗之清冽滑甘與惠泉無異于是甃以瓴甓洞為方
池饋饎漱浣日用而不竭乃作亭于泉上名曰通惠山居之父

老聞而觀焉驚相告曰水行地中一氣耳茲山去惠山不百里
則其地脉灌輸理或有之或曰不然吾與若居是山老身長子
孫日以汲為病今錢侯涖止而泉發于其居豈天藏神閟不輕
付與有待而出耶乃相與歌曰泉何為兮效祉侯有德兮克君
子挹彼注茲兮況羞饋祀永牧勿幕兮自今伊始又歌曰孝友
温良溢于文章錢侯之德兮演迤汪洋惠我無疆茲泉之澤兮
德積而愈光泉久而彌昌世世其無斁兮于是宜興蔣偕聞而
異之因取父老謡言且本其作亭之由而為之記○歸有光記
畧○太湖東南巨浸也廣五百里群峰出于波濤間以百數而

重涯別塢幽谷曲隈無非仙靈之所棲息天下之山得水而悅
水或束隘迫狭不足以盡山之奇天下之水得山而止山或孤
孑卑穉不足以極水之趣太湖漭瀰傾洞沉浸諸山山多而湖
之水足以貯之意惟海外絶島勝是中州無有也故凡犇洶屏
列于湖之濱者皆挾湖以為勝自錫山過五里湖得寳界山仲
山王先生居之先生蚤歲棄官其子鑑始登第亦告歸父子並
中年失偶而皆不娶日以詩画自娛有客來為求山居記者予
未至寳界也嘗讀書萬峯山盡得湖濱諸山之勝雖面勢不同
無不挾湖以為勝而馬跡長興往往在殘霞落照間則所為寳

界者庶幾望見之昔王右丞輞川別墅其詩画之妙至今可想
見其處仲山之居詎減華子岡欹湖諸奇勝而千里湖山豈藍
田之所有哉摩詰清思逸韵出埃壒之外而不能自引決于開
元天寳之際以濡羯胡之膻以此知士大夫出處有道一失足
遂不可浣如摩詰令人有遺恨也今仲山父子嘉遯于明時何
可及哉何可及哉
蔡載題四亭詩○着亭傍林泉偶與物心期佳處時自領未應
魚鳥知右遂初 白雲何時來英英冠山椒西風莫吹去使我心搖
搖右望雲 高人不惜地自種無邊春莫隨流水去恐汚世間塵右芳

美水行天地間萬派同一指胡為穿石來要洗巢由耳右通惠
葛勝仲遂初亭骯髒晞儒先夸毗畏家戒九萬鵬程賒三四
狙公賣無寧歸却掃初服遂初禦功名付噲等登臨從湛輩小
亭襲佳名永矢佩先綠筠寒脫籜蒼官老傾盖家儲内閣書
辨與聖賢對投櫝謝家國預事那可再不學孫與公婆娑陳利
害又通惠泉山翁徹骨清日飲一瓢水天公隱其廉殆將
貽石髓先葝西神君一派跡清泚初驚石罅出盈盈來未已其
瀦為淵潭其滙則沼沚酌彼九龍泉錫味參差是一既紫笋春
芽頰留甘美餘波供濯纓濺沫邀洗耳山中有異事喜甚屐折

錫山景物畧　寶界　三二　六卷

齒長安昊天觀泰吴陽千里妄云脉絡通道人真踈矣寄語贊
皇公未應停水遞
莫迂泉梅坡春來千對雪和靖闕柴扉山逈無塵到湖深與
世違初香禽已集餘冷蝶難飛日暮未能去徘徊戀夕暉
王問因景各賦一詩林麓臨清湖浦漵相映帶歸來閉柴門
寧知此山外右寶界生長此山裏不知山路遥時時埽落葉歸向
松門燒右湖山草堂登高送落暉流光減遠水回看七十峰峰峰暮
雲起右太白峯歲暮登茲山徘徊松雲下莫驚鸑鷟棲寄言罻羅者
右羅山築室湖山間隱居心自閒常隨清風出獨步明月還右南北樵

路桃葉暗溪津似入武陵去田田春水流家家鳥鳴對右南尭花塢
籬落映山春鶯聲殊可聞數家尭對下一逕入樵雲右北尭花塢白
鶴巢雲松秋深稻粱足寧知烟霞心不受人間禄右鶴俸田松蘿晝
常陰連山結秋色一徑入幽深惟有獨行跡右萬松徑山中一雨過
殘溜日涓涓閒踏尭花去繞池栽白蓮右白蓮池黄蘆鳴水曲蕭瑟
湖上秋朝朝風色換去住任漁舟右蘆灣日暝得魚歸妻子懽自
足繫艇湖水邊上山伐黄竹右漁隱山人披羊裘石上閒垂釣終
日不得魚倚竿自吟嘯右釣石昔吟無遺響今人來續音脩眹此
亭上猶見古人心右可吟亭清曠與心期臺上聊容與望見幽人宫

錫山景物畧　寶界　卅二　六卷

緣澗還復去右桐丘歸來住空山形神幾超忽山净湖波明臺上
見秋月右曠如臺山氣漸覺開花露時時濕禽鳥悦晴光飛鳴紫岩
下右朝陽臺紫臺高不窮雲户停芝蓋仙人折瑶華海上遥相待右高
遠臺西山結秋陰月出湖水白埜鶴飛過林幽人坐危石右眺下岩
臨園綺谷上築許由臺倚石忽長嘯四面清風來右嘯石幽泉未
出山潛與元氣結淒霏散為雲谷口薜衣濕右雲竇彈琴殺已希
月出山更静虚亭無人知浩歌谷傳應右奚谷伏腊如青牛偃盖
覆雲壁滴露自朝朝石上涵青碧右松苓泉
施漸湖山草堂湖上青山自隔塵久聞樵採湍荒榛閒雲無

主還歸掛檞葉成陰少住人高士偶來輕漢綬桃源從此是通津知君不厭羊裘侶斜日松間一掛巾○顧可以王子幽栖地真堪謝世緣湖蔵深壑裏門掩衆山前窈窕循花徑崎嶇瞰水田一坐吟亭上都令思入玄○永積和施武陵韵弔仲山先生○一代風流自出塵百年遺業聽荆榛湖光面面迎遊客花徑層層失故人西子無頻留茂苑漁郎有路笑迷津興亡摠付陶潜酒且向山頭一漉巾○王世懋漆塘○移舟漆塘址躧步見飛泉尋源始隈隩登麓見阡綿脩篁翳層坂金碧何相鮮叢條下拂石翠色上干天嘯傲

長林下把臂懷七賢生無軒冕憂玆理幸見偏安得起鍾曠為奏宋琴絃○又尋山涉逶迤撫景窮旦夕遊目翠微巔巨巖生咫尺遠近標羣峯東南盡大澤山高日浮紫水潤氣生白莽蒼千古懷況冥萬象色悠然命尊酒一醉滄州客放曠湖山間吾生付雙屐○先太史立道用清溪庄原韵○湖上秋風病未禁興來真欲到山陰漁蓑亂結汀洲草樵徑香分橘柚林遠谷採薇隨麋跡閒巖投果見猿心放歌未盡空迴棹落日增波憂思侵○

石塘山附石塘橋　徐偃王廟　石塘菴　關帝閣

塘界五里湖長廣溪間延袤二餘里宋嘉定間僧月林建三石橋曰廣濟曰保安曰惠安元末天兵南下莫天祐毀橋塞湖為拒戰計湖流壅淤者十餘年洪武中里人浦行素重設木梁隆慶辛未復易木以石廣濟歸然保安惠安殆不可復橋旁有三潭曰旋水深不可測尤可異者水勢與風勢相左諺云順風逆水石塘奇俔東南風則驅湖水于獨山門內水由是漲漲故水從橋北流入風從橋南迎水而來西北風則驅湖水于洞庭山外水由是落落故水從橋南流出風從橋北迎水而來○下有

徐偃王廟上有石塘菴尤棟記稱偃王嬴姓為諸侯治以仁義穆王西遊瑤池忘返諸國交執玉帛贄于徐穆王馳歸伐之王不忍兵其民去之彭城武原山下居焉子孫散處揚徐閒即所居立王祠蓋衢常皆古揚州境也建廟歲月不可考重脩于紹聖戊寅歷紹興慶元以逮保慶藉浮屠氏力建閣以儲梵典闢軒以延賓客又累石堤百餘丈建三橋居民始不病涉菴為宋端明學士尤某香火建于嘉定初年初名法王繼名寶慶至正統初僧法箎增建水月軒環香閣崇禎中唐憲副士㠎于菴右建樓三楹上祀關帝三面皆可望湖去菴里許僧曉峯又結一

小菴自題曰小靈山募脩石堤二百餘丈
唐士嵘石塘關帝閣記畧○關帝之靈歷唐宋偏華夷千有餘年家尸户祝億萬〻計在京師則首正陽門天子致祭祀典特隆○帝生于五月十三日至期遣太常寺堂上官行禮先十日具題祝文仍書漢前將軍関某改稱帝自天啓四年始加封自萬曆四十二年始本年十月十一日司禮監太監李恩齎捧九旒冠玉帶龍袍金牌〻書勅封三界伏魔大帝神威遠震天尊關聖帝君于正陽門祠建醮三日頒知天下于是天下廟像槩加冕旒肰仍舊額冠將巾帝亦不加罪邑廟不可勝計皆建于大

陸無湖山之勝嵘為諸生時讀書石塘菴犇西偏三面臨湖擬祀帝其間以鎮一方而力有未逮甲戌倖捷乃克脩前願築基三十餘級建樓四楹以中三楹肖帝像旁一楹則時往瞻禮得楠息焉香火大盛羅拜者無虛日香屑淋漓香卓皆滿癸巳春正月火延香卓〻焚延及龕帳〻熱勢已上炎殆岌〻矣漁舟過廟前望而駴異持水嵓救杯水即熄真有神助乃驚相告曰非帝黙相豈易得此嵘聞之而重有感也帝忠義蓋世威靈亘古今嵘何能贊一辭念自陳壽志三國妄思帝魏非得晦翁綱目何以服後世之心然極重難返以帝之忠勇恊以諸葛武侯之神謀而天心去漢帝固無如天何國朝 文皇帝北征勒銘擒胡山而還道經潤灣海至乾難河每見沙漠霧靄中有神前驅巾袍刀伏額色聲影儼肰帝容回蹕乃勅崇祀典千百世為昭逆闖犯關正陽門廟額幾罹灰燼帝又無如天何今乃瞻〻此方寸地湖水揚波祖龍息燄帝靈共式憑之則此臨湖數椽行與高山流水億千萬年豈頋問哉

陳近思湖南佳處漫停舸紅葉凌寒玉露餘伊喔雞聲茆屋近飄飄帆影水雲虛牧兒引犢行隨草漁父鳴榔故趁魚好景留人忘去住言歸不覺月明初○永積和漫從旋水盪輕舸埜寺

荒涼兵燹餘檣影遠隨風力健磬聲遥度石寬虛秋田美景惟觀稼澤國生涯是捕魚少伯十年生聚好從頭休養又新初

邵寶觀水謠○東南風湖水生西北風湖水落昨日今日皆天風不見水嵓來但見郊原成一壑海深如不容洪流横復縱都水使者難施功三江不為江震澤不為澤岳陽何處樓長嘯洞庭窄君不見山東不雨夏接春赤地千里還愁人

鄒廸光石塘寺○湖曳氷綃冩梵宇山飛金簇射香廚一僧八十偏躭酒自挈長罌向市沽○又石橋百尺掛虹蜺橋畔雲山歷〻低剥啄空門人不應沙彌騎犢過邨西

鐵龍菴

菴在許舍山白石嶺下一巨森中菴奇菴名亦奇先是有長道
人者無姓名長瑜九尺行遊街市高出屋上常寓南北二禅寺
善用符水療病趙甬江開府兩淛患腹疽諸醫罔效道人偶過
府門中軍官入報符水可愈甬江召之道人取一刺置筆内
書符疽上須臾疽破愉快之極因獲厚贈得千金時又有冨僧
號無不空願與道人俱同至許舍山下見一巨樕盖千年物也
立售之森半空如小室色如鐵因名之曰鐵龍道人趺坐其中
僧則鑄鐵鍊于喬松之巔結二巢置衣鉢焉四面開長川川外

植槿為籬川内植竹竹密如堵川中白蓮無算又于巨森前築
高壇種杏千株芳菲奪目二人于中施藥施符從者如市如此
者幾三十年無不空自焚與巢俱燼道人千金施捨亦盡一夕
遁去不知所之

顧可學松上結危巢參雲第一梢鶴翔堪共適雀啄莫相遭北
倚罔千仞南臨水一濠山阿安野性舉首即天橋

横山

過石塘橋横山在焉為蕭氏之世居山巔有穴若谷里人曽于
谷中結小菴今增餙之名雪浪菴菴旁石池大旱不竭山麓有
巨楓二為宋人手植大可圍四人枝生芸香蔭十餘畝今合為
一株下舊產硃砂有硃砂墩旁有喬松七蕭氏君愉曽建亭于
下即名七松成僉臬又負巨貲建横山草堂皆廢山下名横塘
塘下有横山菴蕭氏有小像二一為蘭陵公蕭倣唐僖宗元年
拜相時年八十有三居台席復得十載一為儀同府主簿蕭德
言年亦九十餘俱載誥勅像贊子孫緜世守之

蕭光緒巨楓記畧予家世横山又世習毛萇家言維詩有云
維桑與梓必恭敬止又云蔽芾甘棠勿剪勿伐古人于一茇舍
閒尚歌咏不忘况生長于斯喬木在望乎山麓固有巨楓一山
之居民習而安焉而不知其為宋元閒物也楓雖一本實則雙
枝其膚則楓其腹則石故老相傳雙枝對峙時中本空空山中童
孺戲行人以石投之纍纍焉輒投輒滿楓則潛滋暗長膚與膚
接卯其腹中實藏石子數斗然泯然無跡又不知幾何年矣今
亭亭獨立高可數十尋大可圍四人下覆數畝可布數十席上
有千萬枝枝枝北向取而爇之片片皆作芸香春夏閒客坐蓙

日不風而風霜寒露冷萬葉搖紅如彩霞如丹錦因念楓之生
辰亦有幸有不幸楓宸丹陛名重掖垣則楓何其貴重烟波釣
徒之礿生其毋夢楓生腹上則楓何其清高在今則故宫禾黍
僅得予衰朽之身結菴其下豈徃有楓天棗地楢神化羽之説
至予而始驗耶因自號曰楓菴亦望後之人以篤親為桑梓以
保世為愛棠則楓菴之拜賜多矣

呂銘大楓〇宋世誰培雙幹楓隂、秀起逼層峰高標信可追
三檜古色真堪匹五松春雨凝香千點綠秋風吹葉萬枝紅山
人不辨何年物趺坐濃隂咏化工

呂質七松亭〇松遶高丘景倍清數椽小構一茅亭幽花透檻
搖書幌翠色穿簾映畫屏明月瑩瑩移蓋蔭微風颭、弄濤聲
考槃自識山中趣絶勝烟光滿帝城

秦夔横山草堂〇澹仙庄上題詩去滿目溪山足勝遊回首相
思便陳迹此生何異泛虛舟〇又故園詩酒尋常會只恐愁途
又轉蓬回首竹林編七逸虛名應不數王戎

軍將山

羣峰環列一峯首出建真武殿于絶頂玉符金甲嵩岱並尊寶
蓋朱旛龜蛇長護者軍將山也山高水深神霧益顯凡上山進
香者邑士女無定期里人則于元旦羣拜禱焉萬曆戊午香客
至火熄復下山取火有儒生周景濂跪且祝曰神能顯異此一
炷香不火自焚隨炷入爐中移時燄騰騰起衆客復至異之遂
傾動一邑遂流傳四方于是香火大盛山又適坐溪湖之交禮
拜畢至殿後望太湖、光渺、香舟逘來歷五里湖湖光又渺
渺歷清溪長廣溪、光又渺渺邑好事者於是戴星逘載月歸

素饌逘酒醴歸虔誠逘嘻笑歸梵唄徃笙歌簫鼓歸每春日晴
和秋雲澹蕩大舟小舟香煙繚繞紅紫繽紛遏雲繞梁雯唱迭
和沿溪湖四十里可絡繹不絶也按山俗稱軍將實原名軍帳
其形如帳之廻合南唐伏兵焉盤亘三十里有甲仗塢教場皆
官來箬藥等塢皆有石穴可容數人或數十人蓋當牟以太湖
為天塹結營以備越兵者山下有池數十畝産金鯉魚今湮塞

華淑祗為玄都一瓣香籃輿惮惮白雲鄉蹤肤珠玉緣如錦不
作人間歌舞場〇永積和死灰鑪裏起生香贏得香烟遍水鄉
浪暖飛花漁棹穩好隨香客醉千場

五浪山居○

故江春波小築也春波名福生弘德閒為後母所逐蘇州雕工憐而育之遂精其藝行游遠方自楚入峨嵋雞足諸名勝雕刻佛像巧奪天工得工價甚夛盡買藥料奇木在蜀與長素道人善道人欲游西湖遂同之至浙將藥料脫去盡易青田凍石古藤癭木與花梨湘竹已偕道人還邑屈指出亡二十餘年父母已俱亡矣有後母弟尚未婚為捐貲娶婦并買田二十畝贍之春波則與道人選勝五浪山築草堂于茂林中〻奉佛像回面布置遠方所得石骨斛瓢竹篋銅鐘磬凡坐墩隱几諸器皆非

吳下物除誦經禮佛外則取所置竹木製為研山筆架盤盂辟閣麈尾如意几杖禪床短榻等具物〻精巧光澤照人又春波善釀酒道人善治素饌出以餉客芳潔可愛二人更好客善談笑語及遠方奇蹟輒亹〻不勌唐伯虎祝枝山文待詔父子常造其廬竟日夜不忍去陸水村扁其堂曰五浪山居并為之記四廿八年不下山年逾九十坐化道人亦尸解

孚澤廟附成性寺

宋淳熙初邑令王文林建以祀龍神遇歲旱禱雨輒應開禧二年賜今額朝散郎高可大有記廟旁有龍井〻旁有成性寺亦係淳熙初孫氏捨宅建初名龍祠菴〻在空谷中循級而上石壁四周松篁高覆真飛塵不到處天順二年僧道章奏請賜今額里人于三月十六日羣往遊焉

薛浮休孚澤廟歌○龍神廟前百尺井淵然無波色深靚神物攸藏雜蛙黽深夜時〻出光景若歲大旱土不膏東家西家嗚桔槔禾黍就槁山岳焦有禱即應蘇民勞刲羊擊豕競犇走共

向祠前陳俎豆合沓睢盱列巫祝屢舞傞傞答神佑紅綃蠟炬照盤筵撞鐘吹螺鼓淵〻白頭老叟拜且言但願明年還有年

○王穉登松塢石林〻秋風萬壑陰泉清塵客耳花照定僧心龍㧟埜桐破鳥啼山竹深蒼生饑渴甚朝夕望為霖

長泰寺

永積重遊記畧○憶自丙戌重陽與先君訪正可于長泰寺ゝ去城幾五十里在萬松蒼翠中度石橋池水泓然入山門禮大雄殿寺右敝廬數椽乃應教所居寺左則為正可之新搆齋堂三楹折而上客堂三楹又折而上石磴數級為雨花堂ゝ舊屬崇安寺憶廿年前與諧孟薛子所止顧子弟元琳輩結雨花社在堂內論文角藝可二年許寺僧不守鬻于侯計部澹泉澹泉捨置山中同一佛剎而一興一廢感念久之堂右又凌級而上為方丈堂前廻廊一周則左右皆可通焉先君坐堂中良久正

可出蹲鴟一大盂以芝蔴末代糖霜醮之別有風味復引余登絕頂則山根正臨太湖即指示築室時破山取石殊費工力土石皆紅黃色新痕宛然已而出寺覓古跡所為留笠閣畫猫壁碧照軒皆不復存留笠閣者寺前故有千僧井內舊傳有仙人戴笠出鄉人逐之不可跡留一笠去或云仙人即僧伽因建閣供養之畫猫壁者壁有一猫爪牙生動鳥雀望之不敢入舊傳為仙筆寺門又有巨人跡傳為羅漢跡亦不可復識惟西房一柏最古尚係宋人手植柏身多殘損枝幹亦拳曲不甚暢茂正可故能詩出六咏就正亦古澹可誦別半年乃聞有好僧欲將

新搆攫而有之竟速正可于訟所愧無力救援而先君于戊子謝世闡問益疎又亡何聞寺右喬松為隣僧所伐可惜亦可恨正可亦破無諍戒鳴之官而寺遂不可居儵忽六年復偕友人華方弱王吉甫重尋舊遊叩山門正可已徙居澄江延律僧德維杜門寂守對語移時德容藹然亦有衛器善知識也歸舟念正可苦行不置作短歌以寄懷憶考寺始末則溯于梁大同元年宋賜額普寧禪院國初僧惠宗脩之名長泰仍山名也

僧正可恒六景詩○前代產靈木山齋久住持夜闢虛野殿寒翠落空池却與頑石老還經古雪欺衲僧忘歲月問臘數亂枝

右宋朝柏

僧歎鳥嘈雜人傳此畫猫爪牙看壁立辟易聽風颸歎避南泉斬全憑好手搯每憐生骨駿招爾共清宵

右畫猫壁

開鑿知誰是靈源接上方探幽神骨爽引興蔦衣涼水面封瑤草雲根試玉漿古今僧掛搭盂茗共山房

右千僧井

巖畔巨人跡何年寄此遊空花頻作雨靈霧結成樓眉目誰能辨行藏自可求蒼苔石梁北應是蛻潛舟

右巨人跡

斗室臨高麓虛窗浸綠天吹煙香靄滿禪衲碧雲連水觀三千偈峯開十二肩殘碑何處覓芳草自年年

右碧照軒

先哲曾留笠松寮幾變更山光無世路苔色見人情鳥下分僧飯魚敲響佛名且隨黄葉葉自莫計山程

右留笠閣

永積癸巳重遊寄懷正可○路出城南四十五長泰之山真太古俯伏萬松蒼翠中置身不知在何許小橋流水寺門開雞犬桑麻多樂土鳳凰山北軍帳東七十二峯還可數僧伽昨夜出人間入肉井邊行踽踽野人追逐影飄然一笠長留空殿廡至今鳥雀不敢穿壁有畫猫如畫虎老栢陰森不記年手植猶傳宋高祖寺門更有巨人踪誰氏兒孫能接武中歷滄桑幾變更猊床獅座同環堵碧照軒傾石井枯单存蕭殿靈光魯山僧正可自西來不惮籃縷厭辛苦古屋三楹宇雨花飛來峯頂疑天補數曲廻廊次第成募緣無事勤雙股麥飯黄虀淡自甘空林永夜聲鐘鼓豈知調達太無端幺麿畫現狐狸舞何處松風起怒濤牛山濯濯哀斤斧一鉢天涯歸去來太湖風順重摇櫓人生萬事且隨緣别有天地江之滸吁嗟乎别有天地江之滸

竹山

自嶧峒分脉為横山蜿蜒六十餘里山南之脉至此始盡山如蟠蚌三面俱立湖中與廟山相望又如兩巨鼇並鎖湖口按湖水與湖田朝夕激射全恃山力障之方無崩塌之患是山廣五十畝其與平壤接連僅三畝而嬴山足約十有七畫受湖波之擊撞方潮落時盤盤廻遡恠石叠出或凹或凸或仄或平或俯或仰或突露如牙或迸裂成洞石子纍纍與白螺殼相間可數百斛遊人坐石遠眺湖光盡浮水面已復梯徑登巔萬頃玻瓈忽從眼底落下一上下間倏忽改觀山又喜不甚高石根而土其頂舊植萬竹今改植萬松山下人以捕鰕為業其具如雙屐高四五尺步入湖中二三里如履平地

邵寶同秦端敏公重遊○十九年來復此遊醉眸高閣五湖秋孤松似蓋峯前立萬舸如雲水面浮有興直須瞻北極無詩真恐負南州憑誰再作登高約淮海先生未白頭○秦金和乾坤何處寄真遊晴日平湖萬頃秋雲葉洗空天宇淨浪花飛動竹山浮少陵詩句驅千古司馬襟懷隘九州我亦欲留雙眼碧蓬萊遥望海東頭○莫止和勝地重逢感舊遊廿年真負竹山秋崖根老耐湖波激天極東連海氣浮形勝縱觀經幾士帆檣交

影落三州○登臨却悟追隨晚○顧乞奇書拄杖頭○錢茱和十載
黃壄艸勝遊麥風吹雨半湖秋○沿村碧蘇高低矗疊畫青山遠
近浮○芘老風流餘震澤○宋家勛業渺杭州眼中多少興亡恨且
趂壺觴醉石頭○永積和憶昔尚書結伴遊於今彌望海天秋○
南來縹緲依山畫北極滄茫亘地浮萬井風煙連震澤一方雞
犬護瀛洲明朝好趂漁郎棹及早移家住上頭

沙頭

一名沙觜一名沙渚即宋王三太保舊壤生塋于斯者山四圍
湖三面東接長廣溪五里湖久為兵火不到地太保子孫因族
焉太保封丘在鳳凰山足華表四祭臺二皆宋製斷碑一惟墓
字僅存餘皆剝不可辨識喬松十有二離立道左如兄及弟使
移植龍山當不讓聽松獨步矣居人種毎栽梨植柰李以為業
每春明爛熳游屐所至真入萬花谷中片片落紅未許漁郎問
渡至十世孫訥曾分為十八景景各有詩今亦半湮沒尚可指
示者曰鹵湖曰南湖曰西山坳曰北山坳曰錢桃塢曰碧雲塢

曰竹岡曰槐陌曰梅坡曰橘林曰杏花店曰萬松嶺曰芙蓉岸
曰柳浦王氏固有名園今屬秦予晉氏
桂山到處湖山多勝遊故園風物屬沙頭半帆影落清溪月一
邃殻殘碧樹秋磧上有風平鳥篆磯頭無客荷羊裘何時載酒
陪清賞都把心情付白鷗○金涅湖水南来浪拍天村村綠蔚
接平田個中別有楊雄宅問字時逢載酒船○又落日扁舟似
夢中江南人在五湖東靜聽沙客行相語明日開帆有順風○
王與西湖○具區舊是吳中勝風景寧輸潁與杭不用千金買
圖畫只消一曲和滄浪帆開遠浦迷春雨簾捲澄波逗夕陽遊

宦歸來重吟賞肯教蘇子擅文章
卞築南湖○乞假歸來尋別業南湖湖上正逢春行々野尋非
新植雨々漁家是舊隣沽酒郤嫌投市遠賞花寧惜放舟頻輞
川未必能勝此逸少風流信可人
楊壽西山坳○別向坳西築草堂風光渾似輞川莊青山路隔
紅塵遠綠蘚陰連白晝長勝侶每勞迂杖屨良辰偏稱引壺觴
高情不減王摩詰賸有新詩貯錦囊
徐觀北山坳○北山形勝輞川同佳致尤憐屋後峯十里雲煙
春冉々半空屏幛翠重々山人去後留玄鶴仙子歸時有赤松

何日秋風能約我湖亭拄笏看芙蓉
冉哲錢桃塢○前度劉郎觀裏栽何年分向此中來光風披拂
自然好細雨沾濡取次開香入酒杯霞作暈煖蒸書幌錦成堆
漫言結實三千歲且共看花日幾廻
李維碧雲塢○坐久三峯晚望中凝碧雲不應談世事自是出
塵氛嘉木層々見秋聲處々聞佳人端可待風景欲平分
張寧槐陌○清隱南湖上高槐紫陌長踈花閒自落幽夢覺還
忘坐見遊人盡行看舉子忙地偏風物好不是學三王
高宗本梅坡○野水晴山十二橋鏤銀雕玉萬千條夢廻東閣

驚春早吟遍西湖見雪消画角梟空風淡々翠禽啼月夜迢々
當年老宋風流在擬欲相過賦一瓢
金湜橋林○山前山後橋千頭不減江陵舊戶侯折柬一封三
百顆秋來端肯惠吾否
趙慱杏花店○二月山南淑氣回東風吹得杏花開紅酣葉底
霞千點艷折枝頭錦萬堆但許孔壇琴對撫不勞唐殿鼓相催
幾枝斜出東墻外招得行人問酒來
鄒幹松嶺○松嶺迢々望轉賒碧雲深處有人家層巒鎖翠多
晴幹曲澗流香半落花夜月巖前來遠鶴夕陽林杪集寒鴉湖

山憶昔曾遊覽争似孤高閱歲華
桂茂枝芙蓉岸○秋江江上露華清兩岸芙蓉照眼明秦客謾
誇仙子掌蜀人多認錦官城芳葩帶雨臙脂濕嫩蘂牽風翡翠
輕載酒每勞王逸少清時游賞快吟情
洪顗柳浦○兩堤楊柳是誰栽遊覽人從此處來樹杪風生柔
線動水心魚躍錦屏開畫圖雅似王維墅題咏慚無子建才自
古名邦多勝槩會當貰酒共徘徊

孝子泉 附尹蓬頭

在沙頭白龍山中一誠秦公塋親地也山舊無水公廬墓作永思居忽自石中流出咸謂純孝所感故名孝子泉胡某有記記稱公赴京謁選忽心動遂東裝歸歸而父景輝公已厭世以終天爲恨廬墓四十年朔望則衣冠拜泣淚滴松根根爲之枯今深山出泉可潤數百家信乎忠孝之氣上可格天雷陽之竹孝婦之草又何疑焉[illegible]又於成化十三年遇尹蓬頭于長干寺蓬頭狀類詭異公目之忽張口曰若携錢來乎盍散諸公散盡無吝色曰此子可教[illegible]歸吾當過汝公歸家人告曰前有一蓬

頭相訪詢之即相遇之日也既止公家種種示異盛暑則暴赤日中隆冬則以雪自覆而卧頭多蝨身又瘍癩必欲與公共榻公亦安之居三年遇大寒雪忽曰今夕冷甚君有愛婢願假一宿公置不應尹笑曰吾去成仙之日遠矣贈以一詩而别詩曰跨鶴西風出華州袖中常帶混圓毬紅鉛黑汞東西採白雪黄霞次第收孔子泣麟周道否卞和獻玉楚王囚眼前誰是知心漢墓負入閶五百秋

沈錬孝子泉　山川寂寞水淺淺苔蘚常封孝子泉四十年前無限恨夕陽影裏咽啼鵑

吳塘門

吳塘山名山下有門溪湖出入處也此門與獨山門爲一邑西南要害蕭氏山記云邑西注之水獨山不能全受洩于石塘之下遇山澗之下衝郤而成瀾最合蓄洩之宜徵獨山則水皆西注者歸併而南山澗豈能與之爭徵吳塘則澗水歸併而北西亦不相下有一於此爲害不小二門相爲表裏真有神功宋紹興間尤延之塋父雲畊翁于吳塘廬墓者三年一夕見燈光蔽湖有神舟抵岸山神往迎之神大吒曰此大地發福當三百年誰敢當者山神具以狀告神曰孝子也孝子則可當之延之

服闋即登第閱六世金紫不絕先是郭景純有言吳塘東吳塘西玉兎對金雞有人塋得着代代着緋衣登即其地耶然非孝感而欲求大地言何容易特錄之以告世之塋親者

史鑑　一水遙遙與海通舟行疑似入虛空三江共接朝宗勢萬古長懷底定功錫麓人烟帆影外洞庭山色浪花中登瀛有客頻來往欲駕雲濤趁便風

錫山景物略六卷終

錫山景物畧卷七

蠡湖野史王永積輯　男淑高洸高仝校

南禪寺

邑古刹稱禪寺者二：一城內，一城外。城內曰北禪，城外曰南禪。建七級浮屠者二：一在山，一在寺。在山名龍光，在寺名妙光。考寺，剏于梁太清初，名護國。唐咸亨中名靈山。宋天聖間賜額福聖禪院。元至正四年，僧本復始建大雄殿，俗稱無樑殿，殿脊俱用箕斗攢成，備極工巧。塔剏于宋雍熙間，僧伽至寺，掛錫寺壁，忽失所在，衆異之，塔始基焉。至崇寧三年，賜額妙光。元大曆二

年火，僧心月重建。國朝永樂五年又火，宣德二年僧一葦重建，八年傾仆。正統元年一葦又建，至十四年僧雛獨卒梢竟共成之。先是，塔院竣工，擬塑僧伽像，一僧得夢有神告曰：無勞塑工，泗州寺現有三身，可往求之。僧如夢至寺，三身宛然，將迎一以歸。先一夕，又有一舟子夢有紫衣僧告曰：願乘風便附往無錫南禪寺。黎明僧適携像至，兩夢相符，乃載與偕來。寺稱南禪自茲始。寺門臨運河，有齒德兼優坊，崇禎十六年為少司寇嚴公一鵬建。入門數十步，為天王殿。殿右為真武、關帝二殿，萬曆中明士錢有餘募建殿左。有南來閣，邑紳胡濙建，今改祀送子觀音，扁曰廣嗣。邑愚夫婦求子者爭趨之，歲施捨可百餘金，則皆道士酒資也。塔院後為法堂，寺之四周舊築護塔城，嘉靖中島夷曾登之瞰城中，今削平為民居。寺後為放生池，有惡僧心月者，質于豪右，得數金貰酒，令畜魚屠命，歲百萬計。黃居士家舒愍大慈悲，醵金往贖，更有漁其利者，往返數十次，卒不可贖。俊占如故，早得查明佛地，挈而還之，或亦賢有司事也。

錢景醇《重脩寺塔放光記》畧：邑迎薰門外南禪古刹，唐時所稱四百八十寺，此其一區，而寺故無浮屠，有之自宋雍熙中，僧伽來自泗上，絓錫剏建，以怖神蛟，語具《張觀察記》中。夫佛之露

無之非是，八萬四千毋陀羅臂，八萬四千清淨寶目，觸塵埃入膚寸，即斗室燕几，香花盂水，楊枝藤杖，儼然儼然，豈必崇以七級，艷以丹青，輝以金碧，然後乃邀大菩薩之駐錫哉？以予所聞，云亭封禪，雲起封中，九疑高聳，湘神宅焉，隱隱有管絃聲而不聞，鶴垤蟻丘稱瑞應，則夫凌碧落、矗雲霄者，神所憑依，將在茲矣。且菩薩慈悲清淨，攝億衆生，令其竭膏血以脩葺，殫衣絮以鳩工，點堊朱丹，榱題覆一切，紋衆生所為嚙口資身者，而崇其質，偉其觀，即錙銖龠粒，能不重為衆生惻然憐憫曰否否。浮屠既建，而邑之經生學士始有魁圻省魁大廷者，人文蔚起，惟

浮屠是占乃今歲月滋深風雨飄颻鳥剝啄漸以蠹壞於是鄉耆父老暨薦紳先生不惜材力欲重新之工僅十一而燄光且騰騰起由第三級繚繞而出初若輕烟少選則漸郁離視之靄靄察之縷縷五色咸備乃蜿蜒而上蟠絶頂輝輝如寶炬僅盈尺許其光芒直干青霄不知其幾千萬丈期際也時為萬曆十四年中秋前二日越十日又吐二更踰時環堵而觀無慮數萬人人艷說之家有幽户有施焉閏月工竣于是爭書志異也莫止露氣絶生塔影寒廣庭花草又秋殘風鈴不語遊人散留得清閒待我看○姚咨斜日蕭蕭入化城因尋靈跡散幽情抄

儸盡脫朔風急鸜鵒不鳴殘序更喜叩禪關參色相懶從兜谷問縱横長岡歷遍歸舟晚隔水猶聞鐘梵聲○陳近思和朋遊久別招提境聯袂登臨共野情滉瀁濠波城堞近蒼茫煙景四時更殘虹截雨吟懷壯逸抱淩虛劍氣横山寺不知歸路晚滃煙清磬送寒聲

俞憲登墖○七級浮層每欲登縱心升降共禪僧雲間窟宅龍鱗暗海上樓臺蜃氣蒸莖為厲王名跡勝刼因魔毋燄飈騰凭高坐覺諸天近入衛因緣夙世曾

菰川庄 附劍光閣

今改福城菴矣仍書菰川庄者存舊也出南關一里而近為菰瀆橋太橋三百武補菴華公庄焉公名雲為邵文莊公高弟建劍光閣藏書萬餘卷皆手自較讎法書名畫盈箱累櫝悉與文衡山沈石田諸名家品題鑑賞無一贋本讀書得暇則於菰川一行樂焉後廢僅存樓房數楹曾孫時亨捨為佛地僧佛音先建藏經樓五間極高爽繼益寮舍數十間乃於樓前建大殿供大士甫築基而佛音已荼毘竟其徒聞文續成之唐毋張太安人暨姊氏張孺人實為大功德主山門與前殿則尚有待焉

華時亨福城菴記畧○世宗朝先大夫補菴公文章氣節嶽嶽表峙致政歸髦矣猶建閣讀書閣即為劍光云離閣數武誅茆營菟裘榜曰菰川梘柏翳如花竹分列池館亭榭勝甲梁谿一再傳家酺産廢予六七歲時先君守吾公曾挈予遊為指點某塘某池某亭榭地而頹垣斷礎僅存什一于榛莽間數年來家業益落遂售之崇安寺僧凝然崇安僧多應赴而凝然獨佼佼其高足曰佛音受拂於頂目大師頂目涅槃併付千佛衣佛音得其傳于頂目頂目得其傳於漢月和尚漢月當禪教式微時宗風遠振今傳衣于佛音真實了悟又好為詩歌因權著數塹

拂拭椎為人天眼目故不持鈴柝不餙竿牘不一年葳經樓成
崇閎高廠中居毘盧左右居準提大悲樓前大殿奉大士像殿
前中居彌勒韋馱左奉關帝右奉吾孝祖孝祖舊祀于義庄〻
廢吾祖問齋公奉迎於蕜川今得藉師大力以妥先靈又世浤
中一大因緣也工既竣易名曰福城菴仍存舊名曰蕜川靈運
之思葢終不忍没也
何良俊題蕜川圃圖○威鳳奮赤霄神虬樂深淵飛潛會自適
冥心古稱賢斯世重附驥篚篋壺戔〻箕穎若有聞千歲如比
肖公本瀟蕩人拂衣凌紫煙棲托好自佳築圃在蕜川開軒望

綠蕪良苗滿春田高柳蔭長堤翠篠夾清漣賓筵列文儒琴酒
日留連觴行荀氏龍真風動星躔何意喧競時幸覩羲農前伊
余同調者披圖意翛然願依仲長宂共醉桑榆年
華雲同陸儀部施武陵宴集○湖上羣峯常在門落花芳草閟
閒園喜逢晴日垂青靄笑對故人傾綠樽鳥帶遂聲煙塢暖魚
衝燈影夕波翻追陪盡是忘機客不問區中世事喧○施漸宛
然一水外已是隔塵緣深竹常留客幽齋頗近禪疎林瀟残照
遠岫起寒煙席上侯芭醉知君好講玄○華察蕜川太城只一
里側足田溪深不已載酒無煩遠問津扁舟但尋南郭是客來
長夏如清飈夾路陰〻翳樫梓綠埜翻從對杪懸白雲郄向牀
頭瓲肘腋涼分高閣風鬚眉静對寒潭水著書已到忘言處繕
性尤諳攝生理世間服食徒爾為元化由來潛一指池中春草
年秊生夢裏空慚謝家子○永積和蕜川蕜川蕜瀆里瀆水成
川流不已昝年臺榭列參差今日荒林何者是勝蹟雖存徃詰
遐空令過客敦桑梓近郭名園與化徂矗空傑閣凌霄起惠嶺
遙連鷲嶺雲清溪幻出曹溪水更聞大海振潮音益信蘗除有
定理壞空成住等閒觀任運何須憂食指渡頭來徃盡扁舟〻
中誰是鴟夷子

彭季次補菴劍充閣原韻○劍充高閣瞰蕭齋舊榻重分興味
佳璚岫春生雲欲吐研池風暖墨浮涯謝安逸思誇游覽阮籍
清唫富詠懷海內論交真不忝坐忘明月轉由階

張王廟

祠山張大帝名秉武陵人為黃帝後事禹分治水土均江海通淮泗厥功甚鉅一日行山澤間遇神女謂曰上帝以君功在吳分故遣相配長子以木德王其地且約踰年再會秉如期往果見前女歸子曰當世世相承血食吳楚後生子渤為祠山神神始自長興自疏聖瀆欲通津廣德化為豨役使陰兵戒家人聞鼓聲始具飯有鳥集鼓上啄食夫人李氏携飯往得見真形工遂輟故禁食豨王生于二月初八日至期有請客風送客雨遇亥郎止唐天寶中封水部員外郎累封正祐昭顯威德武烈王

寶祐間封正祐武烈真君邑廟在南関外永聖橋東宋嘉定元年奉議郎齊囑書額元延祐間重建正德間火羽士范玄機道會許真常重建內有楠真樓最幽雅

陸勉一路入烟霞來尋羽士家伯陽貽寶訣勾漏隱丹砂卷箔桐陰淨彈棊日影斜崑崙安可極空憶采瑤華

王問楠真樓○偶上仙樓一振衣步虛聲歇暮鐘微窻含返照溪光淨城帶寒山森影稀少室雲霞常自戀杪秋風日暫相依君才會取班生印未許從游便息機

保安教寺

寺之妙在愈近愈僻入寺之妙在愈艷愈冷去南禪寺二里即保安寺寺門流水泓然古木蓊然入寺兩僧房夾之喬林修竹犇鬱然前殿供世尊後殿供織跡金剛菩薩菩薩三頭八臂丈六身兒女望之慴慴然後為禪堂供大士靚深幽潔苾蒭課誦其中黯黯然寺剏於梁大同初亟樞密捨基超然師剏建宋乾道初賜今額元末廢國朝洪武二十六年僧道實重建正統間僧處卑脩之嘉靖間僧廣才脩之傳至行固昭明禪堂正殿拓舊增新山門甬道月臺石壁一切煥然為寺內舊有東林精舍

為邵文莊公與華補菴讀書地

管志道募建織跡殿偈

無為爲因　有為為果　無有是處
理違事故　有為為因　無為為果　無有是處　事違理故
不離無為　而示有為　是真無為　理攝事故　不離有為
而證無為　是真有為　事歸理故　爰有古佛　織跡金剛
內蔽外嚴　為護法故　所護為誰　於凡出世　彼攝我折
理事融故　藐焉沙門　誓發弘願　管發今營　仗佛力故
一生之因　萬劫之果　因正果正　佛所證故　我不談因
亦不談果　為告十方　作佛事故

華幼武保安南郭寺野色淨相連古屋依林墅空門隔市塵梵
音脩竹裏燈影暮鐘前欲借山房宿其如不語禪〇邵寶獨憐
古寺近南城白酒青燈坐二更北極天高星正迥東林煙散月
初明十年禪榻還尋主千里還車奠問程便欲作亭依舊竹流
金為影月為𣪻〇永積和蕭蕭寺枕南城閱盡山河幾變更
一榻靜禪香座冷千年佛龕燭花明聽經面域誰留偈問渡東
林不計程踏遍廻廊先詰沓隨人領取是松𣪻
周炳謨送寒泉上人自京師住持保安〇杖鉢辭丹闕青山主
白蓮來時原為泳歸去好添禪社結忘機客茶烹帶月泉捲川

多勝槩相訪在他年〇宗僧雪徑雨過松凝翠幽人自透迤破
壁書貝葉洗鉢向蓮池春至生新草囊空少故知水雲情慘淡
瀹茗自論詩
邵寶憶東林精舍寄華補菴〇東林寺裏舊書堂三十年來野
草荒百轉未忘初鳥韻一枝猶剩晚柑香山懷龍阜神俱遠水
闘梅村脉正長寄語雲生為磨石客中新記已成章

夢茶閣

在九里涇山人姚咨翀山人字潛坤與鳴山學士最善其巖居
稿唱和甚多詩亦爾雅嘉隆間一名手也
華察山人肚獨醒啜茗亦自醉清風散高閣隱几頹然睡乎生
在苦吟冥想入寤寐殷勤夢裏言欸曲詩中事神超萬象融意
愜情景偹天籟本希聲筌蹄一何贅悠悠池草心千秋可同致
〇鄧山人絟閣倚空明真同鄴架清太玄纔草罷隱几夢初成
碧乳烹鐺月龍團啜荈英泉香懷陸羽蝶影寤莊生竹裏雙鸜
鵒爐邊一短檠覺來默無語窗外淡煙横〇鄭山人夙聞皇山

叟美藻名江華久矣瀹世味胡然癖在茶當秋皎完月飛夢到
仙家石樓開古鼎雪乳煎春芽火暖松濤沸煙廻竹塢斜瓶中
轉笙韻盌內凝白花三啜欲飄舉風清思何遐灑灑紫髯老超
忽在天涯玉川豈專美桑苧不足誇蘭言既彙座瑞墨吐青霞
我來試登覽遥空散天葩上品取蒙筍靈液自金沙意興亦蕭
遠倚閣如乘槎〇鄒山人天花吹下武夷君粒粹相貽帶茲芬
火熾竹爐湯自沸淵樓風雨夢中聞

儲貞義公祠 附淨慧寺

公姓儲名福妻范氏邑湖濱人燕山曲靖衛一戍卒也文皇帝靖難兵入金川門公聞之號泣不食死妻同殉焉萬曆中巡方謝廷傑檄縣錄忠孝遺事邑諸生尤瓚舉所知以應祀公夫婦于湖南淨慧寺之側照晉華孝子宋麻尹二將軍例春秋秩祀崇禎十七年工垣李清疏請遜國殉難文武諸臣俱宜䘏謚內閣文臣方孝孺等共七十一人武臣徐輝祖等共十七人同殉婦方孝孺妻鄭氏等共六人儲福列名第十七妻范氏列名第六禮部題覆奉 旨儲福贈指揮使謚貞義妻范氏贈淑人

謚孝節並與祠祀工部題覆儲福以尤烈著位居武臣中第四妻范氏位居第五◯淨慧寺古蹟掘地得石龕一內藏蕭梁時公主顏色如生隨風而滅影入龕內面貌至今猶存

尤鏜記畧◯昔文皇帝靖內難時士之志功名者罔不攀鱗附翼輸款恐後而一二獨行君子乃汗顏王魏抗志夷齊雖云未知天道亦愧彼不識人倫者矣然皆垂纓彯組身從士大夫之列亦其恒分儲公一戍卒之微即食周粟人誰唾之乃號泣絕粒身隕於忠妻殉於節蓋聖祖作人之化至是而徵然亦吾邑讓王之流韻有以風之也其人微其節著曲靖既祀公於崇孝菴吾邑實公故里今合饗於湖濱謹撰迎送神詞三章歌以侑之詞曰靈逍遥兮白雲鄉儵縣圃兮欻扶桑朝聯鑣兮景練夕傾蓋兮方黃方黃景練兮出與語入與誰言兮窈窕淑女〻烈兮臣忠盍歸兮故處湖光瀲灧兮旌旗揚靈歆下兮徜徉徜徉兮曷以鳴于將兮須我友女嬋娟兮繼至並馨香兮桂酒 右迎神

桂酒兮瑤席奠之兮雙璧右鳴琴兮左鼓瑟聲泠〻兮懍不懌匪吾生之故鄉兮誓與此下土而終隔撫長劍兮把玦髮蕭〻兮幘與幗酒復傾兮靈太息雲英〻兮水碧 右降神

水碧兮天長赫流虹兮亘飛梁霧聯翩兮並起望天門兮翺翔翺翔兮未逝

神如雲兮總〻至武秉節兮前呵女傳芭兮後侍驂赤鯉兮駕玄鼉靈歸兮將柰何目愁予兮渺〻且臨風兮浩歌

王永積曰國當大故殉難〻矣夫妻同殉尤難之難儲公夫婦一戍卒之微耳其名與號皆不可考乃能踵方正學與鄭夫人之後而開馬文忠與朱李二孺人之先則忠義在人豈必讀書窮理而後能取決於見危之日哉說者謂十族全誅之令刱自成祖人心國運從茲受傷至今讀題壁詩夷齊死後君臣薄力為君王固首陽之句感慨係之因致甲申之變同殉寥〻可勝嘆息邑有人焉曰嚴與揚紹賢乙酉五月大書曰此乾坤翻覆

時讀聖賢書當守義全歸與妾張氏相對雉經一女呱〻亦死於側顧可泯没耶若亡友孫南公源文為大宗伯栢潭公季子好古博學倚馬千言性又至孝奉侍曹淑人幾百齡朝夕不離左右聞 思宗之慘變晝夜哭不絕聲因咯血聲瘖目翳生平善酒至是絕滴中秋賦一詩步小江南住不聞鳴雁哀今宵清枕淚知爾齎京來悲不自勝遂不起不待北兵壓境而先死於弘光登極之日亦重可哀矣丞敢附書以佐將來之信史

龍涇菴

大小二龍涇泰伯鄉土名也菴為山人唐石東故居有堂扁曰白雲高隱感吳夢中奉大士像山人名詩字子言石東其別號安貧樂道終其身為童子師著二豆志善〻惡〻不事詭隨最博推詩歌字學皆有名於時年八十無子作生壙於堂右題曰李丘没即塟焉達士哉

唐詩自題幽閑秉夙好素業守故墟迴流隔塵俗蕭茀瞰清虛開牕遠岫分列檻佳木敷時聞鳴春鳥俯羡泳淵魚于焉足棲息逍遥綜琴書運化任推遷物理悟與俱愔悱彭澤人恍若武

陵居沉冥固其分守道恒晏如頤言永不孤聊以名吾廬

華雲白雲高隱傍官河落日青山短櫂過林叟幾人同夜月沙鷗隨處對春波不嫌梵宇禪相伴自許蓮花悟已多老我迷津偕甲子衡門一嘆意如何〇姚坤和精藍初建近長河渡世慈航晝日過法似浮漚空有象心同止水自無波香林閒寂塵緣絕慧森清涼廣蔭多我欲從君聽說偈蒲團禪板竟如何〇又題李丘〇誰將灰劫問吳宮荷鍤行隨古意同故宅且留蒼徑遠化堂常有白雲封乾坤夢老簷前月松柏香餘隴上風望〻桑梓何許青山牢落夕陽中

望亭 附龍滙橋

舊名御亭在邑南六十里南連震澤東通鵞湖南接姑蘇之滸堅國初於此設巡檢司至今不廢誠重之也考輿地志御亭為吳大帝立晉嘗命顧颺監晉陵軍進討賊將張縋築壘爲梁庾肩吾詩因有御亭一迴望風塵千里昏之句隋開皇間始置驛唐李襲譽始易今名置望亭閘久廢至國朝萬曆癸卯始建石梁題曰龍滙以通往來

旋策龍滙橋紀畧 周禮乃姬公經理周家盛治之書而夏官之屬設司險氏掌九州之圖周知川澤之阻達其道路焉蓋謂

橋梁以通之則其係於王政亦大矣故國氏以乘濟人子輿譏其小惠直以徒杠輿梁當平政之大陳之川不梁而單襄公至以卜其國之興亡則橋梁顧不甚重哉吾邑望亭為入蘇之咽喉當橋者三夫縣治奄有一同若家室然署廨其突窴也城郭其庭廡也封疆之守其門户也茲地當蘇與錫之交則門户不可無扃鐍當橋一輿地家言上流為天門下流為地户上宜開而下宜閤吾邑自雒社以上有橋凡三下自附郭外橋絕無矣則地户不可無綰結當橋二茲地復攝乎震澤巢湖之間二浸漭漾萑苻賈販出沒其間非臨東之無以扼其吭兩岸陡絕徙

來作息者跬步有留行之嘆則不可無弭奸興利之畫當橋三間以語趙侯趙侯曰吾責也集費鳩工既越三載乃工未半而侯以政最擢虞部太林侯繼至始觀厥成不佞乃颺言曰城郭鬱蒼村落繼之相錯如繡至茲地若闢而若或閉之者則茲橋為邑管鑰也九龍菁葱挾溪流而湍悍東駛如鯨鯢吐噴至茲地若淺而若或畜之者則茲橋為邑鈐轄也至問之官若吏若卒則曰茲橋建而家獲安枕矣何憂盜問之民則曰此疆彼界揭厲無虞東作西成方舟同藉一舉而三善備焉且九龍之秀因之滙聚名曰龍滙豈虚稱哉工始於戊戌竣於癸卯之秋費

凡八百緡樂助者為關使董漢儒中丞曹時聘兵憲梁祖齡郡守歐陽東鳳邑侯趙應元林宰

韓奕驛廢亭荒水岸斜唐人曾此詠咨嗟客行今日蘇臺路回望人煙有萬家

張蓋月色蒼波共渺茫驛亭雜出看湖光仙家刻玉青蟾兔帝子吹笙白鳳凰蘆葉好風生晚思桂花清露濕空涼

田槎使者秋懷闊倒瀉銀河入酒觴

陳近思落日望亭暮涼風水棹輕繫維蟬柳近倚雙鷺沙明遠蘇通吳望歸雲動客情閶河今夜月先夢石湖行

綠蘿菴

菴基在南濠上與東郭接壤爲舟楫必經之地嘉靖中仲山王公因基爲園古木交枝亭臺錯列布景設色舉趾即到亦一幅天然圖畫也後屬施岡鄉勵菴復建海天吟閣後又屬顧侍御驤宇脩葺未遑而今蕩然成墟矣

王問各景詩○地僻只聞鐘磬音堂開長日對高林道人欲識本來面獨坐蒲團觀我心（右明心堂）一上孤亭俯碧流坐來真似泛虛舟高城日落微風起清泌洋洋水國秋（右樂饑亭）摩詰多應善覺身二空巖洞對江津參玄不遇裴觀察誰識寰中有異人（右虎洞）

非佛非心覺悟遲郤緣梅熟未多時而今吸盡西江水生住俱無只自知（右無念齋）露冷芙蓉江岸秋東山司馬日來遊無端梵郤金魚袋雲卧滄洲對水鷗（右眠鷗館）盤旋深谷護青霞靜夜時聞雨寶花調伏純犧三十載大安今不屬僧伽（右白牛谷）有時坐虛窻日夕不知起何處微妙心朗朗涵秋水（右靈寶軒）松門猶自掛蛛絲安得謀生有歌時獨有寒蟬惟吸露伐檀無用賦漣漪（右聽蟬門）蘭若恒河上林深晝不譁偶逢徑山老得啜趙州茶梵典繙經藏靈芬散寶華無能空五蘊相與演三車（右繙經臺）

施策海天吟閣二首○負郭宏開水上樓春深晝永足淹留蘿陰染碧連幽館柳色垂青繞細流芳席有時来上客閒清終日押翠鷗桃源未必能逾此高眠真同物外遊○投紱歸來擁故廬避囂又卜水雲居石壇致爽穠清梵高墖凌空逼太虛跡隱不嫌人境接心閒自覺世情踈相過盡日同懽笑何事逃名學溺沮○華汝礪千古幽懷付酒杯羣公暇日此登臺雨餘松翠侵衣上風暖荷香隔座來醉後乾坤容潦倒醒時湖海重褰裏憑欄共擬登高賦自媿應非王粲才○又高閣吟來俯釣磯雙雙白鷺傍人飛欲消繁暑須揩飲故惜殘花忘郤歸四海風塵吾已老一生落拓世仍違綠蘿不淺滄洲趣笑我從前遲拂衣

○顧起經王家故有白牛谿谷口新名勝亦如門擬釣臺巖子瀨經翻海藏竺公廬墖邊沙弄隨童戲簷際鐘鳴施食餘郤戀東林多嘯侶藍輿時復欵郊墟

陳烈女祠

女為里人陳餘女許配徐文美文美墜河死女自縊死萬曆二十三年旌表

鄒廸光䟽畧陳氏家非閥閱族娩詩書父乏庭箴毋無胎教蘭心蕙質生而圖史粗通螓首䖸眉展也容止有度香街繡陌不聞羅襪月中行短户頹垣罕啓朱唇花下語于女可稱漆室為婦必逮黔婁不意厥夫徐文美者髹工為業從人屋而梯升我生弗辰墜河壖而物故女乃五内瀾濤一慟沉淪擷素練以高懸捐紅顔而頓瘞睽彼笄簪信矣滔滔砥柱維茲粉黛何止

落落晨星于是縉紳學士謂死為生閭巷編氓不吊而賀旋勒巖石於青簡弁邀異數於 彤庭使非廟顏輝煌曷其垂永必致蘋蘩羞薦庶可示爾箕帚而抱鬚眉之烈節義蔑加壼闈而植宇宙之倫蒸嘗忍後敢告大衆共醱緡錢衎觀雕楹刻檻長培貞女之松嘯鬼啼猨永傍望夫之石

不知名詩娥娥紅粉委黃塵片片氷心殉此身今日好從夫壻去不教腸斷玉樓人 葵心栢操志彌堅肯向粧前惜少年三尺繡羅千古恨香魂縹緲托啼鵑 兩地歸天兩地愁貞心一片許誰儔游魂化作雙飛鷰秋去春來戀墓頭

尤圖

舊名廻溪里相傳東廻溪西清溪深廣相敵東里故有三墩墩高而溪深里人病之乃倣塞芙蓉湖故事日取墩土填溪日復一日歷百餘年悉成阡陌墩損如丘溪流且如綫矣稱尤圖者溪上有東庄為尤莊定公別業洪武十三年味菜公加闢焉搆書香堂三楹堂後鑿小池啓土尺餘遇大石命工止鑿夜半啓視之見白金二罌仍取石覆之至二十季歲大旱斗米百錢乃出一罌衡之計三百兩買米給散週十里得免溝壑二十五年又大旱再發一罌數倍之周濟如故居民德味菜公不置因改

廻溪為尤圖後菊軒公又增建梅花書屋聽泉公又增建半隱堂今皆他屬本里又有恩覆菴奉大士洪武二季尤氏有糧長入金陵誤乘御道下 詔獄遘危疾見一白衣婦以楊枝水洒面而愈事白歸見江渚有觀音壞像儼如獄中所見因載之歸建菴奉之菴後有樓祀李廉務朴公公事毋最孝毋嗜魚去骨始進陳秋林畫四圖於壁一釣魚圖一烹魚圖一選魚骨圖一進魚圖嘉靖中燬於倭而菴尚存

尤謙梅花書屋上梁文 門前五柳獨高隱逸之蹤堂下三槐猶注功名之想梅花別墅主人尤謙浮沉田里來往江湖五車

書不解驕人七寸管儘堪豪我當季題柱歎結駟以無媒適歲
擔囊擘𥿄裘而有泪且索枯腸小尋歌腳賣三五篇文字博得
幾貫金錢講一兩葉春秋收取數張寶鈔巧經營全憑三寸舌
苦積累欲安七尺軀於是負郭膏腴迴溪形勝小堂初搆摹杜
子之浣花荒徑新除學鄭生而種對信是清閒境真成安樂窩
寫數行聲悅之詞申一時棟梁之頌抛梁東三唱天雞曙色紅
儘可忘機伴鷗鳥何時得雨作蛟龍抛梁西上世河陽花滿枝
亭外短航來問字堦前長石坐題詩抛梁南簡點園林事事堪
三畝梅花皆結子一團芳草是宜男抛梁北草聖花神去朝夕

醒覔青州從事家醉歸錦里先生宅抛梁上彷彿紅光高萬丈
經史填平椰子心文章洗盡葫蘆樣抛梁下一曲溪流繞田舍
清波釣得白魚肥綠野畊餘黃犢暇伏願上梁之後門無俗客
案著新書藝竹澆花領不盡眼前佳景吟風咏月永相忘世外
浮名蒸嘗無乏四時中幸得免若敖氏之饑婚嫁有儲十年後
兼可畢向子平之債老夫婦如賓如友梁孟齊稱小兒曹學古
學今談遷接武
呂敏贈味菜公 ○選居在東郭溪水日迴流小徑三竿竹清風
兩髩秋雲窻朝散帙月渚晚垂鉤軒冕非君願漁樵幸我儔園

池新雨霽吟眺更何求 ○錢仲益卜築迴溪上郭堂枕碧流遇
晴時訪舊見月喜吟秋對奕須知已垂綸不着鉤燠寒惟自歷
介潔許誰儔共羨王孫美清夷無妄求
文徵明半隱堂 ○悠然無繫太平民廊廟江湖去住身小築村
居還近郭偶抛塵事不違親淵明自適躬耕志郭泰元非避世
人一笑直須隨我分逃名溺利總非真 ○都穆平生城市畧經
過出處年來意若何歌罷考槃心似洗知君還是埜情多 ○祝
允明晏嬰居市近巢父入山深朝野亦何定行藏豈有心穿風
試新屐倚檻矚遐林為問終南事除書可檢尋

祇陀寺

凡物可猝致惟喬木不可猝致望喬木而即思斬伐者其惡有
四曰俗吏曰亂兵曰不肖子孫曰奸僧此四惡者數其罪即車
裂亦不為過邑古剎中能存千百年古木者其推祇陀寺寺在
邑東二十餘里梁大同初王建捨宅建宋淳化中賜額崇教禪
院今仍舊名寺內有聽秋軒寺前舊有瑪瑙街瑪瑙石橋
華睎顏古石橋平苔徑幽藕花白白竹脩脩歸來結宇松回指
趺坐談經石點頭禪本虛空隨物悟心無住著與天游老夫久
厭塵埃縛擬借僧房過一秋倪瓚聽秋軒聽秋軒裏聽秋

雨定起山僧坐翠微隱隱煙濤搖夜席濛濛花雨著人衣驟如
崖瀑衝雲落婉似湘靈鼓瑟希六用塵根今已淨松篁陰下共
香霏范致大遊寺兼懷元鎮扁舟盪槳出東城最愛新流
拍岸平霧雨蘭茗來翡翠晚風楊柳送鸕鶿盈盈溪女臨沙浣
歷歷郊農傍隴耕謬倚林齋望東郭憶君清話不勝情華雲
讀書寺中寺僧為言先世曾還所得侵地內有碑記讓地還
僧作雁堂殘碑橫草近陰廊福來未敢論冥應廣廈真誑託善
祥二百年前吾是主一重門外尌為牆杏花零落風光寂一讀
遺文一感傷

雲林故居　附李文肅故居

雲林子元處士倪瓚也瓚字元鎮而雲林號焉蓋瓚世居祇陀
里多喬林愛之建堂名雲林故號雲林也堂前植碧梧四周列
奇石東設古玉器西設古鼎尊罍灋書名畫位置井井堂後建
清閟閣朱陽蕭閒等館清閟閣尤勝瓚有潔癖閣前梧石日令
人洗拭秋風墜葉令童子以針綴杖頭挑出之不受點污客非
楊鐵崖張伯雨輩不得入偶有夷人過邑聞風求見以沉香百
觔為贄瓚託辭他徃不得入凡三至乃容令童子啓雲林堂登
焉嘆賞久之告其家人曰清閟閣得一目否家童答曰即主翁

在恐不可得何況他出夷人謝曰足矣乃按香望閣再拜而出
瓚又稱倪迂善画娓古錄定為逸品昔人以逸品置神品上歷
代惟張志龢盧鴻二人無娓色米襄陽在蹊徑之外餘皆從陶
鑄出吳仲圭大有神氣黃子久特妙風格王叔明奄有前規三
家皆未洗縱橫習氣惟雲林古澹天然為米癡後一人獨不畫
人物以目中所接無一可當意者楊廉夫詩曰祇陀山下問幽
居新長青松七百株見說近來丞相怒歸來自寫草堂圖家藏
小米雲山圖長二丈與自画雅宜山齋圖皆為當世珍玩一日
歎曰天下自此多事矣棄資產數百萬置巨舟載竹床茶竈飄

遥湖泖間居琳梵二十餘年僞吳張士誠招之不辱士誠弟士
信泛湖聞異香出菰蘆中曰此必雲林也跡得之榜掠幾死卒
不開口人問之曰開口便俗終老不仕洪武甲寅卒塟江陰後
遷邑之芙蓉山有水南北分流名綉毬墩者則公衣冠之亡也
倪瓚自題青苔網庭除曠然無俗塵依微樵徑接曲客農圃隣
鳴禽已變夏疎花尚駐春坐對盈尊酒欣從心所親○又臨池
春流駛埽地夕陽滿正襟味道言趣遥坐溪館嵐氣當書榻煩
襟一舒散靡靡松花黄逐逐雲氣煥石梁青苔合於焉人踪斷
洲故與相違冥栖遂忘返○又隱几忽不寐竹露下泠泠清燈

錫山景物畧　雲林故居　二五　七卷

澹斜月薄帷張寒廳躁煩息中動希静無外聆窅然玄虚際詎
知有身形○又春水鳧鷺野外堂山園細路橋花香梱栖身世
書盈簏漠漠風煙酒一觴豈謂任真無禮法也須從俗着冠裳
不營産業人應笑竹本桃栽已就行○又眼見藤梢已過墻手
拈書卷復堆床閒臨水檻親魚鳥欲出柴門畏虎狼冠製不嫌
龜殼小衣裾新剪鸛鴿長從來任拙惟疎懶一月秋陰不下堂
○陳子貞門前灌木春啼鳥屋裏長松夜宿雲剪得蒲茵青似
髮燒殘香篆白成文偶同杜老惟耽句遂訝顏淵不茹葷境勝
囬應天所惜品題瀟灑最憐君○又湘簾半捲雲當户野鶴一

聲風滿林縷土簟紋波細細又疑墻影雪陰陰竹搖紫几常開
帙花落藜床獨抱琴不謂世間能得此怳然飛舃駐仙岑○楊
廉夫不見故人東海迂閑門著作近何如今年已了婚兼嫁小
子能傳畫與書蠻妓索花騎騕褭畬童汲水飲蟾蜍絶憐柏大
寒林好與子重開萬卷餘○又弔元鎮曾留閟閣齋中坐共聽
鶯啼入户枝舊跡空留遺墨在娟娟寒玉想幽姿○華雲點點
寒鴉復叢竹淒涼隔斷春紛郁吟壇半出白雲層古碑無字眠
蒼蘚至今白屋稱名家綉毬落盡雙江花美人陰堂渺何許楸
梧岑寂山谿斜漠漠鹵風渭城暮荒荒秋草咸陽路秦宮漢苑

錫山景物畧　雲林故居　二六　七卷

總成原醉歌土待東齋曙○永積和憶笞題詩曾刻竹寶鴨清
煙生馥郁碧梧四映草堂開纖塵不敢污山叢飄飄風雨忽辭
家梵宮琳宇閑春花廿載芒鞋霜鬢老一身湖泖夕陽斜谷口
還歸歲云暮片片白雲横舊路狐丘兔穴幾家存滿對啼鴉天
欲曙

又考李文肅公紳居錫四十載雖肄業惠山實家於梅李集中
有垂白重遊追感多思效吳均體作上冢山詩梅里故有二賢
祠第一席李紳次倪瓚

李紳上冢山冢山依舊好昔栽松桂長今來客容老上冢山臨

古道高低入雲森燕沒連天草艸色綠萋萋寒蛩徧草啼嗁鵶
啼壽遠行鴈帖雲齊嵓光翻落日僧火開經室竹洞磬聲長松
樓鐘韵疾苔堦泉溜缺石甃青莎密舊徑行處迷前交坐中失
歎息整華冠持杯強自歡笑歌憐稚孫絃竹繼吹彈山明溪月
上酒滿心聊放卅髮些淹留垂綠匯開曠清山不可上笞事還
惆悵况復白頭人追懷空望望
華雲二賢祠遠遊集池頭溫對西風急晶〻璨琳海對青天
宮精舍騰蛇土露布李江南醇醪一笑空長樺積翠池西來青
鳥珊瑚枝濯纓莞爾滄浪水餔其糟而歠其醨江上黃封酒橫

錫山景物畧　雲林故居　二七　七卷

吹鐵笛同襟期嗟〻二公不可作瓏瓏小結丹霞閣春秋社鼓
盡雙騎魂歸來夜寘漠涉江采芙蓉惠泉清一勺

鴨城

城以鴨名橋即以鴨城名則皆亡國之鑑也夫差愛鴨特築城
舍之蓄於此置離宮焉愛麋又築麋城而鴨城之名特著則愛
鴨甚於愛麋也禽荒色荒夫差殆兼有之即西施不入吳欲不
沼得乎綠橋置別業乃桂坡安公手刱後歸刺史錢溥後又歸
刺史錢振先
秦孌聞說吳王養鴨時年年來此擁西施豪華已盡江山變落
月秋風動蒺藜莫止養鴨〻可馴養兵兵可強只有方寸心
多慾難自防千年古城已復隍但見牧豎驅牛羊姑蘇之臺近

錫山景物畧　鴨城　二八　七卷

相望二十三君在何許開吳祖德誰繼將玩人玩物皆喪亡喪
亡豈獨由禽荒鳴呼古今即事感慨長酒酣落日天蒼蒼秦
堈鴨城別墅風志在巖壑披襟嵐靄蒼池垂翠柳蔭野轉綠
蘋兇壘石猶存古空亭遠漱芳攀林梅欹縱繞徑籜含香娟露
披朝爽霏煙襯夕粧談玄揮玉麈浮白泛瓊霜月出人皆醉詩
成夜未央渭陽無限意哪復論壺觴

膠山 附膠山寺　李忠定公祠

去惠山四十里東西對峙若西翠屏不相上下膠山寺與惠山寺亦東西對峙其寺門向背比較不失尺寸神工鬼斧巧合若此山高九仞有奇周廻九里有奇山泉二一滌硯一寳乳猷蹄痕一相傳為金牛跡古墓三梁曰蕭侍郎宋曰中書令王僧達别駕王惟允舊産薯蕷充貢今革

膠山教寺即蕭侍郎故宅也梁太清初捨為佛刹宅名蕭莊寺名彌勒宋至道中賜額興化建炎間李忠定公請奉先祀改賜崇親報德禪院紹興初即地建忠定公祠邑人陸永思捐田七畝以供祭祀正德中桂坡公安國捐貲重葺又捐祭田十三畝合為二十畝歲奉蒸嘗焉寺內舊有上方環翠聽松分翠等軒盡收山泉原埜諸勝

海虞瞿景淳修寺記畧○隸之常與予蘇鄰邑也其屬有錫與予虞隣邑也錫之東南隅有膠山山頗勝有碎石塢礪劍石寳乳泉蕭鄉墓香花橋其湮没而不可尋者則金牛跡梵王宮滌硯池也山間有寺頗久蓋肇自梁天監六年歷宋李丞相請于朝為崇親報德禪院迨我明洪武初僧演仍請賜額膠山寺弘治間僧湛然與邵文莊公構立忠定祠暨桂坡安公濬寳乳泉

作亭於其上其左則有湛然講堂東泉書院翠屏閣而寺益增麗焉然山勝則探奇好遊者之來不可紀寺久則圮壞無復之相尋也不可窮逦今而有僧靜菴者出捐貲增飭山門之将圮者起壞者脩監者擴缺者增輪奐聯繹煥然改觀安君如岳復捐田捐鏹以助脩葺之費亦可謂賢也已

宋翁挺重濬寳乳泉記畧○膠山在無錫縣東去惠山四十里由芙蓉山西南拔起平陸高下十數而後峙為大阜有泉出其下曰寳乳蓋昔人以其色與味命之自唐天監時地為佛廬踞山北向而泉出寺背至唐咸通中開士諌改依東峯與惠相望則泉居左廡之南山雖不高泉雖不深而草木烟雲淑清秀潤頗洞發越皆兹泉之所為也閱歲既久甃甓弗治湮乳滲漏淪入土壤建炎二年予罷尚書郎自建康歸閩適為寇阻因避暑兹山日飲兹泉病其湫隘以金錢十萬俾住山益公撤而新之於是坎其山入丈餘得泉眼於嵌竇間屏故壤理缺甃而泉益清駛乃琢石於包山為之池廣袤四尺深三尺以蓄泉上結宇庇之榜曰紫霽池之北瀉為伏流五丈有奇以出於庭跨伏流為屋四楹有扉啓閉之榜曰寳乳之門庭中始作大井再尋疏其欄檻使泉來汲盖數百千人之用常沛然而無窮事既成益

公謂予曰玆泉歷數百載其色味與惠相去不能以寸而名稱
蔑然公今乃發揮之當遂遠聞物之顯晦亦有待乎予笑曰惠
泉居天下第二至於今莫敢易其說非以陸子所目故耶今膠
山所出岡阜接而脉理通固宜與之流亞獨予非陸子何能爲
重然惠山邇當道旁聲利怵廹之徒往来臨之玆山去郭一舍
蹊徑阻絶邑居者或累歲不一至況過客哉比之君子惠泉若
進爲於時實乳類夫遠世俗而自藏者以彼易此泉必難之而
益公謂顯晦有待期之淺矣益公亦笑曰有是哉請著之泉上
使遊二山者知所擇焉

邵寶李忠定公祠碑文畧 ○ 寶既祠公於惠山尚德書院而膠
山寺故祠復以重建來告蓋鄉人安國爲之是舉亦吾志也烏
得無言按郡志山在邑東四十里梁太清初寺於其麓宋紹興
間公遂爲墳刹嗣是遂祠公焉其脩而復之固以義起禮者而
或以公非邑產爲疑公生長宦學於斯自號必以梁溪公爲寓
賢耶爲鄉先生耶公立朝有識有才有權有量而本之以忠讜
出之以正氣在靖康竭扶持之力在建炎舉脩攘之政在紹興
建恢復之謀不幸而屢見沮忌其所以復君父之仇正華夷之
分無愧於聖賢者僅見之章疏計畫間然於此有隱功焉而非

君子莫之知也今祠之復安君獨任其費昔永康徐元德首議
建公祠晦菴朱子爲記深嘉與之況國無元德之責者哉且又
割田十有三畝與前陸永思所捨七畝同隸寺僧爲春秋私祀
之需益可尚矣用紀歲月書其麗牲之碑且爲迎送神詞曰 ○
公何之兮動我招望雲旗兮凌江潮公蟬冠兮絳服指舊丘兮
遊遨朝驂駕兮氷翳夕弭節兮山椒西有惠兮東有膠潔我尊
兮醇醪鼓英靈兮未下闃歌聲兮鼓簫宛懷公兮心勞 ○ 公將
去兮何從望閩山兮南東整重帆兮雙楫駕海濤兮天風睠舊
遊兮斯在手常植兮萬松惠之泉兮膠之峯儼翼翼兮新宮靈

倏彼兮忽此雲廻翔兮太空歲復歲兮來降 叶
安國梵王宮殿鎖煙霞墓接蕭郎道路斜錫寶乳泉常煑玉金
牛足跡未沉沙香花橋古横蝃蝀滌研池荒聚亂蛙還有古人
礪劍處碎瑣石檇到仙家 ○ 邵寶看遍卤山偶向東芙蓉峯頂
坐天風雲迎客路委蛇處水隔僧居掩暎中前輩漫遊真有話
平生勝覽正無窮憑誰併作題名記明日南崖拜李公 ○ 安紹
芳九日登絶頂 ○ 采菊佩萸房攀崖孔虒長練明湖映日綺錯
對經霜張樂浮雲上開尊過鳥傍暝煙扶醉下雙屐破青蒼 ○
謝應芳膠山雪晴時有城王之後 ○ 夜來雪深二尺強石人墮

指氷蠶僵猶喜金烏兩翅凍不折天明飛出海上之扶桑老夫
晨起膠山下風景看來渾似畫連山萬頃玉爲田隔水數家銀
作舍田中築城團義兵日高未飯饑腸鳴黃泥凍地硬如鐵白
柄短鉏鏘有聲不辭受寒餓但恐虧工程將軍踏雪來點名萬
夫鵠立顫且驚馬前壯士五色棒棒頭性命鴻毛輕予生悔不
習兵法雪夜擒胡書奏捷客欄抱膝漫悲歌柰爾義兵寒若何
○焦千之滌硯泉○蕭公事跡久塵泥猶有當年洗硯池世俗
所傳應彷彿僧人獨得耻頹隳小亭新構藏幽趣一水中分疊
舊基遺澤泯然無處問清風緬邈竹陰垂

楊梅竇乳泉○山名膠孰結泉味乳親嘗雲竇穿銀井氷甃貯
王漿竹陰濃處泠松子落時香不雨潺潺響無風瑟瑟光粉源
初滴瀝珠泒遠汪洋曲注分環砌方瀅引鑿塘趂齋僧洗鉢就
識客浮觴稻漬礱牙飯茶煎蟹眼湯纖毫龜鑑徹盈腹暑襟凉
農畝沾甘潤膏腴穫萬箱
蘇紳膠山寺○驅馬款禪扉松風泠拂衣紅塵不到處青嶂此
忘歸鳥望生臺下雲侵講座飛楞伽味真趣轉覺俗緣稀○徐
亂遠向西山過北山白雲相引到禪關舊傳寺向千年建新喜
僧從萬里還香墮天花何冉冉泉流竇乳自潺潺獨憐塵世方
炎熱得與空門一日閒○元擘題壁○岡頭鵠鵠鳴欲定喚晴
雨驅車指東山山下寺亦古道人雙眼清雪齒起柔語松回萬
壑風落絮趁輕舞日暮咏歸歟扁舟在煙渚
蘇紳上方○疊石構巖扃僧居在杳冥澄心觀海白縱目鶴天
青衣上烟霞色窻間草木形我來凭檻久塵慮恍然醒○唐皋
佛龕紺閣等巖巒地在高中此又高日出四極浮寶氣雲開百
里見秋毫登臨暫得心機靜徙倚翻嫌目力勞況是雄飛先上
者強揮吟筆繼詩豪
楊介環翠軒○一上十餘里攜笻始可尋山形三面合林影四

邊深壁暗苔爭長堦荒草亂侵凭高獨覽處煙靄滿衣襟
唐寅萬玉亭○萬玉一亭子山僧清可知雲陰消暑地月影弄
秋時筍出足薦酒客來堪刻詩何當竟深造莫問我爲誰○安
國老僧種竹十千竿環繞幽亭六月寒我願龍孫添滿眼清風
千古報平安○文徵明贈古林上人○坐挹鑪薰聽講餘蕉花
方丈竹窻虛人遊佛地詩成偈飯熟僧廚筍當蔬石鉢淨臨寒
澗洗山田暖帶濕雲鋤塵蹤暫假安禪榻謾閱琅函貝葉書
陳方謁李忠定祠○丞相非腐儒慷慨遭國難平生痛哭心忍
死抱長算嗚呼百歲後寂莫誰享祼至今空山中祠宇委涯岸

鳥跡上香臺栖塵落風幔山僧雖異流展像亟稱讚飄飄風塵
際黄屋在鼠竄不有左轄尊至今猶扼腕公留人心安公去人
心亂桓桓冲將軍一鼓銳而悍所至係其頸小邮何足憚魏公
經濟才安劉左右袒傾蓋出流離中情始氷泮倉皇青城役慘
淡失神觀豈無婁敬策尚足勤脩捍落落付空言悠悠神情斷
聲名宇宙間草草入嗟歎邵寶和施克穌韵壯懷千古了
難償太息羣陰剥一陽鳴鳳未聞聲徵角戰龍曾見血玄黃薄
茅藉處非無地老對陰中合看堂風雨去城三十里滿山簫鼓
為誰忙永積和人生志願豈易償拜公合在山之陽千言自

露臣心赤百戰誰歌君馬黄報德崇親空埜寺祈天永命岴虚
堂上書賈既終何濟却嘆陳東着恁忙

西林

假山可為假水不可為也竭人力為之高原大阜頓成江河西
林非以林勝以水勝邑地莫高於膠山山為安氏世居即為桂
坡公息壤去家里許有園曰南林清流環繞綠陰蔽日後有池
可數十畝汪洋蓊鬱既兼有之越南林幾二里與山益近緣山
鑿池大不可量桂坡公固饒於貲且具大經濟嘉靖中歲旱民
饑乃發粟千鐘計口就食即計口程功日役千人不數月池成
廣數百畝溪數十丈中留二墩題曰金焦分勝即以之揚子江
不啻云是役也本年活人無算次年溉田無算種魚無算收菱

芡荷茭之利亦無算已復繞堤藝樹因山益亭漸有次第再傳
至硯亭公紹芳幼負通才詩文繪事悉臻玄妙乃以所如不合
歸老青山爰即舊業大加丹雘日與山人墨客觴咏其間詳載
王弇州記中不復述述其始事所夙聞於吾祖遵衢公耆遵衢
公固桂坡公孫壻也
王世貞記畧予與仲俱嗜名山水而家東海瀉鹵地亡當者
家有園頗見稱游客亦以近廛市且不得自然丘壑以為恨客
嘗為予言無錫安氏園之勝蓋即今西林云其居東離邑三十
里而巋邸第之雄既埒國封然不以豪故縻林野之趣北之膠

山二里而巖即山址得圜二其上割山而半籠之太學懋鄉益時柚處其右方自懋鄉之時栖處而園益勝破石根則神瀵湧蹤磴道則幽穴綴斬惡木則嘉卉出列棘以為藩〻巖而中靚深分流以自環〻多而相映絡其臺榭可以巧承態其户牖可以奇取睨其泉可以釀果茹菰蔬可以羮魚鱉蝦蟹可以飲客而懋鄉故有客癖客之以文事名者又雅慕懋鄉以故爭麇集焉山人葉茂長甫客之選也或凭麻車或鼓漁舠相與窮晝夜為娛樂時秋氣鮮霽雲物鮮駁謀所以寵靈之益鬯而為景者三十又二景各有詩世貞廼復約其景中之尤勝者諸臺館亭

榭之類凡麗於山事者五麗於水事者十四兼所麗者三曰蘭巖者嵾之縱橫巖也太國之香滋焉曰風弦障者高坪直上接于嵾下瞰諸水長松冠之風至則調〻刁〻鳴也曰適谷者降嵾而凹却入水深佳處也曰晨光塢者以左小缺得嵎夷候獨早曰纖〻泉者最列而背是山事也曰鏡潭者纖〻之所滙也皎而澄可以燭須麋曰鳥嶼者水中大洲羣鳧鷖屬至而族焉曰上島者嶼之右别洲也曰中洲者嶼之輔洲也曰蕭閣者卜于嶼長松匝之曰空香閣者卜於島竹木蔟之曰景榭者緣潭而立得月則水中樓閣皆可顯而有也一葦渡以渡島嶼名〻

霽亭以晞髮于穎陽名素波亭者渡口綰也息磯可憇而息醉石可藉而醉皆得之水故曰水事也虚籟堂以遅賓者也椒庭廣除也爽臺者踞椒庭而聳梧竹承之是不盡麗山水而山水之致襲焉故曰兼所麗也其曰西林則大士閣在焉懋鄉之所寓皈以期異日與遠公埒者也凡山居者恒恨無水〻居者恒恨無山〻水居者或愜且齊而不可以園可以園矣而或不志於人與文懋鄉之于西林偏得之哉嗟乎豪而為袁廣漢石季倫司馬文孝末矣以洛陽之履道里與李文叔所紀類極清曠閑雅之觀再易世而辱於屠沽市販之手又久之求其跡不可

得豈非近市塵故豪者好之狎而易為有俗者嫉之接而輕相躪耶懋鄉乃能酌遠邇劑喧僻不侈不陋人無所用其欲惡吾因知兹林之長為安氏物哉

安紹芳三十二景詩○刈芝蒼松根斸石得鳴玉泠泠澗底聲瀉破寒蕪綠抱甕出雲中夕陽下西欖 右纖纖泉 芳蘭月幽石清芬散巖阿相思隔美人紉佩當如何庶保空谷姿幸免當門鉏 右蘭巖 石道蒼翠間窅篠絶塵鞅靡靡日以驕薜荔日以長獨有青巖雲倐忽自來徃 右石道 籍甚非所求翛然安足喜自愛空谷幽白雲嘷不起為報長康翁置我丘壑裏 右適谷 朝曦出東嶺明霞

相與鮮松露溼未晞花源澹浮煙道人隔巖宿獨藉孤雲眠右晨
光塢辭磴非一盤涼雲出其下拾級不可攀支藤聊可假過雨亂
飛瀑宮商次第瀉右層盤水上春霞明花開幾千蘇不是避秦人
人疑避秦處薄暮漁郎來迷卻花深路右花津空水映寒星歷歷
秋可采演漾清漪間明滅遙山外試覓羊裘人或是嚴陵瀨右含
星瀨落葉秋雨深荒徑無行跡鶴破青冥來翩躚一羽客我今思
倖糧松間飯白石右鶴徑中流見孤嶼突兀浮虛無藻荇一何深
鳧鷺一何多秋空候羽節倘有王喬過右鳧嶼夕陽下前溪秋風
吹野渡不見折葦人獨立蒼茫暮隔岸藂林幽知是寒山路一右

錫山景物畧　卤林　三九　七卷

葦渡松際識梢檀微聞梵唄好一路藤花深石橋通上島吾欲叅
真乘尋師此中老右上島中洲多幽芳採芳中洲宿紉蘭以為佩
葺荷以為屋採蘭復採荷日暮不盈匊右中洲孤舟遡烟渚水木
含靈輝上有幽鳥巢下有清漣漪微風起蘋末繁陰吹陸離右蘩
渚垂綸非羨魚聊復亦爾爾不知紅塵中何處無芳餌卻笑磻
溪翁老與人間事右息磯孤亭枕寒碧空影沉秋旻明月起松間
照見波粼粼深夜聞璆琚似有凌波人右素秋亭結茆空山中宴心
契玄寂時聞虛籟生復聞虛籟息勸開齊物篇高枕青山色右虛
籟堂臺榭俯空明倒影見眉宇衣間溼翠寒青山在水底醉學謫

仙人拾月蒼波裏右景樹高閣掛蒼靄向晚松風涼四壁石燈青
跏趺據繩床天女散花來竟夕聞空香右空香閣卤山暮雨歇斜陽
下平坂爽氣滿虛亭披襟坐忘返翻怪王子猷猶自持手板右夕
霽亭闌干逼星辰蕭然挾羽翰窻中窺日月出沒如雨丸坐此邀
飛仙千秋以盤桓右蕭閣鞭石驅作梁虹蜺故夭矯不知第幾曲
卻是蓬萊島吾家安期生遲我拾瑤草右迴梁層臺一何曠脩竹
有爽色披襟清風來徙往隨巾幘白雲自滿地上有蒼蘚跡右奕
臺高木有嘉蔭離離覆中庭繁霜日夜零上有悲鳥鳴感兹不
成寐展轉難為情右榮木軒千林積雪明孤舟獨垂釣但覺蓑笠寒

錫山景物畧　卤林　四十　七卷

不辨峰巒峭疑向剡溪田迷卻山陰道右雪船長松列翠幛天風
韵高弦余方起攜梧空際聲泠然世無鍾子期幽情不能宣右風
弦障朗嘯長松下松風答清響夜來春雨歇遍地紫芝長晝日不
逢人獨自披鶴氅右松步庭虛落空翠仰見林端山恍如明鏡開
嫣然露曉鬟秋雲為埽黛掩映澄潭間右椒庭乞得架裟地青山
如沃州欲知無着心面面清溪流稍容支許輩乘筏來溪頭右沃
丘寒潭一鏡空倒映千峯冷不遣青蓮生欲洗白雲影寂寂枯
禪心對此有深省右鏡潭仙人種石筍離立寒崖中為開竹間扉
對此青芙蓉試問瀟湘僧何如九疑峯右跡峯館沉酣寄情真片石

亦名醉谿風吹不醒山月照清寐惟應劉公榮箕踞日相對右醉
石
主人賦詩三十二祗一體葉茂長等題贈諸體俱備各錄一二
○五言○雲起翠微中林端石道失片雨下高原石道依然出
右石道不踏漢使槎折葦凌素波託心在禪境大地空山河右一葦渡
列岫青蒼端一一芙蓉紫擘之不在掌秋色寒十指右疏峯館佳人
隱茲山楚芬一朝生層巖散幽馥採掇清秋英佩之有馨德馮
入瑤琴聲舉世罕所知感君丘壑情右蘭巖浮雲不出山流水常
在谿中有韜光士永托松喬檝嘆彼漢世人咫尺花源迷右遁谷

長松夾修道芳草寒未歇朝落東峯雲暮照西原月獨鶴步不
鳴主人清嘯發尋仙可長往將從鍊金骨右鶴徑青陂迴復直朱
闌曲帶斜波底見人影藻深明日華藤花夾岸落風吹上別槎
右迴梁林木一何榮軒居一何敞山空白雲散游子發孤想已感
霜鳥啼復值秋聲響毋使心傷悲遂歌丘中賞右榮木軒蒼松翳長
雲列嶂秋模糊靈風颯然起氷弦韻有無夕卧西林下清謠以
為娛右風弦嶂嗒然子綦卧心與靈區忘不知寥廓中清籟如笙簧
聽之忽無聲下見澄潭光右虛籟堂仙木紛龍鱗寒濤半空起瑤草
産其下芳香飄徑裏步步入雲深將尋赤松子右松步青山如女

兒紅葉宛新妝煙散秋潭出天開玉鏡光輕鷗下白雲別渚泛
寒芳吾意無纖滓將君出處忘右鏡潭山山楓葉酣日日幽人醉
醉即事曲肱白雲在夢寐藉岫黃石公陶然有仙思右醉石○六
言○東嶺朝霞半藏西林夕露未晞潭輝乍明秋藥山寒暗襲
羅衣右晨光塢一水中開梵宇雙林常合空香別有散花龍女何來
護法鳫王山青閣上入定草綠雲深坐忘松風自鮒貝葉苔痕
欲上繩床右空香閣○七言○谷口流鸎停午聞春深潭上氣氤氳
武陵仙路尋難入千樹桃花萬疊雲右花津漣漪秋水淨無波宛
向桐江夜半過一片寒星明下瀨羊裘釣罷月懸蘿右含星瀨闌外

秋潭漾月孤樓臺竹對景虛無不知若個丹青手倒寫匡山一
幅圖右景榭月色波光映翠微不勝寒氣上秋衣扁舟宛向山陰
道風竹蕭蕭雪夜飛右雪舲雲厺空潭見嶼孤清秋日日下仙鳧
朱樓蔵妓非金谷綠水浮花是鏡湖石上成帷褰薜荔衣間紉
佩采蘼蕪安期不少玉喬侶歌笑中流載玉壺右鳧嶼飛甍峻檻
碧霞連閣枕澄潭影倒懸獨鶴林端窺隱士雙鳧天外下游仙
花枝隔水飄香氣山色當窗掛雨泉何用御風三島厺登臨已
覺思泠然右蕭閣素波演漾光如月白鷗飛盡儵魚浸過客塵空
時濯纓主人沐罷秋晞髮碧雲垂影厺悠悠楓葉蘋花隱別洲

漢使此中難物色居然坐釣一羊裘 右素波亭
風塵回首勸樵游機息君能狎海鷗投足已忘千里駿披蓑安事五陵裘直鉤無餌將何得沉鯉浮鱨非所求河側釣竿歌自逸冥鴻天外信悠々 右息磯
◯長短句◯魚戲丘下淵鶴鳴淵上丘竹風吹文藻向夕波光幽々人散髮把書坐不知林際浮雲過孤磬泠然出暝煙隔岸日向咸池墮 右沃丘

永積拈三十二景偶成四律◯蕭閣凌霄接素秋素波無恙恣遨遊空香對設青蓮界上島遙分白鷺洲響出風弦松謖々光涵景榭水悠々含星瀨畔煙波渺一片斜陽下沃丘◯咫尺花津近水汀閒從松步采芳苓朝暉未散晨光塢暮靄先凝久霽亭榮木春深軒映綠跡峯雨過館分青風塵久息漁磯泠重上層盤露欲零◯一滴纖々滌研泉斜穿石道洗前川千盤遁谷神仙宅九曲迴梁兜率天獨鶴徑邊同夜月雙鳧嶼裏隱秋煙笑看一葦僧歸渡欲伴山房醉石眠◯若個披襟過爽臺蘭巖留待美人來數聲虛籟從空發十對香椒帶雨栽藻渚深泓通竇乳中洲曲々隱蓬萊雲舲昨夜歸來晚一鏡潭澄亦快哉

嵩山 附嵩山寺

本名少孤山相傳有異人嵩頭陀開山建寺故山與寺皆以嵩名山有留雲洞泠々泉寺有桫欏林八景歲久寺廢元至正間僧志道重建名觀音禪院志道法號物外與少師姚廣孝友善詳在廣孝記中永樂中里人楊德彝捨地二頃香火益盛宣德初僧淨安奏賜今額寺鐘聲聞五十餘里亦嵩頭陀手製嘉靖甲寅邑侯以譙樓鐘互易焉

閩陽陳玘記畧◯錫邑東五十里有山曰嵩山卒然起於莽蒼之中形埶巀嶭林木暢茂山之下魚田鱗次泉塘鑑開輪蹄不及歌吹無聞此天地之奧區亦禪林之勝境也自嵩頭陀剏建禪菴後元末兵燹蕩洗且盡有僧道物外不遠數千里振錫而來香燈再續外公道行高妙尤優於文墨乃海內十高僧中人物洪武二十六年無疾脫去其徒淨安續成之大殿法堂山門經閣廊廡佛像次第畢舉而寺名未立宣德八年奏請 行在奉 欽依着做嵩山禪寺踰年安公復示寂其徒一葦始具顛末囑予為記予惟金仙氏之教大而能容自漢明帝時摩騰得入中國後益延蔓要其獎勸世人壹意為善此亦陰翊王度之一端也今觀嵩頭陀與物外淨安一則開基建業一則繼志述

事皆叢林之表〻者其視流輩挾彘福之説以邀利於愚蒙者豈不大相逕庭哉

僧志道八景詩〇結屋在嵩山下有杪欏對生長漫成林鬱鬱靜而陰九夏自生寒三冬不改翠亢〻林間人深得物外意右杪欏林

愛彼薝蔔林葉密翠如織朝從薝蔔遊暮倚薝蔔息日暮花氣浮月冷香露滴枝根在巖阿不礙桃李色右薝蔔林

明月不用招流輝射戸牖照見軒中人白髮垂過肘心月兩忘鑒光境一何有坐久又㫖垂明夕還來否右來月軒

虚堂坐深夜長松發幽響皇皇太古音寂寞無人賞上山洗韶護下山空板蕩耳松不相到明月滿穹壤右聽松堂

道人居林丘靈菌產石室煌〻玉葉光濯〻朱柯色嘉瑞徵明時徵馨發幽德昨朝思甘泉題遍山中石右紫芝堂

道人性深靜置屋層巒間四擱山漆澒萬壑松濤傳清秋爽氣集落日衆鳥還過客坐來久愛此非塵寰右流翠亭

皎〻白鷺翎湛〻空池水人世自古今水鳥忘爾汝斑斑青雲端刷影明鏡裏翩然沐清風翱集長松對右白鷺池

凭欄肆遐眺湖光淼無際風帆散秋葉雲森羅幢旆魚龍競浮沉鷗影若忘世不見鴟夷人登臨一長嘯右望湖亭

〇安紹芳洞壑探靈勝攀躋到夕曛徑紆青窈窕松冷翠氤氳貫酒吹殘月尋僧踏亂雲許由高蹈處人境絶塵氛

堠山

山以簡峷為奇不峰不巒突起平地高逾七十丈周七里地接海虞登巔則虞山在望矣上有真武殿大士祠嘉隆間香火最盛環山聚族為錢氏世居下有堠西園為鹵園處士錢華別業華雲記畧〇古梅里之東有山曰堠其北為白石峴龍腿泰伯所逃之境也余家自宋南渡以來凡十五世為鄉人遷自吾父今鐵岸東望壁立者此山也然未始一至辛巳春偕友人倪德符肆業祇陀寺去堠數里而近二月寒食節天日晶爽偕諸君輿從東隱橋以行里許有丘突然曰巢髦墩即余高曾二祖墓又里許見余鴻二山四三里踰查家橋舍輿步山上下崇石林立而筍茁指戟者無限選勝以坐俯視平疇延袤千里菜麥色參錯陂池隱〻榆柳掩映田家而樵牧往來不絶至白石峴兩山石無論千數所謂若牛馬若熊羆者槩有焉周山人云此山無石蓋未嘗登也飲數行相與擊節雅歌而杏由松陰東下經陸夔州墓讀余外祖福州張公譔文里許過安氏山莊登膠山入寺飲泉謁李忠定祠讀泉師所為碑文至竹堂觀諸卷册爯酌流憩樓申末返過蕭公墓古木高丘宛然舊物此皆堠山之餘興也經潭塘橋歷板橋抵寺僧具火橋次以伺

西園五景詩〇天地一窩小溪山明月旁談詩有佳客相好數
相過（右待月窩）萬古奕未了盤礴雙髩垂沉沉當局意未許老樵知
（右爛柯洞）長風海上來吹蹢三山峯月明羣仙下吹簫倚長松（右蓬萊峯）
連岑瑩如玉積素排高空誰將藍田山置此西園中（右白玉峯）石匡
掛飛瀑遠下青雲端開簾對匡廬蕭蕭毛骨寒（右瀑布山）
尤瑛軟草青連徑微波綠滿池小棑斜亞水細檻曲成籬花避
東風惡杯延皓月遲此中堪獨樂時事不須知

鴻山

舊為泰伯塟地名皇山後梁鴻卜居其下因改鴻山舊有十四
景考南徐記泰伯宅東九里有皇山漢劉昭亦云縣東皇山有
泰伯塚一名吳王墩則泰伯塟于山下無疑者惟皇覽云泰伯
塚在會稽吳地梅李平墟梅李去吳縣界止一里王文恪未及
細核乃云板村之內有丘隆然即認為泰伯之故封又云泰伯
之墓不于山于平地失其據矣萬曆中始立碑表之高忠憲撰
記其改稱鴻山當在唐上元間考梁鴻本扶風人與妻孟光共
入霸陵山中以畊織為業詠詩書彈琴自娛東出關過京師作

五噫歌肅宗聞而非之乃易姓運期名耀字侯光與妻子居齊
魯之間有頃又去適吳依大家皋伯通居廡下為人賃舂每歸
妻為具食不敢於鴻前仰視舉案齊眉伯通察而異之乃舍之
於家鴻潛閉著書十餘篇疾且困告主人曰昔延陵季子塟子
於嬴博之間不歸故里慎勿令吾子持喪歸及卒伯通等為
求塟地於要離塚旁或曰要離烈士而伯鸞清高可令相近
高攀龍記畧〇邑之鴻山古稱皇山山有泰伯墓南徐記及聖
賢塚墓記同盂梅里平墟為泰伯端委地皇山為歸藏地其來
審矣今梅李廟貌肅穆而皇山草莽榛蕪樵蘇畜牧且狎遊而

穢䝨焉於大聖人墓宜然乎萬曆之季紳衿始謀立碑而表之勞為屋以居道者既立石歆余記其事余惟玆土古所稱蠻荊聲教不通于上國泰伯至止東南之人文始闢今且擅宇內之英華而上國莫及焉則是至德之聖讓天下而逃不之於名山大川不之於長林浚谷而之於荆其之於荆也不之於三江五湖不之於幽巖絕壑而之於吾錫之泱莽平墟豈其無故耶錫之士可思矣之於荆而東南之人文甲天下之於錫而錫之人文不當甲東南乎錫之士可思矣夫文明者非文詞績藻之言也記堯者曰文明記舜者曰文明則文明可思也堯之文明曰

親九族舜之文明曰徽五典至德之聖以天下讓在父子兄弟間則文明可思也嗟乎古之聖以父子兄弟讓天下而不顧今之人乃不免以簞食豆羹爭於父子兄弟之間而不恥若是者尚可稱錫之士而過梅里之墟皇山之野乎人人思而恥之而父父子子兄兄弟弟錫之文明甲天下矣

梁鴻五噫陟彼北邙兮噫顧覽帝京兮噫宮室崔嵬兮噫人之劬勞兮噫遼遼未央兮噫○不知名鴻山五噫○卓彼高士東漢賢噫浩歌黃鵠飛翩〻噫適吳寄跡此山間噫井臼千秋傍雲泉噫世無伯通于所憐噫

莫止十四景詩皇山有高墳傳是開吳祖宗衛縱寂然德在孰敢侮（右泰伯墓）幽人去千載井臼乃依然清風起林壑五噫猶耳邊（右梁鴻宅）古淵湛寒水下有光明丹纖汙弗可容誰歟捲肺肝（右朱砂潭）茅家好兄弟脫屣住句曲玆山亦相望時或為留躅（右茅君行祠）奇名誰所劃嶄然起廉隅蒼〻太古色可以立懦夫（右試劍石）古竇山之阿佳氣日吞虹化機不可窺此或為之蒙（右棲雲洞）池從兩崖劈疑藏歐冶鐵近接闔閭塋靈光動寒冽（右劍池）空山廠孤宇古樹常相依四看置身處水墨澹希微（右畫中亭）乱柯卧山僻要是梁棟器蹇允閱歲季藉得容身地（右眠松壑）挾冊栖古山古義良可尋匪

愛古人跡欲見古人心（右讀書處）仙驥招可來來集還遺去天地即樊籠凭高為延佇（右放鶴臺）犖确空山蹊曳杖聲鏗〻青鞋破不洗巍彼塵中纓（右石徑）山人治山隈對果非藏金火齊忽成紫化機隨淺深（右楊梅塢）山陽有嘉植琅玕暎珊瑚蕭〻風月中高韻與人俱（右梧竹坡）

元強仕伯鸞古賢人乃在杵臼間夫婦共守志逃名入深山舉案每齊眉鳴鳩西關閔凄涼五噫歌東出辭帝闕齊魯復荆吳長往遂不還為傭豈無勞顧已少外患終墓烈士旁高風邈難攀

王逵避地鴻山舍邊新花夜合井上老對冬青孟光齊眉舉
案倪寛携鋤帶經三百銅錢斗酒一雙蠟屐青山莫問浮雲
富貴且消天與清閒北里我衣誇褶南鄰墨勑斜封多我幽
居水竹有誰高卧雲松風塵涉五六載忠孝錄數十人已判
詩移白日更須藥駐青春
倪瓚寄楊處士鴻山東面受朝暾户牖嵐光盡吐吞梁婦終
甘隱吳市戴琴原不識王門絃歌寂寞千載井臼依依自一
村踏雪獨尋楊處士蕭條古道與誰論永積和幽栖何地受
朝暾四野風煙許獨吞縱有山妻常舉案豈殊乾坐若空門溪
深曲曲通梁水山靜灣灣抱孟村寂寞傭工空井臼五噫歌斷
費評論

錫山景物畧　鴻山　五一　七卷

香山寺
一名東頎山在縣東六十五里界常熟江陰二縣寰宇記頎山
東屬蘇州西屬常州上有龍潭下有寺即名香山梁大同初建
舊有浮屠今廢
藕紳幾廻飛錫勸遊方雲衲斕斑擁竹房一榻夜禪蒲座穩湍
孟春供樂苗香汲泉巖畔鶯猿飲葦池邊引鷺翔像室霧昏
燈焰小石樓風度磬聲長攀蘿別嶺衝寒露掃葉前林趁晚陽
大抵僧居遺俗慮此中身世受清涼王世貞白雲深鎖上方
幽躡屐無勞問惠休竹裏布金千月至松間鳴玉片泉流談經
石聽蟠蜍轉卓錫天迴罔象愁坐久忽驚心地淨向來西竺在
南州莫止香界追攀十載曾薜蘿深處翠微扃齊梁古跡談
雙對水月玄心鏡一燈山鳥弄晴春冉冉閣雲凝碧晝冥冥投
簪莫訝歸無侶猶有逢迎白社僧栗大行泳色敞招提空香
處處迷曹溪一水曲瞿舍五燈齊夕鉢藏龍影春沙暎虎蹄何
期踏芳草靄境得攀躋黎瑤石卻月橫香閣祠星隱紺臺殿
隨山勢轉池向水源開雙闕浮雲歛千林返照來鶴岑清絕處
心賞信悠哉

錫山景物畧　香山寺　五二　七卷

錫山景物畧七卷終

錫山景物畧卷八

蠡湖野史王永積輯男淑高洗高仝校

至德廟

祀泰伯於泰伯鄉梅李平墟之泰伯城蓋開國時端委地也史記世家泰伯犇荊蠻荊蠻之徒從而歸之者千餘家立為吳泰伯吳越春秋泰伯當殷之末恐中國侯王用兵以及荊蠻故起城周三里二百步外郭三十餘里在吳西北隅名曰故吳墟自泰伯以下至王僚三十三君皆都於此吳公子光刺王僚即此地宋史泰伯始所居地名句吳城吳地記吳築城梅李平墟名

吳城城内有宅舊址及井猶存寰宇記泰伯城去縣四十里平地高三丈毘陵志在州東南四十里泰伯之宜廟非一日矣弘治十三年邑侯姜文魁始立石表建大殿寢門奕然規制大備載入祀典歲有司春秋致祭王文恪鏊碑記又考泰伯在邑不獨築城間嘗濬瀆歷景雲泰伯梅李隨慶四鄉東入蠡湖長八十七里廣十有二丈即今所稱伯瀆是也有橋跨瀆上即名伯瀆橋當年開之以備旱澇一方居民始得粒食唐元龢八年刺史孟簡重濬之改稱孟瀆然百世後小民有口但知伯瀆不知孟瀆則又功德之在一隅昭昭不可泯者王永積曰泰伯以至德稱特就一家言非就一邑言與三吳言也維吳之先文身斷髮雜於龍蛇泰伯至始去夷即華文章財賦遂甲天下論功亦豈在舜禹下但當年吳楚文教未通吾夫子故隱其功而稱之曰至德由今日論於文武則名至德於東南實為首功功德咸備豈獨一邑宜祀大江以南盡宜血食邑故有兩祠一在城内大婁巷但泰伯塟地則在皇山高忠憲碑文言之甚晰文恪有誤故不錄錄其碑銘如左

王鏊碑銘蠢茲句吳俗本文身孰始居之爰有至人至人為誰有周泰伯讓國而來乃以有國嗚呼孰知世教日隤兄弟爭立

父子相夷我思至人生也孔晚無德而稱其稱則遠穆穆新廟姜侯所作千秋萬年過者必式

宋范仲淹至德本無名宣尼以此評能將天下讓知有聖人生南國奔方遠西山道始亨英靈豈不在千古碧江横○又泰伯何為者不以身為身遜避天下位奔走句吳濱隱德照來世遺祀傳斯民吁此廉讓國合生廉讓人○王令古廟鬱崔巍朱門鎖不開今人不為讓閒或乞靈來○宋元古者吾夫子曾稱三讓名後來秦失鹿劉項死相爭○明張箒泰伯遺墟在梅李井邑依然舊山水當時三以天下讓周家綿延八百祀可憐有廟

附南郭杜鼓鼕鼕歲時樂兵火年來草棘深惆悵文明竟誰託
張侯一艷民父母些固無嫌我鄉土豈惟隆典與自今要使流
風亦還古○莫止老梅村裏是誰鄉祠屋新成感意長宇宙幾
人能比德衣冠清旦獨焚香直將揖讓追堯舜不謂與玉繼夏
商萬古宜尼舊題在起瞻雲漢麗天章○邵寶和泰伯新祠古
讓鄉老梅根畔水流長十年夢寐三間屋萬古綱常一瓣香扁
榜大書元自孔衣冠遺製合存商向來曾擬荊蠻曲許作迎神
第幾章○永積和萬年俎豆此桐鄉舉目山高並水長開闢東
南惟隻手蒸嘗黍稷有餘香不須戮力遷豐鎬自有神功冠夏
商廟貌日新遺像古煥乎其有是文章

錫山景物畧　至德廟　三　八卷

蠡湖

在梅李泰伯二鄉界口一名蠡尖河一名蠡瀆一名漕湖蓋范
蠡伐吳時開是瀆以通南湖故即以蠡稱東西十二里南北六
里東接運河西合梁墓涇南行十餘里至蠡口入赤城溪又自
蠡口分流西行入唐干瀆唐孟簡濬之亦曾改稱孟湖
華幼武漕湖東南大星起瀲瀲晶光射湖水西𦐂搖櫓逆風行○
浪花激船濕飛雨我時起坐推蓬窓天地黯慘開鴻罷扶桑日
出東海沸波濤滉漾珊瑚光迴風揚帆舟子喜唱歌迎渡三十
里樓閣參差見城市○孫太白初日浮高森晴鳴鼓淺沙掛帆
湖水上閒遠野漁家岸拆菰蒲合雲迷山郭斜芳洲動幽興白
起采蘋花

錫山景物畧　蠡湖　四　八卷

濠湖

俗稱鵞湖又稱鵞肫蕩處邑之極東華氏聚族而居名曰蕩口去邑且七十里東則長洲界北則常熟界矣蕩內産銀魚一觔數千頭漁師用絲網〻得之趣水立斃里人載酒入湖乃得烹鮮他鄉未可也

轟大秊碧山如畫驛亭幽此日重來感舊遊荷葉雨鳴湖水冷稻花香散野田秋江湖滿地誰青眼歲月無情自白頭欲覓叢祠界先喆殘碑古屋對荒丘〇華察載酒隨輕波演漾情未巳夕陽映前川棹入微茫裏散髮手煙空竊比鴟夷子沙際暝色來歸棹還自理何處滄浪歌因之一洗耳〇王懋明移家湖上〇負郭無緒業因家濠湖濆扁舟歸草堂東溪生夏雲居然滿幽致得與木石羣茲地風俗厚所事不尚文童年巳樵採壯者皆耕耘予懷太古風出門日訢訢親地給家食借書廣前聞野趣足心目水流滌炎氛羣山映五柳空翠常氤氳隱居以求志敦勸謝諸君

嘉遁園

園結於蕩口之平地爲鴻山華公子闢當年縮地止四十畝示子孫可易葺也公歿後即蕪穢不治歲戊辰予假館其間過橋登假山其族人指點曰主峰名五老峰後爲舞袖峯前後六峯峰峯壁立環上下左右石則錦川武康木則青松紫柏俱聽狂風互相壓倒石尺寸斷松栢膚理裂石枕松〻亦枕石益松根大於石縫兩欲分離又培護無人視爲棄物松石冤纏無倖免者惟後山有柏一株曲〻從石洞內穿出栢身巳大於石柏愈翠石愈蒼爲一奇玩主人尤視爲棄物忽一日草堂數楹有力者拆之去五老峯歸吳門申司馬華費倍於石價爲一惋惜云

按鴻山公名察字子潛文章經濟具兩大闢闢在蕩口自建一城倭夷至城自爲守遇大盜假扮使客進拜刺刃以待封翁幾不免公服猩紅出迎罄所有與之封翁無恙隨發舟尾盜舟盜亦旋獲捐田千畝贍族〻無凍餒則功在同宗助役今南延上扇獨免派役米則功在同區丈田公實左右之則功在同邑乃以餘力相地東亭置大第至今過其前不敢仰視侯門王府嘆壯麗不如也東西兩園不山不水能自山自水極土木之勝五步一樓十步一閣瓊宮閬苑竟出人間聞工役告竣使者以冊

進首一葉開載石灰一項費四千金即掩卷餘置不目益作汰于奢公自知之矣今僅三傳侯倪兩姓並得入室國奢示儉惟家亦然愚於鴻山愚谷兩公不能不三致慨焉

華察自題二十首○用世無能早見幾看花日日到郊扉年來却笑陶彭澤三徑將蕪始賦歸（右嘉遁園）一徑透迤萬木稠亂峯深塢草堂幽空山盡日無人到曳杖時從麋鹿遊（右木居）幾年埋迹在丘樊一室重關可避喧窗外雲峯常滿目主人終日復何言（右忘言齋）高閣凌虛對遠峯綠筠無數閒蒼松清陰自與炎歊隔日向丹梯陟幾重（右松筠閣）碧山深處是吾廬面面迴塘勝石渠風景

錫山景物畧　嘉遁園　七　八卷

不殊容髩改向來癡得早焚魚（右碧山堂）日轉桐陰午夢殘物情常向靜中看平生學易無他技獨有先幾在掛冠（右知退軒）月上孤峯靜夜分憑高四望絕塵氛天空萬籟聲俱寂惟有踈鐘在白雲（右清機閣）白首方知行路難江湖曾歷幾驚湍齋居已悟前脩意不涉風波夢亦安（右學鷗舫）寒潭皎鏡月娟娟明燭鬚眉真了然夜色自生虛室白漫將流水付清絃（右水月軒）趺坐居然是達磨孤亭突兀對巖阿山深晝靜無人語惟有丹崖掛薜蘿（右面壁亭）梨花香靄日初曈庭院無人鳥自言一夜風吹千樹雪誤令詞客賦梁園（右晴雪軒）檻外踈篁暎石渠水聲和月到林居清脩自得幽人意不是持竿學羨魚（右水竹居）歲晚山空夜氣清獨來幽室自通明真機獨向蒙莊悟一點天光靜裏生（右虛白齋）踈梅照雪一溪明白石離離瘦影橫最是幽人傷歲暮水邊亭暮更多情（右梅花磵）一從歸臥碧山深歲月悠悠白髮侵倦鳥但知巢處樂扶搖萬里亦何心（右能老窩）瀛洲空羨列仙居何似山中舊草廬高卧不聞金馬詔閉門時讀養生書（右碧山仙隱）小閣聊成容膝安晴窗高對碧峯寒憑虛獨得超然意萬物皆從靜裏觀（右獨觀閣）自信年來見道真山中白髮任相親杖藜隨處惟吾意俯仰何能復殉人（右自適齋）山中長日掩荊扉溪水悠悠無是非老去漸知機事少相親惟有白鷗

錫山景物畧　嘉遁園　八　八卷

飛（右狎鷗軒）琅玕千尺晝陰陰片石蒼苔一徑深盡日可淹佳客坐相看不改歲寒心（右留客處）

施漸游心已積歲聯袂及茲辰方悅東郊靜一觀霜稼新瀼瀼露零厚蒼蒼樹初殷廣堂承清晤開館希雜陳高談悉農圃愜志非彈巾躊躇琴書宴泛濫名理津即席有真賞千里惟懷人乘旦既傍徨惜昏仍燭薪從昔山中侶園綺諒為真微風墜桂樹返蟄悵殷勤

黃天蕩

蕩在北關外宋建炎間韓蘄王於此困金兀朮○李蒙放舟黃天蕩風舉舟飛翔汪汪千頃波云是古戰場宋運昔板蕩金人日侵彊兀朮肆虐焰韓公折其鋒相拒四十日國威倚以張皇天不肯弔中道更摧藏至今沙磧上月夜生燐光哀鳥嗷斷葦令人千載傷○衣積和放舟黃天蕩飛鳥猶高翔千載有蘄王焉往非勝場勝負安足論慎重在恢疆智勇雖天錫百鍊乃成鋼黃天方鼠竄金阜還鴟張岸兵尚未入何為先伏藏夫人執桴鼓史冊留輝光兀朮復兀朮令我心悲傷

王氏庄

庄為先高祖九巖公讀書地吾不知其有焉否也吾家世居北關外江陰巷先高祖因有江陰巷王老佛之稱居宅之傍築小圃曾不盈畝不山不水不亭不臺自題八景曰好鳥鳴春曰羣蝶爭花曰春簷燕語曰夏渚鷗羣曰雨蛙鼓吹曰秋蟲紡織曰蟬噪高槐曰螢喧幽砌圃之所有如斯而已作汰子儉祖澤猶存今則併庄而失之郡邑乘皆稱公生平無他嗜獨好書著撰頗富有讀書漫錄讀書紀要代奕稿歸田適志錄消夏編叢書摘要等數十種自先祖幼孤遺文散落子孫又不及目惟過庭直訓予刻入家譜中後人庶得見之其他即有善蔵欲公之天下而不可得噫亦可嘆已○唐順之徹月掛孤壁四山何悄然因穿蘿徑去忽造竹林邊叢木深寒氣千蕪淡野煙徘徊興復盡還就茆齋眠

五步湖

梁載十道四蕃志漢末錢塘陶穀有道術隱居五部湖五部與五步音相似云舊邑志東西各二十里南北各十里皆塞為平田矣今天授鄉塘頭所稱五步塘者即其地又按舊邑志歲值大旱蝗多入境太守奉印綬請陶穀為無錫令穀退而嘆曰邑界有災安得懷道而不往救到邑脩六事行弭災術三日雨蝗盡死穀即遁去讀二志與後二詩疑有兩陶穀而不知所云漢末乃劉承祐末年也

高啓酒闌使騎趙歸時羞殺江南一曲詞借問驛亭相見者風

流何似黨家兒左國璣太耳將軍早升殿鬼面學士先草禪奴虜健兒俱得侯先生老死弘文院北風蕭蕭海色變惡雪撲門如手片侯門錦帳暖回春院蘇茶爐細如線竹爐火微瓦瓶裂黨家侍兒皺滿面人生苟無鐵石心嗚呼難免羔羊羨

甘羅故宅

過塘頭為寺頭鎮名寺頭者以有保寧寺寺在保寧寺則甘羅故宅也宅廣百餘畝梁大同初改建福愛寺宋淳化中賜今額寺前舊有甘蕩國初尚有甘氏子孫居蕩之左右今漸不可考矣寺旁則有光祿大夫王琨墓遺跡猶存

戰國策畧文信侯欲攻趙以廣河間使剛成君蔡澤事燕三年而燕太子質於秦文信侯因請張唐相燕張唐辭曰燕必徑趙趙人得唐者受地百里文信侯去而不快少庶子甘羅曰君侯何不快也文信侯曰吾令蔡澤事燕三年而燕太子已入質

矣今吾自請張卿相燕而不肯行甘羅曰臣行之文信侯叱曰我自行之而不肯汝安能行之甘羅曰項橐七歲而為孔子師臣今十二歲矣君其試臣奚叱也甘羅見張唐曰卿之功孰與武安君唐曰武安君戰勝攻取不知其數臣不如武安君曰應侯之用秦也孰與文信侯專曰應侯不如文信侯專甘羅曰應侯欲伐趙武安君難之去咸陽七里絞而殺之今文信侯自請卿相燕而卿不肯行臣不知卿死所矣唐曰請因孺子而行甘羅謂文信侯曰借臣車五乘請為張唐先報趙見趙王趙王郊迎謂趙王曰聞燕太子丹之入秦與曰聞之聞張唐之相燕與

曰聞之燕太子入秦者燕不欺秦也張唐相燕者秦不欺燕也燕秦不相欺則伐趙危矣燕秦所以不相欺者無異故欲攻趙以廣河間也今王齎臣五城以廣河間請歸燕太子與強趙攻弱燕趙王立割五城以廣河間歸燕太子與趙攻燕得上谷三十六縣與秦什一

張籌弔王琨○暮起牛童笛聲穿甘蕩東荒墳半石獸殘隧一孤松遺愛千年在芳名百載同秋風來古逕時聽隔林鐘

芙蓉山

芙蓉山芙蓉湖山與湖同名湖長廣七八十里山在巨浸中如芙蓉之浮水面因以名山既而塞湖為田山前後亦化為平壤今芙蓉其名失其實矣山周八里高三十丈邑東北山根已斷此山突起于平陸尤為奇特上有龍井深三丈闊五尺臨井有顯濟廟宋開禧初賜額廟內有環翠樓最宜登眺井旁有土丘名龍井峯又名天一峯復有巨石二各高五六尺俗呼為石公石母又有金鷄石與石母相連近建三茅殿頗壯偉每清明日男女雜遝紅紫滿山里人又名清明山下有綉毬墩為元處士倪雲林墓山之西址有田一規名彈子圻圻中有土隴隨田圓轉宛若彈丸環隴一犁可竟不費周折人稱異土但不敢近土而鋤鋤則蛇虺出焉

王達雞籠寂寞煙霞裏今日思歸欻然起城北諸峯誰可人一朶芙蓉隔秋水隔秋水又離群磬聲敲落峯頭雲此峯獨立惜無語清霜黃葉徒紛紛廬山東南有五老共得佳名在塵表闌門花雨鶴鳴時空田月落孤燈曉○顧恊重過芙蓉山○西鬢寒風吹客塵荒郊獨立倍傷神青山不改當年色白屋多非舊主人弱柳未勝溪上雪孤梅先得壠頭春重來有似遼東鶴回

首翻憐百歲身
倪敬環翠樓○百尺層樓倚紫冥無邊風景此登臨入窗水色鉤簾坐四面山光拄笏吟霧沐長松團座冷雨添新竹逺簷陰平生湖海多豪氣惟有元龍識此心
韓奕弔倪雲林○一壟與田平青青薺麥生耕犁他日慮掛劍故人情詩畫名空在山林夢亦清不堪寒食節落日杜鵑聲

前湯庵

前湯邑天授鄉土名普濟菴名也宋紹興元年陳宦捨基建咸熙初肖梅公照登進士復施田以資焚脩國朝屢毀屢建至嘉靖中僧方印分為東西兩房萬曆十五六年水旱災荒兼罹凶訟僧賚皆縻至二十六年行恩昭慧盡復故業重建正殿六楹堂淨業樓築七橋置南藏經六百三十六函贖常住田二十餘畆刊梵刹志十五卷亦可稱善繼善述矣本菴去前王先隴僅里許記廢興故詳焉
秦廣霽梵刹志序畧○桑鳩肇啓香象斯傳白馬方來青鴛用

建名山迴互芙蓉呦出花宮勝界芊緜砂石開成紺宇梵何相而非性剎何境而非心心性真空元不問升沉起滅相境假有焉能逃代謝推遷寶網香臺半作瘖㾗之物瓊簷繡栱多歸烏有之區劫似轆轤化同幻泡攷玆錫邑稠彼琳宮高殿小菴懵影紛前飄梵宇古堂新院經聲到處轉潮音史乘標題未極星羅之倫遊蹤仰止難窮派別之詳倘經物換星移更苦文湮獻謝合旁搜於今日俾永布於來茲藉有慧公崛興普濟鑚渠紅亘峩然法筏慈航六和暈飛絢矣雲廊月户方塘濤闢護鱗甲之有情南畝菑畬供苾蒭之無乏因念分我人於禪窟便失娑

心苟能廣紀述於藝林亦為梵行竭多方之擘畫誌通邑之招提文訂爲三卷分十五仍令下走贅語右方竊思刹〻塵塵興興廢廢孰居豪翁無有端倪莫致之致難思偶然之然絕巧如晉濟以陳宦興以陳侯復廼知道必人弘先進每資後進轉信事皆天定有心不若無心法苑既然世塗皆爾聊附愚者之得勿嗤老生之談

萬象春碑銘○芙蓉列嶂興塘滙流地脉結靈塵世浮丘開此名藍環以平疇法像莊嚴蘭若清幽有宋紹興陳宦捨宅亦粵我明禪誦無斁法輪永轉慧燈不熄惟常住田日充香積商羊

為祟一水孤村殿廡傾圮寂寞空門蓄畬不保甌窶何存振頹復業賴有行恩自今伊始實豐實殖動禮旃檀盡力稼穡有私售者視茲碑刻垂守無窮貞珉不泐

宋陳照一尖龍舌地蘭若此中開曲徑深依竹荒池淺鑿苔要令溪水接莫礙野雲來只恐菴居與難淹出世才○先儀部公表和看竹過僧院日高門未開長廊紅落葉古壁綠侵苔鳥為忘機下人因爭古來相隨學寧靜試廣孔明才○先太史立道僻地多逢寺秋花滿石壇僧閒縫衲坐客到出門看失姓離羣久躬畊乞食難清言殊未厭車馬恣長安○先太學化醇和綠野尋蘭若雲封晝始開檀那新古刹遊子印蒼苔梵宇頻興廢真如任去來觀碑思舊詠繩武愧無才○又捨提蔵翰墨綠野遶玄壇行路尋僧問穿林帶笑看莊嚴宛如在定慧莫辭難出世惟方寸將心無可安○先文學純一和精藍蔵綠野水曲寺門開佛日淨祇樹慈雲護古苔豐碑千載在勝地幾人來祖德還堪詠因懷異代才○又史墨遺蘭若詩名舊擅壇郝期當日句更與後人看野性探幽慣禪機出世難繩床趺坐久轉覺此中安○先文學學一和徵茫煙火隔到寺白雲閒地接平疇水庭荒覆井苔詎因香積至為啓絳紗來遮鴈聯高响能鳴愧不

才○又劍舄千秋史雄名大將壇舊從藜火得今向水雲看說偈留三蔵稱詩到二難後先真錯落僧夢不教安○先文學得一和孤艇綠溪入空門為客開遠山輕點黛野水碧浮苔古刹留題遠春遊覽勝來幽人多出世感嘆昔時才○又相携尋舊跡翰墨擅詞壇地卜千秋勝詩垂異代看晝知逢世易誰識證心難回首殘霞落禪機問道安○永積和一寺中分界山門左右開殘碑欹斷石古佛長新苔野水憑鷗浴閒雲伴鶴來探幽叢爭古自昔重掄才○又祖父經行地香華護戒壇遊踪三代接遺草百年看問法皈空易全身遠害難荒村兵革少來保一悏安

延福菴

在芙蓉山東南隅𣕚自元延祐三年洪武末菴僧文洪文澤分爲西房萬曆中東房靜巖追念古德有千僧共釜之義復合爲一傳及通紀道風大振事具顧端文公記中

顧憲成記畧○邑東北有延福菴稽其建立時則元之延祐三年也稽其重葺時則我明洪武末吾也稽其建立者何人則僧曰禮敬也稽其重葺者何人則僧曰道瑨也稽其形勝則眘山峙乎東與塘滙乎南也稽其令甲則稅課素經優豁也稽其分派則邑之崇安刹也稽其分房則東西兩炊合兩而一則萬曆

庚子攘始也西而一之自則東之靜巖併於西之通紀也通紀何人則法號振延有戒律爲今菴之中興者也中興何事則振延勵大深心發大誓願出大財力取舊址而新之先殿宇次方丈次大士閣次諸齋厨浴㢈之類金碧煸煸丹青藺若而又拓産三十七畝有奇者也於是振延謁予請紀予儒也不能悉釋氏種種而竊有感焉蓋自釋教流傳震旦幾千四百餘載其披靡於人心者何貿貿也而其徒因地墍錫隨緣護持精誠懇至若其不容已不可解者又何斤斤也豈佛之靈徧攝一切衆生而衆生中之緇衣薰脩者一切攝于佛耶有如振延也者幼切皈依長脩功行三戒恪守一針無私前以續承禮敬道瑄之遺緒後以昭示徒侶於來茲蓮花品下不當讓一席也夫吾道大明中天而徨徨儒其業室其戈以視振延毋乃庭楹乎予之所以感也而更有進焉吾聞佛有禪宗淨業二門禪宗自一花五葉後未易輕言姑言淨業淨業之法二六時中誦佛嬭經持偈禮懺習靜放叅而要嚴於十六觀蓋至三品九等各各成觀而吾之六根六塵六識刋落空銷恍覩如來於自性中試以是而較之刧創祇林人天小果又毋乃庭楹乎振延其進而求之將舍利光明在吾掌握茲菴當與山河大地同不朽而直區區于

福之延延之振而已哉

倪應禎延福橋記畧○大地塵可洗惟情塵不可洗幸入緇流已離五濁乃香火檀越之情愈老愈洫安得挽三昧水一湔除之延福菴建自元由來鮮超悟僧豈地無靈耶通紀起頹啟之餘脩歷諸苦漸積檀施貲悉償子毋家負後餙叢林鳫堂猊座煥然奪目又率徒衆各嚴戒律庶幾塵情日空悲智自長見菴傍木梁朽斷欲駕石爲虹鉢盂已蕭然無長物矣其徒昭田聽然曰無煩師也我爲之田之鉢盂亦復蕭然其徒除真又聽然曰無煩師也我爲之真之鉢盂亦復蕭然於是謀於常住田若

千畝得若干金積歲月而橋成曰僧可餒行不可患涉也嗟乎佛氏大願願度一切衆生三師捐一身以度萬身過石梁者便知禮三師無纖嗇矣吾尤願冥心參取造橋人何處來耶一日斛所西忘橋與造橋都無著處大地衆生一剎那度盡其福德何可思議

過鶴延福菴通延福橋半臨流水半臨郊紅分日影穿林隙青送山光落樹梢古佛堂前猿獻果老松枝上鶴營巢山僧應供歸來晚却把禪扉帶月敲○羅柔自昔挑燈意禪房一解襟僧肯今已白佛首老猶青鳥啄菩提對風翻貝葉經菴山留夕照

且勿放歸舩○顧憲成題壁茫茫大化任推遷消息盈虛總自然若欲箇中生太極請觀四十六年前○喟然居父欲無言堅白紛紛尚未蘭但得此身還造物不須一字落人間○又嘐嘐妄議古之人歲月蹉跎忽到今一息尚存應有事莫將妖壽貳吾心○又贈隣霞上人○上上崑崙峯諸山高幾重望望滄溟波百川大幾何卑高入揣料小大窮多少不如兩置之直於了處了○顧允成贈振延上人○太虛石洞居孤絕少人依遠客携琴過逢師乞食歸一蒲青草上四面白雲飛盡日無言說巖花落滿衣

一梅堂

蔣文忠公致仕歸築是堂為靜養地地名胡埭去邑四十餘里後又捌萬竹亭皆自為記文忠名重珍字良貴宋嘉定癸未登進士第一人奏對迕執政即奉祠還里端平改元屢遷起居郎以疾丐外後召為刑部侍郎而公不起矣朝野惜之

一梅堂記畧○寶慶丁亥重珍以病歸治藥石無容榻地脫闔中簪珥得敗屋一區灑掃而居之癸巳春奉祠杜門痼疾弗瘳乃於室之東南隅為堂一間而夾室置藥鑪丹竈蒲團紙帳于其中故舊有誚予者曰子其掃除一室之小丈夫與吾視子幼

孤羸癯繩樞傍人籬落竊一椽之庇輙以為幸奚以堂為予悚然曰是予之過也雖然吾豈以堂為樂哉獨念吾家凋弊五十餘年迩不肖誤蒙寧廟親擢名列班簿幺微此身病癈退休足矣雖然此身父母之遺體也可不敬乎築斯堂也敬斯體也乃所以報親也不然則安宅何在廣居何在而頤區區於此堂哉自斯堂成而可以求師也凡齒德俱尊者學可及人者義理稍熟者克忠克孝者博通經史者深識時務者吾於此下風而問焉則身雖病而心不病矣自斯堂成而可以合族也凡姿禀可教者好禮知恥者遷善遠罪者小廉曲謹者貴不簡傲者貧不

卑屈者文蕤是將者多識事物者吾於此因材而篤焉則身雖病而家不病矣自斯堂成而可以取友也凡能脩而通者能言而踐者卓犖而重者淳靜而立者能知大體者能勤小物者虛心無我者善如己出者惡如無隱者相觀爲善者吾於此久交而敬焉則身雖病而道不病矣心不病則不蔽家不病則不替道不病則不孤存順沒寧貧賤何憾焉此豈忘其親而事身哉堂前有梅一株清圓茂容因以名堂示不改其舊也

陳高過薺狀元墓晚步出西郊逶遲望丘畝松林何蕭森流水在左右孤墳隱其中斧封猶培塿剥石蒼苔深積土黄葉厚父老向我言茲墓由來久其人在前代獨擅文章手較藝多士林精光動牛斗桂折蟾宮枝名冠龍榜首極位軒冕貴勲業汗青有不阿時相權孤忠知自守寵榮一生前零落百年後至今存墟墓骨枯名未朽我聞增太息懷古思尚友生雖不同時神交称不苟落日啼歸鴉寒煙暝幽藪臨風剪秋菊灑涕酹椒酒

拮芳園

園爲陳石村小圃里名上舍種梅可數十畝内分十二景

陳近思十二景詩 篠蕩含風雪欲飛石林斜日到巖扉湘雲畫鏁深留客不放棋聲出翠微〔右竹門〕 巖栖不減武陵春花鳥東風亦自新車馬未曾諳小徑相逢莫訝避秦人〔右桃蹊〕 九畹猗蘭玉露秋孤芳偏入小山幽美人未問瓊琚佩采采瑤華亦自由〔右蘭畹〕 玫瑰翠蔓石闌斜香雨晴飛四月花蘿屋竹屏成小隱紫絲錦障復誰家〔右玫瑰障〕 澤國霜清錦樹迴芙蓉秋淨水雲開百年黄髮滄洲地未許邊愁入死來〔右芙蓉洲〕 西蜀靈根誰爲移小窗花老塢春遲金盤玉箸未霑賜羽扇綸巾總自宜〔右櫻桃塢〕 秋盡江空草木衰野亭山橘正垂垂雲明萬蕊封題日霜落千林錫貢時〔右橘坨〕 河柳平橋曲水邊青蘂寒帶石林煙濠梁不作飛雲瘦澗道潛通小有天〔右檉橋〕 叢碧高林稍穩棲江湖夢繞鳳凰池桐華竹實年年在萬里雲霄待羽儀〔右桐林〕 秋風花事託芳鄰鍾鼎山林各任真南國已虛青鳥使東籬誰是白衣人〔右菊畦〕 苑墻低覆白雲稠薜荔秋生宿雨收清夜月明山榻靜翠藤寒影石房幽〔右薜荔墻〕 百畝芳園曲水涯孤梅寒帶草堂斜江南氷雪催遲暮又見春風第一花〔右梅所〕

芙蓉湖

滄海桑田何地蔑有錦帆帶水昔夫差遊讌其間樓船鼓吹魚龍驚懼今為吳縣之基所存者溝渠耳邑芙蓉湖一名上湖一名無錫湖一名射貴湖舊占晉陵江陰無錫三縣界寰宇記東西四十五里南北四十里深五丈東流為五瀉水郡志在郡東五十五里南北八十里㽞入無錫北入江陰東南入平江府西北入楊子江吳地記無錫湖萬五千三百頃通長洲多魚而甚清陸羽惠山記芙蓉湖南控長洲東洞江陰北掩晉陵蒼蒼渺渺逼於軒戶惠山故有望湖閣自山下百餘里極目荷花不斷以為煙水之勝唐皮日休與陸龜蒙魏不琢時乘短舫載酒由五瀉徑入震澤穿松林抵杭越名其舟曰五瀉舟按江南舟行自京口抵武林八百餘里據諸傳記湖之經界漫不可考就本邑推之南與延祥鄉鵝肫蕩接方控長洲東入興道鄉蓁塘港以北方洞江陰北出興道鄉越歐灒方掩晉陵而後東西流與五瀉水合如此則南北不下七八十里東西亦四五十里諸傳記始為不誣今惟興道蓁塘橋尚有湖東湖西之稱亦皆良田無復痕跡再考南徐記則云芙蓉湖晉時張闓基其中洩湖水令入五瀉注於具區欲以為田盛冬著褚衣令百姓負土值天

錫山景物畧　芙蓉湖　二五　八卷

寒凝冱施功不成至宋居民因其舊跡隄岸堰水始塞湖為田國初尚未起科至周文襄公每畝科米五升以備地方之旱潦嘉靖間王其勤丈量始改作低田一體輸納則當年洪水湯湯今悉東南其畝無復舊觀矣又考寰宇記陽湖在晉陵無錫西縣界神護鄉東西八里南北三十二里北通蛟濤臨津等湖謂之三湖宋元嘉中治湖之四旁成良田數百頃今在者亦湖名耳迤北又有北陽湖亦名宋建湖所云臨津湖疑即此是今亦湮塞

李紳丹對村邊煙水微碧波深處鴈紛飛蕭條落葉垂楊岸隔水寥寥聞擣衣又水寬山遠煙嵐迥柳岸縈迴在碧流清晝不風鳧鴈少卻疑初夢鏡湖秋又逐波雲采叅差遠背日嵐光隱見深猶似望中連海對月生湖上是山陰又舊山認得煙嵐近湖水平鋪碧岫間喜見雲泉還悵望自慙山叟不歸山又翠崖幽谷分明處倦鳥孤雲在眼前惆悵白頭為四老遠隨塵土忝伊川又胡宿小湖香豔戰芙蓉碧葉田田擁釣蓬嵐氣欲飛山隔岸秋波不動水搖空翩翻雪鳥爭投浦撥剌霜鱗對擲風政是滄浪濯纓日一竿多謝紫溪翁

附姚文灝築圩歌脩圩莫修外留得草根在草積土自堅不

錫山景物畧　芙蓉湖　二六　八卷

怕風浪喧○脩圩只修內培得圩脚大脚大岍自高不怕東風
湖○教爾築岸塍築得堅如城莫作浮土堆轉眼都傾頽○教
爾分小圩小圩水易除廢田苦不多救得千家圩

斗山

在縣東北四十里長九里地界江陰與花山通上有土丘七象
北斗故名石井一深不可測有白龍祠至元初建王靈官廟萬
曆初黃太僕建山前有青霞館為黃冠脩煉之所

黃正色王靈官廟記畧○正色結髮讀書已聞聖人不語怪之
訓既壯入仕之浙之粵惟祀典諸神必致如在之敬他固無敢
瀆也嘉靖己亥備員南臺以妄言觸罪逮者至郎囚服從之舍
騐而驢觀者皆謂叵測方渡竹橋有道士自南自北左持藥籃
右揭大木牌〻間書字滿兩端其顯著可見者有赤心忠良王
靈官鑒察數字從隸異之群趨徧覓無有也正索擢間強以自
慰曰冥〻庶其有鑒乎天威其或少霽乎既抵京　聖怒漸釋
不忍置之死謫戍遼之瀋陽居遼廿餘年無適不蒙神庇雖一
醉飽之過一嬉謔之愆夜必夢神告戒誠易所謂無有師保如
臨父母者也至壬子歲〻月既深憂思大積真若不能自存者
忽正月廿四夜有明燈入外書舍引一峩冠道服者至嘑守舍
書生張煥與語更許每借一牖間對聯示訓謂某年某聯太露
圭角某年某聯稍有蘊藉無非委順安心至論正色因服膺確
守不復憂懼常謂諸兒學詩輩曰久荷神庥當建一祠於斗山

之巔以答神貺不幸詩兒溘逝未獲就緒歲丁卯　先皇帝嗣位重荷賜環屢遷至南太僕寺卿　新天子御極載錫榮階衰朽餘生沐浴膏澤孰非神之默祐乎詩兒亡且十年婦吳氏捐貲建祠請記其事夫父與人要尚不可忘况神之聽之乎乃喜書如右

陸脩吉此日尺書行塞鴻白帆朱舫入秋空龍宮雲濕晴亦雨馬渡水腥寒帶風星野虛含北斗折靈根靜與西山通恍為十里青郵路遙憶美人如夢中

無名氏青霞館同登青霞館獨尋玄圃仙蓮池入返照桐閣鎖清煙鳥度屏風外雲歸洞府前步虛凌倒景講法悟初玄價重留丹日功成受籙年鶴來知駕返翹首蔚藍天

錫山景物畧　斗山　二九　八卷

潘葑

小鎮也去高橋三里而遙自毘陵南下至鎮始見山面望龍尾尤為親切鎮有奇事二宋時于此設酒庫監庫官周必先善釀酒立上中下三等酒熟祭神每烹羊豕行三獻禮一日秋祭庫吏走報上等酒瓶泥皆有孔啓視之數百瓶皆空空矣必先怪之伺察聞闘笑語聲隨見有羣小兒口吸瓶上開門則皆入地因掘地深三尺許則見有巨蛇醉臥數小蛇旋遶其傍必先鬱鬱不樂旋罷官歸鄉紳李應祥幼時貧甚曾出家於鎮之靈官廟然晝夜不廢讀一夕見二鬼從水中起笑且舞曰明日可得替身應祥怪之黎明起坐河干力圖解救至晚無所遇將歸見一小舟渡河怪風突起一婦人飄本包額欲往撈之應祥大叫曰不可不可具告以故婦得無恙次夕復見二鬼登岸泣曰事濟矣不意為李提學救去應祥益發憤下帷後果仕至督學

楊萬里潘葑田望惠山惠山分明龍樣活玉脊瓔腰百千折錫泉泉止吐一珠簇弄太湖波底月蒼石為角松為鬚鬚裹黃金古佛珠請君更向潘葑看龍尾激到珠南畔

錫山景物畧　潘葑　三十　八卷

觀鵞亭 附開利寺

在雒社開利寺前晉王右軍別墅也寺故有两池一曰滌研一曰觀鵞右軍蓋於此臨池焉池中壘石為臺因建亭即名觀鵞嘉靖甲寅遭倭警亭廢邑人秦瀚修復之寺建于梁太清初名興福宋景祐三年賜今額元末廢洪武十三年僧永康重建後火成化二十年僧道源重建寺内羅漢像最精舊稱南禪殿北禪佛開利羅漢為三絶又有八景一曰池邊滌硯一曰亭上觀鵞一曰長橋月白一曰古寺鐘和一曰馬盤牧唱一曰花渡漁歌一曰荓舟帆影一曰栁岸煙莎邑侯新淮必宿壇於寺中俗

訛為開利市陋哉

秦瀚記畧邑開利寺之有觀鵞亭昔王右軍臨觀於此不知在何歳月然晉有全吳之地以右軍蕭灑出塵吳中名刹無不游覽或嘗遊斯而亭因之以建宜亦有之惟亭相依名刹環以碧流蔭以茂樹僧廬佛宇参錯其間試一登焉可以想見當年揮毫運肘之態度而白毛緑水紅堂清波復有得於形跡之外亦邑中之名勝也嘉靖甲寅厄於倭難過者惜之追憶成弘間吾先祖養恬孝子每春稣景明或桂芳菊綻必奉先曾祖武昌公携同社諸友來游蠡橋之别墅必登斯亭以畢觴咏之餘與亭與墅真吾行窩别舘先人之遺迹來於兹者不下五六十年目擊湫殘誠有不忍況右軍高標雅操度越諸晉風流撫今追昔一亭興廢亦豈偶然乃謀諸寺僧如濟覺性捐貲重建因請予記之惟後之人各心吾追念先祖之心各心吾追念右軍之心兹亭庶常存而不廢也已

尢瑛千載右軍墅觀鵞池尚留寫経人已杳弔古我重遊斷渚梳翎鴨殘碑礪角牛不勝今昔慨無復敢登樓　唐詩問法空王宇傳題内史名鵞池猶渌水龍象祇殘燈誰愛留金偈吾憐寫道經相應悲幻境何用嘆浮生　李攀龍江上新亭接晚臺

風流重憶右軍才相携愛馬高僧過自許籠鵞道士來池水如拔霜練出煙霞猶傍彩毫開使君暇日多閒眺可但南樓興已哉　秦旭自武昌還里清秋洛浦繋孤蓬勝跡遥尋野寺中筆陣尚沾遺墨在鵞羣誰見易書籠一年為客悲長路千載懷人立晚風簫鼓夕陽催去棹勝遊真惜未從容　秦廣睿和洛社橋邊泊短蓬息機開利梵林中相看壁有仙人記漫說鵞從道士籠與廢一亭鶖易代滄桑千古悵臨風座中白足懐脩復披閲徵文後尚容　衲米和十載飄零夜雨蓬斷碑時捫小亭中壯年嘗墓餘鷗渚野寺觀鵞挈敝籠淮海徵吟留勝事剡溪

孤屐帳遺風朱樓綠水城闉滿誰寫蘭亭草聖容〇秦鏞和千
秋勝事等飛蓬野寺偏明落照中書法只看青鳥篆詩傳猶勝
碧紗籠觀鵞亭上悲先澤滌研池頭憶古風只恐桑田已非故
百年空想舊音容〇永積和廿年蒋跡嘆飄蓬晉魏興亡在眼
中淚灑新亭無馬渡觴流曲水有鵞籠揮毫已絕蘭亭筆染翰
猶傳淮海風一棹剡溪人在否漫隨雲衲禮金容
華振蒙開利寺〇古亭洵已矣遺刹亦頹然忍草僧誰解空華
佛自憐鳩啼香案雨鬼嘯石壇煙安得布金力為酬飯後緣
永積八景詩〇千載蘭亭蹟空留研石存時來洗殘墨付與細

鱗吞右滌硯池邊龍跳與虎卧臨池稱絕筆一鵞何足觀羲獻從中
出右觀鵞亭上竹栢影參差正在長橋下何處無月明誰似予閒者
右長橋月白山頭曙色開靜聽疎鐘起道人春睡酣聲聲入夢裏右古
寺鐘和盤盤樵牧地何年字馬盤數聲牛背遂不用跨雕鞍右盤馬牧
唱放舟蘆花灘月明不能宿自理滄浪歌驚起雙飛鷺右漁歌花渡
一日百里程來往絲如織願乘般若舟無籍篙師力右萍帆影舟二
月芳堤媚輕風漾碧絲行人莫繫馬恐有斷腸詩右柳岸煙莎

麻尹二將軍祠　附德慶菴

邑故有吳許二長官廟在開化開原二鄉二長官者蕭梁時晉
陵無錫兩邑令也當年湖水泛溢同視防堰水驟至俱溺死二
鄉祀為里社神至今不廢麻士龍尹玉則宋文信國公部將也
與元兵戰於五牧南彭郎村主將張全不救二將死之讀文丞
相弔五牧詩并叙當年情事真堪流涕後人即地建祠名曰二
忠嘉靖丙辰為倭夷焚燬忽見赭衣二神並立道傍倭驚懼乃
散去憲副薛應旂脩復之立碑纂記祠旁舊有德慶菴應旂曾
讀書其中至萬曆甲辰裔孫敷教與漢月禪師脩菴并祠改為

存忠院中祀信國公而以麻尹二公配按吾邑鈌典宋德祐元
年三月元兵壓境知縣阮應得提兵出戰全軍皆沒應得赴水
死歷三百餘年阮侯無特祠何以鼓忠義愧人臣之二心者信
國故有兩祠祟市曰教忠廬陵曰懷忠或不必以吾邑重五牧
戰場似宜為應得立廟而配以麻尹廟貌始稱特敢附識以俟
觀風者采焉
宋文天祥記畧〇予初以朝廷遣張全將淮兵二千救常州遂
遣朱華將二千人從之張全無統馭之材自為畦町十二月二
十一日自往橫林設伏北兵至麻士龍死之張全不救走囬五

牧五牧乃朱華所駐如掘溝塹設鹿角全皆不許二十七日北
兵薄五牧自辰至未華與對敵死於水者不可勝計至晚北兵
繞陣後尹玉當之曾全等先遁尹玉死焉全提軍隔岸不發一
矢吾兵渡水挽船全令諸軍斷挽船者之指於是溺死甚衆全
即宵遁尚存殘兵五百人殊死戰力終不敵質明僅四人得歸
一夫無意遂閔宗社嗚呼天哉予初欲先斬張全以全為朝廷
所遣請於都督宥之使自贖後詰餘杭斬曾全以殉衆而噬臍
多矣過五牧弔戰場為之流涕不可禦弔以一詩
文天祥原韵首越勤王役功成事則天冨平名委地好水淚成

川我作招魂想誰為掩骼緣中興須再舉寄語慰重泉○張翥
苦戰勤王事精魂泣鬼雄壞城兵氣黑遺鏃血花紅故老談亡
國明時録死忠長唫一搔首落日鳥嚀風○永積和文丞相原
韵○宋祚雖難復存亡敢聽天雙忠膏牧野孤淚血寒川絕援
悲遺事平倭感後緣我來躬拜獻椒酒和山泉

錫山景物畧八卷終

錫山景物畧卷九

蠡湖野史王永積輯　男淑高 洸高仝校

東林書院 附道南祠

京師建首善書院為國朝講學之終事吾邑建東林書院為國
朝講學之始事學之晦明院之興廢國之治亂宗社之存亡實
繫焉嗚呼顧不重哉書院在城東弓河上為宋楊文靖公龜山
先生講學舊地先生別程顥於河洛顥目送之曰吾道南矣寓
邑講學凡十八年以故郡邑並祀之郡中則建道南書院邑中
則建道南祠而書院則以東林著元至正間僧秋潭築菴于左

偏魯竊東林二字以名其菴正德中邵文莊公與華比部補菴
讀書保安寺內構一精舍亦名東林王文成為之記則東林片
壤為龜山講堂舊址由來久矣嘉隆間督學聞人懋耿定向謝
廷傑屢議興復未及舉行至萬曆三十八年顧端文首倡偕同
志高忠憲公等致書撫按道府縣各捐薪俸有差建大門二楹
牓曰東林書院入門為麗澤堂進為講堂做穿堂制凡六楹牓
曰依庸講堂後建廟門牓曰燕居廟陞級而上廟一楹牓曰中
和設几案立木主祀至聖先師孔子廟左右兩樓左貯祭器樂
器右貯書籍堂左右皆有長廊通大門門前建坊二一曰洛閩

中楹一曰觀海来遊廊後各建書室為齋宿地按祀典古有釋
菜釋奠二禮釋菜行於孟春而禮簡釋奠四時可行而禮繁今
學宮之祭每歲行於春秋仲月上丁日即古釋奠禮書院之祭
酌古準今每歲於正月上甲日行釋菜禮於春秋仲月仲丁日
行釋奠禮祭儀前三日齋戒前一日宿院中至日夙興主祭與
陪祭皆吉服通贊引贊唱導拜獻俱照學宮祭物行釋菜禮聖
廟設爵三籩豆各二道南祠設爵三籩豆各二七先生前設爵
各一每案設籩豆各二行釋奠禮聖廟設爵六登一鉶一簠二
簋二籩八豆八俎四帛一酒尊一道南祠設爵三登一鉶一簠

一簋一籩六豆六俎四帛一七先生前設爵七東西鉶各一簠
簋各一籩豆各四俎各二祝文祭 先師惟師祖述堯舜憲章
文武上律天時下襲水土如天地之無不持載無不覆幬如四
時之錯行如日月之代明茲當某月恭脩釋菜釋奠之禮尚饗祭龜
山先生惟先生倡道東南至止錫邑十八年儀刑儼在五百歲
道化如新茲當某月恭脩釋菜釋奠之禮謹以仲素羅先生德輝胡
先生實齋蔣先生遂初尤先生玉泉喻先生小山李先生二泉
邵先生配尚饗祭器籩豆各三十二簠簋各六樂器琴瑟各一
塤篪各一笙簫各一鐘磬各十六搏拊一架一柷敔各一鐘磬

架各一琴足二琴軫七絃全瑟柱二十五絃全講期每年一大
會每月一小會大會或春或秋先半月遣帖啓知每年推一人
為主設知賓二人預與者先期通一刺於知賓即登入門籍至
期恭捧 聖像懸於講堂午初擊鼓三聲各具本等冠服詣
聖像前行四拜禮隨至道南祠禮如之入講堂客東主西分列
相對二揖就坐客位先外省次同郡主位先邑父母次學師次
同邑次主會俱以齒為序坐定講四書五章小會除正月六月
七月十二月祁寒盛暑不舉外二月八月以仲丁之日為始餘
月以十四日為始每月推一人為主會各三日預與者聽不徧

啓至期恭捧 聖像懸於講堂春秋二仲月俱於仲丁日行四
拜禮餘月俱於望日行四拜禮道南祠同分班對揖與大會同
坐畢講四書四章坐久歌詩一二章開暢性情講畢發疑問難
聽人更端但不可攙亂申末擊磬三聲各相對一揖仍詣 聖
像前及道南祠肅揖別院規悉照白鹿洞規引而伸之一曰飭
四要一曰破二惑一曰崇九益一曰屏九損四要一曰識性二
曰立志三曰尊經四曰審幾二惑一曰高者笑二曰卑者駭九
益一曰教人為聖為賢二曰與人為善三曰反念入微便得安
身立命之處四曰凡情俗慮一切蕩然五曰聲應氣求隨取隨

是六曰投機搆會裡已而外可以濟人七曰未會既會常如會時是人生一大関鍵八曰脚跡得入依庸堂是人生一大幸九曰立德立言立功皆從此出是人生一大究竟九楨此昵狎玩鄙也黨同伐異僻也假公行私賊也或評有司短長或議鄉井曲直或訴自己不平浮也或談暧昧及瑣屑怪誕妄也文過飾非不思速改怙也揚人之惡悻也問荅之間或沮抑或執辯滿也人是人非道聽塗説畧不反求莽也諄諄訓誡謂今日一會是一最勝機緣亦一最上擔子如此機緣不可辜負如此擔子不易承當而其辯之最晰者則莫大於性善與無善無不善之

辯尤莫大於誤認無善無不善為至善之辯曰無善無不善一彼一此門户各別歧孟子之性善者也孟子之操懿也曰無善無不善為至善面目不改血脉潜移混孟子之性善者也孟子之呂嬴也毫釐杪忽之間硜硜護持且千反萬覆必不敢苟焉遷就有功聖門有功世道實為不小當年推端文公為主盟時則中丞周公孔教督學楊公廷筠觀察蔡公獻臣皆執鞭授餐而四方之聽講者上自名公卿下迨布衣不遠千里虛懷就正於是東林一席遂足以奔走天下端文公歿忠憲公遷主焉迨天啓中逆閹亂政鉤黨既興乙丑八月詔毀天下書院東林首

被其毒先拆依庸堂丙寅三月忠憲殉難五月矜撫按檄縣盡毀　聖廟書室知縣吴大朴督之甚力不四日廟貌灰飛廊房電掃碑坊寸斷書籍風翻井沿堤据剗盡遭斬伐行及道南祠里老出翢邑棄示之僅存者幸耳戊辰崇禎改元侍御劉公士佐䟽請復天下書院奉　旨這所奏崇正闢邪朕已知道各處書院宜表章者着提學官盡行脩復吴公桂森乃捐貲重搆麗澤堂三楹復與鄒期禎輩講習其中不絕如綫惟侍華銓部允誠克復而光大之生非其時又于戊子四月殉節東林舊人凋落殆盡道南一脉益不能無所俟云

王守仁保安寺東林書院記畧〇東林書院者宋楊龜山先生講學之所也龜山殁其地化為僧區而其學亦遂淪入於佛老訓詁詞章者且四百年成化間今少司徒泉齋邵先生始復聚徒講學于其間先生既仕而址復荒屬於邑之華氏華氏先生之門人也以先生故仍讓其地為書院先生則自述其廢興而以記屬其當是時遼陽高君文豸方來令兹邑謂表明賢人君子之跡以風勵士習此吾有司之責亦遣人来請嗚呼物之廢興亦有成數矣而亦存乎其人夫龜山没使有若先生者相繼講明其間則龜山之學豈遂淪入於佛老詞章而莫之知當時

從龜山游使有若華氏者相繼脩葺之必有溯流以窮源者亦何至淪沒廢置之久又使其時有司若髙君者以風勵士習為已任書院必不至於頹圮又何至化為浮屠之室而蕩為草莽之墟乎是三者皆宜書之以訓後若夫龜山之學得之程氏上接孔孟而下啓羅李晦菴統緒相承斷無可疑顧世猶疑其晚流於佛此其趨向毫釐之不容於無辨先生必嘗講之精矣先生樂易謙虚德器瑢然不見喜怒論者以為有龜山之風非有得於其學宜莫能之然而世之宗先生者或以其文翰之工或以其學術之邃或以其政事之良先生之心其殆未以是足也

從先生游者其以予言而求先生之心以先生之心而求龜山之學信乎書院之復不為虚矣書院在錫伯瀆之上東望梅林二十里而遥周泰伯之所從逃也

郡守歐陽東鳳重修東林書院記畧○楊龜山先生載道而南與晉陵鄒道鄉諸先生講學東林之上此東林書院所由剏也然龜山非晉陵産以遊寓也而故所講學處存之至今豈蘇子瞻所云以天下之所共有者而獨私以為寵其尊德樂道有異他邦也與而龜山者宋儒也余鮮所窺測且以宋儒之功言之夫學士大夫以道鳴者即其平居議論之間而端緒之所相引

徃往入於人心而釀為世道治亂否泰恒必由茲葢春秋之亂幾無世矣吾夫子曉長夜而日中之而後天有維地有紀故曰聖人有功於天下萬世自夫子沒一傳而得曾子再傳而得子思三傳而得孟子遂寂寥無嗣者歷秦漢晉唐如綫之緒若存若亡葢至有宋周程諸大儒出而後復一充也非獨大經大法章明較著即幾微纖息亦一切稟於程凡凛虖莫或假借焉於是禮義廉恥之閑因以斬然於世而吾夫子之術益尊顧其時又莫之能用越我 太祖高皇帝實始表章朝廷閭巷莫不學諸大儒之學賢知者因而契乎神明愚不肖亦賴以有所持循

而不至乎蕩餘二百年化淳俗美莫有詖淫邪遁奸於其間無亦斬然以開先者端緒確而隄防之者固也然則宋儒於當代不洵稱功臣哉乃邇年以來率好為忘筌蹄無轍迹之談而托其身於不儒不衲不方不員之地語及居敬窮理等說輒啞然非笑長此以往其端益引而其防浸潰寧不愁乎有世道之憂惟是晉陵尊德樂道有異他邦二三縉紳先生共起而脩復之聯集同好恢弘遺業宋儒之學因是以張於晉陵而大明於天下滔滔世道用為隄防而或不至如余前所憂者則裨益寧淺鮮也

吉水鄒元標依庸堂記畧予友顧叔時偕諸君子倡學闢龜
山先生東林故址而構居焉堂額曰依庸以書抵鄒子為記意
鄒子能悉庸義謹按庸義有二庸恒也有久而不變之義又乎
也有適中之義惟中斯乎惟乎斯常惟常斯不變凋三充包萬
彙綏九有輪萬邦皆是物也易之恒卦剛上柔下震巽相與而
取義於夫婦夫婦之道不可以不久也故曰常夫抱隋珠和璧
者終朝捫腹不如菽粟之一飽也豔山龍火藻若藍縷號寒不
如緼袍之蔽體也千奇萬怪凋心駴目不如一庸之悠久也是
故人自有生以來目視耳聽手持足行自童稚至老死無異〻

即庸也或曰中庸有三達德九經三重之目請〻詳擧一庸為
足以概之曰庸斯知斯仁斯勇不庸烏足為達庸斯通之天下
達之國家不庸烏足為九經庸斯為禮為度為文不庸烏足本
諸身徵諸庶民故守約而施博者皆庸也庸者何性也聖人順
性而行賢人守此性不失衆人則迷此性而牿亡之今諸君子
皆卓然見性能以賢人而學聖人之學然棲遲山林者久不可
謂不遯矣無亦有所悔焉耶曰悔者心有所係吝悔亡者毋意
必固我之謂遯之上九曰肥遯無不利無所疑也夫遯而曰肥
又曰無所疑是蓋以不知〻以不識〻指深且遠非真依乎中

庸者其孰能與於斯因櫶愚衷為記并係之銘〻曰開闢之學
萃于龜山淵源伊洛吾道以南近接周程遠宗孔顏流風既遠
隱怯是紆緊我顧公力肩正學洎諸君子奕奕先覺東林故區
罔或不懃顏曰依庸義包玄竅洒埽應對即聖即神知者曰知
仁者曰仁日用不知是曰凡民下學上達厥惟聖人登斯堂者
頤名思義人生泡影浮萍斯寄匪鏃且礪胡成偉器從茲豎立
慎獨立志

邑侯林宰重建道南祠記畧宋儒楊文靖龜山先生故閩產
第熙寧九年進士調官不赴師事二程於伊洛歸載道而南止

錫十八年為閩人歆非性之旨立儒釋之防而錫始知有程氏
學先生歿書院廢為僧區今選部泾陽顧公偕諸同志請當道
復焉而侍御驤宇顧公左為祠〻先生祠之右翼以講堂兩舍
先是講堂成則太府歐陽公記之茲屬宰記謂宰長茲邑且從
先生而稱其鄉人也宰惟吳地自讓王篳路來季子歌風言游
禮樂斌〻號文學之國矣中更六朝五季剥蝕於談塵榛蕪於
戎馬非先生正學南來五百年墜緒何以昭茲來許顧或謂南
宋道學空談無用宰按先生策燕雲之師則云宜退守汴京不
可虛內示外金虜內寇則云宜堅壁清野潛遣援兵追襲至於

三鎮不可棄和議不可從責金人敗盟閒肅王使必復而後已種種石畫皆熟情形諸事變深於兵家者之言此真有用道學豈與爭機鋒而渺功實者埒也哉又以其辟蔡京為疑不知先生鴻才鉅識行權濟時正善學二程而融之使其志得行於靖康建炎間則女真可無南窺二帝可無北狩一祖六宗之業可無偏安江左而秦之何阨於權奸不究其用以殆此諸君子所為扼腕太息而歎宰之論其世也與宰讀東林會約諄諄以孟子性善之旨司南學者正與先生人性上不添一物之說互相符券至諸君子立朝大節烺然炳然又不第如先生之偃蹇

弱宋以老也學者由諸君子之言以求先生由先生以遡河洛洙泗是則所為義壇先生矣

楊時示同學○此日不再得頹波注扶桑躚躚黃小群毛髮忽已蒼願言媚學子共惜此日光術業貴及時勉之在青陽行矣慎所之歧哉畏迷方舜蹠善利間所差亦毫芒富貴如浮雲苟得非所臧貧賤豈吾羞一瓢甘糟糠所逢義適然未殊行與藏斯人已云沒簡編有餘芳希顏亦顏徒要在用心剛譬猶適千里駕言勿徬徨驅馬日云遠誰謂阻且長末流學多岐倚門誦韓莊出入四寸間雕鐫事詞章學成欲何用奔趨利名場挾筴博塞游興趣均亡羊我懶心意衰撫事多遺忘念子方妙齡壯圖宜自強至寶在高深不憚勤梯航茫茫定何求所得安能常萬物備吾身求得舍則亡雞犬猶知尋自棄良可傷欲為君子儒勿謂予言狂○顧允成和此日今還得重明耀扶桑厥初赤子心懸象並穹蒼無端浮雲過翳却杲杲光努力事拂拭依然露元陽理欲判危微規矩成圓方塵埃太復集真氣消鋮芒日新又日新何用而不臧性非猶杞柳仁義寧賊戕無為彼教惑吾道擲粃糠大哉義孔易洗心密退藏不效淺薄子爭妍等羣芳天地人為立至大亦至剛欲仁斯仁至安所庸徬徨先生既

南來道脉東林長守先與待後蹶此如康莊念我踰五十徒慙闇然章從前所縈絆不脫名利場何當一奮躍藩決失羸羊日知其所亡月能無忘果能此道矣愚柔必明強浩渺重演波一葦自堪航流光不相貸迅速轉無常朝聞夕死可仁者壽不亡苟非及時勉老至空悲傷中行未易幾必也狷與狂

盛鑾東林書院得東字○吾道南來只在東山居從倚水雲中雲開青嶂峰當筆水落銀河月是弓楊子譚經還有地生公說法總歸空江門慰藉天臺語千載斯文感興同○王問和蕭泰湖上錫城東舊是先生講學宮性善已聞推孟子道明端為闢

中庸春生絳帷橫經坐寒壓橋門立雪從遺址久蕪今復振令
人千載仰高風○秦梁和龜山講學郭門東野蔓荒煙鬱彰宮
鄒怪空門崇異教祇今吾輩想高風濂溪水淨蓮花茂伊洛春
生雪色融與復斯文在今日精廬先葺樾林中○先高叔祖業
和道在南方亦在東萬方民物性相同脩文德易銷羣敵主敬
功難格九重十八年來虛夜月二三門下領春風周流孔轍原
無定俎豆於今只學宮○萬曆癸丑毘陵錢一本講易東林以
十一月至又四日長至因為詩示學者閉關之義○切偲曾不
畏霜嚴況夜長隨一線添涉世未虛都是坎褆躬無柄復何誇

蒙泉涓滴貞衿筮孚鶴和鳴慎考占千載後先今券合閉關時
義好嘗拈○高攀龍和風凜寒空天地嚴雷聲半夜一陽添相
期勝友為休復更矢虛中受益謙百慮已從歸處盡一元只在
動中占人人自有圓圖在此日先生為一拈○葉茂才和談經
不覺曉霜嚴濟溢朋來樂自添數闡龍圖蒙畫解望隆虎觀廣
彌謙乾坤奧窔深深玩否泰綿倪細細占末學飲河愁量淺願
同紋線日長拈○吳桂森和讀易三更夜氣嚴星星活火地爐
添望洋海若驚師有仰止山高得友謙月色中庭言外象梅香
一點目前占羲皇意思憑君看莫負天花滿座拈○鄒期禎和

朝來嚴發令方嚴聽得雷潛線已添始信天開真在子亦知陽
進本由謙文周孔義皆羲畫悔吝凶交盡吉占三十六宮遊弄
熟超超玄箸目前拈○錢學禮和今人寬處古人嚴一日工夫
一日添原始閉關方有復要終代邑乃成謙爻爻會變纔稱易
念念先幾即是占悟到退藏心密處卻將何義向人拈○陳繼
儒志感○城頭歸羽夕陽時不是深秋也自悲川上水流君子
澤堦前草護黨人碑魚龍混雜原難辨玉石俱焚祇為誰獨有
講堂三四椽蕭條枝葉向東垂○高攀龍和葉參之過東林廢
院十首○東林廿載各成翁興廢存亡似夢中惟有門前楊柳

月清光無恙轉春風○相看種木已成林愈歷冰霜氣愈沉屈
指同游二三子各須自種不凋心○滿目蒿萊三徑荒秋蛩吟
處舊升堂黨人未死傾葵藿一飯君恩不可忘○擬栽杞菊
廣除中脩竹寒梅也不窮試問詩人堪涕處何如杜甫玉華宮
○有成有毀是真詮大運誰能免聖賢倏忽古今成幻迹現前
不動只青天○幽人生計是雲煙蕩掃巢窠屏俗緣大道甚夷
無一事凡心着處總成愆○浩蕩乾坤到處安孰為私舍孰為
官但教安宅能無曠秩秩斯干本自完○竹徑茅齋此日居蘇
梢橘刺欲教袪白雲片片溪流靜黃鳥聲殷對影疎○城頭曾

築小方臺四望長空萬象恢今日荒墟惟草色春風依舊有情
來○蕞爾東林萬古心道南祠畔白雲深縱令伐盡林間木一
片予蕪也號林○永積和原韵十絕○自有淵源接晦翁地分
閩雒此居中於今行邁心如咽彼黍離離降國風○休言吾道
在山林講席灰飛世陸沉隔院尚留松柏影憑人領取歲寒心
○空憐地老并天荒古屋三楹麗澤堂鐘鼓寂然壇坫在百年
興廢忍相忘○夷夏關頭伏此中漫因止水泣途窮傷心不在
城東路别有悲酸是故宮○行生何地着言詮苦口提撕痛昔
賢殺盡黨人倫始絕無君無父更無天○不須直北起狼烟數

卷詩書是惡緣一飯　君恩無可報反將衾影誦前愆○懶從
松菊問平安三殿工成拜大官一自講堂消歇後山河何處保
堅完○自向清寧奠厥居撫心惟有戀難袪身投湯網無煩祝
欵避甘鉗術自疎○廟貌依然映石臺曾蒙　温旨許重恢誰
知元氣凋傷甚剩有荒基詔後來○敢言往復是天心一夕興
亡釀亂深坐久不知天地改尚疑鴟鳥集空林
鄒期禎賦祁按臺興復東林○句吳片地峙乾坤飽食風霜道
轉尊天上忽逢驄使至人間如見馬圖存堂開麗澤延三益壇
表依庸示一源旭日中天紅鶴舞蜩螗寂寂敢誰喧○吳應箕

同顧子方過東林廢址○同展道南祠而傷東林址○東林何自
國草生已及紀不見崔巍時金碧連雲起巍巍九千歲蓬蒿安
所倚萬古此東林子無忘所始○顧杲和吳次尾○秋陽暴東
林巍然道南峙先帝重賢者折毁不及此講堂遂荒蕪斯道
亦已矣小人禽忠奸君子襍怒喜朝野學漸絶吾汝乃奮起一
二同心人徨徨隔千里春秋偶相過必求是非理庶幾化黨同
他○日能不倚悲風自南來衰草滿基址垣墻猶誰勤何以爲後
死○

崇正書院

宋寶祐中縣尹袁樗善始剏先賢祠廟貌未稱元至元間虞薇山薦發為學諭即今啓聖宮基地立五賢祠中祀龜山楊先生東西以玉泉喻先生遂初尤先生小山李先生實齋蔣先生配宣德間移五賢木主於旁室專祀文昌邑先達馮公善上書嘗道復之嗣後增益繁多正德中巡方汝立張公重脩邵文莊公釐正原祀退諸賢於鄉賢祠仍名五賢　即地建啓聖宮嘉靖八年華補菴雲徙祠今地益二人以李忠定公與楊文清公並祀郎以邵文莊公配改額七賢祠昔人於祀典嚴重如此今邑

中繼起惟顧高馬三先生允宜俎豆餘則不免濫觴文莊復生恐不能晝安其位也

元尤棟記畧○惟堯舜文武周公孔子孟子所傳之道至河南二程夫子而復傳龜山先生常受學焉伊川自洛歸獨稱楊謝長進使其學少變於凋落之餘詎有是言哉龜山載道東南游其門者甚衆如喻玉泉尤遂初李小山蔣實齋四先生或見知或聞知皆能習學庸論孟之遺言而續程夫子之道者故玉泉得之而主紹興之正論遂初得之而為乾淳之老儒小山得之而居慶元之學黨實齋得之而號端平之善類近若潭之長沙

有祀周元公先生而以胡子五峯張子南軒朱子晦菴為配者了翁魏公亦深嘉而樂道之曲禮曰群居五人則長者必異席於是論定肖貌即以四先生配龜山先生卜六月丁亥展舍采之敬周服殷冠魚雅就庭是禮也救滅亡而扶壞爛豈曰小補之哉虞公數四貽書俾識其事棟方卧病未興雖然棟豈終無言耶夫祭不越望魯可以祭泰山楚不可以祭河惟人亦然自生民以來未有孔子然終漢之世其廟猶不出闕里永平二年詔祀周公孔子亦未有作廟之文唐武德二年始命冑監立孔廟貞觀四年始勅州縣皆立孔廟出闕里遍祀距今六百五十

年由此觀之其在諸子非其鄉國而祭之僭也僭祭非古也不於其僭於其古則蒐遺黜異凡今日之所是正者庶幾解逐客之嘲棟不學妄論至此不能不為先生之罪人○馮善請復原書○善致仕歸理亂黜陟罔敢聞知惟有一言事關風化不辭覼縷本縣儒學五賢祠歷宋迄元多歷年所羣祀浸增宣德改元善因承乏再秩前祀擬以中極祀龜山輩五先生東極則祀鄉先生如唐李紳輩西極則祀鄉先生之有功於學校者如虞薦發輩未底於成以憂去職宣德末乃徙文昌於祠内遂為文昌祠祠前舊碑屹如也夫文昌孝友張仲也言司桂籍學者多

奉之然西廡之首舊有其祠奠厥攸居無庸遷徙何物褦襶廢以建不當廢之祠遷既安不必遷之位不究禮之優劣不識義之重輕率爾妄為速辜名教吁先賢乃儒教之根源道德之脉絡學宮有祠如人之有冠裳瞻望表率係焉風化敦焉豈細故耶善今欲復原祠非執力之可及泯而不舉豈素志之甘休惟閣下斯文宗主民社具瞻心正理明學高識廣素尊道學不溺異端見義勇為速圖改正斯文幸甚○邵寶記畧○縣儒學之有五賢祠肇自宋季其初四人繼𢧐以意益至九人虞薇山鳌正損五益一是為五賢五賢者龜山先生南面四君子東西列焉事具尤棟記中歷元入國朝以意益焉者尤多且遂並列無配今考其人莫不節具章成而其道於龜山則有間矣某少游於斯讀尤徐之文嘗謂是祠一失則泛再失則雜泛可裁也雜可不辨乎正德丁丑督學張君汝立毀諸淫祀以修我學宮屬郡貳守范汝霖於尊經閣後為堂四楹復虞氏鳌止之舊榜曰五賢凡後所益者則於舊祠祀之謂之鄉賢邑博士唐德卿等謂其實主斯議不可無記昔韓子稱求觀聖人之道者自孟子始後千餘年而兩程子繼之今之求道者不當自程子始乎龜山載道而南止錫至十有八年說者謂其嘉泰伯延陵之風於

是止而進修焉追惟其時及門若私淑蓋繁其人而四君子者深矣是祠是配其將自龜山以求程子乎其自程子以求聖人之道亦於是乎在書曰升高自下陟遐自邇斯舉有之是故裁泛辨雜亦昔薇山虞公之志也○鄒繼曾七賢祠記畧○學足以明道者有功於道亦有功於學堯舜禹之道明於傳心湯文周公之道明於立事孔子之道明於述經世無為則道以心見不能無為則以事欲有為而不能有所為則繼以體心而立事其揆一也群聖人之心與事顯於六經是故經也者心之鏡事之衡萬世之準也故曰孔子賢於堯舜自孟子殁而道晦程氏兄弟乃能續於千有餘年之後一時及門如楊文靖者所為南州之傑寓錫十有八年時則李忠定相與麗澤損益趨中之言深得三聖相傳之心法登綱布紀恢復中原庶幾乎周公安內攘外之謨孔孟絕學繼於二程而中立伯紀可謂克延其緒錫之士自是知學故喻樗誠意之論卒啓恢復保持道學衰實與有力焉慎獄尚忠節驗元德之正學良貴本心外物界限之對是知心學者也國朝如邵文莊寶以忠孝大節正己淑人其不附宄瑾有龜山遺直焉夫五君子其明諸心者皆如中立其措於事也皆如綱國宜有專祀迄於今伯繼以僑寓關國賢則後

賢嘉靖己丑華從龍雲始從祠而大之益二人以忠定中丞文靖推文靖之志也東南列五君子論世也文靖從祀孔廡此復祠爲者錫道學之宗也華子可謂學道而知義矣繼文莊而進請侯異曰華雲記畧七賢曷爲而祀也謂有功於吾道也曷爲而祀於錫也謂有關於吾錫也曰宋楊龜山先生時閩人也學二程而歸過錫山居十八年曰李忠定公綱由邵武居錫廬墓湛峴山凡六年喻工部樗由祥符而來學於龜山尤文簡袤亦自閩來學於樗得龜山之旨李肅簡祥蔣文忠重珍則皆錫人而私淑龜山者也國朝邵文莊寶厲志聖賢嘗云爲真士

錫山景物畧　崇正書院　二十　九卷

夫不爲假道學華雲曰七賢之有得於道均也有功於道均也夫宣和靖康建炎之間姦人得志中外洶洶龜山抗言數四不少諱而鞠躬盡瘁忠定有焉尋浚恢復樗之功也乾道淳熙雒黨萌孽袤疏椓垣忤壽王終慶元初侂胄擅權與京鏜謀斥趙汝愚祥上疏曰汝愚去天下後世謂何忤侂胄貶史彌遠潰亂寶慶眞魏二公每進讜言斥之重珍入對首陳五事大抵言二公不可去彌遠不可留我邵文莊當逆瑾煽虐流毒縉紳一時風靡撼公危言砭不爲動幾至不測幸免官以去雲爭公門牆知公較深前後七公者皆不愛生不畏死要以扶人紀植國是

而已雲於七公高山景行非朝伊夕宅西設堂三楹祀七公顏曰尚友堂而榜其名曰崇正書院監司學憲咸報可且褒之以言

王永積曰愚按書院祀典與鄉賢異鄉賢則凡鄉黨自好者皆可狥子弟之請書院歷經釐正須合乎萬世之公論而非可以意爲損益尤記祭不越望自屬迂論若邵文莊公與華比部考核再三非獨學出程門淵源不隔并其立朝大節動與國是相關方得並祀七君子可不再論後此惟顧端文力爭建儲高忠憲首殲大憝權相逆璫歛袵側目允與七君子合符而忠憲被

錫山景物畧　崇正書院　二一　九卷

毓尤酷則亦遭時之不幸於端文非有軒輊也馬文忠未嘗講學正猶李忠定不必以東林著其臨難從容要與爲真士夫不爲假道學之語先後同揆外此以身殉國如華銓部允誠龔中翰廷祥在聖門亦當以狂狷論而未可盡名爲中行若夫以意增益如文莊所云節具章成似宜退入鄉賢以昭一代之大典而實非一人之私論也特敢附識以俟尚論者

至德廟二

此則祀於城內婁巷者廟建於洪武十年考泰伯封號宋元符三年封至德侯崇寧初改封讓王國朝改封吳泰伯之神即三皇廟舊址立廟祀之祝文曰三讓至德民無可稱周基八百由斯而成後改祀梅村廟廢正德中范貳守修之萬曆中邑侯劉五緯修之

邵寶重修記畧○毘貳守范侯以提學憲檄涖邑修學過泰伯廟入而謁焉蕪圮已甚嘆曰此至德之聖也國有祀焉而廟若此乎或曰鄉者祀於斯歲時朔望若吏初至謁皆於斯廟亦嘗

餙矣自梅村廟成祀移而謁遂廢其蕪圮也固宜侯曰若是哉民之迂且固也泰伯讓國而東實闢是土民之克即禮義非泰伯其誰啓之梅村有廟以存故也祀仍于邑以習我吏民於教夫奚不可而必梅村之之也學宮之脩賢祀與焉有聖人之廟蕪圮而若罔聞知可乎亟圖之有不可一日緩者遂以成畫授二三耆老庀物鳩工并責成於署邑事者次日訪寶於二泉精舍具語其故寶起而揖曰侯言是用記歲月為正德丁丑夏五月廿二日侯名澤字汝霖陝西盩厔人○唐陸龜蒙故國城荒德未荒年〻椒奠濕中堂迺來父子爭天下不信人間有讓王

專諸塔

諸既刺王僚亦即被殺壅於本邑小婁巷內一塔巋然婦人童子皆能嘑其姓名不得泯滅焉

原傳畧○專諸者吳堂邑人也伍子胥之亡楚而如吳也知專諸之能知公子光之欲殺王僚也乃進專諸光既得專諸善客待之專諸曰王僚可殺也母老子弱而兩弟將兵伐楚〻絕其後方今吳外困于楚而內無骨鯁之臣是無如我何公子光頓首曰光之身子之身也四月丙子伏甲士於窟室中而具酒請王僚王僚至光家門戶階陛左右皆王僚之親戚也夾立侍皆

持長鈹酒既酣公子光佯為足疾入窟室中使專諸置匕首炙炙之腹中而進之既至王僚前專諸擘炙因以匕首刺王僚王僚立死

周祚詩　君親無二道忠孝本一理哲人遠時艱全軀保宗祀何為進專諸佐逆王僚死讒佞義所甘胡乃鞭其主況挾王孫資本國遠桑梓包胥亦楚臣覆緒今復起強吳功莫倫賜劍屬鏤恥等死視父兄先後不同揆

忠佑廟

俗稱烈帝廟祀隋陳司徒杲仁杲仁郡人也生於梁太清三年年十八登進士仕陳爲監察御史隋大業中奉詔平長白山及江寧以功授銀青光祿大夫義寧中與沈法興等剪東陽賊二十餘萬拜大司徒賜官妹廐馬粟帛時稱其忠孝文武信義謀辨爲八絶煬帝被弑法興入毗陵陽爲起兵實陰欲據之杲仁故娶法興女懼不附己并忠謀愧遂遇害爲唐武德二年五月十八日法興事敗中神矢公之靈也郡人即其兵仗庫立廟祀之威靈赫然考郡志保大中吳越兵至柴克宏進禦夢公有陰

兵助汝之語及戰風雨晦冥黑牛突陳克宏人百其勇俘馘甚衆以功封武烈帝宋宣和間睦寇披猖郡守魏憲率衆虔禱寇不敢犯四年賜廟額忠佑又考建炎碑記丁未秋陝兵討亂一夕軍變姑蘇丹陽俱受害至常帝力庇之縱火而輒作攻城見紅衣巨神相率散去嘉泰間加封孚佑真君父李明封啓靈侯爵二子長垣贊惠侯次頵協應侯公廟有籤爲數三百六十爲句皆四言句法錯落如誥如古銘引用經傳變化無方求者誠應者答如響先是有儒生霍端友夢公命作每日起援所見即成一籤周歲始畢後舉狀元及第邑廟在稠居中卜地昧臨嘉靖中有欲併而爲圃者諸生趙文盛父子以郡邑築白之邑令保無隳墮次年就試夢公授一題爲縣中書官官初置尚書貝五人趙異之以告老儒鄒復菴復菴草一論示之復爲講解入試果遇是題鄒得領案趙父子皆獲與試崇禎中孝廉馬世名修之

邵寶記畧○司徒者何隋大將陳公杲仁也錫邑有其祀公晉陵人錫人慕焉而亦祀之也祠坐震對虹橋少南宣德間邑侯唐泰安重建焉其前左地逼於民居成化初磚橋錢孟清兄弟購而拓之志稱公娶沈法興女法興蓄異志畏公不敢發乃中

公毒以死法興敗郡人上公忠孝文武信義謀辨八絶於朝命下立祠祀公至南唐賜號武烈宋宣和加封忠佑祀所從來遠矣暢侯子實方飭邑政從道士范白溪之請修治之若堂若門若居守左右之室與像位祭器視舊完妥請記歲月予尚論義起之禮至德如泰伯尚矣次若龜山先生梁谿先生道學忠義師表百世亦無容議乃若睢陽張中丞功在唐室未嘗游學於錫維民崇奉成於感乎立廟請祀永著爲令此固我朝崇義之盛典也司徒公郡人也正不容奸死有餘烈與中丞公實相伯仲凡有人心皆當興起況吾錫漸被其休者哉雖然非賢有司

好古崇德其孰能與於此近督學張君汝立斥毀淫祠徧江南無有遺隱惟列在祀典則存之以振風教斯祠固其一也他日修邑志者尚以是參考之

秦變大義由來可減親陳侯忠孝迥無倫秋霜烈日懸孤膽甘雨綸風蔭後人才美已看兼八絶廟祠真足繼三仁黄鸝碧草荒亭外褒美還應立待新

附刻答友人書

來書大意謂司徒仕陳忠隋出處之際未足以厭服人心以二十年不屈之節至大業五年逃文而仕煬所謂伊尹兩截

人耳又云梁蕭銑保據荊楚志復先業范氏胡氏一云銑最無罪一云當矜其志使奉梁祀紫陽皆錄其言司徒之才豈下于銑陳之遺澤豈後于梁即為蕭銑之續于義亦無所憾又云楊廣弑君及兄以國人討賊之義斷之凡大業起兵者紫陽皆不以盜書司徒事非其主遭難集之功于不義之國又云法興故為司徒所親為隋則不能相容為陳未必不相下司徒既知陳之不可復為矣豈不知隋之當廢而復臣之推見至隱不敢沒其先後是非之實而獨著其晚蓋之節云云後復云天地之正氣一日不滅沒于日星河嶽之間則斯文自可托之以不朽豈必藉國門之懸以為重哉

載接手教義正詞嚴非獨高文大筆置身於日星河嶽之間正使陳司徒千秋廟祀一朝可以立撤誠為快論而其則不能無說也夫立碑與作論不同作論則宜推見至隱以昭萬古之是非立碑則當揄揚懿美以光一代之俎豆未有醜詆其人為失節為失筭而僅僅點綴一言曰晚蓋曰桑榆之收尚得安其位妥其靈者竊謂古今人品非可以一律論有以忠著者有以節著者亦有以功名自見所為有功德於民則祀之者司徒之為人處則潛居養晦出則建功立業死則不附叛逆如此心事何

等光明如此舉動何等俊偉其死也原係毒害而非自經忠隋二字不知從何說起孔門論節微箕比干以三仁許之論功則管仲忘恩事仇一匡九合亦重言之曰如其仁如其仁而召忽一死僅比之匹夫匹婦之為諒何嘗以失節二字重為管仲詬厲春秋大旨首嚴亂賊正誅夫輔公祏沈法興之儔妄欲乘機僭竊非謂宗親懿戚得借光復故物為名盡可稱兵犯順也門下高見始則取春秋立案不問其人之是與否與其事之合與否硬欲牽合既則以中興二字橫據于中謂忠佑會逢其便不宜袖手夫中興何言之易慨自殷武周宣後惟漢光武得與高

祖比烈然實延自布衣不階寸土光武即不姓劉天命恐無他屬若唐肅宗之靈武宋高宗之建康不過祖宗功德尚在人心故得因人成事為退守偏安之計至陳霸先之流有何遺澤足以號召天下忠祐當年力能翦東陽賊二十餘萬而必不敢自王寧為法興毒死而不顧與蕭銑頡頏潢池無可弄之兵神器非易窺之物忠祐心有說以處此會是文武忠孝信義謀辨稱入絕之人豈智出蕭銑下而待後人之翻駁乎且擬人必于其倫郡文莊比之張睢陽相去似不甚遠而門下竟視為馮道一流人下至蕭銑之不若尚云絕無異同恐忠祐之心不服也審

如來教生有一喻于此譬如二十年守節之孀婦中道改適後夫復死僅能為後夫殉難未能為前夫復仇此等筭流何晚可益何桑榆可收且於陳則不忠於隋則不義不能為法與之續則不武不能與李淵父子亂做一塲則無謀入絕中先去其四未知今日崇祀當屬何條而欲使乾坤正氣留於日星河嶽之間則廟貌之宜早撤亦可不再計矣

秦淮海先生祠

第六箭河舊有善智尼寺在金匱山右此河因以師姑得名正德丁丑張學使汝立盡毀女冠之居寺在毀中邑人秦銳請當官值因郎地建淮海祠前為門一楹中為堂三楹祀先生堂後作燕室四楹室後為樓下為夾室左右有序配以處士物祔公武昌景暘公封都憲潤孚公方伯廷韶公又稱五先生祠歲舉私祀

邵寶記畧○淮海秦先生祠堂者先生十七世孫銳之所建也先生在宋建中靖康間以國史編脩坐黨籍謫外尋遭忌者所

中四從而卒於藤州歸葬高郵政和間其子湛倅常州遂遷葬於璨山因家無錫傳十餘世祠宇缺焉會張提學汝立毀尼居而及於鳳光橋東所謂善智寺者銳見其近且塏爽乃合謀於鄉貢進士泮歸直於官請其地而建焉予往謁之退而嘆曰美哉祠也蓋吾嘗觀於前宋周程之道學尚矣其次則德行如司馬其次則功業如韓范其次則文章如歐蘇亦皆古所稱不朽者先生文麗思深而風致清逸與黃陳數子並遊於蘇文忠公亟見許與旣入史舘而不幸死於遷謫至今誦其言想望其丰采猶邑然起敬謂夫不朽亦庶幾無媿焉矣數十世後乃有繼

圖崇奉如銳之克承先志君子雖欲不予其將能乎況繼起諸公學行政績皆足以顯當時而垂後世尊賢於先因以風示後人銳之繼述於是乎大矣銳以記請再辭不獲因書其事復作迎送詞俾於享焉歌之詞曰有藤糾兮若虬與古木兮相繚公何為兮此丘昔有夢兮彼州夢維水兮我泉清流公舍此兮焉酉翎有箕兮有裘世復世兮千秋右迎神　公之墳兮既蕠邑有搆兮曰公之堂蓖肴烝兮奠酒漿肅登降兮有冠有裳公之來兮如水斯洋公之去兮如風斯翔祝有冊兮歌有章恵諸孫兮不忘右送神

尚書第

邑中第宅櫛比廬列何可枚舉然而後人不守轉瞬而易主者亦何可枚舉惟尚書第獨存惟尚書第以無後獨存惟尚書第幾奪於逼鄰而獨存其獨存者公之靈亦門人莫僉事同華比部雲之力也第在冉涇橋西為邵文莊公故宅公增葺之分十二景立巨屏泥金作仲尼居曾子侍像曰曾侍堂堂右庋藏書萬卷李文正公書額曰容春精舍堂後朝夕於斯喬太宰白巖篆額曰燕居亭旁搆一齋祀祖存一公小像文正公作銘曰存一齋南為嘉對亭齋前以石子壘八卦像曰八角臺臺西置九

畹每畹滋蘭九本曰蘭畹曾侍堂右鑿小池種荷曰思濂沼池上架石梁曰光霽橋橋旁植竹曰靜深徑堂前有石二取其形似一曰圭一曰晃又有石一如屏來自西蜀種蒲其上曰雪浪菖蒲石為地無幾而取名繁多公居其中得趣處當在言外然公性亦好土木田不滿七頃而日事工作尤十峯先生與公最厚大第成笑曰國賢得無木魅土乎點易臺成又笑曰易何必點點易何必臺公亦笑曰生平知己惟我逐良語在向吳過與中真稱道義之交以視今人蔑如矣公歿莫華兩門人即第肖像祀之萬曆中觀察蔡獻臣邑侯劉五緯次第修之

邵寶十二景詩○歸養荷天恩孔訓聞自少不敏請事斯如聞
耳提詔右曾侍堂 一堂容萬卷長憶鶴翁詩高閣日增崇老至不自
知右容春閣 容退解冠裳坐我北軒下我銘揭幽楹時時一瞻顧右燕
居亭 先民遺德恭惟一並親切齋居誦新銘敬對不敢褻右存一齋 吾
庭有嘉對種自容春翁百年並封殖人歌召南風右嘉對軒 齋前壘
石臺臺有八卦象山中點易時如坐茲臺上右八角臺 滋蘭自騷人
香草以比德九畹如井田惟馨亦充塞右蘭畹 蓮有君子德愛多
知者鮮淨植起香風污泥任深淺右思濂沼 觀荷憶濂翁因得風月
趣忽然光霽生乃在過橋處右光霽橋 新竹依舊徑竹長徑益深青

春白晝永愛爾君子心右靜深徑 石出東野山其形各有似如覓復
如圭堂名稱曾侍右圭覓二石 坡翁愛茲石銘在蓮花盆吾以種菖
蒲亦重如前聞右雪浪菖蒲石
華雲兼謝尚棲君卿山○藹藹秩宗宅疎林依冉涇麟鳳不世
有傑人稱地霸橫經傳素業清齋惟鳥聲跂余方褰步負笈登
斯庭曾是雪三尺語徑猶蜿蜒名高道愈盛身退物俱輕我思
古之人炳炳如丹青白日忽西匿壘壘梁木傾再羅變攸衰
謝故相棄不見尚書履猶存節孝名桃李漸摧殘飛藿秋冥冥
夫何衛芳餌室坻來俗情賢胤值屠瘵煢煢[illegible]

侵○奕奕新祠成檄書禁樵牧凛凛冰霜清駐節祇修謁東粤存
典刑願比鄭公鄉千載無侵陵

承賢橋附弓河　箭河

城內以河名者十有七弓河居一箭河居九自北關繞城行至南關合運河其彎如弓故名弓河內有河九道若弓之有箭故老云與九龍相應形家言九箭通出三公請悉數之第一箭在邊巷第二箭在莊巷第三箭在冉涇橋第四箭在楊家巷第五箭在邊巷已上俱屬東南隅第六箭在玄元宮通師姑河界東南東北二隅第七箭在福田巷第八箭在韓秀橋第九箭在盛巷底已上俱屬東北隅今塞者八惟師姑河居邑之中兼通舟楫現為秦氏世居二百年來簪纓不絕謂地無靈可乎冉涇橋

則為邵文莊公之居第正嘉間擬蹤通之為里人呂刀郎所尼僅為暗溝於中鑿源頭活水四字以宣地脈而力有未逮萬曆四十一年尤太學盛暘捐銀五百兩樓居二十一楹以承先賢之意架橋於上因名承賢橋高忠憲公所命名也

邵寶冉涇圖原序畧○冉涇邑城九箭河之一也中有橋通南北曰冉涇橋歷歲既久橋東河尚可舟其西僅有一二涔謂之河形又西河塞幾弗可跡予既復先世之居居當涔且塞處說者謂水由西來鑿之可舟然其地僅有一巷兩傍皆民居也或請以賈易之民予曰毀人以自便而可為乎而不可謝不聽乃鑿巷地陰為之溝導水東之既晚臨鑒為渠焉以粟傭力皆出自我時縣令侯君世卿請助予謝曰勞人以自省而可為乎而不可無已以易西街濱河地便民舟泊若其可也越月鑿工成刻石為圖于是乎序

顧憲成記畧○邑故有九箭河在冉涇橋者為第三箭昔為文莊邵公宅其水北接蓉湖西連笠澤靈秀滙焉橋之東清流不改橋之西悉受湮沒文莊欲復之為里人呂刀郎所尼乃鑿陰渠暗通弦河一脉用石甕之有手書朱子源頭活水四字在焉刀郎之屋近屬之尤南華比部其子太學君時純克體德心而

光大之慨然捐樓房二十一間用以闢新渠而穿故道始於己酉冬不兩月河成因而橋之高存之名曰承賢謂承文莊之志也余不能為義而好人之為義因語時純曰君知之乎北接蓉湖西連笠澤水脉之源頭也近沿濂洛遠溯洙泗道脉之源頭也充拓得盡天地變化草木蕃不外於是君知之乎時純起而謝曰盛不敢何足以勝之已而請曰吾將受而刻諸石樹諸周行俾來者徒者就而覽焉庶幾人人識得源頭也

高攀龍記畧○邑城中有箭河九通者一而已無論形家言北河渠疏則靈氣鬯如人身血脉然肬而湮塞所從來久民居踞

之不可問惟在冉涇里者計大百有三十而通者且百有十是為邵文莊公故里文莊欲疏之尼於里人不果特為陰渠石甃之以通於所為弦河者文莊歿百年太學尤君時純居文莊里中慨然念曰是先賢之志也吾不可以不承乃捐其樓居若干楹鑿為河河成而橋之請名於予予曰謂之承賢可矣太學君曰子其記之庶可永也予曰事其有可知者乎夫以二泉先生之賢魯不能以尋丈之地得之里人語曰其父析薪其子弗克負荷即以父兄之命其子弟有弗克承焉今先生之歿垂百年當年一念渺乎若逝水之無踪而君忽承之又何也皆事之不可知者也則由此而之陵谷之變又焉可知乎雖然其可知者固在也夫以先生之賢也而君承之誰其甘為不賢者而復湮之果其甘為不賢者是人之最賤也世之所最惡也或擊之矣是可知也是役也邑侯許公同生實主之公名令典海寧人

貞節坊

坊在東門青石橋為先姑侯毋建先姑為先叔祖崑溟公女掌珠也年十六適侯文學世美世美為太僕少芝公長子人文皆第一流青紫芥拾耳不幸早卒先姑且身殉矣既念孙昌鉉止八齡且腹有遺孕遂矢志育孤生二子一女昌鉉與壻呉其馴皆成進士孫曦登賢書諸孫滿堂皆以孝友稱壽至七十三考終於崇禎辛未稱六十觴撫按具題隨蒙部覆得 旨旌表

祖制旌與封不得並行往邵文莊公三歲稱孤太君氘封淑人以不得旌節為憾今得受旌於前雖遺國變未膺 一命亦可無憾於地下矣又昌鉉出黃宫詹石齋之門石齋殉節後得手遺詩致黃毋蔡夫人錫以華衮尤為僅事謹錄如右

黃安蔡夫人贈言并序畧○崇禎十二年 天子策士之歲夫子分典較閱共薦士二十一人侯先生忠孝懇篤之念於夫子別有符券及持太孺人書為太封君請銘固知鳳毛有種盖以熊荻宜其德器有過人者歸以語予私自景仰奉為儀型數載之間滄桑倏變孺人以乙酉歸真夫子亦以就義揄揚之願未酬荼苦之茹並受暝冥以來津隘不通忠魂未返庚寅仲夏乃以長頑子中謀扶遺𩲸使受教于先生獲遂全帰因得備悉懿

行於前所聞又更詳焉先生授以遺詩使一言以附不朽此縉紳先生之事予何敢任顧夫子有願未酬又是行也以予之令視太孺人之哀痛若一揆子中又將先生哀慕之意以歸不得不伸一言以慰之詩曰淳懿發至性冰潔勵松筠如何遭薄祜中道折良人晝哭哭無盡瑤草沒青春況乃秉端操儉勤衆所遵子讀母夜作無忘夕與晨諄諄惟耳誨恐不克負薪事翁復至孝含德振彝倫教兒繼祖業不敢尚遨巡無愧昔鄒母三遷擇以鄰履仁道所貴服節豈終屯孫既列贒籍子亦負簪纓一門荷榮顯流澤布徽聲獨驚墜前緒競業保令名慚余負四教

得配君子庭豈期遭板蕩王室倏以崩夫志炳日月苦節終以貞萬里驅秖襯碧血灑鍾陵捐軀事則已豈顧兒女情撫茲四呱孽羅列未成行況無擔石積寧保旦與成深負原下人不得俱死生感傷五内裂涕泣淚縱橫愧讀貞烈詩彤管描芳馨不愧表旌節婦武貽汗青

侯母王太孺人遺詩○憶余遠嚴慈十六締家室舉案傚齊眉相莊及琴瑟屈指甫十春昊天降酷烈摧我連理枝折我雙飛翼號天天無光哭日日無色聲咽不成啼淚盡繼以血漿粥不染唇寸腸痛碎裂誓死三尺繩微軀奚足恤睠顧膝下孩難割

此離孽變恩腹中兒抱血不忍摸余母涕交頤勸余姑進食因以偷餘生課兒任厥責長兒歲八齡腹兒僅濡沫寸壤望喬嵩疇年幾成立嚀兒夜讀書篝燈事剪尺中夜每悲啼蟲聲答唧唧兒或荒於嬉童心玩歲月雖愛能勿勞提誨敢姑息操杖薄責之未下余手怵懼質九原人又憐兒啼泣躑躅涕漣洏擲杖淚流臆翁也憐孤兒以祖代父職諄諄踰紫師每自坐師席翁又殞大星悲腸倍百結雀牙外侮來榛棘世途仄黽勉督吾兒焚膏繼祖業乙卯倖邀天兒名廁贒籍豈不破愁顏歡中帶慘戚父也苦埋頭未展雲中翮孺子席其餘父又弗能覩撫此泥

金書露淚帨巾濕嚀兒立庭中訓以父遺德父行勵皎霜父襟霽白日雖云給舍兒寒縈乃厥貫祄余疑爾家規余謝綺飾父惟知讀書余亦惟紝織閉戶寡見聞幾不辨菽麥口不言錢刀言之類發赤璧踖行道中塗人罔肯識檢身如處娃恂恂慎口舌古樸羞遥趨偃庭無履跡入室儼大賓燕居屏狎客天性惡繁華布袍數浣滌不獵豪俠名不蹈貴兒轍不隨世態轉不因家孰熱笑彼龌龊者朗為戰鶡國立志舊鵾鵬餘人盡鴛鴨趨步慕聖贒矢心恥苟得或以阿堵歆髮指怒狮憤或以尺牘干手裂紙飛陌豈謂我性乖乃以腐鼠嚇我故童子鴻不愧父清

白郎之則溫良犯之仍巉嶢括囊慎有餘干霄氣莫遏義交恒落如不為囁嚅客一二衡誼朋締好比膠漆蓼水有徐君筆研相晨夕共披忠烈書拍案叫快絕相對許古今達旦夜不席其性煦於春其腸勁於鐵立志邁千秋傷哉中道折小子奚有能父慶所流溢勉矣毋忽忘鑊鉢父遺則兒乃倖速飛薄積小有獲公車蹄十季倫蹇耽遊逸青雲阻半途九原心愈惻兒雖已眉鬚命跪為兒述兒時戲以嬉父唯勤以飭兒時近狹邪父絶平康迹兒時被綺羅父衣唯毛褐兒時饜醲羋父唯呷虀汁兒時娛管絃父不曉笙簫兒讀荒歲時父讀忍氷雪兒館塵封几

父館晝下鑰父冊子乃僉天眼從古碧兒顧自滿盈竟爾忘先澤匯余覯冠帔責兒如此急處兒壯志灰懼兒中道跌黃泉望欲穿待兒賁幽蹟能無涕滂沱為兒絮言說丁丑倖春闈仰藉先人烈愧出黃師門山斗幸不遐寄東馳長安煞售良可悅余愧未同鬒已紫荷旌節父行多隱潛仰乞如椽筆吾為一闡顏得為素願畢忽聞除齋安未免衷遑迫正處驚愕時曦孫報蘭茁俯仰四十季悲懽判今昔然余懽盛盈徼天大耀赫一子抱綬紳一壻先袍笏雛孫髮覆肩功榮復曷奕月滿防其虧日中憂其昃兒曹來吾前娘媳喚俱集既已勒兒箴亦思勒娘式勿以泥沙侈勿以晏安溺勿以珠玉誇勿以簧舌惑常思富可貧貴亦可賤易夜月理機絲朝曦就盥櫛知余晚向榮不知早茹蘗如何口拮荼遺茲田與宅如何歷險巇屆茲脫岑寂哭夫哭次兒順少恒多拂哭翁哭毋姑喜一愁恒百榮枯倏忽移衰盛古今驛男行祈全瑜婦職無主缺長此交相成內外各努力毋學世途儇吾自安吾拙蒼天不負人施償理自直余語不厭多聊以代砭石止此不更言祈早鬒同穴聚首可千年少補存亡膈曷頓海善添曷畏夜臺黑今掌印蓮臺真性芳收拾撒手即鬒家笑與兒孫別此詩藏篋中留俟他年刻

錫山景物畧卷九終

錫山景物畧卷十

蠡湖野史王永積輯　男叔高洮高仝校

金匱山

足跡所至山之在城內者崑山全之虞山半之皆揷天亘地與天壤並垂邑錫山為一邑主山金匱山為一邑鎮山然金匱實頁土而成且在第六箭河居邑之中為最勝地今削平之竟為閭閻中物亦可慨矣按山以金匱得名相傳郭景純曾埋黃金符匱於山下時有紫氣騰空又名紫金山元時為豪民所占立致萬金一夕燬於火永樂中邑令盧克敏復之培土種松萬姓

頌之

丹陽王彬原記畧○夫有司之役民惟義而已不義則詛咒生義則誦敎作若無錫盧侯之葺鎮山也其以義使民者哉山高三十丈周圍十之山下有金匱藏鎮邑符書故名金匱由來久矣錫邑自漢唐以來民庶且富名臣鴻士代代不乏良鍾主山之秀耳元貞以後綱紀日佚玆山土石悉為居民挖取殆盡久之遂為豪民強善三所據竟元之世無論閭閻蕭條即登科者亦鮮盧侯至登山而嘆息曰民生未遂人材未復其以是我以理諭善三遷田而未即從一夕天火其居侯喜曰天相我矣乃捴農隙鳩工去瓦礫載善土買湖石堅築之前後植剔牙松二十六株松下構亭四週咸植巨竹父老子弟懽忭以為百年盛舉自此人才頓昌民力漸裕遠邁漢唐豈待問哉

惺惺泉

在胡橋之西北宋元間爭相傳說飲之令人聰慧故以惺惺得名薦經兵燹夷為平地成化十七年楊禮部璿重濬作樓覆之今又湮沒

楊璿記畧○余幼在鄉校嘗聞邑人歌曰惺々泉惺々泉伶俐自天然饒君飲盡惺　水愚者愚兮賢者賢前代閩淛舉子赴京應試便道輙來汲飲茲泉每々得利有紫上不第者作是詩以諷之余於是知有泉名而不知泉之何在及觀邑志則云在胡橋北堍下間從茲橋往來但見民居輻輳並未見有所謂惺者成化辛丑由尚書郎告歸築寓館於橋之南偏詢諸鄰叟乃云泉為閭右所據今僦於日者李氏居焉亡何李忽款門來告曰某之居實泉所在居此已十稔常患目青不安疑泉之為祟久矣幸公為鄰願售之他從余聞之樂甚因重價購得之撤去覆屋掘地丈許見古甃瓏瓏又丈餘抵石板下復有小井泉散聒聒自井而出隨汲隨溢其色瑩然可鑑其光凝然可掬其味甘冽與惠泉相似乃跨橋泉搆樓三楹扁以故額復設闌楯以時啓閉以杜市人競取污穢之患樓之上則置茶經石鼎以待文人才士品嘗沃與焉工既畢置茗落成之咸謂物之顯晦

固有其時不可無文用書歲月俾鑱之石復作歌曰泉之色兮澄々泉之名兮惺々飲泉而覺兮如醉而醒願吾人兮日就清明濯德澡行兮顯於王廷普膏澤於民兮以著德馨與茲泉之名同垂汗青

嚴穀擬請復惺々泉疏○無禽甃井爰陳羲聖之文帶闈通闤實載張衡之賦是以漢家太液屬在名都葛氏丹砂汲諸平地何必蒙泉山下始稱活水源頭如吾邑有惺々泉者穴啓城隅之內名從了慧而傳（韻瑞云惺了慧也）源雖別萬里江心味似出九龍山足在昔高流勝侶浥注惟勤即今故老遺文褒稱不絕何期佳勝久致淪亡覆以民廬卻坡老調符之使居為巴井絕管寧置器之風掩泉聲於犬吠雞鳴埋水色於鉎煙扉草甚者隔垣不戒與廁為鄰集壅田之童叟未聞瀹茗僧來出抱糞之蜣蜋幾見烹茶鸖避穢通地脈季倫空擣沉香滲逼雲根王烈難逢石髓今冀舊觀之復還宜思先民之可傚載考楊文崖脩舉盖嘗厚損囊金欲俾李日者遷移必務滿酬屋值伏望貴游王謝巨室金張發洪慈而浚滌靈源出大勇而糞除汙壞置文欄曲楯足祛車馬塵囂碾月片龍團可傲屠沽酒肉以茲殊絕給彼勝流居人習鴻漸之茶經恒占勿幕過者添贊皇之驛卒不斷

行廚家家能灌溉五華日日聽轆轤千轉將使萬緣空幻不出
要廣迭興衹消一服清涼便可從芳舍識行見竹爐新味聽松
菴再建騐壇石髣中興寶華院重申吟社毋曰請需來哲敢祈
早結良因
盛顯汲得惺惺古井泉試爐不為爮疑煎賢愚分定形骸外甘
冽天然市肆前水味豈真隨世識茶香端可破春眠須知苦節
能知我無復相如渴病全

暎山河

在化城菴東宋初止一方池紹興中池内鮫起壞民居為長渠
因名鮫河濶五丈許每風日晴和遊人蟻集見龍山九峯參差
掩暎改名暎山居人於兩岸遍植芙蓉當秋高氣肅山影花容
爭奇競勝今已湮塞什九然餼羊尚存好古者幸留意焉
王達秋盡霜零渠水澄九龍遥印水中明山間古木皆能見顧
凱舟青畫不成○又荷消萍斷水逾清兩岸芙蓉綺繡成花暎
岸頭山暎水誰知城市有蓬瀛
附錄河上舊有王文學遜有善行得月廩皆施貧乏年五十
始舉一子子五歲出痘危甚夜半狂風滅燭急舉火燭之則
子與犬互易焉子之痘盡移於犬身次日犬死子回得生遜
以絮被裹犬埋之立石作銘曰吾育吾犬越七年矣夜警晝
伏吾安爾恃吾子痘危移痘爾死瘞爾高岡裹以敗絮念爾
之恩涕泝襟袖吾子長大歲歲飯爾

白水蕩

在盛巷西舊三十餘畝爲春申君行宮内有蛟穴通太湖深不可測天順中盛氷壑顒取之爲後樂園即地建方塘書院閒清風茶墅日與子弟羣從鬭弈爲樂做竹茶鑪故事名人墨客題咏盈帙歷四十餘年子孫失守始屬之尤西村奉養居綮公於其中不惜餘貲重頭整頓又建對揚堂柏峯書院聚景樓從讓齋皆極宏麗復建世德祠五極設禪玄二室養僧道各六奉祀香火蕩内置樓船一署曰觀水春風秋月如置身於濠濮閒池旁植高梧翠柏緑楊疎柳及海棠桃李之屬紅紫爛然書院前

壘石爲山廣選太湖靈壁錦川英德之奇巧者峯巒洞壑約十丈許佐以疎篁老檜山礬紅梅丁香緋桃諸佳植内有古柏一株色如鐵高幹參雲爲宋朝舊物尤奇絶山下瀦小池蓄朱魚數百頭傍疏小澗通於大池迂廻於松壇竹徑中節以數閘大雨後淙淙有聲疑山泉下注而不知爲巧工所曲折也西村公歿屬余高叔祖五湖公業五湖公歿屬余舅氏安我綮公希范

按蠡溪筆記昔有三虹起蕩而盛氷壑生再起而尤京兆生居是地者皆有神騐今則一望滔滔主人數易而竟不知誰屬也

薛大章方塘茗約記畧○天下名泉惟惠山甘冽稱首陸鴻漸品爲第二國初王孟端編竹爲爐褁帛瀹茗於聽松菴迄今高其志趣秋亭盛君中丞公猶子也性嗜茶做竹鑪舊制標曰苦節君置端文齋中言與孟端敵體也又具六事各立名號分封之以侍從苦節君復慮其散失又作一大具統而置之標曰苦節君行省且便於挈山間水次道院僧房出入必偕前二人或未然也別置一驂日遞泉數斗約詩友數十輩啜茗之餘各分題賦詩洽日而止前二人或未然也茶之於人能通仙靈清肌骨滌垢破悶非若過飲麴蘖亂性敗德當時盧玉川愛此名高千古惜未得斯泉斯鑪一試君過之遠矣○盛顒鑪銘○肖

形天地非冶非陶心存活火聲帶湘濤一滴甘露滌我詩腸清風兩腋洞然八荒○陳獻章近代衣冠貴紛華共一塗如何盛公子愛此竹茶鑪神功交水火法象本河圖石鼎吾能賦彌明不解書○錢福和吳文定竹茶鑪原韻○凍壑敲氷引細泉誰知白雪也宜煎清風味滿調稀裏苦節名高品第前形似[illegible]欅孤竹瘦心疑聽雨二蘇眠歲寒同守乾坤老渴濟人間德更全○陸廣和石蓮花畔九峯泉流落人間入鼎煎雨露淋漓編翠裏鎗旗收拾落紅前檢完春事思盟合坐盡寒更倚勸眠誰謂山家更寥寂味稱上品獨吾全○薛大章和枯節短屐杳春泉

斟破茶經始觧煎数片小團黏齒後百篇佳句吐人前身同陸子乘雲去心寄雙妃枕水眠清事不隨花事了行厨日日辦來全○張愷和紫竹鑪頭碧甕泉殷勤併作一家煎隔簾疑霆飛簷外斟咼驚雷落座前龍鳳餅從南嶽製羲皇人在北窻眠餘香啜盡無餘事和就新詩句法全○黄佐潘箴聯句○雲根接覓引泉泉潘日事詩人茗約煎黄瑞草貢餘雙井上潘清風振起百年前黄沙門流落僧還復潘列具收藏鸖欲眠黄千古盧君清興在黄山林永保令名全潘

嚴家池

邑嚴氏國初最稱者姓聚族而居在鄉則名嚴埭在城則名嚴家池池在儒學之南舊廣十五畝有大水溝通東帶河池之南張尚書籌題曰杏花村并栁萬松園于其右松檜四列垂楊映帶池内荷花盛開倪太守溶治小舫載酒令蒼頭倪瑞操之蕩漾花中九十翁張尚賢猶及見之許給諫靈與弟節又構草樓三楹臨池面山額曰山水之間與一時名士王端夫晁鄧子啓蒙沈伯拙華等十人結文社於樓中二許皆未冠登科八人相繼成名每一人獲雋則池荷必開並頭花以示兆許給諫鄉薦

時叟有二白鶴巢於松上王孟端紱畫草樓八景於壁題詩甚衆事載勾吳逸典中今日就湮塞溝侵於華則舟不得入池塞於龔則荷不復開僅存者丈餘耳為存其徙蹟如此

洞虛宮

舊在膠山道場巷梁大同初賜額青元宮大中祥符間徙於城市東賜額洞虛觀天曆間陞為宮詳蔣重珍記中殿祀三清即名三清殿東西小殿凡七曰昊天曰雷尊曰太乙曰長生曰七元曰真武曰三元洪武十五年設道會司共推有德行者主司事二百年來道士陳道安喬大升陸靜淵張拱樞龔太翀鈕玄樞陳守常徐玄齡許真常等並有修建之功至萬曆末大殿圮三清坐風雨中燕雀巢其頂予姊氏張孺人捐千金獨力重建屬周建侯督工與有勞焉右有魁星樓邑人秦棨建道士丹房

則有玄都第一樓嚴鶴江居之內有三友齋三友者鶴江與賈石湖成思亭二文學生同年月同日同時結金石交數會於齋中者也唫仙閣聽鶴山房錢月矜居之白雲深處朱雲深居之白湖山樓蔣應玄居之邇來道教寖衰諸羽士皆不能守傾頹倒塌竟與崇安寺相連藩籬蕩然數受兵丁之擾寸椽得保則為大幸矣

陳方真館時時到仙花對對幽歯風寒入竹北斗夜當樓頗覺乾坤異帘知歲月憂乞分筇竹好相伴赤松遊○王達獨立髯蕭蕭天風吹綺袍石林秋後薄香殿月中高句落丹山鳳神遊滄海鰲仙人渺何所靈響度雲璈○俞憲贈嚴鶴江○抱關曾記遇青牛白髮歸來王檢留午夜星輝驅祟劍中天龍躍望仙樓地須勾漏方為令氣比嬰兒是致柔七返玄功誰獨擅他年期共采真遊○錢道士自題吟仙閣○碧對遙連海上峯朗吟仙子舊相逢銀潢倒影天街近玉屑浮香露氣濃一邃落梅飛逸響五絃流水寄遐踪鉤簾獨倚西闌暮雲在青山鶴在松○陳近思題白雲深處○寥廓無心一太虛雲深深處養胎瑦暫飛海上三山鶴来視人間九曲書洞府豈能淹吏隱蓬萊行復襲仙裾浮生未問餐霞訣白髮青蔾愧腐儒○又題聽鶴山房

○踈迹何須事遠求池靈隨處有仙樓邃聲吹出梅花調萬里長風一鶴秋

崇安教寺 附閙元宵 演春

去縣治約三百步為晉右軍王羲之寓宅興寧二年捨為招提即名興寧寺宋太平興國初賜今額入門為天王殿牓曰祝聖都道場筆力遒勁為右軍嫡筆中為大雄殿左右長廊東廡鐘樓一座天順中知縣李葉建西廡觀音閣三楹萬曆中僧顯相建西邊關帝殿三楹萬曆中邑紳秦耀建蒙謗下詔獄帝默佑之建廟殿旁啓神麻也殿後禪堂五楹藏經閣五楹慈聖太后賜大藏全部藏於中閣前有墨池舊為右軍滌研池稍東有祝聖放生池殿燬於火者三一為宋建炎四年一為元至正二十

二年一為成化八年國朝洪武十四年僧通圓重建至正統九年始落成殿西舊有五輪大藏鏤刻精巧宋紹興初僧義深製孫覿撰記殿東舊有千佛閣宋紹定初僧師亨邑王定謨記皆燬於火大雄殿再燬再建洪武十八年義興馬治撰記正統九年臨川聶大年撰記成化二十三年邑人盛顒撰記寺後有廣清禪樓舊藏元時剳燈精巧絕倫至萬曆中凡十七傳逾二百年剳已朽壞原燈八十一懸完好如故寺舊有市每歲於六月十九日鋪設於兩廊乜邑中店肆盡華入廊下人占一壘百貨畢集因之傾動四方省直之商賈閩浙之珍奇遠代之骨董五等四民之服食器用貨随店分人随貨聚轂擊肩摩揮汗成雨大家巨族則持多金貴異物鄉人則備婚嫁貿日需兒童輩競市吹笙頭管搖金扇提螢燈帶鬼面手金魚數十頭以鳴得意闔城溢郭數十日始散至崇禎末市不復集寺中煙火莫盛於元宵日賽炮杖以響為勝負夜賽花以多為勝負燈月交輝數十百市兒以鑼鼓至者曰閙元宵旅進旅出徹夜不休至月臺各呈伎巧曰翻筋斗曰豁虎跳曰立僵人曰跳百索曰打十弗間近且設步障紮高臺選嬌童美女服羅綺飾珠玉扮故事演新劇爭奇鬬巧引人勝地除狂風大雨金吾不禁焉○按邑城

熱閙莫元宵若放燈則以看燈為樂不放燈則以步月為樂權衡利害邑宂費迎春為甚張燈次之張燈聽人豐儉人各為政迎春則邑令主之故憂樂異焉立春前數十日禮房出示簽牌以探動靜邑令堕其彀中曉諭一掛舉邑譁然春燈之盛莫過於何令舜岳前數日先於寺內扮演名曰演春綵亭計三十有六擡扛計二十有六綵亭三十有六者邑鋪行以三十六計每行使縛一亭紅紫繽紛某鋪市某物內結一毬即懸某物以別之擡扛二十有六者邑四百十四里合為十三區々分上下二扇又分為二十六扇每扇舊編糧長一名每糧長一名使紮一

鬧ゝ上各扮一故事或優人或娼妓多則立四五人少二三人每扛用脚夫十六名或二十名至期齊集東倉候各官至先綵亭次擡扛次句芒神亭次春牛臺次吏書次僧道官皆騎次衙官次學師次營官次縣尹皆輿皆朱衣簪花鼓吹前導梨園分列於是看春之人如雲如蟻自東門由妻巷至東大街凡樓房店房親戚填滿皆置巨栅垂湘簾大家宅眷每一扛至使健僕拉之歌數聲始放行無親戚者賃一樞費幾緡僱一肩輿又費幾緡宵行旦發若惟恐後而浮薄少年挨挨擠擠眼兇注射一面看春一面看看春者互相批點以賭眼力尤爲惡俗看畢公

堂排春宴私宅酌春酒一日歡娛總計可數千金或糧長與該房相通先期賄免則用折乾法官與吏或分受之糧長晏然春牛過看者閒然

盛儆吾錫月雕雲象界新寶闌珠綱玉璘珣考鐘聲度黃昏雨掬水香閒浩劫春再叩祇園瞻偉蹟重來覺社悟初因曇花不入紅塵夢倘許浮生一閒津○宗僧雪徑古殿崔巍倚碧空市心雄突梵王宮雕甍丹染鴛鴦合朱拱金鋪翡翠重卓錫乍聞無相偈安禪時聽上方鐘却憐行脚天涯遍題字還來認舊踪○又秋風百衲正相宜暫假禪關一悶奇明月每教雲作伴青松偏與鶴相期煙浮柏子通三際漏刻蓮花紀六時一夜寒聲鬪不住滿庭黃葉謾題詩○甄津至寺習儀○參差古寺接雲平銀燭朝天報五更金伏遥隨官路發翠華高並佛燈明○王穉登萬壽觀習儀○猊座前頭天仗排祝釐聲合珮聲諧即看重布黃金地何異常登白玉堦○華汝礪僧房納涼○閒向招提坐不疑葡萄新釀是誰携玉壺漏出寒仍碧滿户源風暑氣微○又塵路疑來復幾牵閒心常傍水漚邊相逢一笑渾無語嬾向支公說坐禪

上元燈詞二闋調寄滿江紅○萬竈風煙天付與江南仙窟春

事近二八芳齡上元佳節錦瑟鸞笙銷永夜朱旛寶蓋迎新月算眼前都是再生人憑空立　先朝事何須說今宵樂何曾缺任兎影盈虧燭華明滅蝴蝶初回千里夢杜鵑枉叫三更血恨新田拱手送河山真癡絶○轉眼韶華看昨夜瑤街飄白再上青樓重題紅葉毳幙倦聞龍虎帳香衾盡綰鴛鴦玦聽遊人齊唱太平歌風光别　干戈定笙簫設冠裳易襢衷出便貂蟬窄袖不煩鳴咽貝勒馬嘶知遠近衡陽鳫斷無消息痛狂夫掬淚洗河山真癡絶

東林菴

郎耐軒王學士在菴中一夕賦梅花詩百首者是也原韻倡自中峯禪師後于忠肅公亦依韻和百首先叔祖應峰公曾刻之於九松居惜梨板已成灰矣菴在道南祠後元僧秋潭肇建里人朱子華捨地廣之成化間僧信諒廣禄明恩增脩之萬曆間香火最盛菴僧廣才會圓真祥等撤舊增新内建彌勒殿世尊殿觀音殿十分幽雅菴旁臨弓河多古木臨流爲輪藏殿祖師殿綠陰清晝蓋使人低徊不忍去主僧不易乞好客尚憶先嚴徤公府君與秦封翁混塵顧懷静太淪諸居士同翻貝葉歲以

爲常諸居士歿菴亦不振人跡窅然矣祖師殿圮予曾捐十金修之

孫繼臯重修記畧○古尚書御史所止曰寺曰院佛家郎竊取以尊其居夫火宅必焦滅以慈澤彼岸雖遠濟以慧舟蕞物皈依誘世罔覺固王教所不廢云邑舊有東林爲宋楊龜山先生講學地位震面離文筆聳秀鹵神送青笠澤汪洋而南灌天光雲影竹色松聲令人有觧脱塵囂逍遥祇園之想元至正間僧秋潭構菴其間里人朱子華拓之號勝剎入明嘉靖間正殿燬僧廣祿圖復之三梵雖裝而綉梲玉題髹楹鏤檻不逮疇昔一

甍矣當是時縣尹鄭公好古尚友曾奉龜山木主俎豆其間既讀王陽明所記東林則在伯瀆之上曩爲邵文莊公讀書地與禪院相去甚遠且龜山已專祀於崇正院而茲以釋子之宮崇儒先之祀反爲褻瀆於是縣尹喻公歸木主於崇正而栖淨片壤復爲掛衲所矣祗是多歷年所室宇傾圮會吳僧日東來主是菴師弟同心矢肩其役里居王上林輩亦樂有所施董衆儎工掄材餙用摩尼蓮座晃碧耀金下逮方丈香積輿廞攸居孔良孔碩予家東至距茲菴不百武適覩厥成嘉茲菴之廢而復興又嘉吳僧之勤能與其所廢也于是序言○按王達善原序

謂元盛時富貴湍天下爲士不求仕爲僧不求院者曾幾何人中峯禪師獨以扁舟孤笠往來湖海間友白鷗而樂雲水人皆慕之翰林馮海粟以梅花百詠示師師談笑間不踰日而盡答又可見師之才藝足以親於人矣洪武四月望日宿於東林精舍主僧寔公將原詠出示披覽之餘濡毫陳紙和而成集不覺漏已報晝月墮於水聲林影之外矣詩成寔公將鏤於板諸大老各有跋語復徵予序之竊謂古人所以有詩者非欲逞其麗也志之所之興之所發各因其時而寓于物物之感於中者相類則言之寓於物者益彰吾幼雖貧而志則好古思古人不可

見故託梅花以寓其情性梅花摧折而不挫芬芳而不婷自似
古人澹泊而能守者古今推重蓋在於此由達善之言觀之則
當年彙刻已得二百首後又益以于忠肅百首梅花已無剩義
歎是馮海粟原題實係七言絶句而中峯亦徧和之則此律詩
百首當屬中峯另自起調合前後四人共得五百首允爲大觀
特苦汗漫不能並載各録十首以見一班
中峯原韻十首○環珮飄飄見谷神幾生修得到清真玉皇案
裡三千載青帝宮中第一人羞管有心催造化楚騷無語問音
塵從來不慣閻浮熱冷淡相看萬斛春○潛心物理自通神參

透先天面目真萬古不磨枝上易一華自識畫前入陽明氣象
夜亭午静極胚暉曉閣塵三十六宮生意古拓開宇宙未成春
○巖谷幽棲獨煉神山靈有意共成真半枝殘雪定中衲一片
野雲方外人作如是觀清淨種照無色界幾千塵天機尚欲含
消息未遣野猿啼破春○花前月下驥疑神一鶴歸來訪子真
蒼髩暗憐姑射面素衣夜怯廣寒人大千世界迷香霧十一樓
臺鎖玉塵箇裡玄關誰爲問如何蔵得許多春○一夜風神約
海神盡將天巧賦瓊真墟霞深處埋踪跡水月光中見侶人野
寄、被香清曉夢氷梢桂影絶飛塵放翁憶共芳華宴百榼淋漓

滿屋春○斷橋斜處挹花神認得花神體態真肯向黃昏求對
月未教太白敢驕人氷霜冷面磨堅操鐵石剛腸壓軟塵斗轉
參横情耿耿不禁吹動麗譙春○誰將幽懶癖心神白石清泉
養性真山脚煖融三尺雪林端香引太初人嫩椒綻粉迎先旆
老衮塗黃壓後塵試向静居閑探索六陰極處獨回春○曾約
菩提一對神浣花深處共參真雲深林下維摩室月冷巖前面
壁人七返九還觀色相三空四諦悟根塵頭頭總是華嚴界野
室孤雲自在春○朶中飛下玉霄神仙韻嬌姝一粉真氷各曉
乾銀浦水雪籬愁損草堂人名姬駿馬空詞筆縻苑荒苔老戰

塵凍野蒼茫天四慘兩行鵝雁獨傷春○花開臘底覺仙神一
種靈根絶妙真五月熟成金彈子三冬蘂綻玉樓人龐公遠涉
來推勘常老端然不惹塵箇樣酸心誰委悉肯同雪曲與陽春
王達和韻十首○月照西湖冷却神一尊今夕興偏真灞橋尚
有騎驢者梁苑誰爲賦雪人且得徘徊供笑傲莫教零落委風
塵玉盃到手和香吸便覺紅生兩頰春○莫說吟多易耗神眼
前知己我爲真石房風起香盈座紙帳燈殘冷襲人明月莫教
池弄影清氷不使地生塵自緣識破繁華夢寥落相看幾度春
○花前唫笑即怡神花卻多情我卻真慣歷氷霜如瘦石素無

榮辱是閒人廻飈已鮮能傳馥疎雨何煩為滌塵今夜月高天
似水醉來斜枕一枝春〇古今知己只交神轉覺年來氣味真
素幃染雲忘世者青絲絡酒看花人疎簾捲起青霄月孤遂吹
寒玉幔塵折向膽瓶斜插處藹如輪氣欲生春〇江妃昨夜化
為神洗盡鉛華始見真直作百花頭上種應憐一笑座中人羣
仙去後空遺珮幽鳥飛來不動塵練帨縞裳清更潔玉顏寧醉
酒家春〇藥珠宮裏有仙神頳色嬋娟氣格真徽似曉風千玉
女烟然秋水一氷人青苔印迹連深户素幄籠香暗避塵不合
倚闌微吐笑却令天下盡知春〇莫教憔悴百年神好傍梅花

錫山景物畧　東林菴　二一　十卷

早學真珠玉固妍還損我風霜雖苦卻宜人逋仙座納山中月
坡老衣沾海上塵心事諒同踪跡異清才千古共怡春〇衆芳
搖落怨金神君到嚴寒氣獸真笑我險途奔走客慰他孤館寂
寥人淨如氷玉何煩滌清入肌膚不畏塵半夜鶴鳴山月白渹
然無語獨含春〇對花吟笑可安神澹泊何嘗變卻真非謂山
林無別致如天地有閒人清風撼影常鷲鶴白霽生香不翳
塵况是清高見幾早可曾零落向餘春〇玉露溥溥為洗神古
今皆說此君真乃知柱杖敲門者不獸籃輿晉竹人惟願潛留
依白屋肯教埋沒向黃塵從來抱素能全節群木飛飛浪過春

于謙和韻十首〇野草閒花謾騁神歲寒心事豈能真挺身獨
立氷霜操尚友還期鐵石人自許肌膚同白雪肯將踪跡涸紅
塵枝南枝北皆生意太極潛回一點春〇勁氣稜稜傲雪神乾
坤生氣自通真香同桂子還離俗清比梨花不媆人鐵幹摩空
經歲月氷寃入夢隔音塵等閒漏泄陽輪信地北天南無限春
〇曾向氷花鮮語神丰姿高潔性純真瑠懷步月來仙女白簡
飛霜立正人楊柳謾飄愁裏絮海棠恐惹睡中塵誰知凜凜凌
寒操自得悠然物外春〇水邊清絕映姿神題詠難工畫莫真
自保氷霜存晚節何須車馬駐遊人花開雪際渾疑雪根在塵

錫山景物畧　東林菴　二二　十卷

中不染塵已見陽輪露消息漫勞羌篴苦吹春〇寂寂空山自
養神天寒歲暮始呈真調羹有用須成實處世無情不近人堅
白自來存節操飄零未必蹈風塵可憐標格清如許獨與東君
管領春〇不用丹砂九轉神凌霜傲雪自顚真暗香細逐風穿
户疎影清隨月近人臨水横斜應有意懸崖高潔負離塵角聲
吹曉寒稍靜付與羣芳次第春〇浮花浪蕋總銷神凍谷寒崖
見面真翠羽嚀風纔過耳玉龍聲忽驚人傳來造化三陽信
閱盡乾坤萬刼塵待得芳菲都滿眼園林已是不禁春〇久歷
風霜不怯神稜稜勁氣老彌真歲寒自結知心友流俗全無着

眼人幾點跡花含遠意一團清氣滌煩塵也應笑殺閒花李紅
白爭妍照暮春〇凜凜氷霜獨聳神古松修竹伴幽真清塵似
有煙霞癖奇絕應非木石人地凍天寒誰改節桃嬌杏艷不同
塵孤芳自與繁花別莫怨東君假借春〇餐風嚼雪養幽神識
破陽稐信息真歲晚誰為知己友江空獨作指迷人黃誇姚族
千金價紅老楊家一捻塵謾說此花多富貴天香已屬後來春

化城菴

東林菴為先大夫健公府君梵修地化城菴為讀書地亦郎大
澍和尚發跡地也予束髮時肄業於得月樓主僧幻堂喜文人
其徒孫過姓者善酒肉大啖則扃閉一室若將浼焉其志固已
不俗矣菴舊在熙春門外宋咸淳中胡麒捨基爲錡為記元至
正中王信甫捨今地僧彌福徙居焉所建殿閣堂廡與叢林相
羸設像尤妙嘉靖中倭夷猝至俗謡化城命名不利邑之強有
力者竟欲毀菴為圃賴里人盛恂持邑志白之有司乃止中有
柏木殿選材最精乘菴僧他出已刹那撤去內更有紫雲鋁紫

竹千竿葡萄滿架亦携之往菴於是頓失舊觀然菴僧故有東
西西院石池一灣小橋臨之左右俱構書室後堂亦宏敞聽文
士結社於中實城東一善地今則夷為民居大半不可問矣
管志道記畧〇化城云者本於法華經中喻如來權示二乘方
便法也中以五百由旬險難惡道譬生死苦海以珍寶處譬無
餘涅槃以衆生中路懈退譬二乘根器淺劣以導師多諸方便
險道中化作一城引衆人前入入已復滅譬如來憫衆生根劣
初以二乘權誘終以大乘實收也蓋與火宅乞兒之喻相為表
裏噫使世皆信向大乘阿鞞致不落羊鹿小機則化城可無設

使世皆意火宅況五欲海無出離之想則化城又為虛設吾吳固英傑栖身地然梭入空門闇忽大道非與市壘酒賈逐蝸頭利則追騷人墨士鬬巧於風雲月露闇然則環菴而居孰為險道通菴內外僧俗等衆孰為度險趣寶之徒此中孰為導師又孰有行過五百由旬而生退還想者吾不知化城之取義欲今凡夫權樂小乘耶復欲小乘究竟佛果耶菴中衲子為憫人未度發導師之宏願耶為急先渡覓津梁於導師耶今靡而復建為趣寶所耶為慰衆生樂小沐滯化城者衆故設方便多門耶不爾即化城為火宅衲子為乞兒五百由旬險道永無出離日

矣予亦險道中衆生也倘有以寶所指我者尚願與十方佛子同遊於化城外也

王問一雨忽復陽秋至尚殘暑偶與文翰虛假此空門住臨池生晝涼幽軒簷叢對嘒嘒亂蟬鳴自得林中趣瀟洒塵跡遺淨漠道心悟遂結無生緣日暮忘所去

北禪寺

與南禪並峙城內外翼如也㮣自唐武德中與鳳光橋同建郎名鳳光寺基地最廣共十一段計丈二千一百一十一丈三尺九分三厘週圍一片並無外人寸土間隔建炎後半沒於豪右淳祐中僧德恢恢復之宋開寶初兩浙統官施仁福創浴室因號浴室院寶元初復置招提賜額壽聖禪院今曰北禪寺俗稱也寺有勝蹟二一曰釋迦寶殿四字為米南宮鏑筆嘉靖中仲山王公以粉本易去一曰醉東輪藏下有石函佛牙舍利子以為藏鎮嘉靖中夜必放光寺僧疑有藏金掘之得石刻二方字

如二王而不署名今亦剝落遺失若夫歷元迄明燬而復建寺僧曰東海曰惠思曰大振皆有成勞而勇猛精進則無有過於唐和尚常圓今單比丘淨蓮及智清者常圓於萬曆二十年披剃赤足募修鹽鼓不嘗晝夜不息凡二十餘年正殿西方殿五祖十王真武藥師關帝伽藍等殿始告成功淨蓮號悟空其苦行詳張靜涵先生記中智清號格塵則繼淨蓮而精進者若寺基逼窄非復曩時則置不復問可矣

僧德恢復地記畧○夫仁政必自經畧始淳熙辛亥考戶部版籍守臣濟任專目畫清井畝為職詔旨謂有一赤之地則有

一赤之賦豪民占籍有至廣而匿影者曾無圭撮之賦入官貧弱有産去稅存之患凡有此類並許本圭整直歸業本寺即古鳳光寺寺基剏至廣潤建炎陞兵之後侵占殆半德恢濫膺灑掃適逢此千載莫遇之機令蒙鄉貴尤戴鄉倡善表率以本寺之地捨入常住自此齊府李府戴宅王宅陸續喜捨者幾盡然其間有負固者遂使老僧不得已破無諍戒經州縣陳理續後冒占之家各已立契承抱本寺租地錢使久假不歸之地復入寺籍矣德恢雖忝主席然寺歷祀半千住持者不知幾千百輩所謂此屋閱人如傳舍固無戀於三宿之桑重惟千年常住一

朝僧之說值此希濶之會只得出手非嚚訟也繼承此志不毋望於來者。張有譽重修記畧。稽古僧坊有講院有律居有禪寺講乃思修之助律為定慧之階均不能與禪娩重自晉宋以前震旦所傳不出四禪八定至達摩西來單傳直指遂迥出諸禪之上儒門英傑大半從風而靡惟昌黎韓子始一出而抗衡宋程朱諸大儒爭出入於毫芒之間如臨大敵然亦卒不能遏其流掩其燄則禪道之深微固非講筵律部所能與之絜長較勝也錫山為聖學大明之地然不廢禪剎北禪寺巋然城市中相傳即唐武德間所建鳳光寺宋紹寧間至正明祖禪師僧

住持修葺大明宣德間重建至萬曆中佛堂前草深一丈為牧豎所蹂踐有唐和尚者跣足走赤日中募修終未就悟空老宿舊家寺旁獨布為生目擊寺圮悲忽不勝發願修建遂棄家為僧受戒於武林聞修和尚歸臥殿角鐘架下冬雪滿席夏雨霑單不恤也仰視佛面剝落淚洟俱下每中夜起然香虔禮諸佛諸天前默祝興復歷十餘年寒暑不輟邑中善信見其誠至鳳陵華封翁首施地施屋諸檀信繼之因鳩工興作於佛殿後建準提殿三楹右建大悲壇五楹面南建禪堂五楹面北建客寮五楹其餘方丈各寮不下數十間鑄鐘建鼓赫然稱巨剎焉於

是從來善知識非北禪不駐錫修福諸檀越非北禪不結壇歲辛卯悟公世壽古稀戰穀施居士款余一言以紀始末余觀古來禪剎凡名德所居不數傳而流為應教其去俗無幾矣北禪頹廢幾百年悟公一俗士耳不持一簿不募一錢從以一片血誠甘心苦守遂使遠邇慕德雲合風馳千秋壯觀一朝頓復為之子若孫者不煩難一莖架一椽晏坐伽藍精修禪觀非洞明第一義諦如圓照三峯諸大老繼踵而起何以報佛恩師恩於萬一哉。馬瑞碑銘并序畧。錫邑大剎有十北禪處市鄽囂雜間自門徂殿僅數十武其庫𢈪類庵㰖橑多腐黑摧折壁坼

墁缺敗類荒桐候館然中設猊座諸聖贊衆拱衛圍繞雖雨淋水洗終無剝落其容森如則儼然一古寺也寺創自唐武德中迭興迭衰於宋元之際余少時習業茲寺每嘆大雄氏之教被於人者何其烈也蓋釋迦自華嚴擘開至雙林高會其半滿權實偏圓大小之義纍乎珠流分布中夏林泉城郭各有攸宜故深山窮林不必僻也求僻即喧而堅濕煖動具成實相物色塵闠不必穢也從穢得淨而墻壁瓦礫全現法身是以刻木扶土鎔金琢玉不離幻沙郎宣真諦上人悟空中歲剃除誓願復新茲寺繩床坐卧積有歲時具戒既修精專感達有捨財覆簷者

捨宅入寺者上人謂衆築墜址吾忍弗宮其巔是棄其畫而不究也爰鳩百工目指顧喻臂股相用於是寶殿梵容僧寮經室客座講堂以及齋廡庖湢各合其制博召良工先鑄尊者像後鑄準提像融範端嚴膜拜縱覽川塞闠溢似太學之觀碑等岐陽之成邑所稱無小無大同皈法界熱慧炬而除棘林者我乃上人猶觸食垢衣操篲服勤廣延紳士結放生社梵唄甫闋飛潛踴躍幾致漁者讓罾梁獵者棄弓矢廣福懺因誘獎善類可為偉構矣為紀以銘銘曰騰蘭演教法音普宣無因求緣如夢果然土石山河業影無邊寶剎斯開錯落清宙維茲北禪規新趾舊拓庭而寬鬱起層構金精銅液儼矣慈容于巷于塗摩頂必蹤幢幡贊唄千谷應鐘貪騃還善聾盲識從市魁屠伯聞風思改慶有眞師為衆主宰驪山可愚銀燈魚海碣若梵宮亘古施彩香花音樂纓蓋床座種種莊嚴指迷警惰古者封石勿矜勿過世界空虛斯銘永播

徐與老偶訪塵外蹤解佩宿燈夕風雪交飄亂禪房正閒寂上人自不羣焚香設茗席方將道義洽已覺禪心釋悄悄星夜沉於焉轉幽僻慨彼塵中人何時返迷跡

玄元宮

在第六箭河口。元至大間錄常州路道教事倪昭奎剏門列古
對兩橋夾之，左曰仙源，右曰青牛。入門丹墀廓然，建太清殿，東
西兩廡，左五雷壇，右七元殿。殿後講堂，堂前建祠，祀父文翁，右置
燕室，西偏列齋室百十楹，捐田四十頃以贍道衆。至大中賜額
玄元觀，元祐初賜額玄元萬壽宮，王應龍撰碑，趙孟頫篆額。倪
雲林與張居貞輩嘗讀書其中，詩篇酬和，緗帙纍纍。迨至正末
年，陵谷遷移。讀清閟閣集題郭天錫畫卷內云：予河上玄元道
館、錫巖玄丘精舍，畫壁最多，今或為軍旅之居，或為狐兔之窟，

頹垣遺址，風景無異，雖予之故鄉，亦若異鄉矣。不歸吾土亦已
十年，因叙述往事，提筆凄然。時為至正癸卯十二月十日。入國
朝則為鄒東湖別業，後屬曹晴峯，後又屬予叔祖應峯公，今僞
秦徽海內有九松，喬柯千尺，時因有物作祟，掘而厭之，今無一
存。

元倪瓚真館何沉沉，寥廓神明居。陽庭肅宏敞，月林鬱扶疎。睠
言茲遊息，脫屣榮祿區。檐榱初日曬，池臺涼雨餘。焚香破幽寂，
伙公聊舒徐。潛心觀道妙，諷詠古人書。懷澄心自怡，意愜理無
尚。誰云黃虞遠，泊然天地初。回首撫八荒，紛擾蚍蜉如。聊從逍

遥遊，何許崑崙墟。張雨宿宮內懷惠山：十日閑春院，草積
青苔厚。稍止侵簷雨，爭鳴決渠溜。想見鑰口泉，玉色動闌甃。傻
尋龔見烏，翩飛入煙岫。

希夷道院

院在南關尖上相傳為南塘丁道固捨宅建道固銀工也治銀河上有道士日暮乞食其妻餉之且止宿焉次早遍體發瘡創甚不能行止道固家十餘日道固善待之臨行具藥一丸語道固曰爾夫婦分食之可長年道固拜受將服一小蒼頭驚曰吾見道人以瘡膿丸之道固怒投之火火結五色煙霞穿戶出至空中道士於煙內現形手執紈扇扇上有希夷二字一時觀者數千人道固因捨宅餙像崇奉焉元元貞初道固孫丁必聞重葺嘉靖中施武陵先生假館二十餘年題壁為滿

李東陽題像○萬古乾坤一草廬春風長在黑甜餘自從驢背翻然墮縱有蒲輪不上車○施漸物境俱玄寂客心常少權非因無酒賞祗是到花殘夜雨深林葉春塘平釣竿羈栖幸堪托終日懶衣冠○又何為此休暇物境俱蕭然幽磬時一響閒庭無雜喧春風林中度桃李滿窗前未能遊方外數與靜者便秉蔘類絕俗學術未忘筌徙志謂易竟來日遂遷延蹤跡一繫此當為同心慫○又道院春歸寂不知過林新葉接隣枝青山藥長已忘約別墅花殘祗悔遲勝事每同幽士往高車絕少故人期翻嫌貧賤閒如此芳徑時來聽鳥啼

十卷終

錫山攬袂集

（明）佚名輯

《錫山攬袂集》二卷首一卷，（明）佚名輯，（清）黄師謙、朱麟書重刊，薛玉堂考訂。清道光年間刻本，民國二十三年（一九三四）活字重印本。無錫市圖書館藏。

該書係稱頌明嘉靖年間無錫知縣王其勤築城抗倭、丈田清糧等德政之詩文彙集。王其勤，字少月，湖北松滋人。明嘉靖進士。嘉靖三十三年至三十五年任無錫知縣，因有大功德於民，被擢爲南京户部主事。離錫時，百姓夾道，依依不捨；士紳攬袂，以詩文相送。『後之人裒而集之，彙而刊之，其政績乃傳流於千古』。『考厥是書由來，其始刻於有明崇禎戊寅丁氏世元堂，其繼刻於遜清道光戊子黄君師謙、朱君麟書，同時經薛玉堂又洲先生考證郡邑志及他傳記之有關王公事略者，悉采入之，至同治癸酉高君鑅泉集資三刻。但所印無多，至今絶少流傳』（黄元傑《重梓錫山攬袂集序》）。因此，民國二十三年（一九三四）黄元傑又『獨自出資，付之手民，刊刻百二十部，敬爲分送，藉廣流傳，以志不忘』。

該書卷首爲『新城頌德詩』十一首，跋一篇；卷上爲『送王侯少月陞任榮上序文』十二篇、附詞三首；卷三爲『送王侯少月陞任榮上詩』八十六首。詩詞序文的作者均爲當時無錫乃至江南地區著名文人、士紳，致仕在籍官宦如吴彭年、王問、華雲、張選、華察、秦瀚、文彭、文嘉、周天球、高映奎等，以及王其勤的門生盛鑾、吴汝倫、談脩、高捷、華之充、華啓直和鄒莘等，是一部很有史料價值的文學作品集。

（夏剛草）

民國廿三年甲戌四月重梓

錫山攬袂集

印於黃氏譜局

重梓錫山攬袂集序

攬袂集頌松滋王公少月治錫之德政也王公諱其勤明嘉靖時宰吾錫邑甫涖任無錫已無城公以爲不足恃土地人民奚以保急謀諸紳民不顧難巨七十日而成城城成三日而倭寇至寇知有備畧犯境以去事既平又以賦田不均丈量清理使完賦者必有田無田者不出賦此二事者一則禦寇患一則袪積弊皆爲有司責王公毅然決然悉成之此謂之民父母誰曰不宜乎民由是懽欣鼓舞不任其一旦去而王公備命陞任不能強留以抗朝命於

是邑之士大夫能文者贈以文能詩者送以詩皆以王公有大功德於民藉詩文以流露其甘棠遺愛之思後之人裒而集之彙而刊之其政績乃傳流於千古攷厥是書由來其始刻於有明崇禎戊寅丁氏世元堂其繼刻於遜清道光戊子黃君師譙朱君麟書同時經薛玉堂又洲先生攷證郡邑志及他傳記之有關於王公事畧者悉採入之在同治癸酉經高君鑅泉集資三刻但所印無多至今絕少流傳 杰 感懷王公治績又以貼近廟地平時瞻仰神靈每肅然起敬本有功於民則祀之意謂宜饗祀不替食報

千秋而當時桀城禦寇釐畝清糧兩善政必賴是集以永永不朽也爰獨自出貲付之手民刊印百二十部敬謹分送藉廣流傳以誌不忘惟舊集中間有譌字及先後次序審愼校正重行編排方今世界競爭鑒於王公之愼事機先捍禦非族邑人士多爲崇拜後之覽斯集者必尤深觀感焉是爲序

民國二十三年甲戌清和月

邑人黄元杰卓儒謹識

重梓錫山攬袂集目録

邑人黄元杰卓儒重刊　秦寳瓚哲卿校正

重刻攬袂集敘

前明松滋王公少月之治錫也築城以禦冦平賦以惠民功德入人之深宜百世祀禮所云有功於民則祀之能禦大患則祀之者公無媿焉乃自公身歿去錫已三十餘年而錫之民未得出一黍一觴以奉蒸嘗僅存攬袂集一卷當去思之頌嗚呼愿已迨高忠憲公先議祀惠山之麓後族孫諱嵩生者復祀望湖門之南乃赫然與漢張散騎唐張睢陽廟並傳千古洵足報公仁心善政於無窮矣顧廟食吾錫僅邑人知之四方人士未必知也惟攬袂集可行

錫山攬袂集　敘序　一

遠而經久於是忠憲族孫松濤偕廟中董事熟商並募友人輩集貲雕聚珍板印訂百部贈人以便舟車携帶而廣流傳俾世人咸知公遺澤之長也松濤此舉揚盛美紹先烈感衆心一事而三善備焉余故纘述之以爲序至詩文等悉載攬袂集其緣起一切詳薛叉洲先生原序暨松濤後跋中茲不贅

同治十有二年十月朔

邑人右青秦　樹譓撰

重刻錫山攬袂集後跋

嘗讀　先忠憲公年譜萬歷二十四年倡建邑侯松滋少月王公祠於錫山之麓又添建兩廡以祀何五路等三十六人乃一時報功之盛舉也康熙二十年族祖節培公曾捨地捐立廟於南里仰見先人之志代有同心鏻愧不才勉承先志因憶少時所見攬袂集一書並附松滋祠廟事畧一卷係邑中邵吟泉先生所增輯而朱君鐵橋黃君六皆先後重刻凡祠廟之文記公牘備載無遺庚申兵燹散佚無存遍訪不得壬申秋聞族叔茂之云吟泉先生之文

錫山攬袂集　後跋　二

孫海嶠刺史留有藏本欣喜累日遂商之司事郎於廟中鳩捐分貲刊刻惟經費不敷幸友人黃渭川華錫許雲煌諸君資助克成茲刻聚珍板印刷百數十部以廣流傳並祠廟匾聯附錄於後俾覽是編者均知被公之澤感公之德以永保公之祠廟於勿替云

同治歲次癸酉十月忠憲十世族孫高鏻泉松濤氏拜跋

重鐫攬袂集跋後

攬袂集爲少月王侯陞任南京地官士大夫贈行之作功績惠政具詳焉此集得之靜遠堂丁氏外無所見集尾記崇禎戊寅年二世孫家彥陛彥重刊於世元堂迄夫二百年來僅留此本碩果不食靈光獨存豈有神靈呵護聊同人爲流傳久遠計屬麟書繕寫捐貲重梓冠以新城頌德仍其舊也原本間有訛字經薛又洲黃六皆兩君暨兄旭輪悉心校正書成且將郡邑志及他傳記之有關於公者備錄附刊以俟他時考核云

道光七年歲次丁亥三月　朱麟書繕畢並跋

攬袂集後序

謙舊居望湖門外二里許與南水仙廟僅隔一水暇日與羣季遊眺川原每於廟中小憩時有丁翁司廟事曰余家藏有攬袂集焉初不解所謂一日出以示始知是集爲王公而作爲王公之有大功德於民不忍公之去因而詠歌其盛美而有是集也囑實藏諸笥失後謙遷居城中遼濶者數十年去春朱君鐵樵與陳生惠南過訪謀重梓是集因與往復商榷並質諸又洲薛君旭輪朱君考據於是乎精體例於是乎正於戲是可永公德於無窮矣公之惠政

在築城坊賦而城功尤重故以新城頌德列簡端且錫城而冠有既建之庚不敢徑趨他邑毘陵茂苑諸賢爭致頌言以此也今　國家承平日久閭井宴然居安而未必思危豢樂利而不知所自覽是集者能無感發於中歟公之當祀典是集重梓之故前敘已詳何容復贅陳生以是役端發於謙固不能已於謙之一言也爰於梓成述數語綴於後時

道光戊子人日黃師謙識

明邑侯松滋王公記畧

明邑侯王公諱其勤字時敏號少月湖北荆州府松滋縣人也性好學善騎射嘉靖間舉進士甲寅來宰無錫時倭寇不靖自閩而浙而蘇錫邑向有城已久圮民心洶懼侯乃創議新之度地規築較舊城加廣七十日而蕆事工甫畢寇大至居民入保城狙邑侯督率兵民設奇堵剿殺賊無算餘黨奔潰自後倭遂不敢再犯吾錫焉陣亡者何五路吳章等三十六人吳章者俗所尊爲太司是也是役也城以内恃城以完城以外賴侯之一戰而免於荼毒民慶

再生侯愀然曰外寇雖除徭賦不均患未盡也極蘇民困庸可緩乎即日清釐督丈繪册給單錮有糧無田者十七萬三千餘畝民大便之而里紳邑豪惡其不利於己也百計阻撓卒不獲逞其相與左右者學士鴻山華公也未幾侯升南京戸部主事去去之日士民攀送載道謳詠成帙名其集曰攬袂已數十年民思其德弗衰乃議建祠於惠山以何五路等附祀於廡題其額曰松滋王公祠忠憲高公以聞於朝奉　旨列入祀典給　帑遣官春秋致祭並祀學宮名宦今灩湖亦有三公祠邑侯其一也　國朝康熙間里民又募南塘尹麻二公雙忠祠旁高紳菖生周紳竑隙地建廟菖生忠憲公猶孫字節培董之承先志也甲子歲　仁廟南巡駐蹕侯廟　恩賜香帛又郎　敕加封號並　御書　翠華停鑾額嗚呼盛矣庚申粵賊陷錫祠廟俱毁克復後規模粗創而前一切無徵深恐侯之偉績代遠漸湮敬述其畧以告來者侯生於嘉靖辛卯三月七日卯時有自撰築城記甚詳今已軼

同治戊辰三月　吉旦

里人丁守猷竹舲氏薰沐拜撰

重刻錫山攬袂集序

前明嘉靖間松滋王公來宰吾錫凡五年以課最擢南京戶部主事去紳士爲詩文以贈其行且授之梓題曰錫山攬袂集後經散佚今公祠首事諸君得其本遂謀重梓以原刻無序繕錄副本問序於余余受而卒業謂諸君曰人必有不朽之實而後可稱於沒世亦必復有不朽之人爲之道揚盛美而後其傳愈久而弗替方公之治錫也築城以靖寇平賦以宜民仁心善政肫肫入人之深也然考之忠憲高公建祠之文則自公之去三十餘年公已沒世而

錫山攬袂集　序　七

錫之民猶未出一黍一鶴以奉烝嘗也迨忠憲捌爲廟祀之議於是祠惠山之麓後又祠望湖門之南赫赫然與漢張散騎之廟祀祠山唐張睢陽之蔽障江淮後先比烈矣余老病家居見近世多有假神道以誑誘鄉閭者大抵黷闤闠之奇美飾婦孺之耳目賸臘報賽黷嫚不經輒引爲辭欲以妥神靈而垂簡牘可謂與世異趨能知雅俗之辨風俗之患而諸君乃掇拾文人學士之遺著沐浴歌詠之者矣獨未知公之名所以久而弗替者實賴忠憲之力爲多而是義義者固非足以傳公者乎得其本而藏之可矣何以梓爲諸君曰唯唯否否公誠有不朽之實矣忠憲誠能傳公於久遠矣然當公之涖錫年未及壯及其旣去而升沈顯晦漠然無所表見治行雖載之方志亦流布未周今重梓是集而綴志語於後使四方人士相與攜持以歸或公之鄉人後裔有遊息江淮間者一旦見之翩然來拜於祠下因以評公之生平遺言佚事取補方志所未備不且大慰邑人瞻思慨慕之情乎哉余憬然曰是言也是志也可以報公仁心善政於無窮也矣遂述往復之言以爲序詩文一仍其舊惟遂寫之體今昔不同稍加更易新城

錫山攬袂集　序　八

頌德詩亦舊所附也時

道光七年夏五月朔薛玉堂譔

錫山攬袂集後序

余之序錫山攬袂集也特應南水仙祠首事諸君之屬序其重梓之繇而於集中詩文及作者姓名未暇一一也既而紬繹諷詠則見其交誼之厚命意之深渢渢乎溢於語言文字之外且有寄慨於朝宁之用人不能破格以待非常之才者噫當日茂宰之與賢士大夫以道義相處固如是哉是豈如司馬季主所譏卑疵而前孅趨而言相引以勢相道以利者耶今人遠而風渺矣其大畧可知者王仲山先生則明史儒林有傳安僉事膠峯則我素先生之尊

甫也秦封公從川則虹洲方伯之先人也皆有著述而華學士鴻山所著尤多比部補庵亦有詩集莫僉事野亭鄒孝廉汝舟詩皆見梁溪詩鈔中其吳郡石城諸人惟二文與周君最著餘亦盡文章風雅之士以感王公保障之功從而贊頌之者也余自慙窾啟未能知人論世覽余之序者或將疑其不切於事情故疏此以補所未及云玉堂又書

新城頌德詩

新城謠奉贈邑侯少月先生

嘉靖甲寅 王問 仲山

江南北郡連被倭殺人如麻血成河官軍縮朒不敢戰吳淞江頭白骨多錫城岧嶢劈山起郤月千星截海水君侯不索一室縉百雉功成五旬裏人言此城圍鐵山排闥長雲湖海間當關健兒一當百蕞爾幺麼誰許攀壯哉錘陵闢天府仍倚新城爲左股遥絡蘇松海上州杳渺旌旂飀雲霧君侯胸蟠百萬兵一嘯登陴神鬼驚會看遼海風濤

靜奚翅區區埤一城

邑侯少月先生築城保障萬世之功方圖頌言適見此卷先得我心遂題其上

丁巳 華雲 補菴

句吳形勝稱南服百尺新墉聳巨防驛路羽書黃葉下海天愁思綠蕪長可憐赤縣爲邊徼不道春畊作戰場茂宰神明還俎豆圖經千載姓名香

華察 鴻山

荒城久蕪沒陛此陵谷遷一朝復壯觀新規勝於前重闢

既繚繞經壁何高堅危堞入層漢飛樓瞰深淵人稱水陸
會地險東南偏版築聲書歌啟烽火巳燭天城上亂流矢城
下多賊船殺人盈四野猩血赭平川城門一以閉市肆獨
晏然君侯日登城荷甲夜不眠督戰御狂冦城中滿炊烟
恒情難慮始明哲貴幾先向非保障功要領安得全喤彼
守財虜如何惜所捐

新城頌 有序

石城 許穀

無錫常郡之鉅邑也瀕於長河昔無城堞久際昇平
民用安堵頃倭冦肆亂兇宄突臨民不習兵干楯莫
禦維時少月王侯以文武之才實令玆邑深用憂之
乃諏諸父老請於大吏晝野分方崇基疊壘未及改
歲巖城以完倭知有備退不敢近邑之百姓舉手加
額曰此萬世之利也永奠我邑實惟君侯之功余聞
而仰之乃作頌曰
錫之無城自昔伊爾匪昔則弛維時邊軏錫之有城自侯
伊始匪侯則喜維寇干紀既毒我氓亦燬我宇如彼奔鯨
來不可止侯曰危哉盍爲之計匪城是圖孰保赤子鳩工

伐石萬堵斯起建此崇墉巖巖百雉倭人震驚莘頭潜逝
闔邑盛居聚而不潰民曰勞止維侯之勤以逮萬年李侯
之利我思古人浚隍增陴亂是用沮侯也胡愧學士摛詞
揚休闡懿蒙也嗣音載告百世

長洲 文彭

昔嘗經此地荒草蔽頹垣狂冦頻年至危城一旦完睢陽
推許遠玉壁抗高歡不是君侯力誰能黎庶安
經始築新城神工不日成旌旗隨堞樹刁斗倚陴鳴仍舊
功應倍蒙恩力自輕妖氛看掃盡誰敢復横行

吳門 周天球

句吳奠邦湖山襟帶南甸鉅衝匪城奚賴閎址既陊島夷
來窺肆彼兇獷民阽於危顯允王侯惟國楨幹爰築我坊
夙秉廟算千雉再崇四門孔闢子來赴功五旬告訖偎偎
干城本此人和地利斯存有永厥圖樹玆鴻休膚奕奕奕
蠡蕩湖消邦基甯謐不隕不崩具瞻巖巖王侯之功百世
不鐫

長州 王穀祥

保障須循吏成城在哲夫衛民貪妙畧禦冦賴良圖地設

金墉險天開玉壘孤千秋頌功德名與此城俱

吳擴

海怪漫縱橫潛規泰伯城君侯勤版築雉堞與雲平閟武軍威肅登陴賊膽傾豐功垂萬禩黎庶仰神明

往海寇侵吳少月公捍禦錫山之功吾邑亦賴焉嘗在山中作書稱道今過淮陰得見此卷舟次倉卒草草贅一詩俟後時爲公立傳也

孟河龍

南江歲久不知兵東海于今有戰爭督府齊招多義勇誅

臣莫急近功名四方調發爲時政三押蘇求豈事情請詔代柯吾不謬軍中但聽凱歌聲

皇甫汸

年少推仙令王喬最有名勞民存大計郤寇示先聲月落犂烏集雲連百雉平行看萬里外天子寄長城

錢鍾義

聖主垂旒御宸極萬象欣同春一色流沙朔漠淨無塵仁風浩蕩吹卬奭彤弓不試吳鉤藏鐵衣將士人不識郊原處處錦綉張燕城月照娥眉餙狂飈忽奮生南陬黃池赤子侵戈矛紵輿驚看爍烽火攻圍告急衝飛樓四民有戶苦不扃凜然突入田單牛壯哉韓范代不乏神壘栽栽電光雲驅民不比赫連威轉輸豈是贏秦法高深一旦成金湯控扼東南天下甲羣兇自滅羅網羅彤弓一詔光在匣知君本是萬里城分符直北來千旌帝座微垣顧津要還來推轂蒲輪迎司農暫寄天下命關議畫復先王征行看幃幄運籌策耿耿麟閣標勳名

跋

張衮

少月戶部君嘗爲令於錫視錫要而城城甫完寇大至君

以其五旬版築之力保有生靈數十萬分兵以禁野掠固圉撫封其勳著矣錫人藏之競歌其事以傳予聞古良吏之政杜祁公剌廣州遺愛碑中首以武備爲急大修郡部百堵皆作三軍以宼范文正公守青澗諸所要害以馬鞭揮之而城堡並作民保無虞以君今日況之其爲敏速爲惠愛得不有類已乎予覽是卷長短篇什金石洋洋媿不能纘其餘韻爰跋數語而歸之

嘉靖戊午冬十月十一日水南張衮書於朋來軒

新城頌德詩終

錫山攬袂集卷上

序文附詞

送地官大夫少月王侯榮上序　吳彭年

錫爲常望邑而接壤於蘇邑有善政朝發夕聞歲甲寅倭冦竄吳而城久復隍錫人狃於治安慳出財力繕完之議每沮時少月王侯以甲科之英來守是邑妙年俊氣天才卓偉慨然嘆曰邑無城非邑也民雖衆何以避矢石室難富何以禦焚燎立命興築斷而弗疑規謀程約咸出已意役均令肅大慰物情不三月而百雉屹矣無何賊至假名

邏捕求入城闔吏民顧駭莫或是非侯嘆曰邏卒而不肯釋刃且無符驗非賊而何密布方畧命勇者擒其魁亟斃之日暮伏賊四起斬關放火縛村民爲導知有備乃奪舟遁去由是搢紳士夫敬服侯少而有老謀儒而多將畧躋萬室於袵席驅海寇於談笑蘇人聞之踴躍羨慕欲借而不可得也侯既退賊益選練驍鋭整除戎器增築堡堰嚴明烽堠威聲旁流震讋遠近蘇常之間江陰之衝隱然一巨鎮焉嗣是寇屢犯境雖焚廬掠野而先事入保民不罹害丙辰夏賊垂涎於錫萬衆突至并力盡鋭大肆其毒賴

侯守禦素備夙夜拊循身先士卒人百其勇乘間掩擊俘馘日獻賊攻圍一月罷耗解去于時鄰境戒嚴日虞寇至使錫之無城如昨侯之捍敵少疎則吾蘇能獨免耶由是蘇之搢紳感侯之德歆侯之才同河潤之沾溉望景星而快覩較之錫人不啻增切云至若履畝以均稅弊緩征以紓民困興學以造譽髦勵强以植善類水鏡其心冰蘗其操閱歷三載堅持一節循良之嘉績神明之異政朝夕有聞而莫克殫述焉監司督撫交相論薦廷議以爲時難未夷保障攸寄故愼重其代及茲始拜地官之命蓋將歷試

諸艱而大授以任也詩曰肇敏戎公用錫爾祉侯行矣侯所拔士鄒君明良感佩知遇乞言爲贈且曰錫之贈侯者多矣然豈若他邑與未識侯者之言哉余故直書所聞不敢少綺其詞恐失之諛也抑又聞之宋寇萊公亦以少年宰劇縣振其邁往之氣奮其文武之畧弛張寬猛戡亂保民聲實發聞亟躋大拜卒爲社稷臣今侯英聲駿烈灼灼如此行將正色立朝主謀王國躅美先正豈惟去思遺愛之在錫如巴東而已哉

嘉靖丁巳夏五月望吳彭年謹序

汙竹巖光序贈少月王侯　　　王　召

少月王侯涖吾錫之三年陞南署地官郎諸僚佐及鄉士民送之郊或以俎或以幣昭盛美也南山王子曰吾何以贈哉夫天地之化功默運於亭毒之表夫人不可得而見也而其所可言者春花秋月發其色春鳥秋蟲鼓其聲於是乎四時行百物生人皆得以名言之今夫侯之政績猶化功也巍巍乎蕩蕩乎吾豈易言哉府博巖士先繪之以圖圖之後舍弟子裕又繫之以詩復大書其端爛然煥然其可觀已㙋夫巖子之圖其春花秋月乎子裕之詩其春

鳥秋蟲乎色以彰之聲以揚之而侯之政績當昭書於天壤之間矣不猶化功之四時行百物生哉雖然物之相成者心也而機之相通者神也自吾筆端之造化而感通以侯之心神則夫參天地贊化育者又豈外於是乎送者咸喜遂書之以爲序

賜進士出身戸部員外郎南山王　召拜序

送邑侯少月先生序　　　岳西華

吏百里則負百里之責一草一木皆寄命焉豈易易乎哉老子曰甘其食美其服安其居樂其俗民至老死不相往來今之民不太古淳龐也詐愚苦怯滋相賊焉不得已而始寄其責於吏則吏者民之所以受死生也安危之機殆不容髮以藐焉一人之身而千萬人之死生於是焉寄其任不可謂不重且難矣堯授天下以舜人駭且笑之堯志在安民故不以天下之病而利一人使其見天下之利之大而恝於民之死生安危則奚忍抑其子爲匹夫而遂任匹夫以天子之位惟其視民命之大故毅然爲之而不疑故曰行一不義殺一不辜而得天下不爲均可謂之聖人後之長民者不惟不以聖人爲心而且忘其所以居乎民

上墨怯者不足論論其中人則駑怯者志也齷齪者才也才具志立可與有爲而選耎焉者咸也窒闐之憂譽聞之微進陟之速以是三者橫貫於胸中而有才志與無才志等要之亦不知所以爲民者而悄焉失其初心惡在其爲吏哉蓋其始也病於的之不立而其終也復病於居之不固此天下之所以無吏而民之日危也吾錫多循吏自初所見鮮不以毀譽動者錫城築於唐初宋至我明再修尋圮自正德己卯屢議修繕奸民阻之嘉靖壬子海寇入猾犯浙之黃巖癸丑犯蘇之太倉是冬松滋少月先生以進

士至少年多才入屬目焉踰月而稽於衆曰若知寇至乎僉謂內地不易至曰四境不守徑薄城下何以禦之盍亟事焉衆不悦又諏於庠校咨於士夫衆滋不悦侯不顧曰是可與慮始者乎乃度地嗇工請於上官上官可之即稽籍民賦榜於衢曰某鄉某築若干丈某隅某築若干尺衆譁然三日令於衢曰某日時材植違者刑石甓山積矣又令於衢曰某日鳩工逸者刑萬杵雷動矣又揚於庭曰仕者其義勸乎多寡入矣不兩月告竣百雉翬起樓觀雲矗清谿環流九龍映鬱偉然江南之巨防矣士民羣登快覩

新功役也忘疲輸者忘費不旬日寇至四境奔竄如履榛墟逼城不數里望壁壁而返士民登陴見東北一鄉煙焰燭天相與語曰微侯若屬其虜乎廬其燼乎侯之勲萬世銘乎初嘗謂君子成天下之事非難也而難於獨任豈惟任之尤難於獨見侯以家學弱冠致身青雲自謂公卿立至彼其見之不確必貳於毁譽縱使能任浮議一興不中輟者希矣侯之功固百世之功也功不待言而其才識豈非千百人之一人哉宋范文正公於青澗城成寇至人以爲神侯之功業其可量耶今擢南司徒屬適江北寇擾必有所以贊留守之兵政固疆場以爲江東保障則皆一城之推也善政不可殫述述其尤大而彰彰較著者遂書以弁於篇

嘉靖丁巳夏五月門生岳西華復初序

錢明府少月先生擢任留都農部序　鄒明良

松滋王侯來尹吾錫凡五禩矣度宏而慮周用弭亂乂厖有大烈於民冢宰考績居最焉奏擢地官郎制曰可將行錫之民攀轅弗忍釋薦紳先生暨諸士咸餞於郊辭曰聖皇作而宅俊興風虎應而雲龍從上下一德歡欣交通協

氣嘉生秉爲太和此三代之英嘖千古而獨盛者也侯之行請以是爲祝始侯甫弱冠通籍於朝時倭寇傲擾民力殫甚在廷大臣方憂危僉以錫畿輔邑愼厥選詩以侯行下車而問大政之當亟者三曰井疆之蕪也城堞之堙也戰守之廢也大患之當禦者一曰島夷之陸梁也由是度田均賦剗百年之弊而民隱消焉經營版築成金湯之險而封守固焉利器械簡卒伍宣震疊之威而王猷壯焉風行兎罝之氓而賞激投醪之士鑒識終軍之儁而斷識皇甫之偵志堅三板之危而才應九攻之具氣奪天山之勇

而智吞合肥之謀義激漢陽之忠而功著葭萌之守此其遏横流於方割持民命於將傾而使困者蘇瘁者起徙者復危者安而虔劉爇刈之餘賴以無恐也若是而侯可一日去吾錫耶噫嘻無惑乎民之感且悲也雖然錫之恫瘝則綏之侯行矣將膺簡命躋顯秩作天子良股肱以宏濟乎蒼生既以安吾錫者安天下慰聖主旁求之意私幸以安天下者首及吾錫民也易曰王明並受其福君子有濟巖之才荷王明之遇而天下蒙其澤焉是行也諒爲錫民之福矣乎慶斯可矣奚其恨侯避席而謝曰敢不蚤夜以

求從祝規無辱諸大夫命時有鄒生明良者顓蒙寡文竊鑑明德磬折而退負牆而立爰錄其辭以授記室

嘉靖丁巳夏五月門生鄒明良頓首書

紫芝丈人論贈少翁父母遷南曹　陸尚孝

鄒生謂陸生曰士之貴知己也猶玉之貴售也故求之誠有夢卜之兆遇之速極傾蓋之情信之深忘三北之辱趣之合賞高山流水之音其人不同其志一也良也幼而學文長而無聞不免爲儕輩之笑矣獨少月公一見而弁諸多士雖磨礱範𣪘之實深而不謂之知己也乎陸生曰尚孝之受知於公又進於是大吏之留意於風俗者脫畧於名位簿書時俗之外者也然其爲之也有方故書稱章善其行之也有自故漢重孝廉今孝父以齊民之賤值倥傯之日非期會之常而公特以其孝也賓之鄉飲表之宅門又發爲詩歌以興民聽其留意於風俗之大而加禮於一民之微如此於士何有既而少月公遷南部將行二生謀所以爲贈而造紫芝丈人焉登途則有曳杖而歌者曰海氛起兮野鬼哭吾歸吾廬兮睚方足公不棄城兮民將安告歌已歎曰往年寇犯太倉上海之境去錫數百里而民

之喪足欲逃者衆今寇頓於城下而皆入城如歸安寢無患豈可不知所自乎且非城之速亦無及也二生曰城之不可不築也如是適野則有荷鋤而歌者曰春吾耕兮秋吾穫官餘租兮私雜藿公不丈田兮民將安作歌已泣曰吾鄰有耕而不稅者有食人之稅而不耕者然皆富厚數世吾則耕而不足於稅至於不得耕爲吾祖吾父死於是吾子吾女鬻於是今無患矣公之賜安可誣也二生曰田之不可不丈也如是既見丈人各言所以及其所聞而請爲之贈丈人曰嘻鄒生爲己陸子爲親杖者居安而思

危耕者既困而復蘇宜其言人人殊也雖然非一人之私言也人才國之寶也風俗國之維也城國之衛也田國之資也寶不儲則無人維不張則無政衛不嚴則無土資不理則無民故善爲治者必愼圖之率是以往王道終矣吾不知其所贈二生曰有是哉所以贈公者乃公所自得者也遂各唯唯而退陸子執筆謹書之丁巳四月既望門生陸尙孝頓首書

送王明府少月先生陞任南戸曹序　莫如忠

江南諸邑皆號難治而無錫尤要且劇余世家華亭與錫一水相望三百里凡民所不便及所願欲而不可得所當罷行者孰爲重且難而且大孰爲輕且易而且小孰爲政之所當最先者孰爲所可少後者二邑之情皆相通而相倚藉焉正德年中無錫稱治最者大中丞晨溪侯公迄今四十年嘉靖癸丑乃有少月先生至自松滋以全楚之英相與輝映皆余之所企仰以不得依芘爲歉事焉者也頃歲兒子是龍受室於顧參軍海峯翁丈之門每過輒旬日歲以爲常者數四歸而問以錫所聞見則惟少月先生之民圖嘉猷日新月殊而歲積以崇也其抉剔吏蠹鋤擾民梗不事催科而賦已辦不待符攝而訟自清與侯公同一軌轍至於錫之城守禦廣百數十年人皆習以安便而以修築之費爲難昔雖侯公議之而卒寢錫固可以不賴於城監司亦且難之不以急務移布文檄先生稅駕即毅然任之不三月而千雉聯絡就緒工未告成寇已猝至四野之民奔竄有歸禦寇之兵雖驅市人爲之有城可憑乃能出入戰守卒至擒賊營馘其酋而走其黨不敢直北以指常潤意屯自城出尾其後則南下之兵衝其前而腹背不能進退也錫之賦則撓亂亦且百數十年其規以爲利與受禍於人者皆習以安便至於兩忘有建言上請履畝度田以平邑政者猶以里胥紛糾緣而生奸爲患昔雖侯公議之而卒寢頃歲已得請下其事於大司徒布之監司猶以城未訖工民勞亟劇欲姑緩之先生毅然任之愼審書碩於公廉自好者分屬數輩總握樞要而躬閱之程紀嚴約釐析精詳北南西東井井各於其所神飛鬼射莫能遁情失已利者既甘心於不怨去已害者受罔極難名之恩矣然則先生之視侯公固已出乎其上矣悉古今爲錫之民牧者而數之求其出於先生之上者將誰與歸也耶參

軍以姻誼過余余實僭爲評之於是以先生行請以所常道者爲贈遂不辭而書之夫以難治之邑值難治之時李翱所謂衣鐵張未所謂沐漆者而先生舉難舉之政成難成之功如竹迎刃鐵過之也續漆逢之也膏措之天下將無危不安無亂不治於南曹乎何有聖明爲天下得人之仁端注念於先生袖經綸之手而總百揆於朝宁之上余與參軍之望不遠矣

賜進士出身中憲大夫貴州按察司副使奉敕提督學校雲間莫如忠序

贈少月王侯陞任序

王問

君子之任也先乎其難則易者不勞而辦觀其始也可以逆覩其終夫人莫不欲有爲然勢不能以無阻而吾之所居或不可以專爲故雖親見因革之機理之必不可已者而多以物議之齟齬人情之同異是非利害之關其外長慮卻顧之嬰其中必爲之志不足以勝畏縮之念爲人之謀不足以奪爲己之專莫不因循苟且務塞目前之責曰如是而可以無愧於己矣如是而可得譽於人矣斯民百世之利害付之不聞以委其責於後之人非有強幹之資制劇之才者必不能排衆議決利害肩是非破紛紜之議以慰同然之情違一時之欲以就不遷之利然則天下事豈果不可爲哉亦難乎其人耳夫以強幹之資而自試於所難則當乎其易也而其力爲益完以制劇之才而處乎所甚繁則臨乎其簡而其力爲益厚吾邑素號爲善地然地當要衝而財貨百物之所聚者常甲於他邑民習機利而爭忠實樂便安而忘遠慮利孔在豪強而禍悉在贏弱興作不妨乎百姓而妨乎富民故城廓之傾圮田賦之不均有識者雖往往知憂之然其爲費也巨而其爲力也難

其事雖主於邑令而嘗裁於上之人邑令親見其利害而欲有興革則豪民率多爲之謀以搖撼之利未興而謗先集害未革而怨已成至或身名不能以自保故苟爲自全而無強幹之資制劇之才者其事罕克以有濟少月王侯英姿絕俗養其完氣以小試於邑令者刃初發於硎其視乎民也若己其爲乎邑也若家凡利害所當因革必慨然以身任之而不辭不敢苟且因循以蹈世之失涖政未三月而城郭屹然其有成田賦較然其畫一豪民猾胥皆袖手噫吁而莫能誰何雖有一二阻撓之者而其計終莫之

行今之民昔之民也今之邑昔之邑也何利害之宜因革至侯而始定也非所謂存乎其人耶非所謂强幹之材制事之才有不同耶夫築城以衛民畫野以均賦二者政之大者也他如禦寇而市不易肆折獄而下無冤民明習法令而吏不欺敦崇學校而士有造三年政成蓋難一二其詳者今侯以秩滿天子嘉其績改爲南戸部夫戸部勢尊而事簡邑令勢卑而事繁以侯之才力於卑而繁者且無有不濟則於尊而簡者其才力當不益厚且完哉他日與尙書斟酌錢穀之盈縮飾宣國計之損益上無病於公下無病於民必當以侯爲稱首今東南多事而民困於征役

侯已習聞而目擊之則寬恤處置以惠民於他日必不異於今日侯行矣吾將勝躍以觀其終

賜進士出身奉政大夫廣東按察司僉事前南京兵部車駕司郎中仲山王　問序

贈月侯父母之任留都序　　　俞　岳

公荊之偉人也嘉靖癸丑以名進士令吾錫越四載銓曹才之有南戸部主政之擢邑士大夫暨我諸生餞公之行相與祖道餞之郊岳作而言曰是猶未足爲公賀也公才優經濟下宰錫邑已近於武城絃歌之用列治官之初視弊政厲民若恫瘝之在乃身夙夜矢心不遑啟處築城捍以樹藩屏均田畝以正疆界修黌校以崇教化隆麋餼以作人才伐幽剔蠹磽埆淳凡惠政所當先者悉以身任不數月賢聲四達赫然有古循吏風無何倭寇突起公奮身以出率衆勦除當路有識於風聞者顧以章論向使當路無風聞之誤才望如公固已位臺諫以伸敢言之氣而澤被天下矣豈待今日始進於留都乎今之擢官以資敘功以久陟亦國家用人之常典非所以待天下之殊才也譬

諸騏驥勝重任引巨輪行千里於一日之頃則雖乎其未常待之公騏驥之倫所謂殊才也然則銓曹之擢焉能盡究我公之用哉故曰是猶未足以爲公賀也雖然留都根本所繫戸部國計攸司公必恪慎厥職上惟國用之艱而心乎爲國下隱民力之弊而心乎爲民雖未博天下大害而所以澤天下者亦溥矣況由是而之行將陟臺省躋公輔而位極崇高則夫大究厥施而章公一日千里之能不於是乎伊始哉岳等辱公教愛之深今其行也不容無言敢以是爲贈　　門生俞　岳拜序

奉賀少月王侯擢南京地官詞 有序　華　雲

聖主慎經國之猷恒重地卿之選賢臣膺寵命之重式承天表之章司徒掌邦教古憲具存祝鳩主兆民常職攸寄且國計必酌乎盈虛斯邦用可貞乎出入故洪範八政食貨爲先周官六典財賦甚重人有十倫並掛四民之籍戶標九等俱陳萬國之圖班固申犬牙之制疆埸綺分應璩行馬鹵之規井田鱗次爰設四方之管轄遂成九土之綱維明王之慎德攸關臣子之格心所寓雖名錢穀之司必選俊髦之士惟我君侯英姿超邁允矣一世之豪問學天成卓哉三楚之傑名登龍榜早際風雲之期策射鳳池聿顯源淵之秀分符江左握篆畿邦昉下車而亟爲守險之圖甫臨民而遂復均田之制萬雉興而庶民丕作兩月壯金湯之巨觀九野平而逋負盡彌一朝成典則之大計方經綸之誕布忽海寇之頻侵殫心力而四境多捍禦之畧倡義勇而孤城獲保障之功文武兼資剛柔並濟然力愈奮於功成之餘乃見其度而志益勵於挫衂之後克展其才鼓舞士類每加意於作成軫念民生惟勞心於撫字酌二泉而知潔清不違時與九擁而同高抗不絕物士民胥慶朝野共揚是以簡在帝心擢居清署豈直激揚之典且資足國之方某等山林遁跡每承道義之交第里相安久沾覆庇之澤贍去輶而無已欲脫輻以何由恭攄賀臆以揚言敬效輿人而作頌詞曰

荆湘閒氣眞瑚璉趁靑年治安策上早遇奎英選金榜名標曲江宴錫落紅踏遍東風軟領花封小試絃歌仁政敷宣民物都丕變忽一封丹詔飛來召入清曹鵷鷺看高騫

熏風暖江左風流六代繁華遠星槎西指看白下虎踞龍蟠江水明如練回首蓉湖上棠樹垂陰攀轅挽空留戀

右調鳳凰閣

賜進士出身奉議大夫南京刑部江西司郎中治下通家補菴華　雲撰

贈邑侯少月父母榮擢詞 有序　成　憲

歲丁巳夏邑侯少月擢南京戶部主政伏以丹崖威鳳九苞終出於風塵青海飛駒千里快登於雲路信枳棘有難久滯見楓槐從是揚休吾道增榮嘉猷翼運恭惟臺下太原宦族楚省奇才文並鄒枚歌鹿鳴而掄魁選經傳盤誥荷臚唱以協昌期奮身已步於瀛洲試職暫勞於花縣雖

邑當錫麓共稱繁劇之區由鋒擅莫邪獨著剸裁之具製錦陋尹何之未學繭絲同尹鐸之能戀鼎建城垣百年之慶斯舉丈量田畝萬室之税以清目擊時艱率先以驅倭冦蘊深民瘼精練以習鄉兵自下車以迄今茲語嘉績可方前古化徵三異何慚魯令之賢謠播十奇豈讓元規之美賢聲達徹朝端薦剡屢馳當道皇情久注芳名昭揭於御屏寵命遥臨行轍遂遶於天府刱留都爲南國上游是實兩京分治以主政屬湘江賢俊行看六合蜚英蓋大丈夫生既逢時宜建鼎彝之業而奇男子道能經世終聯鵷

鷺之班也憲等久荷恩光之下賁心切咸私式聞祖道之屆期情懸悵望勉效贈言之雅聊伸頌德之懷詞曰

長夏江洲喜柔桑搖颺紅簇葵榴錦帆高揭青艫欲漾使君冠蓋南游暗想司徒粉署從今稱展才猷由來道追雲驥足甯久淹留　凝眸遥膀望石城宫闕真是帝王州國賦司農政關庶慎應教寡益多褒自是經邦濟世還歸洛下風流共歌謳看錦衣方晝李郭仙舟　右調喜遷鶯

嘉靖丁巳夏五月望日　晚生后山戚　憲頓首

贈少月先生陞任詞 井序

沈　津

伏以化揚禮樂絃歌聞百里之風治洽幽明甄録著三年之績惜攀轅之無地喜啣命之自天郊野歡騰士民胥慶恭惟閣下斗南碩望天下奇才挺挺英姿衡嶽開丹霄之景輝輝秀質湘江湛碧玉之波登小魯之山辨練光於吳馬臨大吳之國識寶氣於連牛藝苑蜚聲早繼簪纓之盛金甌覆姓豫懸鼎鼐之思分符來季子之鄉恩孚攬轡製錦宰鄭皮之邑化洽隨車顧毘陵屬縣素稱繁劇之區而海島妖氛正值驛騷之際非盤錯何知利器必安危乃見真材撫字追陽子之勤勞折衝邁魯連之談笑繭絲在念

均川賦一定之規保障嬰心築城建百世之業照翔鸞之舞影水鏡澄瀾叶馴雉之清音冰絃動操河陽花滿共迎雨露之沾衣漢署香生忽訝雲霄之飛舄太阿終看出匣合浦不久還珠忠簡帝心名疏御几代工天府遥瞻紫氣於北辰奉職戸曹近握芳蘭於南省擬對錢穀之問周悉民艱還上會計之圖便宜國事鳳凰臺上此時聽仙子之吹簫麒麟閣中他日看功臣之畫像撫棠陰而懷德摩峴石以記功敬陳短調用致遐思歌徹驪駒情飛彩鷁其詞曰

四月清和一番新雨葵榴花映簾櫳更垣圩脫葑嫩綠叢叢忽報使君去也好時候莫便匆匆還共擬新詩百首美酒千鍾　冲冲九霄趨命縱萬枝柳線難綰青驄念鳳臺人遠日侍夔龍惟有臺中奏草應念我嘗邑民窮相思處何時片帆掛月明中　右調鳳凰臺上憶吹簫

嘉靖丁巳夏慈谿晚生甬明沈　津頓首

送少月王公擢南京戶部主事序　葉　泮

昔歐陽永叔有言文章止於潤身政事足以及物世以爲名言泮嘗讀而疑之以爲文章政事其理一也是故二者異用而同體體者道德之謂也道德在我則資深逢源左宜右有或出之爲文章文章者道德之華也或出之爲政事政事者道德之迹也所謂時措之宜也而何有於潤身及物之分乎泮幼側聞湖南有王東崖先生者以高文首鄉薦已而累試禮部竟不第再傳及我少月公始以癸丑進士來令無錫無錫劇邑也人謂公世以文章顯且年少時艱未知其施於政者何若而公顧處之裕如視一邑之事若無足爲者時倭寇擾海上勢且內侵邑人以無城洶洶將潰公始至即經畫督帥度材鳩工民不擾而城就衆志既定乃進諸生若父老問民所疾苦或以虛稅病民告公乃大度墾田俾民計畝出賦而境內始有更生之慶矣夫起百年之廢以立一方之保障刻百年之弊以救億姓之阽危此皆政之大者雖使世之老吏經營累歲猶且難之而公以未壯之年當干戈搶攘之會從容區畫並舉兼集遂能於數月之間成此無前之偉績非有魁閎傑出之才獨立不懼之操豈能決志興事動克有成如此之神速爾乎人於是始知文章之有用而推公之所以出是者有本也蓋公之愛民者甚深故其爲之興利除害也果而無因循顧慮之態公之勞民也有道故民之趨事赴功也悅而無勉强承順之心此古循吏之政卓然與道德相表裏者而非偏長之士所能窺其萬一也況能從而贊助之哉是以今茲南部之擢不知者爲公喜而有識者以爲未足酬公之功也留都之人交相慶而吾邑之氓方且以奪其父母爲戚也噫此豈聲音笑貌之所能襲取乎哉雖然以錫之宦績論則我公之功亦既超絕矣以公之事業論則治錫之政尚非其極致也矧公以兼人之才而處南部之逸所以養其道德者益深則其出之爲經綸者益顯他日

之爲歐范韓富爲丙魏姚宋進而爲中甫方虎以完東崖先生未竟之猷者將不在公也耶泮托庇於公最深且知公之以經術飭吏治者有素故於其行也爲以文章政事之體用同原敘而論之以見公之發抒正未有艾也是爲序

嘉靖丁巳夏日晚生華　泮頓首

錫山攬袂集卷上終

錫山攬袂集卷下

詩

學士　張　衮　江陰

滔滔才署富滄溟早向湖藩領解名不信龍媒在凡種應知御筆已題屏

臘月初臨春意動錫山梅發轉多情莫言彩勝尊前事只聽丹書促曉程

兩過南禪聽路謠原知仙令是王喬梁溪溪水碧於練又帶清聲入帝朝

禮部主事　陸師道　五湖

金陵王氣天中繞鬱鬱葱葱五雲表虎踞龍蟠夾鳳臺鍾山春色煙霞曉扶桑晴旭照海紅御罏香藹飄天風萬井花明鳷鵲觀千門草碧蓬萊宮使君胸次卑二華閶闔排雲居日下山縣停揮單父琴都人早識司徒鴛句吳亭東江水流揚子津頭帆錦浮南風吹上秦淮道爭看彩鷁來仙舟梁溪只似驪駒路祖席連雲日云暮有路終難借寇車無襦自昔歌廉袴風謠千里震三吳君侯一奮開亨途懷中奏草陳情急知爲蒼生乞賜租

刑部郎中　華　雲　補菴

南國多文儒祠灣章縫子使君肩崇師儒風流惠水 新興學校
民散茲已久臨事勤瘡痍豈無按獄心凡爲衣冠惜 愛惜衣冠
清晨登高陴悄焉懷國憂迨此未陰雨亟事先綢繆 倡建邑城
化理良不易羣吏多舞文今也詢不欺堂上有神君 廉約羣吏
季世風漸漓吳俗矜侈靡叔度來何遲五袴從此始 抗顔惜財
民德不可知叔世多狀疾謙謙君子心下堂問耆碩 虛心咨訪
文墨相填委冏冏主清夜公心自有期豈是悠悠者 夜分聽政
嘗爲清白謀關西楊伯起暮夜辭餽金芳名照青史 謝絕私謁
茹蘗亦何苦遐哉君子心偏觀循吏傳千古有知音 矢志冰蘗

試邑亦何爲主之在仁敬天道渺其微飛蝗不入境 蝗飛被境
歲凶不可期善政民所賴發粟賑窮民雖饑不爲害 發粟賑饑
倭人爲我仇君子紓良謀塵清河海外端居仰皇休 增置敵壘
選士年年事軍書日日飛白猿遺劍術元女授神機 精詰奸細
定海屢求市桐鄉新解圍壺漿紛道左爭覩漢官儀 咸選擊倭
賦事久不理籍湮奸易生邑中有巨壤畫野自分明 均定田賦
國賦在東南輸粟歲百萬戴星出治河何惜戴星散 開濬漕河
正氣安可回臨難不避死乾乾事祀心懿德良在爾 旌錄忠節
由來扞挫劇允否當相半出入吾何心惟人在自犯 民無冤獄

度支新命及瓜期遺愛寧須在口碑問俗每占營壘處鳴琴不廢閱兵時千村暮靄凝餘蔭萬堞寒煙繫去思况有甘霖傍行色汀花隨路映前麾

學士華 察 鴻山

秣陵雲樹愴離襟退食委蛇晝省深官向宦成收令譽人從交久見初心青鞋不到言游室白日空餘單父琴獨有去思存廟貌年年花色照湖陰

戸科給事張 選 靜思

親民善政總堪傳最感營城與戢田劇寇屢來咸遁去窮

民久散復知還報功百世應專祀明陟三槐始顯賢此日長亭重分袂公餘時望惠新篇

僉事王 問 仲山

憶從花下別君時帝里春光蝶繞枝風動蓴江嗟獨去月明闕署遠相思貴持干節來荆楚日舍郊原問阻饑連袂有歌明主重履聲遥入鳳凰池

府博嚴士先寫册二十四葉奉餞圖畧近似而公之政績則備矣各題短句如左

僉事王 問 仲山

下車無幾日庶幾風化淳時時掩齋閣素書相與鄰 清身獨居

神劍時能躍登牌但一麾鯨鯢桑水赤渤澥等潢池（頂籍戎器）
四郊經刼火一望茅茨空樓頭角聲發瑟瑟起悲風（問晉宿城）
大扎兆歲凶惻惻嘗隱抱荒政古有之搜神爲徒禱（步衎再禱）
張公善爲政隴麥秀兩歧父母今孔邇樂亦不可支（歧麥兆祥）

僉事　安如山　膠峯

美人爲政忽三年又看鵬鶱邇紫煙籌國嘉猷應有素保
民偉績已無前和羹佇見家聲振作棟行追司馬賢華省
白門非違別舊遊回首意茫然

僉事　莫　同　汪泉

照代陟善最首迨識封邑已遇連城材拔一勝得十如出
肇玉府光輝炷巾襲煩挐蝓一考台衡基五入邇歲多兵
艱寢闓成邊關緊焉一經度雲雉條周環胸中富兵甲吐
握不暫閑戰守得憑依勇作民無孱仍慮無產稅吾民久
成痗履疆得實算稅籍絕慮載宿痗一旦廖永辭督逋累
（叶）軍興費倍般民賴以不潰海寇無覬覦從出有常租赤
子歸襁褓如賜沐與酺四體俱展布一念終謙虛（叶）仁源
溢甘泉時雨榮枯株南都稱佳麗根本岐邠地億萬擁儲
胥地曹實重寄都邑固不倫六事此一事能俾食既充嵱
械罔不利雄鉦發霜硎瑣屑不足嬰風骨森玉筍江山讓
精英緣知俄頃間隨冕報政成城起玉關頭際海皆力耕
一邑非所論散作遍地春酬義慚薄劣欲從徒傷神亭擬
本非遙離觴未能釃（叶）願枉瑤華音引領寂寞濱

通政參議　秦　瀚　從川

翼翼新城碧水漪寇來工訖足支持恰全百萬生靈命此
是賢侯去後思
心在平倭身在司江洋作孽已多時爰思翦翼忘身累此
是賢侯去後思

有稅無田民斂滋有田無稅肆奸欺田均稅減如翻掌此
是賢侯去後思

御史　王　瑛　石沙

上都推轂日下邑擁輳時花覆春偏沃棠敷物倍滋拊恩
嫌別迅邇望訝遷遲憶昨梟飛舃狂臨猷出陳峻垣俄萬
堞屹衛壯千貔勢岌神能護功巍帝爲咨暇猷癃庶畛弊
復屏羣欺誦德姑言大揄休敢謂私奠方身是膽載道口
皆碑昔擬恭懸異今看召失慈陟邑宜瑣闥服采且曹司
視檄吡逾喜分攜士盈悲白門初聽履朱紱旋揚眉地近

鵷行切天連鳳掖披停鑣人共羨摛藻墨俱擒省樹晴嬉
鶴墀雲午結蝻鷺洲時引目鐘阜日供詩仙吏名兼隱邦
儲計獨持驀勝行送翮行義入論思碧社留清調芳蘿衍
別詞蓉亭今日酒淮月後宵巵望望旌旗轉喧喧父老隨
并州心正爾江國意何其柳綰津橋色泉分惠麓漪願言
崇令聞千里旣親知

知縣 高耿奎 杏江

禹王數土後南郡亘衡襄江勢分三峽山形帶九關川流
旋地軸翼軫散天章靈氣鍾英傑皇風藹吉昌君侯當盛

錫山攬袂集 卷下 詩 四十

世蚤歲擅名場弓冶承家學經綸紹祖芳游鶴運溟渤鳴
鳳在朝陽天子嘉賢哲銓司擢俊良綰銅令小試涖錫閭
宏綱釐棫興髦士吅疇辨井疆築城先禦寇用武悉殲彊
萬姓歌來暮三年俗乂康卑棲甘枳棘到處是甘棠一旦
司邦教雙鳧入帝鄉奇勳徵太史偉績紀旂常肖貌瞻湖
上攀轅滿道傍我心如逝水不盡去思長

杭州 沈 仕

夢鳥才高詞賦名種花色喜治功成應知威鳳乘風起還
向虞皇殿裏鳴

青鳧化爲人蒼天更擬乘舟月下仙翹首詎堪雲縹緲不
勝民庶共留連
臨風玉樹擬爲容鬱紱煌煌侍九重莫以掄才爲董貢總
知翹首本夔龍

擧人 王納言 武進

少年獻賦已空羣正擬銀章又策勳坐建孤城雄萬里笑
彈長鋏走千軍天朝有詔徵褒德郎署無譚惜廣文一騎
淸風留未得獨餘寒月照江濆

擧人 袁肖尼 吳門

錫山攬袂集 卷下 詩 四一

循政推平賦殊功表築城戴星勞最盛盈篋謗終明芳草
梁溪別靑山江路征惟餘攀送者極目佇飛旌

蔣 珊 吳門

華省聚星初離方問俗餘草元時閑閑宣政亦懸車絲綺
鳴轟月靑楓理諫書折衝樽俎內藩翰郡城墟四壁濟刁
斗郊原遍耒鋤花明衙寺寂草發訟庭虛裂素勝嘉藻裆
修茹苑疏閭閻多載誦霄漢有吹噓羅雀宜扉啟攀猿郎
著居只憐江郭晚此日振文璩

周天球 吳門

華省銜新命風雲擁去旌賈生年正少惠麓政初成細雨江籬綠前津驛樹平無由一挽鄧西望黯離情

周天球 吳門

齒茝湘皋美璠瑜利氏珍挺生元不偶高舉合殊倫鳳彩宗丹穴龍光媚紫宸共欽家學貴早識楚材眞試劇臨巖邑宣猷協大鈞神明敷茂譽子惠播深仁保障狂酋懾偉勛列雉新崢嶸經世略卓犖濟時身奏最天顏霽超遷地望尊鸞棲㝛久借驥屈始從伸理楫蓉湖夕攀轅惠麓晨清風歌載道宏益感畸人華省卿雲繞鍾陵王氣陳迢遙一

廷佇悵望不能親

張鳳翼 吳門

惠泉泠泠春濺香錫山嵯峨翠黛光山前祖席薦春醴夾岸落日縈垂楊王喬飛舃欲何去鳳城迢遞多煙樹幕下鄒枚更黯然臨歧授簡愁難賦

張鵬翼 吳門

翩翩墨綬建旟君妙歲分符邇出羣百里千城雄保障三年禦侮肅妖氛天門新下南司詔民望先歸粉署雲想見衣冠應悵別惠崖煙斷惜斜曛

粉署待承明鳧飛上玉京紫書新拜命丹扆舊題名威駐長鯨島恩留百雉城時髦咸出祖愁逐夏雲生

史臣紀 吳門

西郊驪駟馬曠然指江干蒼茫流水駛杳杳飛雲寒疎林出孤驛叢莽隱斜灘羣聚列原田來援使君鞍負者息肩歎居人掩袂看但見全民社孰知吏道難

吳鶴齡 長州

仙吏善鳴琴飛鳧戀闕心驅戎鯨浪靜試宰縣花陰望屬金湯固恩銜雨露深使星那可稀相送愴離襟

文嘉 長州

錫邑政成久南都遷轉新況逢多難日不負有爲人禦敵眞先士干城肯愛身所欣吾道泰拭目看常伸

文元發 長州

古來傳循吏首務農與兵農以固國本兵實爲干城王侯大雅士英年被恩榮試吏宰句吳三年政以成平賦理疆界積蠹無自生行軍信賞罰青蠅任紛傾既任襲黃任復有頗牧名方看黔黎安又見氛埃清嗟哉東逕時侯方務仁聲斯民且同怙忽聞征車行爲我斯民歌繫茲去思情

天王正明聖侯今奮天閎

彭　年　吳門

弱冠登龍傳名邦展驥殊難危逢世難文武應時須矢石親戎陣金湯屹壯圖三年勤保障百里慨焦枯勁直蒼松節清明白玉壺神君美鄰邑高誼激當途顯擢咨邦計儲英仰廟謨餘波惠泉沛峻望錫山孤共指萊公柏爭攀蘗令皂風煙悲別思霄漢屬搏扶

失　名

始政歌來暮瀕行意愴然吾民方倚怙天子又徵賢冰蘗操彌潔陽和化自旋縣齋今夜月剛是禁城圓

舉人　鄒夢桂　少鄉

畫船錦席照滄波雲署星旂戒曉過莫訝傾城爭臥轍金湯十里折衝多

大江西望接天長山勢龍蟠是帝鄉春日看花上牛首知君忘卻在河陽

金陵自昔吏為仙畫省含香況少年莫向江頭將北客風烟一望卻淒然

楊　廷

卑衷那可語佇立望征車促駕祇皇命懷恩怨鶴書賢登郎署重鳳去棘林虛不見虞弦奏棠陰綠滿墟

過　棟　最木

傾國攀轅借寇時明侯何忍遽相離秋霜春雨庭前政吟社崇墉去後思環杏沾濡宜聖澤臨風徙倚董公碑經綸參贊懸明月直指迷途向具茨

貢生　過聞詩

惜別還今夕相從賦十離珊瑚懸曉夢桃李注春思鴻漸遙遵陸棠陰密覆碑敢言重借寇比屋已堯茨

門生　過九江

聲施後世澤當時旌旆南移惜別離鸞鵠金泥新有命錫山泉水永相思丹心不動中流砥青史難磨口上碑挽卻行舟南浦綠別情無限草如茨

嘉興知府　門生　徐卿龍

三年保障倚長城四野謳歌徹帝京已向雲端隨玉輦忽從天表璽金精吳中挽鄧應難住戶外籠碁祇自驚謭薄謬承槐蔭久臨風把袂不勝情　侯攀擢并有弄璋之喜故詩及之

門生　陳忠言

農疇雨過綠雲齊牛角青簑正午鷄聽説仁侯行欲去祠
前香火泣山妻
誰爲鄒國壯金湯狂寇於今正濫觴共擬郭門留去馬從
來枳棘不巢凰
惸然焦土一寒生幸逐春風桃李明忽聽離歌動征旆閒
堂空自想琴聲
五月南風飛錦帆芙蓉湖上濕青衫江流日到秦淮裏爲
問雙魚發素緘
五鳳樓前鸞落霞大同關外尙鳴笳司徒好爲東南計縱
有征輸莫横加

門生 顧 遂

楚南有奇客東髮懷帝闕壯志抱遠略高才吐雄文一戰
躍江漢再戰登崑崙手中握赤符來此布氤氲菁莪潤青
澤道路夷荆榛屹屹古城建雉堞干煙雲郊原十萬頃邇
喜田則均盡哉東海鯨窺我控江門丈夫誓報國感激不
顧身登埤募壯士氣欲泐海吞神機斫賊巢宵遁無復存
功成讓不居廉與清泉倫鬱鬱九龍限冉冉生陽春黄童
進白叟鼓腹歌使君聲光遐邇洽薦剡馳楓宸驤足不可
留星軺上神京鯫生性顓噲荷君誨言諄一朝河梁别拂
拂細吹熏短歌寄芳柳聊以將慇懃何時對顏色還期淮
水濱

門生 錢至生

共仰神明宰那堪又振衣獨沾天闕寵暫署地官司公論
元已定仁聲到處移登城笑狂寇計就慰遺黎陶士文翁
化蒐兵武穆奇翩然梁溪棹遥向大江湄棠陰永此護槐
里漸呈輝借寇不可得代丙還無期白下遲瞻戀青山空
復悽慚予負公教去後繫遐思

門生 高 捷

三載栽花滿邑城春風赴召入神京登庸密邇膺天眷際
會都俞翼聖明澤國棠陰遺愛遠秣陵山色件吟清還餘
頌德門牆士翹首南雲倍愴情
離思已隨飛鳥度餘情猶寄惠山烟杯當綠樹凝征蓋歌
入黄鸝愴别筵江郭輕寒天末望石門斜日鏡中懸清曹
應羨神仙吏白下誰居李伯前 以上二首 門生 華復初誠
翩翩公子瀛洲仙弱冠獻策彤墀前掄材早荷專城寄分
符綰綬稱時賢下車十日憂民病功成保障欣初政列戍

屯雲盡虎貔幃中指顧妖氛淨離道功高謗易生青蠅白
璧終自明贈有芳名動北闕上林喬木喜遷鶯掌計南曹
重度支高才經國共稱宜玉驄曉踏鍾山麓畫舫春停燕
子磯秣陵自古多名碩聯鑣結駟追豪客登高作賦許爭
先揮毫處處分瑤席別離此日愴人情夾道黎民擁去程
雲凝祖帳九龍暮烟柳垂垂拂旆旌

門生 華之尭

海霧暗長空湖山半烽火新城三月成保障萬年猗何言
鸞鳳委乃有鷹鸇禍謗言等浮埃芳名動青瑣平賦固已

諳度支僉曰可留省重國本奇才自磊砢藻麗稱楚中風
流擅江左三載藉帡幪忡忡望征舸

門生 華承寵

三年報政成即拜司農卿己沐菁莪化何堪折柳行絲綸
才小試冰雪操逾清畫省應多暇傳經啟後生

四川參政 門生 華啟直

三年美政著英聲九轉還丹試小成掌握圖回均井地指
麾能事措堅城皇朝夙舉登庸典下士空懷樂育情咏罷
菁莪還佇望紫霄鴻鵠羽儀明

門生 華慶曾

邑宰父母少月先生政成登地官曹舉邑愛惜仁政
有攀轅卧轍之情然而鴻漸雲路羽儀天朝士大夫
則冀其施於四方也咸作詩文送之庠士之能言者
與焉生雖菲陋不敢以無能自諉亦爲四章之歌聊
當巴歈竹枝云

殊邦佐政及民深多少風謠頌德音錯節盤根徵大用詩
天白日鑑公心鸞箋笑捧新頒寵宮錦光生舊賜簪從此
承恩霄漢上佇看丹扆獻規箴

渺命新頒寵渥臨南宮清謐映華簪聖心簡在加恩數天
下驚看獨賜金文教邑中皆善俗清風堂上有鳴琴孰知
茂宰三公地不盡桐鄉遺愛深

君侯政化浹殊邦天子傳宣補袞裳步履星辰超紫極挽
留黎庶護甘棠雙鳬漸杳花封跡五鳳遙連粉署香葑菲
不遺慚淬礪敢論志業在宮牆

愁向人間折柳條偶依飛舄送王喬惠山月白離歌動江
水風清去旆遙百雉蘆雲消虜患千村歇雨播農謠猶憐
潦盡桃花處雨露纔看沐九霄

門生盛 錀

單父鳴琴治自餘三年聲最拜徵書飛凫會見趨留闕馴雉猶憐繞使車頌謝有情爭握管借恂無策只攀裾理棼正合司邦計經界平均已兆初

門生盧 鏊

三載停車試理繁政成飛舄即高騫赤霞遥帶雲中堞青靄平分雨後原旆轉秣陵棠蔭在歌傳吳地峴思存經綸不盡金科用待草黃麻貢掖門

禮科給事 門生吳汝倫

三載文星照慧東碑刊牧愛峴山同徵疆永賴淮南召解亂先推渤海龔才略豈宜淹縣令詔書徵拜晉司農使軺瞻望攀何及棠樹留春蔭不窮

門生談 修

早辭青瑣闥出宰錫山氓憫此雉堞圮期月功用成載軫則壤錯不日田賦均蜚聲籍廊廟剡薦趨神京司農南服重五教綏權衡熏風滌遺愛默默緘中情

恩貢 門生陸尚第

迴鳳臺高江水清鳳凰飛去臺上鳴懸塹枳棘棲未穩那堪借寇人譽營公來時不請纓胸中甲兵常有聲先立堅城阨地險次出勁卒殲鯢鯨倭奴聞風駭且遁孰敢先至鋒是攖去年大舉頓城下公徐一呼起義兵鼓噪直入老營內殺氣動地天爲冥餘酋慟哭神魂落屍肉輒向朝鮮行公立奇勳不自有四郊從此得深耕鳴琴端不數宓子尺組誰將笑賈生徐戎共咤魯侯少渤海今傳龔遂名盤根錯節別利器發奸摘伏如神明算來盡造生民福一事尤能老吏驚千年垢蠹一朝浣尺地斗稅無橫征頓令豪猾坐嘆息解下倒懸孤獨婷人言我公極勞瘁公方課士詩亦精民風時事備陳采與識沉滯羅俊英家君孝行研嘉獎列女綽楔今崢嶸鄉賢至死逾嘯惜嵩峰迴溪之發變似茲盛美不易盡且將築城丈田眼前一一聊試評甫田以爲跌窮城爲碑銘不必刊文字自垂千載名願公崇令德毋使少未瑩軒豁磊落遂初志瑰琦傑特爲名卿更使絃歌舊共看經綸成何當今日去瞻望不勝情公行只在五雲際公去誰堪牧我民

門生鄒 華

荆山聳秀服巉峨逖鑄論閒氣孕英傑早爲觀國賓一朝

膺符組來涖此邦民此邦稱繁劇於今政聿新墉城百雉險室家盎溱溱田均三壤則賦役何匀匀干戈振戎作海氛行自馴撫字拙催科烝黎寡懸鶉清風傲泉石仁恩煦陽春右文日孜孜芹水多席珍衕巷齊古躅温詔下楓宸度支今重任選擇畀賢臣公行不可留公蹟常在人淅輪倏已遠甘棠擬相親糴懷哲人德送別江之津生也驚蹇才媿非横海鱗誰將假鞭策還使賦凌雲

優貢 門生 鄒芾

雄才出宰列星明德政宏敷大化成文尚絃歌崇禮教武

隆方畧振華登城完保障功尤著畝正封疆賦自平欲贊鴻休媿才劣俚辭聊用寫微誠

錫山攬袂集卷下終

後記

無錫是中國吴文化的發祥地。七千多年悠久歷史與文明，造就了『梁溪明秀之區，衣冠禮樂甲於江左』的城市人文傳統和深厚的歷史文化底藴。數千年來，文脉綿延，永世流芳。邵寶在《錫山遺響》序中曾經這樣描述：『錫之爲邑，在三吴間。山水清麗豐曠，生其地者，多沉雅秀整，以文名家，代不乏人。』文化已經成爲這座城市最本色的氣質。爲傳承吴地文明，建設文化名城，進一步彰顯無錫城市内在精神特質，經過幾年的精心策劃，旨在全面整理地方文化典籍的《無錫文庫》編纂出版工作於二〇一〇年全面啓動，二〇一一年起陸續與讀者見面了。

無錫的城市文化曾經爲中華文化寶庫作出過巨大貢獻。顧愷之、倪瓚、王紱、鄒一桂、賀天健、徐悲鴻、錢松喦、吴冠中，如松秀群嶺，在中國繪畫史上擁有很高的地位；華秋蘋、楊蔭瀏、劉天華、華彦鈞（阿炳），乃韵動天籟，對中國音樂發展發揮了重要作用；李紳、蔣防、尤袤、蔣捷、陳維崧、顧貞觀、嚴繩孫、周濟、劉半農，皆胸懷錦綉，在中國文學史上可謂各領風騷；計六奇、顧祖禹、顧棟高、秦蕙田、嵇璜、錢基博、錢穆、錢鍾書、錢海岳，可稱堂奧廣庭，學造淵源，在中國學術史上卓然大家；顧憲成、高攀龍之東林，唐文治之『國專』，徐霞客之游記，徐壽、華蘅芳之『格致之學』，陳翰笙、錢俊瑞、孫治方、薛暮橋之經濟學，都堪稱中華文化史上的一座座高峰，至今閃耀着炫目的光芒。

深厚的歷史文化底藴激發了無錫城市的文化自覺。市委、市政府滿懷對鄉土誠摯之情、對文化敬畏之感，以義不容辭的責任擔當，致力於文化强市建設，以科學的理念和方式對歷史文化遺産作全方位的觀照、深層次的發掘、系統性的保護，匯四海之智，舉全市之力，共襄文化建設盛舉。二〇〇六年十二月，無錫市成功申報國家歷史文化名城，標志着新一輪文化意識的覺醒，并迅速轉化爲文化自覺的實踐。近年來，我市全面啓動惠山、清名橋、小婁巷、榮巷、蕩口等五個歷史文化街區和十個古村落保護修復工程，『護其貌，顯其顔，鑄其魂，揚其韵』；鴻山遺址成功保護的經驗被國家文物局譽爲大遺址保護『無錫模式』，并被授予首批國家考古大遺址公園，闔閭城遺址考古發現則確立了歷史上無錫曾作爲吴王闔閭都城的地位；建成開放六十餘座博物館、名人故居和紀念館；對無錫的非物質文化遺産予以重點保護；每年春天舉辦的中國（無錫）吴文化節、中國文化遺産保護論壇成爲文化亮點，享譽海内外。這些舉措遵循規律，探索文化建設體制和機制的創新，形成了寶貴的『無錫經驗』，得到海内外學者、專家的一致肯定。

在注重保護歷史文化遺存的過程中，發掘、整理無錫歷史文獻著作，展示和弘揚無錫城市的思想精神世界，自然而然成爲大家關注的重點。二〇〇六年，市委宣傳部組織無錫文史專家、學者編撰的十七册三百萬字的《無錫文化叢書》正式出版，引起强烈反響，出版後供不應求，在二〇〇八年再版加印。《無錫文化叢書》集中反映了無錫城市文化精華，展示了無錫城市文化特質，彰顯了無錫歷史文化的厚重，同時也告訴人們，文化精神的傳遞是文化繁榮發展的重要内涵，一旦擦去歲月蒙塵，優秀的歷史文化就會轉化成爲取之不盡的精神財富。

爲了進一步彰顯城市歷史文化底藴，二〇〇七年，市委、市政府將全面系統整理無錫文化典籍擺上工作議事日程，明確提出編纂《無錫文庫》。由于無錫歷史文化底藴深厚，卷帙浩繁，内容豐富，編纂工作千頭萬緒，要想整理出一部簡明扼要而又内容翔實、主旨鮮明而又文質彬彬的文獻集成，難度遠大於預想。爲此，我們先後成立了《無錫文庫》工作委員會和編輯委員會，加强對編纂出版工作的組織領導與統籌協調，在尊重歷史、尊重規律、尊重科學、尊重專家的基礎上，積極推進文庫編纂工作。編輯委員會經過反復論證，明確原則，綱舉目張，有條不紊地開展工作。充分憑借地方文史專家的優勢，充分發揮高校人文學院、研究機構的作用，充分依靠出版機構的專業經驗，并邀請國内外著名文史專家指導、把關，形成了文庫編纂的工作合力。

在編輯過程中，我們力求使《無錫文庫》成爲經得起歷史考驗的鄉邦文獻集成。全面規劃又保持開放結構。面對豐富的歷史文化積澱，没有規劃就不可能形成清晰的編纂思路。在前期編纂工作中，編輯委員會經過二十餘次的論證會和專題研討會，形成并確定了《無錫文庫》總書目，明確了收録範圍和内容主體，立足無錫市區，兼顧江陰、宜興，主要體現無錫本土内容，突出人文科學，適當兼顧其他門類。據此，《無錫文庫》收録圖書五百五十餘種，分爲五輯：第一輯『官修舊志』，收編無錫地方志（含江陰、宜興）；第二輯『地方史料專著』，收編反映無錫地方史料的專著與筆記；第三輯『年譜家乘』，收編無錫（含江陰、宜興）地方名人年譜和望族的家譜；第四輯『無錫文存』，收編歷史上無錫作家詩文和專著的精華；第五輯『近現代名家名著存目』，編撰無錫近現代名家名著的書目提要。爲使文庫具有更大的開放度和包容量，《無錫文庫》注重整體設計，在框架分類上既注意整合，又突出重點，考慮到文庫的涵蓋面和系統性；在書目選擇上既注重經典性，又强調代表性，兼顧到圖書本身質量和作者特點；在出版方式上既總體規劃、循序推進，又采取較爲靈活的方式，成熟一批出版一批，不編序號，爲今後增補書目預留空間。

尊重歷史又反映時代特色。《無錫文庫》注重歷史性與時代性相結合，以嶄新的學術角度和現代學科理念對城市歷史文化進行整理和弘揚。編纂工作充分體現對歷史傳統的尊重，儘可能減少評述性成分，杜絶截割、改篡、增删圖書内容，對節選本衹采取作者的自選本。與此同時，以現代學術視野來看待傳統史料，增加收録有價值的歷史資料和文獻，如對民國時期的一些稿本、期刊、會刊、紀念册也予以應有的關注，收入了部分重要的民間史料。

保持原貌又便于讀者查閲。《無錫文庫》除第五輯外，全部采用原版影印方式，力争選擇最優版本作底本，保持文獻著作的歷史面目。爲了便於閲讀、查證、使用、研究，每一輯均撰寫編輯説明，每種書撰寫提要，并編撰《文庫》書目索引。通過這樣的方式，使《無錫文庫》兼具工具書檢索的作用，增强文化典籍整理的實用功能。

如期完成又精益求精。《無錫文庫》作爲一項重大文化工程，編纂工作面廣量大，必須集中力量，一鼓作氣。我們明確，從編纂工作全面啓動開始，花三年時間完成《無錫文庫》出版工作。《無錫文庫》總書目形成後，五輯的書目編纂工作同時開展、整體推進。我們要求，《無錫文庫》編纂出版工作要强化精品意識，力求思想精深、内容精彩、選編精當、學風精良、裝幀精美。文庫編纂出版的每個環節都反復論證推敲，確保經得起歷史檢驗。

《無錫文庫》的編纂出版工作，得到了鳳凰出版傳媒集團的大力支持，鳳凰出版社在版本選擇、編輯出版方面做了細緻的工作；由於《無錫文庫》收録的資料有三分之二散落在全國各圖書館中，中國國家圖書館、上海圖書館、南京圖書館等一批國内知名圖書館爲此提供了積極的幫助；應邀擔任《無錫文庫》學術顧問的專家，都是無錫籍的文化名人和國内一流的古籍研究專家，他們有的不顧年事已高，有的不顧自身工作繁忙，爲《無錫文庫》的編纂工作付出辛勤勞動；《無錫文庫》工作委員會和編輯委員會成員以及編務人員在文庫編纂出版過程中做了大量的工作。在此，謹向他們表示崇高的敬意和由衷的謝忱！

由於《無錫文庫》收録内容涉及範圍廣、時間跨度長，部分書目已經散佚，可利用資料受到限制，加之編輯委員會水平有限，《無錫文庫》的編纂工作難免會有一些疏漏和錯誤，不當之處敬請讀者指正。

王立人

二〇一一年一月